1 MONTH OF
FREE
READING

at

www.ForgottenBooks.com

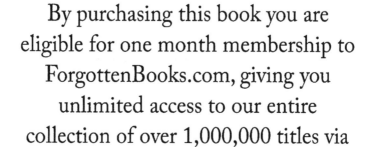

By purchasing this book you are eligible for one month membership to ForgottenBooks.com, giving you unlimited access to our entire collection of over 1,000,000 titles via our web site and mobile apps.

To claim your free month visit:
www.forgottenbooks.com/free322444

ISBN 978-0-331-74776-8
PIBN 10322444

DIE
LEBENSANSCHAUUNGEN
DER GROSSEN DENKER

EINE ENTWICKLUNGSGESCHICHTE
DES LEBENSPROBLEMS DER MENSCHHEIT
VON PLATO BIS ZUR GEGENWART

VON

RUDOLF EUCKEN

SECHSTE VERBESSERTE AUFLAGE

LEIPZIG

VERLAG VON VEIT & COMP.

1905

Druck von Fr. Richter in Leipzig.

Aus dem Vorwort zur zweiten Auflage.

Bei aller Veränderung im einzelnen hat unser Werk in der zweiten Auflage den Plan der ersten durchaus festgehalten. Es möchte durch eine geschichtliche Vorführung der Lebensanschauungen der großen Denker zunächst dafür wirken, daß die Helden des Gedankens nicht bloß wie leblose und gleichförmige Schatten an uns vorüberziehen, sondern daß ihre Gestalten Fleisch und Blut gewinnen und zugleich einen eigentümlichen Charakter zeigen; so allein kann die Kraft und Leidenschaft, welche ihre Schöpfungen durchströmt, auch unserer eigenen Arbeit zufließen. Insofern darf das Werk sich als ein Supplement zu allen Darstellungen der Geschichte der Philosophie geben, ohne sie irgend ersetzen zu wollen.

Zugleich aber hofft es der Philosophie selbst einen Dienst zu leisten, indem es eine Art Einleitung in die Hauptprobleme der Philosophie bietet. Die Lebensanschauung eines großen Denkers läßt sich nicht entwickeln, ohne daß diese Probleme deutlich zur Sprache kommen, sie müssen sich hier, in dem Zusammenhange mit dem Ganzen der lebendigen Persönlichkeit und ihrem heißen Verlangen nach Glück, besonders durchsichtig und eindringlich darstellen.

Endlich kämpft das Werk für einen engeren Zusammenhang der Philosophie mit dem allgemeinen Leben. Die gegenwärtige Spaltung, die Gleichgültigkeit weiterer Kreise gegen die Philosophie und die Abschließung der Philosophie zu einer gelehrten Fachwissenschaft, ist ein großer Schaden für beide Teile; es gehört zur Gesundung unseres geistigen Lebens, daß man sich wieder mehr um einander kümmere. Ist aber nicht die Lebensanschauung ein Punkt, wo die philosophische Arbeit dem reinmenschlichen Interesse besonders nahe kommt? Sollte es nicht alle Gebildeten treiben, bei einer Frage, die so sehr unser eigenes Glück angeht, eine Fühlung mit den Meistern des Gedankens zu gewinnen?

Jena, im Herbst 1896.

———

Vorwort zur fünften Auflage.

In der fünften Auflage ist gegen die vierte, der sie so bald folgen konnte, mehr verändert, als mir selbst bei Beginn der Arbeit nötig schien. Die Darstellung ist in der Richtung der Klarheit, Einfachheit, Tatsächlichkeit einer energischen Revision unterzogen worden, in der Sache hat namentlich das älteste Christentum eine Umarbeitung und der Ausgang des 19. Jahrhunderts eine ausführlichere Behandlung erfahren. Aber auch sonst hoffe ich verschiedenes zu größerer Präzision gebracht zu haben, so z. B. das Bild Leibnizens, so auch das der deutschen Spekulation.

Möchte das Buch in der neuen Gestalt sich die Gunst der alten Freunde erhalten und neue Freunde gewinnen!

Jena, im Mai 1903.

Vorwort zur sechsten Auflage.

Auch bei der sechsten Auflage habe ich verschiedenes geändert und hoffentlich verbessert. In der Darstellung fand sich noch immer manches klarer, anschaulicher, einfacher zu gestalten, noch immer manche abstraktere Wendung auszumerzen; so namentlich bei Plato, der Aufklärungszeit, Kant, also bei sehr wichtigen Abschnitten; inhaltlich wurde das Bild Occams und Pascals berichtigt; über Schiller, der bisher nicht zu seinem Rechte kam, ist ein besonderer Abschnitt hinzugefügt; meine Stellung zu den modernsten Bewegungen habe ich präziser zu formulieren gesucht. So hoffe ich, daß die neue Auflage einigen Fortschritt bringt, und erbitte auch für sie dasselbe Wohlwollen, das den früheren Auflagen in so reichem Maße und über den Gegensatz der Parteien hinaus zu teil wurde.

Jena, im Februar 1905.

Rudolf Eucken

Inhalt.

Einleitung.

Die Frage, was unser Leben als Ganzes bedeutet, was es an Zielen enthält und an Glück verheißt, das Lebensproblem mit Einem Worte, bedarf heute keiner umständlichen Einführung: ein tiefer Spalt im Sein der Gegenwart, eine schroffe Entzweiung von Arbeit und Seele, gibt ihm eine unwiderstehliche Gewalt. Die letzten Jahrzehnte und Jahrhunderte haben eine unermeßliche Arbeit verrichtet und dadurch einen neuen Anblick der Welt, eine neue Art des Lebens geschaffen. Aber der stolze Siegeslauf dieser Arbeit war nicht zugleich eine Förderung der Seele, ihre glänzenden Erfolge nicht schon ein Gewinn des ganzen und inneren Menschen. Denn mit ihrem rastlosen Getriebe richtet sie uns mehr und mehr auf die Welt draußen und bindet uns an ihre Notwendigkeiten, die Leistung für die Umgebung wird immer ausschließlicher unser ganzes Leben. An dem Leben aber hängt letzthin auch das Sein. Wird alles Sinnen und Vermögen draußen festgehalten und die Sorge für das innere Befinden, den seelischen Stand, immer weiter zurückgedrängt, so muß die Seele verkümmern; der Mensch wird leer und arm inmitten aller Erfolge, er sinkt zu einem bloßen Mittel und Werkzeug eines unpersönlichen Kulturprozesses, der ihn nach seinen Bedürfnissen verwendet und verwirft, der mit dämonischem Zuge über Leben und Tod der Individuen wie der Geschlechter dahinbraust, ohne Sinn und Vernunft in sich selbst, ohne Liebe und Sorge für den Menschen.

Eine Bewegung jedoch, deren zerstörende Wirkung der Einzelne so unmittelbar an sich selbst erfährt, muß bald einen Rückschlag erfahren; bei solchen Dingen ist schon das Bewußtwerden eines Problems der Beginn einer Gegenwirkung. Nicht lange kann der Mensch seine Seele verleugnen, die Sorge um ihr Befinden einstellen, seine Innerlichkeit erhält sich bei aller Einschüchterung, sie kann nicht aufhören, alles Ereignis auf sich zu beziehen und an sich zu messen. Die Anfechtung selbst treibt das Subjekt zur Besinnung auf das unverlierbare Grundrecht seines unmittelbaren und ursprünglichen Lebens; es gleicht einem schlummernden Riesen, der nur zum Bewußtsein seiner Kraft zu erwachen braucht, um aller Unermeßlichkeit der Außenwelt überlegen zu sein. Wenn aber mit solcher Wandlung ein elementares Verlangen nach selbsteigenem Leben und nach innerem Wohlsein durchbricht, wenn den Menschen gar eine Angst um die Vernunft seines Daseins und das Heil seiner Seele befällt, so ist die Welt für ihn mit Einem Schlage verwandelt, er aber aus dem vermeintlich sicheren Besitz in ein mühsames Zweifeln und Suchen zurückgeworfen.

Eine solche Bewegung gegen die Entseelung des menschlichen Daseins ist heute in sichtlichem Vordringen; mag die Mechanisierung äußerlich noch fortschreiten, der Glaube an sie ist gebrochen, der Kampf gegen sie hat begonnen. Große Strömungen der Gegenwart zeigen bei allem Unterschiede einen gemeinsamen Zug nach dieser Richtung. Denn sowohl aus der Gewalt und Leidenschaft der sozialen Flut, als aus der sichtlichen Erstarkung des religiösen Zuges, als aus dem Sturm und Drang des künstlerischen Schaffens spricht ein und dasselbe Verlangen: ein heißes Sehnen nach mehr Glück, nach mehr Entfaltung des Menschenwesens, nach einer Umwandlung, Erhöhung, Erneuerung unseres Lebens.

In allem Anschwellen bleibt jedoch diese Bewegung einstweilen noch sehr unfertig und verworren. Nicht nur durchkreuzen und hemmen einander oft die einzelnen Strömungen, auch der Hauptzug zeigt ein merkwürdiges Gemisch von Höherem und Niederem, von Edlem und Gemeinem, von jugendlicher Frische und greisenhaftem Raffinement. Statt in der Innerlichkeit selbst eine Welt zu ergründen und aus der Freiheit ein Gesetz zu entwickeln, wähnt das Subjekt sich oft um so größer, je mehr es sich von aller, auch der inneren Bindung losreißt und in freischwebender Stimmung zu leerer Hohlheit aufbläht; bei solcher Leere wird es ein Spiel von Wind und Welle und verliert alle Wehr selbst gegen das Unsinnige und Törichte. So umfängt uns zunächst eine trübe Gärung und ungestüme Leidenschaft; den Glauben an eine Vernunft der Bewegung kann nur festhalten, wer sie als einen bloßen Anfang versteht und zugleich darauf vertraut, daß die geistige Notwendigkeit, die in ihr wirkt, schließlich alle Irrung und Eitelkeit der Individuen überwinden und einen inneren Aufbau des Lebens vollziehen wird. Dazu aber bedarf es auch unsererseits unsäglicher Arbeit, es gilt zu scheiden und zu sichten, zu klären und zu vertiefen; nur in hartem Kampfe gegen sich selbst kann die Zeit ihr echtes Wesen erreichen und ihre weltgeschichtliche Aufgabe lösen.

Der Teilnahme an diesem Kampfe kann sich auch die Philosophie nicht entziehen, sie müßte denn über der Kleinarbeit der Schule ihre Aufgabe als Weltwissenschaft vergessen. Wer anders könnte so wie sie die Sache ins Ganze und Große heben, die Gesamtlage klären, die letzten Ziele ermitteln? Nun will die Aufgabe an erster Stelle nicht von der Geschichte her, sondern aus der lebendigen Gegenwart angegriffen und durch unmittelbare Arbeit gefördert sein; je deutlicher uns die unvergleichliche Eigentümlichkeit unserer Zeit vor Augen steht, desto weniger können wir hoffen, von der Geschichte eine fertige Lösung zu beziehen, desto strenger verbietet sich eine Flucht aus der lebendigen Gegenwart in eine fernere oder nähere Vergangenheit. Aber was die eigene Tätigkeit nicht ersetzen kann, das mag sie unterstützen, das mag zur Förderung wirken, indem es, seiner Grenzen eingedenk, sich ihr anschließt und einfügt. Daß dies möglich ist, und daß auch eine Vergegenwärtigung der Lebensanschauungen der großen Denker hier einiges nützen kann, das sei in kurzem erörtert. Denn mit dieser Behauptung steht und fällt unser ganzes Unternehmen.

Das eigene Streben fördern können die Lebensanschauungen der großen Denker nur, wenn uns Lebensanschauung mehr bedeutet als dem landläufigen Sprachgebrauch. Wir verstehen darunter nicht eine Blütenlese von Äußerungen über menschliches Leben und Schicksal, nicht eine Sammlung gelegentlicher Reflexionen und Konfessionen. Denn solche Äußerungen entspringen oft der flüchtigsten Stimmung und verbergen den Kern des Wesens leicht mehr als sie ihn enthüllen; auch neigen zu redseligem Bekenntnis oft flache Naturen, die nicht viel Gehaltvolles zu sagen haben, während sich tieferen Geistern die Empfindung in die Substanz der Arbeit und das Heiligtum des Gemütes zurückzuziehen pflegt.

Was uns beschäftigen soll, ist nicht die Reflexion der Denker über das Leben, sondern das Leben selbst, seine Gestaltung in ihrer Gedankenwelt. Wir fragen, welches Licht ihre Arbeit auf das menschliche Dasein wirft, welchen Platz und welchen Inhalt sie ihm zuweist, wie sie Ergehen und Tun miteinander verschlingt, wir fragen mit Einem Worte nach dem hier gewonnenen Charakter des Menschenlebens. Bei dieser Frage werden die Denker nicht nur ihre Überzeugungen zu einer Einheit zusammenfassen und ihre tiefste Seele eröffnen, sie werden auch besonders zugänglich und durchsichtig werden, sie können sich hier mit größter Einfalt geben und mit schlichter Sprache zu jedem reden, der sie hören will. Mächtig zieht es hier jeden empfänglichen Geist in die Bewegung hinein; sollte nicht auch von der Kraft des Großen einiges auf ihn überströmen und zur Steigerung, Klärung, Veredlung des eigenen Strebens wirken?

Dabei brauchen wir keine Sorge darüber zu haben, ob in den großen Denkern alles Wesentliche und Wertvolle erscheine, was die menschliche Arbeit errungen hat. Es bilden jene Denker in Wahrheit die Seele des Ganzen. Denn es erfolgt echtes Schaffen, es erfolgt der Aufbau eines Reiches geistiger Inhalte und Güter nicht aus dem Durchschnittsleben heraus, sondern in weitem Abstand von ihm, in schroffem Gegensatz zum kleinmenschlichen Getriebe. In diesem wird alle geistige Betätigung viel zu sehr mit Fremdem und Niederem verquickt und in den Dienst kleinmenschlicher Zwecke gezogen, als daß aus so unlauterem Gemenge reine Gestalten zusammenschießen, charaktervolle Gedankenbilder des Lebens aufleuchten könnten. Es war allezeit nur wenigen zugleich die Größe der Gesinnung, die innere Freiheit, die schöpferische Kraft verliehen, um die geistige Aufgabe als einen völligen Selbstzweck zu erfassen, der wirren Mannigfaltigkeit eine Einheit abzuringen, unter dem Zwange echten Schaffens die sichere und freudige Überlegenheit zu gewinnen, ohne die es keine Festigkeit der Gesinnung und kein Gelingen der Arbeit gibt. Das anerkennen heißt nicht die produktiven Geister von der geschichtlich-gesellschaftlichen Umgebung absondern. Denn auch das Größte hat seine Voraussetzungen und Bedingungen. Der Boden muß bereitet sein, die Zeit Fragen und Anregungen entgegenbringen, aufstrebende Kraft sich zum Dienste darbieten. Insofern erscheint das Große als die Vollendung seiner Zeit und der aufklärende Gedanke als eine Bekräftigung des Wollens der Gesamtheit. In Wahrheit hebt dabei das Große das Leben auf eine wesentlich höhere Stufe; die Wendung vom Zeitlichen ins Ewige, die es vollzieht, ist nicht eine bloße Zusammenfassung schon vorhandener Elemente, sondern eine innere Umwandlung, eine Veredlung aller Darbietung der Zeit. Denn hier erst erfolgt die Ablösung von der bloßen Menschlichkeit, hier erst kommt es zu wahrhaftigem Schaffen, zur Gestaltung eines bei sich selbst befindlichen und in sich selbst wertvollen Lebens, zu allgemeingültiger und unvergänglicher Wahrheit. Was an Ewigem von der Zeit aus erreichbar ist, in dem Großen erst wird es erreicht und von der bloßen Zeit befreit, um damit ein Besitz aller Zeiten zu werden. Gelten uns demnach die schöpferischen Geister als die Brennpunkte des gesamten geistigen Lebens, in denen sich seine sonst vereinzelten Strahlen konzentrieren, um nach kräftiger Verstärkung als unverlöschliche Flamme in das Ganze zurückzuwirken, so dürfen wir getrost und gewiß sein, in ihrem Werk den Kern aller Leistung zu erfassen.

Was uns aber die einzelnen Denker wertvoll macht, das empfiehlt auch die Betrachtung ihres Nebeneinander und ihres Nacheinander. Wichtig ist schon dies, daß sich in der Vielheit der Gestalten verschiedene Möglichkeiten menschlicher Lebensführung deutlich ausprägen und anschaulich ausbreiten; die Gegensätze, zwischen denen sich unser Dasein bewegt, sind hier zu greifbarster Gestalt herausgearbeitet und vermögen sich damit gegenseitig zu beleuchten, schärfer gegeneinander abzugrenzen. Die Folge der Zeiten aber verschlingt in wechselndem Gefüge Beharrendes und Veränderliches. Einmal erscheint aller Reichtum der Bildungen als die Entfaltung einer begrenzten Anzahl einfacher Typen, die auch bei starker Veränderung der Gesamtlage immer wiederkehren, wie Grundtöne durch alle Wandlung hindurchklingen. Zugleich aber gewahren wir ein unermüdliches Vordringen und vielfaches Neueinsetzen, weiter und weiter erschließt sich Welt und Leben, immer schwerere Probleme eröffnen sich, immer gewaltiger und aufgeregter wird die Bewegung. Was dabei gewonnen wird, das kann keine allgemeine Erwägung vorwegnehmen, sondern nur die Untersuchung selbst herausstellen. Nur das sei gesagt, daß, wenn die Geschichte der Philosophie sich zunächst wie ein Krieg aller gegen alle ausnimmt und die Helden in der Ausbildung ihrer Eigentümlichkeit einander weit mehr abzustoßen als anzuziehen scheinen, deshalb nicht an einem Zusammenhang des Ganzen und an einem Aufstieg der Bewegung verzweifelt zu werden braucht. Denn nur so lange steht unversöhnlich Behauptung gegen Behauptung, als die Systeme in ihrer fertigen Gestalt gegeneinander gehalten und wie Erzeugnisse freischwebender Theorie behandelt werden. Von dieser dürftigen Fassung aber mag gerade die Versenkung in die Lebensanschauungen befreien. Denn sie zeigt uns, wie die Denkarbeit aus den Tiefen des Lebensprozesses schöpft und in seinen Notwendigkeiten ihre Richtung findet, wie sie nur die Erscheinung eines Ringens um Wahrheit und Glück, um ein geistiges Dasein bildet. In der größeren Weite dieses Lebensprozesses mag vieles einander ergänzen und fördern, was sich in der Zuspitzung zum Begriffe schroff entzweit, hier könnte ganz wohl eine Gesamtbewegung alle Scheidung umspannen und selbst den Kampf der Geister in eine Werkstätte fruchtbaren Schaffens verwandeln. Die großen Denker aber mögen, in dem Innersten ihres Strebens ergriffen, uns die Hauptphasen dieser Bewegung vorhalten, sie mögen uns von ferner Vergangenheit an die Schwelle der Gegenwart geleiten und uns, in Erweckung der Vergangenheit zu neuem Leben, das Ganze der menschlichen Arbeit zuführen, uns damit aber von der Gegenwart des bloßen Augenblicks in eine zeitüberlegene Gegenwart erheben. Einer solchen weiteren und gehaltvolleren Gegenwart bedürfen wir heute besonders dringend, wir bedürfen ihrer gegenüber der Hast des Tageslebens, gegenüber der Enge der Parteien, gegenüber der Verschliffenheit der umlaufenden Werte; nun wohl, so sei zur Überwindung dessen auch die Lebensarbeit der großen Denker herbeigerufen.

Aber in aller seiner Anziehungskraft hat das Unternehmen eigentümliche Schwierigkeiten. Kann es uns seinen Gegenstand nahe bringen, uns seelisch mit ihm verbinden, und zugleich die notwendige Objektivität wahren? Sicherlich ist hier kein Platz für eine Objektivität, die alles eigene Urteil scheut und folgerichtig nur einzelne Daten aneinanderreihen dürfte, die nur deswegen ein leidliches Gesamtbild erreicht, weil sie landläufige Schätzungen als ausgemachte Wahrheiten gibt. Denn ein unablässiges Urteilen, ein Abstufen und Scheiden, ein Sichten und Sondern verlangt bei unserem Unternehmen schon die äußere Anlage, die stoffliche Auswahl, noch notwendiger aber bedarf es selbständiger Gedankenarbeit, um von der Vielheit der Äußerungen zur beherrschenden Einheit vorzudringen, am inneren Leben der großen Männer teilzugewinnen, in dem Neben- und Nacheinander ein Gesamtleben und eine fortlaufende Bewegung zu erkennen. Aber wer eine geistlose Objektivität abweist, braucht damit nicht einer aufdringlichen Subjektivität zu verfallen. Nicht das kann die Aufgabe sein, den Gegenstand von einem außer ihm gelegenen Standpunkt zu beleuchten und ihn nur so weit zu entwickeln, als er der Bestätigung einer fertigen Überzeugung dient; denn das würde nicht in die Denker selbst, noch weniger in die innere Bewegung der Menschheit einführen, noch auch die Bereicherung des Gedankenkreises, die Erweiterung des Horizontes ergeben, wegen derer die Arbeit unternommen wird. So gilt es, indem wir uns den Denkern nähern, uns so weit zurückzuhalten, daß sie selbst sich aussprechen und ihre Überzeugung begründen können; ein Urteil über sie werde nicht sowohl aus individueller Reflexion aufgedrängt, als aus anschaulicher Vorführung des Gegenstandes und aus seiner Wirkung in den weltgeschichtlichen Zusammenhängen gewonnen. Nichts sei eifriger erstrebt, als die Herstellung eines unmittelbaren Kontaktes zwischen dem Leser und den großen Denkern. Daß zugleich unsere Untersuchung eine selbständige Überzeugung in sich trägt, daß sie namentlich auf einer eigentümlichen Philosophie der Geschichte ruht, das wird jeder gewahren, dem solche Fragen vertraut sind.

Andere Verwicklungen bereitet das Verhältnis zur gelehrten Spezialforschung. Die Sache selbst freilich enthält keine Notwendigkeit einer Verfeindung. Denn nicht nur macht eben die Ausbreitung der Spezialforschung eine Ergänzung durch zusammenfassende Darstellungen erwünscht, diese Darstellungen können aus den Ergebnissen jener reichen Gewinn ziehen. Was sie sowohl durch die genauere Ermittlung des Verhältnisses der Denker zur geschichtlich-gesellschaftlichen Umgebung als durch die geschickte Auflösung ihrer Arbeit in einzelne Fäden erreicht, das kann auch das Gesamtbild schärfer und anschaulicher machen. Unvermeidlich wird ein Konflikt erst dann, wenn die Spezialarbeit keine andere Aufgabe neben der ihrigen duldet, wenn sie mit ihren Mitteln den ganzen Denker verstehen, aus einer Summierung kleiner Kräfte das Große ableiten will. Es macht aber den Denker schließlich nichts anderes groß als die welt- und geschichtsüberlegene Ursprünglichkeit des Schaffens, die von innen her alles belebende und durchleuchtende Einheit; diese aber eröffnet sich nur einer nachschaffenden Intuition, nie bloßer Gelehrsamkeit und Kritik. Ja es kann eine bloß gelehrte Beschäftigung uns den Gegenstand innerlich ferner rücken, indem sie sich mit anspruchsvoller Umständlichkeit zwischen den Beschauer und die Sache schiebt und dadurch den Gesamteindruck zerstört. Lassen wir also nicht die Nebensache zur Hauptsache und

das bloße Mittel zum Selbstzweck wachsen; hüten wir uns, über
den Daten die Ideen zu verlieren und den Geist durch Urkunden
ersetzen zu wollen.

So hat unsere Arbeit unter mannigfachen Verwahrungen und
Bedenken ihren Weg zu suchen. Aber uns von ihr abschrecken
und die Freude an ihr verkümmern sollen jene Schwierigkeiten nicht.
Gegenüber allen Zweifeln behauptet die Betrachtung der Lebens-
anschauungen der großen Denker einen eigentümlichen Reiz und
wohl auch Wert. Aus der Arbeit jener Männer spricht zu uns mit
hinreißender Gewalt ein starkes Verlangen nach Wahrheit und
Glück; aber zugleich haben die reifen Werke, zu denen sich dies
Verlangen geklärt hat, eine zauberische Kraft der Beruhigung und
Befestigung; auch eine Abweichung der eigenen Überzeugung vermindert nicht die Freude an der siegreichen Macht ursprünglichen
Schaffens, der durchdringenden Klarheit lichtvollen Gestaltens. Mit
jenen großen Geistern führt uns das Reich der Bildung unablässig
zusammen, unsere Arbeit ist ihnen durch tausend Fäden verwoben. Aber bei aller Beschäftigung bleiben sie uns oft in dem
Ganzen ihres Wesens fremd, es fehlt ein warmes persönliches Verhältnis; die Göttergestalten des Pantheon, in das wir nur von draußen
blicken, verlassen nicht ihr erhabenes Piedestal, um unsere Mühen
und Sorgen zu teilen; auch scheinen sie untereinander durch kein
gemeinsames Werk verbunden. Mit der Wendung zum Kern ihres
Schaffens, mit dem Vordringen zu der seelischen Tiefe, wo ihnen
die Arbeit zur Entfaltung und Behauptung des eigenen Wesens
wird, muß sich das ändern; die kalten Gestalten gewinnen Leben
und beginnen zu uns zu reden, ihr Schaffen zeigt sich von denselben
Fragen bewegt, an denen unser Wohl und Wehe hängt. Zugleich
erscheint ein innerer Zusammenhang der Helden, sie alle erweisen
sich als Arbeiter an einem gemeinsamen Werke: dem Aufbau einer
geistigen Welt im Bereich des Menschen, dem Kampf um eine Seele
und eine Vernunft unseres Daseins. So können nun alle Scheide-
wände fallen, wir aber eintreten in jenes Pantheon als in unsere
eigene Welt, unser geistiges Heim.

Erster Teil

Das Griechentum.

A. Die Denker der klassischen Zeit.

1. Vorbemerkungen über die griechische Art und Entwicklung.

Die griechischen Denker wurden oft nicht richtig geschätzt wegen einer Überschätzung der Durchschnittsart ihres Volkes; diesem ward als bloße Naturgabe beigelegt, was die Arbeit der Führer mühsam errungen hat. Weil das Schaffen an seinen Höhepunkten in sich selbst Freude und Seligkeit fand, und weil von hier eine sonnige Heiterkeit ausstrahlte, schien das gesamte griechische Leben ein glanzvoller Festtag; weil dort eine vornehme Gesinnung alle bloße Nützlichkeit verscheuchte, schien aller Denken und Sinnen zu geistigem Adel erhoben. Die Werke der führenden Geister dünkten alsdann ein bloßer Niederschlag der sozialen Atmosphäre. Aber dieser Schein verschwindet rasch bei näherem Zusehen. Wer das politische Durchschnittstreiben der Griechen mit seiner Hast und Leidenschaft, seiner Scheelsucht und Gehässigkeit verfolgt, wer der vielgestaltigen Betätigung griechischen Erwerbssinnes und griechischer Schlauheit nachgeht, wer von der Komödie her in das oft recht widerwärtige Alltagsleben blickt, der wird sich bald überzeugen, daß auch die Griechen Menschen waren wie wir anderen, daß auch sie ihre Größe nicht als ein bequemes Erbteil der Natur empfingen, sondern sie in hartem Kampfe, auch gegen sich selbst, erst zu erringen hatten. Damit erhöht sich die Stellung der großen Denker, und ihr Lebenswerk entwächst aller bloßen Umgebung.

Aber den Denkern solche Überlegenheit wahren, heißt nicht sie von der geistigen Art ihres Volkes absondern. Seine Arbeit

mit ihrer Kraft und Frische, ihrer Beweglichkeit und Freudigkeit
hat den Denkern den Weg geebnet und umfängt sie mit anregendem,
bildendem, richtendem Wirken. Wohl konnten sie ihr Ziel nicht
erreichen, ohne vor allem dem eigenen Genius zu vertrauen und
auch den offenen Kampf mit der Volkskultur nicht zu scheuen.
Aber ihr Streben hat nicht die trübe Einsamkeit und Verlassenheit,
die spätere Zeiten gelehrter Bildung und verwickelterer Lebens-
bedingungen oft zeigen. Wenn das Denken mit seinem Wahrheits-
streben auflösen muß, was der Zufälligkeit von Ort und Zeit angehört, so enthüllt es um so deutlicher einen unvergänglichen Bestand,
der mit ewiger Jugendfrische fortleben und die gesamte Menschheit
fördern kann. Dieser Zusammenhang der Denker mit ihrem Volke
ist namentlich eng in der Epoche der nationalen Gestaltung der
Kultur, die uns zunächst beschäftigt; aber er verliert sich auch nicht
in der Zeit des Hellenismus, wo die Bewegung vom Nationalen
zum Allgemeinmenschlichen geht und das Denken mehr das Werk
bloßer Individuen scheint. Ja auch in den späten und wirren Zeiten,
wo ein massenhafter Zustrom fremder Elemente das Griechentum
schier überflutete, zeigt das feinere Geäder immer noch die Spuren
altgriechischer Denkart, selbst auf der einbrechenden Nacht liegt
noch ein Strahl derselben Sonne, in deren Vollglanz die unsterblichen
Meisterwerke reiften.

So bedarf es zur Würdigung der Denker einiger Erinnerung
an ihre geistige Umgebung. — Nichts fällt bei den Griechen mehr
ins Auge, als die große Energie des Lebens, der Trieb zur Entfaltung aller Kräfte, die jugendfrische Lust am Wirken und Schaffen.
Eine träge Ruhe wird durchweg verpönt, die Tätigkeit bedarf zur
Empfehlung keiner Prämie, sie reizt und erfreut durch sich selbst.
Sich tätig zu den Dingen zu verhalten, das war immer der Kern
griechischer Lebensweisheit. Aber in aller Beweglichkeit verläßt hier
die Tätigkeit nicht den Boden einer vorhandenen Welt; sie vermißt
sich nicht, aus ihrer eigenen Bewegung die Dinge zu schaffen,
sondern sie beläßt diesen eine eigene Natur, strebt aber nach einer
fruchtbaren Wechselwirkung, um sich an ihnen und sie durch sich
zu bilden. Bei solcher Art ist die Tätigkeit nicht zunächst gegen
sich selbst gekehrt und dem eigenen Befinden zugewandt, sondern
erst die Erfahrung und Verwicklung der Arbeit wirft sie auf sich
selbst zurück, und auch dann strebt sie rasch nach einer neuen
Welt, um wieder an einer Weite und Wahrheit der Dinge teilzu-

gewinnen. Daher findet sich hier kein dumpfes Grübeln, kein traumhaftes Weben eines abgelösten Gefühles, die Stimmung folgt und entspricht durchaus der Tätigkeit. Verbindet uns aber das Wirken so eng mit den Dingen, so können sie uns fördern und unsere geistige Art wird auf sie überströmen. Die griechische Denkweise beseelt ihre Umgebung, sie wirft überallhin einen Abglanz menschlichen Lebens. Da sie aber die Eigentümlichkeit der Dinge nicht unterdrückt, so wirken sie auf jenes Leben zurück zur Bildung, Klärung, Veredlung. Daher ist das Personifizieren der Umgebung bei den Griechen ungleich vornehmer und fruchtbarer als bei den anderen Völkern; das Menschliche empfängt durch die Spieglung im All eine durchgängige Läuterung und entwächst damit der Roheit tierischer Natur.

Zugleich wird die Tätigkeit die beste Wehr und Waffe in den Gefahren und Nöten unseres Daseins. Gegenüber allen Schicksalen verhält der Grieche sich aktiv, er sucht stets zur Aufbietung eigener Kraft zu kommen und damit auch dem Leide eine Vernunft abzuringen. Das Feindliche wird mutig angegriffen und, wenn nicht völlig überwunden, so doch energisch abgewiesen; in solchem Kampfe entfaltet der Mensch seine Kraft, ja gewinnt er eine weltüberlegene Seelengröße. Das bedeutet kein Leichtnehmen des Dunkeln und Bösen, keinen bequemen Optimismus. Wo die Erfahrung des Lebens so voll und rein in den Gemütern nachklingt, wie bei der geistigen Arbeit der Griechen, da fehlt auch jenem Feindlichen nicht die Tiefe der Empfindung. In Wahrheit hat das Griechentum aufs Ernstlichste mit den Widerständen gerungen, es hat immer mehr an den Dingen und an sich selbst verändern, es hat sich immer mehr auf eine reine Innerlichkeit zurückziehen müssen, um einen Stand der Tätigkeit zu erreichen. Aber es hat den Weg dahin gefunden, solange es sich selbst erhielt; es hat aus einem solchen tätigen Benehmen immer neuen Mut geschöpft und auch bei wachsender Herbigkeit des Schmerzes eine Vernunft im Kern des Daseins behauptet. Daher war es ein Fehler, wenn hervorragende Gelehrte der Neuzeit die Griechen für Pessimisten erklärten. Denn Pessimist ist nicht schon, wer das Leid des Lebens tief empfindet, sondern nur, wer sich ihm ergibt, ihm gegenüber das Streben einstellt. Das aber taten die Griechen nicht.

Wie hier der Mensch in der Tätigkeit seinen Halt findet, so strömt auch in seine Schöpfungen Leben und Tätigkeit. Als Lebe-

wesen, als beseelte Individuen erscheinen hier die menschlichen
Gemeinschaften, vornehmlich der heimatliche Staat; auch für die
Werke der griechischen Kunst ist nichts bezeichnender als das Durch-
drungensein von seelischer Bewegung. Bis in die kleinsten Elemente
reicht solche Beseelung, auch das sonst Starre und Tote zeigt hier
einen Pulsschlag inneren Lebens.

Schon jene freundliche Stellung der Tätigkeit zu den Dingen
läßt erwarten, daß sie dem Reichtum der Wirklichkeit gerecht wird
und zugleich sich selbst zu großer Mannigfaltigkeit entfaltet. In
Wahrheit sehen wir die Kulturarbeit mit wunderbarer Universalität
alle Gebiete ergreifen, die Erfahrungen eines jeden durchkosten, aller
Besonderheit ihr Recht gewähren. Bewegungen, die sonst einander
ausschließen, werden hier mit gleicher Kraft und Liebe aufgenommen;
alle Hauptrichtungen der späteren Kulturentwicklung bis in die
Gegenwart hinein sind hier im Keime vorhanden. Wer das bestreitet
und den Griechen etwa in der Religion oder im Recht, in der
strengen Wissenschaft oder im technischen Erfinden eine Größe ab-
spricht, der mißt entweder ihre Leistungen nach fremden Maßstäben,
oder er hält sich an eine einzige, allein als klassisch gefeierte Epoche.
Namentlich verweilt die Betrachtung der Neueren oft zu ausschließlich
bei dem, was das Größte sein mag, was aber keineswegs das Einzige
ist: bei der Kraft der Synthese, dem künstlerischen Bilden zum
Ganzen. Daß die Griechen auch in nüchterner Beobachtung, scharf-
sinniger Analyse, auflösender Reflexion stark waren, das gehört
nicht minder zum Gesamtbilde ihres Wesens.

Bei solcher Weite wird die Arbeit des Ganzen nicht bedrückt
und beengt durch die besondere Natur eines einzelnen Gebietes,
sondern sie ist frei und offen genug, von allen Seiten aufzunehmen;
sie kann bedeutende Erfahrungen machen und durch sie fortschreiten.
Diese Elastizität ermöglicht eine gehaltvolle Geschichte; es können
sich eingreifende Wendungen vollziehen ohne einen Bruch mit der
eigenen Art und eine Aufhebung des Zusammenhanges. Nichts schied
den Griechen in seiner eigenen Überzeugung so sehr von den Barbaren
als die Weite und Freiheit seines Lebens gegenüber der Starrheit
und Befangenheit jener.

Zur Freiheit gesellt sich geschwisterlich die Klarheit. Was
immer den Menschen berührt und bewegt, was ihm von außen zufällt, und was von innen aufsteigt: es soll zur vollen Durchsichtigkeit gelangen. Erst wenn es alle Dunkelheit des Anfanges abgelegt

hat und sonnenhell vor unserem Auge steht, gilt es als in unser Leben aufgenommen und von unserer Tätigkeit angeeignet.

Es spaltet sich aber dieses Streben in zwei Bewegungen, die einander ergänzen und bekämpfen, suchen und fliehen: eine wissenschaftliche und eine künstlerische, eine logische und eine plastische.

Einmal ein eifriger Drang zu begreifen und zu verstehen, mit kraftvollem Denken alles Dunkel auszutreiben. Hier gilt es, die vorgefundene Zerstreuung zu überwinden, alle Erscheinungen zu verketten, die verschiedenen Lebensäußerungen auf einen gemeinsamen Grund zurückzuführen, aus allem Wechsel und Wandel beharrende Größen herauszusehen. Ein solches Streben beginnt lange vor der Wissenschaft, schon die ältesten literarischen Schöpfungen enthalten, wenn auch verschleiert, den Gedanken einer allgemeinen Ordnung der Dinge, eine Abweisung vager und blinder Willkür. Jenes Streben kann sich aber nicht weiterentwickeln und zur Wissenschaft steigern, ohne daß sich das Weltbild vom Sichtbaren ins Unsichtbare verschiebt; ja das Denken wird im Wachstum seiner Selbständigkeit stark genug, lediglich seiner eigenen Notwendigkeit zu vertrauen und seiner Forderung eines echten Seins die ganze sinnliche Welt aufzuopfern, sie zur Erscheinung, zum bloßen Schein herabzusetzen. So werden die Griechen die Schöpfer der Metaphysik, weit über die Schulwissenschaft hinaus ist ein metaphysischer Zug ihrer Arbeit eingepflanzt, große Gedanken erfüllen ihr Leben und Schaffen. Auch im eigenen Seelenleben drängt es sie zwingend zur Klarheit und Bewußtheit; was nicht Grund und Rechenschaft ablegen kann, gilt als minderwertig, ein deutliches Wissen soll alles Handeln begleiten und durchdringen. Ja, es wird die Einsicht zur tiefsten Seele des Lebens, an rechter Erkenntnis scheint alles Gute zu hängen, das Böse aber wird ein intellektuelles Verfehlen, ein Irregehen im Urteil.

Aber der Ausschließlichkeit des Denkens und der Verwandlung des Daseins in bloße Begriffe widersteht kräftig ein Zug zur sinnlichen Anschauung und künstlerischen Gestaltung. Der Grieche will nicht bloß begreifen, er will auch schauen, er will das Bild als Ganzes vor sich sehen und in sinnlicher Gegenwart festhalten; zum strengen Denken gesellt sich die leichtbeflügelte Phantasie, auch sie nicht ohne Gesetz, vielmehr unverwandt auf Maß, Ordnung, Harmonie gerichtet. Hier drängt alles zur vollausgeprägten Gestalt, alle Bildung wird nach draußen hin abgegrenzt und in sich selbst abgestuft, alle

Verhältnisse werden abgewogen und festgelegt; alles Einzelne empfängt eine Grenze, indem es eine Grenze setzt. Die Ausbreitung dieses Wirkens über die Welt verwandelt das anfängliche Chaos in einen Kosmos, sie vertreibt alles Ungeschlachte und Fratzenhafte. Im besonderen will hier das Auge wohltätig berührt sein; erst sein Schauen eröffnet den vollen Glanz der Schönheit und führt auf die Höhe des Lebens. Eine solche Gesinnung duldet keine Kluft zwischen innerem und Äußerem, ihr genügt nicht traumhafte Ahnung oder symbolische Andeutung, ihr ist die Darstellung nicht eine nachträgliche Zutat, sondern die unentbehrliche Vollendung des Wesens. Durch dieses Verlangen nach Anschauung wird die Arbeit immer wieder zur unmittelbaren Welt zurückgeführt und bei ihr festgehalten; die Vielheit der Dinge, die dem Denken vor der begehrten Einheit zu verschwinden droht, behauptet hier ein unangreifbares Recht; als freundliche Zwillingsschwester gesellt sich zur strengen Wahrheit die Schönheit. Die Verbindung beider, die plastische Gestaltung geistiger Kräfte, bildet die Höhe der griechischen Arbeit. Auf dieser wird das Streben zur Wahrheit sicher davor behütet, sich von der Welt abzulösen und ins Unermeßliche, Pfadlose zu verlieren, das künstlerische Bilden aber entwickelt einen tiefen Gehalt und sinkt nicht zu bloßem Reiz und Genuß. Durch solche Wechselwirkung empfängt das Ganze eine innere Bewegung, ein unermüdliches Leben, eine unversiegliche Frische.

Schon in diesen wenigen Zügen erweist sich eine durchaus eigentümliche Art; sie umfängt auch die Arbeit der Philosophen und die Bildung von Lebensanschauungen. Es erscheinen aber Lebensanschauungen philosophischer Prägung erst spät, und als sie erscheinen, ist ein tüchtiges Stück geistiger Arbeit, innerer Befreiung schon getan. Durchgängig war der naivere, den Menschen der sinnlichen Umgebung eng verflechtende Lebensstand verlassen, den die homerischen Gedichte zeigen. Das Werden und Wachsen des Neuen näher zu verfolgen, verhindert leider das tiefe Dunkel, das über den inneren Bewegungen des 8. und 7. Jahrhunderts liegt, aber im 6. ist jenes schon deutlich entfaltet, und im 5. ist sein Sieg entschieden. Alle Hauptgebiete hat nun der Geist der Befreiung und Vertiefung ergriffen.

So zunächst die Religion. Wohl bleiben die alten Götter in Ehren, aber ihr überkommenes Bild erfährt eine scharfe Kritik. Anstoß und Zorn erregt, was an ihm geläuterten sittlichen Begriffen widerspricht; ein offener Kampf wird nicht gescheut, aber auch in leiserer Art, vielleicht kaum bemerkt, vollzieht sich eine Verschiebung ins Geistige und Sittliche. Zugleich wächst das Verlangen nach Einheit; so wenig die Vielheit der Göttergestalten verschwindet, sie ist kein bloßes Nebeneinander mehr; Ein göttliches Sein schimmert durch alle Mannigfaltigkeit hindurch. Zugleich zeigen sich Keime neuer Entwicklungen, Entwicklungen nach verschiedener, ja widerstreitender Richtung. Von der Forschung her ein pantheistischer Zug, die Überzeugung von einem allumfassenden Leben, einer unpersönlichen Gottheit, aus der auch die Seele des Menschen stammt, und zu der sie nach vollbrachtem Lebenslauf zurückkehrt. Aus einer tieferen Empfindung der Ungerechtigkeit irdischer Dinge und aus der Sorge um das eigene Glück und Heil hingegen ein Aufstreben über das unmittelbare Dasein, eine Ablösung der Seele vom Körper, der Glaube an eine persönliche Unsterblichkeit und die Hoffnung eines besseren Jenseits. So in den Kreisen der Orphiker und Pythagoreer.

Zugleich hatte auch das ethische Leben eine größere Selbständigkeit und Innerlichkeit gewonnen, im besonderen war die Idee des sittlichen Maßes zur Macht gelangt und gab der Gesinnung einen Halt, dem Handeln eine Norm. Mächtig wirkt auf das ethische Gebiet und überhaupt zur Vertiefung des Seelenlebens die Poesie weit über die Reflexion der Spruchdichter hinaus. Die Wendung zur Lyrik erzeugt ein reiches Empfindungsleben und steigert das Bewußtsein des Subjekts; die Liebe, der Eros, findet einen Ausdruck in der bildenden Kunst wie in der Dichtung. Je innerlicher und bewegter aber das Leben wird, desto schwerer werden die Probleme, desto tiefer die Empfindung der Widersprüche des menschlichen Daseins. Das Drama ergreift mutig diese Probleme und zieht in seiner Weise die Summe menschlichen Schicksals. Bevor die Philosophie dem Leben einen Halt gab, waren die Dichter die Lehrmeister der Weisheit, ein Mittelglied zwischen der alten Überlieferung und der Gedankenwelt der Zukunft.

Auch die Wandlungen im Staatsleben wirken auf das Gesamtbefinden des Menschen. Das Wachstum der Demokratie beruft die Individuen zur Aufbietung und Nutzung aller Kräfte, es vermehren sich die gegenseitigen Berührungen, es beschleunigt sich der Lebensprozeß. Nicht mehr läßt sich jetzt die überlieferte Ordnung wie selbstverständlich hinnehmen, die Gesetze werden gesammelt und zugleich bearbeitet, dabei erwachen allgemeine Probleme, man

beginnt nach der Vernunft des Bestehenden zu fragen, die Einrichtungen anderer Staaten zu vergleichen, mit der Theorie neue
Wege zu suchen. So gerät vieles in Fluß, und der kritischen Erörterung eröffnet sich ein freier Raum. Zugleich erweitert sich
auch äußerlich das Leben durch den Aufschwung von Handel und
Verkehr, namentlich aber durch die Anlegung von Kolonien, welche
kraft der Berührung mit fremden Kulturen auch geistig vordringen.
Es ist kein Zufall, daß die Anfänge der Philosophie in den Kolonien
liegen.

Mit der Art des Lebens verändert sich auch der Anblick der Welt.
Die Philosophie, die bei den Griechen nicht vom Menschen und seinem
Glück, sondern vom All beginnt, will die Welt aus ihren eigenen
Zusammenhängen, auf natürliche Art verstehen, sie dringt auf eine
unwandelbare Substanz oder auf feste Maßverhältnisse; die muß mit
dem ersten Eindruck brechen und das anschauliche Bild zerstören,
aber mit einem sicheren Zuge für das Wesentliche baut sie die Welt
wieder auf, in Entwürfen, deren geniale Einfalt immer von neuem
zur Bewunderung zwingt. Weniger durch einen direkten Angriff
als durch die Ausbildung eines Gegenstückes wird die mythologische
Ansicht endgültig überwunden.

Das Streben nach einem eigenen Zusammenhange der Dinge
wird weiter gefördert durch die Astronomie. indem sie in den Bewegungen der Gestirne Beständigkeit und Gesetzlichkeit aufweist,
im Weltbau feste Ordnungen entdeckt und das Ganze in den Anblick eines Kosmos zusammenschließt, muß auch das Göttliche alle
Willkür ablegen und sich an ein Gesetz binden. Deutlicher als alle
wundersamen Eingriffe es könnten, verkündet die eigene Ordnung
und Harmonie der Dinge eine Weltvernunft. — Daß aber eine solche
Vernunft nicht nur im Großen waltet, sondern mit Zahl und Maß
auch in das Kleine, anscheinend Unfaßbare hineinreicht, das zeigt
in überraschender Weise die Entdeckung der mathematischen Ton-
verhältnisse. — Einen starken Einfluß auf die Weltanschauung übt
auch die Medizin. Nicht nur auf ihrem eigenen Gebiet wird sie
durch die Sorge um den Menschen zu einer genaueren Ermittlung
der ursachlichen Zusammenhänge getrieben, sie schärft überhaupt
die kausalen Begriffe, sie enthüllt die enge Verbindung des Menschen
mit der Natur, sie erkennt in ihm ein Abbild des Alls, den
Mikrokosmos, der alle Hauptsäfte und -kräfte der großen Welt in
sich trägt.

Endlich erhält auch das eigene Leben und Tun der Menschheit das Licht einer objektiven Betrachtung. Die Geschichtsschreibung hat kaum ihre Selbständigkeit gefunden, als sie auch einen kritischen Geist entfaltet, an den Überlieferungen sondert und sichtet, in der Beurteilung unserer Schicksale das Übernatürliche mindert und zurückdrängt. Persönlich mögen dabei die Autoren eine fromme Scheu vor den unsichtbaren Mächten bewahren, der Zug der Arbeit geht dahin, die Erlebnisse aus der Verkettung von Ursache und Wirkung zu verstehen und das Schicksal an die eigene Tat zu knüpfen.

Die gleichzeitige Entwicklung aller dieser Bewegungen bietet ein wundervolles Schauspiel, wie es die Geschichte an keiner anderen Stelle aufweist. Mit unvergleichlicher Kraft und Frische erfolgt ein sicheres Aufsteigen von traumhafter Befangenheit und kindlicher Gebundenheit zu einem wachen, freien, männlichen Lebensstande; immer selbständiger wird das Innere, immer mehr weicht die Enge bloßmenschlicher Art einem Leben mit dem All. In solchen Wandlungen regt und hebt sich das Kraftgefühl des Menschen, hervorragende Individuen erscheinen und verfechten ihre Eigentümlichkeit, eine geistige Unruhe ergreift die Welt. Allgemeine Probleme brechen hervor und beherrschen das Denken, überall ein Drang nach Klärung, Begründung, geistiger Aneignung, ein starkes Wachstum intellektueller Arbeit und allgemeiner Bildung.

Aber alles Aufsteigen des Neuen und alles Versinken des Alten ergibt zunächst keinen schroffen Bruch, keine völlige Umwälzung. Im Erstarken des eigenen Vermögens hat sich der Mensch noch nicht von den Dingen losgerissen und ihnen entgegengestellt, er hat die gemeinsamen Ordnungen noch nicht abgeschüttelt. Noch war die Zeit nicht gekommen, wo das Subjekt sich allein auf seine eigene Kraft stellt und keck allem Nicht-Ich Trotz bietet.

Aber diese Zeit mußte kommen, und sie kam. Die Kräftigung des Subjekts, welche jede geistige Bewegung großen Stils vollzieht, wird schließlich in erregbaren und beweglichen Geistern das Gefühl unbedingter Überlegenheit, voller Selbstherrlichkeit erzeugen; mit solcher Wendung wird die geistige Befreiung zur Aufklärung, und diese muß sich, solange ein Gegengewicht fehlt, immer radikaler gestalten. Das Denken wird zu freischwebender Reflexion, die nichts anerkennt, was nicht in ihr Räsonnement aufgeht; es wird damit eine Macht der Auflösung und Verflüchtigung, es wird vornehmlich ein Todfeind der geschichtlichen Überlieferung. Denn was immer von alter Übung und Sitte es vor sein Forum zieht, das ist schon durch die Ladung gerichtet und verdammt. Entspricht diesem Zerstören kein Aufbauen, so muß das Leben immer mehr ins Leere geraten und einer schweren Krise zutreiben.

Solche Wendung zu einer radikalen Aufklärung bringen den Griechen die Sophisten. Ihre zutreffende Würdigung ist schon deshalb schwer, weil ihr Bild uns vornehmlich durch ihren schroffsten Gegner überliefert ist und die von diesem gezogenen Folgerungen leicht als ihre eigenen Behauptungen erscheinen. Vor allem waren die Sophisten nicht Theoretiker, reine Philosophen, sondern Lehrer, Lehrer aller Geschicklichkeit für das praktische Leben, für das Handeln wie das Reden. Sie wollten ihre Schüler tauglich machen, in der Gesellschaft etwas zu leisten und zu erreichen, sie wollten sie namentlich durch Ausbildung rhetorischer und dialektischer Gewandtheit anderen Menschen überlegen machen. Das alles entsprach einem Bedürfnis der Zeit und hat zur Erweckung und Bildung der Geister gedient. Aber mit dem Schätzbaren verschlang sich eng Problematisches, ja Verwerfliches. Denn alles Wirken hier trägt in sich die Überzeugung, daß es keine sachliche Wahrheit gibt und uns keinerlei überlegene Ordnungen binden, sondern alles auf der Meinung und Neigung des Menschen steht. So ward der Mensch zum „Maß aller Dinge". Dieses Wort läßt sich verschieden deuten und wohl auch als ein Ausdruck tiefer Weisheit verstehen. Aber in jenen Zusammenhängen, wo zwischen Zufälligem und Wesentlichem im Menschen noch nicht geschieden war, und sich ein Begriff der Menschheit von ihrer unmittelbaren Erscheinung in den Individuen noch nicht abgehoben hatte, besagte es einen Verzicht auf alle allgemeingültigen Normen, eine Preisgebung der Wahrheit an das jeweilige Belieben und die schwankenden Neigungen der Menschen. Je nach dem Standort, dem Gesichtspunkt, wie es heute heißt, läßt sich alles so oder so wenden, so oder so beurteilen, läßt sich was als Recht erscheint, auch als Unrecht darstellen und umgekehrt, läßt sich nach Lage und Laune jeder Sache zum Siege verhelfen. So verwandelt sich das Leben mehr und mehr in Nutzen, Genuß, ja Spiel des bloßen Subjekts das Individuum kennt keine Schranke und keine Scheu, der Kraftmensch verspottet alle Ordnungen als bloße Satzungen, als eine Erfindung der Schwachen, denen er die Gewalt und den Vorteil des Stärkeren als das wahre Naturrecht entgegenhält. So weicht das

Gute dem Nützlichen, alle Schätzung wird relativ, nirgends findet die Überzeugung einen sicheren Halt, nirgends das Handeln ein Ziel, das den Menschen über sich hinaushebt und ihm Ehrfurcht gebietet. Gewiß hat auch ein solcher Relativismus ein Recht, und es muß sich jede Überzeugung irgend mit ihm abfinden. Zur alleinigen Herrschaft erhoben aber wird er zum Todfeind alles Großen und Wahren. Seine Dialektik muß alsdann alles Feste zersetzen, sein geistreiches Spiel allen Ernst des Lebens zerstören und alle Tiefe verschließen; alles subjektive Kraftgefühl, alles Gerede von Kraft verdeckt immer weniger den Mangel an echter Kraft, die Hohlheit dieses ganzen Getriebes. Schließlich endet solches bewegliche und witzige Treiben in Frivolität. Nichts aber erträgt die Menschheit auf die Dauer weniger als eine frivole Behandlung der Hauptfragen ihres Glückes und ihrer geistigen Existenz.

Aber die Sophisten sind leichter zu tadeln als zu überwinden. Die Befreiung des Subjekts läßt sich nicht einfach zurücknehmen, sie hat die Überzeugungskraft aller bloßen Autorität und Überlieferung endgültig zerstört. Eine Überwindung ist nur möglich durch eine innere Weiterbildung des Lebens, nur dadurch, daß das Subjekt in sich selbst neue Zusammenhänge und neue Ordnungen entdeckt, daß in seiner eigenen Seele eine Welt aufsteigt, die den Menschen von der Willkür befreit und in sich selbst befestigt. Daß die Arbeit der griechischen Philosophie dies vollbracht hat, das ist ihr größtes Verdienst, und das bedeutet zugleich die Höhe ihrer Entwicklung.

Die Bewegung kommt in Fluß durch Sokrates. Die Art seines Wirkens ist äußerlich den Sophisten so verwandt, daß das Urteil vieler Zeitgenossen ihn damit einfach zusammenwarf. Auch er wirkt als Lehrer und will die Jugend für das Leben bilden, auch er reflektiert und räsonniert, auch er will alles vor der Vernunft begründet haben, auch ihm wird der Mensch zur Hauptsache; so scheint er ein Aufklärer wie die anderen. Aber er erreicht einen festen Punkt, von dem aus sich ihm alles Denken und Leben umgestaltet. Ihm eröffnet sich die Einsicht in den tiefen Unterschied zwischen den Meinungen der Menschen mit ihrer bunten Verschiedenheit wie ihrem unablässigen Wechsel und dem wissenschaftlichen Denken mit seinen Begriffen. In diesen Begriffen erscheint etwas Festes, Unwandelbares, Allgemeingültiges, das eine zwingende Kraft übt und alle Willkür austreibt. Das ganze Leben verwandelt sich damit in

2*

eine Aufgabe. Denn nun gilt es durch Aufdeckung und Klärung der Begriffe den Gesamtbefund unseres Daseins auf seine Haltbarkeit zu prüfen, allen Schein auszutreiben, alles Leben und Tun wahr zu gestalten. Dabei erreicht Sokrates kein geschlossenes System, seine Arbeit bleibt ein Suchen, ein unermüdliches Suchen. Wohl bildet er zur Auffindung und Erläuterung des Begriffes eigentümliche Methoden, aber sie anzuwenden vermag er nicht für sich allein, sondern nur im Verkehr mit anderen Menschen, in geordneter Rede und Gegenrede; so wird sein Wirken und Leben ein unablässiger Dialog. Er kann aber den Menschen nahe bleiben, weil sein Denken vornehmlich dem praktischen und sittlichen Leben zugewandt ist. Mit der Begründung dieses Lebens auf die vernünftige Einsicht wird das Gute über alle bloße Meinung hinausgehoben und ein neuer Begriff der Tugend gewonnen. Die Hauptsache bildet jetzt nicht die Leistung nach außen und der Erfolg in der Gesellschaft, sondern die Übereinstimmung mit sich selbst, die Gesundheit und Harmonie der Seele. Das Innenleben erhält eine Selbständigkeit und einen Selbstwert; so ganz ist es in sich selbst vertieft und mit sich selbst beschäftigt, daß alle Fragen des äußeren Geschickes dagegen verblassen. Dabei behält die Ausführung viel Unfertiges, auch manches Kleinere und Flachere, was dem Hauptzuge des Strebens widerspricht. Aber die Wendung zur Selbständigkeit des Innenwesens, die Freilegung des Innenlebens bleibt in voller Kraft, und alles Unfertige wie Unausgeglichene verschwindet vor der Treue und dem Ernst dieser Lebensarbeit, namentlich aber vor dem heroischen Tode, der diese Arbeit besiegelte. Ein sicherer Grundstein war damit gelegt, eine neue Bahn eröffnet, auf der nun rasch — in Plato — die griechische Lebensanschauung ihre philosophische Höhe erreichte.

2. Plato.

a. Einleitendes.

Platos Lebensanschauung zu zeichnen bildet wohl die schwerste Aufgabe unserer ganzen Untersuchung. Vornehmlich deshalb, weil die gewaltige Persönlichkeit, deren Erscheinung seine Werke bilden, grundverschiedene Antriebe, ja schroffe Gegensätze umfaßt. Plato ist an erster Stelle der königliche Denker, der durch allen Schein hindurch und über alles Bild hinaus siegreich zu einem unsinnlichen

Wesen der Dinge vordringt, dabei Welten gegen Welten hält, die
starrsten Massen wie in leichtem Spiel bewegt, die härtesten Gegensätze mit überlegenem Vermögen in Fluß bringt. Dieser Denker
ist aber zugleich ein Künstler von Gottes Gnaden, den es überall
zum Gestalten und Schauen drängt, dessen hochgestimmte Phantasie
alles Gedankenwerk mit glanzvollen Bildern umrankt, ja durchwebt,
dem das Denken selbst zum Schaffen wird. In das Dichten und
Denken aber ergießt Plato eine kraftvolle moralische Persönlichkeit
und läßt sie alles prüfen und läutern; nur das gilt als echt und
wertvoll, was das Ganze der Seele fördert, indem es befestigt, reinigt,
veredelt. »Alles Gold über der Erde und unter der Erde wiegt
die Tugend nicht auf.« Das Bewußtsein von unsichtbaren Zusammenhängen und schweren Verantwortungen gibt dabei aller Arbeit einen
tiefen Ernst, ja eine unsagbare Weihe. Auch die Bewegungen der
Zeit zur Verinnerlichung der Religion wirken hieher und erscheinen
in der Stimmung wie in der Sprache.

Daß in dem Lebenswerk des Mannes so verschiedene Antriebe
zusammentreffen und sich gegenseitig steigern, das gibt diesem
Werk eine einzigartige Größe. Aber zugleich erwachsen daraus Verwicklungen, die nicht voll gelöst werden können. Jeder einzelne Zug
ist viel zu selbständig, um nicht oft mit den anderen zusammen-
zustoßen, mannigfache Hemmungen und Durchkreuzungen entstehen
und ziehen das Ganze bald mehr nach dieser, bald nach jener
Richtung.

Bei solcher Mannigfaltigkeit der Bewegungen wird besonders
peinlich das Dunkel, das über der Reihenfolge der platonischen
Schriften und über der inneren Geschichte des Mannes liegt. Wohl
heben sich gewisse Hauptphasen deutlich genug heraus; wo sich aber
die einzelnen Abschnitte und Übergänge befinden, was zu den verschiedenen Zeiten die Haupttriebkraft der Bewegung war, auch was
für den Denker selbst den Abschluß seiner langen Lebensarbeit
bildete, das alles ist trotz unsäglicher Mühe der gelehrten Forschung
noch immer so wenig zu überzeugender Klarheit gebracht, daß ohne
gewagte Vermutungen dabei nicht auszukommen ist; solche aber
muß unsere Darstellung vermeiden. So soll sie sich vornehmlich
an die Werke halten, welche Plato als den Schöpfer und Vorkämpfer
der Ideenlehre zeigen. Denn in ihr erreicht er seine größte Selbständigkeit, und mit ihr hat er am tiefsten auf die Menschheit
gewirkt.

b. Die Ideenlehre.

Platos Streben entspringt aus einer tiefen Unzufriedenheit, ja völligen Zerworfenheit mit der gesellschaftlichen Umgebung. Es ist zunächst die athenische Demokratie, die seinen Zorn erregt, das Verhalten der „Vielen", die ohne Ernst und ohne Einsicht nach schwankender Lust und Laune über die wichtigsten Dinge befinden und durch ihre lärmenden Massenwirkungen die in der Bildung begriffenen Seelen den wahren Zielen entfremden. Aber dem Philosophen verwandelt sich die Not seiner Zeit und seines Kreises in ein Problem aller Orte und aller Zeiten. Jegliches menschliche Tun, das sich selbst genügen will und eine Verbindung mit überlegenen Ordnungen ablehnt, wird ihm klein und unzulänglich; vom flüchtigen Schein beherrscht kann es nicht mehr bieten als einen Schein der Tugend und des Glückes, den namentlich seine Selbstgefälligkeit widerwärtig macht. So reißt der Denker sich los vom bloßen Menschen und flüchtet zum All, von dem Treiben des Alltages mit seinem Neid und Haß heißt er uns aufschauen zu den urewigen, von aller Ungerechtigkeit freien Ordnungen, die der Anblick des Firmaments unablässig vor Augen stellt; die Verbindung mit ihnen wird unser Leben weiter und wahrer, reiner und beständiger machen. So ein Streben über den Menschen hinaus, eine Wendung von einer sozialen zu einer kosmischen Lebensführung.

Aber dies neue Leben stößt sofort auf ein scheinbar unüberwindliches Hemmnis. Die sinnliche Welt war durch die Arbeit der Wissenschaft erschüttert und zersetzt, namentlich war ihre unablässige Veränderung, war der regellose Fluß der Dinge viel zu deutlich erkannt, als daß sie dem Leben und Streben einen sicheren Halt bieten könnte. Ist das Reich der Sinne die einzige Welt, so bringt die Wendung zum All dem Leben keine Befestigung. Aber kann neben ihm, über ihm nicht noch eine andere Wirklichkeit bestehen? Sokrates' Lehre vom Denken und von den Begriffen hatte einen Ausblick darauf eröffnet. In den Begriffen war gegenüber den schwankenden Meinungen etwas Beharrendes und Allgemeingültiges erkannt, für Sokrates freilich nur innerhalb unseres Gedankenkreises. Plato aber, seiner Gesamtart nach mehr aufs Große und Kosmische gerichtet, geht hier einen bedeutenden Schritt vorwärts. Der Begriff könnte, so meint er, nicht wahr sein, wenn er nicht über den Menschen hinausreichte und einer Wirklichkeit in den Dingen entspräche. Das stimmt zur griechischen Denkart, welche den Menschen nicht von der Welt ablöst und ihr entgegensetzt, sondern ihn ihr eng verbindet, welche daher, was sich im Menschen vorfindet, als eine Mitteilung der Dinge versteht. Das kleine Leben folgt hier dem großen, denn nicht entfacht und nährt sich, so meint Plato, das Feuer des Alls aus dem Feuer bei uns, sondern es hat von jenem das meine und das deine und das aller Lebewesen alles was es hat. Sind wir aber so sehr auf die Dinge angewiesen und besitzt die Seele ihren Inhalt nur vom All her, so läßt der Befund der kleinen Welt mit Sicherheit auf die große schließen. Nun ist für Plato ausgemacht, daß es gegenüber der schwankenden Meinung ein Wissen mit festen Begriffen gibt; so gibt es sicherlich auch im All eine unwandelbare Wirklichkeit unsinnlicher Art, ein Reich von Gedankengrößen jenseit der fließenden Sinnenwelt.

Auf diesem Wege kommt Plato zum Kern seiner philosophischen Überzeugung, zu seiner ideenlehre. Das Wort Idee, ursprünglich Aussehen, Bild, Gestalt bedeutend und auch in der Philosophie schon vor Plato verwandt, erhält und behauptet von hier aus einen technischen Sinn; es bezeichnet nun das Gegenstück des Begriffes in der Welt der Dinge, ein wesenhaftes, unwandelbares, nur dem Gedanken zugängliches Sein. Die Ideenlehre befestigt und objektiviert unsere Begriffe, eine kühne logische Phantasie versetzt diese über den menschlichen Kreis hinaus in das All und verdichtet sie uns gegenüber zu selbständigen Größen. Die Gedankenwelt aber, die damit entsteht, wird für Plato zum Kern aller Wirklichkeit, zum Träger der Welt, die uns vor Augen liegt.

Das ist eine Umwälzung und Umwertung gewaltigster Art; die Geschichte des menschlichen Geisteslebens kennt keine größere. Das sinnliche Dasein, bis dahin die sichere Heimat des Menschen, rückt in die Ferne, und zum Ersten, Gewissesten, unmittelbar Gegenwärtigen wird eine nur dem Denken zugängliche Welt. Nicht nach der Stärke des sinnlichen Eindrucks, sondern nach der Durchsichtigkeit für den Gedanken bemißt sich jetzt die Nähe und Erkennbarkeit der Dinge; da das sinnliche Dasein mit seiner Räumlichkeit der Auflösung in reine Begriffe starr widersteht, so bleibt es bei aller Handgreiflichkeit in trübem Dämmerschein, während die Ideen volles Tageslicht haben. Bei solcher Umkehrung bildet die Seele unser echtes Wesen, der Körper wird etwas von draußen anhängendes, ja fremdes. So sollen auch das Streben nur unsinnliche Güter bewegen.

Diesem Spiritualismus gibt eine besondere Färbung die unbedingte Herrschaft des Erkennens. Nur das Erkennen, das Auge des Geistes für die unsichtbare Welt, führt vom Sinnenschein zum Reich des Wesens. An seiner Entfaltung liegt alle Selbständigkeit und innerlichkeit unseres Lebens, ja streng genommen muß es seinen alleinigen inhalt bilden.

So eine völlige Wandlung, zugleich aber die Gefahr einer höchst einseitigen Gestaltung. Wäre das Leben gänzlich in jene Richtung eingelenkt, so hätte das Verlangen nach einem unsinnlichen und unwandelbaren Sein alle bunte Fülle der Wirklichkeit zerstört. Bei Plato aber gesellt sich zur Forderung eines festen und echten Seins als nicht minder wesentlich ein künstlerischer Zug, zum Verlangen nach Wahrheit das nach Schönheit; erst die Verbindung beider vollendet die ideenlehre. Das unsinnliche Wesen der Dinge erscheint zugleich als die reine Form, die Form, welche mit überlegener Gewalt eine Mannigfaltigkeit zusammenbindet, gegenüber allem Werden und Vergehen der Einzelwesen mit ewiger Jugend beharrt und immer von neuem auch das sinnliche Dasein gestaltet. Eine solche Form findet der Philosoph wirksam in der Weite der Natur wie in der innerlichkeit der Seele wie im Aufbau menschlicher Gemeinschaft; so wird hier zuerst das Weltphänomen der Form vom Denken angeeignet und zugleich eine neue Schätzung der Dinge gewonnen. Die Form ist nicht bloß beständig, sie ist zugleich schön und anziehend, das wahrhafte Sein erweist sich zugleich als das Gute und Vorbildliche, die Welt des Wesens als die der Werte. Das ergibt einen weit freundlicheren Anblick der nächsten Wirklichkeit. Wird sie damit ja ein Abbild des vollkommenen Urbildes, eine stete Hinweisung darauf, ein unablässiges Aufstreben zur Höhe.

Diese Verbindung von Wahrheit und Schönheit enthält eine feste Überzeugung von der Weltmacht der Vernunft. Wo das Wesenhafte zugleich als schön und gut gilt, wo die Dinge um so besser dünken, je mehr sie an echtem Sein teilhaben, da steht das Gute in sicherem Übergewicht, da beherrscht es die Welt. Hier ist kein Platz für ein radikales Böse, eine lähmende Erbsünde; mag das Niedere herabziehen und entstellen, verderben und verkehren kann es nicht. Mit solcher Wendung veredelt und rechtfertigt sich der Drang zum Leben, es begründet sich eine Freudigkeit der Gesinnung inmitten aller Gefahren und Kämpfe.

Was immer an der ideenlehre Platos problematisch bleibt, sie eröffnet eine große Wahrheit, auf die sich nicht wieder verzichten läßt. Das ist die Überzeugung, daß es ein Reich der Wahrheit gibt jenseit des Beliebens der Menschen, daß Wahrheiten gelten nicht wegen unserer Zustimmung, sondern unabhängig davon, in einer allem menschlichen Meinen und Mögen überlegenen Sphäre. Ohne solche Überzeugung gibt es keine Selbständigkeit der Wissenschaft, keinen festen Aufbau der Kultur; nur eine selbständige Wahrheit kann Gesetze und Normen entwickeln, die das menschliche Dasein erhöhen, indem sie es binden. Dies aber ist der Hauptgedanke alles Idealismus; so bleibt dieser für immer mit Plato verkettet.

c. Die Lebensgüter.

Die platonische Lebensführung entwickelt sich unmittelbar aus der Ideenlehre; ihr Charakteristisches läßt sich in wenige Worte zusammenfassen. Alles geistige Leben ruht auf der wissenschaftlichen Einsicht, es wird unwahr, sobald es sich davon losreißt. In seiner näheren Durchbildung aber strebt es zur künstlerischen Gestaltung, zu plastischem Ebenmaß und wohlgefügter Harmonie. So verbinden und durchdringen sich hier zu gegenseitiger Förderung die beiden Hauptrichtungen des griechischen Lebens: das Verlangen nach klarem Erkennen und nach anschaulichem Gestalten. Plato bildet damit den Höhepunkt der geistigen Arbeit seines Volkes. Aber als etwas Eigenes und Neues legt er in jenes Schaffen seine große Gesinnung, die Kraft einer lauteren und edlen, einer souveränen Persönlichkeit; in aller Wahrheit und Schönheit sucht seine Seele schließlich das Gute, das Veredelnde, das Wesenerhöhende. Das gibt auch der Arbeit neue Antriebe und Aufgaben.

Die unbestrittene Führung des Lebens hat die Wissenschaft, auf wissenschaftlicher Einsicht ruht alle geistige Betätigung, nichts gilt als echt, was nicht durch die Gedankenarbeit hindurchgegangen ist. Nur die Einsicht erzeugt echte Tugend. Denn nur sie befreit von dem Schein und der Äußerlichkeit der landläufigen Tugend, nur sie begründet die Tugend im eigenen Wesen des Menschen und macht sie zugleich zur freien Tat des Menschen. Denn was gewöhnlich Tugend heißt, sich aber in Wahrheit nicht sehr von körperlichen Fertigkeiten unterscheidet, ist mehr ein Erzeugnis der gesellschaftlichen Umgebung, ein Werk von Sitte und Übung als eine eigne Tat und Entscheidung. Erst die rechte Einsicht läßt eine Selbständigkeit des Handelns und Wesens gewinnen.

Auch das Schöne muß in das Element des Gedankens getaucht werden, um die gemeine, auf niedere Lust bedachte Fassung abzulegen. Denn erst jenes vertreibt aus ihm, was dem bloßen Reiz und Genuß dient; erst die Befreiung von allem Körperhaften, die Erhebung zu reiner Geistigkeit vollendet sein Wesen. Nun ist es nach Winckelmanns Ausdruck „wie ein aus der Materie durchs Feuer gezogener Geist". Nun kommt das griechische Streben zum Schönen auch in der Philosophie zur Geltung und wird zu einer Macht auch für die wissenschaftliche Überzeugung.

Damit erhält die Gedankenarbeit neue Antriebe fruchtbarster Art. Das Streben nach Wahrheit nimmt zu seinem Ernst Frische und Freudigkeit in sich auf, der inhalt der Gedankenwelt aber bewahrt bei aller Abstreifung roher Sinnlichkeit eine Festigkeit und Gegenständlichkeit. Das Erkennen erscheint hier als ein Erblicken eines beharrenden Vorwurfs, es entsteht der Begriff einer geistigen Anschauung, der einen eigentümlich griechischen Sinn der Anschauung aufnimmt und weiterbildet. Anschauen bedeutet hier nicht ein passives Aufnehmen eines fremden Gegenstandes, sondern eine Verbindung von Tätigkeit und Vorwurf zu lebendigem Kontakt, um unablässig Leben vom einen zum anderen überzuleiten. Das wäre aber unmöglich ohne eine innere Verwandtschaft des Wesens, unser Auge muß sonnenartig sein, um im Licht der Sonne Dinge zu erblicken, unsere Vernunft den ewigen Beständen gleichartig, um im Licht der Ideen Ewiges zu erkennen.

In solchem Zusammenhange wird die Anschauung eine Zwillingsschwester der Liebe, des Eros, dieses immer jugendlichen Gottes. Das Streben nach geistiger Produktion bewirkt ein Suchen des Wesensverwandten, nur zusammen mit einem solchen, nur in gegenseitiger Belebung kann das nach Wahrheit dürstende Wesen sein Ziel erreichen und Unvergänglichkeit gewinnen. So wird die Forschung zum geistigen Schaffen; Geist und Wahrheit kommen nicht fertig an uns, sie entstehen erst, indem sich unser Streben mit der Vernunft des Alls berührt. Mit dem Begriff des geistigen Schaffens aber, wie er hier der Wissenschaft aufgeht, wird die Kunst der Forschung selbst eingepflanzt und ein untrennbares Bündnis von Wahrheit und Schönheit besiegelt.

Wie aber das Schöne, so wird auch das Gute der Forschung eng verbunden und verschlungen. Für Plato ist die Philosophie keine bloße Theorie im späteren Sinne, sondern ein Aufbieten des

ganzen Wesens, ein Erheben des ganzen Menschen vom Schein zur
Wahrheit, ein Erwachen aus dem tiefen Schlummer des Alltagslebens,
eine Reinigung von aller Sinnlichkeit. Das Streben zur Wahrheit
entspringt aus innerster Gesinnung; denn es ist der Trieb der Wahrhaftigkeit, der mit dem Scheine brechen und echtes Wesen suchen
heißt. Auch insofern fallen Wahres und Gutes zusammen, als das
höchste Gut unwandelbar sein muß, etwas unwandelbares sich aber
nur der Forschung eröffnet.

Noch inniger ist der Bund von Gutem und Schönem. Die
Fassung des Schönen zeigt Plato als einen Sohn seines Volkes, er
bietet eine philosophische Formulierung des klassisch Schönen, das
eben damals seine Höhe erreicht hatte. Das Schöne ist hier vornehmlich plastischer Art, es verlangt eine klare Scheidung alles Mannigfachen, eine kräftige Entfaltung jedes Teiles, eine energische
Zusammenfassung zum Ganzen eines Werkes. Wo immer ein Ganzes
erstrebt wird, da sollen die Teile aus dem anfänglichen Chaos
deutlich hervortreten, jeder eine besondere Aufgabe erlangen und
seine Grenzen gegen die übrigen gewissenhaft wahren; dann aber
soll sich die Mannigfaltigkeit ordnen, abstufen und in ein Kunstwerk
zusammengehen, dessen Ebenmaß und Harmonie eine reine und
edle Freude erzeugt. Jene Ordnung wird keineswegs von außen
auferlegt, sondern von innen her bewirkt, die Bildung zum Schönen
wird getragen von eigenem Leben und Streben, bei aller Ruhe ist
das Kunstwerk zugleich ein beseelter Organismus. So das Gedankenbild des klassisch Schönen, eines Schönen von festen, ja strengen
Verhältnissen und klaren Abmessungen, von umgrenzter und durchsichtiger Gestalt, zugleich aber voll inneren Lebens.

Ein derartiges Schöne erkennt der Blick des Forschers durch
allen trüben Schein hindurch sowohl in der weiten Welt als im
menschlichen Kreise; Grenze und Ordnung, Ebenmaß und Harmonie
leuchten ihm überall entgegen. So aus dem Himmelsgewölbe mit
dem unwandelbaren Beharren der Gestirne in aller rastlosen Bewegung, so auch aus dem inneren Gefüge der Natur, das Plato
sich streng nach mathematischen Verhältnissen gestaltet denkt.

Was aber draußen in weiter und sicherer Wirkung steht, das
wird beim Menschen zur Aufgabe und Tat; die wichtigste aller
Harmonien ist die Harmonie des Lebens, welcher allein die hellenische
Art fähig dünkt. Auch unser Wesen mit seiner Vielheit von Trieben
ist von Natur in Grenzen und Ordnung gewiesen. Aber zur vollen

Belebung der Mannigfaltigkeit und zur Herstellung des Ebenmaßes bedarf es unserer eigenen Tat, die nur aus rechter Einsicht hervorgehen kann. Mit Hilfe solcher Einsicht gilt es, das anfängliche Chaos zu zerstreuen, alle in uns angelegte Kraft auszubilden, ihre Mannigfaltigkeit deutlich gegen einander abzugrenzen, schließlich alle Leistungen zu einem wohlgefügten Lebenswerk zu verbinden. Alles Grenzenlose und Unbestimmte ist hier verpönt, alle Bewegung hat ein festes Ziel, auch die Kräfte lassen sich nicht ins Endlose steigern. Wenn jeder an seiner Stelle das Seine tut, dann fährt das Ganze am besten, dann wird das Leben schön in sich selbst und voll reiner Freude. Solcher Überzeugung entspricht ein eigentümliches Bildungsideal. Der Mensch wolle sich nicht zu allem bilden und alles mögliche tun, sondern er ergreife Ein Ziel und widme ihm seine ganze Kraft. Weit besser ist es Eins gut als vieles unzulänglich zu verrichten. So ein aristokratisches ideal in schroffem und bewußtem Gegensatz zu dem demokratischen einer Erziehung aller für alles, einer möglichst vielseitigen und gleichmäßigen Bildung.

indem so die Harmonie des Lebens zu unserer eigenen Tat wird, indem sie unser Wollen, unsere Gesinnung an sich zieht, wächst sie zu einem ethischen Werk, zur Tugend der Gerechtigkeit. Das eben ist das Gerechte, das Seine zu tun und jedem das Seine zu geben; statt in fremde Kreise überzugreifen, sich ganz der einen Aufgabe zu widmen, die uns Natur und Geschick zugewiesen haben. Demnach ist die Gerechtigkeit nichts anderes als die ins eigene Wollen aufgenommene Harmonie; als solche wird sie dem Denker in Übereinstimmung mit seinem Volke zum Zentralbegriff des sittlichen Lebens, zur allumfassenden Tugend. Jenseit unseres Kreises aber wirkt sie als sittliche Weltordnung: unserem Handeln wird schließlich unser Ergehen entsprechen, früher oder später muß, wenn nicht in diesem, so in einem anderen Leben das Gute seinen Lohn, das Böse seine Strafe empfangen.

Besteht demnach die Tugend in der Belebung und harmonischen Gestaltung des eigenen Wesens, so wird das Streben nach ihr eine unablässige Befassung des Menschen mit seiner eigenen innerlichkeit, eine Befreiung von allem Druck der gesellschaftlichen Umgebung. Wenn diese über die südlichen Völker eine besondere Macht hat, so ist ihr dort auch seit Plato in souveränen Persönlichkeiten die kräftigste Gegenwirkung erstanden. — Mit jener Verinnerlichung der Aufgabe nämlich wird das Hauptziel, nicht anderen Menschen, sondern

sich selbst zu gefallen, nicht gut zu scheinen, sondern gut zu sein.
Wie diese Wendung zum eigenen Wesen das Leben allererst selbständig und wahrhaftig macht, so eröffnet sie ihm auch ein unvergleichlich höheres Glück, eine echtere Freude. Einen Verzicht auf
Glück kennt die kräftige und mutige Natur Platos nicht, aber sie
findet das Glück nicht mit der Menge in Ereignissen und Erfolgen
äußerer Art. Es vielmehr in der Tätigkeit selbst aufzusuchen, das
gestattet jetzt die Eröffnung eines umfassenden Lebenswerkes in der
reinen Innerlichkeit. Gilt es doch den ganzen Umkreis erst zu beleben und alle Mannigfaltigkeit zu einer Harmonie zu verbinden.
An dem Gelingen dessen liegt der Erfolg oder Mißerfolg unseres
Lebens und zugleich unser Glück oder Unglück. Denn nach Plato
wird, was an Harmonie oder Disharmonie vorliegt, vom Handelnden
deutlich geschaut und kräftig empfunden, es wird unverfälscht so
empfunden, wie es vorliegt. So kommt der wirkliche Stand der Seele
in Freud und Leid zu reinem Ausdruck, die Gerechtigkeit ergibt
mit ihrer Harmonie zugleich die Seligkeit, ein allen anderen Freuden
weit überlegenes Glück, die Schlechtigkeit aber mit ihrer Disharmonie,
ihrem Zerreißen und Verfeinden unserer eigenen Natur eine unerträgliche Qual.

Dieser untrennbare Zusammenhang von tätiger Tüchtigkeit und
Glück bildet die Höhe der Lebensweisheit eines frohtätigen Volkes;
dies ist das Ideal, das die griechische Philosophie bis zu ihrem
letzten Atemzuge verfochten hat. Nach dieser Überzeugung bildet
das Glück wohl die naturgemäße Folge, nicht aber den Beweggrund
des Handelns; alles kleinliche Mühen um Lohn wird verscheucht,
wo das Gute seinen Wert in sich selbst, in seiner inneren Schönheit hat, deren Schauen den Menschen erfreut und entzückt. In
dieser Weise das Glück innerlich begründen, das heißt zugleich die
Macht des Schicksals über den Menschen brechen. Alle Dürftigkeit
und aller Widerspruch der äußeren Verhältnisse kann hier den
durch das eigene Tun erzeugten Stand nicht ändern, ja der Kontrast wird seine Überlegenheit und Selbstgenugsamkeit nur noch verstärken und mehr zur Bewußtheit bringen. Bei aller Gunst der
Geschicke bleibt der Schlechte elend, ja er wird dadurch noch
elender, indem das Böse um so üppiger aufwuchert; dem Guten
aber erweist sich in allen Hemmungen und Leiden erst recht die
innere Herrlichkeit seines Lebens. Aus solcher Gesinnung entwirft
Plato ein eindrucksvolles Bild vom leidenden Gerechten, der bis

zum Tode verfolgt wird und mit dem Schein der Ungerechtigkeit
behaftet bleibt, dessen innere Hoheit aber inmitten solcher Anfechtung
aufs hellste strahlt; ein Bild, das in der äußeren Annäherung an
christliche Vorstellungen den inneren Abstand der beiden Welten um
so deutlicher erkennen läßt.

d. Weltflucht und Weltverklärung.

Wesentlich war der platonischen Überzeugung die Scheidung
zweier Welten; zwischen dem Reich der Wahrheit und dem nächsten
Dasein bleibt eine unüberwindliche Kluft, die sich auch durch die
geschichtliche Arbeit nicht verringern läßt. Je energischer der Denker
auf der Selbständigkeit und Unvergleichlichkeit der geistigen Güter
besteht, desto gewisser ist ihm, daß sie eine eigene Welt gegenüber
einer Welt geringerer Wahrheit und Vollkommenheit bilden. Was
folgt aus solcher schroffen Scheidung für unser Handeln? Kann
es beide Welten zusammen umfassen oder soll es sich ausschließlich
der höheren widmen? Dies letztere scheint allein folgerichtig. Denn
warum sollen wir unsere Kraft verteilen, wo die Welt des Wesens
unsere ganze Hingebung verlangt, warum uns um das Vergängliche
mühen, wo der Weg zum Unvergänglichen offen steht, warum im
trüben Dämmerlicht mit seinen Abbildern verweilen, wo die Urbilder
selbst ihr reines Licht zu schauen geben? In diese Richtung treibt
namentlich Platos Verlangen nach einem wesenhaften Sein; an dessen
Ewigkeit und Einfachheit gemessen sinkt das bunte Reich der Sinne
herab zu einem trügerischen Schein; so wird es zur Aufgabe der
Aufgaben, sich diesem Schein gänzlich zu entwinden und alle Liebe
wie alle Mühe dem unwandelbaren Sein zuzuwenden. Damit ein
ausgeprägter Lebenstypus der Weltflucht.

Augenscheinlich ist, von jener Höhe aus gesehen, die Nichtigkeit und Unwahrhaftigkeit des Lebens, das uns zunächst umfängt.
Es ist nicht nur im Einzelnen mangelhaft, sondern auch im Ganzen
und in seiner Grundlage verfehlt. Hier, wo die Sinnlichkeit alles
zu sich herabzieht, findet sich nirgends ein reines Glück, alles Edle
wird entstellt und verkehrt, nicht der Sache, sondern dem Schein
ist alles menschliche Mühen zugewandt, der unstete Fluß der Erscheinungen kennt kein beständiges Gut. In die finstere Höhle der
Sinnlichkeit, worin wir hier gebannt sind, wirft die lichte Welt der
Wahrheit nur flüchtige Schattenbilder. Wenn nun das Denken einen
Weg zur Befreiung aus solcher Lage zeigt, sollten wir ihn nicht

freudig betreten, sollten wir nicht mutig alles von uns werfen, was
uns in jenem Reich des Scheines festhält? Es hält uns aber alles
fest, was dort als ein Gut gepriesen wird: Schönheit, Reichtum,
Körperkraft, angesehene Verwandtschaft u. s. w.; so muß der echte
Freund der Wahrheit sich davon befreien. Die Seele befindet sich
im Körper wie in einem Kerker, ja einem Grabe. Sich daraus erretten kann sie nur durch Fernhaltung von aller Lust und Begier,
von Schmerz und Furcht. Denn diese Affekte schmieden sie an
den Körper und täuschen ihr die Welt des Sinnenscheins als die
wahre vor. Die Affekte ablegen kann aber die Seele nicht, solange
die gewöhnlichen Schicksale noch irgend einen Wert für sie besitzen und sie dadurch beherrschen; so muß sie sich zu voller
Gleichgültigkeit dagegen aufschwingen und das Glück ausschließlich
in die geistige Tätigkeit, d. h. in die Erkenntnis des Wesenhaften
setzen. Alle Schläge des Schicksals gleiten ab an einer weisen und
tapferen Seele, welche an unwandelbaren Gütern teil hat. „Das
Beste ist, sich bei Unglücksfällen ruhig zu verhalten und nicht aufzuregen, da weder bei solchen Dingen Gut oder Böse klar ist,
noch wer es schwer nimmt, dadurch etwas gewinnt, noch überhaupt
etwas von den menschlichen Dingen großen Eifer verdient." Auch
bei den Schicksalen anderer gilt es nicht weibisch zu jammern,
sondern mannhaft dem Erkrankten zu helfen, den Gefallenen aufzurichten. Einen vollen Sieg erlangt nur, wer alles Empfindungsleben hinter sich läßt und sich heroisch über die ganze Welt
menschlicher Freuden und Leiden hinaushebt. Mit solcher Ablösung
des Lebens von dem sinnlichen Dasein verliert der Tod allen
Schrecken, er wird eine „Befreiung von aller Irrung und Unvernunft und Furcht und wilden Leidenschaften und allen anderen
menschlichen Übeln". Nur der körperfreien Seele eröffnet sich
die volle Wahrheit, denn nur Reines darf das Reine berühren. So
wird die Befreiung vom Irdischen, die Vorbereitung zum Sterben
zur Hauptaufgabe der Philosophie; sie bedeutet jetzt ein Erwachen
aus dumpfem Traum zu voller Klarheit, eine Rückkehr aus der
Fremde in die Heimat.

So eine Weltflucht im vollen Sinn des Wortes. Wohl bleibt
zwischen dieser platonischen Weltflucht und der mittelalterlichen ein
weiter Abstand. Es wird nur das sinnliche und menschliche Dasein
aufgegeben, nicht die Welt überhaupt, und das erstrebte ewige Sein
befindet sich nicht in jenseitiger Ferne als ein Gegenstand gläubiger

Hoffnung, sondern es umfängt die wesensverwandte Seele auch in diesem Leben mit unmittelbarer Gegenwart; auch wird es nicht von einer höheren Macht als Gnadengabe mitgeteilt, sondern durch eigene Tätigkeit errungen.

Aber auch bei solcher Fassung verbleibt ein schroffer Bruch mit der nächsten Lage und dem Ganzen der Menschheit. Einsam steht hier der Denker auf schwindelnder Höhe und einförmig wird seine Welt. Mit der Abweisung aller Schmerzen und Freuden, aller Sorgen und Aufgaben der Menschheit droht das Dasein allen lebendigen Inhalt zu verlieren und aller Reichtum der Dinge in den Abgrund einer gestaltlosen Ewigkeit zu versinken.

In dieser Weltflucht haben wir den echten Plato und den konsequenten Plato, keineswegs aber den ganzen Plato. Jene weltflüchtige Richtung hat bei ihm eine erhebliche Milderung, ja eine Gegenwirkung erfahren, wie es bei allen ihren Vertretern geschah, welche über dem Individuum nicht das Ganze der Menschheit vergaßen. Denn mag der einzelne Denker sich von der sinnlichen Welt ganz ablösen, die Menschheit kann ihm auf diesem Weg nicht folgen, schon die Rücksicht auf die Brüder mußte auch Plato zu jener Welt zurückführen. Was aber auf indischem und oft auch auf christlichem Boden nur eine widerwillige Anpassung war, das hat bei Plato auch eine innere Neigung für sich; als Grieche wie als Freund, ja wissenschaftlicher Entdecker der Schönheit ist er mit tausend Klammern an diese Wirklichkeit gefesselt und kann er nicht umhin, auch in ihr Gutes aufzusuchen.

Zur Erhöhung des sinnlichen Daseins wirkt vornehmlich ein Plato eigentümliches Streben, zwischen den Gegensatz des Geistigen und Sinnlichen, des Wesenhaften und Nichtigen, des Ewigen und Vergänglichen ein Zwischenglied einzuschalten und dadurch ein Auseinanderfallen des Lebens zu verhüten. So erscheint als eine Vermittlung zwischen der Geisteswelt und der sinnlichen Natur die Seele, indem sie von dort die ewigen Wahrheiten aufnimmt, hieher aber Leben trägt, so steht bei der Seele selbst zwischen der Intelligenz und der Sinnlichkeit das kraftvolle Streben, so beim Erkennen zwischen dem Wissen und dem Nichtwissen die rechte Meinung. Ähnlich werden auch im Staat und in der Natur die Gegensätze durch Zwischenglieder verknüpft und alle Mannigfaltigkeit einer Stufenfolge eingefügt. Schließlich wird das Schöne selbst ein Bindeglied zwischen der reinen Geistigkeit und der sinnlichen Welt, indem Ordnung, Maß und Harmonie beide Reiche verketten und auch dem Niederen Anteil an der Göttlichkeit geben. Auch die sinnliche Welt ist eine schöne Welt und als solche unverwerflich. Das höchste Wesen, das keinen Neid kennt, hat sie so vollkommen wie möglich nach dem ewigen Urbild gestaltet; in diesem Zusammenhange kann Plato sie den „eingeborenen Sohn Gottes" nennen.

In dieser platonischen Gedankenrichtung wurzelt die Idee der Vermittlung und Abstufung, die später gewaltigste Macht erlangt hat und sie bis in unsere Zeit hinein übt. Ihre Voraussetzungen und Triebkräfte liegen bei Plato deutlich zu Tage. Ein schroffer, in seinem letzten Grunde unüberwindlicher Gegensatz, zugleich aber ein heißes Verlangen nach einer Ausgleichung, nach Erreichung irgendwelches Zusammenhanges; was anderes kann da helfen als ein Aufbieten vermittelnder Kräfte? In Verfolgung dieser Gedankenrichtung entstand jenes hierarchische Stufenreich im All wie bei der Menschheit, das einen Hauptzug des Neuplatonismus und des mittelalterlichen Kirchensystems bildet. Seinem innersten Wesen nach ist es nicht christlicher, sondern platonischer Art.

Bei Plato aber erfolgt eine Verbindung von Höherem und Niederem nicht bloß durch eine Mitteilung von oben her, sondern auch durch ein eigenes Aufstreben des Sinnlichen und Menschlichen zum Göttlichen. Durch seine ganze Ausdehnung geht ein Verlangen, an dem Guten und Ewigen irgend teilzuhaben und dadurch selbst unvergänglich zu werden; die Liebe, der Eros, sie ist nichts anderes als solches Streben nach Unvergänglichkeit. Es erreicht aber dies Streben seine Vollendung erst in der Forschung, welche die volle Einigung mit dem Wahren und Ewigen bewirkt. Aber in aufsteigendem Zuge durchdringt es das ganze All, und freudig folgt die Betrachtung des Denkers dieser Stufenleiter der Liebe. Einen verworrenen Drang nach Unsterblichkeit zeigt schon die sinnliche Natur in dem Fortpflanzungstriebe der Wesen, dem Verlangen, bei eigenem Untergange doch in den Nachkommen fortzuleben; Unsterblichkeit will das Mühen der Helden um Ruhm, Unsterblichkeit das Schaffen der Dichter und Gesetzgeber, Herausarbeitung des Ewigen in gegenseitiger Eröffnung und Mitteilung die Liebe vom Menschen zum Menschen, bis endlich jener Gipfel der Anschauung und Aneignung des wesenhaften Seins erreicht wird. So heißt die Liebe eine dämonische Macht, welche Göttliches und Menschliches

verbindet und unser Seelenleben widerstreitenden Bewegungen unterwirft. Sie erscheint als ein Kind von Reichtum und Armut, da
sich erst in der Mitteilung an den anderen die Tiefe des eigenen
Wesens eröffnet; so enthält sie zugleich Überfluß und Not, Besitzen
und Entbehren. Mit der wunderbaren Zeichnung solcher Lage und
Stimmung wird Plato der erste philosophische Vertreter romantischer
Denkart; tief zieht es ihn dabei in die Widersprüche des menschlichen Daseins hinein, über welche die reine Denkarbeit ihn so
weit hinaustrug.

　　Solche Wandlungen steigern den Wert der nächsten Welt und
den Reichtum unseres Lebens. Das Erkennen bildet nun nicht
mehr seinen ausschließlichen Inhalt, sondern nur die beherrschende
Höhe, die überallhin Licht und Vernunft ausstrahlt. Das Niedere
aber wird wertvoll als eine uns Menschen unentbehrliche Stufe zur
Höhe, denn erst allmählich kann unser Auge sich an das Licht der
Ideen gewöhnen. Auch hebt die Idee der Gerechtigkeit und Harmonie
das Niedere, indem sie es einem Ganzen als Teil einfügt und ihm
dabei eine besondere Aufgabe stellt, deren Lösung zur Vollendung
des Gesamtwerkes unentbehrlich ist; so in unserer Seele, so auch
beim Staate. Böse wird es nun erst, sobald es die Ordnung verkehrt und das Höhere verdrängt; daher ist auch das Sinnliche nicht
mehr an sich verwerflich, sondern nur sein Übermaß.

　　Dem entspricht ein anderes persönliches Verhalten des Philosophen
zu den menschlichen Dingen, nicht mehr kann er nun aus ferner
Höhe kühl auf sie herabsehen. Vielmehr teilt er in tiefer Empfindung das gemeinsame Los, alles Gute hier wird seine Freude,
alles Böse sein Schmerz. So treibt es ihn mächtig zur Förderung
des Guten, zur Bekämpfung des Bösen; der weltüberlegene Denker
wird zum kühnen und leidenschaftlichen Reformator, er schmiedet
eingreifende Pläne zur Verbesserung der menschlichen Lage und
scheut nicht zurück vor schroffer Umwälzung. Galt es früher, die
Affekte zu unterdrücken, so heißt es jetzt, daß ohne edlen Zorn sich
nichts Tüchtiges verrichten läßt. Hier erscheint der Denker als ein
glutvoller Streiter, den die Spannung des Kampfes freudig erregt, um
so mehr, da nach seiner Überzeugung· die Gottheit unablässig mit
uns kämpft.

　　Demnach umfaßt die platonische Gedankenwelt eine Weltflucht
und eine Weltverklärung. Auch die Weltverklärung erfolgt aber
von der Ideenwelt her; aus ihr stammt auch die Vernunft in der

nächsten Wirklichkeit. So bleibt das Leben trotz der Spaltung auf
Ein Hauptziel gerichtet, hier wie da ist alles Gute geistiger Natur,
hier wie da kommt alle Vernunft von der rechten Einsicht. Sicherlich ist dabei nicht alles ausgeglichen, sondern es verbleiben innerhalb
der gemeinsamen Grundrichtung entgegengesetzte Strömungen. Aber
vielleicht trägt nicht Plato allein die Schuld an solchem Widerspruche,
vielleicht liegen im menschlichen Leben und Wesen überhaupt Antriebe nach entgegengesetzter Richtung. Können wir eine Selbständigkeit und Ursprünglichkeit des Lebens erreichen, ohne uns
von der Erfahrung loszureißen, können wir das Gewonnene ausbauen, ohne zu ihr zurückzukehren? Wie dem sein mag, nicht die
Denker haben am tiefsten gewirkt, welche rasch zu einer Einheit
strebten und sich hier gegen alle Verwicklung verschanzten, sondern
die, welche die verschiedenen Bewegungen sich voll ausleben und
einander hart widerstreiten ließen; denn das ergab eine fortwährende
Steigerung, einen inneren Forttrieb des Lebens. So aber ist es bei
Plato geschehen.

e. Das Gesamtbild des Menschenlebens.

Im Gesamtbilde unseres Daseins verbinden sich alle Hauptrichtungen der platonischen Denkarbeit. Den Gegensatz der beiden
Welten teilt auch der Mensch, indem er aus Leib und Seele besteht
oder vielmehr zu bestehen scheint. Denn in Wahrheit bildet allein
die Seele unser Selbst, dem der Körper nur äußerlich anhängt.
Die Seele hat Teil an der Welt ewigen Wesens und reiner Schönheit, während der Körper uns in das sinnliche Reich herabzieht
und seinem Wandel unterwirft. Die Unsterblichkeit der Seele gilt
in diesen Zusammenhängen als völlig sicher. Wo der Kern des
Lebens jenseit alles zeitlichen Werdens und aller Beziehung zur
Umgebung liegt, und die Unwandelbarkeit die Haupteigenschaft
des Geisteslebens bildet, da muß die Seele, jede einzelne Seele, zu
den ewigen Beständen der Wirklichkeit gehören. Sie ist nie geworden und kann nie vergehen; die Verbindung mit dem Körper
erscheint als ein bloßer Abschnitt ihres Lebens, ja als Folge einer
Schuld, eines „intellektuellen Sündenfalls" (Rohde); von den Folgen
dieser Schuld soll ernste Lebensarbeit sie befreien und, wenn auch
nach mannigfacher Wanderung durch andere Körperformen, schließlich
zur unsinnlichen Welt zurückführen.

Mit der kräftigen Entwicklung solcher Überzeugungen hat Plato den tiefsten Einfluß auf die Menschheit geübt. Einen Glauben an die Unsterblichkeit der Seele brachte ihm nicht schon der Durchschnitt seiner Umgebung entgegen. Denn die alte Vorstellung von einem schattenhaften Fortleben der Seelen im Hades — grundverschieden von einer wahren Unsterblichkeit — beherrschte noch immer die Gemüter, selbst einem Sokrates war diese noch ein offenes Problem. Wohl hatte in kleineren, religiös und philosophisch bewegten Kreisen der Unsterblichkeitsglaube schon Wurzel geschlagen, aber in den Mittelpunkt einer Gedankenwelt hat ihn erst Plato gestellt und ihm damit eine unvergleichlich größere Macht verliehen.

Zugleich ist auch über die Hauptrichtung der Arbeit entschieden. Alle Sorge geht jetzt auf den inneren Stand des Menschen, auf die Befreiung und Läuterung der unsterblichen Seele. Das Leben erhält einen durchaus spiritualistischen Charakter, und es bedarf die Wendung zur Wahrheit um so mehr des Aufgebots aller Kraft, als uns zunächst die Körperwelt mit dem Schein der Wahrheit umfängt, unsere Seele wie verschüttet und begraben, unsere Erkenntniskraft durch die Sinnlichkeit geschwächt und getrübt ist. So gilt es eine volle Umwälzung; in schroffem Bruch mit der ersten Lage kehre der Mensch das geistige Auge und zugleich das ganze Wesen vom nächtlichen Dunkel zum Licht der Wahrheit. Die Bewegung des Lebens, wie alle Bildung und Erziehung, entwickelt sich nicht aus der bloßen Erfahrung, und der Fortgang entsteht nicht aus der Berührung von Innerem und Äußerem, sondern die Arbeit ist ein Sichbesinnen auf das wahre Wesen des Geistes, ein Wiederaufnehmen der echten, stets vorhandenen, nur verdunkelten Natur. Einen geistigen Grundstock muß die Seele als einen unverlierbaren Besitz in dieses Leben mitgebracht haben. So die Lehre von der Wiedererinnerung und den angeborenen (besser: eingeborenen) Begriffen, bei allem Problematischen der näheren Fassung unangreifbar in dem Grundgedanken, daß alles echte Leben eine Entfaltung des eigenen Wesens bedeutet, und daß alles Äußere die geistige Betätigung nur anregen, nicht erzeugen kann. Echte Einsicht und Tugend dem Menschen durch Sitte und Übung beibringen zu wollen, gleicht nach Plato einem Versuch, Blinden das Augenlicht von draußen einzusetzen. Alles Erkennen schöpft schließlich nicht aus der Erfahrung, sondern aus der ewigen Natur des Geistes. „Die Einzeldinge sind Beispiele, welche uns an die allgemeinen Begriffe erinnern, aber sie sind nicht das Reale, auf welches diese Begriffe sich beziehen" (Zeller).

Mit solcher Gestaltung der Lebensaufgabe verschlingen sich bei Plato aufs engste Überzeugungen vom wirklichen Verhalten des Menschen. Jene Wendung zum wahren Sein wird nach seiner Überzeugung von Einzelnen vollzogen, es gibt — das ist eine gemeinsame Behauptung der griechischen Denker — echte Tugend auch innerhalb des menschlichen Kreises. Aber jene Individuen bilden seltene Ausnahmen, die Menge verharrt bei der niederen Welt und hat keinen Sinn für das Gute. Der Gegensatz Tüchtiger und Untüchtiger wird hier stärker empfunden als eine Gemeinschaft von Problemen und Schicksalen; ja es dünkt eine deutliche Scheidung von Edlem und Gemeinem unerläßlich zur Aufrechterhaltung des Guten in unserem Kreise. Wenn es gar heißt, daß die Menge mit ihrem Hange zu sinnlichen Genüssen sich der tierischen Lebensweise nähert, der Philosoph dagegen in dem Schauen der ewigen Welt ein gottähnliches Leben führt, so droht aller Zusammenhang zu zerreißen und die Menschheit in zwei gänzlich getrennte Kreise zu zerfallen. Und zwar für alle Zeit. Denn es fehlt hier jeder Glaube an einen geistigen und sittlichen Fortschritt. Wie im All, so gilt auch bei der Menschheit das Verhältnis von Gutem und Bösem als in der Hauptsache unveränderlich; das Sinnliche, die Wurzel aller Hemmung, kann nicht vergehen; der schroffe Gegensatz von Sinnlichkeit und Geist, von flüchtigem Werden und unwandelbarem Sein gestattet keinen Glauben an irgendwelches Vordringen der Vernunft. Damit wird nicht alle Bewegung und Verschiebung in unseren Verhältnissen aufgehoben. Aber Plato erklärt diese im Anschluß an ältere Denker durch die Annahme kreisläufiger Perioden, großer Weltepochen, die wohl aus der Astronomie stammt. Nach Vollendung ihres Umlaufs kehren die Dinge an den Ausgangspunkt zurück, um immer von Neuem denselben Lauf zu wiederholen; die geschichtliche Bewegung wird eine endlose Folge von Kreisen ähnlichen Inhalts. Diese Ordnung im Wechsel erscheint als ein Abbild der Ewigkeit. So fehlt ein weltgeschichtlicher Prozeß mit seinen Aussichten und Hoffnungen und zugleich alle Berufung von den Mißständen der Gegenwart an eine bessere Zukunft.

Demnach entbehrt die platonische Lebensführung mancher Antriebe, die dem modernen Menschen selbstverständlich dünken. Aber es fehlen auch manche Zweifel und Sorgen, und für alles Mangelhafte der Durchschnittslage bietet einen überreichen Ersatz die geistige Natur des Menschen, seine Wesensverwandtschaft mit der Gottheit. Dem trüben Zwielicht der menschlichen Verhältnisse kann sich der Tüchtige entwinden und sein Auge an reinem Lichte weiden. Bei voller Aufbietung der Kraft ist das hohe Ziel wohl erreichbar. Denn Plato kennt noch keine Kluft zwischen dem strebenden Geist und der Wahrheit, kein Irregehen des ernstlich Suchenden; bei rechtem Verfahren ist das Denken unfehlbar. Wie aber ein kräftiges und mutiges Denken die ganze Tiefe der Dinge erschließt, so beherrscht es auch alles Handeln und führt das ganze Leben zur Vernunft. Jeden Augenblick läßt sich damit eine große Gegenwart gewinnen und das Leben allen Mißständen der niederen Sphäre entwinden. Immer liegt hier das Heil bei der Tätigkeit, aber diese Tätigkeit hat in allem heroischen Aufschwung keine ungestüme Aufregung und wilde Unruhe, da alles menschliche Beginnen sicher gegründet ist auf einer Verwandtschaft unseres Wesens mit dem ewigen Sein und der vollkommenen Schönheit.

Verfolgen wir nun diese Überzeugungen in die Verzweigung des Lebens.

f. Die einzelnen Lebensgebiete.

α. Die Religion.

Plato ist insofern eine durch und durch religiöse Natur, als das Angewiesensein des Menschen auf das All, das seine Arbeit beherrscht und eigentümlich gestaltet, von seiner Überzeugung vollauf anerkannt und in unmittelbare Empfindung verwandelt wird. Er ist ganz davon durchdrungen, daß ein „königlicher Geist" das All regiert. Wie sehr er sich von dem Wirken einer göttlichen Macht umgeben weiß und fühlt, das bekundet schon seine mit Ausdrücken aus dem Gebiet der Religion und des Kultus durchwobene Sprache; die Bewegungen jener Jahrhunderte zur Verinnerlichung der Religion haben, wenn auch nicht auf seine Lehren, so doch auf ihre Einkleidung stark gewirkt. Aber die Religion Platos bleibt immer die Religion eines griechischen Denkers, und zwischen dieser und der christlichen besteht eine weite Kluft. Denn dort ist die Religion nicht eine Rettung aus schwerer Not, nicht die Wiederherstellung der gestörten, ja zerstörten Einheit mit dem Göttlichen, nicht der Trost des Hilflosen und Schwachen. Vielmehr wird der ursprüng-

liche Zusammenhang mit dem Göttlichen durch alle Irrung nicht
so erschüttert, um sich nicht jeden Augenblick durch eigene Tat
wieder aufnehmen zu lassen. So begleitet, ja durchdringt die Religion
alle Arbeit, sie macht dem Menschen das Leben bedeutender und
stellt sein Wirken in unsichtbare Zusammenhänge. Das Bewußtsein,
von der Gottheit behütet und im Lebenskampf unterstützt zu werden,
erfüllt das Gemüt des Denkers mit tiefer Frömmigkeit. Aber diese
Religion erzeugt nicht eine eigene Welt und bildet daher auch kein
besonderes Gebiet gegenüber dem anderen Leben. Auch entsteht
keine seelische Gemeinschaft, nichts, was ein persönliches Verhältnis
heißen könnte, nichts, wobei der Mensch sich durch göttliches Walten
innerlich erneuert fände.

So bedarf es hier auch keiner besonderen geschichtlichen Offenbarung gegenüber der durchgängigen Erweisung des Göttlichen im
All und Menschenwesen, noch einer religiösen Lehre, einer Theologie;
mit jener Frömmigkeit verträgt sich aufs beste ein deutliches Bewußtsein des weiten Abstandes Gottes vom Menschen. Das Unwandelbare und Reine werde nicht herabgezogen in die unlautere
Sphäre des sinnlichen Werdens; nur durch Zwischenstufen kann es
dem Niederen sich mitteilen, Gott vermischt sich nicht mit dem
Menschen. So die Überzeugung des Philosophen: „Gott, den Vater
und Bildner des Alls, zu finden, ist schwer, und wenn man ihn gefunden hat, allen mitzuteilen unmöglich."

Diese Religion des tätigen, gesunden, kräftigen Menschen folgt
in der näheren Ausführung der zwiefachen Richtung der platonischen
Denkart. Dem Metaphysiker ist die Forschung selbst und sie allein
die wahre Religion; Gott bedeutet das schlechthin unwandelbare
und einfache Wesen, aus dem alle Unwandelbarkeit und Einfachheit,
zugleich aber alle Wahrheit stammt; er ist das Maß aller Dinge.
Erst die Wendung vom farbigen Abglanz zum reinen Urquell alles
Lichts führt das Leben vom Schein zur Wahrheit.

Nach der anderen Richtung ist Gott das Ideal der sittlichen
Vollkommenheit, der durchaus gerechte und gütige Geist. Gott
ähnlich werden, das heißt mit Einsicht fromm und gerecht sein;
die Frömmigkeit aber ist nichts anderes als Gerechtigkeit gegen die
Gottheit, Erfüllung aller ihr gebührenden Schuldigkeit. Den Mittelpunkt der Überzeugung bildet hier die Idee der sittlichen Weltordnung, der vollen Vergeltung von Gutem und Bösem. Der
Philosoph kann aber diesen Grundgedanken der religiösen Über-

zeugung des Griechentums nicht aufnehmen, ohne ihn gegen die übliche Fassung zu erweitern und zu vertiefen. Denn die Volksmeinung erwartete die Vergeltung schon im Diesseits, wenn nicht am Einzelnen, so doch an seinem Geschlecht; auch Plato läßt eine Gerechtigkeit schon in diesem Leben walten, ihren vollen Sieg aber erwartet er erst vom Jenseits. Er entwickelt die Lehre von einem Totengericht, das unbestechlich über die Seele urteilt, wenn alle äußere Hülle von ihr abgefallen ist; er hat mit der packenden Eindringlichkeit seiner Schilderung dieses Bild der Vorstellung der Menschheit unvergeßlich eingeprägt. Aber er will damit nicht die Gedanken des Menschen vornehmlich über das Grab hinaus richten. Von den Toten sollen wir denken, daß sie fortgegangen sind, nachdem sie ihr Werk beendet und erfüllt haben; wir aber müssen für die Gegenwart sorgen.

Die Gerechtigkeit des platonischen Glaubens wird keine Härte, sie nimmt Milde und Gnade in sich auf. Aber immer steht hier die Gerechtigkeit vor der Liebe, und das sittliche Reich erscheint vor allem als ein Welt- und Gottesstaat. Das hat tief auf die folgenden Zeiten, namentlich auf das Christentum, gewirkt.

Wie der Denker an dieser Stelle die Volksüberzeugung nicht sowohl verläßt als weiterführt, so bleibt auch darin ein Zusammenhang, daß Plato bei aller Verfechtung einer weltbeherrschenden Einheit keineswegs die Vielheit göttlicher Kräfte aufgibt, sondern mit seiner inneren Belebung der Natur die mythologische Vorstellung auf den Boden der Philosophie verpflanzt. Wo aber die Volksmeinungen den geläuterten Begriffen der Philosophie widersprechen, da scheut er nicht eine energische Abweisung und einen offenen Kampf. Er verwirft alles Unlautere und Unwürdige im üblichen Bilde der Götter; er verwirft mit noch größerem Eifer eine Religion, welche, statt sich durch Tat und Tüchtigkeit der Gottheit zu nähern, ihre Gunst durch äußere Werke, durch Opfer u. s. w. erkaufen möchte und damit sich selbst zu einem Handelsgeschäft erniedrigt. Nur geringe Menschen, nur Schwächlinge werden diesen Weg versuchen; in Wahrheit ist es der Tätige, welcher der göttlichen Hilfe gewiß sein darf; ihn wird der Gedanke an die Gottheit, der den Bösen schreckt, mit frohen Erwartungen erfüllen.

β. Der Staat.

Der weltflüchtigen Richtung Platos entspricht ein durchaus ablehnendes Verhalten zum Staat. Wo die nächste Welt gänzlich dem

Wandel und Schein angehört, und wo die durch geistige Arbeit vertiefte Persönlichkeit der gesellschaftlichen Umgebung schroff entgegentritt, da kann der Staat den Denker keineswegs anziehen und zur Mitarbeit reizen. Daß dies bei Plato trotzdem geschieht, bezeugt weiter, wie stark es ihn aus der reinen Gedankenwelt zum Wirken für die Umgebung zurückzieht. In Wahrheit behauptet die politische Theorie einen breiten Raum in Platos Gedankenwelt; es erzeugen aber die beiden Hauptrichtungen seiner Überzeugung eigentümliche Ideale.

Die letzte Behandlung, welche in den „Gesetzen" vorliegt, darf für uns außer acht bleiben, da sie bei aller Weisheit der einzelnen Gedanken zu wenig Geschlossenheit hat. Dagegen müssen uns die zwei Staatsbilder beschäftigen, welche der „Staat" überliefert. Wohl umschließt sie beide ein einziges Werk, das gewiß die eigene Hand des Philosophen zu leidlicher Einheit geformt hat. Aber innerlich sind beide zu verschieden, zu widersprechend, als daß sie in Einem Aufbau entworfen und ausgeführt sein könnten. Wer so gering von menschlichen Zuständen denkt und sich in so schroffem Gegensatz dazu fühlt, wie der Plato der zweiten Hälfte jenes Werkes, der kann nicht mit solchem Eifer politisch-soziale Reformpläne schmieden und sie mit so viel Liebe ins Detail ausmalen, wie der Plato der ersten Hälfte. In solchen Dingen kann keine Erwägung glaubwürdig machen, was seelisch unmöglich ist.

Auf der ersten Stufe finden wir Plato als einen energischen Reformator des griechischen Staates in der Richtung eines weitergebildeten Sokratismus. Der Staat wird hier — unter ständigem Parallelismus mit der Einzelseele — eine Darstellung des Ideals der Gerechtigkeit im großen. Zu diesem Zwecke sollen sich alle Verhältnisse streng nach moralischer Ordnung gestalten, vornehmlich die Erziehung; die Hauptfunktionen der Gesellschaft sollen sich gemäß den Stufen des Seelenlebens deutlich scheiden und in festen Ständen verkörpern; jeder soll mit voller Hingebung sein besonderes Werk verrichten, alle aber sich unter der Herrschaft der Intelligenz zu einer Gesamtleistung verbinden. Um vom Dienst dieses Ganzen nicht durch private Interessen abgezogen zu werden, müssen die Glieder der höheren Stände auf Privateigentum und Familie verzichten; ein Kommunismus aus ethischen, nicht aus ökonomischen Gründen bildet die Spitze der platonischen Theorie.

So wird der Staat ein ethisches Kunstwerk, ein Reich der auf Einsicht gegründeten Tugend. Mit der scharfen Ausprägung seiner

Züge scheint dieses Bild zunächst der Wirklichkeit schroff zu widersprechen, eine genauere Betrachtung zeigt aber die kühnen Theorien des Denkers und die griechischen Verhältnisse durch manche Fäden verknüpft. Hier glaubt Plato noch an die Möglichkeit großer Reformen innerhalb der menschlichen und griechischen Lage.

Der spätere Entwurf hat diese Hoffnung aufgegeben. Die Sehnsucht nach dem Reich unwandelbarer Wesenheit hat jetzt den Denker dem menschlichen Dasein völlig entfremdet. Kehrt er dahin zurück, so geschieht es nicht zu eigener Freude, sondern der Brüder wegen, und auch weniger in der Hoffnung auf einen Erfolg in diesem Kreise, als um auch hier die ewigen Wahrheiten zu verkünden. Der Staat, wie er sich hier ausnimmt, ist vornehmlich eine Anstalt zur Heranbildung des Menschen für das Reich der ewigen Wahrheit; es gilt in geordnetem Aufsteigen die Seele nach und nach vom Sinnlichen abzulösen und dem Unsinnlichen zu gewinnen; das ganze Leben wird eine strenge Erziehung, eine geistige Läuterung; diese Erziehung erhebt den Menschen mehr und mehr in eine Welt, der gegenüber alles politische Leben verschwindet. Durch den Staat selbst vollzieht sich eine Befreiung von der Sphäre, welcher der Staat angehört.

So eine Verschiedenheit, ja Unvereinbarkeit der beiden Typen. Aber bei aller Differenz bleiben wichtige Züge gemeinsam und geben der platonischen Staatslehre einen einheitlichen Charakter. Hier wie da ist der Staat im großen was der Mensch im kleinen, steht alle Herrschaft bei der überlegenen Intelligenz, bilden die geistigen und sittlichen Güter den Hauptinhalt des Staatslebens, wird das Individuum dem Ganzen durchaus eingefügt. Ohne eine Ausschließung aller Willkür und eine Herstellung unerschütterlicher Ordnungen kann der Staat kein Reich der Vernunft sein. Solches Beharren und solche Unterordnung fordert aber der Denker in demselben Augenblick, wo er selbst die menschliche Persönlichkeit hoch über den Staat hinaushebt, eine radikale Kritik an den überkommenen Zuständen übt, die kühnsten Pläne zu gänzlichem Umbau ersinnt. Der Philosoph tut demnach selbst, was er den anderen verbietet; der Staat soll einen aller subjektiven Meinung überlegenen Inhalt haben, aber er empfängt ihn durch die Gedankenarbeit der souveränen Persönlichkeit. Schon dieser Widerspruch mußte eine Wirkung der platonischen Staatslehre in ihrer eigenen Zeit verhindern; erst in völlig anderen Verhältnissen konnte sich förderlich erweisen, was sie an wertvollen Anregungen und fruchtbaren Keimen enthält.

γ. Die Kunst.

Bei der Kunst ist es Plato umgekehrt ergangen wie beim Staat; hat er bei diesem unsägliche Mühe auf ein Gebiet verwandt, das seiner innersten Natur fremd war, so hat die Kunst, welche den tiefsten Zug seines Wesens für sich hat, einen angemessenen wissenschaftlichen Ausdruck nicht gefunden; ja eben der Philosoph, der mehr als irgend ein anderer als Denker zugleich Künstler war, hat Anklagen über Anklagen auf die Kunst gehäuft. Gegen die Kunst verbünden sich der metaphysische und der ethische Zug seines Wesens. Als eine bloße Nachahmung der sinnlichen Wirklichkeit, als ein Abbild des Abbildes, entfernt sich die Kunst am weitesten vom wesenhaften Sein. Anstoß erregen die bunten und wechselnden Gestalten, die uns die Kunst, namentlich das Drama, nachleben heißt, da uns die eine, eigene Rolle im Leben wahrlich genug zu tun gibt; Anstoß auch der unlautere Inhalt der vom mythologischen Vorstellungskreise beherrschten Poesie; Anstoß endlich die fieberhafte Erregung des Empfindungslebens, wie Plato sie mehr und mehr die Kunst der Zeit einnehmen sah. In dem allen fehlt eine eigentümlich ästhetische Würdigung der Kunst; gerade ihr enger Zusammenhang mit dem Gesamtleben der Nation mochte eine solche dem griechischen Denker erschweren. So erfolgt ein harter Zusammenstoß; trotz aller persönlichen Sympathie muß fallen, was das sittliche Wohl gefährdet. Ganze Kunstgattungen, wie das Drama, werden völlig verworfen; was bleibt, muß den Forderungen der Moral unbedingt gehorchen. In dem Streit zwischen Kunst und Moral gewinnt demnach die Moral einen reinen Sieg. Aber für Plato bedeutet die Unterordnung der Kunst keine Herabsetzung des Schönen. Von den Mißständen des mensch-Tuns gibt es für ihn einen Weg zur Schönheit des Alls; wie sich aber im Kosmos das Gute mit dem Schönen, einem strengen und keuschen Schönen, verschwistert, so erhält auch das Streben nach Wahrheit, die Arbeit der Wissenschaft, eine künstlerische Gestalt. Der Bau der Wissenschaft wird hier das höchste und echte Kunstwerk.

δ. Die Wissenschaft.

Es ist nämlich die platonische Wissenschaft von der neueren grundverschieden. Sie strebt nicht zu kleinsten Elementen, um aus ihrer Zusammenfügung die Wirklichkeit aufzubauen, sondern sie faßt alle Mannigfaltigkeit von vornherein in Einen Anblick zusammen;

die Erklärung geht vom Großen zum Kleinen, vom Ganzen zum Teil, die Synthese beherrscht die Analyse. Die Dinge „zusammenzuschauen", die Verwandtschaften zu erkennen, das ist für Plato die Hauptleistung des Philosophen, die schöpferische Intuition bildet seine eigenste Größe.

Auch ist die platonische Wissenschaft nicht wie die neuere eine Umsetzung des Daseins in ein Reich allmählicher Entwicklung, ein Verstehen des Seins aus dem Werden, sondern das Herausheben eines ewigen Seins aus dem flüchtigen Werden, eines wohlgeordneten Kosmos aus dem Chaos der Erscheinungswelt. Die Wendung zum Wesen ist dabei eine Sache nicht sowohl langer und mühsamer Arbeit, als einer kräftigen Tat, mit Einem Schlage versetzt geistige Energie in das Reich der Wahrheit. Die Wissenschaft ist hier frei von jenem nagenden Zweifel, der ihre Arbeit in der eigenen Wurzel angreift. Nur so kann sie das Leben tragen und mit freudiger Gewißheit erfüllen.

Bei dieser Fassung des Erkennens fällt aller Nachdruck auf die Prinzipienfragen und gelten die Einzelwissenschaften lediglich als Vorstufen der Philosophie. Nur die Mathematik als die Wissenschaft, welche vom Sinnlichen zum Übersinnlichen überleitet, erhält volle Anerkennung; alle Beschäftigung dagegen mit dem bunten Inhalt der sinnlichen Welt dünkt von geringem Wert und alle Behauptung darüber bloß eine mehr oder minder glaubliche Annahme. Dabei erfolgt alle Deutung der Natur von der Seele her, die auch den Quell aller Bewegung im Weltall bildet. Durch die kräftige Entwicklung solcher Überzeugungen hat Plato die naturwissenschaftliche Forschung schwer geschädigt; indem sich hier ein Netz subjektiver Begriffe um die Wirklichkeit spannt und eine unbefangene Würdigung der Dinge in ihren eigenen Zusammenhängen verhindert, gehen die bedeutenden Ansätze zu einer exakten Naturbegreifung, welche die vorsokratische Philosophie enthielt, für Jahrtausende verloren. Die Stärke der platonischen Leistung liegt in der reinen Begriffsphilosophie, der Dialektik, welche nichts von draußen annimmt und auch über die eigenen Grundlagen volle Rechenschaft gibt. Seinen Höhepunkt erreicht dies Verfahren in der Behandlung der allgemeinsten Gegensätze des Seins: Ruhe und Bewegung, Einheit und Vielheit. Die Art, wie die Glieder der Gegensätze sowohl für sich entwickelt als aufeinander angewiesen werden, bildet mit dem Überschauen weitester Reihen und dem Zusammenhalten auseinanderstrebender Bewegungen, mit dem sicheren

Wandeln im Reich völlig unsinnlicher Größen, dem frohen Spiel der Gedanken im schweren Ernst der Probleme die vollendetste Leistung griechischer Beweglichkeit des Geistes. Eine siegreiche Befreiung des Denkens von allem Stofflichen ist hier vollzogen, ein Selbstvertrauen geistigen Vermögens durch die Tat begründet. Wenn Plato das dialektische Verfahren „die höchste Gabe der Götter und das wahre Feuer des Prometheus" nennt, so hat solche Schätzung für ihn selbst die vollste persönliche Wahrheit.

g. Rückblick.

So deutlich aus der Lebensarbeit Platos einzelne Hauptzüge hervorscheinen, das Ganze seiner Art zu würdigen, ist überaus schwer; fast unvermeidlich fließt dabei die Individualität des Betrachtenden mit ein, so daß sich jeder seinen eigenen Plato gestaltet. Unrichtig ist es jedenfalls, Plato als eine rein kontemplative, friedfertige, von seliger Ruhe erfüllte Natur vorzustellen, wie es auch Goethe in der bekannten Schilderung der Farbenlehre tut („Platon verhält sich zu der Welt wie ein seliger Geist, dem es beliebt, einige Zeit auf ihr zu herbergen"), die Plato zu einem Fra Angelico unter den Denkern macht. Es war zunächst wohl die wunderbare Vollendung der Form, die Abgeklärtheit der Gestaltung, welche den leidenschaftlichen Affekt verkennen ließ, der dieses Lebenswerk durchlodert; indem der Zauber der Schönheit auch die härtesten Kämpfe veredelte, machte er ihre Schwere gänzlich vergessen. Aber so begreiflich der Irrtum, er bleibt ein Irrtum; er übersieht, daß Plato die Umwälzung des Weltbildes und die Umwertung der Lebensgüter nicht vorfand, sondern selbst erst zu vollziehen hatte; das konnte nicht in Fluß kommen ohne starke Bewegungen und leidenschaftliche Erregungen, es konnte nicht gelingen ohne ein Überwinden härtester Widerstände und eine Erweisung gigantischer Kraft. Wenn irgend einer der Philosophen, so gehört Plato zu den Persönlichkeiten nicht des bloßen Denkens, sondern des wesenumfassenden Handelns; wie mußte es in seiner Seele wogen, wenn er Bewegungen hervorrief, die ganze Jahrtausende durchzittern und immer neu die Menschheit zu Liebe und Haß aufregen! Aber es ist etwas in Plato, was diesem Affekt ein Gegengewicht gibt, das ist die Vornehmheit der Gesinnung, und diese vornehme Gesinnung wiederum hat eine sachliche Grundlage an den inneren Notwendigkeiten und ewigen Wahrheiten, die hier das Leben tragen, an der aller menschlichen Willkür überlegenen

Ideenwelt. Das ist das Große, daß sich hier eine Welt bei sich selbst befindlicher Wahrheit von allem menschlichen Getriebe ablöst, und daß allen Kämpfen, Aufregungen, Erschütterungen, die das mit sich bringt, der in ewigen Ordnungen begründete Inhalt der neuen Welt sicher überlegen bleibt. So gewinnt nicht nur das Werk ein wunderbares Gleichmaß von Kraftgefühl und Ehrfurcht, von Freude und Ernst, von Freiheit und Gebundenheit, sondern dasselbe Gleichmaß spricht auch aus der Persönlichkeit des Mannes. In aller Glut des Strebens hat sie nicht die ungestüme Leidenschaft eines Augustin, in aller Unterordnung unter die ewigen Wahrheiten nicht die willenlose Resignation eines Spinoza. So wirkt Plato, Persönlichkeit und Werk in Eins verschmelzend, zu uns mit einer Harmonie des Wesens, wie sie sich auf dem Boden der Philosophie nie so wiederfindet, wie sie bei wachsender Verwicklung der Verhältnisse und Steigerung der Gegensätze sich nicht wohl so wiederfinden kann.

In der Leistung ist wohl das Bedeutendste und Folgenreichste die Begründung aller menschlichen Betätigung und des Gesamtumfanges der Kultur auf die Wissenschaft, sie bedeutet eine innere Befestigung und eine wesentliche Erhöhung unseres Daseins. Aber wir sahen, wie solche Schätzung der Wissenschaft keineswegs eine Verkümmerung des übrigen Geisteslebens ergab, wie sich vielmehr alle Hauptrichtungen der menschlichen Arbeit ungestört entfalten, sich gegenseitig fördern und steigern durften. Wie alles Mannigfache umspannt blieb von der kräftigen und weiten Persönlichkeit des Mannes, so mußte es auch im Auseinandergehen immer wieder zu einander streben und konnte sich zu Einem Lebenswerk zusammenfinden. Die spätere Entwicklung hat die einzelnen Ströme der Arbeit gespalten, sie verbietet eine so unmittelbare Vereinigung. Aber diese Wandlung macht das Wirken und Sein Platos nur noch wertvoller. Denn sein Lebenswerk stellt uns jene Einheit alles menschlichen Strebens als eine sichere Tatsache vor Augen, die Einheit, die auch wir nicht aufgeben dürfen, deren wir uns aber nicht so unmittelbar bemächtigen können. So hielt überhaupt das Altertum manches Ziel für rasch und sofort erreichbar, was im Lauf der Geschichte immer mehr Verwicklungen gezeigt hat und immer weiter vor uns zurückgewichen ist.

Plato bildet die Höhe der gesamten griechischen Geistesarbeit, indem in ihm ihre beiden Hauptrichtungen, das Erkenntnisverlangen und der Gestaltungstrieb, das wissenschaftliche und das künstlerische

Streben, die innerlichste Verbindung und die fruchtbarste gegenseitige Durchdringung erhalten. Seine Lebensanschauung aber hat den eigentümlichen Typus des griechischen Idealismus zur Ausprägung gebracht. Es besteht dieser Typus in der untrennbaren Verflechtung der Überzeugungen, daß sich der mutigen Arbeit des Denkens eine neue Welt wahrhaftigen Wesens und echten Glückes erschließt, daß diese Welt mit der nächsten Wirklichkeit unablässig zusammenstößt und ihren Widerstand nie völlig brechen kann, daß sie selbst aber mit ihrem unversieglichen Leben allen Angriffen weit überlegen bleibt und durch ihre unwandelbare Wahrheit und Schönheit den Menschen über die Sphäre des Kampfes und Leides sicher hinaushebt. — Eine Verwandtschaft dieser Lebensanschauung mit der später vom Christentum entwickelten ist ebenso unverkennbar, wie ein weites Auseinandergehen innerhalb des gemeinsamen Rahmens. Hier wie da gilt es eine höhere Welt zu erringen, aber bei Plato führt dahin die wahrhaftige Einsicht, im Christentum die Läuterung des Herzens; hier wie da wirkt Göttliches in unserem Dasein, aber bei Plato wirkt es gleichmäßig an allen Orten und Zeiten, in der Natur wie im Menschen, das Christentum läßt seine Mitteilung an Einem Punkt des menschlichen und geschichtlichen Lebens gipfeln und lehrt zugleich einen weltgeschichtlichen Prozeß, den Plato nicht kennt und den er ablehnen müßte.

Die unerschöpfliche Wirkung Platos erklärt sich ebenso aus dem ursprünglichen Leben, das alle seine Arbeit beseelt, wie aus dem Reichtum der Bewegungen, die sich bei ihm frei entfalten und voll ausleben. So hat die platonische Philosophie durch den ganzen Lauf der Geschichte mächtig zur Weckung der Geister gewirkt, sie hat allem Sinken ins Schulmäßige und Pedantische widerstanden, sie hat den Sinn vom Kleinen ins Große, vom Engen ins Weite und Freie gewandt. Zugleich hat sie aus ihrem Reichtum verschiedenen Zeiten verschiedenes geboten. Im späteren Altertum wurde Plato der Führer derer, die das wachsende religiöse Verlangen auf dem Wege der Philosophie befriedigen wollten; hier galt er als priesterlicher Verkündiger der echten Weisheit, welche den Menschen ablöst von dem berückenden Sinnenschein und seine Gedanken zurücklenkt zur ewigen Heimat. Derselbe Philosoph aber ward mit seiner Lebensfülle, seinem künstlerischen Glanz, seiner jugendlichen Freude am Schönen der Lieblingsdenker der Renaissance; als seine Schüler fühlten sich ihre größten Meister. Und zeigen nicht Männer wie Winckel-

mann, Schleiermacher, Böckh ein Fortwirken Platos bis in unser
eigenes Leben? So wob sein Lebenswerk ein Band zwischen allen
Zeiten, und das Wort eines spätgriechischen Philosophen: „Die platonische Anmut bleibt ewig jung" hat noch heute volle Wahrheit.

3. Aristoteles.

a. Die allgemeine Art.

Aristoteles' (384—322) Lebensanschauung stand unter völlig
anderen Bedingungen des Geschickes und der Individualität. Den
Sohn des macedonischen Leibarztes verwickelte nicht seine Abkunft
und Erziehung in die inneren Kämpfe des griechischen Lebens, und
es trieb ihn nicht der Zorn über das Elend der nächsten Umgebung zu schroffem Widerspruch, sondern ihn zog es von der
Grenze der griechischen Welt zum Mittelpunkt, um den ganzen
Reichtum einer ausgereiften Kultur in sich aufzunehmen und geistig
zu verarbeiten. Er fand aber dort eine durchaus andere Lage
als der aufstrebende Plato. Die geistige Gärung, die fieberhafte
Aufregung, das glänzende Schaffen des 5. Jahrhunderts war längst
vorüber; nun war die Zeit für eine ruhige, umsichtige Forschung
gekommen, und den Höhepunkt dieser Forschung bildet Aristoteles.
In Art und Gesinnung durchaus Grieche, steht er dem Tagestreiben
fern genug, um die Gesamtleistung des Griechentums zu überschauen und durch die Freude daran alle Mißstände des Augenblicks zu überwinden.

Beim ersten Anblick kann die nüchterne Prosa der aristotelischen
Darstellung, die schlichte Sachlichkeit seiner Untersuchung und die
strenge Zurückhaltung der eigenen Empfindung den Schein erwecken,
als sei der Denker den Zusammenhängen des klassischen Altertums
schon entwachsen und gehöre in das gelehrte Zeitalter des Hellenismus.
Nun war Aristoteles ohne Zweifel ein großer Gelehrter, vielleicht
der größte, den die Geschichte kennt. Aber an erster Stelle war er
ein tiefer Denker, ein Mann weltumspannender Ideen und glücklicher Gestaltungskraft. Daß er einen unermeßlichen Stoff eigenen
Gedanken unterworfen und mit ihnen für Jahrtausende der Arbeit
feste Bahnen vorgezeichnet hat, das bildet den Haupttitel seiner
Größe. Als Denker aber wurzelt Aristoteles durchaus in der
klassischen Welt; ihre Grundanschauungen, ihre Schätzungen wirken
ungebrochen in ihm fort; wer seine Lehren und Begriffe zurück-

verfolgt, der gewahrt bald hinter der scheinbaren Abstraktheit die eigentümlich griechische Art; in wunderbarer Weise bringt dies System den Gehalt des klassischen Griechentums auf einen wissenschaftlichen Ausdruck und übermittelt ihn damit der ganzen Menschheit.

Schon dies liebevolle Eingehen auf die Überlieferung und dies Streben nach einem freundlichen Verhältnis zur Umgebung zeigt eine andere Art als die Platos. Es fehlt dessen gewaltige Persönlichkeit, die vor allem die Notwendigkeit des eigenen Wesens entwickelt, dadurch mit den Dingen hart zusammenstößt und ihnen in siegreichem Ringen seinen Stempel aufdrückt; es fehlt mit der leidenschaftlichen Aufregung auch die kräftige, in schroffen Kontrasten gehaltene Färbung des Weltbildes. Dafür entwickelt sich ein planmäßiges, unermüdliches Streben, die gegenständliche Welt zu erfassen, ihren Befund aufzudecken, ihre Zusammenhänge zu verfolgen. Mit solcher Wendung zu den Dingen und solcher Verkettung mit den Dingen wird die Tätigkeit zur Arbeit, die energisch in die Welt eindringt und ihren ganzen Reichtum dem Menschen zuführt; das Ganze des Lebenswerkes beseelt ihr großer Ernst und ihre stille Freude. So wird aus der Philosophie der souveränen Persönlichkeit eine Philosophie der weltdurchdringenden Arbeit, auch sie ein bleibender Typus, auch sie der Quell einer eigentümlichen Lebensanschauung.

b. Die Grundzüge des Welt- und Lebensbildes.

Die Eigentümlichkeit der aristotelischen Weltanschauung erhellt am ehesten aus ihrem Verhältnis zur platonischen. Aristoteles steht Plato weit näher als sein eigenes, vornehmlich vom Gegensatz erfülltes Bewußtsein empfindet. Mit jenem verbindet ihn zunächst die Überzeugung, daß nur von der Welt her sich ein Verständnis unseres Lebens eröffnet. Auch hier schöpft das menschliche Dasein aus dem All; unser Tun wird wahr durch die Übereinstimmung mit der Wirklichkeit draußen, alle Tätigkeit soll ihrem Gegenstande, alle Methode der Sache entsprechen. Es verbindet uns aber mit dem All die Intelligenz; so bildet sie auch hier den Kern unseres Wesens. Die Wahrheit erschließt sich auch hier nur dem Begriff; so wird die Philosophie vor allem Begriffswissenschaft, in ein Reich der Begriffe hat die Forschung die Welt zu verwandeln. Endlich teilt Aristoteles mit seinem Lehrer die Hochschätzung der Form, auch ihm bildet sie sowohl das Wesenhafte und Beharrende als das Wertvolle und Schöne.

Mit so viel Übereinstimmung in den Hauptzügen bleibt Aristoteles' Philosophie der platonischen nahe genug, um sich einem weiteren Begriffe des Platonismus einzufügen. Aber innerhalb seiner bildet sie den denkbar weitesten Abstand. Wenn es für Plato ohne die schärfste Scheidung zweier Welten keine ewige Wahrheit und keine lautere Schönheit gibt, so ist Aristoteles vornehmlich um die Einheit der Wirklichkeit bemüht. Nach seiner Überzeugung brauchen wir die Welt nur recht zu verstehen, um sie als ein Reich der Vernunft zu erkennen, um zugleich alles zu finden, was wir Menschen bedürfen. Die platonische Ideenlehre wird als eine unerträgliche Spaltung von Wirklichkeit und Wesen abgelehnt, auch für eine Religion gibt es hier keinen Platz. Wohl lehrt Aristoteles eine weltüberlegene Gottheit als den Quell der Vernunft und den Ursprung der von Ewigkeit zu Ewigkeit die Welt durchdringenden Bewegung. Aber dem Wirken innerhalb der Welt bleibt diese Gottheit fern; eine Beschäftigung mit draußenliegenden Dingen und gar mit unseren kleinen Angelegenheiten würde die Vollkommenheit ihres Lebens zerstören. So bewegt Gott, die reine Intelligenz, selbst unbewegt die Welt durch sein bloßes Sein; alle nähere Gestaltung aber entspringt der eigenen Natur der Dinge. Hier gibt es demnach keine sittliche Weltordnung und keine Vorsehung. Auch besteht keine Hoffnung einer persönlichen Unsterblichkeit. Wohl entstammt die Denkkraft in uns nicht dem bloßen Naturprozeß, und sie wird mit der Auflösung des Körpers nicht verlöschen, sondern zur Allvernunft zurückkehren. Aber solche Unvergänglichkeit des Göttlichen in uns besagt keine Fortdauer des Individuums.

Mit diesem Verschwinden der Religion entfällt die seelische Innigkeit und die weltüberlegene Geistesgröße eines Plato. Das Leben erhält engere Schranken, und sein Gefühlston wird nüchterner. Aber bei Aristoteles bedeutet jene Verneinung keinen Verzicht auf eine Vernunft der Wirklichkeit und eine idealität des Lebens. Mit ihrem eigenen, ungespaltenen Sein dünkt hier die Welt imstande, alle Ziele zu erreichen und alle Gegensätze zu umspannen, und dieses eine Leben wird bedeutend genug, um den Menschen voll zu beschäftigen wie zu befriedigen. Nur liegt solche Vernunft nicht sinnfällig zu Tage, es bedarf der Wissenschaft, um das Bild der Welt vom Schein zu befreien und von der Zerstreuung wie den

Widersprüchen des ersten Eindrucks zum Zusammenhange des Ganzen vorzudringen. Aus dem Streben danach entsteht ein durchaus eigentümliches Welt- und Lebensbild, ein System des immanenten Idealismus, eine in ihrer ruhigen und klaren Energie unvergleichliche Leistung.

Eine Überwindung der Gegensätze unternimmt Aristoteles zuerst bei den Begriffen von Stoff und Form. Hatte Plato die Form zur Sicherung ihrer Selbständigkeit und ihrer Reinheit vom sinnlichen Dasein völlig abgelöst und erst an zweiter Stelle zu ihm zurückkehren lassen, so kennt Aristoteles die Form nur zusammen mit dem Stoff; jene hat eine Wirklichkeit nur innerhalb des Lebensprozesses, der immer auch den Stoff umfaßt. Der Stoff erscheint dabei nicht als etwas Dunkles und Rohes, das der Form widerstrebt und sie herabzieht, sondern er fügt sich ihr, ja dient ihr, er ist für sie angelegt und hat von Natur ein Verlangen nach ihr; er bildet nach der Formel des Philosophen die Möglichkeit dessen, was durch die Form zu voller Verwirklichung kommt. Der Lebensprozeß ist hier ein Aufstreben des Stoffes zur Form und ein Ergriffenwerden des Stoffes durch die Form. Denn immer bleibt die Hauptbewegung bei der Form, als der belebenden und gestaltenden Macht. Daher muß das vollendete Wesen dem werdenden vorangehen, und es verbietet sich alle Ableitung der Wirklichkeit aus vernunftlosen Anfängen. Bei den irdischen Lebewesen wird freilich der Stoff immer nur eine Zeit lang gebunden und entweicht im Tod dem Gefüge. Aber die Form ergreift in der Zeugung immer neuen Stoff; der Weltprozeß ist ein fortwährender Sieg der Gestalt über die Ungestalt und zugleich des Guten über das Mindergute. Denn von einem Bösen läßt sich bei so freundlichem Entgegenkommen des Stoffes nicht wohl reden. Aristoteles ist stolz darauf, daß gerade sein System dem Bösen keine selbständige Macht zuerkennt und keiner Zweiheit der Prinzipien verfällt. Was sich in unserem Kreise an Mißständen findet, das entspringt dem Vermögen des Stoffes, die Bewegung zur Form nicht völlig auszuführen, sondern auf einer niederen Stufe zu erstarren. Dadurch entsteht viel Verfehltes, und in der näheren Gestaltung der Wirklichkeit gewinnt dies so viel Raum, daß das alte Bild eines Kampfes zwischen Stoff und Form wieder aufzusteigen droht. Aber den Philosophen beruhigt der Gedanke, daß das Böse nirgends eine eigene Natur erlangt, sondern nur einen Abzug vom Guten, eine Beraubung

4*

schätzbarer Eigenschaften bildet, sowie die Annahme, daß die himmlische Region von Ewigkeit zu Ewigkeit ihre Kreise ohne Wandel und Störung durchläuft und damit die volle Herrschaft der Form zeigt.

Eine solche Ausgleichung der Gegensätze verändert das Bild des Geschehens auch innerlich. Wo die Form weniger ein den Dingen überlegenes Urbild als eine in ihnen wirksame Macht bedeutet, da verblaßt die künstlerische Anschauung der Wirklichkeit vor einer dynamischen: zur Hauptsache wird die Entfaltung des Lebens selbst. Die Welt scheint hier beherrscht von Zwecken, d. h. von Lebenseinheiten, welche eine Mannigfaltigkeit des Geschehens unter sich befassen und zu einer Gesamtleistung verbinden. Solche Lebenseinheiten sind zunächst die Organismen, in einer nach dem Grade der Gliederung aufsteigenden Reihe. Je schärfer nämlich die Organe und Funktionen geschieden sind, desto größer wird die Gesamtleistung; der Mensch bildet danach die Höhe des Naturlebens. Aber der Zweck reicht über das besondere Reich des Organischen hinaus in das All, oder vielmehr der Begriff des Organischen erfaßt die ganze Natur. Nirgends im All scheinen die Bewegungen einander wirr zu durchkreuzen, sondern eine jede erfolgt in sicherer Richtung und erreicht einen festen Endpunkt, um hier in einen beharrenden Stand, ein gleichmäßiges Wirken überzugehen. Deutlich scheidet sich damit von einer bloß anstrebenden, über sich hinausgerichteten Bewegung eine in sich ruhende und bei sich befriedigte Volltätigkeit, die „Energie" nach aristotelischem Ausdruck. Ein Streben nach solcher selbstgenugsamen Tätigkeit durchdringt das ganze All; wo immer es sein Ziel erreicht, da verschwindet alle Unruhe, da trägt das Wirken in sich selbst Freude und Seligkeit. So begehren wir im Anschauen des Kunstwerkes nichts anderes als die Anschauung selbst. Diese Tätigkeit mit ihrer Entwicklung aller Anlagen, der Umsetzung aller Möglichkeiten in Wirklichkeit, der Zusammenfassung aller Vielheit zu einem Lebensprozesse ist nun und nimmer ein bloßes Spiel an der Oberfläche, sondern sie bewegt das ganze Sein und erschließt die letzte Tiefe der Dinge, sie läßt keinen dunklen und unzugänglichen Rest, sie kennt keine Kluft zwischen Erscheinung und Sein. Das gilt wie für die Einzelwesen, so auch für die Gesamtwelt. Bei durchgehender Bewegung ruht sie in sich selbst und bildet mit aller Mannigfaltigkeit ein großes Lebensganzes, das nicht „episodenhaft" ist wie eine schlechte Tragödie.

Das ergibt eine eigentümliche Gestalt der Lebensaufgabe. Jene Volltätigkeit enthält in ihrem Ziel ein festes Maß, sie flieht alles Unbegrenzte als etwas Vernunftwidriges, sie dringt überall auf einen letzten Abschluß. Eine bloß anstrebende, rastlos weiter eilende Tätigkeit gewährt keine Befriedigung. Die Wissenden stehen höher als die Forschenden; nicht das Suchen sondern der Besitz, freilich der immer neu durch Tätigkeit erworbene Besitz, verleiht das Glück. Es fehlt alle Bewegung nach unabsehbaren Zielen, alle Aussicht ins Unermeßliche. Klar steht unser Ziel vor Augen, und als unserer eigenen Natur angehörig muß es erreichbar sein. So eine feste Ruhe in kräftiger und unablässiger Tätigkeit, ein philosophischer Ausdruck der Seligkeit im Wirken und Schaffen, des ruhigen Schwebens in geistigem Glück, das die antiken Kunstwerke so wunderbar zur Anschauung bringen.

Ein ähnliches Streben zur Einigung zeigt Aristoteles' Behandlung von Geistigem und Körperlichem, von innerem und Äußerem. Auch hier geht der Hauptzug zur Einheit. Der Philosoph kennt und erwartet keine Sonderexistenz der Seele, sie bildet mit dem Körper einen einzigen Lebensprozeß, sie bedarf seiner wie das Sehen des Auges, überhaupt die Funktion des Organs. So ist das Sinnliche nirgends geringzuschätzen, auch bei der Erkenntnisarbeit steht es in hohen Ehren. Allerdings wird diese Grundanschauung schroff durchbrochen zu Gunsten einer völligen Hinaushebung der Denkkraft über den natürlichen Lebensprozeß. Das Denken könnte nicht eine beharrende Wahrheit erfassen, nicht die Mannigfaltigkeit der Dinge unverfälscht aufnehmen, wäre es in die Wandlungen und Gegensätze der sinnlichen Welt verstrickt. Ihm gebührt daher eine Überlegenheit, eine Teilnahme an der Göttlichkeit und Ewigkeit. Aber was an diesem Gipfel geschieht, verändert nicht den Anblick der übrigen Welt, hier bleiben Seelisches und Körperliches eng verschlungen und einander zugeordnet.

Seiner monistischen Grundrichtung gemäß kann Aristoteles auch im Handeln nicht das innere vom Äußeren trennen und ein Reich reiner Innerlichkeit aufbauen, er setzt vielmehr Inneres und Äußeres in unablässige Wechselwirkung und verbindet überall seelische Kraft und entgegenkommende Wirklichkeit zu einem einzigen Lebensprozeß. Bei ihm strebt alles Tun auch zur Sichtbarkeit in der Außenwelt, und da solche Verkörperung äußerer Mittel bedarf, so gewinnt die Umgebung einen viel größeren Wert als bei Plato.

Hier bringt die Seele die Begriffe nicht als einen fertigen Besitz mit, sondern erwirbt sie an der Hand der Erfahrung; hier übt die gesellschaftliche Umgebung einen bestimmenden Einfluß auf die moralische Bildung. Denn was an Anlagen dafür in uns ruht, das belebt und vollendet allein die Tat; diese aber muß zuerst die Umgebung durch Sitte und Gesetz auferlegen, bis endlich die äußere Forderung zu eigenem Wollen wird. So die Anerkennung eines segensreichen Einflusses der Gesellschaft, in vollem Gegensatz zu Plato, für den es ohne eine Befreiung von jener keine wahre Sittlichkeit, d. h. auf Einsicht begründete Tugend, gab.

Eine Annäherung vollziehen hier auch die allgemeinen und die besonderen Größen. Aristoteles hat die Allgemeingrößen nicht von den Einzelwesen abgelöst und ihnen entgegengesetzt, sondern ihnen eine Wirklichkeit lediglich innerhalb jener zuerkannt. Auch liebt er nicht auf einem Gipfel höchster Allgemeinheit zu verweilen, sondern sein Denken wird unablässig in die Welt der Anschauung zurückgetrieben und vom Reichtum ihres Lebens gefesselt. Was einem Dinge unterschiedlich und ausschließlich zukommt, das gilt als die Vollendung seines Wesens. So bildet z. B. die Höhe unserer Natur das eigentümlich Menschliche, nicht was wir mit den anderen Lebewesen teilen.

Daraus entspringt ein eifriges und fruchtbares Streben, überall das Eigentümliche zu erkennen und darauf das Handeln zu richten. Die Forschung findet den Schlüssel der Entwicklungsgeschichte des Organismus in einem Fortschreiten der Natur vom Allgemeinen zum Besonderen. Der werdende Mensch z. B. ist zuerst nur lebendig, dann wird er ein gesondertes Lebewesen und durchläuft in dieser Richtung weitere Stufen, bis endlich die charakteristisch menschliche Art hervorbricht. Das Handeln aber findet sein leitendes Ziel in der Unterwerfung alles Seelenlebens unter die auszeichnend menschliche Aufgabe. Die eigene Arbeit des Philosophen erhält damit den Antrieb, in alle Mannigfaltigkeit der Dinge einzugehen, alles Verschiedene zu sondern, auch das Kleine nicht zu mißachten. Indem er diese Aufgabe mit größtem Eifer ergreift und mit staunenswertem Geschick durchführt, zerlegt sich ihm die Welt in eine unermeßliche Fülle von Gestalten, deren Entdeckung, Beobachtung, Beschreibung immer neue Freuden gewährt.

Das Gedankenreich, das aus solcher Arbeit hervorgeht, hat nicht die starken Kontraste und Aufregungen der platonischen

Überzeugung. Aber es ist nicht ohne bedeutende Abstufungen
und Aufgaben, auch nicht ohne eine Vornehmheit der Gesinnung
und innere Wärme, wobei freilich oft die mehr künstlerische
Weltanschauung Platos nachklingt und sich die spätere Zurückziehung des Menschen auf die reine Innerlichkeit des Seelenlebens
vorbereitet.

Der Hauptgegensatz, unter den Aristoteles das Streben stellt,
ist der des bloßen Daseins und der Volltätigkeit, des leeren, daher
unbefriedigten und stets über sich hinausblickenden, und des
erfüllten, bei sich selbst befriedigten Lebens, des naturgegebenen
Seins ($\zeta\tilde{\eta}\nu$) und des durch eigene Tat errungenen Wohlseins ($\epsilon\tilde{\upsilon}$
$\zeta\tilde{\eta}\nu$). Die natürliche Existenz bleibt die notwendige Voraussetzung
aller Entwicklung, von ihr aus mag jene höhere Stufe als etwas
Überflüssiges erscheinen. Aber erst dieses, was die bloße Not über-
steigt, gibt dem Leben einen inhalt und einen Wert; hier erreichen
wir etwas, das durch sich selbst gefällt, hier befinden wir uns im
Reich des Schönen und damit einer echten Lebensfreude.

Davon nämlich ist Aristoteles fest überzeugt, daß die Volltätigkeit mit der Umsetzung des ganzen Wesens in lebendige Wirklichkeit zugleich die volle Glücksempfindung bringt. Denn alle
Tätigkeit enthält in ihrer eigenen Wahrnehmung, in ihrem Geschaut-
werden eine Lust und Freude; es gibt überhaupt kein echtes Glück
ohne eine begründende Tätigkeit. So ist das Glück vornehmlich
unser eigenes Werk; es läßt sich nicht von draußen mitteilen oder
wie ein Schmuckstück umhängen, sondern es bemißt sich nach der
Tätigkeit und wächst mit der Tätigkeit. Wenn alles Leben eine
„natürliche Süßigkeit" hat, so ist es besonders wertvoll dem Tüchtigen,
der ihm einen edlen Gehalt zu geben weiß. Wer die Lust schilt,
beachtet nur ihre niedersten Formen, da sie doch der Tätigkeit auf
alle Höhe zu folgen vermag. Auch kann die Lust zur Verfeinerung
und Vervollkommnung der Tätigkeit wirken, wie z. B. die Freude
an der Musik das musikalische Schaffen fördert. Mit solcher Befestigung der Lust im Kern des Lebens ergibt sich die klassische
Ausprägung des „Eudämonismus", dessen von der Tätigkeit untrennbare Lust hoch über allem selbstischen Genießen steht.

So unser Dasein zum Glück erheben kann die Tätigkeit nur
bei voller sachlicher Tüchtigkeit, bei durchgreifender Belebung
unseres ganzen Wesens. Aller Schein im Handeln ergibt auch nur
einen Schein des Glückes. Daher dringt der Philosoph nach-

drücklich auf Wahrhaftigkeit und verwirft alles Scheinwesen; „tüchtig",
„gediegen" (σπουδαῖος), das ist sein Lieblingsausdruck für den Mann,
der die Tugend bei sich verwirklicht.

Die Gediegenheit wächst zur Vornehmheit durch die Ausbildung
eines scharfen Unterschiedes zwischen dem Schönen und dem Nützlichen, dem, was an sich erfreut und durch sich selbst gefällt, und
dem, was nur als ein Mittel für anderes geschätzt wird. Wer das
Nützliche zur Hauptsache macht, der verfällt einer inneren Verkehrung des Lebens. Denn jenes weist die Tätigkeit über sich
selbst hinaus auf fremde Dinge und läßt sie innerlich leer bei allem
vermeintlichen Gewinn; die Arbeit wird ein Hasten und Jagen ins
Endlose, ohne je einen Abschluß zu erreichen und in ruhige Befriedigung überzugehen. Von hier aus erwächst ein schroffer Gegensatz einer edlen und einer gemeinen, einer freien und einer knech-
tischen Lebensführung. Eines freien und großgesinnten Mannes
Sache ist es, überall das Schöne und nicht das Nützliche zu suchen;
ja es wird in diesem Zusammenhange der Mangel an allen nützlichen Folgen ein Zeugnis für den inneren Wert einer Betätigung.
Das eben bildet den Stolz der reinen Philosophie, daß sie gar keinen
Vorteil für das äußere Leben gewährt, sondern sich nur als Selbstzweck behandeln läßt. So hat der stärkere Zug zur unmittelbaren
Wirklichkeit und die Ablehnung der Ideenwelt dem Philosophen die
Kraft idealer Gesinnung keineswegs verkümmert.

c. Die Erfahrungen des menschlichen Kreises.

Wir sahen, daß das menschliche Leben seine Aufgabe und
seine Befriedigung allein in diesem irdischen Dasein zu suchen hat,
daß aber diese Einschränkung bei Aristoteles keine schweren Konflikte
erzeugt. Denn innerhalb dieses Lebens läßt sich die Betätigung des
ganzen Wesens und damit das höchste Glück erreichen. Daher
bleiben keine unerfüllbaren Wünsche und Hoffnungen; es fehlt zugleich alles Bedürfnis nach individueller Unsterblichkeit, aller Antrieb,
die naturgewiesene Grenze des Daseins zu überschreiten.

Um so mehr gilt es dieses Leben zu nutzen, es zum höchsten
Gipfel der Tätigkeit zu erheben. Dazu müssen wir uns auf unsere
Eigentümlichkeit besinnen und ihr gemäß alles Tun gestalten. Das
Eigentümliche des Menschen ist aber die Vernunft, d. h. nach Aristoteles
die Denkkraft mit ihrem Vermögen allgemeiner Begriffe und Wahr-
heiten. Daß die Intelligenz einerseits sich selbst entfalte, anderer-

seits kräftig zu dem niederen, uns mit den Tieren gemeinsamen Seelenleben wirke, das bildet unser Lebenswerk. Die Tätigkeit gemäß der Vernunft, in ungehemmtem Verlauf und in Ausdehnung über unser ganzes Leben — nicht über eine kurze Zeit, denn Eine Schwalbe macht keinen Frühling —, dies und nichts anderes bildet die Glückseligkeit des Menschen.

In solcher Überzeugung dringt Aristoteles kräftig auf eine Verwandlung des ganzen Daseins in lebendige Tätigkeit. Auch die Tüchtigkeit genügt nicht, wenn sie nicht zur Betätigung kommt. Denn im Schlaf gibt es kein wahres Glück, und bei den olympischen Spielen gewinnt nur der einen Kranz, der sich am Wettkampf beteiligt, nicht wer bloß zuschaut. Es hat aber die Entfaltung der Tätigkeit bei Aristoteles keine allzu großen Hemmungen zu überwinden. Die Seele ist nicht sich selbst entfremdet, noch bedarf sie einer völligen Umwälzung wie bei Plato, sondern unsere Vernunft ist nur unentwickelt und muß von der bloßen Anlage zur Vollendung erst aufsteigen, der natürliche Trieb aber geht immer auf das rechte Ziel. Nur emsiger und tüchtiger Arbeit bedarf es, um auszubilden, was die Natur in uns vorgebildet hat.

Die Entwicklung des menschlichen Lebens näher verfolgen kann Aristoteles nicht, ohne das Verhältnis der inneren Triebkräfte der Tätigkeit zu den äußeren Umgebungen und Bedingungen genauer zu untersuchen. Dabei gerät er unter den Einfluß entgegengesetzter Strömungen. Der enge Zusammenhang von innerem und Äußerem, den seine Weltbegriffe lehren, auch die Scheu, die Verbindung des Individuums mit seinen Angehörigen, Freunden, Volksgenossen zu zerreißen, sie verbieten eine völlige Ablösung der Tätigkeit und des Geschickes von der Umgebung; unmöglich können wir uns dem entziehen, was dort vorgeht und von dort zu uns wirkt. Nach entgegengesetzter Richtung drängt das Streben des Denkers, die Handlung möglichst auf sich selbst zu stellen und von der Zufälligkeit äußerer Verhältnisse zu befreien; die Bindung daran würde uns in ein unstetes Schwanken versetzen, das mit wahrem Glücke unvereinbar ist. Das Ergebnis des Streites ist ein Kompromiß: die Hauptsache bildet die innere Leistung, die Kraft und Tüchtigkeit des Handelnden, zu vollem Gelingen aber gehört auch das Äußere. Wie das dramatische Kunstwerk der Inscenierung, so bedarf unser Handeln zu seiner Vollendung der Umsetzung in eine sichtbare Leistung, der Vorführung auf der Bühne des Lebens. Aber die Hauptsache bleibt weitaus das innere Werk. Die äußeren Güter dienen nur als Mittel und Ausdruck der Tätigkeit; sie haben Wert nur soweit, als diese sie ergreift und verwendet; über solches Maß hinaus werden sie ein unnützer Anhang, ja eine Beschwerung des Lebens. Daher wird das Streben nach einer unbegrenzten Vermehrung der äußeren Güter mit aller Energie abgewiesen. Denn auch in mittleren Lebenslagen läßt sich höchstes Glück erreichen; man kann das Schöne tun, d. h. edel handeln, ohne über Länder und Meere zu herrschen. Nur darf der Widerstand des Schicksals nicht allzustark werden. Nicht nur sind Elementarbedingungen, wie eine normale physische Bildung, Gesundheit u. s. w., unerläßlich zum Lebensglück, auch überwältigende Schicksalsschläge können es zerstören. So drohen ernste Verwicklungen. Aber der ruhige Sinn des Aristoteles, dem Durchschnitt der Erfahrung zugewandt und weniger um das Schicksal der Menschheit als um das Ergehen der individuen besorgt, wird dadurch nicht sehr aufgeregt. Der Tüchtige kann nach seiner Überzeugung guten Mutes den Lebenskampf aufnehmen. Den gewöhnlichen Mißständen ist unsere geistige Kraft gewachsen. Überschwere Schicksalsschläge aber, wie sie einen Priamus trafen, sind seltene Ausnahmen, und selbst sie können den Tüchtigen nicht elend machen. Denn wenn er härtestes Geschick gelassen trägt, nicht aus Stumpfheit, sondern in Seelengröße, so wird durch alles Leid das Schöne hindurchleuchten. So erschüttern alle Störungen und Unebenheiten nicht den Glauben an die Vernunft und hemmen nicht ein freudiges Eingehen auf die Breite und Fülle des Lebens.

Es scheiden sich aber dabei zwei Hauptaufgaben: die Entwicklung der intelligenz bei sich selbst und die Unterwerfung der sinnlichen Seite des Menschen, das theoretische und das praktische Leben, wie es hier in deutlicher Abgrenzung heißt.

Daß beide Gebiete weiter auseinandertreten und sich zu selbständigen Arten des Lebens ausbilden, das ist charakteristisch für unseren Denker; jede Seite gelangt hier zu schärferer Ausprägung und genauerer Darlegung ihrer Eigentümlichkeit. Aber zugleich verschwindet die platonische Einheit des geistigen Lebens und die Größe allesbeseelender Gesinnung. Bei Plato war auch die Wendung zur Wahrheit eine sittliche Tat; galt es doch, das Auge des Geistes mit eigener Entscheidung vom Dunkel zum Licht zu kehren. Bei Aristoteles hingegen hat die Bewegung zur Erkenntnis nur den Naturtrieb des vernünftigen Wesens aufzunehmen und weiterzuführen; hier zuerst entwickelt sich eine eigentümliche Lebensführung des Forschers und Gelehrten, ein Lebensideal der wissenschaftlichen Arbeit. Zugleich aber erhält auch das praktische Gebiet eine größere Selbständigkeit und eine sorgfältigere Durchforschung.

Unter den beiden Lebensformen gibt Aristoteles der Theorie den unbedingten Vorrang. Sie macht uns freier von äußeren Umständen und selbständiger im eignen Sein. Sodann hat die Wissenschaft mit dem All und seinen unwandelbaren Beständen zu tun; die Einsicht kann hier eine Festigkeit und eine Genauheit erreichen, die dem praktischen Gebiet seine unablässige Veränderung versagt. Alle einzelnen Ausführungen gipfeln in dem Gedanken, daß das Erkennen die reinste Form einer gehaltvollen, in sich selbst befriedigten Tätigkeit bildet, daß es am meisten erfüllt, was die idee der Glückseligkeit fordert. So heißt es, das wahre Glück reiche nicht weiter als die Forschung; nicht als bloße Menschen haben wir an ihr teil, sondern sofern Göttliches in uns wohnt; hier allein ergibt sich innerhalb des Lebens eine Unsterblichkeit. Dabei läßt Aristoteles' Sinn für die Mannigfaltigkeit nicht weniger als fünf verschiedene Arten der Denkarbeit auseinandertreten: Prinzipienlehre, Wissenschaft, Weisheit, Kunst, praktische Einsicht.

Das praktische Gebiet scheint dagegen zunächst in völligem Nachteil; gilt es hier doch nur die Naturtriebe der Intelligenz zu unterwerfen. Aber bald wächst die Aufgabe dahin, das Streben des Menschen auch innerlich der Vernunft zu gewinnen, sie in den eigenen Willen aufzunehmen; damit entwickelt sich der Begriff einer ethischen Tugend, einer Haltung und Gesinnung des ganzen Menschen, zugleich aber ein inneres Verhältnis vom Menschen zum Menschen. Die ausführliche und sympathische Schilderung dieses Gebietes erweckt leicht den Eindruck, daß es sich hier nicht um eine niedere Stufe, sondern um ein selbständiges Reich, ja um den Kern des Lebens handle.

Den Stand der Überzeugung erkennen wir namentlich in der Behandlung des Begriffes, der bei Aristoteles das gesamte praktische Leben beherrscht, des Begriffes der Mitte. Zu ihm führt den Denker ein einfacher Gedankengang. Soll das Sinnliche der Vernunft unterworfen oder – von der anderen Seite angesehen – die Vernunft in dem Sinnlichen dargestellt werden, so drohen Gefahren in entgegengesetzter Richtung. Das Sinnliche kann sich mit ungezügelter Macht gegen die Vernunft aufbäumen und sich ihrem Gebot entziehen; es kann aber auch zu schwächlich und dürftig bleiben, um der Vernunft die nötigen Mittel zur vollen Entwicklung zu bieten. So wird zur Summe der praktischen Weisheit die rechte Mitte; die ethische Tugend hat ebenso ein Zuviel wie ein Zuwenig zu meiden. Es steht z. B. der Tapfere zwischen dem Tollkühnen und dem Ängstlichen, der gute Haushalter zwischen dem Verschwender und dem Geizigen, der gesellschaftlich Gewandte zwischen dem Witzbold und dem Schwerfälligen. Aristoteles zeigt bei dieser Lehre von der Mitte einen engen Zusammenhang mit seinem Volke, seine ausführlichen Darlegungen erscheinen oft wie Abbilder des wirklichen Lebens, auch die Ausdrücke folgen dem allgemeinen Sprachgebrauch. Aber zugleich klingen prinzipielle Überzeugungen im Sinne des Platonismus durch. Aristoteles beruft sich bei der Lehre von der Mitte ausdrücklich auf die Analogie der Kunst, deren Meisterwerken sich weder etwas hinzufügen noch nehmen läßt. Auch wirkt der ethische Gedanke der Gerechtigkeit. Jede Aufgabe muß innerhalb des Ganzen menschlicher Zwecke und nach der individuellen Lage des Falles genau das erhalten, was ihr gebührt; eine Abweichung davon nach dem Mehr oder nach dem Weniger wird zum Unrecht. Mag daher Aristoteles die platonische Idee der sittlichen Ordnung, der alles durchwaltenden Gerechtigkeit, als Weltgesetz aufgeben, für das menschliche Handeln läßt er ihre Macht unangetastet.

Die Forderung der rechten Mitte gibt dem Leben auch eine eigentümliche Form. Was die rechte Mitte sei, läßt sich bei dem unablässigen Wechsel der Lebenslagen nicht ein für allemal ausmachen noch aus allgemeinen Sätzen ableiten, es ist in jedem Augenblick gemäß der eigentümlichen Lage neu zu bestimmen. Dazu bedarf es vornehmlich zutreffender Schätzung, richtigen Taktes. Das Handeln wird damit zur Lebenskunst, das Dasein erhält eine unablässige Spannung, indem immer von neuem der gute Steuermann seinen Weg zwischen Scylla und Charybdis zu suchen hat.

Sodann ist die rechte Mitte unerreichbar ohne eine volle Klarheit über die umgehenden Verhältnisse wie über das eigene Vermögen. Um nicht zu viel oder zu wenig zu unternehmen, müssen wir unsere Leistungsfähigkeit genau kennen; wir müssen nicht bloß tüchtig sein, sondern auch wissen, daß und wie weit wir es sind. Ebenso fern bleibe daher alle leere Einbildung und eitle Prahlerei, wie ein kleinmütiges Sichunterschätzen. Das rechte Selbstbewußtsein dünkt hier unentbehrlich zur Vollendung des Lebens; die Selbstkenntnis im altgriechischen Sinne, d. h. eine richtige Schätzung unseres Vermögens, nicht ein Grübeln über unseren inneren Zustand, erreicht bei Aristoteles die bedeutendste philosophische Entwicklung.

Indem das Prinzip der Mitte sich in alle Verzweigung des Lebens hineinarbeitet und aller Mannigfaltigkeit anschmiegt, wird durchgängig eine Beziehung zur Vernunft gewonnen und an jeder Stelle das Tun dem Gedanken unterworfen. Es entsteht ein eigentümliches Verhältnis von Natur und Geist, das die Überlegenheit des Geistes wahrt, ohne das Recht der Natur anzutasten. Denn was immer die Natur dem Menschen eingepflanzt hat, wie z. B. die Selbstliebe, das gilt eben damit als gerechtfertigt; es ausrotten zu wollen, wäre ebenso verkehrt wie vergeblich. Aber es muß die rechte Mitte und damit sein Maß finden, um mit der Vernunft zusammenzugehen; dafür aber bedarf es des Geistes und Gedankens. So bedeutet die Idee des Maßes einen Triumpf des Geistes über die rohe Natur und zugleich einen harmonischen Ausgleich zwischen der echten Natur und der Vernunft. Diese aristotelische Mitte ist keine Empfehlung spießbürgerlicher Mittelmäßigkeit, die alle Gefahr und Anstrengung scheut. Denn jene will nicht das Leben auf ein mittleres Niveau herabdrücken, sondern nur innerhalb der Handlung das Gleichmaß von Vernunft und Natur wahren. Wie wenig der Gedanke der Mitte den der Größe ausschließt, das bekundet am deutlichsten die Tatsache, daß Aristoteles sein Idealbild menschlichen Lebens in dem Großgesinnten (μεγαλόψυχος) findet und dieses Bild mit liebevollstem Eingehen ausmalt.

Großgesinnt ist, wer eine geistige Größe hat und sich ihrer voll bewußt ist. Er bildet die rechte Mitte zwischen dem, der sich über sein Vermögen aufbläht, und dem, welcher eine Größe hat, sie aber nicht kennt und daher auch nicht genügend entwickelt. Wie den Großgesinnten seine eigene Bedeutung erfüllt, so wird er sie überall kräftig zum Ausdruck bringen und in allem Tun und Lassen vornehmlich seine Würde und Größe wahren. Aus solcher Gesinnung wird er nur die lautere Wahrheit sagen, offen lieben und offen hassen, frei sein von aller Menschenfurcht, ungern Wohltaten annehmen und empfangene überreich vergelten, besonders gern aber selbst Wohltaten erweisen, wird er gegen Hochstehende stolz und zurückhaltend, gegen Niedere freundlich sein. Er stellt überall die Schönheit über den Nutzen, die Wahrheit über den Schein; er erwählt von aller Arbeit für sich selbst die schwerste und undankbarste. Auch das äußere Benehmen hat solcher Gesinnung zu entsprechen. Der Großgesinnte wird überall mit ruhiger Würde auftreten, langsam reden, sich nirgends überhasten u. s. w.

Mag in solchem Bilde uns manches befremden, augenscheinlich steigert sich hier die praktische Tätigkeit zur Entfaltung eines Ganzen der Persönlichkeit. Wer so entschieden wie Aristoteles das Glück bei der in sich selbst ruhenden Tätigkeit sucht, der kann auch das praktische Leben nicht vornehmlich nach außen richten, der wird es zu sich selbst zurückführen und den eigenen Stand des Handelnden zur Hauptsache machen, der wird schließlich weniger an die einzelnen Handlungen als an den Menschen in der Handlung denken. In Wahrheit werden die inneren Bedingungen der Handlung mit besonderer Sorgfalt untersucht, Aristoteles zuerst analysiert scharf Begriffe wie Vorsatz, Verantwortlichkeit u. s. w. Mehr und mehr verlegt sich damit der Schwerpunkt von der äußeren Leistung in das innere Verhalten, der Begriff eines in sich vollendeten Handelns vertieft sich zu dem eines in sich ruhenden Lebens, die Idee einer moralischen Persönlichkeit beginnt sich aufzuringen und das Leben auf sich als Mittelpunkt zu beziehen.

Das alles bleibt freilich unfertig und unausgeglichen. Jene Hoheit der Persönlichkeit erscheint vornehmlich als eine Sache des bloßen Individuums; indem der Mensch sich weniger an einem Ideal der Vernunft mißt als mit anderen Menschen vergleicht, wird die sittliche Würde zur individuellen Größe gegenüber jenen anderen; die Idee der Persönlichkeit entwickelt damit mehr eine trennende als eine verbindende Kraft. So sind inmitten des Neuen Schranken der Zeitlage unverkennbar.

Was immer sich aber im praktischen wie im theoretischen Leben bei Aristoteles an Zielen eröffnet, das muß seinem Glauben an die Macht der Vernunft in der Wirklichkeit als erreichbar gelten. Wohl finden sich starke Mängel. Der Philosoph hat einen viel zu offenen Sinn für die Eindrücke der Erfahrung, um überall eitel Vernunft zu sehen, und er urteilt auch viel zu sehr aus der Art seines Volkes, um nicht die Menschheit in eine große Mehrheit, wenn auch nicht schlechter, so doch gewöhnlicher Naturen und eine kleine Minderheit edler zu zerlegen. Den Menschen beherrscht Affekt und Begier, und der Sinn der Menge ist nicht dem Schönen, sondern dem Nützlichen zugewandt. Ins Böse aber treibt sie namentlich die unersättliche Begier, das Mehrhabenwollen als die Anderen. „Grenzenlos ist die Begier, deren Befriedigung die Menge lebt."

Aber Aristoteles überantwortet nicht so leicht den menschlichen Kreis der Unvernunft; er findet Mittel genug, jenen ersten Eindruck zu überwinden. Zunächst meint er, das Böse im Menschen werde leicht übertrieben, indem als Schuld gelte, was nur eine Folge natürlicher Verhältnisse ist. So wird z. B. der Mensch der Undankbarkeit geziehen, weil die Empfangenden minder stark zu lieben pflegen als die Gebenden, die Kinder weniger als die Eltern, während sich das einfach daraus erklärt, daß das Geben mehr Lust erzeugt als das Empfangen, und diese Lust uns auch den Gegenstand der Tat angenehm macht. Sodann vermag der Denker nicht alle Mindertüchtigen in Einen Haufen zusammenzuwerfen; er unterscheidet mehrere Stufen und findet in der höchsten eine Annäherung an das Ideal. Auf der anderen Seite sind die eigentlich Boshaften, die Frevler, auszusondern, deren Zahl nicht groß ist; den Durchschnittsstand bildet mehr verzeihliche Schwäche als ausgeprägte Schlechtigkeit. Weiter besteht ein nicht geringer Unterschied zwischen denen, welche Gewinn und Genuß als Hauptziel verfolgen, und denen, welche auf Ehre und Macht ausgehen. Namentlich die Ehre, der Widerschein der Tugend, führt das Handeln aufwärts. Was aber unvollkommen bleibt, das hebt sich dem Denker durch die Überzeugung, daß auch in dem Niederen ein Naturtrieb zum Höheren wirkt und über den augenblicklichen Stand und das eigene Bewußtsein hinaustreibt; denn „alles hat von Natur etwas Göttliches." Zu solcher Neigung des Denkers, in dem Niederen weniger das Abgefallene und Zürückbleibende als das Aufstrebende zu sehen, gesellt sich eine höchst charakteristische Überzeugung von einer Summierung der Vernunft im Zusammenleben. Mögen die Durchschnittsmenschen einzeln recht wenig leisten: vereinigt sie eine gemeinsame Ordnung, so werden sie wie Eine Persönlichkeit, so kann sich das Gute aller verbinden und als Ganzes auch den größten Individuen moralisch wie intellektuell überlegen werden. Indem nämlich jeder das Seine darbringt und sich die verschiedenen Kräfte vermischen, wird die Gesamtheit freier von Zorn und anderen Affekten, geschützter gegen Fehlgriffe, besonders aber sicherer im Urteil als das bloße Individuum. Auch bei der Musik und Poesie ist das große Publikum der beste Richter. Bei solcher Apologie der Menge denkt Aristoteles aber nicht an jedes beliebige, bunt zusammengewürfelte Publikum, sondern an die festere Gemeinschaft einer Stadt und eines zusammengehörigen Bildungskreises; auch so wäre sie freilich ohne einen starken Glauben an ein Gutes im Menschen nicht möglich gewesen.

Zu jenem Glauben stimmt vortrefflich Aristoteles' Überzeugung
von der Geschichte. Ihre Grundlage bildet die Geschichtsphilosophie
Platos. Auch hier gibt es kein Ansteigen ins Unendliche, sondern
einen Kreislauf ähnlicher Perioden; bei der Ewigkeit der Welt, die
Aristoteles zuerst mit voller Klarheit lehrt, liegt Unendliches hinter
uns; immer wieder wurde, was erreicht war, durch große Fluten
zerstört, und die Arbeit mußte von Neuem beginnen; nur die —
rationalistisch gedeutete — Volksreligion und die Sprache verbinden
die einzelnen Epochen, indem sie die Weisheit der früheren Periode
wenigstens in Resten übermitteln. Aber zu dieser allgemeinen Überzeugung tritt nun die besondere, daß im klassischen Griechentum
kurz zuvor die höchste Höhe eines solchen Umlaufs erreicht sei.
So gilt es, das Augenmerk vielmehr dahin zurück als auf die Zukunft zu richten, die keinen großen Fortschritt mehr verspricht.
Die Forschung aber empfängt die Aufgabe, das, was Gelegenheit
und Gewohnheit finden ließen, in seinen Gründen wissenschaftlich
zu begreifen, die geschichtliche Wirklichkeit in Begriffe umzusetzen.

Demnach rechtfertigt der Verlauf der Untersuchung das eigene
Verhalten des Philosophen zum Griechentum. Ist in diesem das
Höchste erreicht, was sich je erreichen läßt, so ist das Streben durchaus begründet, die ihm innewohnende Vernunft aufzusuchen und
die eigene Arbeit, so weit irgend möglich, an sie anzuknüpfen. Der
Denker vermag sich nicht nur zum Grundstock der griechischen
Wirklichkeit freundlich zu stellen, er kann auch die öffentliche
Meinung als einen sicheren Wegweiser zur Wahrheit schätzen. Das
alles entspricht der geistigen Art, mit der er die Arbeit begann, aber
indem seine Begriffe zum Ausgangspunkt zurückführen, müssen sie
jene Art noch weiter befestigen und verstärken. So bezeugt sein
Lebenswerk besonders deutlich die Wahrheit des Goetheschen Wortes,
daß unsere Grundsätze die Komplemente unserer Existenzen sind.

d. Die einzelnen Gebiete.

Die einzelnen Lebensgebiete erhalten bei Aristoteles eine weit
größere Selbständigkeit, sie stellen mehr eigene Aufgaben und verlangen mehr Arbeit als bei Plato. Das Besondere ist hier nicht
eine bloße Anwendung, sondern eine Weiterbildung des Allgemeinen.
Das Leben geht mehr in die Breite auseinander; indem sich seine
Spannung über eine weitere Fläche verteilt, gewinnt es in aller Bewegung eine größere Ruhe. Aber alles Wachstum der Mannig-

faltigkeit sprengt bei Aristoteles nicht die Einheit des Ganzen und erschüttert nicht die Herrschaft durchgehender Überzeugungen; mögen die leitenden Ideen sich der Eigentümlichkeit der verschiedenen Gebiete anschmiegen, das Band der Analogie hält alle Vielheit zusammen. Überall eine Hochschätzung der Tätigkeit, ein Aufdecken der inneren Vernunft, eine Ausgleichung der Gegensätze, überall auch eine schlichte Sachlichkeit, mehr Annäherung an das unmittelbare Seelenleben, mehr Durchsichtigkeit der Gebilde. Das alles macht die Verzweigung des Lebens so bedeutend, daß die Betrachtung nicht zu rasch darüber hinwegeilen darf.

α. Die menschlichen Gemeinschaften.

Selbständiger und reichhaltiger wird zunächst das Gebiet des menschlichen Zusammenseins. Wie es Aristoteles vom All zum Menschen zieht, zeigt u. a. sein Urteil über den Wert der Sinne. Plato und die anderen griechischen Denker hatten das Auge wegen seines Schauens der Welt für den wichtigsten Sinn erklärt; mit solcher Schätzung will auch Aristoteles nicht brechen. Aber bei genauerer Abwägung erklärt er das Ohr wegen seiner Beziehung zur Sprache und damit zur menschlichen Gesellschaft als wichtiger für die geistige Entwicklung. Auch der Unterschied der menschlichen Sprache von den tierischen Lauten gilt ihm als ein Zeugnis einer größeren Innigkeit unseres Zusammenseins. Der Verzweigung des menschlichen Lebens und Tuns hat er das wärmste Interesse zugewandt. Er ist ein sehr feiner Beobachter und Zeichner der verschiedenen Typen menschlicher Art, und seine Schule hat die Schilderungen der mannigfachen „Charaktere" aufgebracht. Ebenso folgen die Jünger nur dem Streben des Meisters, wenn sie den Tugenden des geselligen Lebens besondere Aufmerksamkeit widmen. Endlich steht mit der höheren Schätzung der Menschen und der menschlichen Gemeinschaft in engem Zusammenhange die sorgfältige Beachtung der Geschichte, welche Aristoteles auszeichnet. Seiner eigenen Forschung war stets die Leistung der Vorgänger gegenwärtig, und aus seiner Schule ist die Geschichte der Philosophie hervorgegangen.

Aber alles Wachstum des Menschenlebens läßt die Gestaltung der Gemeinschaft noch einfach genug. Zwei Hauptformen fassen alles in sich: das Freundschaftsverhältnis und das Staatsleben, jenes für die persönlichen Beziehungen der Individuen, dieses für die weitere Gemeinschaft und für die Organisation der Vernunftarbeit.

Die Freundschaft hat schon deshalb für Aristoteles einen unvergleichlichen Wert, weil, nach dem Verzicht auf die Religion, sie allein einer reicheren Entwicklung des Gemütslebens und der vollen Betätigung der individualität Raum gewährt. „Ein Leben ohne Freunde würde niemand begehren, besäße er auch alle übrigen Güter."

Es ist aber die Freundschaft im Sinne des Aristoteles die Verbindung mit einem anderen Menschen — der Philosoph denkt namentlich an Einen Freund — zu ständiger Gemeinschaft des Lebens und Handelns, zu so völligem Aufnehmen des Anderen in den eigenen Gedankenkreis, daß wir ein anderes „Selbst" in ihm gewinnen. Die Freundschaft ist hier kein bloßer Einklang der Gemüter, sondern eine Einigung des Handelns und Wirkens; auch bei ihr liegt alles an der Tätigkeit, der Gefühlsstand bleibt immer eng mit dieser verbunden und von ihr abhängig. So drängt es hier stets über die Gesinnung hinaus zur Leistung, und es wächst die Freundschaft mit der Größe des Menschen. Auch bei ihr gilt es, im Austausch Entsprechendes zu leisten, in edlem Wettstreit Schritt zu halten; die Freundschaft verschmilzt mit der Idee der Gerechtigkeit. Für eine unverdiente und unbemessene Liebe, für ein Sichselbstvergessen und eine naive Hingebung ist dabei kein Platz. Solche Freundschaft ist keine Befreiung vom Selbst, sondern eine Erweiterung des Selbst. Denn sie wurzelt in der echten Selbstliebe, in einer Freundschaft des Menschen mit seinem eigenen Wesen. Wie nur der Tüchtige in allem Handeln mit sich selbst einig, sich selbst ein rechter Freund ist, so kann nur er wahre und beständige Freundschaft üben. Die Vereinigung mit dem Freunde erhöht aber das Glück, weil sowohl die Tätigkeit dabei wächst, als die edlen Handlungen des Freundes leichter anschaubar sind als die eigenen.

Wie dieser Begriff der Freundschaft eine Gemeinschaft der Tat, und zwar gestalteter, sichtbarer Tat verlangt, so gestattet er eine volle Würdigung des Familienlebens mit seiner festen Abgrenzung. Dagegen ist, an jener Tätigkeit gemessen, die idee der Menschheit viel zu schattenhaft, um einen Einfluß auf das Leben zu gewinnen. Wohl heißt es, daß jeder Mensch dem Menschen lieb und verwandt sei, daß wir eine natürliche Neigung haben, einander zu helfen, und auch ohne einen Gedanken an Nutzen nach Gemeinschaft verlangen, aber das alles bleibt im Hintergrunde und führt zu keinem festen Zusammenhang, keiner Gemeinschaft der Arbeit. Es sind die

kleineren, übersichtlichen Kreise, welche hier den Menschen festhalten und ausfüllen; über die eigene Nation reicht der Blick selten
hinaus. Das griechische Volk scheint aber mit seiner Vereinigung
des Mntes der europäischen und der intelligenz der asiatischen Völker
die Spitze der Menschheit zu bilden. In Einen Staat verbunden,
könnte es alle beherrschen.

Aber dieser Gedanke einer griechischen Weltherrschaft wird —
merkwürdig genug für den Lehrer Alexanders — nicht weiter verfolgt,
vielmehr bleibt unserem Philosophen die Hauptform menschlicher
Gemeinschaft der griechische Einzelstaat, der Stadtstaat mit seinem
begrenzten Umfange, seiner straffen Zusammenfassung aller Lebens-
aufgaben, seiner engen persönlichen Verknüpfung der einzelnen
Bürger. Nirgends mehr als hier, wo seine Blüte schon hinter ihm
lag, wird dieser Stadtstaat von der Theorie durchleuchtet und verklärt. Seine Einschränkung wird damit verteidigt, daß nur da
eine rechte Gemeinschaft möglich sei, wo die Bürger ein Urteil
über einander bilden können; der tiefere Grund aber liegt darin, daß
nur eine übersehbare, geistige Aufgaben und sinnliches Zusammensein untrennbar verflechtende Gemeinschaft eine Persönlichkeit nach
Art des Individuums zu werden vermag. Ein solches Persönlichsein
des Staates aber ist der Kern der aristotelischen Lehre; aus dieser
Überzeugung folgt unmittelbar die Gleichheit der Ziele für Staat
und Individuum, der engste Zusammenhang zwischen Ethik und
Politik. War die in sich selbst ruhende und bei sich selbst befriedigte Volltätigkeit das höchste Gut des Menschen, so hat auch
der Staat nirgend anders sein Glück zu suchen. Das ergibt die
entschiedenste Ablehnung aller nach draußen gerichteten Politik, aller
Gier nach unbegrenzter Ausdehnung, aller Eroberungskriege u. s. w.
Vielmehr suche der Staat sein Werk in der friedlichen Tätigkeit, in
der Verbindung aller Kräfte zu einem lebensvollen Ganzen, in der
Entwicklung aller Beziehungen zwischen den einzelnen Teilen. So
wird er Gott gleichen, der ein vollendetes Leben führt ohne irgend
sein Wirken über sich selbst hinaus zu richten.

Zur Vernunfttätigkeit gehört vor allem die innere Tüchtigkeit
des Ganzen wie der einzelnen Glieder; darauf also ist die Hauptarbeit zu richten. Die äußeren Güter haben auch im gemeinsamen
Leben einen Wert nur als Mittel für die Tätigkeit und sollten die
dadurch gesetzte Schranke nicht durchbrechen. Aber schwere Störungen
bringt darin das leidenschaftliche Verlangen der Menge nach einer

grenzenlosen Anhäufung von Besitz und Reichtum. Die Illusion, darin das Glück zu finden, ward verderblich gesteigert durch die Einführung des Geldes mit seinem Vermögen einer unbegrenzten Aufspeicherung; nun erlangte die Gier nach äußeren Gütern immer größere Macht über den Menschen. So gilt es hier einen harten Kampf, auch von seiten der staatlichen Gemeinschaft. Wie der Staat für sich selbst nicht mehr an äußeren Mitteln erstreben soll, als die Entwicklung seiner inneren Kraft zur Tätigkeit erfordert, so hat er auch den Erwerbssinn der Bürger in die naturgemäßen Schranken zu weisen und namentlich der Herrschaft des Geldes entgegenzuwirken. In solchem Gedankengange wird aller Erwerb vom Gelde für unrecht erklärt, alles und jedes Zinsnehmen als Wucher verpönt, überhaupt jener Verkehrung von Mittel und Zweck ein moralisches Brandmal aufgedrückt. So die Grundlegung eines streng und direkt moralischen Typus der Wirtschaftslehre, der die Theorie des Mittelalters beherrscht und auch auf die Praxis mannigfach gewirkt hat. Bei Aristoteles sind die beiden Voraussetzungen dieser Lehre klar: die präcise Begrenzung der äußeren Güter durch einen festen und deutlich erkennbaren Lebenszweck, sowie die völlige Übereinstimmung des Glückes der Gemeinschaft mit dem des Individuums.

Ist aber der Staat im großen, was der Einzelne im kleinen, so gebührt ihm im gegenseitigen Verhältnis die unbedingte Überlegenheit. In der Tat verficht Aristoteles die völlige Unterwerfung des Individuums; er hat sie auf Formeln gebracht, welche durch die ganze Geschichte gehen als ein klassischer Ausdruck der Lehre von der Omnipotenz des Staates. Den Staat nennt er die selbstgenugsame Gemeinschaft, nur in ihm kann der Mensch seine Anlage zur Vernunft entwickeln, von ihm wird daher gesagt, er sei früher (d. h. seinem Wesen und Begriff nach früher) als der Mensch.

Sonderbar genug erfolgt diese theoretische Bindung alles menschlichen Seins an den Staat gerade in dem Augenblicke, wo sich das wirkliche Leben den politischen Zusammenhängen entwindet und in der Persönlichkeit des Einzelnen seinen Halt sucht. Auch Aristoteles selbst entbehrte der Teilnahme an politischer Gemeinschaft. Jene Lehre zeigt deutlich, wie seine Gedankenarbeit nach rückwärts schaut: erfüllt von der Herrlichkeit des altgriechischen Staates, kann der gelehrte Forscher die Bedürfnisse der eigenen Zeit und seine eigene Lage durchaus vergessen.

Zur Veranschaulichung seiner Staatslehre verwendet der Denker gern das Bild des Organismus; von ihm aus hat sich diese Vorstellung in der politischen Theorie eingebürgert. Wie beim organischen Lebewesen das einzelne Glied nur im Zusammenhange mit dem Ganzen lebt und wirkt, mit der Ablösung von ihm zu totem Stoff zerfällt, so verhält sich das Individuum zum Staat. Es erlangt hier nie ein Recht gegen das Ganze. innerhalb des Ganzen aber die Eigentümlichkeit und das Wirken der Individuen kräftig zu entwickeln, dazu scheint diese Theorie besonders geeignet.

Der Organismus ist nämlich um so vollkommener, je mehr Gliederung, je mehr Differenzierung der Funktionen und Organe er aufweist. So seien auch im Staat die Aufgaben möglichst gesondert; nicht ein einförmiger Gleichklang, sondern eine Harmonie in der Mannigfaltigkeit bilde das Ziel. Solche Überzeugung, verstärkt durch die klare Beobachtung und den nüchternen Verstand des Philosophen, ergibt eine scharfe Abweisung kommunistischer Theorien. Nur bei einer sorgfältigen Teilung wird die Arbeit gut verrichtet; die stärksten Antriebe zur Sorge und Liebe gibt dem Menschen sein eigener Besitz und sein besonderer Kreis; eine unsägliche Lust gewährt es, etwas sein eigen zu nennen. Auch ist es ein optimistischer Wahn, wenn die Anhänger des Kommunismus von der bloßen Gemeinschaft des Besitzes eine Eintracht der Gesinnung und ein Verschwinden aller Verbrechen erwarten. Denn die stärkste Wurzel des Bösen ist nicht die Not, sondern die Genußsucht und das unersättliche Mehrhabenwollen; „man wird nicht zum Tyrannen, bloß um keinen Frost zu leiden".

Die Idee des Organismus in antiker Fassung steigert aber nicht nur die Bedeutung des Einzelnen, sie wirkt auch zu einer durchgehenden Beseelung des Ganzen; sie versteht den Staat nicht als ein durch überlegene Einsicht gelenktes Kunstwerk, sondern als ein von seinen eigenen Kräften getragenes Lebewesen. So gilt es die Gesinnung der Bürger für die Staatsform zu gewinnen und ihnen allen irgendwelchen Anteil an der politischen Arbeit zu geben. Dies zusammen mit der Überzeugung von der Summierung der Vernunft macht Aristoteles zum Anhänger der Demokratie, freilich einer durch die nähere Ausführung sehr eingeschränkten Demokratie. Zugleich stellt er in geradem Gegensatz zu Plato die allgemeine Ordnung über die große Persönlichkeit: „wer das Gesetz regieren läßt, der läßt Gott und die Vernunft allein regieren; wer aber den Menschen, der fügt auch das Tier hinzu".

Weit über die besondere Staatstheorie hinaus wirkt Aristoteles

durch seine gesamte Erörterung politischer Verhältnisse. Der staats-
lose Mann hat sich mit der Klarheit seiner Beobachtung und der
Ruhe seines Urteils in die Eigentümlichkeit dieses Gebietes so ein-
gelebt, und sein Denken entwickelt so rein die inneren Notwendigkeiten
der Dinge, daß sein Werk eine unerschöpfliche Fundgrube politischer
Weisheit bildet. Ein unermeßlicher Stoff strömt zu, aber er wird
durch einfache Begriffe und Einteilungen bewältigt; Ideale werden
kräftig vorgehalten, aber sie hindern nicht die Würdigung der
realen, namentlich der ökonomischen Verhältnisse; die mannigfachen
und widerstreitenden Interessen werden mit peinlicher Sorgfalt, aber
ohne schwächliche Kompromisse gegeneinander abgewogen; die
politische Betrachtung gewinnt die engste Beziehung zur Geschichte
und wird damit flüssiger wie fruchtbarer; die Bedeutung der lebendigen Gegenwart, das Recht der jeweiligen Gesamtlage findet volle
Anerkennung. Alle Einsicht und Klugheit dieser Erörterungen wird
getragen von einem starken Sinn für Gerechtigkeit und Wahrhaftigkeit; kurz und bündig wird alles abgewiesen, was blendet, ohne
zu fördern, besonders aber was den eigenen Vorteil sucht auf Kosten
anderer. Mit solcher Verschlingung technischer Größe und ethischer
Gesinnung bleibt Aristoteles' Politik bei allem Problematischen der
näheren Ausführung ein bewunderungswürdiges Meisterwerk.

β. Die Kunst.

Wohl zeigen Aristoteles' Lehren an allen Hauptpunkten einen
Nachklang der künstlerischen Überzeugung Platos, ihm selbst aber
fehlt ein enges persönliches Verhältnis zur Kunst. Seine sachliche
Art hat ihn jedoch auch hier sich so in die Natur des Gegenstandes hineindenken lassen, daß ihm die Kunst nicht nur mannig-
fachste Aufklärung im einzelnen, sondern auch die erste prin-
zipielle Anerkennung verdankt. Auch Aristoteles versteht die Kunst
als eine Nachbildung der Wirklichkeit. Aber den Gegenstand der
Nachbildung findet er nicht in den einzelnen Vorgängen mit ihrer
Zufälligkeit und ihrem Wechsel, sondern in dem Allgemeinen und
Typischen der Dinge; der Künstler hat nicht mit dem zu tun, was
gerade jetzt, sondern dem, was immer oder gewöhnlich geschieht.
Daher heißt hier die Poesie philosophischer und gehaltvoller als die
Geschichte, Homer steht über Herodot. So wenig sich damit schon
eine neue Welt eröffnet und die schöpferische Phantasie ihr volles
Recht erlangt, die Kunst gewinnt einen geistigen Wert und eine selb-

ständige Aufgabe. Aber rasch wendet sich der Denker von der allgemeinen Betrachtung zu den einzelnen Künsten, um eindringend und klar sowohl ihre seelischen Triebfedern aufzudecken als ihre Wirkungen zu verfolgen. Den Gipfel seiner ästhetischen Theorie bildet die Lehre von der Tragödie; sie hat in der Neuzeit die eingreifendste Wirkung geübt und eine leidenschaftliche Bewegung der Geister hervorgerufen; sie hat für unsere Betrachtung einen besonderen Wert, weil die Tragödie ein Gesamtbild und ein Bekenntnis vom menschlichen Leben enthält. Es bekommt aber die aristotelische Lehre von der Tragödie das rechte Licht erst, wenn sie nicht als ein Erzeugnis freischwebender Reflexion, sondern als eine Umsetzung der wirklichen Leistung des griechischen Dramas in Begriffe und Gesetze verstanden wird. Auch hier verhält sich der Denker durchaus retrospektiv; er bietet nicht neue Anregungen, sondern er sucht die Vernunft bei der großen Vergangenheit. Das Problem der Tragödie liegt hier nicht sowohl innerhalb des Menschen als in seinem Verhältnis zur Welt, nicht in Verwicklungen und Widersprüchen des eigenen Wesens, sondern in dem Zusammenstoß mit dem Schicksal; es ist das Mißverhältnis inneren Verschuldens und äußeren Ergehens, welches das tragische Mitleid erweckt. Bei solcher Grundanschauung muß die Handlung weit einheitlicher, straffer und kürzer ausfallen als im modernen Drama mit seinen seelischen Kämpfen und inneren Bewegungen. Denn wo es sich nicht um ein inneres Werden und Wandeln, sondern um einen akuten Zusammenstoß des im wesentlichen fertigen Menschen mit dem Schicksal handelt, da wird die Anlage um so glücklicher scheinen, je rascher sich alles zur Entscheidung zusammendrängt. So konnte sich die Lehre von der Einheit der Tragödie in Handlung, Ort und Zeit auf Aristoteles berufen, wenn auch nicht ohne ein willkürliches Ausspinnen und eine starre Festlegung der Lehren des Meisters.

Auch bei der Wirkung der Tragödie ist eine Einmischung moderner Gedanken und Empfindungen fernzuhalten. Aristoteles spricht nicht von einer Erschütterung und Läuterung der ganzen Seele, sondern von einer Erregung der Affekte Mitleid und Furcht. Was er von solcher Erregung erwartet, darüber waltet ein noch immer ungeschlichteter Streit. Offenbar aber läßt Aristoteles nicht durch den einzelnen Fall ein allgemeines Menschenlos hindurchscheinen, das zum Erlebnis aller wird, sondern er sucht eine Wirkung vom Einzelnen zum Einzelnen; er will Menschen und Schicksale geschildert haben, die jeden unmittelbar zu Mitleid und Furcht stimmen. Daraus ergeben sich eigentümliche Regeln und Grenzen. Jenes Ziel scheint am ehesten erreichbar durch Vorführung großer Schicksalswendungen, namentlich vom Glück zum Unglück, wenn sie einen Mann treffen, der sich weder im Guten noch im Bösen durch ausnehmende Leistungen von uns entfernt, und der nicht sowohl durch Schlechtigkeit als durch entschuldbares Fehlen ins Elend gerät. So erscheint auch hier der Gedanke der Mitte, des Maßes, nicht ohne eine Neigung, für den Gesamtmenschen den Durchschnitt einzusetzen. Damit werden die Höhen wie die Abgründe menschlichen Handelns ausgeschlossen. Das Nüchterne der aristotelischen Theorie würde eher zur Empfindung kommen, wenn nicht jeder sie unvermerkt durch die Meisterwerke ergänzte, auf die sie zurückblickt, ohne ihre ganze Tiefe zu erschöpfen.

Aber auch auf diesem Gebiete hat Aristoteles weit über seine Begriffe und Regeln hinaus durch die Art seiner Behandlung gewirkt. Mit ihrer Klarheit, Umsicht, Sachlichkeit behauptet sie auch hier einen dauernden Wert.

γ. Die Wissenschaft.

In der Wissenschaft erreichen wir den Höhepunkt der aristotelischen Lebensarbeit; seine prinzipielle Hochschätzung der Theorie begegnet sich mit einer tatsächlichen Leistung unvergleichlicher Art. Er scheint dabei zunächst völlig andere Wege zu wandeln als sein großer Lehrer. Die Intuition weicht zurück vor der Erörterung und Begründung, die Analyse dringt kräftig vor, das Kleine und Besondere findet überall eine liebevolle Würdigung, die einzelnen wissenschaftlichen Disziplinen erlangen zuerst eine Selbständigkeit. Zugleich verschwindet aus der wissenschaftlichen Forschung der Affekt, nicht mehr bedeutet sie eine unablässige Aufbietung und Entscheidung des ganzen Menschen. Dafür wird sie ein ruhiges Eingehen auf den Gegenstand und eine klare Entfaltung seines Wesens; indem sie solches Streben über den ganzen Umfang der Wirklichkeit ausdehnt, wird sie zur sorgsamen, eindringenden, unermüdlichen Arbeit. Mit dieser Ablösung von der unmittelbaren Empfindung gewinnt die Wissenschaft zuerst eine technische Gestalt und auch eine eigene Sprache; während Plato die Festigkeit von Kunstausdrücken als eine unliebsame Hemmung der freien Bewegung empfand, ist Aristoteles der Schöpfer der wissenschaftlichen

Terminologie geworden. Seine Wissenschaft ist demnach weit mehr Wissenschaft im modernen Sinne; sie kann auch die Breite unseres Daseins ausfüllen und einen eigentümlichen Typus des Forscherlebens erzeugen.

Aber trotz solcher Wandlungen und Weiterbildungen bleibt ein enger Zusammenhang mit Plato und dem klassischen Griechentum. Von intuitiven Wahrheiten wird auch Aristoteles' Forschung eingefaßt; alles Wachstum der Analyse erschüttert nicht die Überlegenheit der Synthese, da die Elemente von vornherein einem Ganzen angehören; alle Ausbildung einzelner Disziplinen zerstört nicht den festen Zusammenhang eines Systems. Namentlich ist das Verhältnis des Menschen zu den Dingen nicht so verändert, wie es beim ersten Anblick scheinen kann. Denn mag Aristoteles die subjektive Stimmung zurückhalten und der Notwendigkeit der Sache unterordnen, das Bild der Sache selbst gestaltet sich ihm unter dem Einfluß des Menschen. Mit seinem Umsetzen der Wirklichkeit in Kräfte, Strebungen, Anlagen, Zwecke vollzieht auch er eine, wenn auch leisere Personifizierung, eine um so gefährlichere, als sie leicht der Aufmerksamkeit entgeht und die eignen Voraussetzungen verbirgt. Aristoteles' Weltbegriffe leiden durchweg an einer Vermengung von Seelischem und Sinnlichem, an einer versteckten Bildlichkeit. Das mußte um so schädlicher wirken, je tiefer seine unermüdliche Energie die leitenden Gedanken in den Befund der Wirklichkeit eingrub. So war der Aufstieg der neueren Wissenschaft nicht möglich ohne eine Zerstörung der aristotelischen Gedankenwelt.

In Wahrheit ist Aristoteles von unbestreitbarer Größe weniger in der Prinzipienforschung als an den Berührungspunkten allgemeiner Gedanken und des Reichtums der Beobachtung; die gemeinsamen Größen in solcher Berührung weiterzubilden, die Unermeßlichkeit des Stoffes durch die Einarbeitung fruchtbarer Ideen der Erkenntnis zu unterwerfen, das ist seine unvergleichliche Stärke. Hier vornehmlich erscheint er als „der Meister derer die wissen" (Dante).

Die Entwicklung dieses Vermögens ließ ihn das ganze Gebiet des Wissens durchwandern und überall befruchtend, ordnend, gebietend wirken. Überall bewundern wir das völlige Gleichmaß des Interesses am Allgemeinen und am Besonderen; es läßt ihn einmal die reine Spekulation als den Gipfel des Lebens, die Vollendung des Glückes preisen, es macht ihn zugleich zu einem induktiven Forscher ersten Ranges sowie zum begeisterten Freunde der Naturwissenschaften

und legt ihm für sie, in besonderem Hinblick auf die damals noch
oft angefochtene anatomische Forschung, das Wort des Heraklit in
den Mund: „Tretet ein, auch hier sind Götter".

Mit solcher Gesinnung hat Aristoteles als erster die Elemente
und Hauptfunktionen des menschlichen Erkennens ermittelt und ein
System der Logik geschaffen, das Jahrtausende beherrscht · hat; er
klärt zuerst Grundbegriffe wie Raum und Zeit, Bewegung und Zweck;
er führt uns von dem großen Weltbau durch die ganze Stufenleiter
der Natur bis zur Höhe des organischen Lebens, zugleich einer Höhe
seiner eigenen Forschung; er entwirft das erste System der Psychologie; er verfolgt das menschliche Leben und Tun sowohl in das
ethische und politische Gebiet als in das der Rede und Kunst, überall
darauf bedacht, die ganze Leistung und Erfahrung seines Volkes
seiner Arbeit einzufügen. Über allen einzelnen Disziplinen aber
schwebt die Metaphysik, die erste systematische Prinzipienlehre; sie
hat mit einfachen Grundbegriffen ein großes Schema der Wirklichkeit
entworfen, das nicht wenig dazu beitrug, der Begriffsarbeit eine feste
Stellung zu sichern und das ganze Leben ins Gedankenhafte zu
heben.

Das Ergebnis dieser unermeßlichen Arbeit läßt sich leicht be-
mäkeln. Nicht nur war auch Aristoteles ein Kind seiner Zeit, bei
der Unfertigkeit des damaligen Wissensstandes mußte sein unermüdliches Streben nach einem letzten und systematischen Abschluß ver-
hängnisvoll wirken. Denn indem mit eminenter logischer Kraft das
auf manchen Gebieten durchaus unzulängliche Material ausgesponnen
und zusammengesponnen wurde, ist oft mehr der Irrtum als die
Wahrheit festgelegt. Aber Aristoteles konnte nicht wohl ahnen, was
nach ihm kommen würde, und seine Gedankenwelt für eine ferne
Zukunft offen halten. Wenn jede gerechte Würdigung seine überragende Größe anerkennen muß, so schuldet besonders eine Betrachtung der Lebensanschauungen ihm dankbare Pietät dafür, daß
er mit unermüdlicher Arbeit weite Gebiete der Wirklichkeit dem
Menschen erschlossen und sich als ein siegreicher Mehrer des Geisteslebens erwiesen hat.

e. Rückblick.

Zur rechten Würdigung des Aristoteles bedarf es vor allem
einer deutlichen Vorstellung seines Verhältnisses zum Griechentum;
eine Verkennung dessen verschuldet bis in unsere Zeit schiefe Auf-

fassungen des Denkers. Weil er nicht mehr in den inneren Bewegungen der klassischen Zeit steht, sondern ihre Leistungen ruhigen Sinnes überschaut, weil er alles Empfangene in Begriffe umsetzt und aus Gründen ableitet, ward oft sein enger Zusammenhang mit der eigentümlich griechischen Kultur verkannt und er als ein Philosoph abstrakter Begriffsarbeit behandelt. Daß in Wahrheit Aristoteles bei gesteigerter Technik seiner Forschung innerlich durchaus an das klassische Griechentum gebunden bleibt, daß seine Lehren und Begriffe bei aller logischen Fortbildung die feste Wurzel im griechischen Boden nicht aufgeben, das erwies auch die Betrachtung seiner Lebensanschauung. Denn so gewiß sie ein starkes Vermögen eigner Denkkraft zeigte, sie zeigte diese in unablässiger Beziehung zur griechischen Welt, ja von den Grundanschauungen dieser Welt umfangen. Aristoteles selbst verliert bei Ablösung davon alles lebendige Kolorit; er hat in solcher Beziehung zugleich seine Größe und seine Grenze.

Aber bei solcher Abhängigkeit von der Umgebung verbleibt ein eigentümlich aristotelischer Lebenstypus. Durch männliche Kraft, sachliche Tüchtigkeit, schlichte Wahrhaftigkeit wird hier das Wissen und Wirken zur Arbeit, welche das Leben erfüllt und uns fest in der Wirklichkeit wurzeln läßt. Indem die Forschung von der Erscheinung zum Wesen vordringt, wird die Welt, die uns umgibt, ungleich bedeutender; einem geschärften Blick enthüllen die Dinge, auch bei scheinbarer Ruhe, ein eigenes Leben, ein nach Zwecken geordnetes, in sich selbst befestigtes und befriedigtes Leben. Zugleich zerlegt sich die Welt in eine Fülle mannigfaltiger Gestalten, die sowohl die Forschung als das Handeln anziehen. Dieses soviel lebendigere und reichere Sein zu erfassen und zum Zusammenhange eines Kosmos zu verbinden, das wird zur Hauptaufgabe der Forschung. Ihre Hauptstärke wird nun, die Beziehungen und Verbindungen der Dinge aufzudecken, die Gegensätze auszugleichen, Übergänge und Vermittlungen zwischen Äußerem und innerem, zwischen Höherem und Niederem zu zeigen, einfache Gedanken durch lange Reihen von Tatsachen hindurchzuführen, überhaupt alle Fäden zu einem untrennbaren Gewebe zu verknüpfen. Hier entsteht die erste systematische Durchbildung des Gedankenreiches, ja es erscheinen die ersten Ansätze einer Organisation der gesamten Kulturarbeit. Mit dem allen befestigt sich die Welt und beruhigt sich die Lebensstimmung; von emsiger Arbeit und stetiger Entwick-

lung wird hier alles Heil erwartet. So führt Aristoteles die Reihe
der Denker, denen sich Welt und Leben als ein einheitlicher Zusammenhang darstellt; wie er die Schroffheit der Gegensätze Platos
gemildert hat, so braucht er nicht mit ihm den Menschen zu einer
völligen Umwälzung und Erneuerung aufzurufen.

Die Größe und Fruchtbarkeit der aristotelischen Leistung muß
auch der anerkennen, welcher die Frage nicht unterdrücken kann,
ob Aristoteles die erstrebte Überwindung der Gegensätze und Einigung
der Wirklichkeit in der Tat erreicht hat. Wer seine Gedankenwelt
und auch sein persönliches Empfinden näher prüft, der findet, bisweilen nur, aber an wichtigen Stellen, eine tiefere Lebensanschauung,
eine andere Grundstimmung als sonst; gelegentlich bricht jene, mehr
platonische Art mit überraschender Stärke hervor. Die Verfolgung
solcher Beobachtung führt zu der Frage, ob Aristoteles überhaupt
eine einzige Wirklichkeit hat, ob er nicht zwei verschiedene Welten
und Betrachtungsweisen fortwährend ineinander schiebt, die eine
mit einem in sich selbst gegründeten Geistesleben, die andere mit
der Bindung alles Geschehens an die Erfahrung und einer unablässigen Wechselwirkung von Innerem und Äußerem.

Doch solche Fragen seien hier nur angedeutet zur Unterstützung
unserer Überzeugung, daß Aristoteles' unbestreitbare Größe weniger
in der inneren Einheit seiner Welt- und Lebensanschauung als in der
Durchdringung weiter Gebiete mit einfachen und fruchtbaren Gedanken liegt. So bezeugt es auch seine geschichtliche Wirkung, die
wiederum ein volles Gegenstück zu Plato bildet. Nie hat der Aristotelismus eine aufsteigende Gedankenbewegung geführt oder auch
nur große Anregungen gegeben. Aber überall da schien er wertvoll,
ja unentbehrlich, wo es vorhandene Gedankenmassen auszubauen,
logisch durchzuarbeiten, systematisch abzurunden galt. So wirkte er
schon im späteren Altertum zur Sammlung und Befestigung; so griff
zu ihm, dem anfangs unfreundlich behandelten, das Christentum,
sobald die erste Aufregung beschwichtigt und die Zeit für eine Durcharbeitung der neuen Ideen gekommen war; so wurde Aristoteles zum
Hauptphilosophen des mittelalterlichen Kirchensystems mit seiner festen
Organisation alles Denkens und Lebens. Aber auch in der Neuzeit
haben systematische und organisierende Denker ersten Ranges,
haben Männer wie Leibniz und Hegel ihn hochgehalten und Wertvolles von ihm empfangen. Wo immer aber die aristotelische
Denkart Einfluß gewann, da hat sie zur logischen Schulung, zur

Bildung großer Zusammenhänge, zur Sicherung eines festen Grund-
stocks der Kulturarbeit, zur kräftigen Austreibung von Willkür und
Subjektivismus gewirkt. Ohne ihr erziehendes und befestigendes
Wirken ist auch die moderne Wissenschaft und Kultur undenkbar.

Unleugbar wurde solcher Gewinn oft schwer erkauft. In Zeiten
minderer geistiger Spannung konnte das Gewicht und die Geschlossenheit des aristotelischen Systems das eigene Denken erdrücken; gegen
seine festgewurzelte Autorität schien nichts Neues aufkommen zu
können; das wohlgefügte Netz seiner Begriffe ließ den nicht leicht
wieder los, der sich einmal darin verfangen hatte. Das aber ist
weniger die Schuld des Meisters, als die der Schüler, die ihm keine
Selbständigkeit entgegenbrachten.

Völlig unbestreitbar dagegen ist Aristoteles' Größe und Einfluß
auf den einzelnen Wissens- und Lebensgebieten. Hier hat er seine
Spuren so tief eingegraben wie kein zweiter Denker im ganzen
Lauf der Geschichte; an den wichtigsten Punkten hat er zuerst die
Arbeit in eine sichere Bahn gebracht; ohne eine Würdigung seines
Lebenswerkes gibt es kein geschichtliches Verständnis unserer Ge-
dankenwelt.

Für das klassische Altertum war es von größtem Belang, daß
dem bahnbrechenden Genius ein ausführender folgte, daß die umsichtige, klare, arbeitskräftige Art des einen das kühne Schaffen des
anderen aufnahm und durchbildete. So wurde einerseits rein entfaltet, was jene Kulturwelt für die letzten Tiefen zu bieten hatte,
und das Hervorbrechen eines ursprünglichen Lebens riß die Seele
mächtig mit sich fort; so verwandelte sich andererseits jener Antrieb
in unermeßliche Arbeit, und wurde der Gewinn des Ganzen allen
einzelnen Gebieten zugeführt. Die beiden Hauptrichtungen einer
idealen Weltanschauung und Lebensstimmung, das Streben über die
Welt hinaus und zur Welt zurück, sie fanden in Plato und Aristoteles
eine Verkörperung von typischer Bedeutung.

Das Griechentum selbst wird durch die Philosophie von der
Zufälligkeit der geschichtlichen Gestalt befreit, in seinem innersten
Wesen erhellt, der gesamten Menschheit näher gebracht. Wohl mochte
der Durchschnitt ihrer Umgebung den Philosophen nicht genügen
und gegen ihn Plato einen harten Kampf führen, Aristoteles aber
in stillerer Weise eine Umbildung vollziehen, es blieb trotzdem ein

enger Zusammenhang der Denkarbeit mit dem griechischen Leben, seine Ziele und Güter werden geläutert und veredelt in sie aufgenommen und damit einer bleibenden Wirkung zugeführt. Aus solchem Aufnehmen und Weiterbilden entspringt ein Lebensideal geistiger Kraft und geistigen Schaffens, das Wahres und Schönes, Wissenschaft und Kunst in wunderbarer Weise einigt. Auch dem Ethischen entfremdet sich dies Schaffen nicht, wie später so oft, es wird getragen von edler persönlicher Gesinnung und einem schlichten Glauben an die Hoheit des Guten.

Auch sonst umschließt dieses Lebensideal Gegensätze, die später oft hart zusammenstießen. Es waltet hier ein freudiges Vertrauen auf unser geistiges Vermögen und den Sieg der mutigen Tat, aber solcher Lebensmut überspannt sich nicht zu einem kecken Selbstgefühl; der Mensch weiß sich an überlegene Ordnungen gebunden und empfängt willig daraus ein Maß; seine Größe läßt ihn zugleich seine Schranke, seine Schranke seine Größe empfinden. Zur Belebung unseres ganzen Wesens und zu unablässiger Tätigkeit werden wir aufgerufen, aber die Tätigkeit erreicht auf ihrer Höhe eine Ruhe in sich selbst, die gegen alle Hast des Alltages schützt und eine reine Freude über das Dasein ergießt. Alles Sein und Streben soll in großen Zusammenhängen bleiben, nichts sich vereinzeln und zerstreuen; aber jene Zusammenhänge erdrücken und vernichten nicht die Eigentümlichkeit, sondern geben ihr innerhalb des Ganzen einen sicheren Platz und einen höheren Wert.

Solche Verknüpfung der Hauptbewegungen und Gegensätze in einem übersichtlichen, auch der unmittelbaren Empfindung nahen Ganzen macht die Lebensanschauung der klassischen Denker unvergleichlich und unersetzlich. Denn der Fortgang der Kultur hat das Leben immer weiter auseinandergetrieben, die Schroffheit der Gegensätze, die äußeren Widerstände, die inneren Verwicklungen mehr und mehr gesteigert; immer mehr Entzweiung ist in unser Dasein gekommen. Können wir trotzdem nicht alle Einheit preisgeben, ohne uns selbst aufzugeben, so werden wir gern zu einer Lebensanschauung zurückblicken, welche uns das Ziel des ganzen Menschen durch eine kräftige und glückliche Ausführung anschaulich vorhält. Die Besonderheit dieser Ausführung ist durch große Wandlungen hinfällig geworden: in den Grundlagen, die das alte Lebenssystem sicher zu tragen schienen, sind schwere Probleme erkannt; die Verbindung mit der Wirklichkeit und den Punkt sicheren Schaffens, die ein naiverer Lebensstand von Haus aus vorhanden oder doch leicht erreichbar glaubte, müssen wir erst mühsam erringen und dafür eingreifende Umwandlungen an den Dingen wie an uns selbst vollziehen. Aber dabei können die Ziele ihre Wahrheit und die Gesinnung ihre Größe vollauf behalten, sie können uns immer von neuem anziehen, fördern, erfreuen.

Dies vornehmlich auch wegen der historischen Stellung der alten Welt am Beginn unserer europäischen Kultur. Da das Lebensproblem hier zuerst von der Wissenschaft ergriffen wird, so hat das Schaffen bis in die Darstellung hinein volle Ursprünglichkeit. Die Frische und Freude, welche jedem ersten Sehen, jedem Entdecken innewohnt, die Unbefangenheit der Stimmung, die Einfachheit der Schilderung, wir finden sie bei einem so reinen Anfange ohne alle Trübung; es fehlen die Weiterungen der Auseinandersetzung, die Zutaten der Reflexion, die einer späteren Beschäftigung beinahe unvermeidlich anhaften. Manches ist, einmal hier gesagt, damit für alle Zeiten gesagt; es läßt sich so schlicht und eindringlich nie wieder sagen.

So können jene alten Denker trotz alles Sterblichen, das auch ihnen anhaftet, Lehrer und Erzieher der Menschheit bleiben. In Arbeit und Lebenserneuerung, in Glück und Unglück ist sie immer wieder zu ihnen zurückgekehrt, als zu Helden des Geistes, die uns unverlierbare Ideale vorhalten und uns sicher einführen in die reiche Welt des klassischen Altertums mit ihrer Weckung aller Anlagen, ihrer Zusammenfassung aller Tätigkeit, ihrer Freudigkeit des Schaffens, ihrer Klarheit des Gestaltens, ihrer Veredlung der Natur, ihrer unvergleichlichen Jugendkraft.

B. Das nachklassische Altertum.

Das spätere Altertum ist neuerdings von der wissenschaftlichen Forschung weit heller durchleuchtet, die allgemeine Überzeugung aber versagt ihm oft noch die gebührende Schätzung, indem sie es nicht in seinen eigenen Zusammenhängen betrachtet, sondern nach einem fremden Maßstabe mißt. Bald erscheint es als eine bloße Vorstufe zum Christentum und zugleich als etwas Unfertiges und Unvollkommenes, bald als der bloße Ausgang und Nachklang der klassischen Zeit und damit ebenfalls als minderwertig. Hier wie da wird ein langer Zeitraum voll innerer Bewegungen und Wandlungen wie ein einförmiges Ganzes behandelt und summarisch abgeurteilt. Dem gegenüber bezeugen gerade die Lebensanschauungen des späteren Altertums eine selbständige und eigenwertige Art; auch fordern sie nachdrücklich seine Zerlegung in zwei Epochen, die eine ruhiger Kulturarbeit, die andere religiöser Aufregung. Sie selbst tragen dort den Charakter vernünftiger Lebensweisheit, hier den spekulativer und mystischer Begeisterung. Dieser Gegensatz ist es vornehmlich, der den Bewegungen des späteren Altertums eine eigentümliche Spannung verleiht.

1. Die Systeme der Lebensweisheit.

a. Die geistige Art der hellenistischen Zeit.

Der nachklassischen Zeit, welche die hellenistische zu heißen pflegt, fehlten die Haupttriebkräfte der klassischen Lebensanschauung: das große Schaffen und der Zusammenhalt alles Wirkens in dem heimatlichen Stadtstaat. Wohl erhielt sich dieser Staat äußerlich noch lange in den herkömmlichen Formen, aber den Formen war der Gehalt entwichen; über die Schicksale der Völker und Staaten wurde an anderen Stellen, wurde namentlich an den Höfen der Fürsten entschieden, während die Kleinstaaten zu ödem Spießbürgertum verkümmerten. Die Politik wird jetzt zur Sache einzelner hervorragender Individuen, sie löst sich ab von der Arbeit und der Gesinnung einer größeren Gemeinschaft. Aber zugleich wird der Einzelne freier gegenüber dieser Gemeinschaft; nicht mehr übermittelt sie ihm feste Überzeugungen, nicht mehr binden ihn Glaube und Sitte seines Volkes und hindern ihn an eigenen Wegen. Zugleich durchbricht das Leben die Schranke der Nation, eine weltbürgerliche Gesinnung kommt auf und wirkt, wenn auch nicht mit dem Sturm und Drang des modernen Kosmopolitismus, so doch durch Erweckung weicherer Empfindungen zur Umbildung der Verhältnisse.

Dieses Weltbürgertum fand seine Hauptstütze in einem neuen Lebensinhalt: in der Entwicklung einer gelehrten Kultur, der Gemeinschaft einer literarischen Bildung. Gegen die klassische Zeit ist eine gänzliche Verschiebung erfolgt. Dort fühlte sich der Mensch auf das All angewiesen und ihm auch innerlich verbunden; die volle Gemeinschaft und zugleich die Höhe des eigenen Wesens war aber erst in hartem Ringen zu erkämpfen: in solchem Kampf gewann der Mensch ein Heldentum, und es wuchs seine Arbeit zu ursprünglichem Schaffen, zur Erzeugung neuer Wirklichkeiten. Diese Periode eines geistigen Heroismus ist nun geschlossen. Das Subjekt weiß sich nicht mehr in einem sicheren Zusammenhange mit dem All und in Wesensverwandtschaft mit den Tiefen der Wirklichkeit. Vielmehr wird das allgemeine Bewußtsein von der Überzeugung beherrscht, daß zwischen dem Menschen und der Welt eine tiefe Kluft liegt, die nur mühsame Arbeit einigermaßen überbrücken kann. Diese Zurückwerfung des Subjekts auf sich selbst verändert auch die innere Art des Lebens: weiten Raum gewinnen jetzt Reflexion und Stimmung, die Innerlichkeit des Einzelnen wird zur Hauptstätte des Lebens.

Mit solcher Stimmung und Reflexion würde das Subjekt bald ins Leere geraten sein, hätte ihm nicht die klassische Zeit eine herrliche Kultur überliefert. In der Festhaltung, Aneignung, Nutzung dieser Kultur findet nun das Leben seinen Kern. Zugleich wird die gelehrte Bildung zur Grundlage aller höheren Gesittung; nur Lernen und Wissen gewähren jetzt eine Teilnahme an den geistigen Gütern. Lernen und Wissen ergeben zugleich eine eigentümliche Gemeinschaft der Menschen, eine gebildete Gesellschaft sondert sich schärfer vom Volke ab und erhebt ihre Mitglieder über alle nationalen und sozialen Unterschiede. So ein Weltbürgertum gelehrter Arbeit und literarischer Bildung.

In solcher emsigen und ausgedehnten Arbeit, in die aus jener unvergleichlich reichen und schönen Kultur eine stille Freude einströmt, findet jene Zeit ihr volles Genüge. Wie sie nicht leidenschaftlich neue Ziele anstrebt, so rüttelt sie nicht an den Schranken der Menschheit, so kennt sie nicht die Tiefen und die Erschütterungen des religiösen Problems. Im Volk erhält sich die Religion und treibt noch immer neue Sprossen, der Gebildete aber weiß sich mit ihr rationalistisch abzufinden, er kennt kein tieferes religiöses Bedürfnis. Der sittliche Kern des griechischen Glaubens, der Glaube an eine ausgleichende Gerechtigkeit, wird nicht aufgegeben, aber in dieser Zeit, die so gewaltige Katastrophen und so viel merkwürdige Schicksalswechsel der Individuen aufweist, entfaltet sich mit besonderer Stärke ein Glaube an die Macht der Göttin Tyche, des entweder durchaus blinden oder gar von Neid und Übelwollen erfüllten Zufalls. Mochte indes der Eindruck der Unvernunft unserer Geschicke wachsen und oft eine sentimentale Resignation hervortreiben, man ist von den Mißständen nicht so überwältigt und eingeschüchtert, um nicht von ruhiger Selbstbesinnung und überlegener Lebensweisheit heilkräftige Gegenmittel zu hoffen, und es ist vornehmlich die Philosophie, von der man solche erwartet.

In allen diesen Wandlungen scheint die neue Zeit gegen die alte tief herabgestimmt, sie bleibt in Wahrheit an geistiger Kraft weit hinter ihr zurück. Aber daß ihre Wendung zum Subjekt und ihre stärkere Entfaltung des Innenlebens auch Neues wertvoller Art bringt, das zeigen besonders deutlich die Lebensanschauungen der Philosophen. Auch das sei gegenwärtig, daß die einzelnen Wissenschaften erst hier eine volle Selbständigkeit erlangen und sich in die Weite und Breite ausdehnen, daß in technischem Vermögen der Mensch mehr Macht über die Dinge gewinnt, daß die bildende Kunst die subjektive Empfindung in gesteigerter, ja überspannter Weise zum Ausdruck bringt, daß das Drama in den Verhältnissen des bürgerlichen Lebens einen unerschöpflichen Stoff findet, daß die Idylle und das Sittenbild aufblühen. Durchgängig erhält das Individuum freieren Raum und größeres Ansehen; ein Wachstum des Individuallebens und ein verfeinertes, mit sich selbst beschäftigtes und sich selbst genießendes Empfinden erscheint auch darin, daß „die hellenistischen Dichter zuerst die Liebe in den Rang der obersten poetischen Leidenschaft eingesetzt haben" (Rohde), sowie darin, daß hier zuerst, in deutlichem Gegensatz zur Überreife der

Kultur, eine sentimentale Freude an der Natur erwacht, ein Streben nach einem intimeren Verkehr mit ihr, eine Sehnsucht des Menschen nach schlichten, ländlichen Verhältnissen, nach einem reineren Leben in wohltuender Naturumgebung.

Das alles enthält eine Annäherung an moderne Bewegungen, wie auch ein historischer Zusammenhang an manchen Stellen unverkennbar ist. Aber bei aller Verwandtschaft bleibt ein weiter Abstand. Die Lebensentfaltung des Hellenismus ist weit matter, zahmer, nüchterner – zugleich freilich maßvoller – als die der Neuzeit; während sich in dieser das Subjekt mit selbstbewußter Jugendkraft über die Welt hinaushebt und sie gänzlich in seinen Machtkreis ziehen, von sich aus neu gestalten möchte, behandelt der Mensch der hellenistischen Epoche die Welt als abgeschlossen; er unternimmt keine Umwandlung der überkommenen Kultur, er gibt dieser nur eine neue Wendung, indem er sie stärker auf seine subjektive Empfindung und Reflexion bezieht. Dieser Unterschied einer, wenn auch nicht greisenhaften, so doch alternden und einer frisch aufstrebenden, schaffenslustigen Zeit gestaltet alle Lebensäußerung verschieden und läßt die Annäherung nie zur Übereinstimmung werden.

Solcher geistigen Lage entspricht eine eigentümliche Art der Philosophie. Sie kämpft nicht mehr um Einblicke in die letzten Gründe der Dinge, nicht mehr um eine Erneuerung oder Vertiefung der gesamten Kultur. Aber sie verspricht den Individuen einen festen Halt und eine klare Orientierung im Leben, sie will ihnen zum Glück verhelfen, sie innerlich selbständig machen, sie wird der gebildeten Welt die Haupterzieherin zur Sittlichkeit. Diese Richtung auf das Praktische kommt freilich erst im Lauf der Jahrhunderte und unter Mitwirkung der Römer zu voller Herrschaft, sie sei nicht zu sehr in die nur in Bruchstücken überlieferten Anfänge hineingedeutet. Aber unleugbar bildet seit den klassischen Systemen das Individuum mit seinem Glücksverlangen den Mittelpunkt, um den sich alle Arbeit bewegt.

Auch das erweist eine andere Art, daß jetzt eine kleine Anzahl von Denkweisen gleich zu Beginn einen Grundstock festlegt und zu einem dogmatischen Bekenntnis formuliert, um dabei durch eine lange Reihe von Jahrhunderten zu verharren, während vorher jede Leistung sofort neue Bewegungen und Gegenwirkungen hervorrief. Wie das Geistesleben der hellenistischen Zeit überwiegend, so zeigt auch die Philosophie statt großer, die Menschheit erneuernder Helden

6*

Summierungen von Einzelkräften, eine Ausbildung sektenartiger Kreise. Gebietet hier demnach der Plan unserer Arbeit eine knappe Kürze, so rechtfertigt sich zugleich eine Beschränkung auf die beiden Hauptschulen der Stoiker und der Epikureer. Ihr Gegensatz entspricht dem zwiefachen Verhalten zur Welt, das der von ihr abgelöste Mensch auszubilden vermag. Entweder kann er sich der Welt mutig erwehren, oder die Ergebung in sie möglichst annehmbar gestalten. Dort wird er das wahre Glück darin setzen, den Einflüssen der Umgebung überlegen zu werden und durch die Verbindung mit einer Weltvernunft eine unerschütterliche Selbständigkeit, eine innere Herrschaft über die Dinge zu erreichen. Hier dagegen wird er allen Zusammenstoß mit der Welt meiden und in kluger Nutzung gegebener Größen ein behagliches Dasein suchen. Wie beide Richtungen im Ausgangspunkt verwandt sind, so treffen sie auch in den Ergebnissen vielfach zusammen. Aber ihre Gesinnung trennt sie unversöhnlich, und ihr Kampf begleitet das Altertum bis zu seinem Ende. Die epikureische Schule bilde den Anfang, weil sie besonders zähe einen einfachen Grundtypus durch alle Wandlungen der Jahrhunderte festgehalten hat und nicht in Verflechtung mit weiteren Bewegungen steht.

b. Die Epikureer.

Die epikureische Schule zeigt namentlich den Charakter einer geschlossenen, von den Wandlungen der Zeiten kaum berührten Sekte. Die Lebensarbeit des Meisters (342 – 270) hat übermächtig gewirkt; nicht nur blieb das Bild seiner Persönlichkeit in lebendiger Gegenwart, auch die Formeln, in die er seine Philosophie zusammengefaßt hatte, gingen mit autoritativer Kraft von Geschlecht zu Geschlecht. Außer ihm verdient nur noch der Römer Lucrez (wahrscheinlich 94 – 54) Erwähnung, den die Wärme seiner Überzeugung und der Schwung seiner Darstellung noch im 18. Jahrhundert zu einem Liebling aufgeklärter Kreise machten. — Das Bild der Epikureer ist in der allgemeinen Vorstellung stark verzerrt; leicht erschienen und erscheinen sie als Verfechter alles und jedes Genusses, während sie in Wahrheit den Menschen von allen Verwicklungen der Weltprobleme befreien und ihm im eigenen Kreise ein ruhiges und heiteres Leben verschaffen wollten. Das ergibt eine Lebensweisheit vornehmer Art, die alles Gemeine fernhält.

So wird der Lebenskreis gegen die klassischen Systeme eng
zusammengezogen. Nicht aus einem Verlangen nach dem Wesen
der Dinge befaßt sich Epikur mit den Weltproblemen, sondern um
durch aufklärendes Erkennen Wahnbilder loszuwerden, die das Leben
belasten und alle Freude vergällen. Vor allem wird die Lehre von
einem Eingreifen übernatürlicher Mächte in unser Dasein bekämpft
nie läßt sich ruhig und heiter das Leben genießen, so lange das
Schreckbild einer Ewigkeit droht. Daß es Götter gibt, sei nicht
geleugnet, ja sie seien verehrt als Musterbilder seligen Lebens! Aber
um uns und unsere Welt kümmern sie sich nicht. Weder könnten
sie selbst bei steter Bemühung um fremde Angelegenheiten vollkommen glücklich sein, noch wäre bei solcher Fürsorge das Übel
erklärlich, das alle Wirklichkeit durchdringt. Daß wir aber der
Annahme einer göttlichen Weltregierung nicht bedürfen, das zeigt
die Wissenschaft mit dem Nachweise, daß alles in der Welt natürlich zugeht, und daß sich aus dem eigenen Wesen der Dinge
vollauf erklärt, was sie an Ordnung und Zusammenhang besitzen.
So wird die Naturwissenschaft die Befreierin des Menschen vom
Wahn und Druck des Aberglaubens, die unerbittliche Feindin der
Götterscheu, die so viel Haß, Leidenschaft, Elend über die Menschheit brachte.

Nicht minder als die religiöse wird die philosophische Bindung
an die große Welt abgelehnt, wie sie in der Lehre von einem
Schicksal, einer uns mit unentrinnbarem Zwange umfangenden Notwendigkeit vorliegt. Ein solches Schicksal würde einen noch härteren
Druck ergeben. Unentbehrlich ist für unser Wohl ein eigenes
Lenken und freies Entscheiden; die Willensfreiheit, später gewöhnlich
von den Leugnern übersinnlicher Ordnungen hart angefochten, wird
hier als eine unerläßliche Bedingung unseres Glückes gefordert.
Epikur kann nicht deutlicher zeigen, wie sehr ihm die Sorge um
das Glück die reine Forschung zurückdrängt.

Ein aller Verwicklung so abholdes System hat keinen Platz für
eine Unsterblichkeit. Warum sollen wir überhaupt fortzuleben verlangen, da die vorhandenen Güter sich während unserer Lebenszeit
völlauf auskosten lassen? Warum sollen wir nicht nach eigener
Sättigung unseren Platz am Tisch des Lebens anderen einräumen?
Uns ist einmal das Leben nur zum Nießbrauch verliehen; übergeben wir nach Ablauf unserer Frist freudig seine Fackel anderen
Menschen! Der Tod mit seiner Vernichtung braucht uns nicht

aufzuregen. Lehrt doch die einfachste Besinnung, daß er uns in
Wahrheit gar nicht berührt. Denn wenn wir sind, ist er nicht,
wenn er, wir nicht; warum also mit ihm sich befassen? So kann
uns nichts hindern, allein der Gegenwart zu leben und im nächsten
Kreise alles Glück zu suchen.

Dieses Glück ist aber nicht zu finden ohne ein unablässiges
Aufbieten der Einsicht; sie allein lehrt uns eine richtige Schätzung
der Güter. Nur das gibt den Dingen einen Wert für uns, daß sie
uns Lust oder Schmerz bereiten; kein anderes Ziel kann sich unser
Streben setzen als ein möglichst angenehmes Leben, „Anfang und
Ende des seligen Lebens" ist die Lust. Aber sie sei nicht blind
aufgegriffen, wie sie uns zufällt; über den Wert der Erlebnisse
entscheidet nicht der unmittelbare Eindruck, sondern ihr ganzer
Verlauf und alle ihre Folgen; diese wollen überdacht und abgewogen
sein, es bedarf einer Kunst, die Lust zu schätzen und abzumessen.
Wer anders aber kann diese ·bieten als die Philosophie?

So wird die Philosophie zur Lebenskunst, ja zur Technik des
Genusses; die Aufgabe scheint nicht sonderlich hoch gestellt. Aber
sie wächst in der Ausführung durch den Reichtum der Kultur und
den Geschmack der gebildeten Persönlichkeit. Der Genuß erfährt —
nicht durch eine moralisierende Beurteilung, sondern im eigenen
Interesse des Glückes — eine Auslese und Veredlung. Den sinnlichen
Freuden werden die seelischen, den äußeren Gütern die inneren als die
dauerhafteren und reineren vorgezogen; glücklicher als eine sklavische
Abhängigkeit von den Genüssen macht ihre geistige Beherrschung,
ein Genießenkönnen ohne ein Genießenmüssen. In Wahrheit ge-
nießt hier der Mensch weniger die Dinge als sich selbst, die gebildete
Persönlichkeit, in den Dingen, und es besagt zugleich das höchste
Ziel weniger eine positive Lust als eine Freiheit von Schmerz und
Aufregung, einen heiteren Frieden, eine unerschütterliche Seelenruhe.
Dazu aber bedarf es einer Mäßigung der Begierden, einer Be-
festigung in klarer Einsicht und edler Gesinnung. Denn „es läßt
sich nicht angenehm leben, ohne einsichtig, schön und gerecht
zu leben, und auch nicht einsichtig, schön und gerecht, ohne
angenehm; denn die Tugenden sind mit dem angenehmen Leben
verwachsen, und das angenehme Leben ist von ihnen untrennbar"
(Epikur). Immer aber bleibt die Hauptquelle des Glückes die rechte
Meinung von den Dingen, die Befreiung von der Götterscheu und
Todesfurcht, die Erkenntnis, daß das Gute, recht ·verstanden, ganz

wohl erreichbar ist, der Schmerz aber, wenn stark, nur kurz, wenn lang, nur schwach zu sein pflegt. Ein Mann von solchen Überzeugungen wird „weder im Wachen noch im Traum beunruhigt werden, sondern leben wie ein Gott unter den Menschen". Diese Gesinnung entwickelt sich zu einer durchgebildeten Tugendlehre und einer feinsinnigen ethischen Reflexion. Viele Sätze des Epikur sind auch von den Gegnern in hohen Ehren gehalten und dem gemeinsamen Schatz von Lebensweisheit einverleibt. Daß auch dies System der Lust den Menschen über die äußeren Schicksale hinausheben will, bekundet das Wort des Epikur, es sei besser, bei verständigem Handeln Unglück als bei unverständigem Glück zu haben.

Das Verlangen nach voller Unabhängigkeit des Individuums gestaltet auch die Verzweigung des Lebens eigentümlich. Alle bindenden Verhältnisse werden wegen ihrer Verwicklungen dem Menschen widerraten. Das Staatsleben läßt den epikureischen Philosophen kalt; zufrieden, von dort einen sicheren Schutz zu erhalten, wird er ein Freund der absoluten Regierungsform. Auch die Ehe kann ihn nicht anziehen. Um so mehr entfalten sich die freien Beziehungen von Individuum zu Individuum: die Freundschaft, der geistige Verkehr, die humane Fürsorge. Und zwar beschränkt sich das nicht auf kleine Kreise, es wirkt mit organisierender Kraft ins Weite. „Epikur und seine Jünger haben geworben und die Gemeinschaft fest organisiert. Durch ganz Griechenland erstreckte sie sich, ein Staat im Staate mit fester Verfassung, zusammengehalten nicht nur durch Briefwechsel und Wanderpredigt, sondern durch gegenseitige materielle Unterstützung. Epikur verstand es, einen Gemeinsinn wachzurufen, der mit Recht mit dem in den alten Christengemeinden lebenden verglichen worden ist" (Ivo Bruns). So erkennt auch auf diesem Boden die Philosophie eine Hauptaufgabe darin, die nach Lockerung der älteren Ordnungen atomistisch zerstreuten Individuen nach Art einer religiösen Gemeinschaft in neue Zusammenhänge zu bringen und ihnen dadurch innerlich wie äußerlich einen Halt zu gewähren.

Aber das Streben nach einem gerechten Urteil darf nicht die engen Schranken des Epikureismus übersehen lassen. Der Mensch nimmt hier die Welt hin wie eine gegebene Ordnung und weiß sich klug und geschickt mit ihr abzufinden; ein tätiges Benehmen und ein inneres Verhältnis zu ihr erreicht er nicht. Er flüchtet sich aus allem Gewirr und Dunkel zu sich selbst, um sich hier ein echtes

Glück zu zimmern. Aber da er nicht weiter vordringt als zum Befinden des bloßen Subjekts, so eröffnet ihm die Innerlichkeit keine neue Welt, so ergeben sich weder Antriebe noch Kräfte, um die Seele aufzurütteln und weiterzubilden. Ein solches System der Nutzung vorhandener Kräfte hat allen inneren und äußeren Schäden nichts entgegenzuhalten als die Erwägung, daß im Grunde das Böse schwach, das Gute stark sei; es kommt nicht aus ohne einen großen Optimismus; an einen solchen klammert sich in Wahrheit Epikur mit aller Kraft. Wenn nun aber Unvernunft und Leid sich nicht so einfach beschwichtigen lassen? Dann könnte leicht die erhoffte Seligkeit des Weisen in eine innere Leere, in einen trostlosen Pessimismus umschlagen. Ferner enthält eine solche Lebensführung Voraussetzungen, die sie selbst nicht zu rechtfertigen vermag, die ihr streng genommen widersprechen. Sie verlangt einen hochentwickelten Kulturstand, einen feinen Geschmack und ein edles Empfinden, eine Freude am Guten und. Schönen; ohne dies alles würde das Leben leer oder roh werden. Aber einen Trieb, eine solche Kultur durch eigne Arbeit und Opfer hervorzubringen, erzeugt sie nicht; für das sinnliche Naturwesen, über das ihre Begriffe nicht hinausreichen, wird ohne weiteres die gebildete, von geistigen und sittlichen Interessen erfüllte Persönlichkeit eingesetzt. So zehrt diese Lebensanschauung als Parasit an fremden Tafeln; anderer Mühe mußte geschaffen haben, was sie dann mit leichtem Spiel in Genuß und Reflexion verwandelt. Mag daher der Epikureismus in besonderen Zeitlagen die Individuen anziehen, im Lebensstande kann er nichts wecken und erzeugen; er bleibt ein bloßes Nebenergebnis, eine Begleiterscheinung einer reifen, ja überreifen Kultur und wird als solche in neuem Gewande immer von neuem erscheinen und Anhang finden. Alle Klugheit, Gewandtheit, Liebenswürdigkeit aber schützt ihn nicht vor dem schwersten Mangel einer Gedankenwelt: dem Mangel geistiger Produktivität.

c. Die Stoiker.

Die Stoiker haben unvergleichlich mehr für das Lebensproblem getan; auch zeigt ihre Schule weit mehr innere Bewegung. Bei allem Beharren eines Grundtypus wurde die reine Theorie nach und nach zurückgedrängt, in den nachchristlichen Jahrhunderten gewann die Richtung auf das Praktische und Paränetische ganz die Oberhand, und es führte der Stoizismus die moralische Reformation, welche in

Wiederbelebung früherer Ideale das spätere Altertum unternahm. Unsere Darstellung hat den gemeinsamen Charakter herauszuheben, der alle geschichtliche Bewegung und alle Individualität der einzelnen Erscheinungen umspannt.

Die weltgeschichtliche Leistung der Stoa für das Lebensproblem ist die wissenschaftliche Begründung der Moral, die Erhebung der moralischen Aufgaben zu voller Selbständigkeit und Überlegenheit. Die Stoiker haben an dieser Stelle nicht überkommene Größen nur weitergebildet, nicht vorhandene Elemente nur fester zusammengeschlossen, sondern eine Moral in der Ausprägung und Abgrenzung, die hier erfolgt, gab es als wissenschaftliche Lehre bisher überhaupt nicht, auch nicht in der sokratischen Schule. Denn wenn die Kyniker das Glück ausschließlich von der Tüchtigkeit erwarteten, so geschah das unter Geringschätzung aller wissenschaftlichen Forschung und daher ohne eine entsprechende Weltanschauung; eine Weltmacht konnte die Moral von da aus nicht werden. Wohl aber konnte sie es von den Stoikern her, für die es kein sittliches Handeln gab ohne die Grundlage einer wissenschaftlichen Überzeugung und den Zusammenhang einer Gedankenwelt.

Das stoische Weltbild ist der klassischen Denkart verwandter, als der erste Eindruck empfinden läßt; nur ist alles ins Abstrakte verschoben und mehr auf die reflektierende Überlegung gestellt. Der Mensch ein Glied der großen Welt, nur nicht in so engem und augenscheinlichem Zusammenhange; die Welt ein Reich der Vernunft, weniger aber ein harmonisches Kunstwerk als ein System logischer Ordnung und zweckmäßiger Einrichtung; der Mensch durch seine Natur getrieben und befähigt, die Allvernunft zu erfassen, aber mehr im allgemeinen Gedanken als in der Ausbreitung über die Wirklichkeit. Auch bei solcher Fassung kommt dem Menschen die Lebensaufgabe aus seiner Vernunftanlage, seinem Denkvermögen. Das All ist viel zu fest gegründet und streng geschlossen, als daß menschliches Tun den Bestand der Dinge verändern und ihren Lauf in neue Bahnen lenken könnte. Aber das denkende Wesen kann sich zwiefach zur Welt verhalten. Es besagt einen gewaltigen Unterschied, ob man dumpf und stumpf das Weltgeschehen über sich ergehen läßt und unter dem blinden Zwange seiner überlegenen Gewalt tut, was einem auferlegt ist, oder ob man sich des Weltgedankens bemächtigt, sich das Ganze innerlich aneignet, seine Notwendigkeiten durchschaut und sie damit in Freiheit verwandelt. Hier ist ein

Punkt eigenster Entscheidung, der zugleich die Geister scheidet. Was geschehen muß, wird geschehen, aber ob es ohne und gegen uns, oder ob es mit unserer Zustimmung geschieht, das verändert gänzlich den Charakter des Lebens, daran liegt es, ob wir Sklaven oder Herren der Dinge sind. Im freien Gehorsam besteht die einzigartige Größe des Menschen, „Gott zu gehorchen ist Freiheit" (Seneca).

Im Weltgedanken Befriedigung finden können wir aber nur, wenn die Vernunft des Alls allem Zweifel enthoben ist; nur dann hat das Aufnehmen der Weltordnung in den eigenen Willen einen guten Grund. So wird ein Hauptstück, ja die Voraussetzung jener Überzeugung die Rechtfertigung des Weltstandes, die Überwindung der scheinbaren Unvernunft des ersten Eindruckes. Es schien, namentlich in späteren Zeiten, oft so, als ob der Philosoph wie ein Anwalt die Gottheit gegen Anklagen zu verteidigen, die Welt dem Menschen gut und annehmbar darzustellen habe. So entspringt der Begriff der Theodicee, dem freilich erst Leibniz den Namen gab.

Bei der Durchführung des Hauptgedankens verbinden und durchkreuzen sich verschiedene Gedankenreihen. Zunächst wird die Idee eines durchgehenden Kausalzusammenhanges und einer allumfassenden Gesetzlichkeit so energisch verfochten, daß sie von hier aus ein Stück des wissenschaftlichen Bewußtseins geworden ist. Diese kausale Ordnung erschien aber den Stoikern zugleich als der Ausdruck eines göttlichen Waltens; eine Gottheit muß der Welt zu Grunde liegen, denn ein All, das beseelte Teile hat, muß auch als Ganzes beseelt sein. Die Gottheit hat die Wirklichkeit für die Vernunftwesen zweckmäßig eingerichtet und in ihre Sorge auch die Individuen eingeschlossen. Was sich an Bösem findet, ist nur ein Nebenergebnis des Weltprozesses, und auch dieses Nebenergebnis wird von der göttlichen Vernunft zum Guten gewandt. — Das Unausgeglichene, ja Widersprechende dieser Gedankengänge macht den Stoikern keine Sorge. Denn ihre Überzeugung entspringt weit weniger einer wissenschaftlichen Beweisführung als einem ihnen zu geistiger Selbsterhaltung notwendigen Glauben. Dieser Glaube aber bestätigt und bekräftigt sich ihnen durch die praktische Aufgabe, die er stellt und für die er die ganze Kraft des Menschen aufruft.

Der Gedanke der Weltvernunft kann nur dann zu voller Freiheit und vollem Glücke führen, wenn unser ganzes Sein in Denken verwandelt und aus ihm alles · entfernt wird, was uns von fremden

Gewalten abhängig macht. Das aber tut das. Gefühl, das tun die Affekte, indem sie uns in alle Aufregungen und Leiden des Daseins verstricken. Der Hauptgrund dieser Irrung ist eine falsche Schätzung der Dinge. Denn es haben die Leiden wie das ganze äußere Dasein eine Macht nur über den, welcher ihnen mit Unrecht eine Wirklichkeit beimißt, „es beunruhigen uns nicht die Dinge, sondern unsere Meinungen von den Dingen" (Epiktet). Solche Irrung zu überwinden und lediglich der rechten Schätzung zu folgen, ist selbst eine Tat, die höchste Anspannung unserer Kraft verlangt. So wird das Denken bei sich selbst ein Handeln, es ist keine bloße Theorie, sondern eine unablässige Tätigkeit, ein Aufrufen unseres Wesens, ein Fernhalten aller Ermattung, es ist mit Einem Worte eine Denkhandlung, welche Weisheit und Tugend untrennbar zusammenfaßt, ja in Eins verschmilzt. Diese Denkhandlung allein enthält echtes Glück; wer es draußen sucht und damit den Eindrücken der Dinge unterliegt, wer auf Genuß ausgeht und damit in Gier und Angst gerät, ist sicherem Elend verfallen. Nicht nur ein Zuviel der Affekte, sondern allen und jeden Affekt, Lust und Leid, Begier und Furcht, hat eine männliche Seele abzulegen. Ja das Mißgeschick wird wertvoll als eine Übung zur Tugend, die in der Ruhe leicht erschlafft; ein Unglück ist es, niemals Unglück zu haben. Die Göttin Fortuna pflegt gewöhnlichen Naturen ihre Gunst zu schenken, der große Mann wird zur Überwindung großer Schicksale und Widerwärtigkeiten aufgerufen. Wie zum eigenen Leide, so stelle man sich auch zu fremdem nicht empfindend, sondern handelnd; helfen wir rasch mit der Tat, lassen uns aber nicht in ein mitleidiges Jammern und Klagen hineinziehen, das niemandem frommt! Durchgängig herrsche volle „Apathie", d. h. nicht eine stumpfe Gefühllosigkeit, sondern eine gänzliche Unnachgiebigkeit, ein Abweisen aller weichlichen Erregung.

Solche Befreiung von der Macht des Geschickes umfaßt auch das Recht, das Leben in freier Entscheidung abzuwerfen, sobald es nicht mehr die Bedingungen einer vernünftigen Tätigkeit gewährt. Die Selbsttötung erscheint hier nicht als ein Akt der Verzweiflung, sondern als eine Sache ruhiger Abwägung und eine Betätigung sittlicher Freiheit. Und wie die griechischen Denker ihr Leben ihren Überzeugungen entsprechen ließen, so sind in Wahrheit von den Häuptern der Stoa mehrere freiwillig aus dem Leben geschieden. Der großen Mehrheit der Stoiker bedeutet dabei der Tod kein völliges Erlöschen. Die Einzelseelen werden fortdauern, bis der periodisch wiederkehrende Weltbrand sie in die Gottheit, den Grund aller Dinge, zurückführt. Aber auch der Gedanke eines völligen Unterganges hat nichts Schreckliches. Denn die Länge der Zeit bewirkt keinen Unterschied im Glück; der Tüchtige besitzt schon jetzt, und so lange er lebt, alle Seligkeit der Gottheit.

So fügt sich alles in der Theorie leicht und glatt zusammen, das Leben scheint aller Gefährdung entzogen. Aber die Stoiker täuschen sich keineswegs über die Schwere der Aufgabe. Der Zug freudigen Schaffens, der die Arbeit der klassischen Denker auszeichnet, verschwindet bei ihnen, das Dasein erhält einen tiefen Ernst, das Leben wird ein unaufhörliches Arbeiten und Ringen. Daß Leben Kämpfen sei (vivere est militare), ist namentlich von hier in die Vorstellung der Menschheit eingegangen.

Zu kämpfen hat der Denker zunächst gegen seine Umgebung, die der falschen Schätzung der Dinge folgt; so werde das Urteil des Haufens als gleichgültig behandelt und auch die härteste Paradoxie nicht gescheut. Schwere Gefahren bringt auch die Kultur mit ihrer Verweichlichung und ihrem wachsenden Raffinement; dem wird eine Hochschätzung einfacher Verhältnisse, eines schlichten, ja rohen Naturzustandes entgegengehalten. Mehr aber als gegen alles Äußere muß der Denker gegen sich selbst kämpfen, gegen die Gefahren im eigenen Wesen. Denn der Todfeind echten Glückes, ein passives Verhalten zu den Dingen, lauert unablässig in seiner Brust und lockt zum Abfall von den hohen Zielen; dagegen bedarf es unermüdlicher Wachsamkeit, unerschütterlicher Tapferkeit. Solche innere Tapferkeit wird die Haupteigenschaft des Tüchtigen; die vollendete Tugend ist Heroismus, Seelengröße. Der Held wächst weit hinaus über den Durchschnitt, der Einsturz der Welt kann ihn nicht erschüttern, sein Verhalten wird ein Schauspiel für die Gottheit. Aber auf seiner weltüberlegenen Höhe vereinsamt er gegen Menschen und Dinge, er gewinnt weniger eine Herrschaft über die Welt als eine Gleichgültigkeit gegen die Welt, er verbleibt mehr im Meditieren der Tätigkeit, in der Bereitschaft zur Tätigkeit, als daß seine Kraft in wirkliche Tätigkeit versetzt und dadurch voll angespannt würde. Auch läßt sich die Frage nicht unterdrücken, wie viele sich wirklich zur Höhe des Helden aufschwingen, wie viele die Kraft zur Befreiung finden. Auf diesen einen Punkt der moralischen Kraft ist aber bei den Stoikern das ganze Leben gestellt. Wohin soll sich der Mensch wenden und worauf soll er hoffen, wenn hier ein weiter Abstand vom Ziele und eine Ohnmacht des eigenen Vermögens zur Empfindung käme?

So enthält das Lebensbild der Stoiker viel Problematisches. Aber hinter allem Problematischen bleibt ein unverlierbarer Kern von höchstem Werte: die Entdeckung und Entfaltung einer selbständigen Moral. In der Entscheidung für den Weltgedanken, in der Tat des freien Gehorsams erscheint ein Werk des ganzen und inneren Menschen; der Mensch bekundet damit ein Vermögen, sich jenseit aller Mannigfaltigkeit der einzelnen Kräfte zu einer Einheit zusammenzufassen und sein ganzes Dasein auf eigene Tat zu stellen. Diese Tat wird allem nach außen gerichteten Wirken weitaus überlegen. Damit erlangt die Innerlichkeit eine volle Selbständigkeit, eine Tiefe der Seele wird freigelegt und zum Hauptziel aller Arbeit gemacht. Das ergibt nach verschiedenen Richtungen fruchtbarste Wandlungen. Nun bekommt die Selbsterkenntnis den Sinn einer Prüfung und Beurteilung der inneren Verfassung des Menschen, nun gewinnen Begriffe wie Bewußtsein und Gewissen eine volle Klarheit und zugleich eine feste Bezeichnung, nun verlegt sich der Wert der Handlung ganz in die Gesinnung.

Zugleich wird die Überlegenheit der Moral in vollem Umfang anerkannt. In aller Paradoxie der Ausdrücke erscheinen hier einfache und unanfechtbare Wahrheiten. Das Sittlichgute allein darf gut heißen, der Tugend gegenüber werden alle anderen Werte des Lebens gleichgültig, sie allein gibt wahres Glück. Zugleich verschärft sich der Unterschied von Gutem und Bösem zu vollem Gegensatz, es entfallen alle Übergänge und Vermittlungen, das ganze Leben stellt den Menschen vor ein schroffes Entweder — Oder. Dabei steht die Entscheidung nicht bei unserem Belieben. Denn über uns waltet das Weltgesetz und fordert unseren Gehorsam. Kräftiger als je zuvor erhebt sich die Idee der Pflicht und schafft sich wie einen deutlichen Begriff so einen festen Ausdruck.

Dieser Verinnerlichung der Lebensführung entspricht eine dem Altertum neue Universalisierung; wo die reine Innerlichkeit so sehr zur Hauptsache wird, da verblassen alle Unterschiede der Menschen vor dem, was uns allen wesentlich und gemeinsam ist. Nun können und müssen wir uns als Menschen achten und für einander sorgen; es hält uns nicht sowohl der einzelne Staat oder die Nation zusammen als die allumfassende Vernunft. So entwickelt sich eine universalmenschliche, kosmopolitische Ethik. Was die älteren Stoiker darüber lehrhaft vortrugen, das haben zu lebendiger Empfindung und praktischer Betätigung namentlich die Denker der römischen Kaiserzeit gebracht. Die Idee der brüderlichen Zusammengehörigkeit aller Menschen wird eine Macht, das Bild des Organismus erstreckt sich vom Staat auf die ganze Menschheit, und es erscheinen alle Vernunftwesen als Glieder Eines Leibes; auch in dem Geringsten werde das Menschenwesen geachtet und selbst im Feind der Mensch geliebt. So entwickelt sich der Plato und Aristoteles noch unbekannte Begriff der Humanität (φιλανθρωπία). Alle Menschen sind Bürger des einen Weltreiches der Vernunft, „die Welt ist das gemeinsame Vaterland aller Menschen" (Musonius), „Heimat und Vaterland ist mir als Antoninus Rom, als Mensch das Weltall" (Marc Aurel). Die Verstärkung der Gottesidee steigert die Wärme solches Empfindens: als Kinder Eines Vaters sollen wir brüderlich zusammenhalten, uns gegenseitig lieben und unterstützen. Von da ergießt sich ein Strom humaner Gesinnung auch in die allgemeinen Verhältnisse und wirkt zur Milderung der Sklaverei, zur Fürsorge für Arme und Kranke. Kaiser und Sklaven umschlingt und verbindet dasselbe Streben. Auch wird jetzt über den besonderen Gesetzen der einzelnen Staaten ein gemeinsames Naturrecht anerkannt und ausgebildet, von dessen Wirken das römische Recht deutliches Zeugnis ablegt.

Darin freilich hat die stoische Denkart eine Schranke, daß alle Leistung innerhalb einer gegebenen Welt verbleibt; es wird nicht versucht, eine neue Lebensgemeinschaft zu gründen und die einzelnen Kräfte zum Kampf gegen die Unvernunft zu verbinden. Auf antikem Boden bleibt jene Bewegung zur Humanität und zum Kosmopolitismus mehr eine Sache individueller Betrachtung und Empfindung als eines gemeinsamen Aufbaues. Aber auch jenes hat seinen Wert, es bildet die Einleitung aller weiteren Entwicklung.

Die Geschichte der Stoa gehört nicht in unseren Plan. Nur ·das sei bemerkt, daß der Verlauf der Jahrhunderte die Probleme und Mißstände des Ganzen immer deutlicher hervorgetrieben hat: den Abstand zwischen dem hochgespannten Ideal und dem wirklichen Benehmen des Menschen, den Mangel an einem positiven Lebensinhalt, die Vereinsamung des Individuums, die starre Unterdrückung alles Gefühls. Schon von früherer Zeit her fehlte es nicht an Anbequemungen, an Ermäßigungen der strengen Grundsätze; aber aus ihnen erwuchsen neue Verwicklungen. Indem die Stoiker sich von dem hohen Lebensideal des Weisen zu Regeln für den Durchschnittsmenschen herabließen, wurden sie die Urheber der bedenklichen Lehre von einer doppelten Moral; indem sie statt einer streng wissenschaftlichen Ableitung irgendwelche annehmbare Empfehlung (probabilis ratio) als hinlängliche Begründung anerkannten, haben sie den übelberufenen Probabilismus aufgebracht.

Aber bei allen Widerständen und Verwicklungen hat die Stoa den Kampf tapfer und treu ausgehalten und sich namentlich in den ersten christlichen Jahrhunderten als den Kern einer moralischen Reformation erwiesen. Wohl konnte auch ihre Arbeit sich der veränderten Zeitlage nicht entziehen, die immer dringlicher, immer stürmischer das Glücksproblem in den Vordergrund rief. Bei den Stoikern der römischen Kaiserzeit wird die Philosophie vor allem ein Halt und Trost gegen die Unruhen und Leiden des Daseins; die Einkehr in das eigene Innere, die Belebung des Göttlichen, das jedem Menschen innewohnt, verheißt eine sichere Befreiung von allem Übel und den Gewinn reinen Glückes. Der Gedanke überfliegt alle Zeit und Sinnlichkeit, um bei der Ewigkeit einer unsichtbaren Ordnung zu verweilen. Aber aller Aufschwung des Geistes, alle Selbstzusprache des Weisen überwindet nicht völlig ein unaufhaltsam aufsteigendes Gefühl der Leere und Nichtigkeit unseres ganzen Daseins. So sehen wir z. B. den Kaiser Marc Aurel, den letzten bedeutenden Stoiker, von widersprechenden Stimmungen hin- und hergeworfen. In den Selbstgesprächen, die den Monolog in die Weltliteratur eingeführt haben, preist er oft die Herrlichkeit der Welt und die Größe des Menschen. „Die Seele durchwandert die ganze Welt und das Leere um sie und ihren Gesamtbau, und sie erstreckt sich in die Unendlichkeit der Ewigkeit und umfaßt die periodische Wiedergeburt aller Dinge.“ Die Ewigkeit kann uns zur vollen Gegenwart werden. Denn in die gegenwärtige Handlung läßt sich das ganze Leben, läßt sich Vergangenheit und Zukunft zusammenfassen. So soll der Mensch sich über alles Kleine erheben und „wie auf einem Berge leben“. Aber 'der Gedanke des Besitzes der Ewigkeit nimmt leicht auch die Wendung, daß das ganze zeitliche Leben gleichgültig wird und das Tun allen kräftigen Antrieb verliert. Es wird nichts Neues gewonnen bei aller scheinbaren Wandlung. „Wer das Jetzt gesehen hat, hat alles gesehen, was von Ewigkeit war, und was in Ewigkeit sein wird. Denn alles ist gleichartig und gleichförmig.“ „Wer vierzig Jahre alt ist, hat, wenn er nur einigen Verstand besitzt, gewissermaßen alles Vergangene und Zukünftige gesehen gemäß seiner Gleichartigkeit.« Wo aber so sehr alle Spannung verschwindet, da wird unser Dasein nichtig: »die Welt ist ein steter Wandel und das Leben bloße Meinung.« Ja es erscheint diese Nichtigkeit als der sicherste Schutz gegen alle Unruhen und Gefahren; so erwacht die Neigung, unser Leben mit seinen Leiden, aber auch seinen Freuden als völlig belanglos darzustellen. »Die ganze Erde ist ein Punkt«, »alles Menschliche ist Rauch«, »das menschliche Leben ist ein Traum und eine Wanderschaft in der Fremde«, »bald wird die Ewigkeit alles bedecken«.

Das sind Stimmungen einer müden und matten Zeit; wo der Mensch so gering von sich und seiner Aufgabe denkt, da muß aller Lebensmut zusammenbrechen, da gibt es keinen erfolgreichen Widerstand gegen eine innere Verödung des Lebens sowie gegen ein jähes Sinken der Kultur. Die Zeit der Systeme der Lebensweisheit war vorbei. Sie hatten ihre Aufgabe in einer Epoche reicher und gesättigter Kultur. Hier haben sie dem Individuum seine eigene Innerlichkeit erschlossen, in ihr neue Tiefen entdeckt, dem Menschen in sich selbst einen Halt, ja eine Weltüberlegenheit gezeigt. Sie haben sich eifrig der sittlichen Erziehung der Menschheit angenommen, sie haben nicht nur Schriften hervorgebracht, welche in alle Kreise drangen und zur Veredlung der Überzeugungen wirkten, sie haben auch gefeierte Vorbilder des Lebens geliefert. Aber diese vorwiegend auf subjektive Reflexion und individuellen Antrieb gegründete Arbeit konnte nicht mehr genügen, sobald der gesamte Kulturstand ins Wanken geriet und die Menschheit einen Kampf um ihr geistiges Dasein aufzunehmen hatte; gegenüber der Forderung durchgreifender Neubildungen versagte diese Lebensweisheit. Fruchtbare Wirkungen jedoch erstrecken sich von ihr weit über den nächsten Kreis und die eigene Zeit hinaus. Aus der stoischen Ethik schöpfte in reichstem Maße das alte Christentum, auf die Stoiker griff die moderne Aufklärung zurück, eine Verwandtschaft mit ihnen zeigen bei aller Veränderung der geistigen Lage Männer wie Hugo Grotius, Descartes, Spinoza, ja selbst noch Kant und Fichte. Nicht nur sind einzelne Werke dieser Schule der Weltliteratur einverleibt, auch das Ganze der hier entwickelten Lebensanschauung behauptet sich als ein selbständiger Typus mannhafter und vornehmer Art.

2. Die religiöse Spekulation.

a. Die Wendung zur Religion.

Die letzte große Leistung des Altertums war eine Wendung zur Religion und zugleich zur religiösen Spekulation. Wir können diese Wendung nicht so gering schätzen, als es noch immer vielfach geschieht; wir erblicken in ihr mehr als ein bloßes Sinken der geistigen Spannung, als einen Abfall des Griechentums von seiner echten Art. Denn mag die Bewegung sich in der Breite des Daseins unerfreulich ausnehmen und hier viel Trübes und Wüstes erzeugen, dahinter wirken edlere Triebe, innere Notwendigkeiten, und es steigt schließlich aus dem wirren Chaos das Schaffen zu einer Höhe empor, die seit Plato nicht erreicht war. Auch die religiöse Bewegung teilt die Müdigkeit an dem Kulturleben, welche durch die Zeit ging. Aber sie endet nicht mit dieser Müdigkeit. Vielmehr erscheint in ihr ein neuer Lebensdrang, stürmisch erhebt sich das so lange unterdrückte Verlangen nach einem positiven Glück, nach Erhaltung und Befriedigung des Selbst. Zugleich erfaßt die Gemüter eine dumpfe Angst, eine quälende Sorge um unsichtbare Zusammenhänge und Verwicklungen, um sich greift eine bange Furcht vor dunklen Gewalten und ewigen Strafen. Der Mensch ist bis zum tiefsten Grunde erschüttert, aber die Erschütterung selbst erweckt den Glauben an eine Unverlierbarkeit seines Wesens und treibt zu leidenschaftlichem Suchen neuer Bahnen. Eine solche Gefühlslage konnte kein Genüge finden bei den Systemen der Lebensweisheit und ihrer resignierten Ergebung in den Weltlauf, ihrer Herabstimmung des Lebens zu ruhiger Betrachtung, ihrer Abweisung alles starken Empfindens. Auch das letzte Aufleuchten der antiken Kultur im zweiten nachchristlichen Jahrhundert mit seiner Rückkehr zu den alten Vorbildern des Geschmacks und seiner Empfehlung formaler Bildung bot nichts für die Fragen, die jetzt die Herzen bewegten; aller äußere Glanz jenes Aufschwungs verbirgt kaum die innere Hohlheit des Ganzen. Mit dem dritten Jahrhundert aber verschwindet auch der Schein, und es erfolgt ein jäher Zusammenbruch; selbst der Kunst, der treuesten Genossin des griechischen Geistes, versagen jetzt die Kräfte; das letzte bedeutende Bildnis ist das des Caracalla († 217).

So blieb im dritten Jahrhundert der Platz allein der religiösen Bewegung; seit dem Beginn unserer Zeitrechnung in unablässiger Zunahme, lodert sie jetzt zu mächtiger Flamme auf. Und das dritte Jahrhundert hat auch den einzigen großen Philosophen dieser Bewegung auf griechischem Boden hervorgebracht, den weltbeherrschenden Geist des Plotin. Seine Größe aber können wir nicht ermessen, ohne auch seiner Vorläufer kurz zu gedenken.

Wenn die Philosophie an der Bewegung zur Religion teilnimmt, so gewinnt sie dadurch wieder eine engere Fühlung mit ihrer Umgebung. Denn möchte die Aufklärung der hellenistischen Zeit die Religion aus der geistigen Arbeit verdrängt haben, aus den Gebräuchen und auch aus dem Herzen des Volkes war sie nicht verschwunden. Erfolgte jetzt wieder eine Annäherung zwischen den Gebildeten und der Menge, so gewann die alte Überlieferung einen neuen Wert, freilich nicht ohne die kühnsten Umdeutungen des ererbten Bestandes.

Aber auch in der eigenen Überlieferung fehlte es der Philosophie nicht an Verbindungen mit der Religion. Hochgebildete hielten sich vornehmlich an die platonische Philosophie, deren religiöser Zug erst jetzt zur vollen Wirkung kam, „edlere Naturen, deren Anschauung gleichzeitig durch Glauben oder Ahnung, Spekulation, ethisches Bedürfnis und ein hohes Bewußtsein der Menschenwürde bestimmt wurde, haben auch im späteren Altertum vorzugsweise im Platonismus Befriedigung gesucht und gefunden" (Friedländer). Ferner entwickelten orphische und pythagoreische Lehren, die nach neueren Funden und Forschungen auch in der Zwischenzeit nicht so gänzlich erloschen waren, wie man früher annahm, eine werbende Kraft; sie entzündeten ein Verlangen nach Befreiung der in die Sinnlichkeit versenkten Seele und boten dafür neben einem asketischen Leben namentlich einen Glauben an Wunder und Weissagungen. Dazu gesellten sich starke Einflüsse des Orients, zunächst in wilden Phantasien und wunderlichen, ja widerwärtigen Kulten, jedoch auch mit fruchtbaren Anregungen für die Gedankenwelt.

So entsteht eine recht gemischte Atmosphäre; Altes und Neues, Geistvolles und Abgeschmacktes geht wirr durcheinander. Wie sich in einzelnen Persönlichkeiten die verschiedenen Elemente verbinden und religiöse Gesinnung mit der Festhaltung des alten Kulturbesitzes freundlich zusammengehen kann, das zeigt die Gestalt des feinsinnigen, ernsten und milden Plutarch (etwa 48 bis

125 n. Chr.). Von den religiösen Stimmungen jener Zeit wird man kaum irgend ein so günstiges Bild gewinnen als aus seinem Schriftchen über Isis und Osiris.

In dieser Bewegung zur Religion — auch hier gilt es, die verschiedenen Erscheinungen in Einen Anblick zu fassen — erscheint vor allem eine veränderte Stellung zum Problem des Bösen. Pflegten sonst die griechischen Denker das Böse als ein bloßes Nebenergebnis der Weltordnung zu behandeln, und hatten namentlich die Stoiker mit ganzer Kraft es in bloßen Schein aufzulösen gesucht, so wird ihm jetzt eine gewaltige Realität zuerkannt. Da nichts Böses geschehen könnte, wenn Gott aller Dinge Ursache wäre, so muß die Unvernunft der Welt ihren eigenen Ursprung haben; als solcher gilt, in Verstärkung alter Überzeugung, der sinnliche Stoff mit seinem Dunkel. Nun erscheint er nicht mehr als ein dem Guten fügsames Vermögen, sondern als eine feindliche, das Weltall spaltende Macht. Die Wirklichkeit wird der Schauplatz eines harten, unversöhnlichen Streites. Den schroffen Gegensatz des Alls teilt aber der Mensch; auch bei ihm entzweien und befehden sich unablässig Vernunft und Sinnlichkeit. Je enger das klassische Altertum Sinnliches und Geistiges in Einen Lebensprozeß verschlungen hatte, desto stärker wird jetzt der Eifer der Scheidung. Ein Ekel an der immer raffinierter gewordenen Sinnlichkeit scheint weite Kreise ergriffen zu haben; man kann sich nicht genug tun in strenger Abschwörung der bunten Lebensfülle, die vordem den griechischen Geist entzückt hatte.

In solchen Wandlungen verschiebt sich, wenn auch zunächst leise und unmerklich, die Stellung und der Inhalt der Religion. War sie früher, auch einem Plato, mit der geistigen Arbeit eng verschlungen, und sollte die Anknüpfung an das Göttliche alles Leben erhöhen, so beginnt sie sich jetzt von dem Übrigen abzuheben; sie verspricht dem Menschen ein neues, höheres Leben, sie verlangt dafür seine ganze Seele. Hier zuerst entwickelt sich auf griechischem Boden eine spezifische Religion und Religiosität. Sich der Gottheit zuwenden, das heißt jetzt der unlauteren und unsteten Welt völlig entsagen; alle anderen Aufgaben versinken vor der einen großen Forderung.

Zugleich verändert sich die Art und die Stellung der Gottheit. Mit jener zwiespältigen Welt darf das vollkommen Reine sich nicht unmittelbar befassen; ihm gebührt eine weltüberlegene Hoheit, eine volle Jenseitigkeit, eine weite Erhebung über alle menschlichen Begriffe.

Aber zugleich besteht ein glühendes Verlangen, irgendwelchen Zugang
zum Göttlichen zu erringen. So bleibt nichts übrig als eine Vermittlung durch Zwischenmächte übermenschlicher, aber untergöttlicher
Art; die Lehre von den Dämonen, welche den Untergrund des
Volksglaubens hatte und auch von Plato gelegentlich herangezogen
war, gewinnt jetzt eine ungeheure Macht und erfüllt immer ausschließlicher die Gemüter. Vom Wirken solcher Mittelwesen glaubt
sich der Mensch überall umfangen, ihrer Hilfe scheint er überall
zu bedürfen. Zu den guten Geistern aber gesellen sich böse, die
ihn ängsten und quälen; so umgibt ein Kamp unsichtbarer Mächte
all sein Tun und Ergehen. In der Vorstellung der Menge sinkt
das zu wüstem Geisterspuk, ein trüber Qualm des Aberglaubens
verdüstert alles Licht der Erkenntnis. Schrankenlos wogt die Subjektivität der Stimmung, die Leidenschaften des um sein Glück
besorgten Herzens verdrängen ein ruhiges Überlegen sachlicher
Notwendigkeiten und eine rationale Gestaltung des Daseins. Dafür
beginnt die Entwicklung eines religiösen Gefühlslebens. Jene Idee
einer weltüberlegenen Gottheit gibt dem menschlichen Sinnen den
Zug ins Weite und Ferne, den Charakter aufstrebender Sehnsucht,
oft auch träumerischer Hoffnung; die nächste Welt wird zu einer
bloßen Vorstufe, einem Symbol einer höheren, dem gemeinen Auge
verschleierten Wirklichkeit. Zu solcher Welt göttlicher Wahrheit
aufsteigen aber läßt sich nicht ohne eine völlige Reinigung vom
Sinnlichen; nicht mehr genügt seine Unterwerfung unter die Zwecke
des Geistes, sondern seine gänzliche Austreibung wird zur unerläßlichen Bedingung des höchsten Gutes, der Gemeinschaft mit Gott.
    Inmitten aller Verschiebungen aber wahren die Denker darin
die griechische Art, daß die Gemeinschaft mit der Gottheit als ein
Erkennen der Gottheit erscheint; das Erkennen als den Kern des
Geisteslebens zu achten, darauf haben die Griechen nie verzichtet.
Aber um das überweltliche, reine Sein zu erfassen, muß das Erkennen
selbst ein anderes werden. Zunächst scheint die Aussicht auf ein
Gelingen gering; „für die Seelen der Menschen, die in Körpern
und Leidenschaften stecken, gibt es keine Teilnahme an Gott, nur
eine schwache Spur mag die Philosophie mit ihrem Denken erreichen"
(Plutarch). Zuversichtlicher stimmt die Hoffnung, es möge, was sich
unseren Begriffen verschließt, einem unmittelbaren Erfassen im Stande
des „Enthusiasmus", der „Ekstase" zugänglich werden. Hier, wo
der Mensch alle eigene Tätigkeit einstellt und zum bloßen Gefäß

göttlicher Offenbarung wird, mag ihm das göttliche Licht ungetrübt zugehen. Dies Licht erleuchtet auch die geschichtliche Religion, den „Mythus", und läßt darin tiefe Wahrheit erkennen. Denn wie der Regenbogen ein bunter Abglanz des Sonnenlichts auf dem dunklen Gewölk, so ist der Mythus ein Abglanz der göttlichen Vernunft in unserer Vorstellung (Plutarch). So kann auch der Gebildete die Volksreligion in Ehren halten; wenn er sie mit jener höchsten Einsicht durchleuchtet, mag er die rechte Mitte zwischen dem Unglauben (ἀθεότης) und dem Aberglauben (δεισιδαιμονία) finden.

Demnach erhält sich auch in der religiösen Bewegung ein philosophisches Streben, und einzelne individuen bringen Frömmigkeit und Wissensfreude zu vollem Zusammenklang. Aber im allgemeinen wird das philosophische Streben nicht nur äußerlich weit zurückgedrängt, es trägt in sich selbst den Widerspruch, die neue Denkweise an die alten, andersartigen Formen zu binden; die Bewegung überwindet noch nicht den Stand eines Auswählens und Ineinanderschiebens, es fehlt eine innere Verschmelzung und gemeinsame Weiterbildung der Gedankenmassen. Eine solche blieb dem Neuplatonismus oder vielmehr Plotin vorbehalten.

Bevor wir uns dahin wenden, sei in Kürze der Versuche gedacht, eine religiöse Philosophie mit Hilfe einer geschichtlichen Religion, nämlich des Judentums, zu entwickeln. In der nationalen Überlieferung des Judentums besaß die Religion eine weit größere Bedeutung und festere Geschlossenheit; sie brachte hier der Philosophie weit mehr Selbständigkeit entgegen. Mit ihr aber in einer Zeit siegreicher Weltstellung der griechischen Kultur einen Ausgleich zu suchen, dazu drängte ebenso das eigene Bedürfnis des gebildeten Mannes, seinen Glauben vor der Vernunft zu rechtfertigen, als das noch nicht durch blutige Gewalt ausgetriebene Verlangen, die väterliche Religion zum Gemeingut aller Menschen zu machen. Hier behauptet Philo von Alexandria (etwa 30 v. Chr. bis 50 n. Chr.) einen hervorragenden Platz. Er zuerst unternimmt es in großem Stile, den Glauben des Orients und die Weisheit der Griechen zu einem Ganzen zu verschmelzen; er betritt damit eine Bahn, auf der ihm Jahrhunderte und Jahrtausende gefolgt sind. Seine eigene Leistung zeigt eine weite und feinsinnige Art, erhebt sich aber nicht über eine geschickte Kombination hinaus zu selbständigem Schaffen.

Bei der Verbindung der beiden Welten liefert das Judentum einen festen Bestand von Lehren und Gebräuchen, eine geschichtliche Ansicht der Dinge, eine Gemeinschaft ethisch-religiöser Art, eine schon ins Innere gewandte Frömmigkeit; das Griechentum aber universale Begriffe, einen starken Zug vom Engmenschlichen zum Kosmischen, ein Verlangen nach Erkenntnis, eine Freude an der Schönheit. In der Wechselwirkung empfängt das Jüdische eine Erweiterung und Vergeistigung, das Griechische eine Befestigung und seelische Verinnerlichung; im Gesamtergebnis sind die Gegensätze mehr leidlich ausgeglichen als überwunden.

Von den Wandlungen des Weltbildes ist namentlich bemerkenswert eine veränderte Stellung der platonischen Ideen. Dem Meister waren sie selbständige, weltbeherrschende Gestalten; bei Philo werden sie Gedanken des göttlichen Geistes; nunmehr quillt alle Vielheit aus der Einheit hervor, und es verstärkt sich die überlegene Innerlichkeit, welche die ganze Welt trägt. Auch das leitet große Bewegungen ein, daß die zwischen Gottheit und Menschheit vermittelnden Kräfte sich zur Einheit des „Logos", des erstgeborenen Sohnes Gottes, zusammenfassen.

Im Lebensbilde verschmilzt das stoische Ideal des weltüberlegenen Weisen mit dem des gottergebenen Frommen. Gemeinsam ist die Zurückziehung von der Welt und die Konzentration auf die ethische Aufgabe. Dann aber erscheint die griechische Art jener Zeit in dem Verlangen nach tieferer Erkenntnis, auch der Gottheit, und nach Begründung alles Handelns auf wissenschaftliche Einsicht, in der Unreinerklärung aller sinnlichen Dinge, in der Überzeugung, daß alles sündigt, was am Werden teilhat. Das Judentum aber bringt eine direktere Beziehung des Lebens auf Gott, ein stärkeres Gefühl der Gebundenheit, eine Innigkeit persönlicher Empfindung. Das ganze Leben erscheint hier unter dem Bilde eines Gottesdienstes; dem Geist der Erhabenheit können wir uns nur nahen bei größter Einfalt und Schlichtheit des Herzens, wie der Hohepriester alle Prachtgewänder ablegt und sich mit einfachem Linnen bekleidet, wenn er das Allerheiligste betritt. Wie das gemeinsame Verhältnis zu Gott die Menschen zu einer Gemeinde verbindet, so kann das Tun und Leiden des einen auch den anderen frommen; der Weise erscheint nicht nur als eine Stütze, sondern auch als eine Sühne, ein Lösegeld (λύτρον) für den Schlechten.

In solcher Weise Frieden und Freundschaft schließen hätten die beiden Welten nicht gekonnt ohne ein Hilfsmittel, das die Gegensätze milderte und den Zusammenstoß abschwächte. Das ist die allegorische Deutung der religiösen Tradition mit ihrer Überzeugung, daß hinter dem Wortlaut ein geistiger Sinn steckt, den erst tiefere Einsicht heraushebt. Dieses Verfahren war in der Philosophie nicht völlig neu. Schon Plato und Aristoteles hatten es gelegentlich verwandt, um ihre Lehren mit dem Volksglauben in Einklang zu bringen, und die Stoiker hatten durchgängig den Mythus in dieser Weise behandelt. Aber eine größere Bedeutung erhielt die Sache erst, wo die Religion mit fester Überlieferung und geschlossenem Lehrgehalt auftrat und daher ihr Zusammenstoß mit der Philosophie eine ernstliche Spannung erzeugte. Nun wird die allegorische Deutung ein Hauptmittel der Versöhnung, ja sie wirkt mit ihrer Ausgleichung individueller Freiheit und gemeinsamer Ordnung, wissenschaftlicher Forschung und geschichtlicher Autorität tief auf das Ganze der Lebensstimmung. Der Buchstabe der Tradition wird nirgends angetastet, er bleibt die unverbrüchliche Norm. Aber die Freiheit der Deutung erlaubt der Philosophie alles aus ihm zu machen, was sie für nötig hält; alle Härte und Schwere verschwindet, alle methodische Strenge weicht dem freien Walten der Phantasie. Indem dabei Gegenwart und Vergangenheit, Zeit und Ewigkeit, Stimmung und Tatbestand unablässig ineinander spielen, verbreitet sich um uns ein geheimnisvolles Dämmerlicht und erhält das Leben einen traumhaften Charakter. Diese traumhafte Art behauptet sich durch das ganze Mittelalter, um erst in der Neuzeit einer wacheren Lebensführung zu weichen.

So wirkt auch in dieser Richtung die griechische Philosophie über den nationalen Kreis hinaus zur Verinnerlichung und Universalisierung des Lebens. Aber alles, was sie bis zu Beginn des dritten nachchristlichen Jahrhunderts leistet, bleibt bloßes Stückwerk; es ist mehr Reflexion und Kombination als Schaffen aus Einem Gusse, mehr Popularphilosophie als systematische Arbeit. Erst mit Plotin ändert sich das, erst in ihm erscheint wieder ein Denker ersten Ranges.

b. Plotin.

α. Einleitendes.

In der ganzen Reihe der großen Denker gibt es keinen, dessen Beurteilung die Geister so sehr entzweit hat und fortwährend entzweit als Plotin, das Haupt des Neuplatonismus (204/5 – 270). So eng ist bei ihm das Große mit Problematischem, ja Verfehltem verwachsen, daß sich eine volle Zustimmung fast überall verbietet; auch verbleibt seine Philosophie viel zu sehr bei allgemeinen Umrissen, um den Weg von der Weltanschauung zur strengen Wissenschaft zu finden; endlich durchdringt das ganze System ein unausgeglichener Widerspruch, der Widerspruch einer bis zu schwindelnder Höhe aufsteigenden Abstraktion und eines tiefinnerlichen Gemütslebens. Steht daher Plotin, auf die fertige Leistung angesehen, hinter den anderen großen Denkern weit zurück, so wird ihn den Besten gleichstellen, wer zu den seine Arbeit bewegenden Kräften vordringt und seinen Einfluß auf die Gestaltung der geistigen Wirklichkeit verfolgt. Denn alsdann erscheinen oft hinter höchst bedenklichen Sätzen neue und fruchtbare Intuitionen, ja selbst der Irrtum dient bisweilen als ein Hebel wichtiger Entdeckungen. Das Intuitive bildet die wahre Größe Plotins; nirgends aber kommt es so zur Geltung als bei der Lebensanschauung. Die gewaltige Belebung, die von ihm ausgeht, ist um so höher anzuschlagen, je deutlicher die Ungunst der Zeitumgebung vor Augen steht; sie mußte durchgängig den Forscher hemmen und nicht sowohl das Wahre und Wertvolle seiner Leistung als das Problematische und Wunderliche zur Wirkung bringen. Es gibt kein glänzenderes Zeugnis für die Kraft des griechischen Geistes, als daß er sich noch aus so trauriger Umgebung auf solche Höhe der Weltbetrachtung erheben konnte. Auch ist ein tiefer Einfluß dieses Ganzen auf die Menschheit unbestreitbar; vieles erscheint an dieser Stelle im ursprünglichen Hervorbrechen und in der Klarheit des ersten Anfanges, was durch Jahrtausende die Menschheit bewegt und auch starke Geister bezwungen hat. Namentlich in der Wirkung auf die Lebensstimmung wird Plotin von keinem erreicht; hier bildet · er die Grenze zweier Welten.

Geschichtlich angesehen, erscheint seine Arbeit zunächst als eine Weiterführung und Vollendung der weltflüchtigen Bewegung, welche das spätere Altertum immer ausschließlicher beherrschte. Aber erst hier wird der Prozeß stark genug, den Kern der Wirklichkeit umzubilden und eine selbständige Weltanschauung zu erzeugen. Ja die Bewegung zur Religion erfährt hier eine Verwandlung und Veredlung ihres tiefsten Innern. Bis dahin war sie beherrscht von der Sorge um das Glück der Individuen; um sie von unerträglicher Not zur Seligkeit zu führen und ihnen ein unvergängliches Leben zu sichern, ward eine Unendlichkeit und Jenseitigkeit aufgeboten. Bei Plotin hingegen erscheint das individuelle Sein in seiner Besonderheit als viel zu eng, dürftig und ohnmächtig; es erwacht ein glühendes Verlangen nach einem neuen Leben aus der eigenen Fülle der Unendlichkeit, aus einem weiteren und reineren Sein. Statt des Menschen wird nunmehr zum beherrschenden Mittelpunkt des Lebens das All oder vielmehr Gott. Zugleich wird alle Kraft dafür aufgeboten, die Kluft zwischen Mensch und Welt, zwischen Subjekt und Objekt zu überwinden, welche seit Aristoteles die Vorstellung beherrscht hatte; sie wird überwunden durch die Versetzung aller Wirklichkeit in ein Innenleben des Geistes, durch ein Umspannen aller Gegensätze mit einem Weltprozeß, der alles aus sich hervortreibt und alles in sich zurücknimmt.

Plotins Streben ging dahin, durch eine kräftige Zusammenfassung und Verinnerlichung die griechische Kultur zu befestigen und gegen allen feindlichen Ansturm zu verteidigen. Was immer dafür nützen kann, wird zur Hilfe gerufen, alle irgend gesinnungsverwandten Systeme verbinden sich zu gemeinsamer Wirkung. Das eigentümlich Griechische regt sich wieder stärker, ja manche charakteristisch griechische Überzeugung erhält erst hier ihre völlige Durchbildung. Aber wir werden sehen, wie bei einer durchaus veränderten Weltlage und Lebensstimmung die äußerste Anspannung tatsächlich zur Zerstörung wirkt; in stürmischen Bewegungen wird die griechische Art bei den Griechen selbst aufgelöst und durch ihren letzten großen Philosophen eine neue Epoche eingeleitet. — Das völlige Gegenteil erfährt das Christentum. Ihm stand Plotins Bewußtsein durchaus feindlich gegenüber, und sein Angriff war um so gefährlicher, weil er auf dem Gebiete der eigenen Stärke, im Namen der Religion erfolgte. In der Tat verdankt ihm das Christentum die wertvollste Förderung, indem es nicht nur im einzelnen unermeßlich viel aus der Gedankenwelt der Spekulation schöpfte, sondern auch in ihr erst für seine Innerlichkeit und seine neue Welt einen universalgeistigen Hintergrund fand. Augustin ausgenommen, hat kein Denker auf das alte Christentum mehr gewirkt als Plotin; die weitere Geschichte des Christentums ist unverständlich ohne den Neuplatonismus. So hat Plotin besonders stark den Widerspruch der Absichten und der Ergebnisse erfahren, den das menschliche Geschick nicht selten zeigt: wo er fördern wollte, hat er zerstört, wo er zerstören wollte, gefördert.

β. Die Grundlegung der Weltanschauung.

Plotin strebt mit aller Glut und Kraft über die unmittelbare Welt hinaus, um jenseit ihrer Unstetigkeit und Unreinheit Gott und das höchste Gut zu suchen. Der Begriff der Jenseitigkeit wird aufs äußerste gesteigert, besonders die Schule schwelgt in dem Begriff des Überweltlichen, der einen alten Griechen ebenso wunderlich anmuten mußte, wie etwa den Christen der eines Übergöttlichen. Der Anschluß an die Zeitstimmung ist unverkennbar, aber was dort eine Sache. subjektiver Empfindung, moralisch-religiöser Sehnsucht blieb, das erhält bei Plotin eine feste Begründung durch die Denkarbeit, durch eine wissenschaftliche Lehre vom Kern der Wirklichkeit. In unverkennbarer Anknüpfung an Plato, aber mit selbständiger Weiterführung des Empfangenen entwickelt er eine Lehre, welche die spätere Schulsprache als logisch-metaphysischen Realismus bezeichnete, die Lehre, daß nur das völlig eigenschaftslos gedachte Sein eine echte Wirklichkeit bildet, das Sein, das gar nichts anderes ist als Sein, und das darum allem vorangeht und alles umfaßt. Jede nähere Bestimmung gilt hier als etwas Nachträgliches, ja Herabziehendes, jeder Schritt zur anschaulichen Erfahrung dünkt eine Entfernung vom Grunde der Dinge. Weil unser Denken in seinem Aufsteigen zu allgemeinen Größen mit dem Begriffe eines völlig eigenschaftslosen Seins endigt, so scheint hier — als wären die Erzeugnisse des abstrahierenden Denkens selbständige Wesen — das reine Sein als die Wurzel aller Dinge, der Urbestand aller Wirklichkeit. Ein solches eigenschaftsloses Sein aber bietet nicht die bunte Welt der Erfahrung; so sei es jenseit ihrer gesucht und in überlegener Erhabenheit bei sich selbst begründet.

Soll es aber bei solcher Überlegenheit zugleich den echten Kern, die alleinige Substanz der Dinge bilden, so entsteht eine verwickelte und widersprechende Lage. Was unmittelbar vorhanden, ist nicht das wahre Sein der Dinge, vielmehr liegt zwischen Dasein und Wesen ein weiter Abstand, ja eine scheinbar unüberwindliche Kluft; sie kann sich nicht schließen ohne eingreifende Wandlungen des ersten Anblicks der Welt, ohne einen völligen Neubau der Wirklichkeit.

Nun aber wird — das ist wesentlich für Plotins Denkweise — das reine Sein der Gottheit gleichgesetzt; zum reinen Sein vordringen, das heißt zugleich die Tiefen der Gottheit erschließen. So wird die Spekulation zur Religion, der Sieg logischer Abstraktion soll zugleich das Verlangen des glücksdurstigen Gefühls stillen. Damit überträgt sich auch der Gegensatz von reinem Sein und bunter Erscheinung mit seiner ganzen Schroffheit auf das Verhältnis von Gott und Welt. Einerseits befindet sich Gott in unnahbarer Ferne und ist weder Worten noch Begriffen zugänglich; andererseits bildet er, als das allein echte Sein, das Allgegenwärtige und Allernächste, und ist er uns in Wahrheit näher als unser eigenes, nur der Erscheinung angehöriges Selbst. So wird die Gottheit zugleich möglichst fern und möglichst nahe gerückt. Schon das bekundet den unklassischen Charakter dieser Weltanschauung, ihr Schweben zwischen Gegensätzen, die sie nicht überwinden kann, kaum überwinden will.

Immerhin kann die Spannung nicht in der dargelegten Schroffheit fortdauern; das Verhältnis von Gott und Welt, von Wesen und Dasein fordert irgendwelche Klärung. Plotin versucht dabei – den Widerspruch mehr versteckend als lösend – den Weg, der Welt neben Gott ein gewisses Sein, aber ein geringeres und völlig auf ihn angewiesenes zu gewähren. Er entwickelt, in Ausführung einer altgriechischen und echtplatonischen Überzeugung, die Lehre, daß wie alles Sein, so vornehmlich das höchste Sein von Natur den Drang enthält, etwas sich ähnliches zu erzeugen, eine möglichst vollkommene Darstellung seiner selbst hervorzubringen, nicht zu irgendwelchem Zweck, am wenigsten einem selbstischen Zweck, sondern als naturgemäßen Erweis der innewohnenden Güte. Da aber das Erzeugnis den Zeugungsdrang mitempfängt, so pflanzt die Bewegung sich weiter und weiter fort, Stufe fügt sich zu Stufe, bis das Nichtsein das Sein zu überwiegen droht und damit der Fortgang ein Ende findet.

Demnach verwandelt sich das All aus einem bloßen Nebeneinander in ein Nacheinander, es entsteht eine Kette des Lebens, ein absteigendes Stufenreich. Jede folgende Stufe ist geringer als die frühere, denn – so meint Plotin mit den meisten griechischen Denkern – das Vollkommene kann nicht aus dem Unvollkommenen stammen, das Abbild das Urbild nie ganz erreichen, stets muß das Höhere dem Niederen vorangehen. Aber alle spätere Bildung bleibt in Zusammenhang mit der ursprünglichen Vollkommenheit; was irgend wirklich, das ist guter, ja göttlicher Art. Das Niedere aber strebt kraft solcher inneren Verwandtschaft mit dem Höheren zum Ursprung zurück; so geht auch von ihm eine Bewegung durch das All, und es umschlingt ein Kreislauf des Geschehens die ganze Wirklichkeit. Diese Bewegung ist nicht zeitlicher Art, nicht ein Nacheinander der einzelnen Stufen, sondern eine zeitlose Folge des Wesens und Wertes, ein ewiges Werden der Welt aus Gott. Eine Verschiedenheit der Zeiten besteht nur insofern, als Plotin — mit fast allen griechischen Philosophen — im Gebiete der Erscheinung eine unendliche Reihe gleichartiger Weltperioden lehrt. Jenseit alles Wechsels aber beharrt, selbst unbewegt, obschon Quell aller Bewegung, in weltüberlegener Hoheit das ewige Sein. Mannigfache Bilder aus der sinnlichen Welt möchten begreiflich machen, wie alles ganz und gar an dem Einen hängt und doch die Vielheit eine gewisse Selbständigkeit behauptet, wie das Urseiu alle Fülle des Lebens erzeugt, ohne aus sich selbst herauszutreten. Vornehmlich dient diesem neuen Gedanken das alte Lieblingsbild der griechischen Denker: das Licht, das bei sich bleibt und zugleich die Welt durchleuchtet, das aber im Ausstrahlen nach und nach an Kraft verliert; auch von einem Ausfließen, bisweilen auch einem Hervorgehen aus dem Samen wird gesprochen. Mögen diese Bilder den Widerspruch der Sache kaum verdecken, sie alle verkünden die Überzeugung, daß das Allleben mit innerer Notwendigkeit verläuft, nicht ein Werk freien Handelns und bewußter Überlegung bildet, auch daß der Weltprozeß nichts will und nichts bedeutet außer der eigenen Bewegung, dem eigenen Sein.

In solchen Bildern und Lehren erscheint ein starkes Verlangen nach Unterordnung aller Mannigfaltigkeit unter eine Einheit, nach Erhöhung des menschlichen Daseins zu einem kosmischen, ja göttlichen Leben; die energische Entwicklung dessen bedeutet eine große geschichtliche Wendung. Einen festen Zusammenhang der Wirklichkeit hatte die griechische Philosophie von jeher gelehrt und dem Menschen eine Unterordnung unter das All geboten. Aber die einzelnen Kreise berührten sich bis dahin mehr von außen, in einem Nebeneinander der Dinge; in der innersten Tiefe blieb das Einzelwesen auf sich selbst angewiesen. Jetzt aber wird eine allumfassende, alldurchdringende Einheit zur Quelle des gesamten Lebens, jeder Punkt wird damit innerlich verbunden, alles Einzelne muß sich daraus erfüllen; sich davon zu einem selbstischen Fürsichsein absondern, das heißt völliger Leere verfallen. So werden die engen Kreise gesprengt, ein unermeßliches Allleben durchflutet die ganze Weite. Es ist aber dieses Allleben durchaus göttlicher Art; mögen wir das Gute jenseit der Welt, mögen wir es in ihr suchen, immer kommen wir auf Gott; alle verschiedenen Lebensbahnen sind nur verschiedene Wege zu Gott; in allen besonderen Gebieten hat Wert nur ihre Mitteilung von Gott.

So erhalten wir hier zuerst eine philosophisch begründete religiöse Lebensführung, eine durchaus religiöse Gedankenwelt, ein religiöses Kultursystem. Das in seiner Wurzel einheitliche Leben scheidet sich aber bei seiner Entfaltung in zwei Hauptrichtungen, gemäß der Überzeugung, daß das göttliche Wesen in zwiefacher Art wirksam und zugänglich ist: unmittelbar in weltüberlegener Hoheit, mittelbar im ganzen All nach den Graden seiner Abstufung. Daraus ergeben sich verschiedene, wenn auch verwandte Wirklichkeiten und Lebensformen. Das Suchen des Göttlichen in der Welt wird beherrscht von der Idee einer durchgehenden Ordnung und Abstufung. Jedes Einzelne hat seine feste Stelle; an dieser und nur an dieser empfängt es einen Anteil am wesenhaften Sein und am vollkommenen Leben; es empfängt dies Leben durch eine Mitteilung der nächsthöheren Stufe, um es von sich aus weiter zu übermitteln, es vermag nichts, ja es ist nichts außer diesem Zusammenhange. Das ist der philosophische Grundgedanke der Hierarchie, aber auch der Ursprung eines großartigen künstlerischen Weltbildes, bei dem „die Kräfte auf- und niedersteigen und sich die goldenen Eimer reichen".

Gegenüber dieser Gedankenrichtung wirkt die andere der unmittelbaren Eröffnung Gottes jenseit der Welt der Mannigfaltigkeit in einer Sphäre, wo alles Abbild aufhört und das Urbild alles ist. Erst in solcher Weltüberlegenheit offenbart sich die ganze Tiefe des Seins und die Fülle der Seligkeit. Mit der Mannigfaltigkeit verschwindet auch alle Vermittlung; unmittelbar ist hier Gott alles in allem. Das ist die Welt der Mystik, ebensosehr ein Gegenstück wie eine Ergänzung der hierarchischen Ordnung.

γ. Der nähere Inhalt von Welt und Menschenleben.

Die nähere Ausführung der Welt Plotins verflicht verschiedene Gedankenreihen, die ganz zu entwirren kaum gelingen kann. Zunächst folgt er den Bahnen des Platonismus, indem er in Stoff und Form den Hauptgegensatz der Welt und im Bilden und Gestalten den Kern des Lebensprozesses erblickt. Auch hier behauptet sich damit die künstlerische Grundanschauung des Griechentums und die weltbeherrschende Macht der Schönheit. Eine echtgriechische Überzeugung erscheint in den Worten Plotins: „Das Häßliche ist

Gott wie der Natur fremd und feindlich«. Aber zugleich erfüllt
ihn ein tiefer Widerwille gegen den sinnlichen Stoff, der uns fesselt
und erniedrigt. Er gilt als etwas durchaus Unvernünftiges und aller
Gestaltung Unzugängliches, als etwas Rohes und Tierisches; er scheint
– in einem Nachklang der alten Lehre vom Chaos – ein Erzeugnis
einer uranfänglichen, ungöttlichen Natur. Für einen solchen Stoff
ist kein Platz in der Welt reiner Vernunft; so zerreißt der Zusammenhang der Wirklichkeit, und es entstehen zwei Welten, die eine der
bei sich selbst befindlichen, reingeistigen Innerlichkeit, die andere
des in den Stoff gesunkenen und der Sinnlichkeit verketteten niederen
Seelenlebens. Zugleich wird zur Pflicht, beide Welten mit größter
Schärfe zu scheiden. Das Sinnliche erscheint als verwerflich nicht
etwa in besonderen Arten und Auswüchsen, sondern mit seinem
ganzen Wesen und in jeder Gestalt; die Sinnlichkeit als solche wird
zur drückenden Last und Hemmung. Die Weltflucht,· d. h. die
Flucht aus dem sinnlichen Dasein, läßt sich nicht tiefer begründen,
als es hier geschieht. Aber Plotin bleibt viel zu sehr Grieche und
Künstler, um mit der Sinnlichkeit allen und jeden Stoff und zugleich
die Darstellung der Form im Stoffe aufzugeben. So wird ein
Begriff des Stoffes von allem Sinnlichen abgelöst und in die unsinnliche Welt versetzt. Auch hier besteht ein Gegensatz des Form-
gebenden und Formempfangenden; der „intelligible« Stoff bezeichnet
das noch Unbestimmte, die bloße Möglichkeit, welche die nähere
Gestaltung erst erwartet. So flüchtet sich hier mit den anderen
Idealen der griechischen Welt auch das künstlerische Bilden in ein
übersinnliches Reich.

Je schärfer aber eine höhere Welt von dem groben und dunklen
Stoffe geschieden wird, desto kräftiger entwickelt sie den eigenen
Charakter reiner Geistigkeit. Die Einmengung sinnlicher Vorstellungen,
welche die klassischen Systeme durchdringt, wird hier, wenn auch
nicht völlig überwunden, so doch sehr gemindert; es arbeiten sich
Begriffe heraus, die oft als ausschließlich modern gelten; so der
Begriff des reinen Beisichseins der Seele und ihrer strengen, aller
stofflichen Zusammensetzung überlegenen Einheit. Dem präziseren
Begriff des Geisteslebens entspricht eine unabhängigere Stellung, ja
die Erhöhung zu einer selbständigen Welt. Die Innerlichkeit bedeutet
nicht mehr einen Sonderkreis neben den übrigen Dingen, sondern
sie zieht mit siegreicher Kraft alles an sich und entwickelt sich zu
einer vollen, selbstgenugsamen Wirklichkeit. Zugleich beginnt eine

Verschiebung aller Größen ins Unsinnliche, Lebendige, Innerliche. Hier wird es voller Ernst mit der Verwandlung der Ideen in rein geistige Größen; die Zeit gilt als ein Erzeugnis der selbst zeitlosen Seele; auch der Raum scheint vom Geist aus entworfen. Nun ist der Lebensprozeß nicht mehr wie früher ein Verkehren mit einer draußenliegenden, wenn auch wesensverwandten Wirklichkeit, er wird eine Bewegung ganz innerhalb des Geistes. Im Innern liegen seine Aufgaben und Leistungen, der Anfang und das Ende seiner Tätigkeit.

Bei solcher Umwandlung entwächst das Innenleben der nächsten seelischen Lebensform; zum Reich des Bewußten gesellen sich die Reiche des Überbewußten und des Unterbewußten. So entstehen die drei Gebiete des Geistes, der Seele, der Natur, sie alle Stufen des weltbildenden Innenlebens. Das Niedere wird dabei vom Höheren umfaßt und getragen, die Natur von der Seele, die Seele vom Geist, der Geist vom absoluten Sein. Daher befindet sich nicht die Seele im Leibe, sondern der Leib in der Seele.

Über den allgemeinsten Begriff des Innenlebens aber drängt es Plotin hinaus zu einer alles beherrschenden Haupttätigkeit. Er findet sie gemäß der altgriechischen Überzeugung im Denken und Erkennen. Ja er entwickelt den Intellektualismus erst in die äußerste Konsequenz, indem er alles geistige Sein auf das Denken zurückführt und auch die Stufen des Alls in Stufen des Denkens verwandelt. Wohl unterscheidet auch Plotin mit Aristoteles drei Haupttätigkeiten: Erkennen ($\vartheta\varepsilon\omega\rho\varepsilon\tilde{\imath}\nu$), Handeln ($\pi\rho\acute{\alpha}\tau\tau\varepsilon\iota\nu$), künstlerisches Schaffen ($\pi\text{οιε}\tilde{\imath}\nu$). Aber ein wahrhaftiges Leben bildet nur das Denken, das Schaffen ist ihm eng verbunden, da sein Wesen darin besteht, ein Sein mit Gedanken zu erfüllen; das Handeln dagegen wird tief herabgesetzt. Nur als Ausführung der Theorie hat es einigen Wert, sonst ist es ein bloßer Schatten, mit dem sich befassen mag, wer zur Theorie nicht taugt. Aber dieser Anspruch auf eine volle Selbstbeherrschkeit verwickelt das Denken in die gefährlichste innere Krise. Um allein auf sich selbst zu stehen und aus eigenem Vermögen die Wahrheit zu gewinnen, muß es ganz und gar den Gegenstand an sich ziehen, darf es nichts zwischen sich und ihm dulden. Daher genügt nicht mehr die Vorstellung der klassischen Zeit von einer Wesensverwandtschaft zwischen Denken und Sein, da sie die Einheit nicht genügend begründet und den Unterschied nicht völlig aufhebt. In seiner letzten Vertiefung darf das Denken den Gegenstand gar nicht von sich selbst unterscheiden und ihn sich als etwas

Anderes entgegensetzen, es muß unmittelbar und ganz mit ihm zusammenfallen. Ist es dann aber noch ein gegenständliches Erkennen
im alten Sinne? In Wahrheit verliert es mit der Aufhebung alles
Unterschiedes von Erkennendem und Erkanntem alle Abgrenzung,
alle klare Form, allen greifbaren Inhalt; als unmittelbare Einigung
mit den Dingen schlägt es um in eine dunkle Erregung des
Gesamtmenschen, ein formloses Gefühlsleben, eine unfaßbare
Stimmung. So zerstört der Intellektualismus in seiner Überspannung sich selbst. Sahen wir vorher das künstlerische Ideal
sich in ein übersinnliches Reich flüchten, so kann das Erkennen
sich nur halten, wenn es aufhört, eigentliches Erkennen zu sein, und
zum Gefühl wird. Demnach treibt die veränderte Weltlage die
griechische Lebensanschauung dazu, ihre eigenen Voraussetzungen
aufzugeben und die Zusammenhänge zu zerstören, aus denen sie
erwachsen war. Aber inmitten der Auflösung führt sie auf neue
Bahnen und noch im Untergange erweist sie ihre Größe. Mit dem
Eigentümlichen der antiken Lebensführung, mit ihrer Klarheit und
ihrer Plastik aber ist es jetzt zu Ende; auf dem eigenen Boden der
griechischen Philosophie ist das klassische Ideal in ein modernes
umgeschlagen.

Was aber bedeutet in diesem All der Mensch, und welche
Aufgabe hat sein Leben? Wir finden ihm kein besonderes Gebiet
zugewiesen und ihn mit keiner eigentümlichen Arbeit befaßt. Das
Leben mit seinesgleichen, der gesellschaftliche Kreis, steht ganz zurück.
Unser Dasein empfängt seinen Inhalt durchaus vom All und hängt
völlig am Geschick des Ganzen; darin aber hat der Mensch eine
eigenartige Größe, daß er die Unendlichkeit des Alls mit allen Stufen
und Bewegungen innerlich mitzuerleben vermag. Er heißt ein „Mikrokosmos" in einem weit ausgeprägteren Sinne als bei den älteren
Forschern. Denn früher, z. B. bei Aristoteles, besagte jener Ausdruck
nicht mehr als ein Teilhaben des Menschen an allen Reichen und
Elementen der Welt; jetzt dagegen gewinnt er den Sinn, daß wir
innerlich das ganze All aufnehmen und zu unserer Welt gestalten
können. Das ergibt eine unvergleichlich höhere Schätzung unserer
Seele. Sie ist gleichen Wesens mit Gott (ὁμοούσιος, derselbe Ausdruck, den das christliche Dogma für Christus verwendet) und daher
ewiger und unbegrenzter Natur. „Die Seele ist vieles und alles, sowohl was oben als was unten ist, soweit sich das Leben erstreckt." Und
wir sind jeder ein selbständiges Gedankenreich, eine „intelligible"

Welt (χόσμος νοητός). Nahe liegt hier der moderne Gedanke einer Entwicklung lauter individuell verschiedener Welten und damit eines unvergleichlichen Wertes des einzelnen Individuums, um so mehr, da Plotin die Verschiedenheit aller Individuen innerhalb eines großen Weltjahres lehrt. Aber er ist viel zu erfüllt und überwältigt von dem Gedanken, daß jeder von uns das unermeßliche All erlebt, um der Verschiedenheit der Individuen weiter nachzugehen. Sie hätte ihn auch rasch in einen Widerspruch mit seiner Grundüberzeugung von der alleinigen Realität des Allgemeinen geführt.

Mit dem All teilt der Mensch den Gegensatz eines reingeistigen und eines in die Sinnlichkeit versenkten Seins. Unsere Seele ist von der reinen Geistigkeit abgefallen und mit einem Körper behaftet; das verstrickt sie in alle Dunkelheiten und Mühen der Sinnlichkeit; durch eine Reihe der Geburten muß sie wandern und wandern, bis eine völlige Läuterung sie zur Ideenwelt zurückführt. So wird zur ersten Aufgabe und zur Vorbereitung alles weiteren Tuns die Ablösung von der Sinnlichkeit; es gilt eine ernste und mühsame Arbeit, eine Ausrottung alles dessen, was uns dem sinnlichen Dasein verkettet, eine gänzliche Zurückziehung auf das geistige Selbst. – In der Ausführung dessen fehlen nicht Anweisungen im Sinne der gewöhnlichen Askese: wir sollen den Körper schwächen und herabdrücken, um damit zu erweisen, daß unser Selbst etwas Anderes ist als die Außendinge. Aber im allgemeinen behandelt Plotin die Aufgabe in dem großen Sinne eines Mannes, der nicht auf dem Einzelnen und Äußeren besteht, weil ihm alles am Ganzen und Inneren liegt. Was er verlangt, ist eine Reinigung (χάθαρσις) des Wesens, eine Abwendung alles Begehrens vom Äußeren, eine gänzliche Wendung des Willens nach innen. Unterliegen wir nicht den Eindrücken der Umgebung, sondern nehmen wir gleichgültig hin, was das Schicksal uns auferlegt, parieren wir, in Erhebung über die bloße Natur und den Stand der Menge, wie tüchtige Athleten alle Schläge des Schicksals! – Solche Ablösung vom Stofflichen und von allem äußeren Ergehen ist zugleich eine Erhebung in das Reich der Freiheit. Denn unsere Abhängigkeit reicht nicht weiter als die Verstrickung in das sinnliche Dasein und seine dunkle Notwendigkeit; es steht bei uns, jenes ganze Gebiet zu verlassen und in der übersinnlichen Welt volle Freiheit zu erlangen.

Eine solche Überzeugung kann die Lebenstätigkeit in keiner Weise an die äußere Umgebung binden, das Äußere dient hier weder

zur Anregung und Vorbereitung, noch zur Bestätigung und Weiterführung; der aristotelische Gedanke, daß die Darstellung des Inneren
im Äußeren seine eigene Vollendung und die Höhe des Lebensprozesses bilde, ist völlig aufgegeben. So findet sich auch keine
Lebenserfahrung in der Bedeutung eines Verkehrens mit den Dingen.
Es ist hier keinerlei Sinn für ein Eingehen in den Gegenstand und
ein Wachsen durch den Gegenstand, keine Schätzung der Arbeit mit
ihrer Verflechtung von Sache und Tätigkeit. Vielmehr liegt alles an
der Bewegung der reinen Innerlichkeit, an einem Leben und Weben
weltumspannender Geistigkeit. So droht die innerste Seele des
Menschenlebens sich von aller Kulturarbeit abzusondern, diese zur
Nebensächlichkeit, ja Gleichgültigkeit herabzudrücken, selbst aber in
der Entgegensetzung alle deutliche Gestalt und allen Einfluß auf die
Umgebung zu verlieren. Die Schäden solcher Spaltung stellt das
Mittelalter anschaulich vor Augen. Aber in dem Ganzen menschlicher Entwicklung war sie wohl unerläßlich. Denn ohne jene
Scheidung hätte das Innere schwerlich seine volle Selbständigkeit
und den Fortgang zu einer allumfassenden Innenwelt erreicht, hätte
der Mensch sich schwerlich von der Gebundenheit an die Umgebung
zu voller Freiheit des Geisteslebens erhoben.

Es erlangt aber die auf sich selbst gestellte Innerlichkeit eine
Aufgabe und einen Inhalt in dem allmählichen Vordringen zu immer
einheitlicherer Erfassung der Dinge; es ergibt sich eine Mannigfaltigkeit, indem die großen Reiche der Wirklichkeit zu Stufen der
Lebensarbeit werden und den Menschen in eine fortlaufende Bewegung versetzen. Durch alle Stufen geht der Zug ins Weite, Ganze,
Unendliche; alles drängt zur Entwicklung einer freischwebenden
Stimmung, zugleich aber zum Bruch mit der an den Gegenstand
gebundenen Tätigkeit, mit den festen Abgrenzungen und plastischen
Maßverhältnissen des klassischen Lebensideals. Durchlaufen wir rasch
die Stufen jener Bewegung.

ð. Die Stufen und Zweige des geistigen Schaffens.

Die niederste Stufe des Innenlebens bildet die Natur. Denn
nach Plotin kommt auch in die Außenwelt alle Gestalt und alles
Leben von der Seele, sie wirkt als bildende Kraft in dem Stoffe,
ja der Naturprozeß ist im Grunde ein Seelenleben niederer Art,
ein Schlummerstand des Geistes, ein traumhaftes Sichanschauen der
Weltseele. Bedeutet aber die Natur kein besonderes Reich mit

eigenen Kräften und Ordnungen, so liegt der Gedanke nahe, sie vom Innenleben her zu bewegen und nach den Zwecken des vernünftigen Wesens zu lenken. Zugleich scheint die Idee eines inneren Weltzusammenhanges zu gestatten, von dem Ergehen der einen Stelle auf das der anderen zu schließen, d. h. zu weissagen. Denn »voll ist alles von Zeichen, und weise ist, wer aus dem einen das andere lernt«.

Der Zusammenhang mit der älteren Naturauffassung ist hier ebenso deutlich wie eine erhebliche und bedenkliche Verschiebung unverkennbar. Auch dort erhielt die Natur eine Beseelung, aber das Stoffliche behauptete daneben ein eigenes Vermögen, und die außermenschliche Natur blieb selbständig gegenüber unserem Seelenleben; jetzt dagegen liegt an der Seele alles, und die Zusammengehörigkeit der Dinge verwischt alle Grenzen der einzelnen Kreise. Dort war die Naturauffassung künstlerisch, hier wird sie mystisch und bald auch magisch. Plotin selbst hält das noch auf der Höhe philosophischer Betrachtung, ihm bedeutet »die wahre Magie die Liebe im All und der Streit«. Aber mit jener Wendung war eine abschüssige Bahn betreten; dem unsinnigsten Aberglauben und Zauberwesen eröffnete jene Preisgebung einer selbständigen Natur unbegrenzten Raum.

Frei über dem Stoff steht bei Plotin mit eigenem Fürsichsein das Seelenleben. Die Art, wie der Denker mit eindringendem Scharfsinn seine Eigentümlichkeit, namentlich die Einheitlichkeit und die Selbsttätigkeit aller seiner Vorgänge, dartut, hat auch eine praktische Bedeutung: das Seelenleben trägt in sich selbst seine Kraft und auch seine Verantwortung; es wird nicht von draußen getrieben, sondern es entscheidet aus eigenem Vermögen.

Wenn Plotin von der Seele den Geist als eine andere und höhere Stufe abhebt, so folgt er einer starken Strömung seiner Zeit. Aber was sonst in vagem Umriß blieb, das erhält jetzt eine genauere Durchführung und nähere Begründung. Dem Seelenleben im engeren Sinne ist eigentümlich das Bewußtsein mit seinem Suchen und Überlegen. Unmöglich aber kann dies der Kern des Innenlebens und der Quell der Wahrheit sein, es muß eine ursprünglichere Welt hinter sich haben. Denn seine eigene Tätigkeit ruht immer auf einem tieferen Grunde: wenn wir über uns denken, finden wir immer schon eine denkende, nur gleichsam in Ruhe befindliche Natur; um Vernunft zu suchen, müssen wir schon Vernunft besitzen. Die Reflexion sondert was zusammengehört, sie unterliegt unablässiger Irrung. Zu einheitlichen Zusammenhängen und sicheren Wahrheiten gelangen wir nicht von ihr aus, sondern nur durch ein schöpferisches Denken. So ist ein Beisichselbstsein des Geistes, ein wesenhaftes Geistesleben über das Bewußtsein der Individuen hinauszuheben. Jenes Leben vollbringt alles Schaffen, aus ihm stammt alles Streben zum Wahren, Guten, Schönen, alles Verlangen des Menschen nach Göttlichkeit. Sehen wir nun, wie jene Hauptrichtungen der geistigen Tätigkeit sich auf dem neuen Boden gestalten.

Die Erkenntnis kann nach Plotin nicht ein Aneignen draußen befindlicher Dinge sein, sie kann nicht durch die Eindrücke solcher Dinge entstehen. Sie so fassen, das heißt auf echtes Wissen verzichten. Denn dann erhielten wir bloße Abbilder, ohne je wissen zu können, wie weit sie den Dingen entsprechen. Mögen im sinnlichen Gebiet mit seinem unauflösbaren Dunkel die Gegenstände dem Erkennen vorangehen, im geistigen Reich muß der Vorwurf aus der Denktätigkeit selbst entspringen, Denken und Sein gehören hier untrennbar zusammen. Das aber ist nur möglich, wenn das Denken nichts anderes erkennt als sich selbst, wenn es zur Selbsterkenntnis des denkenden Geistes wird. Der Fortgang des Erkennens wird dann zur Abstreifung alles Fremden, zur Zurückziehung des Denkens aus der bunten Fülle der Erscheinungen auf sein eigenes unsichtbares Wesen. So gestaltet sich die Wissenschaft mehr und mehr zu einer Aufhellung der Grundformen des Denkens, sie wird eine selbstgenugsame, in ihrer Vereinsamung durchaus abstrakte Logik. Eine Versenkung in die Wirklichkeit und ein Wachstum durch die Erfahrung hat hier keinen Platz, ebensowenig eine Arbeit zum Ausbau einzelner Wissenschaften. Das Erkennen gerät damit in Gefahr, aus seiner Weltüberlegenheit die Wissenschaften gleichgültig, ja feindlich zu behandeln.

In verwandter Gesinnung erhebt Plotin auch das Gute sowohl über alle Bindung an etwas Äußeres als über den Stand subjektiver Empfindung, um es ausschließlich in eine bei sich selbst ruhende, vom absoluten Sein erfüllte Geistestätigkeit zu setzen. Zunächst wird der Lust aller selbständige Wert abgesprochen. Die Lust ist immer Lust an etwas und kann daher die Begründung in einem Gegenstande nicht entbehren. Der subjektive Zustand folgt dem Gehalt des Lebens; nicht erzeugt das Streben das Gut, sondern das Gut das Streben. Zur Tüchtigkeit und zum Glück bedarf es keines reflektierenden Bewußtseins, keiner ausdrücklichen Empfindung. Wie man gesund und schön bleibt, auch wenn man nicht daran denkt, so braucht man sich auch die Weisheit und Tugend nicht immer vorzuhalten. Je mehr sich unsere Tätigkeit vertieft und je enger sich das Ergehen mit unserem eigenen Wesen verbindet, desto mehr verblaßt, ja verschwindet die Empfindung von Lust und Schmerz. Denn nur das Fremde empfinden wir als etwas Besonderes, nicht uns selbst und unser Eigenes. So heißt innerlich selbständig werden, sich von der Macht der Lust befreien.

Der altgriechischen Bindung des Glückes an die Tätigkeit bleibt auch Plotin getreu, aber wir sahen ihn die Tätigkeit nicht als ein Wirken zur Umgebung und als eine sichtbare Leistung verstehen. So bedarf es nach seiner Überzeugung zur Vollendung der Tugend keiner Erweisung nach außen, sonst müßten wir wünschen, daß Ungerechtigkeit entstünde, um Gerechtigkeit, Not, um Freigebigkeit, Krieg, um Tapferkeit ausüben zu können. In Wahrheit bildet das innere Verhalten, die lebendige Gesinnung eine volle, rastlos wirksame Tätigkeit. Wiederum droht die äußerste Konsequenz einer Überzeugung ihre anfängliche Gestalt zu vernichten. Der frohe Lebensmut der Griechen erwartete alles Glück von der Tätigkeit. Aber je größer die Widerstände des Lebens wurden, desto mehr mußte sich die Tätigkeit zurückverlegen, bis sie jetzt alle Beziehung zur Umgebung aufgibt und lediglich eine innere Bewegung des Wesens, bei sich selbst ruhende Gesinnung wird. Jetzt hat sie kein anderes Ziel als die Erfassung des absoluten Seins, die Wesenseinigung mit Gott; sie macht gleichgültig gegen alle sichtbare Welt und einsam gegen die menschliche Gesellschaft. Auch fehlt aller Drang zur Besserung der Verhältnisse, zur Steigerung der Vernunft unseres Daseins. So schwebt auch die Idee des Guten hier in weltferner Höhe über der praktischen Arbeit.

Nirgends aber ist die Wandlung so augenscheinlich wie bei der Idee des Schönen. Eine vornehmlich geistige Art hatte dem Schönen schon Plato zuerkannt, aber in die nähere Ausführung war viel Sinnliches eingeströmt. Erst Plotin macht mit jener Geistigkeit vollen Ernst und wird dadurch zu einer gänzlich neuen Fassung getrieben. Das Schöne kann nicht in dem Gleichmaß (συμμετρία) liegen, worin es seit alters gesucht war. Denn dann könnte nur etwas Zusammengesetztes schön sein; nun aber gefällt selbst im Sinnlichen Einfaches, wie das Sonnenlicht, das Gold, die Sterne; auf geistigem Gebiet aber verlieren die Maßverhältnisse alle Gültigkeit. In Wahrheit besteht das Schöne in der siegreichen Herrschaft des Höheren über das Niedere, der Idee über den Stoff, der Seele über den Leib, der Vernunft und des Guten über die Seele; Häßliches aber findet sich da, wo das Niedere vorwaltet und die Idee durch den Stoff erdrückt wird. Bei solcher Fassung ruht das Schöne auf ·dem Guten, als dem an sich Wertvollen, und darf sich nicht von ihm ablösen. Die äußere Erscheinung hingegen wird zur Nebensache, das Schöne entsteht nicht durch die Verbindung von Innerem und Äußerem, sondern lediglich aus dem Inneren und für das Innere. Das künstlerische Schaffen versenkt sich nicht in den Stein, sondern es bleibt bei sich selbst und geht von Seele zu Seele; das äußere Werk, die sichtbare Leistung, ist nur ein Abbild, eine Spur der inneren Schöpfung im Geist des Künstlers und deshalb unvermeidlich geringer. Bei solcher Überlegenheit der inneren Tätigkeit bedeutet die Kunst mehr als eine bloße Nachahmung der Natur. Vielmehr heißt es, daß die Natur selbst etwas Höheres nachahmt, und daß die Kunst bei ihr nicht die sinnliche Gestalt, sondern die in dieser wirksame Vernunft abbildet, vor allem aber, daß sie kraft der innerlich gegenwärtigen Schönheit vieles aus eigenem Vermögen hinzutut und Mängel ergänzt. Hier zuerst findet sich die Überzeugung, daß die Kunst gegenüber der sinnlich nächsten Welt eine neue, ideale Wirklichkeit aufbaut. Aber solche Anerkennung einer höheren Art hat Plotin nicht dazu getrieben, der Kunst als einem eigenen Gebiet seine Arbeit zu widmen. Sein Streben geht auch beim Schönen viel zu ausschließlich auf das Grundverhältnis des Menschen zum All, als daß es ihn zu einer besonderen Entwicklung und zu einer sichtbaren Gestaltung drängte. Wie die Wahrheit jenseit der Wissenschaft, das Gute jenseit des Handelns, so droht die Schönheit jenseit der Kunst zu verharren.

Demnach erscheint auf allen Gebieten eine energische Vertiefung des Lebens, ein freies Sichemporschwingen des Subjekts über alle Bindung an Gegenstände, eine unermeßliche Verinnerlichung alles Wirkens und Schaffens. Aus einem Stück der Welt wird das Geistesleben zum alleinigen Träger der ganzen Wirklichkeit. Aber bei solcher Befreiung verbleibt es zunächst in ferner Jenseitigkeit, es ist eine vollkommen reine Form, aber eine Form ohne alle nähere Bestimmung, ohne allen anschaulichen Inhalt. Wohl geht durch alle Betätigung ein gewaltiges, wesenbewegendes Streben zur Höhe, aber

die Höhe ist in ihrer Überlegenheit völlig geschieden von der Welt
der Erfahrung; scheinbar befreit von aller Schwere schweben die
Gebilde wie nebelhafte Schatten über unserem menschlichen Lebensstande. Alle Farben verblassen, alle Umrisse verschwinden in diesem
Schweben und Weben. Auf so ferner Höhe aber drängt es notwendig zum letzten Schritt, zur Wendung aus dem ganzen Reich der
mittelbaren Erweisung zu einem unmittelbaren Erfassen des absoluten
Wesens, zum Eingehen in Gott.

ι. Die Einigung mit Gott.

Die Aufgabe, Gott bei sich selbst zu finden, bildet in diesem
System die allbeherrschende Höhe des Lebens. Weist doch dahin
alle Offenbarung im Weltall zurück, wie das Abbild auf das Urbild;
gilt es doch dort unmittelbar und ganz zu erreichen, was sonst nur
durch Mittelglieder und stückweise zugänglich war, den Herrn des
Hauses zu sehen, nicht das bloße Gerät. So erklärt sich leicht, daß
an dieser Stelle das Gemütsleben Plotins, das sonst mehr verhalten
die Arbeit begleitet, überschwenglich aufwallt und mit flammender
Glut alle Darstellung durchdringt. Jene Wendung bedeutet ebenso
eine Rückkehr zu uns selbst wie ein Abbrechen alles bisherigen
Tuns. Was wir suchen, ist nicht fern, und es liegt nicht viel
zwischen ihm und uns; ist es doch unser eigenes, bisher entfremdetes
Wesen, das wir suchen, vollziehen wir doch eine Rückkehr in das
wahre, glückliche Vaterland. Aber da wir uns an Fremdes hingegeben
hatten, so bedarf es einer völligen Wandlung, einer inneren Umwälzung; das Neue kann nicht allmählich aus dem Alten heraus-
wachsen, es wird plötzlich hervorbrechen. „Dann darf man glauben,
jenes erblickt zu haben, wenn die Seele plötzlich Licht empfängt."
Statt rastlos aufstrehender Tätigkeit gilt es jetzt ein ruhiges Warten.
„Man muß in Ruhe bleiben, bis es erscheint, und sich zuschauend
verhalten, wie das Auge den Aufgang der Sonne erwartet." Ja es
muß das äußere Auge schließen, wer ein Gesicht für die innerste
Tiefe gewinnen will.

Darüber aber, was die unmittelbare Anschauung des göttlichen
Seins eröffnet, können Begriffe nichts vermelden; es läßt sich nur
sagen, was jenes Sein nicht ist; alle weitere Aussage bleibt ein
bloßes Gleichnis. Auch von dem Stande der Erhebung, des Außer-
sichseins, der „Ekstase", können nur Bilder einige Vorstellung geben.
Sie machen namentlich zweierlei bemerklich: das Erhabensein über

die sonstige Lebenslage und das völlige Einswerden mit dem Absoluten; jenes geschieht, wenn von einem gänzlichen Schweigen, einem Vergessen aller Dinge, einer vollen Einsamkeit u. s. w. gesprochen wird; dieses, wenn es heißt, daß nun das Auge selbst Licht geworden ist, oder wenn der Denker, als könne der Gesichtssinn die innerste Einigung nicht genügend bezeichnen, zu Ausdrücken vom Tastsinn (Berühren, Fühlen, Betasten) greift.

Das in Wahrheit allen Begriffen überlegene göttliche Wesen läßt sich aber etwas näher bringen durch die Ideen des Einen und des Guten. Der strenge Begriff der Einheit, der über die Einheit der bloßen Zahl weit hinausgehoben wird, verbietet alle und jede Unterscheidung innerhalb des höchsten Seins. Daraus wird gefolgert, daß jenes Sein sich auch nicht von sich selbst unterscheiden könne; es kann daher kein Selbstbewußtsein besitzen, keine Persönlichkeit sein. Die unpersönliche Fassung des Geisteslebens, die von Anfang her in der griechischen Philosophie überwog, die aber meist durch irgendwelches Gegengewicht gemildert wurde, erhält zum Schluß die schärfste Formulierung. Freilich nur im Begriffe. Denn jenes reine, eigenschaftslose Sein wird in Wahrheit immerfort mit einem Innenleben ausgestattet; die unpersönliche Substanz verwandelt sich unvermerkt in die allbelebende Gottheit, das Aufgehen in die Unendlichkeit in eine völlige Hingebung des Gemütes an die höchste Vollkommenheit, das spekulative Denken in tiefinnerliche Religion. Auch dieses Denkers Welt ist weit reicher als seine Begriffe. Daher zögert er auch nicht, mit dem absoluten Sein die Idee des Guten zu verbinden; eine möglichst unpersönliche Fassung des Guten versteckt einigermaßen das Mißliche dieser Wendung.

Was immer aber an Problemen und Widersprüchen bleibt, es hat Plotin in der vollen Hingebung an jenes höchste Sein nicht gestört. Wie der Stand der Einigung alles andere Leben unvergleichlich überragt, so tut es auch das in ihm erreichbare Glück. Der Besitz des ganzen Weltalls wiegt dieses Glück nicht auf, alles Menschliche erscheint von dieser Höhe als winzig und nichtig. Der Philosoph schwelgt in dem Gedanken der ausschließlichen Zurückziehung auf die weltüberlegene Einheit, die zugleich die Wurzel aller Wirklichkeit bildet; hier zuerst zeigt jener Gedanke die gewaltige Macht über das menschliche Gemüt, die er später oft bewährt hat und immer neu zu bewähren vermag. Zu solch hohem Ziel die Menschen zu erwecken, das wird jetzt die Hauptaufgabe der Philosophie. Aber bei

einer Aufgabe, die so sehr das ganze Wesen verlangt, kann sie nicht
mehr als den Weg zeigen; gehen muß ihn jeder selbst aus eigener
Entschließung. „Bis zum Wege und zur Fahrt geht die Lehre. Das
Schauen aber ist die Sache dessen der sehen will."

So das Leben auf der Höhe mystischer Einigung mit dem
Absoluten. Plotin selbst betrachtet ihre Erreichung im irdischen
Leben als eine seltene Ausnahme; gewährte uns die Gottesidee nicht
mehr, so würde sie aus dem Leben nur einzelne festliche Augenblicke herausheben, nicht seinen Gesamtstand erhöhen. In Wahrheit
wirkt sie mittels der Denkarbeit weit über jene unmittelbare Anschauung hinaus zur Umwandlung der ganzen Wirklichkeit. Alles
Leben erhält vom Absoluten her einen anderen Anblick, das veränderliche und zerstreute Sein wird auf ein unwandelbares und
einheitliches aufgetragen. Die Ewigkeit, als stehende Gegenwart,
hebt sich ab von aller bloßen Zeitdauer und wird der wahre Standort, von dem aus das Vernunftwesen die Wirklichkeit erlebt. Alle
Größen verschieben sich vom Relativen ins Absolute und verändern
dadurch ihre alte Bedeutung. So namentlich der Begriff der Unendlichkeit. Die altgriechischen Denker empfinden am Unendlichen vor
allem den Mangel einer Abgrenzung und verwerfen es daher als
etwas Vernunftloses; jetzt erhält es die positive Bedeutung der Überlegenheit gegen jede versuchte Einengung und wird damit ein
Merkmal der Göttlichkeit. Damit berühren wir wiederum die Schwelle
der Neuzeit.

Von gewaltigem Einfluß auf das gesamte Leben ist ferner die
Überzeugung, daß im absoluten Sein alle Gegensätze der Wirklichkeit überwunden werden, ja schließlich in Eins zusammenfallen.
Denn mag Plotin diese in der Renaissance mit großem Nachdruck
verkündete Idee nicht lehrhaft formulieren, tatsächlich übt sie bei
ihm eine starke Wirkung. Manches davon wurde schon ersichtlich,
einiges sei noch hinzugefügt.

Jenes höchste Sein kennt keine Bewegung im Sinne einer Veränderung, vielmehr waltet in ihm gänzlicher Friede, unwandelbare
Ruhe. Aber bei aller Unwandelbarkeit ist die Ruhe des göttlichen
Seins nicht träger und toter Art, sie enthält ein unablässiges Wirken,
sie ist das allerhöchste und vollkommenste Leben. Der antike Begriff der Muße, der ganz bei sich selbst befindlichen und in sich
selbst befriedigten Tätigkeit, des vollen Gleichgewichts von Ruhe
und Bewegung, rettet sich jetzt von den menschlichen Verhältnissen

in den innersten Grund der Wirklichkeit, wohin allein die Spekulation ihm folgen kann. Sodann einigen sich in diesem Grunde Wesen und Tätigkeit. Letzthin hat das Tun nicht eine fertige Natur hinter sich, und das Wesen liegt nicht in träger Ruhe jenseit des Wirkens, sondern im echten Wirken besteht das ganze Wesen; das Wirken wird flach und unwahr ohne solche Gegenwart des Wesens. Zugleich verschwindet aller Abstand zwischen dem Dasein und seinem Grunde; denn das absolute Sein schafft sich selbst, ist seine eigene Ursache (causa sui). Darum fallen auch Freiheit und Notwendigkeit hier in Eins zusammen. Das göttliche Sein kennt keinen Zufall und kein vages Belieben, aber auch keine Abhängigkeit von Fremdem und Äußerem, es lebt allein aus sich selbst. Durch ein Aufsteigen zum höchsten Sein kann auch der Mensch an solcher göttlichen Freiheit teil gewinnen, die unvergleichlich mehr bedeutet als die bloße Ablösung von der Sinnlichkeit.

Endlich findet auch das Problem der Vernunft der Wirklichkeit auf dieser weltüberlegenen und weltüberblickenden Höhe eine eigentümliche Lösung. Die hier gebotene Theodicee hat manches von den Stoikern aufgenommen, aber sie stellt alles Empfangene in neue Zusammenhänge und wird damit die bedeutendste Leistung des Altertums in dieser Richtung. — Plotin bestreitet durchaus nicht eine weite Ausdehnung des Bösen, aber er hält es für überwindbar durch eine Vertiefung der Begriffe. Zunächst behandle der Mensch das Problem nicht von sich und überhaupt vom Teil aus, sondern vom Ganzen her; „nicht auf den Wunsch des Einzelnen, sondern auf das All muß man blicken"; „wenn das Feuer in dir erlischt, so ist nicht schon das ganze Feuer erloschen". Alsdann werden zur Rechtfertigung des Weltbefundes alle Gedankenreihen des plotinischen Systems aufgeboten, namentlich reichen eine metaphysische und eine ästhetische Betrachtung sich die Hand. Das Böse hat im strengen Sinne kein Wesen, es ist seiner Natur nach nicht etwas Positives, sondern nur ein geringeres Gutes, eine Beraubung höherer Eigenschaften, ein Defekt (ἔλλειψις) des Guten. Auch auf den niederen Stufen der Wirklichkeit bleibt das Gute im Übergewicht; darum ist es besser, daß sie sind, als daß sie nicht sind. Auch deswegen sind sie nötig, weil zur Vollkommenheit des Alls eine Mannigfaltigkeit gehört, demnach sich neben dem Höheren auch Niederes finden muß. Bei einer Bildsäule kann nicht alles Auge, in einem Gemälde nicht alles hellfarbig, in einem Drama nicht alles heldenhaft sein.

Ferner sei bedacht der innere Zusammenhang, die durchgehende Ordnung des Alls! Nicht nur besteht eine strenge Verkettung von Ursachen und Wirkungen, unbestreitbar ist auch ein Walten sittlicher Normen; auch hier noch erhält sich der altgriechische Glaube an eine alles beherrschende Gerechtigkeit. Mögen ferner die einzelnen Teile der Welt einander widerstreiten, das Ganze bildet eine Harmonie, die alle Gegensätze umfaßt; auch was uns Menschen widernatürlich dünkt, gehört zur Natur des Ganzen. Wer die Wirklichkeit schilt, denkt gewöhnlich allein an die sinnliche Welt. Aber über dieser Welt eröffnet das Denken die Welt reiner Geistigkeit und Urbildlichkeit, die keine Mißstände kennt und auch ihr sinnliches Abbild emporhebt.

So wird der altgriechische Gedanke der Vernunft und Schönheit des Alls bis zum Schluß mit aller Kraft behauptet. Auch der letzte selbständige Denker des Griechentums steht zu der Überzeugung, daß es nicht eine neue Welt zu schaffen, sondern sich mit der vorhandenen durch rechtes Erkennen zu versöhnen gilt. Auch ihm erscheint die Wirklichkeit als ein fertiges Reich der Vernunft; es gibt hier keinen Platz für große Erneuerungen, für eine wahrhaftige Geschichte mit freiem Wollen und erhöhendem Tun; es genügt, durch den trüben Schein zum Grunde vorzudringen, um aller Unvernunft zu entrinnen. So behauptet sich das Denken bis zum Schluß als die Macht, welche den Menschen über sein Schicksal beruhigt und ihn der Gottheit verbindet.

Je mehr aber bei Plotin der Mensch seine besondere Art abstreift und ein Leben aus der Unendlichkeit gewinnt, desto mehr verwandelt sich unser Tun aus einem Streben in ein Besitzen, aus rastlosem Fortschreiten in unwandelbare Ruhe. Die Ruhe im Absoluten jenseit aller Kämpfe und Gegensätze, sie wird in den Wirren jener Zeit und bei jähem Sinken der Kulturarbeit das höchste Ziel. Die Welt, welche den Menschen zunächst umfängt, hat jetzt ihre Hauptaufgabe darin, zu jener höheren Welt hinzuweisen; sie hat Wert nicht sowohl durch das, was sie ist, als durch das, was sie andeutet, als Zeichen und Gleichnis eines höheren Seins. Durch solchen symbolischen Charakter der unmittelbaren Wirklichkeit erhält die allegorische Deutung ihre tiefste Begründung. Das Aufsteigen vom Sinnlichen zum Geistigen, vom Bild zur Wahrheit wird zur Hauptbewegung des Lebens.

Wie bei Plotin die Denkarbeit auf ihrer Höhe ganz und gar

Religion wird und als Religion alles Leben beherrscht, so ist es vornehmlich die Religion, die ihn mit der Umgebung zusammenhält und auch seine Stellung zu den weltgeschichtlichen Bewegungen seiner Zeit bestimmt. Ein freundliches Verhältnis zur griechischen Religion hat Plotin gefunden, indem seine Lehre von der Abstufung des höchsten Seins durch jene Folge von Reichen den polytheistischen Volksglauben an sich zog. Wie der ausschließliche Monotheismus dem griechischen Empfinden stets widersprach, so verbot auch einem Plotin die strenge Einheit des tiefsten Grundes nicht eine Annahme vermittelnder Kräfte, sichtbarer und unsichtbarer Götter, im Reich der Erfahrung. Mit solcher Begründung schien die väterliche Religion seelisch vertieft und sicher verankert; entgegenkommende Gemüter konnten von hier eine Wiederbelebung des alten Glaubens erhoffen. Es was der Neuplatonismus, auf den sich der letzte Restaurationsversuch stützte (Julian), seine Begriffe bildeten die letzte Waffe des ersterbenden Griechentums. So hat die Philosophie das griechische Leben treu bis zu Ende begleitet.

Was Plotin mit dem Griechentum verband, das mußte ihn vom Christentum scheiden. Welche Punkte ihm dabei vornehmlich gegenwärtig waren, wird ersichtlich aus Äußerungen gegen christliche Gnostiker. Er tadelt an ihren Lehren namentlich folgendes: 1. Die Überschätzung des Menschen. — Wohl verbindet den Menschen seine Vernunft mit den tiefsten Gründen, aber er bleibt ein bloßer Teil der Welt, und nicht bloß auf ihn, sondern auf die ganze Welt geht das göttliche Walten. 2. Die Herabsetzung und Entseelung der Welt. — Wer das Weltall angreift, weiß nicht, was er tut, und wie weit seine Keckheit geht. Auch ist es grundverkehrt, dem geringsten Menschen eine unsterbliche Seele zu geben, dem Weltall dagegen und den ewigen Gestirnen sie zu versagen. 3. Ein tatloses Verhalten. — Es gilt nicht zu beten, sondern zu kämpfen. Scheuen wir den Kampf, so siegen die Schlechten. Auch innerlich gilt es zu handeln, nicht eine Rettung bloß zu erflehen. Vollendete, auf Einsicht begründete Tugend offenbart uns Gott. Ohne wahrhaftige Tugend aber ist Gott ein leeres Wort.

Wie weit diese Vorwürfe zutreffen, und ob sie über die Gnostiker hinaus das Christentum selbst treffen, das gehört nicht bieher; jedenfalls bekunden sie aufs deutlichste, daß trotz aller Wandlungen die Hauptzüge des altgriechischen Lebensideals ungebrochen fortwirken: die Einordnung des Menschen in das Weltall, die Beseelung, ja Vergötterung der Naturmächte, die Erwartung alles Glückes von einem tätigen Benehmen, die Schätzung des Erkennens als der Gotteskraft im Menschen.

Vom Christentum ist Plotin in Wahrheit noch tiefer geschieden, als jener Angriff zum Ausdruck bringt, aber zugleich besteht eine engere Verwandtschaft, als der Zusammenstoß empfinden läßt. Hier wie da eine durchgängige Verinnerlichung des Daseins und eine Beziehung alles Lebens auf Gott, beides weniger in Mitführung als unter Abstoßung der Welt. Aber die Innerlichkeit findet Plotin in einer unpersönlichen Geistestätigkeit, das Christentum in einer Entfaltung persönlichen Lebens; dort kommt alles Heil von der Kraft des Denkens, hier von der Reinheit des Herzens. Solcher Fundamentalunterschied ergibt eine entgegengesetzte Beantwortung wichtigster Lebensfragen. Bei Plotin ein Liegenlassen der ersten Welt, eine Erhebung von der Zeit zur Ewigkeit, eine Beruhigung in weltumspannender Anschauung; im Christentum ein Eingehen des Ewigen in die Zeit, eine weltgeschichtliche Bewegung, eine Gegenwirkung gegen die Unvernunft des Daseins. Dort ein Verschwinden des Menschen vor der Unendlichkeit des Alls; hier eine Versetzung des Menschen und der Menschheit in den Mittelpunkt des Ganzen. Dort eine Vereinsamung des Denkers auf der Höhe der Weltbetrachtung; hier ein enger Zusammenschluß der Individuen zu voller Gemeinschaft des Lebens und Leidens. Wir können den Wahrheitsgehalt der Ideen Plotins und auch die Glut seines religiösen Empfindens noch so hoch anschlagen und werden es doch nur begreiflich finden, daß das immer mächtiger anschwellende Verlangen nach Religion nicht auf seinem Wege, sondern im Christentum seine Befriedigung suchte.

Plotin läßt mit besonderer Stärke den tiefen Widerspruch empfinden, der das Streben des nachklassischen Altertums behaftete, den Widerspruch, daß die Entwicklung einer weltüberlegenen Innerlichkeit gebunden blieb an eine im Grunde unseelische, unpersönliche Welt; Schritt für Schritt wurde die Bewegung durch solches Gegengewicht gehemmt. Erst das Christentum hat diesen Widerspruch überwunden, indem es eine jenem Streben entsprechende Welt eröffnete und damit das Lebensproblem in neue Bahnen leitete. Wieviel aber das Christentum selbst Plotin schuldet, wird uns später beschäftigen.

ζ. Rückblick.

Wie zu Beginn, so müssen wir auch zum Schluß darauf bestehen, daß gegen Plotin nicht gerecht sein kann, wer nicht durch die erste Erscheinung hindurchblickt und vom Werk zur Seele des Mannes vordringt. Geschieht dies nicht, so reizen seine Lehren fast durchgängig zum Widerspruch; nur ihre lebensmüde, erschöpfte und weltflüchtige Umgebung kann sie dann einigermaßen entschuldigen. Eine Zurückziehung von der Kulturarbeit, eine Vereinsamung gegen die menschliche Gesellschaft, eine Formlosigkeit des Geisteslebens, eine magische Naturauffassung, sie alle können sich auf Plotin berufen. Freilich entspringen seiner Denkart auch fruchtbarere Bewegungen: sowohl das Gemütsleben der mittelalterlichen Mystik als die Versuche einer Konstruktion der Philosophie aus freischwebenden Begriffen, die bis in das 19. Jahrhundert hineinreichen, sie weisen auf ihn zurück. Aber erst jenseit aller einzelnen Lehren, ja oft im Gegensatz zu ihnen, liegt seine weltgeschichtliche Leistung: die Zerstörung des antiken Lebensideals klarer Plastik und die Geburt eines neuen Ideals seelischer Erregung und schwebender Stimmung, die Abwerfung aller Bindung an die Umgebung und die Emanzipation einer reinen Innerlichkeit, die Unterordnung aller Mannigfaltigkeit des Wirkens unter die Bewegung eines urgründigen, allumfassenden Wesens. Mag das alles zunächst mehr entworfen als ausgeführt sein, der Boden für eine neue Weltanschauung und Lebensführung war damit bereitet, das Subjekt war als Geisteswesen viel zu sehr einer weltüberlegenen Selbstherrlichkeit inne geworden, um sich je wieder einer gegebenen Ordnung als bloßes Glied einfügen zu können; in dem hier Begonnenen lag, oft tief vom Schutt einer verfallenden Welt bedeckt, eine Fülle lebenskräftiger Keime, die sich unter günstigeren Bedingungen zu weltbewegenden Mächten entwickeln sollten.

Plotin hat nicht bloß das Altertum abgeschlossen und innerlich aufgelöst, nicht bloß dem Christentum befreiende Kräfte zugeführt und im Mittelalter gegenüber aller Veräußerlichung der Organisation einen Neben- und Unterstrom reinen Gemütslebens erhalten, auch der Renaissance waren seine Ideen unentbehrliche Hilfen zur Erkämpfung selbständiger Überzeugungen, selbst die moderne Spekulation wie die moderne Kunstlehre zeigen seinen Einfluß. So hat Plotin durch alle Zeiten gewirkt; als ein wahrhaft ursprünglicher

Denker bleibt er auch heute ein Quell großer Anschauungen und fruchtbarer Anregungen.

Seine nächsten Wirkungen auf dem Boden des absterbenden Griechentums können uns nicht festhalten. Die Verschmelzung weltumfassender Spekulation und tiefen Gemütslebens, die Wechselwirkung von Philosophie und Religion vererbte sich nicht vom Meister auf die Schüler. Nach der Scheidung aber verlief die religiöse Bewegung in Phantastik und Aberglauben, die philosophische in abstrakten Formalismus und leere Scholastik. Mit dem letzten Aufleuchten in Plotin war die Kraft des griechischen Schaffens endgültig erloschen.

c. Die Größe und die Grenze des Altertums.

Der Rückblick auf die Lebensanschauungen des Altertums muß über die einzelnen Erscheinungen hinaus auf das Ganze gehen; in dem Ganzen aber sahen wir drei Perioden sich von einander abheben: dem geistigen Schaffen folgt eine weise Reflexion, dieser eine religiöse Meditation und Spekulation. Die nachklassische Zeit verstärkt unermeßlich das Subjekt und erstrebt ein Leben reiner Innerlichkeit; sie zuerst hat die Moral wie die Religion in ihrer Eigentümlichkeit erfaßt und in ihrer Selbständigkeit anerkannt. Nicht nur das Christentum, auch die Neuzeit ist hier in bedeutenden Zügen vorbereitet. – In der Schätzung und Behandlung der verschiedenen Perioden hat die Neuzeit vielfach geschwankt. Wo eine humanistische Begeisterung namentlich den Unterschied des Altertums von der Neuzeit hervorkehrte und dort neue Antriebe zu geistigem Schaffen suchte, da hafteten leicht Blick und Liebe allein an der klassischen Zeit; wo dagegen die Antike mit direkter Wendung zur eigenen Seele Belehrung und Bereicherung gewähren sollte, da wirkten stark die späteren Epochen. Während der Aufklärungszeit waren die Schriften eines Lucrez und eines Seneca, eines Plutarch und eines Marc Aurel in den Händen aller Gebildeten. Seit dem Neuhumanismus ist das anders geworden. Aber ob die stärkere Entfaltung des Subjekts, die Verinnerlichung des Lebens, die wir heute erfahren, uns nicht auch das spätere Altertum wieder näher bringt? So viel ist gewiß: die historische Betrachtung hat das Altertum als Ganzes zu würdigen, und ihrer Schätzung kann es nur wachsen, wenn tiefgehende Bewegungen und Wandlungen in ihm erkannt und überall eine eifrige Arbeit, ein hartes Mühen und Kämpfen aufgedeckt werden, statt daß wir einen einzigen Höhepunkt wie eine wundersame Gabe des Schicksals anstaunen.

Aber alle Mannigfaltigkeit läßt dem Altertum einen inneren Zusammenhang und einen beharrenden Grundstock; alle Verschiebung erfolgt innerhalb eines gemeinsamen Lebensraumes.

Alle Lebensanschauungen bekennen die griechische Schätzung der Tätigkeit als der Seele des Lebens. Mag sich die Tätigkeit mannigfach gestalten und ihren Schwerpunkt an verschiedenen Stellen suchen, mag sie im Lauf der Jahrhunderte immer weiter hinter das unmittelbare Dasein zurückweichen, immer bleibt sie die Hauptsache, immer entscheidet sie über das Gelingen des Lebenswerkes. Bei ihr weiß sich der Mensch meist in großen Zusammenhängen und unter dem Schutze der Gottheit. Aber der Ursprung und Kern der Tätigkeit liegt bei ihm selbst, seine eigene Kraft hat das Göttliche seiner Natur zu erwecken und zum Siege über das Niedere zu führen. Selbst in der Wendung zur Askese und Mystik bleibt der Ausgang beim Menschen, soll eigene Anspannung das Glück erzwingen. Wie solche Überzeugungen einen festen Glauben an die Macht und die Nähe des Guten enthalten, so bekunden sie deutlich einen starken Lebenstrieb, eine Freude am Sein, eine Lust an der Entfaltung der Kraft. Alles Anschwellen der Widerstände bricht hier den Willen zum Leben nicht; man verneint gewisse Arten des Lebens, aber man bejaht in der Verneinung das Leben selbst, man sucht nicht in indischer Weise eine völlige Vernichtung. Auch das immer mächtiger anschwellende Verlangen nach Unsterblichkeit bezeugt die Kraft des Lebenstriebes, ein unzerstörbares Hangen am Sein. Dabei wird in den griechischen Unsterblichkeitshoffnungen weit mehr die Gegenwart festgehalten und ausgedehnt, als eine völlig neue Art des Seins entworfen. Die philosophischen Lehren entsprechen der Richtung des Unsterblichkeitsglaubens auf das Diesseits, welche die alten Sarkophage zeigen, die selbst schon einer Zeit der Verdüsterung der Lebensstimmung angehören. Denn sie umkleiden den Tod mit der reichen Fülle des Lebens, sie halten das Dasein fest, indem sie es veredlen und in ideale Sphären erheben.

Aus solcher Lust am Leben und Wirken strömt eine unversiegliche Frische, sie ist die Quelle der staunenswerten Elastizität des Geistes, die sich aus den schwersten Hemmungen immer wieder zu schaffender Leistung zurückfindet. Was immer das Leben an

Großem und Gutem bietet, das wird ergriffen und entfaltet. Allerdings hat solche Lebensbejahung die Kehrseite einer starren Sprödigkeit gegen das Leid und Dunkel des Lebens. Wohl werden die Widerstände gewürdigt, und die Empfindung für sie ist in stetem Wachsen. Aber überall wird die Lebensweisheit darin gesetzt, das Feindliche möglichst abzuwehren, es nicht an sich herankommen zu lassen, sich über den Bereich seiner Macht mit aller Energie hinauszuheben. Nicht hingegen wird es in die Seele des Lebens aufgenommen und für seine Weiterbildung verwertet, nicht entspringt aus dem Leid eine seelische Wandlung und innere Erhöhung. Es fehlt aber dieser Ausblick vornehmlich deshalb, weil die griechischen Anschauungen wohl große Aufgaben des Geisteslebens in der Richtung auf die umgebende Welt, nicht aber schwere innere Verwicklungen kennen; das Hauptproblem liegt im Verhältnis des Geistes zur Welt, nicht in dem zu sich selbst und seinem eigenen Wesen. Es waltet hier ein fester und freudiger Glaube an die Macht und Herrlichkeit des Menschengeistes. Wie das Geistige bei uns vorliegt, gilt es als gut; es bedarf nur einer kräftigen Herausarbeitung und klaren Bewußtheit, um alles Feindliche abzuweisen und die sinnliche Natur zu unterwerfen. Daß geistiges Leben mit der Entfaltung seiner Kraft die Natur bewältigt und zu seinem Ausdruck gestaltet, das bildet hier den Kern der Lebensarbeit; darum kann die Idee der Schönheit zum Zentralbegriff des Schaffens werden. Bei solcher Überzeugung bedarf es keiner inneren Umbildung, hier ist kein Boden für ein Wachstum durch Erschütterung und Leid, ein Hindurchgehen durch die Verneinung, ein Auferstehen aus der Vernichtung.

· Die enge Verbindung von Wahrheit und Schönheit, von durchdringendem Erkennen und künstlerischem Schaffen, welche alle griechische Arbeit auszeichnet, erschien auch in den Lebensanschauungen. Ihr tiefster Zug ist das Aufsuchen eines Wesenhaften und Ewigen, das dem Leben einen sicheren Halt und eine unwandelbare Ruhe gewährt, und das zugleich das Chaos der ersten Erscheinung in einen herrlichen Kosmos verwandelt. Zur Höhe des Lebens wird die Anschauung der Weltordnung mit ihrer vollendeten Harmonie, die Freude an der „ewigen Zier".

Eine solche Lebensgestaltung mag namentlich da den Menschen befriedigen, wo ihn entweder eine bedeutende Gegenwart umgibt, oder sein Denken aus dem Wandel und Fluß des Daseins eine ewige Gegenwart heraushebt. Dem griechischen Leben versank die sieht-

bare Gegenwart der Vernunft; mit um so mehr Energie bestand
die Philosophie auf einer unsichtbaren. Aber sie mußte dafür immer
größere, immer gewaltsamere Anstrengungen aufbieten, immer ferner
rückte jene Welt des Wesens und der Schönheit, immer mehr verloren
die Ideen einen lebendigen Inhalt, immer leerer wurde das menschliche Dasein. Damit wurde es zu einem schweren Mangel, daß die
griechische Lebensführung kein Aufbauen einer neuen Welt kennt,
daß sie bei ihrer Ungeschichtlichkeit keine Möglichkeit einer durch-
greifenden Umwandlung, keine Zukunft und keine Hoffnung besitzt;
die Geschlossenheit der Welt mußte den Menschen mit unerträglichem
Drucke belasten, sobald die Mängel und Schäden, sobald vor allem
die innere Leere des Daseins zur Empfindung kamen.

Gegen solche Gefahren sahen wir die Denker als wackere
Helden streiten und die alten Ideale unter allen Wandlungen mutig
behaupten. Aber jene Schranken der gemeinsamen Art konnten auch
sie nicht sprengen; die Grundlagen der griechischen Lebensanschauung
waren viel zu fest und starr, um sich den neuen Forderungen anpassen zu können; so mußte die Zeit kommen, wo die Menschheit
sich davon abwandte und neue Ideale ergriff. Die Möglichkeiten
innerhalb des griechischen Lebensraumes waren erschöpft, der Untergang war nicht abzuhalten.

Alle Einsicht in die Notwendigkeit dieses Unterganges kann
aber nicht eine tiefe Wehmut über das Erlöschen von so viel Geist
und Schönheit verhindern. Nur die Erwägung mag zu ihrer Milderung dienen, daß jene Auflösung die einzelnen Elemente von der
Besonderheit des Zusammenhanges befreit hat, der sie bis dahin
band; so können sie mit eigenem Vermögen weiterwirken und auch
in neuen Verbindungen Frucht tragen. Vorbildlich ist die heroische
Energie, mit der die griechische Denkarbeit die Weiten und Tiefen
des menschlichen Daseins durchmaß, alle Richtungen, welche sie
einschlug, klar und kräftig zu Ende verfolgte, in genialen Entwürfen
reine Typen der Lebensanschauung schuf, welche die Hauptmöglich-
keiten unseres Daseins erschöpfen und daher der weiteren Arbeit der
Menschheit stets gegenwärtig bleiben. Vorbildlich ist ferner der Geist
der Schönheit, der jene Lebensanschauungen durchdringt und von
ihnen ausstrahlt. Wir denken dabei nicht bloß an die Klarheit und
Anmut der Darstellung, welche die meisten von ihnen auszeichnet,
sondern auch daran, daß sich hier in einer unverlierbaren Weise die
Weltmacht der Form und Gestalt entwickelt und vom Schönen her

eine eigentümliche Durchsicht des ganzen Lebens eröffnet. Die Anschauung des Schönen wird zum Typus alles echten Geisteslebens; wie dort eine sichere Ruhe zusammen mit unablässiger Bewegung wirkt, ja ein Ruhen inmitten der Bewegung, so wird es allem Leben als Ideal vorgehalten. Wie das Schöne durch sich selbst, nicht seiner Folgen wegen, gefällt und beglückt, so wird alles Geistesleben seiner selbst, nicht eines Nutzens wegen, ergriffen, das Gute ohne allen Gedanken an einen Lohn um seiner inneren Schönheit willen begehrt, das Böse als an sich häßlich verworfen. So wirkt aus den antiken Lebensanschauungen das Bild eines durchaus vornehmen, zugleich kräftigen und maßvollen, eines bei tiefem Ernst von freudigem Glauben getragenen Lebens.

Wir sahen, daß das Ganze der antiken Lebensführung sich auflösen mußte, um neuen Bildungen Platz zu machen. Aber das besagt nicht, daß es uns nicht fortwährend zu sich zurückziehen und immer neu fördern könnte. Jene Lebensführung hat darin eine unvergleichliche und unvergängliche Art, daß sie mit jugendlicher Frische die einfache, gesunde, natürliche Ansicht der Dinge entwickelt und verficht, daß sich in ihr der erste Eindruck der menschlichen Lage, der Erfahrungen, Zustände u. s. w. mit wunderbarer Reinheit spiegelt. Mag uns die Erfahrung schwerer Schicksale und die Eröffnung weiterer Tiefen über jenen ersten Eindruck hinausgetrieben haben, immer wieder müssen wir uns mit ihm auseinandersetzen, ja wir müssen ihn als ein Stück unseres eigenen Lebens festhalten, wenn die Weiterbildung selbst in Fluß bleiben und ihre Wahrheit behaupten soll. Das Altertum kann uns dafür um so mehr unersetzliche Dienste tun, als es mit der Ausbildung einer natürlichen Ansicht der Dinge zugleich darüber hinausführt. Denn seine eigene Bewegung treibt zu einer schweren Krise und Katastrophe; die Innerlichkeit, die es zu immer größerer Stärke entwickelt, mußte schließlich die Bindung an das alte Gerüst abwerfen und die Voraussetzungen des Ganzen zerstören. So ergeht es dem Altertum wie einem tragischen Helden. Ein gewaltiger Kampf um die Durchsetzung der eigenen Art wird aufgenommen und gegenüber wachsenden Widerständen immer neue Kraft aufgeboten. Aber indem sich diese Kraft entfaltet, wird die anfängliche Behauptung selbst verändert; ja die Mächte, die zum Schutze herangerufen wurden, beginnen zur Zerstörung zu wirken. So wird ein Zusammenbruch unvermeidlich. Aber der äußere Untergang ist zugleich der Sieg einer neuen Überzeugung und Lebensführung, die sich durch den Kampf, wenn auch ohne, ja gegen die Absicht des Helden, ausgebildet hat; aus allen Verwicklungen der geschichtlichen Lage scheint immer deutlicher eine Welt reiner Innerlichkeit hervor; in ihr kann auch die Wahrheit der alten Welt zur Unvergänglichkeit auferstehen. So mag denn das Zeitliche versinken, ein Ewiges ist unverloren, und auch auf dem Boden der Geschichte vollzieht sich im Untergange selbst ein Aufstieg neuen Lebens.

Zweiter Teil

Das Christentum.

A. Die Grundlegung.

1. Die Gesamtart des Christentums.

a. Einleitende Erwägungen.

Irgendwelche Erwägung der Gesamtart des Christentums ist unerläßlich zur Einführung in die auf seinem Boden erwachsenen Lebensanschauungen. Zuvor aber müssen wir uns mit dem Zweifel auseinandersetzen, ob diese Lebensanschauungen wirklich der Religion selbst entstammen und sie nicht bloß als ein Erzeugnis anderer Gebiete begleiten. Ohne Zweifel ist eine Religion nicht an erster Stelle eine Welt- und Lebensanschauung, eine Lehre von göttlichen und menschlichen Dingen. Vielmehr ist sie der Aufbau einer eigentümlichen Wirklichkeit, die Gestaltung eines neuen Lebens aus dem beherrschenden Gedanken einer Überwelt; was hier an Leben erwächst, das fühlt sich weit hinaus über alle bloße Lehre und wird seine Unabhängigkeit davon mit allem Nachdruck verfechten. Aber jenes Leben könnte nicht geistiger Art sein, ohne Überzeugungen vom Ganzen unseres Daseins in sich zu tragen und aus sich zu entwickeln. Jede höhere Religion vollzieht eine Umkehrung der nächsten Welt und verändert den Standort des Lebens, sie ruht nicht auf Metaphysik, sie ist selbst Metaphysik, Eröffnung einer neuen, einer übernatürlichen Welt. Eine solche Umwälzung ist unmöglich ohne eine Aufbietung des ganzen Menschen und ohne eine Entscheidung über das Ganze des Seins, sie kann sich aber weder nach draußen hin noch für sich selbst rechtfertigen, ohne jene Entscheidung auch in Gedanken umzusetzen, ohne den Lebenstypus zur Lebensanschauung fortzubilden.

Solcher Forderung ist nicht dadurch zu entgehen, daß die Religion auf ein besonderes Gebiet eingeschränkt, wie eine Insel im Meer, wie eine Oase in der Wüste behandelt wird, die dem Individuum vor allen Bedrängnissen eine Zuflucht böte, hingegen das Ganze des Geisteslebens und die Gestaltung der Kultur unberührt ließe. Nicht einmal als Individuum könnte der Mensch darin sein Genüge und seinen Halt finden. Denn kraft seiner geistigen Art, kraft seiner Verflechtung in die Weltschicksale erlebt der Mensch das Ganze und muß er sich damit befassen; so gibt es für ihn selbst keine Ruhe ohne eine Beruhigung über das Ganze; alle Verschanzung in einen Sonderkreis kann auf die Dauer den Zweifel nicht unterdrücken, ob jener Sonderkreis volle Wahrheit besitzt, ob er unsere Seele festhalten kann und darf. In Wahrheit gibt alle Religion ihren inhalt nicht als etwas neben anderem, sondern als den Kern und Mittelpunkt des Ganzen, als das allem übrigen weit Überlegene. Schon solche Schätzung ist unmöglich ohne eine Überzeugung vom Ganzen. Weiter aber kann die Religion nicht als die Hauptsache auftreten, ohne ihrem eigenen Inhalt einen Weltcharakter zu geben. Wenn sie ihn z. B. ganz und gar in der Moral findet, so wächst zugleich die Moral sowohl über alle Zerstreuung hinaus zu einem Ganzen, als über alle Betätigung in der gegebenen Welt hinaus zum Ausdruck einer neuen Welt, sie wird bei sich selbst zu einer Metaphysik. Ist somit die Religion immer eine Behauptung über das Letzte und Ganze, so kann sie nicht auskommen ohne eine Entwicklung zusammenhängender Lebensanschauungen.

Findet sich aber, das ist die weitere Frage, in der Mannigfaltigkeit dessen, was als christliche Überzeugung auftritt, so viel Gemeinschaft, daß sich von einer gesamtchristlichen Lebensanschauung reden läßt? Augenscheinlich hat keine andere Religion sich so weit von ihren Anfängen entfernt, keine sich so schroff bei sich selbst entzweit wie das Christentum. Ihm trotzdem einen einheitlichen Charakter zu wahren, wurde namentlich in zwiefacher Weise und entgegengesetzter Richtung versucht. Die einen halten sich an die Anfänge und lassen in allen späteren Bildungen als echt nur gelten, was zu ihnen stimmt; die anderen dagegen finden den Zusammenhang in der geschichtlichen Kontinuität, die das eine unmittelbar aus dem anderen hervorgehen ließ, sie müssen demnach alles als christlich anerkennen, was dieser Folge angehört. Dieses wie jenes Verfahren mag eine gewisse Wahrheit enthalten, allein und ausschließlich kann es nicht genügen. Dort wird der Maßstab zu eng, hier völlig unsicher. Wie jede Phase, so enthalten auch die Anfänge manches, was der besonderen Lage der Zeit und dem damaligen Stande der geistigen Evolution angehört; unmöglich läßt sich alles Hinausstreben darüber verhindern, unmöglich alle Bewegung dahin zurückschrauben. Noch weniger genügt ein einfaches Dahintreiben mit der Geschichte; denn diese Geschichte wurde keineswegs bloß durch die eigenen Notwendigkeiten der Religion bestimmt; es könnte sehr wohl sein, daß in ihr das Fremde das Eigene überwog, und daß in der Anpassung an die menschlichen Dinge die Religion den besten Teil ihres Selbst verloren hat. Zu überwinden ist jenes Dilemma nur bei der Überzeugung, daß den historischen Erscheinungen und Bewegungen eine ewige Wahrheit, eine Zentraltatsache des Geisteslebens zu Grunde liegt und durch sie trotz aller Entstellung von menschlicher Seite mit unzerstörbarer Kraft hindurchwirkt; nur eine solche übergeschichtliche Wahrheit kann die Geschichte zusammenhalten, nur zu einer solchen läßt sich immer von neuem zurückkehren ohne die Gegenwart der Vergangenheit aufzuopfern. So bedarf es notwendig einer Scheidung des Geistesgehaltes der Religion von der menschlichen Zurechtmachung, um aller Zerstreuung und Verfeindung einen gemeinsamen Grundstock entgegenzuhalten.

Ein solcher Grundstock ist im Christentum deutlich genug erkennbar, namentlich in der Vergleichung mit anderen Religionen. Das Christentum ist nicht Gesetzesreligion, sondern Erlösungsreligion; als solche begnügt es sich nicht mit einer Zusammenfassung und Anfeuerung vorhandener Kräfte, sondern fordert es eine neue Welt, einen neuen Menschen. Weiter aber ist es Erlösungsreligion nicht ontologischer, sondern ethischer Art, d. h. es findet die Aufgabe nicht darin, von einer Welt des Scheins zu der eines wesenhaften Seins vorzudringen, wie die indischen Religionen, sondern es stellt die ganze Wirklichkeit unter den Gegensatz des Guten und Bösen und verlangt eine neue Welt der Liebe und Gnade. Das gestaltet alle Größen und alle Aufgaben durchaus eigentümlich. Es versinkt hier nicht das zeitliche Sein zu wesenlosem Scheine, sondern es wächst zu unermeßlicher Bedeutung, indem das Ewige darin eingeht und hier seine letzte Tiefe erschließt, indem eine Einigung von Göttlichem und Menschlichem schon hier in Fluß kommt. Solche Aufgaben kann das Christentum nicht stellen, ohne mit der vorgefundenen Weltlage, ja mit dem ganzen natürlichen Stande schroff zu brechen und ihr eine neue Welt als unabweisbare Forderung vorzuhalten; damit richtet es die Gedanken über alles Sichtbare und Gegenwärtige hinaus auf eine unsichtbare und zukünftige Ordnung. Aber dieser Bruch mit der Welt wird keine bloße Weltflucht, das Verlangen einer besseren Zukunft entfremdet nicht der Gegenwart. Denn jener ethische Grundcharakter läßt die weltüberlegene Innerlichkeit zugleich zu einer weltgestaltenden werden. Was nur die Zukunft vollenden kann, das ist in Gesinnung und Glauben unmittelbar gegenwärtig, eindringlicher gegenwärtig als die sinnliche Gegenwart; als solches treibt es mit elementarer Kraft zum Aufbau einer neuen Welt, zur Arbeit an einem Reiche. Gottes inmitten alles Elendes der Zeit und Menschheit. So nimmt das Leben zur Innerlichkeit und Weichheit auch Tätigkeit und Freudigkeit in sich auf.

Dies alles ist unter sich eng verbunden und ergibt in solcher Verbindung einen durchaus charakteristischen Lebenstypus. Gewiß werden die menschlichen und geschichtlichen Verhältnisse bald mehr diese, bald jene Seite hervortreiben, ja sie mögen das Ganze von dem idealen Gesamtbilde weit ablenken. Daß aber durch alle Wandlung und Entstellung, durch alle Verwicklung und Entzweiung ein solches Bild mit richtender Kraft wirkt, das sei nun etwas näher dargelegt.

b. Die begründenden Tatsachen.

Das christliche Leben findet seine Hauptaufgabe nicht im Verhältnis zur Welt, sondern in dem zu Gott, dem vollkommenen Geiste; die Gemeinschaft mit Gott wird zum Kern alles Tuns und zum Quell alles Glücks. Daß Gott ist, und daß der Mensch mit ihm in Verbindung steht, das ist hier mindestens ebenso gewiß und einleuchtend wie der griechischen Überzeugung das Dasein einer Welt um uns; der Lebensprozeß selbst erweist so unmittelbar das Wirken des höchsten Geistes, daß daneben besondere Beweise für das Dasein Gottes ebenso überflüssig wie unzulänglich dünken; nur der Wunsch einer Rechtfertigung nach draußen mag ihnen einigen Wert verleihen.

In dem Verhältnis zu Gott wird der Mensch völlig untergeordnet, und er kann hier keinerlei selbstisches Wesen behaupten. Aber solches Aufgehen in die Gemeinschaft, solches Aufhören aller Absonderung bleibt grundverschieden von dem völligen Erlöschen alles eigenen Seins in das absolute Wesen, wie es die mystische

Spekulation verlangt. Die christliche Lebensführung setzt nicht das Einzelwesen zum bloßen Schein herab, sondern sie beläßt ihm in aller Unterordnung einen selbständigen Wert, ja sie erhöht es darin unermeßlich. Denn aller Abstand zwischen dem vollkommenen Geist und dem durchaus unzulänglichen Menschen verhindert nicht ein inniges Verhältnis beider und eine Mitteilung der Fülle göttlichen Lebens. Aus solcher Mitteilung von Wesen zu Wesen entspringt eine neue Art des Lebens, ein Reich der Liebe und des Glaubens, eine Verwandlung des Daseins in reine Innerlichkeit, eine neue Welt geistiger Güter. Gegenüber dem vorgefundenen Stande wird dieses neue Leben zu einer schweren Aufgabe; unendlich viel gibt es für seine Zwecke zu tun, zu bewegen, umzuwandeln; auch bedarf es unablässiger Anspannung, die erreichte Höhe festzuhalten. Aber zugleich eröffnet solche Wesensgemeinschaft mit dem vollkommenen Geist eine Freude und Seligkeit, die alles sonst gepriesene Glück tief unter sich läßt; auch trägt dieses Leben in seiner inneren Überlegenheit über alle sonstige Erfahrung die Gewißheit, daß die Macht, woraus es stammt, alle Welt beherrscht, ja den Ursprung aller Wirklichkeit bildet. Der Geist unendlicher Liebe und Güte, das Ideal freien Persönlichseins, ist zugleich der allmächtige Geist, die weltschaffende Kraft. Als Werk einer allmächtigen Güte kann die Welt nicht anders als vollkommen sein, vollkommen nicht bloß in dem Sinne, daß unter gegebenen Bedingungen das Höchste erreicht, aus gegebenem Stoff das Beste bereitet ist, sondern vollkommen im strengen Sinne der Verwirklichung aller Forderungen der Vernunft. So darf auch der Mensch überzeugt sein, daß der Gewinn jenes inneren Lebens alles andere in sich schließt oder nach sich zieht, daß die allmächtige Liebe die ganze Welt zu einem Reiche Gottes gestaltet.

Je mehr sich aber die Wirklichkeit von innen her umbildet und erhöht, desto härter, desto unerträglicher wird der Widerspruch der Erfahrung; mit der Grundtatsache des neuen Lebens verflicht sich aufs Engste die Wahrnehmung, daß ihm unsere Welt die schwerste Hemmung, ja Gefährdung bereitet. Elend und Unvernunft umfangen uns nicht nur von außen her, sie ergreifen auch das Innere, und es erscheint das Böse nicht als eine bloße Einschränkung und Minderung des Guten, sondern als eine direkte Gegenwirkung und völlige Verkehrung. Ein tiefer Spalt geht durch die Welt; der Sieg, ja der Bestand der Vernunft scheint bedroht. Hier liegt das

Hauptproblem nicht, wie bei den Griechen, in dem Verhalten des Geistes zur Umgebung, sondern in dem zu sich selbst, in der Stellung zu seiner eigenen Idealität, wie sie aus der Gemeinschaft mit Gott erwächst. Der letzte Grund alles Bösen ist die Zerreißung jener Gemeinschaft, die Absonderung und die Auflehnung des Menschen; seine tiefste Wurzel hat das Übel hier nicht in einem dunklen Stoff und einer herabziehenden Sinnlichkeit, sondern in freier Schuld; es wird damit gewaltig gesteigert. Die Frage, wie solche Entfremdung und Auflehnung möglich sei, und ob sich nicht schließlich auch das Böse irgendwie dem göttlichen Weltplan einfüge, hat innerhalb des Christentums viel Grübeln und Forschen erzeugt. Aber zugleich bestand das stärkste Mißtrauen gegen ein Ausspinnen solcher Fragen, die Besorgnis, ein Erklären des Bösen möge seinen Ernst und damit die Spannung des Kampfes abschwächen. So hat man wohl an der Zurückführung des Bösen auf die freie Tat festgehalten, nicht aber die Vereinbarkeit weltverwirrender Schuld mit dem Walten allmächtiger Güte aufgehellt. Das Rätsel des Ursprungs des Bösen ist auch vom Christentum nicht gelöst.

Es konnte aber die christliche Lebensführung dies Problem um so eher zurückstellen, weil sie alle Kraft an die Überwindung des Bösen setzte, und weil sie in ihrer eigenen Innerlichkeit über das Gebiet des Konfliktes und der Unvernunft sicher hinausgehoben wurde. Diese Erhebung aus sich selbst zu erreichen, dazu ist die Welt viel zu sehr von Unvernunft durchsetzt und in ihrem geistigen Vermögen gebrochen; es besteht daher keine Hoffnung, durch einen langsamen Aufstieg, eine allmähliche Ansammlung der Kräfte das Ziel zu erreichen. Vielmehr kann die Wiederherstellung des rechten Verhältnisses zu Gott — und daran liegt hier alles — allein von der Gottheit ausgehen, und auch sie kann das nicht durch ein Eingreifen von außen bewirken, sondern sie muß in die Welt des Konfliktes eingehen und hier die Kraft des Bösen brechen, hier sich noch tiefer als bisher erschließen. Es geschieht dies nach christlicher Überzeugung in der Weise, daß das Göttliche nicht mit einzelnen Kräften und Äußerungen, sondern mit der ganzen Fülle persönlichen Lebens jene Welt ergreift und durch die innigste Verbindung mit der menschlichen Natur die Menschheit der Macht des Bösen entwindet, sie durch die Versetzung eines tiefsten Kernes menschlichen Wesens in das göttliche Leben von allem Leid und

Dunkel befreit. Diese innere Überwindung des Leides vollbringen kann aber nach der kirchlichen Auffassung das Göttliche nicht, ohne es in seiner ganzen Schwere auf sich zu nehmen; so wird jener die Idee eines göttlichen Leidens zum tiefsten Mysterium des Christentums. In der höchsten Krise scheint dabei das Göttliche selbst der Übermacht des Bösen zu erliegen. Aber nur einen Augenblick dauert die Verfinsterung; der scheinbaren Vernichtung folgt alsbald die Erhöhung, das Göttliche erweist in vollem Triumphe seine Überlegenheit und führt das Gute endgültig zum Siege. Zugleich erhellt, daß erst durch so schmerzliche Erfahrungen und ungeheure Erschütterungen die ganze Tiefe der neuen Welt erschlossen und eine volle Sicherheit des neuen Lebens gewonnen wird. Freilich ist diese Verwandlung der Wirklichkeit zunächst nur innerlicher Art, sie scheint die sichtbare Welt kaum zu berühren. Das Böse verschwindet auch jetzt keineswegs, es beharrt und widersteht der neuen Ordnung der Dinge. Aber in seiner Wurzel ist es gebrochen, es vermag daher den Aufbau eines Gottesreiches auch in unserer Welt nicht mehr zu hemmen. Diesem Aufbau dient in sichtbarer Weise die neue, ausschließlich durch das Verhältnis zu Gott bestimmte Gemeinschaft der Kirche; sie wahrt inmitten einer gleichgültigen oder feindlichen Welt den Zusammenhang mit dem unsichtbaren Gottesreiche und verbindet die Menschen einander aufs engste durch Liebe, Glauben und Hoffnung. Aber auch bei solcher Befestigung des Guten in unserem Kreise behält das Leben den Charakter eines unablässigen Kampfes; nur die Aussicht in die Zukunft, nur die siegesgewisse Hoffnung einer neuen Welt trägt darüber hinaus in ein Reich vollen Friedens und reiner Seligkeit.

So sehen wir die christliche Welt durch eine Stufenfolge großer Taten aufsteigen und zugleich einen immer reicheren Inhalt gewinnen. In gewaltigem Ringen steigern sich von Schritt zu Schritt Wirkung und Gegenwirkung. Die weltschaffende Tat Gottes, der Abfall vom Guten, der Eintritt des Göttlichen in die geschichtliche Ordnung, der Widerstand und scheinbare Triumph des Bösen, die siegreiche Erhöhung des Guten und die Gründung eines Reiches Gottes auf Erden, das Vorhalten einer besseren Zukunft bis zum Endabschluß durch das Weltgericht: erst der enge Zusammenhang und die gegenseitige Beziehung aller dieser Ereignisse, sie bringen die Eigentümlichkeit der christlichen Welt zu voller Ausprägung. Hier wachsen nicht die Vorgänge aus einer gegebenen Welt mit Notwendigkeit

hervor, sondern alle entscheidenden Wendungen erfolgen aus freier
Tat; die Tat steht hier vor dem Naturprozeß, die Freiheit wird zum
tiefsten Wesen des Geistes. Nun bedeutet die Wirklichkeit nicht
mehr ein plastisches, mit ruhigem Ebenmaß die Anschauung ent-
zückendes Kunstwerk, sie verwandelt sich in ein Drama mit unermeßlichen Bewegungen und Erschütterungen; dies Drama versetzt
auch den Menschen in die gewaltigste Aufregung. Denn er soll jene
Spannungen und Schicksale nicht wie ein Schauspiel von draußen
her betrachten, er soll sie aus tiefster Seele miterleben, sie als sein
eigenes Schicksal von neuem erleben. Das eben ist der christlichen
Lebensführung wesentlich, daß, was in dem Ganzen durch Welttaten
sicher entschieden ist, beim Einzelnen immer von neuem mit seinem
ganzen Ernst zum Problem wird, daß alle Aufregungen des Welt-
kampfes mit unverminderter Stärke in seinen Kreis hineinreichen
und die Seele seines Lebens bilden. Ja, nur solche individuelle Aneignung und Bestätigung gibt jenen Welttatsachen eine volle Belebung
und zwingende Überzeugungskraft; als bloße Ereignisse könnten sie
weder ihre Wahrheit genügend erhärten noch zu siegreicher Eindringlichkeit gelangen. So ist hier Geschichtliches und Seelisches,
Makrokosmisches und Mikrokosmisches aufeinander angewiesen, beides
trägt und treibt sich gegenseitig und erhält sich in unablässiger
Bewegung. Schon diese flüchtige Übersicht zeigt, daß das Christentum keinen fertigen Abschluß bringt, daß es mit aller seiner Tatsächlichkeit nicht nur unendliche Bewegungen erzeugt, sondern bei
sich selbst ein fortwährendes Problem, eine stets sich erneuernde
Aufgabe bleibt.

c. Das christliche Leben.

α. Die Verinnerlichung und Erneuerung.

Die innere Wandlung des Lebens durch die neuen Zusammenhänge erhellt besonders im Vergleich mit der griechischen Lebensanschauung. So lange die Aufgabe vornehmlich darin bestand,
den Menschen mit einer ihn fertig umgebenden Welt zu verbinden
und sein Leben durch diese Welt zu erfüllen, mußte das Erkennen
den Kern des Geisteslebens bilden. Wo aber der Mitaufbau einer
neuen Wirklichkeit und die Erhöhung des eigenen Wesens in Frage
steht, da wird zur Hauptsache eine Wendung des Ganzen, eine
wesenumfassende Tat. Diese Tat kann nicht auf irgend eine Leistung
in der vorhandenen Welt gerichtet sein, da dieser gegenüber eine

neue Welt entstehen soll; auch genügt es nicht, innerhalb des gegebenen Seelenstandes den Schwerpunkt in eine andere Kraft, etwa das Fühlen oder Handeln, zu verlegen, sondern es gilt die letzte Tiefe des eigenen Seins zu erreichen, durch Aufbietung und Zusammenfassung aller Kraft dem Leben in sich selbst eine Seele zu geben. Der Kampf um eine solche Seele macht die bisherigen Betätigungen zur bloßen Außenseite und bewirkt eine Abstufung innerhalb des eigenen Seins; er stellt dem Geistesleben schwere Aufgaben in sich selbst und verleiht ihm zugleich einen positiven Sinn, während auf griechischem Boden der Begriff des Geistes vornehmlich durch den Gegensatz zur Sinnlichkeit bestimmt wurde und daher um so negativer ausfiel, je reiner seine Fassung war.

Aber es ist nicht das Allgemeine an den Begriffen, das die christliche Lebensführung beherrscht. Sie steht vielmehr unter dem Eindruck der besonderen Lage, daß der Mensch mit Gott zerfallen und dadurch seinem eigenen Wesen entfremdet ist; sein echtes Selbst, seine sittliche Existenz ist in dringendster Gefahr, vor Tod und Teufel gilt es die unsterbliche Seele zu erretten. Bei der Schwere der Widerstände erhält das Dasein den Charakter eines gespannten Kampes, einer Entscheidung über Sein und Nichtsein, über ewige Seligkeit oder ewiges Verderben. Die Frage der Wiedervereinigung mit Gott erhält eine stürmische Gewalt, ja strenge Ausschließlichkeit; alle übrigen Aufgaben werden nebensächlich, sie können zum Gegenstand des Hasses werden, wenn sie der einen Aufgabe in den Weg treten, die allein not tut.

Eine so leidenschaftliche Glut und hinreißende Gewalt des Hauptverlangens läßt alles bisherige Streben nach Glück als matt und schattenhaft erscheinen. Diese starke Bejahung des Lebens kann in den menschlichen Verhältnissen leicht mit einem niederen Lebensdrange, einer selbstischen Festhaltung der Besonderheit zusammenrinnen. Aber dem tieferen Sinn der christlichen Art entspricht dies keineswegs. Ihm entspricht vielmehr die Überzeugung, daß der Weg zur rechten Selbstbejahung durch eine harte Selbstverneinung führt, daß nicht ein natürliches Sein nur gesteigert, sondern durch die Gemeinschaft mit Gott ein neues, übernatürliches Sein begründet wird. Solcher Überzeugung ist die Religion nicht, wie den meisten antiken Denkern, nur eine freundliche Umsäumung des Daseins, sondern der Quell eines neuen Lebens, die Grundbedingung einer geistigen Selbsterhaltung. Einen Selbstwert und eine Unverlierbarkeit hat der Einzelne hier nicht aus seiner Natur, sondern allein von Gott her; erst durch schwere Opfer, ja im Untergehen der alten Art entsteht ein neuer Mensch.

Zugleich erhebt jene Bindung an Gott das Streben über die Willkür des bloßen Subjekts. Die Seele, deren unsterbliches Heil auf dem Spiel steht, ist keine private Angelegenheit des Menschen, ihre Rettung kein Gut, auf das sich allenfalls verzichten ließe, sondern sie bedeutet einen allen anderen Dingen unvergleichlich überlegenen Schatz, ein anvertrautes Gut, das der Mensch unter keinen Umständen preisgeben darf. Die unsichtbaren Zusammenhänge einer ewigen Ordnung berühren hier mit ihrem Geheimnis unmittelbar die Empfindung und geben dem Leben den tiefsten Ernst. Aber erdrückt wird es dadurch nicht, da die erhöhende göttliche Tat unablässig eine Welt der Liebe und Freiheit schafft und auch den Einzelnen in sie aufnimmt. Das Unmögliche wird möglich durch die unendliche Macht und Güte. So vergeht alle Starrheit einer abgesonderten Existenz in den Lebensfluten der neuen Welt; unter Befreiung von der Enge eines eigenwilligen Ich gewinnt der Mensch ein weiteres und reineres Selbst. Aus der Teilnahme aber an dem unerschöpflichen Reichtum der neuen Welt quillt eine unermeßliche Freude und Seligkeit, die jenseit alles selbstischen Genusses und gemeinen Glückes liegt.

Mit solcher Läuterung erlangt das oft zurückgedrängte, nie unterdrückte Glücksverlangen des Menschen eine Veredlung und eine Rechtfertigung; es verschwindet das Dilemma einer egoistischen Selbsterhaltung oder eines matten Verzichtes. Die sonst oft angegriffenen und eingeschüchterten Affekte, Schmerz und Freude, Sorge und Hoffnung, werden jetzt von den bloßmenschlichen Dingen abgelöst und in das Geistesleben selbst aufgenommen. Damit gewinnen sie eine innere Erhöhung und eine unangreifbare Stellung. So wird der Lebensprozeß hier nicht geschwächt, sondern verstärkt.

Auch in seiner geschichtlichen Wirkung hat das Christentum einer ermüdeten Menschheit einen neuen Lebensdrang eingeflößt und einer greisenhaften Kultur eine Welt voll frischer Aufgaben entgegengehalten. Aufs anschaulichste zeigt dies eine Vergleichung der Philosophen des ausgehenden Altertums und der früheren Kirchenväter. Die Philosophen stehen in der Vornehmheit der Form, der Durchbildung der Begriffe, ja der gesamten wissenschaftlichen Beweisführung weit voran. Aber auf aller ihrer Arbeit lastet wie ein Alp

das Bewußtsein der Leere und Nichtigkeit unseres Daseins und läßt
keine Spannung der Kraft, kein freudiges Ergreifen hoher Ziele aufkommen. Wir verstehen durchaus, daß der Sieg den anderen zufiel, die ein neues Leben, eine große Zukunft zu bieten hatten
und damit die Menschheit zu siegesfroher Tat und positivem Glück
aufriefen.

β. Die engere Verbindung der Menschen.

Das neue Leben bewirkt eine durchgreifende Wandlung in den
gegenseitigen Beziehungen der Menschen, nicht durch Lehren und
Begriffe, sondern durch die tatsächliche Leistung. Wie jene Erhebung des eigenen Seins zur Freiheit und Einheit den Menschen
sich selbst erschließt, sich selbst näher bringt, so kann auch das
gegenseitige Verständnis wachsen, der Mensch dem Menschen
durchsichtiger werden, der eine mehr in dem anderen und mit
dem anderen leben. Zugleich macht der unverlierbare Wert, den
das Leben mit Gott gibt, den Menschen auch dem Mitmenschen
wertvoller; von allen Mißständen der Erfahrung läßt sich hier
auf ein in Gott gegründetes Wesen zurückgreifen und ein Ideal
des Menschen festhalten, ohne den Menschen, wie er leibt und lebt,
fälschlich zu idealisieren. Nur aus solchem Festhalten des Menschenwertes kann das Christentum die Liebe zur Grundempfindung
machen und dem Tun hohe Ziele stecken. Es zeigt hier den
schroffsten Gegensatz zu allen Systemen des bloßen Mitleids, deren
matter Verzicht schließlich den Menschen zur Nichtigkeit herabdrückt und alle Kraft des Empfindens lähmt. Nun und nimmer
kann daraus die Freude am Menschenleben und Menschenwesen,
die Erweiterung und Beseligung durch die Gemeinschaft hervorgehen, welche das Christentum kennt.

Das gemeinsame Leben wird getragen und befestigt durch das
Bewußtsein einer Gleichheit der Schicksale wie der inneren Beschaffenheit. Mag das Leben den Einzelnen noch so verschiedene Stellungen
und Berufe zuweisen, gemeinsam ist die eine, alles andere weit überragende Aufgabe der Bildung eines neuen Wesens; selbst die moralischen Unterschiede der Individuen verblassen und schwinden, sobald
sich der Mensch nicht mehr nach griechischer Art an anderen
Menschen, sondern an dem Ideal göttlicher Vollkommenheit mißt und
statt der relativen Schätzung eine absolute anwendet.

Was aber aus der allgemeinen Art des Gottesreiches zu größerer

Festigkeit und Innigkeit menschlicher Verbindung wirkt, das verstärkt sich durch die Gemeinschaft der weltgeschichtlichen Erfahrungen. Die göttlichen Erschließungen, an denen das Leben hängt, ergehen nicht bloß an einzelne Individuen, sondern an das Ganze, sie verlangen eine Gestaltung des Ganzen, sie bedürfen zu ihrer Festhaltung im menschlichen Kreise der Kraft des Ganzen. So wird die Menschheit zu einer inneren Gemeinschaft des Lebens und zum Aufbau eines neuen Reiches verbunden; in solcher Gemeinschaft kann der Einzelne vom Ganzen empfangen und dem Ganzen mitteilen, das Leiden und Tun des einen gewinnt eine Bedeutung für alle. Ja alles Erlebnis des Einzelnen wird durch das Geschick des Ganzen hindurch erlebt und ruht auf diesem als seinem beständigen Grunde.

Freilich erzeugen solche Wandlungen auch große Probleme und Spannungen. Alles Wachstum der Gemeinschaft soll die Selbständigkeit des Individuums nicht unterdrücken, hat doch gerade das Christentum das Individuum unermeßlich erhöht und — namentlich in den ersten Jahrhunderten — alle Wendung zum Guten auf seine Freiheit gestellt. Wie leicht aber die Gegensätze, welche die christliche Lebensführung nach ihrer Grundidee umspannen möchte, sich entzweien und gegeneinander wenden können, das bezeugt die ganze Geschichte des Christentums mit ihren unablässigen Kämpfen.

γ. Der Gewinn einer Geschichte.

Die antiken Lebensanschauungen trugen durchweg einen ungeschichtlichen Charakter. Die geschichtsphilosophischen Lehren von dem Abrollen unendlicher gleichartiger Kreisläufe und der steten Zurückkehr zum Anfangspunkt waren nur der Ausdruck der Überzeugung, daß alle Bewegung im Grunde nichts Neues bringt und das Leben keine weitere Erhöhung zu erwarten hat. In guten Tagen entstand daraus kein Schmerz, weil die Gegenwart das Leben ausfüllte; in schlechten wurde das Gefühl der Leere unabweisbar. Wohl gilt den tiefsten griechischen Denkern das zeitliche Leben als ein Abbild der Ewigkeit, nicht aber kennen sie ein Eingehen des Ewigen in die Zeit, ein Sichbegegnen von Zeit und Ewigkeit. Dies alles hat das Christentum gründlich verändert. Hier eröffnet das Ewige seine ganze Tiefe innerhalb der Zeit, stellt damit unermeßliche Aufgaben und erregt in unserem Bereiche gewaltigste Bewegungen. Denn hier entbrennt der Kampf um Rettung oder Verderben, hier erfolgt die Befreiung von dem bloßen Naturstande, hier vollzieht sich der Aufbau eines Reiches Gottes. Erst die Gegenwart des Ewigen in der Zeit erzeugt eine Weltgeschichte und gibt auch dem Einzelleben eine wahrhaftige Geschichte. Bei solcher Befreiung von einer gegebenen Natur sind die individuen, Völker und auch das Ganze der Menschheit nicht mehr an ein zugewiesenes Maß gebunden, sie können durch Erschütterungen und Umbildungen hindurch neue Anfänge setzen und ursprüngliche Kräfte erzeugen, sie können mit sich selbst kämpfen, sich selbst überwinden. Ein großes Verlangen, eine fortdauernde Unruhe wird hier dem Leben eingepflanzt.

Aber wiederum entsprechen den folgenreichen Wandlungen schwere Verwicklungen. Wie das Ewige in die Geschichte eingehen könne, ohne seine Ewigkeit abzulegen, wie das Göttliche an der Zeit mit ihrem Werden und Wandel ohne Einbuße teilhaben könne, das bleibt ein ungeklärtes Rätsel. Es zieht sich hier durch die Geschichte des Christentums ein schroffer Gegensatz und ein harter Streit. Die einen stellen die Ewigkeit vor die Geschichte, die anderen die Geschichte vor die Ewigkeit. Hier die Neigung, sich auf feste und begrenzte Tatsachen zu konzentrieren und sie mit ausschließlicher Kraft handgreiflich zum Menschen wirken zu lassen, aber auch die Gefahr einer Bindung der Gegenwart an einen Punkt der Vergangenheit, sowie einer Einengung des christlichen Gedankenkreises; dort das Streben, das Christentum in Wesen und Wirken als eine universale und fortlaufende Tatsache zu verstehen, alle geschichtliche Leistung in unmittelbare Gegenwart zu verwandeln und zugleich mit dem Erkennen zu durchleuchten, aber auch die Gefahr, das Geschichtliche zu verflüchtigen und das Ganze zu sehr in eine bloße Weltansicht aufzulösen. Das ergibt schwerste Konflikte, aber in aller ihrer Leidenschaft bleibt der Gewinn einer Geschichte und die Erhöhung des Tuns unverloren.

ð. Die neue Grundstimmung des Lebens.

Wie in der Gestaltung des christlichen Lebens Punkt für Punkt Gegensätze zusammentreffen, so steht auch seine Schätzung unter widerstreitenden Einflüssen; aus ihrem Zusammenwirken erwächst ein durchaus eigentümlicher Typus der Lebensstimmung. – Es widerspricht ganz und gar der Art des Christentums, das Leid von vornherein abzuschwächen und dem Menschen als unerheblich einzureden; kaum ist ihm etwas so fremd und widerwärtig als das Unterfangen, die Welt, so wie sie vorliegt, als ein Reich der Vernunft darzustellen; macht das ja die ganze Wendung zu einer neuen Welt, diese Hauptthese des Christentums, überflüssig. In Wahrheit muß das Christentum mit seiner Vertiefung des Lebens, seinem Bestehen auf absoluter Vollkommenheit, seiner Steigerung des Wertes des Menschen und jedes Einzelnen, seinem starken Verlangen nach Liebe und Glück die Empfindung für alles Dunkel und Leid unermeßlich steigern. So hat es die volle Anerkennung des Leides dem Menschen keineswegs verwehrt, vielmehr die Abstumpfung dagegen zu einer Verhärtung des Herzens gestempelt. Gerade dieses, daß das Christentum gestattet, alle Mißstände und Schmerzen des Daseins zur offenen Aussprache zu bringen und die Empfindung des Leides voll ausklingen zu lassen, hat ihm, bei seinem ersten Auftreten und immer von neuem, das Gemüt des Menschen gewonnen; das sonst unterdrückte Gefühl kam hier zu freier Entfaltung, das ganze Leben wuchs an Innigkeit und Wahrhaftigkeit.

Aber ebenso fern wie einem flachen Optimismus steht das Christentum einem müden Pessimismus. Die nächste Welt, deren Elend den Menschen zu überwältigen droht, bildet nicht den Abschluß; eine felsenfeste Überzeugung führt über sie hinaus in ein Reich göttlichen Lebens jenseit aller Konflikte. Daß die Vernunft die Wurzel aller Wirklichkeit bilde, wird mit größerer Energie verfochten als irgend sonst. Dazu erfolgt eine innere Erhöhung des Leides. Gott selbst hat es auf sich genommen und dadurch geheiligt; aus starrer Unvernunft wird es jetzt ein Mittel zur Erweckung, Läuterung, Umwandlung des Lebens; der Niedergang dient einem Aufstieg, die Vernichtung einer Erhöhung, der dunkle Weg des Todes wird zur Pforte eines neuen Lebens. Wie die göttliche Liebe die tiefsten Abgründe nicht gescheut hat, so kann auch im menschlichen Kreise das Leid eine aufopfernde Hingebung und tatkräftige Liebe entzünden. Im Leide entsteht das innigste Verhältnis zu Gott, und die Gemeinschaft des Leides wird das stärkste Band der menschlichen Gemüter. So stellt sich auch das Handeln anders zum Leide. Die Unvernunft des menschlichen Daseins wird nicht zurückgeschoben und ferngehalten, sondern es heißt sie aufzusuchen und mit eifriger Arbeit anzugreifen, an dem Leide Liebe zu erweisen und aus ihm Liebe zu erwecken. Der Kampf gegen das Leid, namentlich die innere Überwindung des Leides, wird zum Hauptinhalt des Strebens. In solcher Gesinnung kann das Christentum das verachtete Kreuz zu seinem Symbol erheben und das Denken und Sinnen unablässig auf das Leid richten, ohne dem Leid zu unterliegen. Während die alte Kunst im Tode selbst das Leben durch seine nachdrückliche Darstellung festzuhalten suchte und dadurch das Denken vom Tode zum Leben zurücklenkte, stellt die christliche Kunst mit ihren Heiligen- und Märtyrerbildern mitten in das Leben, seine Arbeiten, seine Freuden den Tod hinein, nicht, um es dadurch niederzudrücken, sondern um es größeren, unsichtbaren Zusammenhängen einzufügen.

Diese Behandlung des Leides ist nicht selten in eine spielende Sentimentalität, in schweigendes Genießen ausgeartet. Aber solche Wendung widerspricht durchaus dem Geiste des Ganzen, indem nicht nur sein tiefer Ernst sich dagegen sträubt, sondern auch Leid und Unvernunft mit der inneren Erhebung darüber keineswegs verschwinden, das Böse vielmehr für immer rätselhaft bleibt. Die eigene Entwicklung des christlichen Lebens ist viel zu sehr von Kämpfen, Sorgen, Zweifeln durchwirkt, um für ein behagliches Genießen irgendwelchen Raum zu haben. Die Erfahrung jener Sorgen und Kämpfe klingt nicht nur in die Seligkeit hinein, sondern das Erscheinen der neuen Güter steigert die Empfindung des Schmerzes; was an Gutem fehlt, wird nun erst recht Sache herber Entbehrung. Wohl ist demnach der innere Anblick des Kampfes verändert, nicht aber der Kampf selbst aufgehoben; das christliche Leben hat seine Stärke nicht in der einfachen Auflösung des Bösen, sondern in dem Vermögen, ihm eine neue, überlegene Welt entgegenzusetzen. So behaupten sich innerhalb Eines Lebens gegeneinander eine schmerzliche und eine freudige Stimmung; das Leid kann die Freude nicht stören, die Freude das Leid nicht auslöschen. Indem aber jedwedes sich voll entwickelt und rein auslebt, erhält das Dasein eine innere Weite und eine unablässige Bewegung. Was so das Leben erfüllt, das drängt zum Ausdruck in der Kunst; nichts ist charakteristischer für die christliche Kunst, als das völlige Freiwerden der Stimmung und das Schweben zwischen den äußersten Gegensätzen von Dunkel und Licht, von Elend und Seligkeit.

d. Die Verwicklungen und die Größe des Christentums.

So erscheinen im Christentum Gegensätze über Gegensätzen, seine Lebensführung trägt einen durchaus antithetischen Charakter, wie denn auch seine leitenden Persönlichkeiten gern Antithesen ver-

wenden, die das Schwerste als leicht, das Fernste als nahe, das
Wunder als alltäglich verkünden. Der Zusammenstoß dieser Gegensätze erzeugt eine rastlose Bewegung; das Ganze bleibt ein Suchen
und Kämpfen, es behält eine unfertige, unausgeglichene, irrationale
Art; immer von neuem treibt das christliche Leben Probleme hervor, wird sich selbst zum Problem und muß seine eigene Höhe
erst wieder erklimmen. Dabei drohen Punkt für Punkt Gefahren
und Hemmungen; die Geschichte kann hier kein ruhiger Fortgang
sein, sie wird ein Wechsel von Vordringen und Zurückweichen, von
Steigen und Sinken, von Abfall und Wiederfinden.

Besonders das ergibt eine unablässige Verwicklung, daß das
Christentum eine übernatürliche Welt innerhalb des Bereiches der
Natur aufbaut, daß es über die Gesamtlage hinausstrebt, an deren
Mittel auch sein eigenes Leben gebunden bleibt. Das ergibt zu-
nächst die Schwierigkeit, ja die Unmöglichkeit einer angemessenen
Darstellung in Gedanken und Begriffen; alle Darstellung bleibt
hier ein bloßes Anstreben und behält einen symbolischen Charakter.
Nun läßt aber das Verlangen des Menschen nach einer sinnfälligen
Wahrheit und nach fertigen Ergebnissen dies leicht verkennen und
vergessen, es erfolgt eine Festlegung, eine Vergröberung, ein Zurück-
sinken zur Natur, schwerste Verwicklungen werden damit unvermeidlich.

Nicht minder zieht bei den Triebkräften des Handelns die
niedere Stufe die höhere unablässig zu sich zurück und unterwirft
sie ihren Zwecken. Die neue Lebensbejahung mit ihrer Seligkeit
wird oft in den Dienst natürlicher Lebensgier, selbstischen Glücksverlangens gestellt; zu einer Befestigung des bloßen Menschen wird,
was den Menschen durch ein energisches Nein über sich selbst
hinausheben sollte. Und wenn nun gar die Parteien auftreten und
die Mächte der Welt das Christentum an sich reißen und für
ihre Zwecke ausbeuten, wenn namentlich, was an Innerlichkeit, Entsagung, Demut gegenüber Gott in ihm liegt, zur Empfehlung eines
Sklavensinns gegen Menschen und menschliche Einrichtungen, eines
willigen Ertragens aller Unvernunft verkehrt wird, dann verdüstert
sich der Anblick mehr und mehr; können wir leugnen, daß von
außen her angesehen sich die Geschichte des Christentums überwiegend unerquicklich ausnimmt, und daß nur die Versetzung in
die innerste Seele der Bewegung eine positive Schätzung möglich
macht? „Alles, auch das Erhabenste, verkleinert sich unter den
Händen der Menschen, wenn sie die Idee desselben zu ihrem Ge-

brauch verwenden", die Wahrheit dieses kantischen Wortes hat das Christentum besonders erfahren.

Zu diesen inneren Verwicklungen kommt der unablässige Angriff von außen her, die mit den Fortschritten der Kultur notwendig wachsende Macht des Zweifels. Das Christentum hat den unmittelbaren Eindruck der Welt gegen sich, es kann mit ihm immer weniger zusammengehen. Um sich zu behaupten, muß es daher immer energischer eine Umwälzung der gesamten Weltansicht vollziehen, muß es der sichtbaren Welt eine unsichtbare entgegensetzen und sie als die Seele aller Wirklichkeit verfechten. Dazu bedarf es nicht nur einer Aufrufung der ganzen Persönlichkeit, sondern auch eines Hindurchgehens durch Erfahrungen und Wandlungen, auch einer heroischen Erhebung der Gesinnung und des Wesens. Einen heroischen Charakter hat auch diese Lebensführung bei aller Innigkeit und Weichheit. Nur ist der Heroismus grundverschieden vom antiken, er ist ein Heroismus der reinen Innerlichkeit und der schlichten Menschlichkeit, ein Heroismus des Kleinen und Einfachen, eine Größe aus freudigem Glauben und williger Aufopferung.

In den menschlichen und geschichtlichen Verhältnissen läßt das alles unsägliche Verwicklungen erwarten; mehr als irgend sonst wird die Geschichte ein mühsames Suchen des eigenen Wesens, ein Kämpfen um die eigene Höhe. Aber doch kein bloßes Kämpfen, sondern auch ein Siegen und Erneuern; wir brauchen nur von den einzelnen Phasen auf das Ganze zu blicken und von der äußeren Erscheinung zu den bewegenden Kräften vorzudringen, um eine gewaltige, unserer Wirklichkeit eingesenkte Lebensmacht zu erkennen und tiefster Wirkungen auf das Ganze des menschlichen Seins innezuwerden.

Das Christentum hat eine neue Welt eröffnet und durch die Verknüpfung mit ihr dem menschlichen Wesen eine unvergleichliche Größe und Würde, der Lebensarbeit einen durchdringenden Ernst und eine wahrhafte Geschichte gegeben. Es konnte das Elend der Weltlage nicht einfach aufheben, aber es hat über das Ganze jener Lage hinausgehoben und damit das Feindliche innerlich überwunden. Es hat das Leben nicht leichter, sondern schwerer gemacht, aber in einer ursprünglichen Tiefe hat es allen Druck vom Menschen genommen, indem es hier sein Wesen auf die Freiheit stellte und alle Fesseln des Schicksals und einer fertigen Natur zerbrach. Es hat keinen endgültigen Abschluß, keine bequeme Ruhe gebracht, sondern

es hat den Menschen in schwere Unruhe und harten Kampf ge-
stürzt, es versetzt sein ganzes Dasein in eine unablässige Erregung.
Aber es hat nicht nur durch diese Kämpfe und Spannungen das
Leben weit gehaltvoller gemacht, es hält stets ein Gebiet gegenwärtig, wohin der Kampf nicht reicht, und woher sich Frieden über
das Dasein verbreitet. Mit dem allen hat es nicht nur die Individuen
zu einer wesenerhöhenden Umwandlung aufgerufen, sondern auch
den Völkern und der Menschheit die Möglichkeit einer steten Erneuerung, wir möchten sagen, eine ewige Jugend eröffnet. Von
allen Irrungen der Weltverhältnisse konnte es sich immer wieder
in ein Reich des Glaubens und des Gemütes als in seine wahre
Heimat zurückziehen, um dort seine Kraft zu sammeln, ja seine
Gestalt zu erneuern. Alle Einwendungen der vordringenden Kultur,
aller Widerspruch der wissenschaftlichen Arbeit berührten sein tiefstes
Wesen gar nicht, weil es von Haus aus etwas Anderes und Höheres
sein wollte als die bloße Kultur, weil es namentlich nicht eine
vorhandene Welt abbilden oder weiterführen, sondern eine neue
Welt schaffen wollte. So ist das Christentum bei allen seinen
Problemen und Mißständen die bewegende Macht der Weltgeschichte,
die geistige Heimat der Menschheit geworden und bleibt sie auch
da, wo der Widerspruch gegen die kirchliche Fassung das Bewußtsein einnimmt.

2. Die Lebensanschauung Jesu.

a. Vorbemerkungen.

Daß der Geist des Christentums inmitten einer gleichgültigen
oder feindlichen Welt so viel Macht gewann, und daß innerhalb
des Christentums selbst aller Wandel nicht einen beharrenden Grundstock, alle Spaltung nicht eine innere Gemeinschaft zerstören konnte,
das verdankt das Christentum vornehmlich der überragenden Persönlichkeit und dem grundlegenden Lebenswerke Jesu. Als Eröffnung einer neuen Welt war dieses Lebenswerk nicht möglich
ohne einen Zusammenhang von Überzeugungen, ohne eine Art von
Lebensanschauung; so wenig diese Lebensanschauung sich der philosophischen Gedankenbewegung einfügt, sie darf auch bei unserer
Untersuchung nicht fehlen; weisen doch alle Lebensbilder der
christlichen Gemeinschaft auf sie zurück und hat sie auch jenseit
dieser Gemeinschaft den tiefsten Einfluß geübt.

Die einzigartigen Schwierigkeiten der Aufgabe liegen deutlich zu Tage. Zunächst machen die Quellen Sorge, die, lange Zeit als unbedingt sicher hingenommen, der neueren Wissenschaft Zweifel über Zweifel erweckt haben. Daß wir Jesus nur durch die Tradition, wenn auch eine uralte Tradition, hindurch sehen, und daß in diese Tradition die subjektive Art und Auffassung der Berichterstatter mit eingeflossen ist, das kann heute niemand leugnen, der nicht Religion und Geschichtsforschung vermengt und dadurch die Unbefangenheit des Urteils verliert. Aber es gibt auch eine Überschätzung dieser Schwierigkeit, die aus einer Verkennung dessen hervorgeht, worauf es bei diesen Dingen ankommt. Das Charakteristische einer wahrhaft großen Persönlichkeit läßt sich durch alle Subjektivität der Berichte nicht verwischen, eine unvergleichliche geistige Individualität läßt sich nicht erdichten und künstlich zurecht machen; erscheint Jesus durch allen Schleier der Überlieferung hindurch als eine solche, so dürfen, ja müssen wir der Wahrheit des Eindrucks vertrauen. Nun aber bieten ein durchaus charakteristisches und einheitliches Bild von ihm die Reden der drei ersten Evangelien mit ihren wunderbaren Gleichnissen und Parabeln; je mehr wir diese in ihrem schlichten Wortsinn verstehen und alle fremdartige Deutung fernhalten, desto individueller, größer, einzigartiger erhebt sich die Persönlichkeit und mit ihr ihre Gedankenwelt. Das zugleich sonnenklare und unergründliche Leben, das hier aufsteigt, läßt tief in die Seele des Mannes blicken und vermag ein Ganzes der Persönlichkeit jedem Herzen nahe zu rücken, so nahe, wie ein Mensch dem Menschen nur sein kann. Im innersten Zuge seines Wesens ist Jesus uns durchsichtiger und vertrauter als irgend ein Held der Weltgeschichte.

Wenn trotzdem über seine Auffassung so viel Zweifel und Streit waltete und waltet, so verschulden das weniger die Quellen als die Trübung unseres Blickes durch ihnen fremdartige Überzeugungen. Sehr bald verdrängte der Glaube an das Versöhnungs- und Erlösungswerk Christi das Interesse am Leben und an der Lehre Jesu, im besonderen war die kirchliche Lehre von der Gottheit Christi einem präzisen und zutreffenden Bilde der Persönlichkeit wenig günstig. Die Scheidung zweier Naturen, deren Einheit sich wohl dekretieren, nicht aber zu lebendiger Wirklichkeit bringen ließ, hat dazu geführt, daß im Glauben der christlichen Kirche unablässig zwei Christusbilder durcheinander gehen: auf der einen Seite das

Göttliche in überlegener Höhe, aber von abstrakter und farbloser Art; auf der Seite des Menschlichen aber meist ein Überwiegen der weichen und leidenden Züge, eine Verkennung des freudigen Lebens- affektes und der heroischen Kraft, oft eine Wendung ins Sentimentale, namentlich wenn in dem Gesamtbilde das stellvertretende Leiden den Vordergrund einnahm.

Als aber das traditionelle Bild der Kirche ins Wanken geriet, erschienen neue Gefahren. Auch in der Abweichung von der Kirche wollte man den Zusammenhang mit Jesus nicht aufgeben; indem nun jede Richtung die eigene Überzeugung durch den Nachweis solches Zusammenhanges bekräftigen wollte, sah man an ihm vor- nehmlich, was der eigenen Behauptung günstig war; so war es das wechselnde Bedürfnis der Gegenwart, welches das geschichtliche Bild bald so, bald so gestaltete. Vom alten Rationalismus bis mitten in die Gegenwart hinein ergab das eine zu moderne, aufgeklärte, kulturfreundliche Art; nicht nur die zeitgeschichtliche Färbung, auch alles Unterscheidende und Überwältigende des Charakters ward dabei verdunkelt. Wer aus Jesus einen Normalmenschen macht, wird seiner Größe schwerlich gerecht werden. Gegen solche ver- flachende Rationalisierung erhebt sich neuerdings die geschichtliche Forschung und besteht auf Anerkennung der unverfälschten Wirk- lichkeit. Das mit vollem Recht, nur sei nicht vergessen, daß welt- bewegende Persönlichkeiten sich nie von den einzelnen Äußerungen her, sondern nur aus dem Ganzen und damit von innen her er- schließen lassen, daß ein solches Erfassen des Ganzen aber nur aus einem Ganzen eigener Überzeugung möglich ist. Die geschichtliche Forschung schlichtet nicht sowohl den Streit als sie ihn verlegt; wenn überhaupt die Schätzung und Aneignung großer Persönlich- keiten immer auf einen Kampf der Prinzipien zurückkommt, so wird namentlich die Fassung dieser Persönlichkeit nie aus dem Kamp heraustreten, immer von neuem werden sich an ihr die Geister scheiden. Nach der geschichtlichen Seite aber muß jede Behandlung des Problems sich zum Ziel setzen, zugleich die zeit- geschichtliche Eigentümlichkeit vollauf anzuerkennen und begreiflich zu machen, wie das, was zunächst durchaus seiner Zeit angehört, zu allen Zeiten sprechen und ihnen allen ewige Wahrheit zuführen kann.

b. Die Grundlagen der Lebensanschauung.

Den Kern der Lehre Jesu bildet die Verkündigung einer neuen Welt- und Lebensordnung, des „Himmelreiches", das sich in weitem Abstand, ja schroffem Gegensatz zum vorgefundenen Sein, ja zu allem natürlichen Tun und Treiben der Menschen, zur „Welt" befindet. Diese neue Ordnung ist für Jesu Vorstellung keineswegs bloß eine innere Wandlung, welche lediglich die Gesinnung angeht und die Welt äußerlich im alten Stande läßt. Vielmehr gestattet die historische Forschung keinen Zweifel darüber, daß das neue Reich auch eine sichtbare Ordnung bedeutet, daß es eine vollständige Umwandlung der Verhältnisse will und daher nichts anderes neben sich dulden kann. Niemals in der Geschichte ist die Menschheit zu einer größeren Umwälzung aufgerufen als hier, wo nicht dieses oder jenes in den Verhältnissen, sondern das Ganze des menschlichen Seins erneuert werden soll. Wenn trotzdem Jesus so hoch über allen bloßen Schwärmern und Revolutionären steht, so liegt das an dem Inhalt des neu verkündigten Reiches. Denn dieser Inhalt ist die innigste Gemeinschaft mit Gott, die Seligkeit aus solcher Gemeinschaft, die untrennbare Verbindung von Gottvertrauen und Menschenliebe. Von diesem Inhalt aus angesehen, ist das Himmelreich in den Seelen schon gegenwärtig, von hier aus erscheint seine Herrlichkeit nicht als etwas Fernes, erst zu Erwartendes, als ein Gegenstand bloßer Verheißung und Hoffnung, sondern als etwas ganz Nahes, unter uns mit einleuchtender Klarheit Gegenwärtiges, jeden Augenblick Ergreifbares, als eine Wirklichkeit auch in unserem Lebenskreise. Ein neues Leben quillt hier auf mit neuen Zielen und Kräften, ein Leben, das der Menschheit ein hohes und unverlierbares Ideal eindringlichst vorhält, ein Leben, das mit einer großen Erwartung und Hoffnung eine Verklärung der Gegenwart verbindet.

Es erscheint damit das neue Reich vor allem als ein Reich seelischen Lebens; es liegt jenseit aller äußeren Leistungen und Geberden. Auch fordert es nicht eine Vielheit von Betätigungen und stellt nicht verwickelte Aufgaben, sondern es sammelt das ganze Leben zu einer einzigen Tat: zum Eintritt in das neue Reich, zur vollen und ausschließlichen Hingebung an Gott, zum Aufgehen des ganzen Wesens in die Gemeinschaft mit Gott. In dieser Gemeinschaft entwickelt sich ein reiner Zusammenklang des innersten

Lebens, eine volle Mitteilung des Wesens, ein Reich allumfassender Liebe und unbedingten Vertrauens, ein sicheres Geborgensein des Menschen in der Güte und Barmherzigkeit des weltbeherrschenden Gottes, mit dem allen die höchste Seligkeit. Hier läßt eine unendliche Liebe nichts verloren gehen und gibt selbst dem Geringsten einen Wert. Alle Sorgen und alle Kümmernisse erlöschen in der unmittelbaren Gegenwart des göttlichen Lebens, dem „Schauen" Gottes; über alle Wirren und Gegensätze hinaus wird der Mensch in ein Reich des Friedens gehoben und mit einer überströmenden Freude an den Schätzen des neuen Lebens erfüllt.

In dieser neuen Ordnung verwandeln sich auch die äußeren Verhältnisse. Der Mensch bleibt nirgends fremden Gewalten hilflos preisgegeben, auch das sinnliche Dasein untersteht der liebevollen Fürsorge des allmächtigen Gottes. Was irgend dem Menschen not ist, wird ihm zufallen, und es wird ihn nichts treffen, was ihm nicht zum Guten gereicht. Es entwickelt sich ein eigentümlicher Begriff des Glaubens, der in erster Linie die inneren Güter, dann das gesamte Ergehen betrifft. Es waltet die felsenfeste Zuversicht der Gewährung alles in herzlichem Vertrauen Erbetenen; denn können schon die Menschen, „die ihr doch arg seid", den Ihrigen Gutes tun, wieviel mehr wird es Gott denen tun, die ihn bitten. So kann der rechte Glaube „Berge versetzen". Demnach fehlt der neuen Welt, dem „Himmelreich", nichts zur Vollkommenheit; es bleibt nichts Feindliches, das seine Seligkeit stören könnte.

Eine Nähe und Anschaulichkeit erhält diese Welt durch das die Gedanken stets begleitende und durchwirkende Bild von dem Familienleben, dem gegenseitigen Verhältnis der Eltern und Kinder. Wie sich hier einerseits eine liebevolle, aufopfernde, um Lohn und Dank völlig unbekümmerte Fürsorge, andererseits eine unbedingte Hingebung und ein sicheres, ja selbstverständliches Erwarten der Hilfe findet, wie nicht eine besondere Leistung, sondern das ganze Sein, die bloße Gegenwart des anderen Freude erregt, wie sich der Mensch als Ganzes gibt und den anderen als Ganzes nimmt, so verhält es sich in weitaus gesteigerter und vollendeter Weise im Reiche Gottes. Das Menschliche kann dabei ein Bild des Göttlichen werden, weil es von vornherein im Licht des Göttlichen, in reinster und edelster Weise gesehen wird. Daß so das neue Leben in den Gesinnungen und Verhältnissen des Familienkreises seinen angemessensten Ausdruck findet, das bekundet einen völligen Gegensatz zum antiken Idealismus. Denn bei diesem beherrscht das Bild des Staates die Gestaltung des Zusammenseins, und die leitende Idee des Handelns bildet die Gerechtigkeit, die Gerechtigkeit, welche Leistungen verlangt und nach ihrer Größe dem Einzelnen seine Gebühr zumißt. In dem neuen Reich der Gotteskindschaft hingegen verschwinden alle Unterschiede der Leistung ,wie auch der Kraft; von Haus aus sind alle Menschen Gott gleich nahe und ein Gegenstand gleicher Liebe; was hier gefordert wird, ist die Hingebung des ganzen Wesens, die Tiefe des Verlangens, die Innigkeit des Vertrauens. Das aber ist jedem möglich, und das bedarf keines äußeren Zeichens.

Je ausschließlicher alles an dieser einen Wendung des Wesens, der Annahme der frohen Botschaft, liegt, desto entschiedener wird verlangt, daß sie ohne allen Abzug, ohne alle Gegenwirkung erfolge, daß alles Tun ausschließlich der einen Aufgabe diene. Wie selbst im täglichen Leben der Mensch alles aufwendet, um einen in seinem Acker verborgenen Schatz zu heben, die kostbare Perle zu finden, von der ihm Kunde ward, so muß noch viel mehr das unvergleichlich höhere geistige Gut unser ganzes Sinnen erfüllen. Bequeme Abfindungen werden durchaus unstatthaft, keinerlei Fremdes darf den Menschen bemühen. Denn was immer sein Streben anzieht, das dringt in die Gesinnung und mindert die Hingebung an die eine Aufgabe: „wo euer Schatz ist, da ist auch euer Herz". So erwächst ein schroffer Gegensatz zwischen dem Leben mit Gott und dem mit der Welt; größten Ernstes ergeht die Forderung, nicht zwei Herren zu dienen, auch alles Zögern und Zaudern abzuwerfen. „Wer seine Hand an den Pflug legt und sieht zurück, der ist nicht geschickt zum Reich Gottes." Selbst nützliche, ja höchst wertvolle Dinge werden schädlich, sobald sie in einen Widerspruch mit jener Aufgabe geraten; das Auge ist auszureißen, die Hand abzuhauen, wo sie den ganzen Menschen gefährden. Alles Erwägen und Schwanken weicht dem einen Gedanken: „Was hülfe es dem Menschen, wenn er die ganze Welt gewönne und litte Schaden an seiner Seele?" Von solcher Höhe der Gesinnung und Betrachtung erfolgt eine kräftige Abweisung des Strebens nach Reichtum und irdischem Besitz, der Hingebung an die niederdrückenden Sorgen des Alltages, des Vorausdenkens und Grübelns in eine ferne Zukunft; „es ist genug, daß ein jeglicher Tag seine eigene Plage habe."

Zugleich erwächst eine eigentümliche Schätzung menschlicher Lebens- und Gemütslagen; was immer ein kräftiges Verlangen, einen Hunger und Durst nach der Gemeinschaft mit Gott erregt, das wird hochgehalten, verworfen hingegen, was an die Welt bindet und ihr Wert verleiht. Da nun alles äußere Gelingen und Behagen dies tut, so vollzieht sich eine völlige Umkehrung der üblichen Schätzung der Menschen und Dinge. Als dem Himmelreich nahe gelten die Armen und Leidenden, die Niedriggestellten und Unterdrückten, als ihm fern die Reichen und Gewaltigen; denn jene kommen viel leichter zur Sinnesänderung und zur Sehnsucht nach dem ewigen Leben. Nicht minder sind im Vorteil die Ungelehrten und Unzünftigen gegenüber den Klugen und Weisen, die sich fertig wähnen und ihr Genüge bei sich selbst finden. Ja wie nach alltäglicher Erfahrung der Mensch am meisten schätzt, was ihm verloren ging, so erscheint auch der vom Guten Verirrte, der Sünder. als ein Gegenstand besonderer Fürsorge; den verlorenen Sohn treibt nicht nur ein stärkeres Verlangen zur Rückkehr in die Heimat, auch eine größere Innigkeit väterlicher Liebe scheint ihm entgegenzuschlagen.

In verwandter Gedankenrichtung erscheinen dem neuen Reich vornehmlich nahe die Menschen friedfertiger und sanftmütiger Art, diejenigen, deren Lauterkeit des Wesens und Reinheit des Herzens unberührt blieb von den Irrungen der Welt, die Menschen schlichten und einfachen Gemütes, denen die Verwicklungen des Lebens nicht den Sinn für das geraubt haben, was vor allem not tut. So eröffnet sich hier gegenüber dem gewohnheits- und gewerbsmäßigen Treiben, der Starrheit und Enge des alltäglichen Lebens ein reiches, ununterbrochen fortquellendes Leben aus dem Grundverhältnis des Menschen zu Gott; aus ihm erbaut sich das Heiligtum einer neuen Welt, die berufen ist alle Wirklichkeit zu beherrschen.

In solchen Zusammenhängen bestärkt sich jene Schätzung des Kindeslebens. Das Kind — offenbar wird vornehmlich an das zarte, hilflose Kindesalter gedacht — in der Schlichtheit seines Wesens und der Unbefangenheit seiner Hingebung, seinem Hangen an anderen und seinem Leben mit anderen, wird das rechte Vorbild derer, die nach Gott verlangen; es ergeht für den Eintritt in das Reich Gottes die Forderung umzukehren und zu werden wie die Kinder. Das Kindeswesen wird nun allererst dem geistigen Auge der Menschheit erschlossen. Das Kind erscheint als etwas Heiliges und Unantastbares, als von göttlicher Liebe behütet und dem göttlichen Wesen besonders nahe; „ihre Engel im Himmel sehen allezeit das Angesicht meines himmlischen Vaters". In solchen schlichten Sätzen erscheint eine völlige Umwälzung menschlichen Empfindens. Auch das spätere Altertum hat sich viel mit dem Kinde und seinem Leben befaßt, Kinderstatuen bildeten einen Lieblingsvorwurf seiner Kunst Aber es sah in dem Kinde keineswegs den Keim und die Ahnung einer neuen, reineren Welt, sondern lediglich die volle und frische Natur; jene Kunstwerke „geben durchweg das Drollige, Schalkische, Lustige, auch wohl das Zänkische und Diebische, vor allem aber diejenige derbe Gesundheit und Kraft, welche ein Hauptattribut des Kindes sein sollte" (Burckhardt). So zeigt gerade die äußere Annäherung die innere Kluft beider Welten.

In dem neuen Leben streben Ernst und Milde zu vollem Gleichmaß. indem sich die rettende Tätigkeit vornehmlich der Schwachen und Verirrten, der Mühseligen und Beladenen annimmt und alle Schuld durch Liebe und Gnade tilgt, indem ferner nicht starre Normen, sondern das Gesetz der Liebe und die innerlichkeit der Gesinnung alle Verhältnisse beherrschen, erweist sich das Joch als sanft und die Last als leicht. Nicht um zu zerstören und zu verderben, sondern um zu erhalten, das Verlorene zu suchen und selig zu machen, ist des Menschen Sohn gekommen. Aber darüber leidet nicht der Ernst des Lebens. Eine göttliche Ordnung erstreckt sich in unser Dasein, und die Forderung eines heiligen Willens gibt unserer Entscheidung eine unermeßliche Spannung. Es gilt die Rettung der unsterblichen Seele. Wie ein kostbares Gut ist sie dem Menschen anvertraut; über seine Verwaltung muß und wird er dereinst Rechenschaft ablegen. Unwiederbringlich ist der Augenblick, und seine Folgen reichen in alle Ewigkeit.

c. Die Religion und die Ethik Jesu.

Eine so tiefe Umwälzung mit ihren Forderungen und Hoffnungen richtet sich naturgemäß durchaus an den ganzen Menschen, die Verzweigung der Lebensarbeit und der Stand der Kultur verliert dabei alles Interesse. Alle Aufgaben fassen sich zusammen in die Forderung, Gott zu lieben von ganzem Herzen, von ganzer Seele, von ganzem Gemüt, und den Nächsten wie sich selbst. Nur die Religion und die Moral heben sich selbständig heraus, nicht als abgesonderte Gebiete, sondern als zusammengehörige Seiten eines

einzigen Lebens. Gottesliebe und Menschenliebe bilden ein untrennbares Ganzes.

Die Beziehungen der Menschen untereinander ruhen durchaus
auf der Wesensgemeinschaft des Menschen mit Gott, die das Himmelreich eröffnet, erst von Gott aus gewinnen die Menschen einen
inneren Zusammenhang, in der Religion allein begründet sich die
Moral. Andererseits bildet das moralische Handeln, die Humanität,
eine unerläßliche Bewährung der Religion; die Religion erweist
darin ihre Echtheit, daß sie den Menschen zu hilfreichem, selbst-
verleugnendem Handeln führt. So einfach das scheint und so wenig
neu es im Lehrgehalte ist, in Wahrheit vollziehen sich damit größte
Umwandlungen und Vertiefungen.

Die Religion ist hier ein völliges Aufgenommensein in das
Leben mit Gott, eine ununterbrochene Wendung des ganzen Wesens
dahin, jene erhöhende und beglückende Einigung der Gesinnung,
zu deren Bezeichnung der Ausdruck „Liebe" dient. Als Kern alles
Lebens bildet sie nicht eine nachträgliche Ergänzung zum übrigen
Tun, sondern wirkt sie von vornherein in allem als seine Seele.
Ist die Religion in diesem Sinne alles, so wird es verfehlt, sie in
etwas Besonderes zu setzen; es erfolgt die kräftigste Austreibung
alles vermeintlich religiösen Tuns, das sich von dem allgemeinen
Leben ablöst und mit dem Schein einer besonderen Vornehmheit,
ja ausschließlichen Heiligkeit umkleidet. Namentlich wird das zu
einer Gefährdung der einfachen Grundgebote der Liebe und Barmherzigkeit; leicht werden sie durch jenes zurückgedrängt, ja aufgehoben. Nun aber sind nur diese allgemeinen Ordnungen unverbrüchliche Gebote Gottes, jenes Besondere hingegen ist lediglich
eine menschliche Einrichtung. Es bedeutet daher eine verhängnisvolle Verkehrung, wenn solche Satzungen die ewigen Gebote abschwächen und die Empfindung für das Wohl und Wehe der Mitmenschen abstumpfen. So die entschiedenste Verwerfung aller
spezifischen Frömmigkeit; schwerer als alle Tempelgabe wiegt das
einfache Gebot, Vater und Mutter zu ehren.

Ferner wirkt eine solche Begründung der Religion im Ganzen
des Wesens zu einer Verwerfung alles Äußerlichen, aller Formeln
und verwickelten Einrichtungen samt ihren spitzfindigen Unter-
scheidungen von Erlaubtem und Unerlaubtem. Auch die blendendsten
religiösen Leistungen (Weissagen, Wundertun u. s. w.) überragt die
schlichte, opferbereite Tat, das Kennzeichen echter Frömmigkeit.

An den Früchten sollen wir erkennen; nicht wer Herr, Herr sagt, sondern wer den Willen des himmlischen Vaters tut, ist Gott wohlgefällig.

Den höchsten Gipfel erreicht der Unwille über die Entstellung der Religion in der Brandmarkung alles eitlen und vordringlichen Tuns auf religiösem Gebiet, alles Schaugepränges vor den Menschen, alles hierarchischen Gebarens. Da in Wahrheit alle gleichmäßig auf die göttliche Liebe und Gnade angewiesen sind, so verrät ein Mehr- und Besserseinwollen stets eine innere Unwahrhaftigkeit. So die energische und eindringliche Warnung vor der Heuchelei, dem „Sauerteig der Pharisäer", die nicht sowohl jene grobe Art der Heuchelei bezeichnet, welche das direkte Gegenteil der wirklichen Meinung bekennt, als jene feinere der inneren Unwahrhaftigkeit, bei der das nach außen gerichtete Tun den Grund des Wesens gleichgültig läßt, und wo die Beschäftigung mit dem Göttlichen sich verquickt mit Schlauheit, Herrschsucht, Eigennutz. Bei so dunklem Gegensatz erglänzt um so heller jene echte Frömmigkeit, welche in freudiger Demut die göttliche Güte empfängt und in stiller, unermüdlicher Liebe den Dank bekundet.

Bei der Ethik Jesu liegt das Eigentümliche einen Schritt weiter zurück, als es oft gesucht wird. Es besteht nicht in einzelnen auffallenden und überraschenden Sätzen; wer die griechischen und jüdischen Schriftsteller jener Zeit kennt, der vermag die meisten Lehren in ähnlichem Wortlaut schon vorher aufzuweisen. Aber neu. ist der Geist, der mit lebendiger Kraft alle Lehren durchdringt; er macht auch das Alte neu, das Einfache groß. Denn während sonst mehr ein Streben. und Ringen der bloßen Individuen vorlag, feinsinnige Reflexionen der Denker oder weiche Stimmungen empfindsamer Seelen, bietet das Himmelreich eine das ganze Wesen umfassende Welt; die einzelnen Sätze werden ein Ausdruck, ein Zeugnis eines ursprünglichen, immer neu aufquellenden Lebens. Auch die schwersten Forderungen erhalten jetzt die Kraft, ja die Gewißheit der Erfüllung; was in seiner Vereinzelung paradox scheinen könnte, das macht der neue Zusammenhang selbstverständlich; überwunden ist alle Mattheit und Unbestimmtheit der früheren Entwürfe. So ist eine große Fortbewegung unverkennbar. Der bloße Gedanke ist zur Tat, das Sollen und Suchen zur lebendigen Wirklichkeit geworden.

Demgemäß zeigen alle Hauptlinien der neuen Gestaltung zugleich mit der Anknüpfung an das Frühere die fruchtbarste Fortbildung. Es entspricht dem allgemeinen Zuge der Zeit, die moralische Aufgabe nicht in das äußere Werk, sondern in die Innerlichkeit der Gesinnung zu setzen. Aber zu seiner vollen Befriedigung fehlte diesem Verlangen eine selbständige und allumfassende Innenwelt; so blieb das Seelenleben des Individuums vereinzelt, und all sein mühsames Tun konnte für das Ganze, ja für den Grundbestand des eigenen Wesens verloren scheinen. Das erfährt nunmehr eine vollständige Umwandlung, indem die Verbindung mit Gott den Menschen in eine selbstgenugsame Innenwelt versetzt und ihn ganz darin aufnimmt. Was in solcher Innenwelt geschieht, hat unmittelbar eine Wirklichkeit und einen Wert. Die völlige Unterordnung der Leistung unter die Gesinnung ist jetzt nicht eine hochfliegende Behauptung, sondern sie ist eine schlichte, ja selbstverständliche Tatsache, weil die Handlung von vornherein nicht auf die umgebende Welt, sondern auf das von innen her gegenwärtige Reich Gottes geht. Vollendet sie sich aber in solcher Innerlichkeit, so hat das äußere Werk nur zu bekunden, was hier geschah; es empfängt allen Wert aus jenem belebenden Grunde. Die Gesinnung selbst wächst damit aus einer matten Stimmung zu einer kräftigen Tat. Zugleich verlieren die Unterschiede größerer oder geringerer Ausdehnung des Wirkens alle Bedeutung; das Kleine wird dem Großen überlegen, wenn es in der Gesinnung irgend voransteht. Anschaulich wird diese Umwandlung in dem Gleichnis von den Talenten: nicht wie viel natürliches Vermögen eingesetzt, noch wie viel äußerer Erfolg erreicht ist, sondern allein dieses, daß in treuer Gesinnung die ganze, wenn auch noch so geringe Kraft aufgeboten wird, diese innere Leistung ist es, welche den Wert der Handlung bestimmt. Damit wird eine völlige Befreiung von dem Schicksal der natürlichen Begabung und dem Zufall des äußeren Erfolges vollzogen und der Wert des Menschen allein darauf begründet, was der eigenen Tat, der Tat des ganzen Wesens angehört. Die Macht des äußeren Schicksals hatte schon Plato gebrochen, indem er alle Größe des Menschen und allen Wert des Lebens in die Kraft und Harmonie des Inneren setzte; aber im Inneren selbst verblieb ein anderes, noch mächtigeres Schicksal: die natürliche Art und die Schranken des geistigen Vermögens; die Befreiung davon hat erst Jesus vollzogen.

Solche Verinnerlichung der Moral ist zugleich eine Hinaushebung über alle äußerlichen Formeln und Vorschriften; im neuen

Reich kann keine von draußen auferlegte Satzung den Menschen binden. Aber dafür erfolgt von innen her die strengste Bindung des ganzen Wesens an ein geistiges Gesetz. Wo es gilt, das Dasein bis zu seiner tiefsten Wurzel und in seiner ganzen Ausdehnung zu gewinnen, da unterliegen auch die unscheinbarsten Lebensäußerungen, die leisesten Gedanken der sittlichen Schätzung. So zeigt es das Verbot aller und jeder Feindseligkeit, aller und jeder geschlechtlichen Unlauterkeit, aller und jeder Unwahrhaftigkeit, nicht bloß der in greifbaren Taten bekundeten und unter Menschen verpönten. Nirgends werden dabei bequeme Kompromisse mit der fremden Welt geduldet, sondern ohne allen Abzug soll der Idealstand verwirklicht, die hohe Forderung erfüllt werden. Es erwächst das Ideal einer Vollkommenheit des ganzen Wesens, eines sittlichen Gottgleichwerdens, „seid vollkommen, gleichwie euer Vater im Himmel vollkommen ist."

Ein zweiter Hauptzug der hier eröffneten Moral ist der weiche Charakter der Milde, Demut, Feindesliebe. Auch an dieser Stelle bedarf es einer deutlichen Abgrenzung des Charakteristischen, um die neue Leistung zutreffend zu schätzen. Es gibt eine Weichheit aus einer Erfahrung schweren Leides, aus einem Bewußtsein der Nichtigkeit aller menschlichen Dinge und einer Verstricktheit aller Menschen in ein gemeinsames Elend: eine Weichheit der Schwäche; es gibt eine andere Weichheit aus freudigem Dank für große Güter, welche dem Menschen zugefallen, für reiches Wohlwollen und Liebe, die ihm unverdienterweise geschenkt sind: eine Weichheit der Stärke. Jene Art wird vornehmlich ein mitleidiges Empfinden entwickeln und mit einer matteren Art der Hilfleistung wohl in einer gegebenen Lage das Elend mildern, nicht aber eine neue Lage zu schaffen wagen; diese dagegen wird das Leid in seiner ganzen Ausdehnung aufsuchen, angreifen und, wenn auch nicht gänzlich vernichten, so doch von innen her, durch den Aufbau eines Reiches der Liebe, gründlich überwinden. Dort eine Verfeinerung natürlicher Empfindungen, hier eine Erneuerung in der Tiefe des Wesens. Jenes im Ausgang des Altertums, dieses in der Moral Jesu. Hier gibt den Grundton die Überzeugung, daß der Mensch durch göttliche Liebe und Gnade ohne eigenes Verdienst von aller Not befreit und zu unendlicher Seligkeit berufen ist. Daraus strömt eine überquellende Freude und Dankbarkeit, eine Gesinnung der Sanftmut und Friedfertigkeit. Nun heißt es, was immer Menschen an Übel zufügen mögen, nicht mit Gewalt und

Haß abzuwehren, sondern durch · Nachgiebigkeit und Liebe von innen her zu besiegen. Alles Böse sei ohne Maß vergeben, entsprechend der unbemessenen Vergebung, die der Mensch von Gott erwartet und empfängt.

In diesem neuen Reich kann der Mensch nicht darauf sinnen, anderen voranzustehen und für sich etwas vorauszuhaben. Sondern es wirkt die Überzeugung des gänzlichen Angewiesenseins auf die barmherzige Gottesliebe zu tiefer Demut und freudiger Bereitschaft, sich unterzuordnen und den anderen zu dienen, »gleichwie des Menschen Sohn gekommen ist, nicht daß er sich dienen lasse, sondern daß er diene«. So eine Abweisung alles Rechtens mit anderen, alles Verweilens bei ihren Fehlern. Diese Stimmung herzlicher Milde klingt durch in der Äußerung Jesu über die Stellung des Menschen zu seinem eigenen Werk: »Wer nicht wider uns ist, der ist für uns.«

Aber noch über das Verlangen friedfertiger Milde und dienstwilliger Arbeit hinaus ergeht die Forderung, auch die Feinde in die liebevolle Gesinnung einzuschließen und ihnen freudig wohlzutun. Auch hier ist die Lehre nicht völlig neu, neu aber ist die Umwälzung des Lebens, die das Unmögliche möglich macht, die nicht eine bloße Forderung stellt, sondern eine Kraft erzeugt, sie zu befriedigen. Denn unzweifelhaft widerspricht jene Forderung dem natürlichen Empfinden; sie wäre unerfüllbar ohne die Eröffnung eines neuen Grundverhältnisses der Menschen untereinander. Das aber geschieht durch die gemeinsame Gotteskindschaft im neuen Reich, sie verbindet die Menschen von innen her zu engster Verwandtschaft und entzündet eine das tiefste Wesen bewegende Liebe, die alle harten Affekte auflöst und alle Feindschaft in Brüderlichkeit verwandelt.

Mit den bisher erörterten Zügen eng verbunden ist das Verschwinden aller sozialen Unterschiede gegenüber der einen großen Aufgabe. Auch das entspricht einer allgemeinen Bewegung der Zeit, aber die als bloße Theorie wenig wirksame Forderung erlangt hier die Kraft voller Durchführung, weil das Leben tatsächlich seinen Kern in eine Tiefe reiner Menschlichkeit verlegt, wohin die Unterschiede der Stellung, Bildung u. s. w. nicht reichen. Das Menschliche im Menschen wird zur Hauptsache, wo die Gotteskindschaft das Fühlen und Streben beherrscht.

Der offene Sinn für alles menschliche Ergehen zusammen mit

dem hilfreichen, aufopfernden Charakter der hier entwickelten Moral wirkt zu besonderer Empfehlung der Sorge für die Armen und Hilfsbedürftigen; alle Habe den Armen zu geben, das erscheint als die Vollendung des Tuns, ja das wird zum eigentlichen Kennzeichen für den Ernst der Zuwendung zum Gottesreiche. Gegenüber dem Eintritt in das neue Reich müssen alle irdischen Angelegenheiten gleichgültig werden, alles Hangen an ihnen wird ein unstatthafter Abzug an dem, woran allein das Heil liegt. Daher kann hier kein Interesse für die Kultur, für Kunst und Wissenschaft, für die Gestaltung der sozialen Verhältnisse u. s. w. bestehen. Wohl nehmen die Gleichnisse vom Sauerteig wie vom Samenkorn eine kräftige Weiterentwicklung in Aussicht und fordern dafür ein unermüdliches Wirken; die, welche das Licht der Welt sind, sollen ihr Licht leuchten lassen vor den Menschen und predigen auf den Dächern, das Salz der Erde darf seine Schärfe nicht verlieren. Aber dies alles betrifft nur das Wachstum des Himmelreiches, es bedeutet keine Durchdringung der allgemeinen Verhältnisse mit dem neuen Leben. Diese waren Jesus gleichgültig und mußten ihm gleichgültig sein; man darf ihm trotzdem keine Weltflucht zuschreiben, denn wie könnte weltflüchtig heißen, wer eine neue Welt einführt und dafür den ganzen Menschen mit gewaltiger Kraft zu freudiger Tätigkeit aufruft? Wen solche Gleichgültigkeit Jesu gegen alle natürliche Kultur abstößt, der kann nur gleich das ganze Christentum fahren lassen, denn die Eröffnung einer neuen Welt gegenüber jener Sphäre ist von ihm unabtrennbar.

So sehen wir in der Verkündigung des Himmelreiches eine durchaus ursprüngliche und wahrhaftige, in ihrer Einfachheit umwälzende Wirklichkeit aufsteigen. Alles ist hier jugendlich und frisch; das Ganze durchflutet der gewaltigste Drang, alle Weite der Welt für das neue Leben zu gewinnen; wie aber das Neue nicht eines neben anderem, sondern das Ganze sein will, so soll es nicht irgend einmal im Lauf der Zeit zur vollen Wirkung gelangen, sondern gleich jetzt sich durchsetzen und alles unterwerfen. Damit gerät das Dasein in tiefste Erregung und Bewegung, nicht aber in ungestüme Hast und finstere Leidenschaft. Denn das Streben trägt in sich die volle Sicherheit eines persönlichen Besitzes, und über allem Wirken nach außen schwebt die Hoheit eines von seligem Frieden erfüllten Lebens.

d. Der Zusammenstoß mit der Welt.

Nach Entwicklung der eigentümlichen Art des neuen Lebens ist seine Berührung mit der menschlichen Lage und der vorgefundenen Welt zu betrachten. Das Verhältnis zur Zeit wird hier besonders bedeutsam wegen der einzigartigen Stellung, die Jesus nach seiner eignen Überzeugung und bald auch im Glauben seiner Anhänger einnimmt. Denn er verkündet nicht bloß als eine allgemeine Wahrheit die Tatsache eines Reiches Gottes, sondern eben jetzt und durch ihn soll es unter uns wirklich werden und alles Dasein beherrschen. Zur Sinnesänderung und zum Eintritt in das Himmelreich wird jeder aufgerufen. „Die Zeit ist erfüllet und das Reich Gottes ist nahe herbeigekommen."

Aber die Antwort der Zeitgenossen bleibt nicht lange ungewiß. Es ergibt sich bald, daß die Menge wohl für den Augenblick angezogen und hingerissen, nicht aber für die Dauer gewonnen wird, während die leitenden Gewalten schroff ablehnen. Die offizielle Religion wird, wie oft auch innerhalb des Christentums, zum erbittertsten Gegner eines ursprünglicheren und wahrhaftigeren Lebens. So kommen die Eingeladenen nicht zu dem ihnen bereiteten Fest, die große Sache wird mit kühler Gleichgültigkeit oder unfreundlicher Abweisung behandelt. Ja, die Abweisung wächst zu harter Anfeindung. Unter der kleinen Schar der Anhänger aber entsprechen selbst die Besten bei aller Treue ihrer Hingebung und aller Innigkeit ihrer Liebe weitaus nicht den Forderungen des Aufbaus einer neuen Welt; den einzigen Apostel großen Stiles hat Jesus erst nach seinem Tode gewonnen.

So mußte die Aussicht auf einen unmittelbaren Sieg des neuen Reiches verschwinden. Ohne Zweifel hat dies auch Jesus selbst empfunden und ist dadurch in tiefe Bewegungen und Kämpfe versetzt worden. Aber er hat in diesen Kämpen innerlich einen vollen und reinen Sieg davongetragen. Über allen Widerstand, über alle Zweifel und Sorgen erhebt die felsenfeste Gewißheit, daß der Triumph des Bösen nur vorübergehend sein kann; nicht nur zerschellen alle Sorgen und Zweifel an der inneren Gegenwart des Gottesreiches, auch äußerlich wird es den vollen Sieg davontragen. Der Messias wird wiederkommen zum Gericht und zur Herstellung eines Reiches Gottes auf Erden; der Stein, den die Bauleute verworfen haben, wird sich damit als der Eckstein erweisen.

Wie weit diese Erfahrungen und Empfindungen sich bei Jesus selbst entwickelt und seine Gedankenwelt umgebildet haben, das ist kaum noch zu entscheiden; denn mehr als irgendwo anders dürfte hier die spätere Zeit ihre eigenen Kämpfe und Stimmungen Jesu selbst beigelegt haben. Jedenfalls mußte die Überzeugung an schwerem Ernst wachsen und ein Element des Schmerzes in sich aufnehmen, wenn der Widerspruch der Welt so übermächtig war und der Weg zur Höhe durch eine scheinbare Vernichtung ging. Tiefer werden damit die Schatten, gewaltiger wird die Anforderung und die Aufregung. Nun tritt die Aufgabe voran, das Ergriffene treu festzuhalten, in der Verfolgung tapfer auszuharren, auch das schwerste Leid willig zu ertragen, die schlechte Gegenwart gering zu achten gegenüber der zukünftigen Herrlichkeit, die nun weit mehr die Gedanken beherrscht. Und zugleich wird die Ablösung von der Welt und die Forderung der ausschließlichen Hingebung an das eine Ziel noch eindringlicher, noch entschiedener wird alles Mittlere und Schwankende zum Feindlichen geworfen. Solcher Verschärfung des Gegensatzes mag das Wort entstammen; „wer nicht mit mir ist, der ist wider mich, und wer nicht mit mir sammelt, der zerstreuet,“ auch jenes andere, welches das schroffe Endweder — Oder aufs grellste beleuchtet: „wer nicht hasset seinen Vater, Mutter, Weib, Kinder, Bruder, Schwester, auch dazu sein eigenes Leben, der kann nicht mein Jünger sein.“

Aber inmitten aller Erschütterungen und Kämpfe behauptet sich nicht nur die volle Zuversicht eines endgültigen Sieges, das Leid selbst verliert seine Starrheit und Unvernunft durch den Gedanken, daß göttlicher Ratschluß alles so verordnet hat, wie es geschieht, und daß diesem Ratschluß selbst die Bosheit des Menschen dienen muß. Wenn ferner der Gedanke eines dem Zorn Gottes über die Sünden der Welt dargebrachten Sühnopfers Jesus selbst fremd war, gewiß war es auch seine Überzeugung, daß das Leid des Gerechten dem Heil der anderen dient und so zu einem Zeugnis der Liebe wird. Jedenfalls wirkt alle Gefahr nicht zur Einschüchterung, die Tätigkeit erfährt keine Verzögerung, kräftigen Mutes wird der letzte, entscheidende Schritt getan, der Angriff auf die Hochburg des Feindes gewagt.

Das Leiden und namentlich der Tod Jesu haben für die Vorstellung der Christenheit eine besondere Bedeutung gewonnen; zusammen mit der Lehre von der Auferstehung sind sie der Mittelpunkt des kirchlichen Glaubens geworden. Eine Erörterung solcher Probleme gehört nicht in dieses Buch; wie sein Verfasser persönlich

zu diesen Fragen steht, das hat er in dem Werk „Der Wahrheitsgehalt der Religion" deutlich ausgesprochen. Hier sei nur darauf
hingewiesen, daß auch eine rein geschichtliche Betrachtung dem
Tode Jesu eine weit größere Bedeutung zugestehen muß, als der
Abschluß des Lebens bei anderen Helden zu haben pflegt. Zunächst
wird das Männliche und Kräftige, das dem Lebenswerk jener Persönlichkeit innewohnt, deutlich herausgehoben und sichtlich verstärkt durch den mutigen Angriff auf die feindliche Übermacht und
durch das tapfere Ausharren bis zum Ende. Dann aber scheint
erst der Tod mit seinen aufregenden und erschütternden Eindrücken
den Anhängern das innere Auge geöffnet zu haben für die Bedeutung dessen, was um sie vorging; nun erst wuchs ihnen die
Gestalt des Meisters zu übermenschlicher Größe, nun erst schlug,
was an Kraft der Verehrung und an Glut der Liebe in ihnen
schlummerte, zu heller Flamme empor. Was die christliche Überlieferung von einer sinnlichen Auferstehung Jesu berichtet, unterliegt
der historischen Kritik und stößt auf gewichtigste Zweifel; allem
Zweifel enthoben aber ist die Tatsache, daß den Jüngern aus dem
jähen Zusammenbruch ihrer Hoffnungen die felsenfeste Überzeugung
von der inneren Nähe ihres Herrn und seiner baldigen Wiederkunft
zum Weltgericht hervorbrach, daß die ungeheure Katastrophe sie
nicht einschüchterte und schwächte, sondern sie über sich selbst
hinaushob und ihnen die Kraft zu eigenem Heldentum und Martyrium
verlieh. Der unbeugsame Mut, den Jesus gegen eine feindliche,
äußerlich so überlegene Welt erwiesen, und die Größe, die er in
dem Zusammenstoß bewährt hatte, sie gaben ihnen die Gewißheit
einer anderen Ordnung der Dinge, sie entzündeten auch in ihnen
den Mut, das scheinbar zertretene Werk aufzunehmen und mit aller
Energie weiterzuführen. Auch für alle fernere Entwicklung des
Christentums hat jenes Leiden und jener Tod dem Verhältnis der
Gemüter zur Persönlichkeit Jesu eine besondere Innigkeit gegeben;
namentlich geht durch alle Kämpfe und Leiden des alten Christentums der Grundton, es gelte, Jesus, der für die Seinen gelitten und
gestorben, den Dank zu erweisen, die Treue zu wahren bis zur
Aufopferung des eigenen Lebens im Blutzeugnis, dem „vollendeten
Werk der Liebe". Wohl ist dabei die Empfindung der Individuen
nicht selten ins Weichliche und Spielende geraten, aber über die
Empfindung der Individuen hinaus vergegenwärtigt jener tragische
Untergang dem Christentum eindringlich das Tragische unserer ge-

samten Weltlage, zeigt er mit unabweisbarer Kraft das rätselhafte Dunkel und den tiefen Ernst der menschlichen Schicksale, widersteht er sicher aller flachen Rationalisierung des Daseins und aller bequemen Ausgleichung mit der gegebenen Welt. Andere Religionen sind durch ihre Siege, das Christentum ist durch seine Niederlage zur Weltmacht geworden. Denn ihm erwuchs aus dem äußeren Untergange und dem scheinbaren Verschwinden die siegreiche Gewißheit einer neuen Welt, die feste Überzeugung eines Gegründet- und Geborgenseins alles Guten in solcher Welt; an dieser Stelle konzentrieren sich ihm alle Probleme des Daseins auf Einen Punkt und vollzieht sich eine Wendung des Lebens ins Heroische und Metaphysische. An den Menschen aber kommt von da unablässig eine große Frage, ein großer Zweifel, eine große Aufforderung, eine große Hoffnung.

e. Die bleibende Bedeutung.

Bei der Erwägung der bleibenden Bedeutung Jesu sei gegenwärtig, daß überhaupt die führende Persönlichkeit nirgends mehr besagt als im Gebiet der Religion, das aber gemäß der Hauptaufgabe der Religion. Streng genommen, mag diese Aufgabe durchaus unmöglich scheinen. Oder ist es nicht etwas Unmögliches, den Menschen inmitten seines menschlichen Daseins zur Göttlichkeit emporzuheben, ihm bei seiner Abhängigkeit vom Weltlauf eine sich selbst angehörige Seele zu sichern, ihm inmitten der Zeit eine Ewigkeit zu eröffnen? Ohne eine Umkehrung des ersten Welt- und Lebensbildes, ohne ein Wunder ist hier nicht auszukommen. Dies Wunder aber vollzieht sich an erster Stelle in dem Leben und Sein schöpferischer Persönlichkeiten; erst aus der hier gewonnenen Nähe und Anschaulichkeit kann es sich auch den anderen mitteilen und schließlich der gesamten Menschheit zur Wahrheit werden. Daher bemißt sich die seelische Tiefe und bestimmt sich der Charakter der Religionen vornehmlich nach der Eigentümlichkeit der begründenden Persönlichkeiten; sie sind es, welche dem Gerüst von Lehren und Einrichtungen ein inneres Leben einflößen, welche allen Zweifeln einen unangreifbaren Tatbestand entgegenhalten, welche die Religion aus aller zeitlichen Erstarrung immer von neuem auf die Kraft ihres Ursprungs zurückführen.

Liegt so viel an der begründenden Persönlichkeit, so war es für das Christentum ein unermeßlicher Gewinn, und es gab ihm eine Überlegenheit gegen alle anderen Religionen, auf dem Leben und Sein einer Persönlichkeit zu ruhen, die über das Niedere der menschlichen Art und auch über die Gegensätze, welche das Leben zu spalten pflegen, so weit und so sicher hinausgehoben war. Es erscheint hier zusammen mit schlichtester Einfalt eine unergründliche Tiefe, zusammen mit jugendlicher Freudigkeit der größte Ernst, zusammen mit innigstem Gemüt und weichster Empfindung ein gewaltiger Eifer für das Heilige und ein unerschütterlicher Mut zum Kampf gegen eine feindliche Welt. Gottvertrauen und Menschenliebe verbinden sich hier zu untrennbarer Einheit; das höchste Gut ist zugleich ein sicherer Besitz und eine unermeßliche Aufgabe. Alle Äußerung hat den Duft zartester Poesie und schöpft ihre Bilder aus den schlichten Vorgängen der Naturumgebung, die selbst dadurch veredelt wird; nirgends ein künstlich Zurechtgemachtes, nirgends ein Überschwengliches und Maßloses, worin die orientalische Art so leicht verfällt. Überhaupt nichts, was uns als spezifisch orientalisch anmutet und befremdet, in ausgeprägter Individualität eine Höhe reiner Menschlichkeit, die mit wunderbarer Harmonie wirkt. Und diese Persönlichkeit durch ihre tragischen Erlebnisse zugleich ein Urbild menschlichen Schicksals, dessen ergreifender Eindringlichkeit sich auch die härtesten Gemüter nicht verschließen konnten.

Soweit das Bild Jesu gegenwärtig blieb — und ganz konnte es den Anhängern nie entschwinden — hatte das Christentum einen sicheren Schutzgeist gegen ein Versinken in die kleinmenschlichen Angelegenheiten und die träge Routine des Alltags, einen Schutzgeist auch gegen die eigene Erstarrung und Verflachung, gegen den Rationalismus der Dogmen wie gegen den Pharisäismus der Werkheiligkeit, eine Kraft der Zurücklenkung aus aller Kompliziertheit der geschichtlichen Gestaltung zur Einfachheit des Reinmenschlichen, eine Kraft auch des Zusammenhaltens gegen alles Auseinanderfallen in Sekten und Parteien, das dem Christentum von früh an drohte. So ist innerhalb des Christentums die Bewegung immer wieder zu Jesus zurückgekehrt und hat immer Neues aus ihm geschöpft. Von hier aus wurde das Christentum sich selbst immer von neuem zum Ideal. Die „Nachfolge Christi", oft schief und falsch als eine blinde Nachahmung verstanden, war das Losungswort alles Strebens zur Wahrhaftigkeit, zur eigenen Christianisierung des Christentums; ihre geschichtliche Bewegung verfolgen, das heißt die innere Geschichte des Christentums aufdecken.

Solche Bedeutung Jesu verbleibt in voller Geltung auch für uns Neueren, die wir uns von seiner Gedankenwelt oft weit getrennt fühlen; dies Trennende reicht in Wahrheit nur bis zu einem gewissen Punkte, um jenseits vielmehr zur Verbindung zu wirken. Nur muß vor allem darüber Klarheit walten, daß Jesus ein durchaus charakteristisches Bekenntnis von letzten Fragen und höchsten Gütern vertritt, daß daher auch seine Anerkennung prinzipielle Überzeugungen verlangt, daß wie bei jedem schöpferischen Geist, so vor allem bei ihm sich die Geister scheiden, scheiden werden für alle Zeiten.

Die unmittelbare Erwartung des Gottesreiches machte Jesus gleichgültig gegen alle Fragen der bloßen Kultur und der sozialen Ordnung; so läßt sich aus ihm dafür nichts gewinnen, aus ihm keine Bekräftigung und kein Rat schöpfen. Das trennt ihn weit von denen, welche die Kulturentwicklung für den Hauptinhalt und die alleinige Aufgabe des menschlichen Seins halten; es wird um so mehr die zu ihm hinziehen, welche das Unzulängliche aller bloßen Kultur durchschauen und in der Begründung einer neuen Welt aus dem Grundverhältnis des Menschen zum Unendlichen und Ewigen die einzig mögliche Rettung der Seele erblicken.

Gewichtiger, als mehr dem eigenen Gebiet der Religion angehörig, ist ein anderes Bedenken. Die neuere Forschung hat den engen Zusammenhang aller Lehren Jesu mit seiner Überzeugung von der baldigen Welterneuerung, dem nahe bevorstehenden Kommen des Reiches Gottes unwiderleglich dargetan; auch die Ethik mit ihrer Milde, Friedfertigkeit und zugleich doch Freudigkeit erhält ihr rechtes Licht erst aus der Erwartung baldiger Herrlichkeit, sie kann ohne das leicht weichlich und überspannt scheinen. Nun hat die Geschichte jene Überzeugung als irrig erwiesen; was Jesus als eine rasche und einmalige Entscheidung betrachtete, das ist zu einer bleibenden Frage und Aufgabe geworden. Nicht leicht und nicht ohne erhebliche Umwandlungen hat sich das Christentum darin gefunden; hat es sich damit nicht von Jesus entfernt, ist es nicht in einen Gegensatz zu ihm getreten? Die Veränderung ist unverkennbar und eine Absage für jeden unvermeidlich, der in der Welt unseres unmittelbaren Daseins die einzige Wirklichkeit, die abschließende Entfaltung des Geisteslebens sieht. Wem dagegen diese Welt nur als eine besondere Art des Seins gilt, und wer ohne die lebendige Gegenwart einer neuen Welt nicht gebundener und kämpfender, sondern selbständiger und überwindender Geistigkeit keine Möglichkeit einer geistigen Selbsterhaltung, keinen Sinn und keine Vernunft aller unsäglichen Mühe und Arbeit sieht, der wird es mit freudigem Dank verehren, daß Jesus der Nähe und Gegenwart jener Welt einen aufrüttelnden und hinreißenden Ausdruck gegeben hat. Nicht nur durch seine Lehren, mehr noch durch sein Leben und sein Schicksal hat er einen Bruch mit der nächsten Welt vollzogen; er hat sie mit allen ihren Gütern entwertet, er hat die Menschheit zwingend über sie hinausgewiesen, er hat ihr eine unvertilgbare Sehnsucht nach einer neuen Welt eingepflanzt. Die Form, die wir jetzt als vergänglich erkennen, war wohl unentbehrlich, um jene Zeit für die Anerkennung eines neuen Reiches zu gewinnen und sie zur Aufbietung ihrer Kraft dafür zu bewegen. Lassen wir uns durch die zeitgeschichtliche Hülle den ewigen Kern nicht rauben, so können wir selbst an diesem Punkte uns weniger von Jesus getrennt als mit ihm einig wissen, d. h. wir, die wir den großen Gegensatz anerkennen und zugleich über ihn hinausstreben.

Daher brauchen auch die höchst notwendigen Bestrebungen nach einer neuen Form des Christentums, nach einem aktiveren und universaleren Christentum, wie sie heute immer mächtiger aufsteigen, nicht mit Jesus zu brechen, vielmehr können auch sie sich in den Dienst der von ihm eröffneten Wahrheit stellen und sich mit voller Überzeugung das Wort des Petrus aneignen: „Herr, wohin sollen wir gehen? Du hast Worte des ewigen Lebens."

B. Das alte Christentum.

Bevor wir uns zur Geschichte der christlichen Lebensanschauungen wenden, sei kurz der Schwierigkeiten gedacht, die der Begriff der Geschichte auf diesem Gebiete hat. Von vornherein bilden Religion und Geschichte einen Widerspruch. Denn so gewiß die Religion ihre Wahrheit als göttlich gibt, so gewiß muß sie sie auch als unwandelbar geben, und so gewiß sie eine neue Welt eröffnet, so gewiß muß sie eine Gleichgültigkeit gegen die alte erzeugen. Das Christentum hat diesen Gegensatz zu besonderer Schroffheit gesteigert; weder Jesus selbst, noch seine Jünger, noch das alte Christentum meinten am Beginn einer langen Entwicklung zu stehen, vielmehr erwarteten sie für die nächste Zeit das Weltende, das Erscheinen der ewigen Herrlichkeit. Es dauerte Jahrhunderte, bis die Hoffnung auf eine baldige Wiederkehr des Messias verblaßte; es war wohl erst die Ausbildung der Kirche zu voller Selbständigkeit und weltbeherrschender Macht, welche durch die von ihr behauptete Gegenwart des Reiches Gottes jenen Gedanken in den Hintergrund drängte. Die Kirche selbst aber, als Trägerin einer unwandelbaren Wahrheit, hat in wesentlichen Dingen nie eine innere Bewegung und Geschichte anerkannt. Auch das ist bemerkenswert, daß Luther mit der Erschütterung des überkommenen Kirchenbegriffes sofort wieder unter die Macht des Gedankens von einem baldigen Weltende gerät; nur diese Überzeugung macht namentlich sein späteres Wirken verständlich.

Trotzdem hat das Christentum eine Geschichte. Es hat sie zunächst deswegen, weil es sehr verschiedenen Zeiten angehörte, und weil die Eigentümlichkeit dieser Zeiten auch in die Gestaltung der Religion einfloß. Denn so wenig die Religion ein bloßes Stück der Kultur bildet, der Wirkung des sie umfangenden Lebens kann auch sie sich nicht entziehen. Gerade die Zeit, in der das Christentum seine einstweilige Festlegung fand, jene Zeit des Versinkens des

Altertums, ist viel zu eigentümlich, als daß sie den Normaltypus für
alle Zeiten bilden und alle Zukunft der Menschheit beherrschen
dürfte; es mußte über sie hinausdrängen, und es hat über sie hinaus-
gedrängt; damit aber wird auch die Religion in die Bewegung
hineingezogen.

Bis so weit könnte aber die Bewegung für sie nur als zufällig
und aufgedrungen erscheinen. Aber es hat das Christentum, bei
aller anfänglichen Gleichgültigkeit gegen die Welt, als dauernde
Lebensmacht auch ein inneres Bedürfnis, sie an sich zu ziehen und
zugleich sich selbst weiter zu entfalten. Es darf nicht eine Sache
der bloßen Individuen bleiben; es würde bei solcher Beschränkung
nicht einmal den Einzelnen befriedigen, da auch in ihm ein
Stück Weltnatur steckt; es muß ein zusammenhängendes Lebensganzes, eine christliche Welt aufbauen. Dafür aber muß es zum
Kulturleben in eine positive Beziehung treten und sich aus ihm Ver-
wandtes aneignen; auch muß es von sich aus auf die Kultur zurück-
wirken, wenn auch weniger direkt als indirekt, durch die Wandlung des ganzen Menschen hindurch. Wer über eine christliche
Kultur, eine christliche Wissenschaft u. s. w. spottet, der zeigt nur,
daß er nicht nur von der Religion, sondern auch von der Wissenschaft und der Kultur gering denkt. Solche Wechselwirkung mit
der Kultur, solches Geben und Empfangen läßt aber das Christentum notwendig in die Bewegungen des allgemeinen Lebens eintreten
und damit auch an einer Geschichte teilgewinnen.

Diese Geschichte zerfällt aber in zwei Hauptabschnitte: ein
älteres und ein neueres Christentum, jenes durch das Verhältnis zum
Altertum, dieses durch das zur Neuzeit bestimmt. Die Verbindung
mit dem Altertum wirkt in den heutigen Formen des Christentums
noch stark fort und bereitet viel schwere Hemmung. Aber solche
Wahrnehmung darf uns nicht ungerecht gegen jene ältere Phase
machen. Für jene Zeit war sie eine Notwendigkeit, wenn anders
das Christentum aus einer bloßen Sekte zur geistigen Weltmacht
werden und den allgemeinen Verhältnissen seinen Stempel aufprägen
sollte. Denn an keine andere Kultur konnte es sich halten als an
die, welche damals die Welt beherrschte und der allgemeinen Überzeugung als das Endergebnis menschlichen Strebens galt. Auch
ist die Fruchtbarkeit der Verbindung beider Welten unbestreitbar.
Wohl ist dabei das Altertum oft weit über die Stellung hinaus-
gewachsen, die ihm die christliche Überzeugung anwies, namentlich

bei den Begriffen und Lehren scheint oft mehr das Christentum in
das Altertum als das Altertum in das Christentum eingetragen. Aber
das Bewegende und Vorwärtsdrängende war und blieb das Christentum, es hat bei aller Überflutung mit klassischen und spätgriechischen
Gedankenmassen den Kampf für die Erhaltung und Entfaltung seiner
Eigenart nie eingestellt. Wenn ferner das Zusammenstreben gewöhnlich nicht über eine mehr oder minder geschickte Kombination
hinauskommt, so enthält es immer bedeutende Probleme, und an
Einer Stelle — bei Augustin — erreicht es eine Höhe, die sich
den größten Leistungen aller Zeiten zur Seite stellt und auch durch
alle Wandlungen der Verhältnisse einen Wert behauptet. Wie aber
Augustin die Spitze der Lebensanschauungen des alten Christentums
und damit auch den Hauptvorwurf unserer Betrachtung bildet, so
ergibt sich von ihm aus auch die Einteilung dieser Periode: alle
Leistung vor Augustin läßt sich als eine Vorbereitung, alle spätere
als eine Weiterführung seiner Gedanken betrachten.

1. Die voraugustinische Zeit.

Die Darstellung der christlichen Lebensanschauungen vor Augustin
hat eigentümliche Schwierigkeiten. Da sich keine einzelne Leistung
zu klassischer Größe hervorhebt, so muß uns ein allgemeiner Überblick genügen. Aber dabei erscheinen nicht nur viele Unterschiede
der Individuen, nicht nur ein Gegensatz griechischer und römischer
Art, es erscheint auch eine Wandlung im Ganzen, indem bei rascherem
Wachstum des Christentums, wie es seit Ende des 2. Jahrhunderts
erfolgt und seit der Mitte des dritten Jahrhunderts noch stärker anschwillt, die Organisation vor das Individuum, die Leistung vor die
Gesinnung tritt und das Magische einen immer weiteren Raum erlangt. Wir hoffen diesen Schwierigkeiten gerecht zu werden, wenn
wir verschiedene Durchblicke des Ganzen versuchen und dabei auch
der individuellen Abweichungen eingedenk bleiben.

a. Das Lebensbild der ersten Jahrhunderte.

Die Äußerungen der ersten Jahrhunderte über Menschenleben
und Menschenlos sind bedeutender als Zeichen eines neuen Lebens
denn als wissenschaftliche Leistungen. In einer Zeit, wo die christlichen Gemeinden nach außen und nach innen hart zu kämpfen
hatten, wo die Erwartung einer überschwenglichen Seligkeit die

Menschen mehr im Glauben und Hoffen als in der sinnlichen Gegenwart leben ließ, wo endlich die Armen und Ungebildeten den Grundstock der Gemeinden ausmachten, da war wenig Raum und wenig
Antrieb zu einer zusammenhängenden Behandlung und wissenschaftlichen Erörterung der Überzeugungen vom Leben. Es war weniger
das eigene Bedürfnis als die Notwendigkeit der Verteidigung, welche
Darlegungen hervorrief; indem man aber nicht sowohl zu sich selbst
als zu Fremden sprach, wurden mehr einzelne Punkte der Berührung
und des Zusammenstoßes erörtert als das Eigene zu einem Ganzen
gestaltet; auch mußte man sich, um auf die anderen zu wirken,
auf ihren Boden stellen und ihre Schätzung gelten lassen. So haben
die literarischen Darlegungen einen vorwiegend exoterischen Charakter;
vieles in ihnen ist rationalistischer und utilitaristischer Art. Was
damals die Herzen erfüllte, offenbart weit anschaulicher die altchristliche Kunst, und ein Gang durch die Katakomben versetzt
unmittelbarer in den Lebenskreis jener Zeit als alle philosophischen
Werke. Darin aber behalten diese einen eigenen Wert, daß sie ersehen lassen, wie weit das Neue und Eigentümliche zu deutlichem
Bewußtsein kam, und wie viel Kraft es besaß, sich Fremdem gegenüber mit Gründen zu erweisen. Einen Zusammenhang gewinnen
aber die einzelnen Äußerungen nur durch eine Zurückbeziehung auf
das Leben, das hinter ihnen stand.

Als den Kern des altchristlichen Lebens zeigen auch die
Lebensanschauungen die Moral; die Forderung einer strengen und
inneren Moral verdrängt alle anderen Aufgaben. Augenscheinlich
ist die Verwandtschaft mit den Stoikern und Kynikern jener Zeit,
aber zugleich finden sich beträchtliche Unterschiede. Die Stoiker
stellen die Innerlichkeit des Menschen neben eine im wesentlichen
logische und physische Ordnung der Dinge; eine solche kann
nicht das Individuum Weltzusammenhängen einfügen und seinem
Streben dadurch einen Halt gewähren. Den christlichen Lehrern
dagegen ist durch die ganze Welt Gott, der vollkommene moralische
Geist, gegenwärtig, ihnen ist das Gute die herrschende Macht auch
jenseit des menschlichen Kreises.

Mit solchem Glauben verbindet sich aber die Überzeugung,
daß die nächste Erfahrung keineswegs dazu stimmt, daß sie voller
Leid und Unvernunft ist. Zum Guten wenden läßt sie sich nur
mit Hilfe Gottes, nicht durch eigene Kraft; so verflicht sich eng mit
der moralischen Überzeugung ein religiöser Glaube. Aber die Moral

wird durch die Religion mehr befestigt und unterstützt als beseelt und vertieft; ein innerlicheres religiöses Empfinden, eine Sehnsucht nach einem Leben aus der Vollkommenheit und Unendlichkeit gelangt äußerst selten zum Ausdruck; die Religion erscheint mehr als ein Mittel menschlichen Glückes denn als ein Selbstzweck. Mochte eine tiefere Art im Grunde der Seele wirken, den Weg zur wissenschaftlichen Darlegung hat sie nicht gefunden.

Darin auch erscheint ein Gegensatz zur alten Philosophie, daß das Augenmerk weniger den bloßen Individuen als dem Gesamtstande, der Besserung der ganzen Menschheit zugewandt wird. Das stellt nicht nur viel neue Aufgaben, es verändert auch die Art der Darlegung. Die wissenschaftliche Bearbeitung tritt zurück vor dem, was im allgemeinen Bewußtsein lebt, der unmittelbare Eindruck, die schlichtmenschliche Empfindung kann sich freier entwickeln und offener aussprechen, das Ganze wird wärmer und verständlicher. Aber solche Demokratisierung der Überzeugungen gefährdet nicht nur die Vornehmheit der Form und die Durchbildung der Begriffe, es reißt auch der Anthropomorphismus der Volksvorstellung die Gesinnung oft weit mit sich fort, und die erregte Stimmung erhält kein genügendes Gegengewicht durch eine sachliche Erwägung der Dinge.

Das Lebensbild der altchristlichen Denker sucht nicht mit der Antike seine Begründung in der Wissenschaft, vielmehr soll der Glaube, d. h. hier ein Ergreifen und Annehmen göttlicher Mitteilung, die Wahrheiten übermitteln, an denen das Heil des Menschen hängt. Es erwächst eine starke Neigung, zu Gunsten des Glaubens das Vermögen des Wissens herabzusetzen; eine hochmütige Verirrung dünkt es, mit dem Wissen die letzten Geheimnisse durchschauen und den Glauben meistern zu wollen. „Über Gott läßt sich nur von Gott lernen" (Athenagoras). Die Griechen, bei denen die alte Freude am Wissen unvertilgbar fortwirkt, sind dabei im allgemeinen maßvoller; bei den Lateinern steigert sich die Geringschätzung des Wissens oft zu schroffem Mißtrauen gegen alles eigene Vermögen des Menschengeistes. Mit zwei Hauptpunkten scheint der Glaube im Vorteil: der Sicherheit und der Allgemeinverständlichkeit. Die Philosophen suchen erst die Wahrheit, während die Christen sie schon besitzen; am Glauben können alle teilhaben, während die wissenschaftliche Erkenntnis ein Vorrecht kleiner Kreise ist, da den Meisten schon die Muße zur Forschung fehlt. „Jeder christliche

Handwerker kennt Gott und zeigt ihn und besiegelt durch die Tat alles, was von Gott verlangt wird, obschon Plato behauptet, daß der Bildner des Alls sich nicht leicht finden und, wenn gefunden, schwer allen mitteilen lasse" (Tertullian).

Den Mittelpunkt des altchristlichen Glaubens bildet die Gottesidee. Hier erfolgen bedeutende Wandlungen gegen den Volksglauben und auch gegen die philosophische Überzeugung der Alten. Nun erst entwickelt sich ein ausschließlicher Monotheismus, der neben dem einen unsichtbaren Gott keine Untergötter und Zwischenstufen duldet; nun erst verschwindet der Polytheismus, um freilich später durch die Heiligenverehrung innerhalb des Christentums in abgeschwächter Form neu zu erstehen. Alle Wirklichkeit gilt jetzt als unmittelbar vom höchsten Geist gebildet, die Natur verliert die alte Beseelung und Göttlichkeit. Der antiken Empfindung mußte das als ein unerträglicher Verlust erscheinen; die neu gebotene Welt dünkte ihr kalt und öde; es war keine Paradoxie, wenn die Gegner die Christen des Atheismus bezichtigten. Die alten Begriffe von der Gottheit wurden in Wahrheit durch den neuen Glauben zerstört, die neue Gottesidee mit ihrer unbildlichen Verehrung und ihrer Namenlosigkeit aber entbehrte der Anschaulichkeit und der Individualität, worauf die alte Denkweise bestand. ihrerseits beriefen die Christen sich nicht nur auf die innere Gegenwart des göttlichen Wesens, ihnen strömte von daher auch in die Natur ein neues Leben. Unsichtbare Engel, so meinen sie, durchwalten die ganze Natur, alle Wesen beten, und an zahllosen Stellen — z. B. im Flug der Vögel — entdeckt eine gläubige Betrachtung das Zeichen des Kreuzes. Wie solches Leben nicht aus bloßer Naturkraft stammt, sondern den Dingen eingeflößt ist, so weist überall die Natur über sich selbst hinaus auf eine höhere Ordnung.

Indem die Gottesidee alle Verwandtschaft mit Naturbegriffen aufgibt, vollzieht sie eine Annäherung an den Menschen, das freie und moralische Wesen. Mit mehr Recht als bei den Griechen könnte man hier von einer Persönlichkeit Gottes sprechen, obschon ein besonderer Ausdruck fehlt. Es gelingt aber nicht, das Bloßmenschliche abzustreifen, oft werden menschliche Gefühlslagen ungeläutert auf das höchste Wesen übertragen. Viel Bewegung erregt unter den Vätern die Frage, ob man von einem Zorn Gottes reden und damit dem höchsten Wesen einen Affekt beilegen dürfe. Den Lehren der alten Philosophen widersprach dies durchaus; daß aber in den christlichen Gemeinden die Furcht vor dem Zorn Gottes den stärksten Antrieb zum Handeln bildete, das bezeugen auch die Denker, welche jenen Affekt mit geläuterten Begriffen unvereinbar finden. Aber auch den meisten Denkern scheint der Affekt unentbehrlich; ohne einen Zorn Gottes würde es keine Gottesfurcht geben und ohne sie keinen Bestand der bürgerlichen Gesellschaft.

Als Werk des allmächtigen Gottes kann die Welt nicht anders als gut sein. So wird die Ordnung und Schönheit der Natur gepriesen, nicht selten im Gegensatz zu den Wirren und Leiden des Menschenlebens, und den Ungläubigen als ein sprechender Beweis für das Dasein Gottes vorgehalten; jedem unbefangenen Gemüt verkünden die herrlichen Werke der Natur deutlich den unsichtbaren Werkmeister. Es hat aber die Welt eine feste Abgrenzung nicht nur im Raum, wie das auch das Altertum meinte, sondern auch in der Zeit, wie jetzt entgegen der antiken Geschichtsphilosophie gelehrt wird. Nicht folgen sich in endloser Reihe Perioden über Perioden, sondern wie einen Anfang, so hat die Welt auch ein Ende in der Zeit; was in ihr geschieht, vor allem der große Kampf Gottes mit dem Bösen, geschieht einmal und nie wieder, seine Folgen aber reichen in alle Ewigkeit. Die Bedeutung des menschlichen Tuns wird durch diese neue Geschichtsphilosophie aufs Äußerste gesteigert; der alten Denkweise wird die Vergeblichkeit alles Tuns vorgerückt, da bei ihr alles Errungene wieder verloren geht und das Streben immer von neuem zu beginnen hat. Die Dauer der Welt ist aber nicht nur begrenzt, sondern auch kurz; öfter finden sich sechstausend Jahre als ihre Frist angegeben, wohl mit der Begründung, daß in sechs Tagen die Welt geschaffen ist, vor Gott aber tausend Jahre wie ein Tag sind. Eben jetzt scheint der Weltuntergang nahe und mit ihm das große Gericht. Diese Überzeugung entsprang zunächst der sicheren Erwartung einer baldigen Wiederkunft des Messias; sie erhielt sich aber auch später, da dem Verblassen jener Hoffnung der immer stärkere Eindruck eines Verfalles der Kultur, eines Alterns der Menschheit vollauf das Gleichgewicht hielt. Noch zu Beginn des 4. Jahrhunderts meint Lactanz, daß über ein paar Jahrhunderte hinaus die Welt nicht bestehen werde. So lag vor diesem Christentum kein Ausblick in eine weite Geschichte. Um so wichtiger wurde der Augenblick, um so notwendiger die Entscheidung der Gegenwart.

Nicht minder wirkte eine neue Stellung des Menschen zur Welt zur Anfeuerung des Handelns. Trotz aller Lehren der Stoiker von dem Vorzuge des Menschen war das Altertum im großen und ganzen dabei verblieben, ihn wie sein Tun der Welt unterzuordnen und einzufügen. Nun aber, wo das moralische Handeln auch dem moralischen Wesen einen überlegenen Wert verleiht, wird der Mensch zum Mittelpunkt und Zweck des ganzen Alls; für ihn ist alles eingerichtet, auch Sonne, Mond und Sterne dienen seinem Wohle. Mit der Bedeutung wächst die Verantwortlichkeit; das Handeln des Menschen entscheidet über das Schicksal der Welt; sein Abfall war es, der das Böse in die Welt brachte und alles Elend hervorrief, das der gegenwärtige Anblick der Dinge zeigt. Denn in der Freiheit liegt der Ursprung des Bösen, nicht in dunklen Notwendigkeiten der Natur. So fällt auch die alte Lehre von der hemmenden und herabziehenden Macht des Stoffes; nichts von dem ist verwerflich, was göttliche Allmacht geschaffen hat. Auch seinen Körper darf der Mensch nicht als etwas Fremdes und Gemeines verachten und der Sinnlichkeit alle Schuld am Bösen aufbürden; denn auch der Körper gehört zu unserem Wesen, und es gibt keine volle Unsterblichkeit ohne eine Auferweckung des Leibes. Bei den Griechen hatte solche Lehre den tiefsten Widerwillen zu überwinden, und nur unter Kompromissen und Umdeutungen haben ihre größten Lehrer sich dem Kirchenglauben gefügt.

Je höher aber der Mensch gestellt wird, desto mehr wächst die Empfindung des gegenwärtigen Elends. Denn es gilt dieser Weltstand als durchaus unbefriedigend. Zahllose Gefahren und Leiden bedrängen uns von innen wie von außen, dort die eigenen Begierden, hier die Unvernunft der Verhältnisse. Im besonderen verweilt der Gedanke, wie es die Zeit schweren Kampfes nahelegt, bei der Ohnmacht des Guten gegenüber den feindlichen Gewalten. Dabei fehlt alle Hoffnung, daß sich dies im Lauf der Zeit bessere, oder daß durch eine den Dingen innewohnende Ordnung die Weltgeschichte zum Weltgericht werde. Immer bleibt in den natürlichen Verhältnissen das Gute ohnmächtig, immer hat die Wahrheit zu leiden. So ist es lediglich die Hoffnung auf das baldige Kommen einer neuen Welt, welche den Mut zu freudiger Arbeit aufrecht erhält; alles Verlangen geht auf jene übernatürliche Zukunft, und im Gottesdienst wird gebetet: »Kommen möge die Gnade und vergehen möge die jetzige Welt!«

Die Eröffnung dieser Aussicht, das ist der Hauptpunkt der christlichen Verkündigung. Es wird aber das Wesen des Christentums wenig erörtert, und die Erörterung bringt die tiefere Empfindung der Gemeinde kaum zum Ausdruck. Den Apologeten des zweiten Jahrhunderts gilt das Christentum als eine gottgegebene Vernunftlehre, die alles vollendet, was irgend im Menschen an Vernunft steckt und in der Geschichte davon betätigt ist. Charakteristisch ist dieser Vernunftlehre namentlich die alleinige Verehrung des einen unsichtbaren Gottes und die ausschließliche Hochhaltung der Moral, einer durchaus innerlichen, auf freier Gesinnung begründeten Moral, als des wahren Gottesdienstes. Auch später findet man die Größe des Christentums weniger in der Erschließung eines neuen Inhalts, in einer geistigen Erhöhung der Menschheit, als in der allgemeineren und kräftigeren Durchführung der allen Menschen gemeinsamen Aufgabe. Was von Haus aus überall angelegt war, was von Anfang an das Ziel bildete, aber bis dahin verdunkelt blieb, das hat nun volle Klarheit und zugleich eine weit größere Eindringlichkeit erlangt, das läßt sich jetzt allen ohne Unterschied zuführen. Nun erst kann es den ganzen Menschen ergreifen und aus einer Kunst der Worte und Lehren zum Erweis in Taten werden. Eine höhere Schätzung und innigere Verehrung der Persönlichkeit Jesu, wie sie auch nach dem Zeugnis der Kunst unzweifelhaft in der Gemeinde lebte, kommt in jenen Schriftwerken selten zum Ausdruck. Seinem Tode wird überall eine große Bedeutung zuerkannt, aber es fehlt eine nähere Aufklärung und Begründung. Man hält sich meist an die Überzeugung, daß Jesus die Macht der bösen Dämonen gebrochen und eine Erneuerung der Menschheit begonnen habe. Doch erscheinen auch tiefergehende Spekulationen. So meint Irenäus, in Christus sei das Unvergängliche geworden, was wir sind, das Sterbliche sei dabei von dem Unsterblichen absorbiert und dadurch auch wir als Söhne Gottes adoptiert. Nur auf diese Weise könne das Vergängliche zur Unvergänglichkeit erhoben werden. In der griechischen Kirche hat dieser Gedankengang sich dauernd behauptet.

Wie man über den Kern des Christentums dachte, zeigt auch die Art seiner Verteidigung. Im Laufe der Jahrhunderte vollzieht sich hier eine Verschiebung vom Partikularen ins Universale. Anfänglich gilt als der stärkste Beweis der Wahrheit das Eintreffen der alttestamentlichen Weissagungen; was heilige Männer verkündeten, bevor es geschah, das muß von Gott stammen. Sodann wird auf die Heilungen durch Jesu Namen hingewiesen, besonders auf die Austreibungen von Dämonen, die man alltäglich um sich wahrzu-

12*

nehmen glaubte. Auch der weiteste und freieste Geist vor Augustin, auch Origenes hält diese beiden Beweise in höchsten Ehren. Je mehr aber das Christentum erstarkt, desto mehr wird seine eigene Kraft und Wirkung zum Hauptbeweise. Der sittliche Zustand der christlichen Gemeinden ist unvergleichlich besser als der des umgebenden Heidentums; nur göttliche Macht konnte dem Christentum die Kraft verleihen, die Menschen zu läutern und auch gegen die schwersten Verfolgungen standhaft zu machen; nur ihre Hilfe befähigte es, durch alle Leiden zu wachsen. Denn „das Blut der Christen ist ein Same" (Tertullian); „die Religion Gottes wächst, je mehr sie bedrückt wird" (Lactanz). Auch die Ausbreitung des Christentums über alle Völker dient zum Zeugnis seiner Wahrheit; ein so erstaunliches Vordringen gegen eine überlegene Welt von Feinden kann nicht ohne göttliche Hilfe erfolgt sein. Auch daß das römische Kaisertum etwa gleichzeitig mit dem Christentum begann und einen Völkerfrieden herstellte, ist, so meint man, zu Gunsten der Ausbreitung des Christentums erfolgt und durch das Erscheinen des friedenstiftenden Erlösers bewirkt. Ferner scheut man sich nicht, den Nutzen der Religion für das bürgerliche Leben und die gesellschaftliche Ordnung zu verwerten; nur die Furcht vor dem richtenden und strafenden Gott bewegt die Menge zum Gehorsam gegen die Gesetze. Die ethische Hoheit des Christentums wird natürlich nicht vergessen. Es richtet alle Kraft auf die Besserung der Menschen; nach Origenes' Überzeugung erhebt das die Wunder Jesu hoch über die aller heidnischen Wundertäter, daß jene keine Zaubereien sind, sondern stets moralischen Zwecken dienen. Den inneren Vorzug der christlichen Moral findet man nicht sowohl in neuen Lehren als in der Einflößung der Kraft, Aufgaben zu lösen, die sonst das Vermögen des Menschen übersteigen. Die Milde, Friedfertigkeit, Standhaftigkeit, Geduld des Christen wird gepriesen. Namentlich ist es ein neues Verhältnis zum Leid, welches überall hervorschaut. „Das unterscheidet uns von den anderen, welche Gott nicht kennen, daß jene im Unglück klagen und murren, uns dagegen das Unglück nicht abruft von der Wahrheit der Tugend und des Glaubens, sondern im Schmerz erstarken läßt" (Cyprian). Auch das innigere Verhältnis zum Mitmenschen wird oft gepriesen: „wer die Last des Nächsten auf sich nimmt, wer in dem, worin er überlegen ist, dem Zurückbleibenden wohlzutun sucht, wer durch Mitteilung der Gaben Gottes an die Notdürftigen ein Gott für die Empfangenden wird,

der ist ein Nachahmer Gottes" (Brief an Diognet). In Einen Anblick faßt die ethischen Wirkungen des Christentums Eusebius (etwa
270 – 340) zusammen: "es gibt allen Teil an göttlicher Wahrheit,
es lehrt, edlen und tiefen Sinnes die Frevel der Feinde zu ertragen
und das Böse nicht mit gleichen Mitteln abzuwehren, es hebt hinaus
über Leidenschaft und Zorn und alle wilde Begier, es treibt namentlich, vom eigenen Besitz den Armen und Bedürftigen mitzuteilen,
jeden Menschen als einen Angehörigen zu begrüßen, auch den nach
äußerer Satzung Fremden nach einem inneren Gesetz als Nächsten
und Bruder anzuerkennen".

So fühlt sich das Christentum durch Milde, Geduld, Humanität
den Gegnern überlegen. Aber der mächtige Glücksdrang und die
Erwartung einer neuen Welt lassen die Weichheit nicht in Weichlichkeit und den Opfersinn der Gläubigen nicht in eine matte Resignation ausarten. Der alte Christ erträgt und entsagt, aber er tut das
in felsenfester Erwartung eines höheren Glückes; er denkt nicht kleiner,
sondern größer vom Menschen und seinen Zielen. Lactanz schreibt
sein Hauptwerk namentlich in der Absicht, dagegen zu wirken, "daß
sich die Menschen nicht, wie einige Philosophen es tun, so gering
schätzen und sich nicht für ohnmächtig und überflüssig und wertlos
und durchaus vergeblich geboren halten, welche Meinung die Mehrzahl zum Laster treibt".

Auch das wirkt zu gewaltiger Anspannung, daß der Mensch
die Entscheidung für oder wider Gott aus eigener Entschließung zu
vollziehen hat. Denn so gewiß der alte Christ mit einer geschichtlichen Überlieferung und gesellschaftlichen Umgebung eng verbunden
ist, die große Wahl, an der sein Schicksal hängt, bleibt seine eigene
Tat. Es wird die volle Freiheit des Willens so zuversichtlich behauptet,
wie kaum je zuvor und auch schwerlich nachher; ihre Leugnung
scheint alle sittliche Verantwortlichkeit, ja allen sittlichen Wert zu
vernichten; "es gäbe nichts Löbliches, hätte der Mensch nicht das
Vermögen, sich nach beiden Seiten zu wenden" (Justin). Die Verantwortlichkeit aber aufs höchste zu steigern, war für das alte Christentum eine Lebensfrage. So wird die Freiheit verkündet nicht als
eine Lehre einzelner Denker, sondern als die gemeinsame Überzeugung
der christlichen Kirche; sie reicht über das Handeln hinaus auch
auf die Überzeugungen, auch der Glaube steht bei der freien Entscheidung des Menschen; Irrlehren über Gott anzunehmen, dünkt eine
moralische Schuld. Eine Verpflichtung, die Freiheit psychologisch zu be-

gründen, empfindet man nicht; auch macht das Verhältnis der menschlichen Freiheit zur göttlichen Allmacht noch keine Sorge. Denn vom Menschen, nicht von Gott her wird hier die Wirklichkeit betrachtet.

Aus solchen Überzeugungen entwickelt sich ein Leben voller Kraft, Aufregung, innerer Bewegung. Es gilt, in Aufbietung alles Vermögens der Entscheidung für Gott treu zu bleiben. Ein großes Entweder – Oder steht in Frage: entweder Erfolg und Genuß in diesem Dasein, aber ewiges Verderben, oder Seligkeit im Jenseits, hier aber ein stetes Kämpfen und Leiden. Bei solcher Wahl gebietet schon die Klugheit, der kurzen Spanne Zeit die unermeßliche Ewigkeit vorzuziehen. Einstweilen herrscht die feindliche Macht und übt einen schweren Druck; mag der Gegner innerlich gerichtet sein, äußerlich bleibt er überlegen und kann hartes Leid zufügen. So muß sich das Gemüt über die sinnliche Gegenwart durch die Kraft des Glaubens hinausheben, die noch verhüllte bessere Welt in freudiger Hoffnung ergreifen. Der nächsten Lage gegenüber bedarf es hauptsächlich der Tapferkeit, Tapferkeit im Sinne eines treuen Ausharrens; als die Krone der Tugenden wird oft die Geduld gepriesen. Dabei fühlt sich der alte Christ dem Stoiker bald nahe verwandt, bald fern und feindlich. Auch der Christ soll ein Held sein und der ganzen Welt Trotz bieten. „Soldaten Gottes" nannten sich die Christen, namentlich die abendländischen, mit Vorliebe, unter den Denkern schwelgt besonders Cyprian in Bildern aus dem Heereswesen und Soldatenleben. Dagegen widersprechen die christlichen Denker den Stoikern schroff in der Behandlung der Gefühle und Affekte. Wie hätte das Christentum die Menschheit zu einer völligen Umwälzung aufrufen und zugleich das Gefühlsleben unterdrücken, die stoische „Apathie" empfehlen können! Das neue Leben kommt nicht in Fluß ohne eine tiefe Erschütterung des Menschen durch Reue und Buße, und es wird in seinem Schweben zwischen sichtbarer und unsichtbarer Welt unablässig von Furcht und Hoffnung hin und her bewegt. So gilt es die Affekte nicht zu unterdrücken oder herabzustimmen, sondern bei voller Kraft richtig zu wenden; die Furcht vor Gott befreie von aller anderen Furcht. „Die Furcht ist nicht auszurotten, wie die Stoiker, noch zu mäßigen, wie die Peripatetiker wollen, sondern sie ist auf den rechten Weg zu leiten, und es ist die Besorgnis in der Weise aufzuheben, daß lediglich diejenige übrig bleibt, welche als die echte und wahre nichts anderes zum Gegenstand der Furcht werden läßt" (Lactanz).

Die Erregung und Bewegung des ganzen Menschen durch die eine Aufgabe gestattet keine Mitarbeit an den Werken der Kultur; diese konnte jene um Rettung und Seligkeit besorgten Menschen um so weniger anziehen, je mehr die antike Welt nach dem Scheitern der Wiederbelebungsversuche im 2. Jahrhundert einem raschen Sinken verfiel. So zeigt das alte Christentum keinen Drang, die allgemeinen Verhältnisse zu bessern oder sich der Erforschung der Welt anzunehmen; hier wie da zeigt man Zurückhaltung, wenn nicht Ablehnung, nach der Verschiedenheit der Individuen und nach dem Gegensatz griechischer und lateinischer Art in verschiedenen Graden. Auch die Kunst, die doch dem Seelenleben der alten Christen nicht wenig bedeutete, findet bei den Denkern nirgends eine Anerkennung. In solcher Geringachtung steckt auch ein Rückschlag gegen die antike Schätzung der Form, die nach dem Verblassen und Verschwinden eines lebendigen Inhalts den alten Christen eine Überschätzung leerer Äußerlichkeit dünkte. Da die Form ihnen nichts für ihr Glücksverlangen bietet, so wird sie als etwas Gleichgültiges, Nichtiges, ja Verführerisches abgelehnt, und alles Streben dem inhalt, der Gesinnung, der sittlichen Verfassung zugewandt. Selbst bei einem Clemens heißt es: „Die Schönheit eines jeden Wesens liegt in seiner Tüchtigkeit"; die Lateiner aber steigern die Mißachtung der Form bis zur Gleichgültigkeit gegen die grammatische Korrektheit. „Was schadet es", so meint Arnobius, „wenn ein Fehler in Numerus und Casus, in Präposition, Participium und Konjunktion gemacht wird?" Das sind Stimmungen, welche eine barbarische Verachtung aller Bildung nahelegen und schon mittelalterlichen Geist atmen. Aber sie sind begreiflich aus ihrer Zeit, und sie bedeuten eine Wendung menschlichen Strebens, die über ein Jahrtausend anhielt. Erst die Renaissance hat eine Umkehr vollzogen und die Form wieder zu Ehren gebracht.

Aber wenn die altchristlichen Denker ihre Stärke in der ausschließlichen Hochhaltung des Seelenstandes haben, auch hier ist das Bild nicht ohne Schatten. Das Ungestüm ihres Glücksverlangens läßt sie bei den Beweggründen des Handelns weit hinter den altgriechischen Denkern zurückbleiben. Hatten diese einmütig dem Guten eine innere Schönheit zuerkannt und die Freude an solcher Schönheit zum Hauptantrieb echten Handelns erhoben, so besteht die Mehrzahl der Kirchenväter, namentlich der Lateiner, streng auf einer Belohnung, einer ausgiebigen Belohnung der Tugend. Die Tugend gilt als ein bloßes Mittel zur Seligkeit, einer im Jenseits mit Sicherheit erwarteten und mit glühender Phantasie ausgemalten Seligkeit. Der Inhalt des sittlichen Lebens scheint darüber gleichgültig zu werden, wenigstens wird keine Freude daran bezeugt. Scheut man sich doch nicht, es eine Torheit zu nennen, wenn jemand die Mühen, welche in unserer Welt die Tugend macht, Arbeit und Not, Schmerz und Schande, auf sich nimmt ohne die feste Zuversicht eines großen Lohnes, wenn er das Laster flieht ohne die Erwartung einer schweren Strafe. „Gäbe es keine Unsterblichkeit, so wäre es weise, böse zu handeln, töricht, gut zu handeln" (Lactanz). Der schroffe Gegensatz zur Weltumgebung und die ungeheure Spannung der Lage mag so krasse Äußerungen erklären und leidlich entschuldigen; auch sei in Anschlag gebracht, daß die christlichen Väter mit ihrer volkstümlicheren Art mehr die Stimmung der Menge wiedergeben und eine Wirkung auf diese erstreben, während die antiken Denker sich hauptsächlich an das hochstehende Individuum wenden. Immerhin bleibt es dabei, daß in der Reinheit der sittlichen Motive die Mehrzahl der Kirchenväter von den altgriechischen Denkern weit übertroffen wird.

Die Größe der altchristlichen Denkweise liegt in der Ausbildung eines selbständigen Lebenskreises, in dem Aufbau einer weltumspannenden Organisation. Hieher flüchtet sich alle Innigkeit der Gesinnung und alle Kraft des Handelns, hier entsteht inmitten aller Weltflucht eine neue Welt, ein Reich freudigen und fruchtbaren Wirkens. Schon das war etwas Großes, daß sich hier, inmitten aller Zersplitterung und Zerreibung der Verhältnisse, für die Individuen der feste Halt fand, der so lange vergebens gesucht war, daß hier eine Gemeinschaft der Überzeugung und Gesinnung entstand, die jedem eine sichere geistige Existenz und bedeutende Ziele gewährte. Hier fühlt sich jeder dem anderen eng verbunden: die an Christus glauben, bilden Eine Seele und Eine Gemeinde. Hieher wandert jetzt das antike Bild vom Organismus der Gesellschaft und gewinnt damit eine größere Nähe und Wärme; wie Glieder eines Leibes leben die Gläubigen miteinander und füreinander; was der eine erfährt, bewegt unmittelbar auch den anderen. Wie es die vorwiegende Zusammensetzung der Gemeinden aus Armen und die ständige, wenn nicht Verfolgung, so doch Gefährdung mit sich brachte, wurde zur Hauptsorge der Kampf gegen Not und Leid. Neben der privaten Wohltätigkeit entwickelte sich eine organisierte kirchliche Liebestätigkeit, die über die einzelnen Gemeinden hinausreichte. Den

Witwen und Waisen, den Kranken und Schwachen, den Armen und Arbeitsunfähigen, den Gefangenen und Verfolgten soll geholfen werden und wird geholfen. Aber in aller Anspannung der Kräfte gerät die Bewegung nicht ins Überschwängliche, alle Richtung der Gedanken auf die Zukunft verhindert nicht eine aufrichtige Schätzung der Arbeit, ein ernstes Anhalten zur Arbeit, nicht eine Klarheit und Besonnenheit in der Verwendung der vorhandenen Mittel. Besonders aber wird die innere Pflicht nicht zu einem äußeren Zwange; die Hilfe wird nicht als eine Forderung eingetrieben, sondern von freier Liebe erwartet. Daß dabei in der Praxis manche Schwierigkeiten entstanden, zeigen öftere Klagen der Kirchenväter über Lauheit und Kärglichkeit der Spenden; in der Grundanschauung aber ließ man sich dadurch nicht beirren. Bei äußerer Sonderung soll der Besitz innerlich gemeinsam sein, nur als Verwalter, nicht als Eigentümer der Güter darf sich ihr Inhaber fühlen. So sei von jedem nur das zum Leben Notwendige für sich selbst verwandt, alles übrige aber den Brüdern dargeboten. Denn es ist unrecht, daß einer schwelgt, wo viele darben. Schon das macht allen Luxus verwerflich. Ebenso verpönt wird alles Streben nach selbstischer Aufspeicherung äußerer Güter, namentlich aber eine Ausbeutung wirtschaftlicher Überlegenheit. Um solchen Gelüsten entgegenzuwirken, wird das aristotelische Verbot alles und jedes Zinsnehmens – durch Lactanz – auf christlichen Boden verpflanzt, um ein bleibendes Stück der kirchlichen Lebensordnung zu werden.

Zum Kampf gegen die Not gesellte sich der wider die Unsittlichkeit. Die Christen umgab das Raffinement einer glatten und üppigen Kultur, blendende und aufregende Genüsse lockten und reizten, eine laxe Gesinnung der Zeit wußte sich leicht mit allen sittlichen Bedenken abzufinden. Es galt einen Kamp gegen einen mächtigen, fast unwiderstehlichen Strom; kein Wunder, daß, wenigstens in der Theorie, jeder Kompromiß verworfen und die Gegenwirkung aufs schroffste gestaltet wurde. Alles bloße Vergnügen wird verboten, aller Schmuck abgewiesen; leicht könnten wir dadurch erschlaffen und unter die Macht fremder Dinge geraten. Solche Gesinnungen verdichten sich zu festen Regeln und Vorschriften, manche heidnische Vergnügungen, z. B. die Zirkuskämpfe, werden grundsätzlich verworfen, überall aber Zurückhaltung und Vorsicht geboten. Am eifrigsten ist der Angriff auf die geschlechtliche Unreinheit, über welche die heidnische Umgebung so lax dachte; auch

darin erscheint ein neuer Geist, daß von den Männern dieselbe
Strenge des Lebenswandels verlangt wird, wie von den Frauen, sowie
in der starken Erschwerung der Ehescheidung, welche das damalige
Judentum wie das Heidentum recht leicht machten.

Erwägen wir, daß alle diese Leistungen beseelt wurden von der
Überzeugung, im Dienste Gottes zu stehen, und von der Erwartung
einer neuen Welt, so kann es nicht Wunder nehmen, daß sich in
der christlichen Kirche ein hohes Selbstbewußtsein entwickelte, und
daß alle innere Gemeinschaft mit dem Heidentum schroff abgelehnt
wurde. Die Christen betrachteten sich als ein Weltvolk, das sich
über den ganzen Erdkreis ausdehnen werde, als das Kriegsvolk
Gottes; ihre Gemeinschaft erschien als von Gott unmittelbar eingesetzt
und aller menschlichen Verbindung weit überlegen; nur diese Gemeinschaft hat, wie Origenes ausführt, den Charakter der Un-
veränderlichkeit. Denn hier herrscht das von Gott gegebene Naturgesetz, während die Staatsgesetze von Menschen stammen und von
Menschen willkürlich verändert werden. Nur diese christliche Gemeinschaft hat den Charakter der Universalität; als das göttliche
Vaterland will sie alle Menschen aufnehmen und retten, während die
Staaten sich notwendig nach den Völkern spalten. Damit erscheint
die christliche Gemeinschaft als der Kern des gesamten Menschheits-
lebens, als das Urvolk, das seit Beginn der Geschichte war und von
dem alles entlehnt ist, was sich bei den anderen Völkern an Wahrheit findet.

So konnte bei dem Zusammenstoß mit der staatlichen Ordnung,
der namentlich beim Kaiserkult erfolgte, über des Christen Entscheidung kein Zweifel sein: in Gefahren und Nöten, in Schmach
und Tod ist Gott die Treue zu wahren. Die Nichtchristen verwarfen
natürlich diese Absonderung (ἀμιξία) als politisch und sittlich un-
zulässig und ließen es neben den Zwangsmitteln auch an philosophischen Einwendungen nicht fehlen. Den gewünschten Eindruck
aber erreichten sie nicht, auf christlicher Seite blieb man dabei, den
Gegensatz der religiösen und staatlichen Gemeinschaft dem von
göttlicher und menschlicher Ordnung gleichzustellen; schon jetzt
wurden von kirchlicher Seite alle Ansprüche erhoben, die durch das
Mittelalter hindurch bis zur Gegenwart fortdauern.

So fehlt es nicht an Keimen großer Verwicklungen, die dem
Christentum später viel zu schaffen machten. Auch sei nicht vergessen, daß ein starker Anthropomorphismus die Gedanken beherrscht,

daß in das ethische Streben viel selbstisches Glücksverlangen ein-
fließt, daß nicht selten Leidenschaft und Fanatismus mit unheimlicher
Stärke hervorbrechen. Weitere tiefe Schatten werden uns unten zu
beschäftigen haben. Namentlich seit dem 3. Jahrhundert wurde beim
Durchschnitt der Menge wohl mehr eine Disziplinierung als eine
Moralisierung erreicht. Aber selbst das ist nicht gering anzuschlagen, wurde doch immerhin ein ausgedehnter Lebenskreis für
edlere Ziele gewonnen. Ein neuer Anfang war damit gesetzt, ein
frisches Leben erweckt, ein Keim großer Entwicklungen gepflanzt.
Namentlich muß das Ganze durch seine Kraft, Freudigkeit, Wahrhaftigkeit ansprechen, so lange der harte Kampf gegen eine übermächtige Umgebung das Leben vor träger Routine wie allem Schein-
und Heuchelwesen bewahrte. So hat das Christentum beim Versinken einer alten und reichen Kultur und in der Erschütterung
aller Lebensverhältnisse der Menschheit einen festen Halt geboten
und ein hohes Ziel eröffnet, mit Fug und Recht durften seine Anhänger sich als die Seele der Welt bezeichnen.

b. Die altchristliche Spekulation.

a. Clemens und Origenes.

Die Versuche, das Christentum in eine spekulative Erkenntnis
umzusetzen, wie sie zunächst das Morgenland unternahm, gehören
auch in eine Betrachtung des Lebensproblems. Denn das Erkennen
bedeutete dabei kein bloßes Denken über das Leben, sondern seine
innerste Seele, seine Erhebung zur Stufe voller Wahrhaftigkeit. So
konnte es alle Wärme der Gesinnung in sich aufnehmen und mit
der eigenen Entwicklung zugleich die Innigkeit und Zartheit der
Empfindung steigern.

Den Anfang bilden hier die beiden Alexandriner Clemens (seit
189 als Lehrer tätig) und Origenes (185 – 254). Beide wollen vom
Glauben zum Wissen vordringen, aber Clemens verbleibt bei all-
gemeinen Umrissen und wendet die Sache vornehmlich nach der
Richtung der Moral, Origenes aber erbaut ein großes spekulatives
System, das erste auf dem Boden des Christentums.

Clemens ist der eifrigste Anwalt des Wissens gegenüber dem
Glauben; die Aufgabe fällt nicht schwer, da ihm der Glaube nicht
mehr bedeutet als eine niedere Stufe des Wissens, ein Annehmen
einer Lehre auf Grund bloßer Autorität. Erst das Wissen, so zeigt

er, macht die Erkenntnis zum vollen Eigentum des Menschen; erst mit ihm erfolgt ein Durchdringen vom Bilde zur Sache, vom blinden Faktum zu klaren Gründen. Das echte Erkennen vermag den Menschen so einzunehmen, daß er Wissen und Einsicht nicht sowohl hat, als selbst Wissen und Einsicht wird. Erst bei ihm erreichen wir eine reine, selbstlose Freude und bedürfen nicht mehr einer Belohnung. Wer für die Arbeit einen Lohn verlangt, der verkauft seine Überzeugung und gleicht einem Kinde; den wahren „Gnostiker" hingegen (Clemens liebt diesen Ausdruck, während Origenes ihn vermeidet) hat die Liebe zu Gott zum Manne gereift, der nichts will als die Wahrheit selbst. Wäre zwischen dem Erkennen und der ewigen Seligkeit zu wählen, so müßte unbedenklich auf diese verzichtet werden. Kern und Krone alles Erkennens aber bildet die Erkenntnis Gottes. In ihr wird der Mensch über Zeit und Raum in das unvergängliche Sein erhoben und ganz in Gott aufgenommen, „vergottet" (θεούμενος), Damit werden alle Affekte abgestreift und das stoische Ideal der „Apathie" verwirklicht. Bei der Innerlichkeit dieses Lebens bedarf die Gesinnung keiner besonderen Erweisung, tief unten liegen hier alle Satzungen und Einrichtungen äußerlicher Art. Der wahre Gnostiker lobt Gott allezeit, nicht bloß an einzelnen Tagen und Stunden, sein ganzes Leben ist ein heiliger Festtag.

Diese Höhe droht ihre Jünger von der Gemeinde abzusondern und die Christenheit zu spalten. Aber Clemens bekämpft eine solche Gefahr mit aller Kraft. Mag hier das Wissen, dort der Glaube walten, beide wollen dieselbe Wahrheit, und es zeigt die allegorische Deutung den Weg, beide Gestaltungen zusammenzubringen; mag hier die Liebe zum Guten, dort die Furcht vor Strafe die Menschen zum Handeln treiben, hier wie da geht die Forderung auf dieselben Leistungen, und das Wirken für die Gemeinde verbindet beides zu Einem Ziele. Ja die Erkenntnis, die zunächst die Menschen zu scheiden droht, einigt sie vielmehr durch die tätige Liebe, die aus ihr entspringt. Denn wie das Erkennen eine selbstlose Hingebung an die Wahrheit enthält, so entzündet es auch einen eifrigen Drang, die Liebe zu bekunden: „der Erkenntnis folgen die Werke wie dem Körper der Schatten". Sie zu bekunden zunächst gegenüber Christus durch standhaftes Zeugnis bis zur freudigen Preisgebung des Lebens, dem „vollendeten Werk der Liebe". Dann aber durch ein rastloses

Wirken für Christi Gemeinde. Daß dabei aller Wert bei der Gesinnung liegt, das ergibt eine andere, freiere und freudigere Stellung
zur Welt und ihren Gütern: den wahren Sieg über die Welt bedeutet nicht die äußere Fernhaltung, sondern die innere Überwindung.
Zur Rettung hat der Reiche auf seine Güter nicht äußerlich, sondern
innerlich zu verzichten; er tut das, indem er alles in den Dienst der
Gemeinschaft stellt und für sich nicht mehr verwendet, als die
Lebenserhaltung fordert. Bei solcher Gesinnung wird die Ehe nicht
als eine Verwicklung in die Welt gefloben, sondern seelisch vertieft
und warm empfohlen, „um des Vaterlandes willen – und um nach
unseren Kräften zur Vervollkommnung der Welt mitzuwirken“.
Nirgends in der alten Kirche erhält das Familienleben eine so liebevolle Behandlung wie bei diesem Denker. „Das Schönste aller
Dinge ist eine häusliche Frau, die sich selbst und den Mann mit
eigenem Schmuck umkleidet, so daß alle sich freuen, die Kinder
über die Mutter, der Mann über die Frau, diese über jene, alle aber
über Gott.“

Solchem freundlichen Verhalten zum Leben entspricht eine
höhere Schätzung der Welt und der Geschichte. Der auch von
Clemens bitter empfundene Gegensatz des Christentums zu seiner
Umgebung verhindert nicht, die von Gott gesetzte Ordnung als die
beste und passendste zu preisen. Das Leben erscheint ihm als eine
gemeinsame Schule, die Geschichte als eine fortschreitende Erziehung
der Menschheit. Als ein Stück solcher Erziehung, als eine Vorbereitung (προπαιδεία) zum Christentum, wird die antike Bildung,
namentlich die Philosophie, vollauf anerkannt. Ja die christliche
Lehre wird wohl als eine Auswahl und Verbindung des Richtigen
aus den verschiedenen Systemen bezeichnet.

Sicherlich enthalten solche Überzeugungen nicht die Durch-
schnittsansicht der Gemeinde; Clemens selbst erwähnt oft genug die
Scheu der Menge vor der Philosophie samt der Meinung, daß jene
vom Teufel stamme. Aber daß in aller Aufregung jener Zeit eine
so freie und innerliche Überzeugung überhaupt möglich war, das
gehört auch zum Gesamtbilde jenes alten Christentums.

Ein umfassendes System christlicher Lehre und Weltanschauung
hat zuerst Origenes entworfen. Aber den Grundstock bildet dabei
nicht das Christentum, sondern der Platonismus. Seine Verschmelzung
von Wesenhaftem und Gutem und sein Aufstreben von dem

unsteten Fluß der Zeit zu einem unwandelbaren Sein, vom trüben
Gemenge der Sinnenwelt zu einer reinen Geistigkeit beherrscht auch
die Gedanken des Origenes. Als mächtiger Einschlag kommt dann
das Christliche hinzu, sowohl in der stärkeren Betonung und
persönlicheren Gestaltung der moralischen Idee als in der engeren
Verknüpfung des Ewigen mit der Zeit und der höheren Schätzung
der geschichtlichen Ordnung wie der menschlichen Gemeinschaft.
Aus einer Wechselwirkung beider Gedankenreihen und Empfindungs-
weisen erwächst eine fruchtbare Bewegung, ein weites Gedankenreich,
ja ein eigentümlicher Typus der Welt- und Lebensgestaltung. Aber
eine volle Einigung und eine gleichartige Durchbildung des ganzen
Lebenskreises wird nicht erreicht; bei allen glänzenden Eigenschaften
fehlt Origenes die Größe eines ursprünglichen Schaffens.

Gleich der Gottesbegriff zeigt eine Verschmelzung verschiedener
Strömungen. Vor allem beseelt den Denker das Verlangen, den
Anthropomorphismus seiner Umgebung auszutreiben und das höchste
Wesen über alles Menschliche und Weltliche hinaus in eine erhabene,
auch unseren sublimsten Begriffen unzugängliche Ferne zu rücken.
So bleiben nur verneinende Aussagen; zu irgendwelcher Lebensgemeinschaft mit dem Göttlichen könnten sie nicht führen. Inmitten
der Verneinung erscheint jedoch bei Origenes ein Streben nach
Bejahung. Indem er gewisse Vorstellungen mit besonderer Energie
verwirft, wird das Gegenteil ausgezeichnet und anerkannt. Gegenüber der Vielheit der Dinge bildet Gott die strenge Einheit, gegenüber der sonstigen Vermengung von Sinnlichem und Geistigem die
reine Geistigkeit, gegenüber dem Fluß und Wandel unserer Welt
das unwandelbare Sein. Zu solchen Forderungen der Spekulation
kommt ein neuer Zug durch die Erweisung Gottes innerhalb der
Welt: die weltdurchdringende Liebe und Güte; erst seine Entwicklung verbindet den Denker enger mit der Überzeugung der
Gemeinde. Um seiner Güte willen hat Gott die Welt geschaffen,
und ihretwegen läßt er nicht das Mindeste verloren gehen. Alle
Völker und Zeiten umfaßt seine Liebe, und es geschieht nichts Gutes
unter den Menschen ohne ihn, „den Gott über allen“ (ὁ ἐπὶ πᾶσι
θεός), wie ihn Origenes besonders gern nennt. Den höchsten Erweis
dieser Güte bildet das Christentum mit dem Eingehen des Göttlichen in die Welt und der Verbindung von Zeit und Ewigkeit.
Hier erst ist zur vollen Kraft und Klarheit erhoben, was die Welt
an keiner Stelle entbehren kann.

Um aber die ewige Wesenheit und vollkommene Güte darzustellen, muß die Welt größer sein, als die gemeinchristliche Vorstellung sie faßt. Mag Origenes eine grenzenlose Ausdehnung im
Raume mit der echtgriechischen Begründung ablehnen, daß es ohne
Begrenzung keine Zusammenfassung und Ordnung gibt, ihn beschäftigt mehr die Weite als die Enge der Welt. Bei der Zeit aber
treibt ihn die Scheu vor ungebührlicher Einengung zum vollen
Bruch mit der Vorstellung der Gemeinde und zu enger Annäherung
an das altgriechische Geschichtsbild. So entschieden wie irgend ein
alter Philosoph verneint Origenes einen zeitlichen Anfang der Welt.
Gewiß hat diese unsere Welt wie ein Ende so auch einen Anfang,
aber vor ihr lagen unzählige andere Welten, und andere werden
ihr folgen; unser jetziges Dasein ist nur ein Glied einer endlosen
Kette, die Welt mit dem geschichtlichen Christentum nur eine Welt
unter anderen Welten. Dem christlichen Denker erscheint freilich
diese Folge der Welten nicht als ein bloßer Rhythmus des
Naturlaufs, sondern als ein Werk göttlichen Schaffens, aber das
Schaffen selbst wird aus einem einmaligen Akte eine fortlaufende,
immer neu einsetzende Tat. Auch die stoische Lehre von einer
völlig gleichen Beschaffenheit aller Weltperioden wird abgelehnt.
Denn sie vernichtet alle Freiheit der Entscheidung, an der Origenes
unbedingt festhält. Die freie Entscheidung aber wird verschieden
ausfallen und die Welten eigentümlich gestalten. So kann ganz wohl
unsere, durch das Erscheinen Christi ausgezeichnete Welt eine besondere Stellung einnehmen.

Auch beim Inhalt der Welt strebt hier Griechisches und Christ-
liches nach einer Ausgleichung. Die griechische Überzeugung stellt
die Welt vornehmlich unter den Gegensatz des Geistigen und
Stofflichen, die christliche unter den des moralisch Guten und
Bösen; dort wurzelt das Übel im dunklen Stoff, hier in der freien
Schuld. Origenes gibt sich alle Mühe, eine feinere Art des Stoffes
für das Gute zu retten, ohne die Verwerfung des gemeinen Stoffes
abzuschwächen. Die Tiefe der Wirklichkeit — so wird es von hier
aus zu einem Bestandteil der christlichen Spekulation — bildet die
unsichtbare Welt der Ideen, erst nach ihr entsteht das stoffliche Sein,
es bedarf fortwährend ihrer begründenden und beseelenden Kraft.
Aber als das Werk Gottes war dieses Sein zu Anfang weit reiner
und feiner als die grobe Sinnlichkeit, die uns jetzt umfängt; die
niedere Art bekam es erst infolge des freien Abfalls der Geister,

welche die zur Behauptung des Guten nötige Spannung nicht zu
bewahren vermochten. So scheint der Gegensatz christlicher und
griechischer Überzeugung ausgeglichen; die letzte Entscheidung liegt
bei der sittlichen Tat, aber die unmittelbare Empfindung bleibt beherrscht vom Widerwillen gegen den gemeinen Stoff, und die Bahn
ist frei für ein asketisches Lebensideal. Die Askese gewinnt hier
auch innerhalb des Christentums eine wissenschaftliche Begründung;
im Gegensatz zu Clemens scheidet sich eine strengere, möglichst
enthaltsame Lebensführung scharf von der durchschnittlichen; nicht
nur die Gesinnung, auch die Art des Tuns trennt den vollkommenen
Christen von der Menge.

Aus solchen Überzeugungen entwickelt sich ein charakteristisches
Bild von den Schicksalen und Aufgaben des Menschen. Die mensch-
lichen Seelen gehören, als ein Hauptteil der göttlichen Schöpfung,
zum dauernden Weltbestande und lebten daher schon vor diesem
Dasein, sie befinden sich hienieden infolge eigener Schuld, es gilt
für sie eine Rückkehr zur göttlichen Höhe. Denn hier ist eine
Stätte der Erniedrigung und Versuchung, der Körper mit seiner
Schwere zieht den Geist abwärts in die niedere Sphäre und hemmt
alle reinen Freuden. Aber gegenüber dem Stoff wirkt siegreich die
Macht des Geistes mit seiner Erkenntnis, und in allem Elend des
unmittelbaren Daseins erhält sich das feste Vertrauen, daß endgültig
nichts von dem verloren gehen kann, was der ewige Gott geschaffen
hat und mit seiner Liebe behütet; der spekulative wie der ethische
Zug des Mannes verbinden sich zu der Überzeugung einer völligen
Wiederherstellung aller Dinge, einer Zurückführung auch des weitest
Verirrten zu der göttlichen Heimat. Indem so der Weltlauf rein
zum Ausgangspunkt zurückkehrt, in dem Ganzen der Bewegung
nichts verloren, aber auch nichts gewonnen wird, mag die ganze
Geschichte bloß ein zeitlicher Durchblick der Ewigkeit dünken, und
es droht alle Arbeit der Welt zu traumhaftem Schein herabzusinken.

Bei diesem Zurückstreben zur reinen Geistigkeit und vollen
Ewigkeit wird zum Kern des Lebens das Erkennen, als der einzige
Weg vom Schein zum Wesen, von der Zeitlichkeit zur Ewigkeit.
Unendlich höher als die alltägliche Religionsübung steht das Verlangen nach reiner Erkenntnis Gottes; in dieser wird alles Zeitliche
und Räumliche, alles Bildliche und Wandelbare überwunden und
der Mensch ganz in Gott aufgenommen, in Gott verwandelt.

Solches Ideal gibt auch dem Christentum, seiner Verwirklichung, eine eigentümliche Gestalt. Vor allem muß es mehr bedeuten als einen einzelnen, wenn auch hervorragenden Punkt innerhalb der Geschichte; es muß die ganze Wirklichkeit umfassen und in Wesen und Wert erhöhen. Seinen Kern bildet die volle Gegenwart des Unvergänglichen in dem Vergänglichen, das überzeitliche Wirken des Logos, das alle seine Jünger von der Zeit befreit und in die Ewigkeit versetzt. So eröffnet erst das Christentum ein volles Erkennen göttlichen Wesens, eine Vergottung des Menschen. Ein deutlicher Übergang von solcher Weltidee zum geschichtlichen Christentum fehlt. Aber auch dessen Behandlung zeigt überall ein Streben zur Universalität, einen weiten und freien Sinn. Das Christentum erstreckt sein Wirken über die ganze Geschichte; Christi Erscheinen bildet den Gipfel einer weltgeschichtlichen Bewegung. Es ward damit zur herrschenden Macht erhoben, was auch vorher schon, aber nur vereinzelt und zerstreut, vorhanden war. Denn von jeher hat Gott sich der Welt angenommen, und zu allen Zeiten gab es Gerechte und Wohlgefällige. Aber in Jesus begann die volle Vereinigung, die „Verwebung" (συνυφαίνεσθαι), der göttlichen und der menschlichen Natur, und es ward durch solche Gemeinschaft mit dem Göttlichen die menschliche Natur göttlich nicht bloß in Jesus, sondern in allen, die das von ihm eröffnete Leben annehmen und weiterführen. Der wahre Nachfolger soll nicht bloß ein Christgläubiger (Χριστιανός) bleiben, sondern selbst ein Christus werden. Auch sein Leben und Leiden kann zur Errettung der Brüder dienen. So bedeutet das Christentum auch auf dem Boden der Erfahrung ein fortlaufendes, immer neu beginnendes, die ganze Geschichte erfüllendes Werk.

Den menschlichen Dingen gegenüber erweist es seine eigentümliche Größe und Universalität vornehmlich in der Moral. Es hat nach Origenes' Überzeugung keine neuen Gebote gebracht, aber es tat Größeres, indem es der Menschheit die Kraft zur Erfüllung auch der schwersten Gebote gab, die innerste Tiefe der Gesinnung ergriff, die Herzen mit Milde und Humanität erfüllte. So ist es auch die ethische Größe und die ethische Wirkung, welche die Persönlichkeit Jesu über die Helden des Altertums weit hinaushebt. Kein anderer Kirchenvater des Morgenlandes hat sich so eingehend, so liebevoll mit dieser Persönlichkeit beschäftigt als Origenes. Er schildert die Güte und Menschenfreundlichkeit Jesu, seine Milde und Sanftmut; von

ihm können sich auch uns anderen solche edlen Gefühle sowie eine
Beruhigung des ganzen Wesens mitteilen und uns zu Söhnen des
Friedens machen. Der Denker verweilt bei seinen Leiden und preist
das Martyrium aus reiner Liebe als den allein angemessenen Dank;
er entwickelt dabei einen eigentümlichen Gefühlston individueller Aneignung („mein Jesus"). Aber er steigert die Weichheit der Empfindung
auch schon zu spielender Sentimentalität, z. B. in der Betrachtung
des Eindrucks der Wunden auf die Seele, und er verknüpft in
seiner allegorischen Deutung des Hoheliedes das Ideal jungfräu-
lichen Lebens mit einer schwärmerischen, von krankhaften Auswüchsen nicht freien Behandlung der Persönlichkeit Jesu, des
„Bräutigams" der Seele.

So hat hier die Verwandlung des Christentums in Spekulation
keine Erkältung des Empfindens erzeugt. Auch sehen wir Origenes
eifrig bemüht, in Glauben und Leben den Zusammenhang mit der
christlichen Gemeinde zu wahren. Für die Lehre bot die allegorische
Deutung eine bequeme Handhabe, die Origenes ausgiebig verwandte
und auch technisch weiterbildete. Im Leben und Handeln aber verbindet ihn ebenso die Schätzung der Moral mit der Umgebung, wie
ihn das Streben nach einem ewigen und universalen Gehalt die
christliche Gemeinschaft hoch über den Staat hinausheben läßt.

Demnach finden wir den weiten und reichen Geist des Mannes
die verschiedenen Gedankenkreise umspannen und nach bestem Vermögen zusammenhalten. Erreicht wird aber eine volle Einheit nicht.
Mag die Moral eine Brücke schlagen zwischen dem Christentum des
Erkennenden und dem der Menge, mag auch die Hochschätzung der
Sakramente alle Gläubigen verbinden, im Grunde verbleibt eine
tiefe Kluft. Wie fern und fremd ist jenem selbstlosen Aufgehen
in das ewige Sein, jener „Vergottung", die der Denker ersehnt,
die Stimmung der Menge, welche nach seiner eigenen Schilderung
durch die Furcht vor dem göttlichen Gericht bewegt wird und nicht
handelt ohne eine Hoffnung auf Lohn, welche sichtbarer Zeichen
bedarf und sich dem Sinnlichen nicht zu entwinden vermag! Selbst
das Streben nach einem Zusammenhang läßt erkennen, daß Origenes
auf solche Lebensführung herabblickt als auf etwas Niederes und
Fremdes, und daß ihm die Menschheit schließlich doch nach
griechischer Art in zwei Klassen auseinanderfällt. Wenn er meint,
das Christentum könne das ganze Menschengeschlecht unmöglich
aufrichten, ohne zu einem jeden nach seinem besonderen Vermögen

zu reden und sich auch der Fassungskraft der Niederen anzupassen, so zeigt diese Rechtfertigung selbst die Schroffheit des Gegensatzes und die innere Entfernung des Denkers von seiner Umgebung. Namentlich darin erscheint ein Fortwirken antiker Denkweise, daß der Gegensatz nicht als flüssig und einer allmählichen Überwindung fähig, sondern als starr und unwandelbar gilt. So verbleiben neben einander ein esoterisches und ein exoterisches Christentum. Das esoterische erreicht in seinem Selbständigwerden eine außerordentliche Weite, Freiheit, Innerlichkeit. Aber es schwebt zu hoch über den allgemeinen Verhältnissen, um stark zu ihnen wirken zu können. Und sein Inhalt ist mehr ein christlich gefärbter Platonismus, ein verinnerlichtes und seelisch erwärmtes Griechentum, als der Aufbau einer neuen Welt und Lebensordnung.

Aber wie dem sei, der hier geprägte Typus des Christentums hat das Morgenland dauernd gewonnen und auch auf das Abendland stark gewirkt. Wohl nahm die immer geschlossener und selbstbewußter auftretende „Orthodoxie" begreiflicherweise an manchen Lehren des Origenes Anstoß, und es mußten seine Anhänger unter ihrem schwer empfundenen Druck Abschwächungen der Grundgedanken zugestehen, ohne damit die schließliche Verwerfung des Systems verhindern zu können. Aber jene Orthodoxie selbst ruht in ihrer innersten Substanz auf Origenes' Gedankenarbeit; „die Dogmen- und Kirchengeschichte der folgenden Jahrhunderte ist im Orient die Geschichte der Philosophie des Origenes" (Harnack). Herrschend blieb im Orient bis zur Gegenwart jene Fassung des Christentums als eines Eingehens des ewigen Wesens in unsere zeitliche Welt und einer dadurch bewirkten Hinaushebung des Menschen über alle Schranken und Leiden dieser Welt. Der nähere Inhalt der Geschichte und die Besonderheit des Lebens Jesu verblassen vor jener Grundtatsache der Menschwerdung, wie denn auch das unter griechischem Einfluß gestaltete Dogma des Christentums weder von einem charakteristischen Inhalt des Lebens Jesu noch von einer geistigen Eigentümlichkeit des Christentums das Allermindeste zu berichten weiß. Das Dogma selbst, der scheinbar volle Triumph des Christentums, besiegelt sein Unterliegen unter die Macht der griechischen Spekulation. Ihre volle Stärke aber erlangte die spekulative Richtung erst mit Hilfe des Neuplatonismus, der bald stromweise in das Christentum einzudringen beginnt.

β. Der Einfluß des Neuplatonismus. Gregor von Nyssa.

Der Umwandlung der geistigen Lage durch Plotin konnten sich auch die christlichen Denker nicht entziehen; ihrem eigenen Verlangen bot sein Weltbild viel zu viel, um sie nicht unwiderstehlich fortzureißen. Hier zuerst war die Wirklichkeit von ihrem innersten Grunde bis zur äußersten Verzweigung geistig belebt, alles Feste und Starre aufgelöst und einem einzigen Lebensstrome eingefügt, zugleich aber das Streben über das unmittelbare Dasein sicher hinausgehoben und alle Sinnlichkeit in ein Gleichnis einer unsichtbaren Ordnung verwandelt. Dies umflutete auch alles, was sich im Christentum zur Spekulation neigte, mit überwältigender Kraft; es verlieh auch der christlichen Denkart eine Beweglichkeit und Geschmeidigkeit, ohne die eine Versöhnung von Glauben und Wissen zum Aufbau eines kirchlichen Gedankensystems schwerlich so rasch gelungen wäre. Dabei vergessen die spekulativen Geister keineswegs das Eigentümliche des Christentums, nur zieht es sich mehr in das individuelle Seelenleben zurück, als daß es im Reich der Gedankenarbeit den Kampf aufnähme und durchführte. Aber mag das Christliche gewöhnlich mehr folgen als führen, es bringt einen neuen Ton in das Ganze, den Ton weicherer, innigerer Empfindung; das Ganze bleibt eine Mischung, aber diese gestaltet sich bei verschiedenen Individuen recht verschieden. Für die christliche Philosophie beginnt mit dem Eindringen des Neuplatonismus eine neue Epoche gegenüber dem bisherigen Vorwiegen des Platonismus und Stoizismus; erst auf der Höhe des Mittelalters hat diese neue Denkart dem Aristotelismus weichen müssen, aber einem Aristotelismus, den sie selbst beträchtlich verändert hatte. Für uns genügt es, aus dieser älteren Zeit eines Mannes zu gedenken, der in Wahrheit einen eigentümlichen Lebenstypus entwickelt, des Gregor von Nyssa.

Gregor von Nyssa (331 – 394) gehört zu den Vätern der Orthodoxie und ist von späteren Zeiten wegen seiner Verdienste um das Trinitätsdogma als „Vater der Väter" gefeiert. Aber so aufrichtig seine Rechtgläubigkeit, sie wird getragen und durchwaltet von einem spekulativen Zuge mystischer Art, sie erscheint weniger als der Kern denn als das Gerüst seines religiösen Lebens. In seiner Gotteslehre wird die vollkommene Persönlichkeit stark zurückgedrängt durch das absolute Sein, und das Verlangen nach persönlicher Lebensgemeinschaft behauptet sich mühsam gegenüber dem Streben nach einer völligen Versenkung in die ewige Einheit. Es verschmelzen bisweilen in demselben Begriffe die verschiedenen Gedankenreihen; leicht überwiegt dann die neuplatonische Art die christliche. Bei dem „Schauen" Gottes denkt Gregor nicht sowohl in altchristlicher Weise an die Nähe von Person zu Person als an die mystische Einigung mit dem Urwesen, und der Vatername, auf Gott angewandt, bezeichnet ihm nicht bloß die Innigkeit liebevoller Fürsorge, sondern mehr noch den Ursprung unseres Wesens aus ihm wie unsere Zugehörigkeit zu seiner Natur, mehr die metaphysische als die ethische Verbindung. Namentlich zeigt den Zusammenhang dieser Gotteslehre mit der philosophischen Spekulation der Lieblingsgedanke der Unendlichkeit des höchsten Wesens. Wie eine solche über alle Grenzen, so ist sie auch über alle begriffliche Fassung erhaben; alle besonderen Eigenschaften werden hier unzulänglich; wohl ringt der Denker nach Namen, um das überlegene Wesen zu bezeichnen, aber er überzeugt sich rasch von der Unangemessenheit aller menschlichen Ausdrücke. So wünscht er sich sehnsüchtig Flügel, um über das Sichtbare und Veränderliche hinauszugelangen zu der beharrenden Natur, der unveränderlichen, in sich selbst gegründeten Kraft. In diese möchte er sich versenken, durch das Eingehen in das wahre Licht selbst lichtartig werden.

Mit solcher Verneinung aller Eigenschaften droht das Göttliche für uns in ein völliges Dunkel zurückzuweichen, unsere Welt aber zu wesenlosem Scheine herabzusinken. Jedoch findet das bei Gregor eine Gegenwirkung: eine Verbindung von christlicher Überzeugung mit altgriechischem Schönheitssinn läßt ihn in der Welt einen bedeutenden Inhalt entdecken und zugleich das Bild des Göttlichen lebensvoller gestalten, dessen Herrlichkeit sich in ihr spiegelt.

Die Idee der Schönheit wirkt bei Gregor nicht bloß durch die Vermittlung Plotins, sondern auch direkt von Plato her und daher mit größerer Lebhaftigkeit und frischerer Anschaulichkeit. Durch die ganze Welt findet er Schönheit ausgegossen, Ordnung und Harmonie halten alle Mannigfaltigkeit zusammen, überall erscheint ein festes Maß, die rechte Mitte suche auch unser Handeln. Den Kern des Schönen aber bildet das Gute, und die höchste Schönheit ist die Reinheit des Herzens. In unserer vernünftigen Natur tragen wir ein Abbild des göttlichen Wesens; mag die Sünde es verdunkelt haben, durch Ablegung des Bösen läßt es sich wiederherstellen und kann dann in voller Reinheit und Schönheit strahlen, dann den

Menschen zum göttlichen Vorbilde weisen. Insofern liegt alle Gotteserkenntnis an dem ethischen Verhalten. „Wer von aller Schlechtigkeit und allem aufgeregten Gebaren sein Herz reinigt, der sieht in
der eigenen Schönheit das Abbild der göttlichen Natur." „So wird
selig, wer reines Herzens ist, da er, auf die eigene Reinheit blickend,
in dem Abbilde das Urbild sieht." Die weltüberlegene Hoheit
Gottes können wir nicht erfassen, sondern das Maß der Gotteserkenntnis ist in uns: „Reinheit und Seelenruhe (ἀπάθεια) und Fernhaltung alles Bösen, das ist die Gottheit. Ist nun jenes in dir, so
ist Gott gänzlich in dir."

Wenn aber solches Innewohnen des Göttlichen unserer Wirklichkeit einen höheren Wert und unserem Leben einen anschaulicheren
Inhalt verleiht, so strebt immer die Bewegung über das nächste
Dasein hinaus; mit allem ihrem Vermögen erweckt die Welt nur
eine Sehnsucht nach höheren Lebensformen, nun und nimmer darf
sie selbst uns festhalten. So bekommt das Leben den Charakter
aufstrebender, alles überfliegender Sehnsucht. „Wir sollen nicht
anstaunen die Schönheit des Himmelsgewölbes noch die Strahlen
des Lichtes noch irgend etwas anderes von dem sichtbaren Schönen,
sondern uns durch die an allem diesem erblickte Schönheit führen
lassen zum Verlangen der Schönheit, deren Ehre die Himmel verkünden".

So bleibt die tiefste Neigung des Mannes darauf gerichtet, den
Befund unserer Welt herabzusetzen und dem Menschen alle Lust
daran zu verleiden. Es entfaltet sich ein Pessimismus, dessen gefühls-
innige Art oft an moderne Wendungen anklingt. Gregor schildert
lebhaft die mannigfachen Leiden und Schäden des Lebens, die Fülle
von Haß und Übermut, von Leid und Friedlosigkeit, die Gewalt
der Leidenschaften, deren ganze Kette von einem Gliede aus bewegt
wird. Die Organe der Seele sind hier nicht geübt, beim Schönen
Echtes und Unechtes zu unterscheiden. Alle besonderen Leiden
und Schäden verblassen aber vor dem Gedanken der Nichtigkeit
und Hinfälligkeit des ganzen irdischen Daseins. Alles ist hier voll
Unbestand und Vergänglichkeit. Die Blumen blühen jeden Frühling wieder auf, der Mensch aber hat nur die eine Jugend und welkt
dann dem Winter des Alters entgegen. Verschieden sind die äußeren
Geschicke des Lebens, und manchen preist die Menge glücklich,
aber der tieferen Betrachtung verschwinden alle Unterschiede, an
dem höchsten Ziel gemessen hat kein Lebenslauf einen Vorzug vor

anderen. Denn schließlich ist hier alles nichtig; wer könnte glücklich sein, wo alles so rasch dahinschwindet und wir die Gräber unserer Eltern stets vor Augen haben? Mag es Menschen geben, welche solches Leid nicht empfinden und ihr Genüge in sinnlichen Lüsten finden: mit ihrer tierischen Stumpfheit sind sie im Grunde noch weit elender als die anderen; das Nichtfühlen des Unglücks ist das größte Unglück. Die Leidtragenden hat Jesus selig gepriesen. Er wollte damit nicht den Schmerz als Schmerz verherrlichen, sondern vielmehr die Erkenntnis des Guten, die für uns immer Schmerz mit sich bringt, da das Gute unserem Leben noch abgeht.

Alle Weichheit und Zartheit der Empfindung kann dabei nicht die Tatsache verdecken, daß den Denker mehr ein ontologisches als ein ethisches Streben beherrscht. Nicht die Sehnsucht nach mehr Liebe oder mehr Gerechtigkeit, sondern die nach mehr Wesenhaftigkeit und Ewigkeit treibt Gregor über die nächste Welt hinaus zu Gott. Das ergibt eine besondere Schroffheit des Bruches. Denn enthält nur die unsichtbare Ordnung ein echtes Wesen, so wird alles Übrige ein bloßer Schein; als einen solchen gilt es alles Sinnliche abzustreifen und alles aufzugeben, was in dieses nichtige Leben verstrickt. Zu dem, was der wahrhaft Fromme hinter sich lassen muß, gehört auch „die Beschäftigung mit den Wissenschaften und Künsten und was in Sitten und Gesetzen sich tauglich findet"; in diesem Gedankengange — sonst urteilt Gregor milder — gilt die Ehe als der Anfang und die Wurzel des Eifers um unnütze Dinge. Wer als ein guter Steuermann seinen Lauf nach Gestirnen richten will, die nie untergehen, der gestalte sein Dasein so, daß es unablässig zwischen Leben und Tod in der Mitte schwebt, nie sich mit ganzer Kraft dem Leben hingibt.

Solcher Ablösung von der Welt entspricht bei Gregor eine Versenkung in die Innerlichkeit des Gemütes. Hier fühlt er sich einer Einigung mit Gott unmittelbar gewiß, von hier aus ergießt sich die Seele auch in die umgebende Welt und Natur. Er tritt in ein seelisches Wechselleben mit der Natur, wie es die frühere Zeit kaum kennt; er vergißt ihre Beziehung zum Menschen, wie sie dem antiken Naturgefühl anhaftete, und empfindet ihre Größe besonders im stillen Rauschen des Waldes und in der tiefen Einsamkeit der Einöde. Daher nimmt er samt seinem Bruder Basilius in der geschichtlichen Entwicklung des Naturgefühls einen bedeutenden Platz ein, wie das neuerdings namentlich A. Biese dargelegt hat.

So verdient auch als Ganzes die Lebensanschauung Gregors mehr Beachtung, als sie zu finden pflegt. Sie ist der reinste philosophische Ausdruck der Zurückziehung des christlichen Lebens von der Welt, die nach dem äußeren Siege des Christentums um sich griff.

Immer weniger hatte das Christentum das anfängliche Ideal festhalten können, inmitten dieser schlechten Welt eine Zufluchtstätte frommer Gesinnung und sittlichen Lebens zu bilden; der Zustrom größerer, ungeläuterter Massen hatte immer mehr Abschwächungen erzwungen. Schließlich entschied der äußere Sieg mit der Überflutung durch jene Massen den inneren Niedergang. Sollten ernstere, um ein ewiges Leben besorgte Gemüter nicht völlig verzweifeln, so galt es besondere Hilfen zu finden. Orient und Occident gingen hier verschiedene Wege; dieser suchte die Hilfe bei einer Erhebung der Kirche, als einer objektiven Ordnung, über alle Schäden der Individuen, jener in der Zurückziehung der Individuen zu einem einsamen, Gott allein mit ganzer Inbrunst dienenden Leben. Wie mächtig ein solches Leben die Zeitgenossen anzog, hat Gregor mit lebhaftem Wohlgefallen geschildert; wie aber jene Versenkung in die Unendlichkeit des Gemütes unter Wechselwirkung griechischer und christlicher Art eine wunderbare Weichheit und Zartheit der Empfindung erzeugte, das zeigt niemand deutlicher als er selbst, der Philosoph mystischer Sehnsucht.

c. Die Gestaltung einer kirchlichen Lebensordnung.

Von früher Zeit her geht durch das Christentum ein starker Zug zur Ausbildung einer sichtbaren und organisierten Kirche, einer Kirche, die das Individuum einer als heilig erachteten Autorität unterwirft, die heilige Menschen und heilige Werke vom gemeinsamen Leben absondert, die einen glanzvollen Kultus ausbildet und namentlich durch das Mysterium der Sakramente die Gemüter der Gläubigen beherrscht. Mehr und mehr ist dies, was zu Beginn noch unentwickelt und ein Stück eines weiteren Ganzen war, zur Hauptsache geworden. Späteren mochte solche Wandlung als ein bloßer Abfall von der Grundidee der Religion des Geistes und der Wahrheit erscheinen. Wer aber zugleich die bleibenden Bedürfnisse des menschlichen Herzens, die Besonderheit jener Zeitlage, die eigentümliche Art und Forderung des Christentums erwägt, der wird nicht nur die geschichtliche Notwendigkeit jener Wendung verstehen, er wird in ihr auch keinen bloßen Abfall sehen. Der

Gedanke der Kirche, eines eigentümlichen, von der Religion beherrschten Lebenskreises, entspringt dem innersten Wesen des
Christentums. Als die Verkündigung des nahen Reiches Gottes,
als das Evangelium vom Reich war es an die Menschheit gekommen. Die baldigen Zukunftshoffnungen erfüllten sich nicht,
für eine längere Zeit hatte es sich in dieser Welt der Unvernunft
einzurichten, dabei auch mit einem unvermeidlichen Sinken der
anfänglichen Spannung zu rechnen. Wollte es sich der Welt nicht
ganz und gar anpassen und damit sich selbst aufgeben, so mußte
es ihr gegenüber einen eigentümlichen Lebenskreis abstecken und
ausbilden, so mußte es in diesen Lebenskreis seine Ideale und
seine Hoffnungen flüchten. Die dem Christentum wesentliche und
unentbehrliche Überzeugung von der Eröffnung einer neuen Wirklichkeit, der Bildung eines neuen Lebens und Wesens aus dem
Verhältnis zu Gott, sie wird auf dem Boden der Geschichte durch
die Kirche vertreten. Diese allgemeine Idee deckt freilich nicht
die nähere Gestaltung, vielmehr wäre jener eine Gemeinschaft mit
mehr Freiheit, mehr Selbsttätigkeit, mehr Innerlichkeit angemessener
gewesen. Aber hier waren es nun die besonderen Verhältnisse der
Zeit, welche für eine Entwicklung nach entgegengesetzter Richtung
entschieden. Ein kleines Häuflein Menschen strebt auf gegen eine übermächtige Welt, es will dabei mehr als bloße Duldung, es erklärt
sich für den Kern einer neuen Welt, für das zur Herrschaft be-
rufene Volk. Wird dies Häuflein dabei nicht zunächst bei sich
selbst fest zusammenhalten und allen Spaltungen eine überlegene
Autorität entgegenhalten müssen, und wird hier das Greifbare und
Sichtbare der Ordnung nicht um so mehr Raum gewinnen, je mehr
der begeisterte Aufschwung der ersten Anfänge nachläßt? Vor
allem in der Überwindung drohender Spaltungen hat die Kirche ihre
Einheit gefunden und zugleich das Christentum vor einer Auflösung
in Sekten gerettet. Auch der wachsende Einfluß der Lateiner hat
zur weiteren Ausbildung der Organisation und zur Verstärkung der
sinnlichen Elemente im religiösen Leben gewirkt. Der lateinischen
Art ist die spätgriechische Verflüchtigung des Sinnlichen fremd, sie
sieht in ihm einen wesentlichen und unentbehrlichen Bestandteil der
Wirklichkeit. Mit solcher Schätzung geht Hand in Hand ein
eminentes Vermögen der Organisation, ein kluges Geschick in der
Behandlung praktischer Fragen. Dagegen ist der spekulative Sinn
wenig entwickelt, und es fehlt namentlich die Idee eines inneren

Zwanges der Wahrheit, wie sie aus der altgriechischen Gedankenwelt auch der christlichen Welt zufließt, die innere Selbständigkeit
der individuen steigert, einer straffen Zusammenfassung der Kräfte
widersteht.

Endlich muß bei der Würdigung jener Entwicklung auch die
Gesamtlage jener Zeit jenseit des Christentums gegenwärtig sein.
Das religiöse Verlangen, das seit dem Ende des 2. Jahrhunderts unwiderstehlich alles Geistesleben mit sich fortreißt, trägt bei allem subjektiven Eifer um Glück durchaus den Charakter einer müden und
matten Zeit. Man will nicht Tätigkeit, sondern Ruhe, nicht Verantwortung, sondern Entlastung, nicht die Gefahr der Freiheit,
sondern die Sicherheit der Unterwerfung, nicht ein rationales Verstehen, sondern den Zauber des Geheimnisvollen und Unbegreiflichen, nicht eine Erhebung zu reingeistiger Verehrung Gottes,
sondern eine möglichst eindrucksvolle, durch sinnliche Pracht überwältigende Vergegenwärtigung der höheren Welt. In einer so gestimmten Zeit konnte nur eine Entwicklung, wie sie tatsächlich erfolgte, dem Christentum zum Siege verhelfen. Aber so eine zeitgeschichtliche Notwendigkeit anerkennen, das heißt zugleich eine
dauernde Bindung des Christentums an diese Gestalt aufs entschiedenste ablehnen; „was der christlichen Religion damals den
Sieg gegeben hat, verbürgt nicht die Dauer des Sieges in der Geschichte“ (Harnack).

So ist denn die sichtbare Kirche zu immer mehr Macht und
Autorität gelangt, so hat sie immer mehr die sittliche Pflicht in eine
gebotene Leistung verwandelt und die Individuen zu völliger Unterwerfung und willigem Gehorsam erzogen. Je weniger die Individuen
bei sich selbst genügen, desto mehr wächst die Kirche ihnen gegenüber zu unantastbarer Hoheit, desto mehr überträgt sich auf sie die
Idee der Heiligkeit, desto mehr muß sie mit eigentümlichen Gnadenmitteln der Unvollkommenheit zu Hilfe kommen. In Wahrheit sind
eben die Schriftsteller, welche die Kirchenidee besonders energisch
verfechten, voller Klagen über die Unzulänglichkeit der Individuen,
über die Schwäche ihres Glaubens und die Lauheit ihrer Liebe.
Mit dem Anwachsen solcher Strömung dünkt die Kirche immer mehr
eine göttliche Einrichtung, nicht eine menschliche Ordnung; die ihr
gezollte Ehre scheint Gott selbst erwiesen, ihre Kränkung ihm zu-
gefügt. Nur durch sie, die Mutter der Christen, gibt es einen Weg
zum göttlichen Vater: „niemand kann Gott zum Vater haben, der

nicht die Kirche zur Mutter hat" (Cyprian). Der Einzelne schuldet
ihr Gehorsam und Pietät, alle Absonderung von ihr gilt als ein
böswilliges Verschmähen, ein dünkelhafter Eigensinn. Das stempelt
Schisma und Härese zum allerschlimmsten Frevel, von dessen Folgen
selbst das Martyrium nicht befreien kann. Denn alles andere Vergehen trifft Einzelne, dieses aber die ganze Gemeinde.

So einfach und namentlich für die Lateiner überzeugend dieser
Gedankengang war, schwere Verwicklungen erwuchsen daraus, daß
die einen – eben wegen der Hochhaltung der Kirche – auf einer
gewissen sittlichen Tüchtigkeit der Inhaber von Kirchenämtern be-
standen und die Rechtsgültigkeit amtlicher Handlungen an solche
Beschaffenheit der Personen knüpften, während die anderen solches
Verlangen als eine Gefährdung der objektiven Ordnung verwarfen;
dort behauptet das Moralische eine Selbständigkeit, hier unterliegt
es den kirchlich-religiösen Bedürfnissen. Die letztere Richtung
siegte, das Verlangen nach fester Ordnung und sicherer Hilfe über-
wand alle moralischen Bedenken. Aber zugleich ist die Kirche aus
einer Gemeinde der Heiligen mehr und mehr zu einer mystisch
und magisch fundierten Rechtsanstalt geworden.

Der Erhöhung der Kirche entsprach die Absonderung eines
Priesterstandes. Die Priester, vornehmlich die Bischöfe, werden zu
berufenen Vermittlern zwischen Gott und der Gemeinde, zu Spendern
der göttlichen Gnade. Namentlich erhöht die wachsende Macht der
Opferidee ihre Stellung. Der Opferidee konnte sich das Christentum von früh an nicht entziehen, aber zunächst überwog der Widerspruch gegen das heidnische Opfer. Eine ethisch gestimmte Religion
sah das rechte Opfer in der Darbringung des eigenen Herzens.
»Unschuld und Gerechtigkeit zu pflegen, sich alles Betruges zu
enthalten, Menschen der Gefahr zu entreißen, das sind unsere Opfer,
das ist Gott heilig. Bei uns gilt einer um so frommer, je gerechter
er ist.« So Minucius Felix, der besonders warm die Richtung auf
die schlichte Moral, den Verzicht auf alle eigentümlich religiösen
Leistungen als einen unterscheidenden Vorzug des Christentums
preist. Auch noch Lactanz meint: »Das ist der wahre Kultus, in
dem der Geist des Verehrenden sich selbst Gott als ein unbeflecktes
Opfer darbringt.« Aber längst hatte inzwischen die Opferidee einen
magischeren Charakter ausgebildet. Je schwerer auf den Gemütern
die Furcht vor dem richtenden und strafenden Gott lastete, je mehr
man sich zugleich des eigenen Unvermögens bewußt war, desto

stürmischer erhob sich das Verlangen nach wunderbarer Hilfe und Sühne. Hier tritt nun „das sündentilgende Werk Christi in den Vordergrund. Nicht sowohl die Inkarnation – diese ist Voraussetzung – als der Tod Christi wird als das punctum saliens betrachtet, und er wird bereits nach allen denkbaren Richtungen hin als Opfertod, als Versöhnung, als Erkaufung, als stellvertretende Leistung des Kreuzestodes behandelt" (Harnack). Zur Erhöhung des Priestertums wirkt diese Wendung namentlich, seit sich von Cyprian her die Vorstellung befestigte, der Priester wiederhole in der Darbringung das Opfer Christi. So floßen das Bedürfnis nach Autorität und das nach Magie in eins zusammen, der „Priester Gottes" wird damit weit über die Gemeinde hinausgehoben und mit übermenschlicher Heiligkeit ausgestattet.

Nach derselben Richtung wirkt die Ausbildung einer doppelten Moral, die, bis in die Anfänge des Christentums zurückreichend, sich nach und nach zu fester Ordnung verkörpert. Sie bot die Möglichkeit, das Ideal der Askese, das eine überwältigende Macht über die Zeit hatte, in das Christentum aufzunehmen, ohne die allgemeine Lebensordnung für ungenügend zu erklären. Gibt es aber ein Mehr als die allen auferlegte Verpflichtung, so entsteht ein überschüssiges Verdienst; dieses aber kann der Not der anderen zur Hilfe gereichen. So denkt man zunächst von den Märtyrern, den Blutzeugen des Glaubens, und zwar um so mehr, weil die Mehrzahl der Gemeinde ihnen nicht auf den Dornenpfad folgte; so denkt man weiter auch von denen, die durch peinliche Enthaltung von weltlichen Gütern und Genüssen Gott ein Opfer darbringen, wie durch Fasten, Armut, Ehelosigkeit. Solchen verdienstlichen Werken wird die Kraft beigelegt, Sünden zu tilgen, jene leichteren wenigstens, welche nach stoischem Vorgange als verzeihliche Fehltritte (peccata venialia) von den Todsünden deutlich geschieden werden. In dem allen eine Schätzung der Leistung als Leistung, eine Abstufung des Wertes nach der Größe des Werkes; zugleich die Aufgabe, Schuld und Verdienst gegeneinander abzuwägen. Es erwächst ein System von Kompensationen, die Moral erhält mehr und mehr den Charakter einer rechtlichen Ordnung. Die Verwalter dieser Ordnung aber sind die Priester. Der Gedanke des allgemeinen Priestertums wird durch solche Entwicklung nicht völlig aufgehoben, aber für das praktische Leben und die unmittelbare Empfindung weit zurückgedrängt.

Mit dem allen bei sichtlicher Befestigung der Ordnung und

Erhöhung der Pracht eine starke Veräußerlichung und Vergröberung des Lebens, ein massenhaftes Eindringen fremdartiger Elemente, die Gefahr eines jähen Sinkens des Christentums. Wohl fehlte es nicht an Gegenwirkung. Die christliche Moral mit ihrer Kraft und Innerlichkeit war nicht erloschen, der Gedanke an das baldige Weltende und Weltgericht hielt die Gemüter in lebendiger Spannung, der Kampf gegen die erst seit der Mitte des 3. Jahrhunderts ihre volle Macht gegen das Christentum einsetzende heidnische Welt bewahrte mit seinen Leiden sicher gegen alle träge Verflachung. Auch die Schmälerung der individuellen Freiheit wurde nicht als ein einengender Druck empfunden, so lange es gegen jenen übermächtigen Gegner zusammenzustehen hieß, und so lange nur der eigene Entschluß die Individuen bei der Kirche festhielt. Das aber mußte sich mit der Erhebung des Christentums zur Staatsreligion ändern; alles Bedenkliche jener Wendung zu einer sichtbaren Ordnung voll magischer Elemente kam nun zu ungehemmter Wirkung. Bei allem Ausbau der Organisation, allem Glanz der Riten, aller Emsigkeit der Leistungen fehlt ein gehaltvolles Innenleben, eine geistige Tiefe. Die schlichte Moral ist zu Gunsten der Religion geschädigt, die Religion selbst aber wird tief in die Affekte und Interessen, auch in die sinnlichen Vorstellungen des bloßen Menschen hineingezogen, sie wirkt kaum zu einer inneren Erhöhung und Umwandlung. Das Christentum war in dringendster Gefahr, bei äußerlichem Siege innerlich unterzugehen; wenn irgend in seiner Geschichte, so bedurfte es jetzt eines großen und ursprünglichen Geistes, der mit seiner Zeit lebte und ihre Bedürfnisse teilte, und der zugleich die Zeit über sich selbst hinaushob und ihr an ewiger Wahrheit zuführte, was irgend erreichbar war. Ein solcher Mann erschien in Augustin. Er hat durch erschütternde persönliche Kämpfe hindurch und mit unermüdlicher Lebensarbeit dem religiösen Verlangen eine gewaltige Tiefe und dem kirchlichen System einen geistigen Gehalt gegeben. So führt er auch die altchristliche Lebensanschauung auf ihre philosophische Höhe.

2. Augustin.

a. Die allgemeine Art.

Augustin (354—430) ist der einzige große Philosoph auf dem eigenen Boden des Christentums. Alle Wirkungen der Vergangenheit und alle Anregungen der eigenen Zeit faßt er in sich, um

Neues und Größeres aus ihnen zu machen; in lateinischer Umgebung wurzelnd, empfängt er starke Einflüsse griechischer und orientalischer Art; Altchristlichem und Neuplatonischem gibt er eine neue Mischung, in der das Christliche seine Eigentümlichkeit kräftiger wahrt, und deren Ergebnis, angreifbar wie es ist, alle weitere Geschichte des Christentums beherrscht. Die Gedankenentwicklung ist hier in hervorragender Weise Ausdruck der Persönlichkeit, ja unmittelbares persönliches Leben. Alle Arbeit dient der einen Aufgabe, das eigene Sein zu entfalten und zu genießen; in aller Verzweigung des Strebens bleibt das Hauptziel das Wohlbefinden des ganzen Wesens. Glück, Seligkeit, das ist es, worauf das ausschließliche Sinnen und leidenschaftliche Verlangen dieses Mannes geht, Glück nicht in dem kleinen Sinne der älteren lateinischen Väter, sondern als Vollbefriedigung des Wesens, als Belebung aller Kräfte, als Beseligung bis zum tiefsten Grunde. Daher kann dieses Streben alles in sich ziehen und die geistige Arbeit nicht nur begleiten, sondern durchdringen. Ein solches Glück darf nicht als ferne Hoffnung vorschweben, es muß lebendige Gegenwart und voller Besitz werden. Denn „wer bloß in der Hoffnung glücklich ist, ist noch nicht glücklich; erwartet er doch erst in Geduld das Glück, das er noch nicht besitzt." Daß wir aber glücklich werden können und werden müssen, das gilt dem Denker als völlig gewiß; diese Überzeugung bedarf für ihn keiner Begründung und duldet keinen Zweifel, vielmehr bildet sie die stärkste Waffe gegen allen Zweifel. Dies Glücksverlangen überwindet allen Widerstand und schmilzt auch das Feindlichste zusammen; aus ihm strömt Leben, Liebe, Leidenschaft in alle Arbeit und erfüllt sie mit den stärksten Affekten. Das gibt allem Beginnen Augustins eine feurige Glut und stürmische Erregung. Das religiöse Streben der Menschheit, sonst oft der Ausdruck einer müden und entsagenden Stimmung, wird hier von gewaltigstem Lebenseifer getragen; selbst das Erkennen wächst zu einer Selbstbehauptung und Wesenserhöhung. Diese Verflechtung einer titanischen, von verzehrendem Glückdurst erfüllten Subjektivität mit der ganzen Weite der Geistesarbeit, sie bildet zugleich die Größe und die Gefahr Augustins.

Wie damit alle Welt- und Lebensanschauung der Besonderheit dieser Natur folgen muß, so unterliegt sie namentlich dem Einfluß der Tatsache, daß in ihr schroffe Gegensätze zusammenstoßen und das Denken in rastlose Bewegung versetzen.

Einmal ein Drang, alle Fülle des Seins in Einem zu ergreifen, das Leben in sich selbst zu konzentrieren, sich mit dem ganzen Wesen der Seligkeit unmittelbar zu versichern; hier ein Überfliegen aller Formen und Begriffe, ein Leben und Weben im reinen Gefühl. Zugleich aber das Verlangen, die Weite des Alls zu umspannen und mit dem Denken zu durchleuchten, auch das Innere deutlich herauszustellen und über alles Tun Rechenschaft zu geben; damit eine Entfernung vom nächsten Eindruck, ein weitschichtiger Gedankenbau, eine wissenschaftliche Vermittlung der Grundanschauungen. Aus beidem zusammen eine mächtige religiöse Spekulation, in der sich Fühlen und Denken, unmittelbares und vermitteltes Leben untrennbar verschlingen. – Mit diesem Gegensatz durchkreuzt sich vielfach ein anderer. Einerseits ein rastloses Streben nach reiner Geistigkeit, eine Verwandlung der Dinge ins Gedankenhafte, die Ursprünglichkeit und Selbständigkeit eines weltüberlegenen Innenlebens; andererseits eine glühende Sinnlichkeit, ein Bestehen auf handfesten Daten, sicherem Berühren und Halten, lustvollem Kosten und Genießen der Dinge; beides zusammenschießend in einer grandiosen Phantasie, die auch den dunklen Tiefen der Innenwelt Gestalten abringt. – In demselben Manne sowohl ein unermüdlicher Schaffensdrang und eine ungestüme Energie des Lebensprozesses als die Hemmung durch einen moralischen Zwiespalt, das Bewußtsein einer Hilflosigkeit gegenüber der eigenen problematischen Natur, ein sehnliches Verlangen nach Errettung durch übernatürliche Macht und nach Versetzung in einen Stand von Ruhe und Frieden. Das allgemeine Problem der Moral verschärft sich individuell dadurch, daß Augustins Sinnlichkeit nicht naiver, sondern raffinierter Art ist, daß sie alles Streben zu vergiften und zu erniedrigen droht. – Endlich zeigt Augustin darin eine Doppelnatur, daß er zugleich erlebt, tief und wahrhaftig erlebt, und dabei über das Erlebnis klar und kühl zu reflektieren vermag, wie über fremde Dinge.

Alle diese Richtungen werden nicht einem umfassenden System eingefügt und hier innerlich ausgeglichen, oder etwa in der Art eines Aristoteles von Anfang an zu einander gestimmt, sondern jede einzelne entwickelt sich lange ungestört; erst schließlich erfolgt eine Berührung und Verbindung. So verbleibt es bei schroffen Kontrasten, einem sprunghaften Verfahren, einem Hin- und Herwirken und vielfachen Sichdurchkreuzen der Gegensätze. Das ergibt harte Widersprüche nicht nur in kleinen, sondern auch in großen

Dingen, eine stete Unruhe, in der es blitzartig durcheinander schießt; aber es ergibt auch eine unablässige Spannung und Schwingung des Lebens, ein immer frisches Neueinsetzen des Schaffens, den lebendigsten Fluß aller Dinge. Wenn solches Durcheinander widersprechender Elemente den Gedankenbau oft arg verwickelt, so hindert es keineswegs eine reiche Entfaltung durchaus ursprünglicher inniger Gefühle, das Hervorbrechen reiner Naturtöne schlichtmenschlicher Art. Namentlich erlangt das religiöse Gemütsleben eine kindliche Einfalt und eine feurige Sprache des Herzens, wie die Literatur sie nur an seltenen Höhepunkten aufweist.

Solches Durcheinanderwirken von Gegensätzen erschwert nicht nur das Verständnis der Lehren Augustins, es hemmt auch eine zutreffende Würdigung seines Wesens. Augustin, bei seiner starken Reizbarkeit vom jeweiligen Eindruck weit fortgerissen, kann lange Zeit ausschließlich einer Richtung nachgehen und alles andere darüber vergessen; so kommt er zu extremen, fanatischen Sätzen, die ganz sein eigen sind, aber deshalb noch nicht das Ganze seiner Überzeugung bedeuten; er kann hier ablehnen und verurteilen, was er dort liebt und verehrt. Der kirchliche Christ in ihm redet bisweilen von der Kultur wie der engherzigste Sektenmensch, aber es behandelt auch wohl der weltumspannende, wesenergründende Denker die kirchliche Ordnung mit ihrer Autorität und ihrem Glauben von oben herab wie eine Sache bloßer Zweckmäßigkeit, wie eine Einrichtung zu Gunsten des großen Haufens und der menschlichen Schwäche. So läßt sich der eine Augustin gegen den anderen ausspielen und die Ehrlichkeit des ganzen Menschen in Zweifel ziehen. Ein Teil dieser Widersprüche mag bei Beachtung der inneren Entwicklung des Mannes verschwinden, die ihn von einer universalen und philosophischen Behandlung der Dinge mehr und mehr zu einer positiven und kirchlichen trieb; die schwersten Gegensätze aber überdauern allen Wandel, in ein System läßt sich Augustin unmöglich zwängen. Aber wir brauchen nur zum lebendigen Ganzen seiner Persönlichkeit vorzudringen, um ein Band aller Mannigfaltigkeit und ein Verständnis aller Widersprüche zu finden. Diese Persönlichkeit läßt sich einmal nicht in den Rahmen der formalen Logik spannen; die Widersprüche des Wesens aber werden sich auch in die Arbeit erstrecken. Nun und nimmer hätte Augustin wirken können, was er gewirkt hat, hätte hinter der Rhetorik des Ausdrucks nicht eine Wahrhaftigkeit des Wesens gestanden. So schon bleibt bei ihm des Unerquicklichen genug zu überwinden. In der merkwürdigen Mischung der Elemente, welche in dieser Natur zusammenrinnen, sind Edelsinn und Gerechtigkeit nicht stark genug vertreten, um nicht bisweilen den Wallungen der Leidenschaft ganz zu unterliegen. Besonders aber ist Augustin keine reine, keine vornehme Natur, wie etwa ein Plato, er kann sich auch im höchsten Aufschwung nicht aller niederen Elemente entäußern, er kann die tiefsten Tiefen nicht bewegen, ohne viel trüben Schlamm mit aufzuwühlen. Das setzt aller Anerkennung des Mannes eine Schranke. Aber so viel sich gegen ihn einwenden läßt, alle seine Lebensäußerungen zeigen, in ihre Wurzel verfolgt, ein echtmenschliches, vollbegreifliches Streben, einen ganzen und gewaltigen Menschen, dem nichts Menschliches fremd ist. Und wenn unter den Heiligen der Kirche kaum einer so wenig heilig, so sehr leidenschaftlicher Mensch mit allen Fehlern und Schwächen war, wie Augustin, so liegt in solcher Menschlichkeit wohl auch eine Versöhnung, sicherlich aber das Geheimnis seiner Macht über die Gemüter.

b. Die Seele des Lebensprozesses.

Den Ausgangspunkt wie einen bleibenden Grundzug der augustinischen Lebensanschauung bildet die tiefste Unzufriedenheit mit der natürlichen Welt, hauptsächlich mit der Lage des Menschen. Kaum hat jemand die Leiden des menschlichen Daseins aus bewegterem Herzen und mit grelleren Farben geschildert als Augustin. Die Not des Einzelnen, wie die Mißstände der Gesellschaft, die Spaltungen und Kriege der Völker, die Irrungen im Recht, die Verflechtung in alle Sorgen der Freunde, die Fülle der Versuchungen, das stete Schweben des Menschen zwischen Furcht und Hoffnung, die peinliche Unsicherheit unserer Lage, sie kommen hier zu beredtester Aussprache; der Empfindung des allgemeinen Elends geben dabei die traurigen Zustände jener sinkenden Zeit ein individuelles Kolorit. Das Mittel der Philosophen, sich gegen alles Leid innerlich abzustumpfen und die Empfindung des Schmerzes heroisch niederzukämpfen, erscheint Augustin, wenn überhaupt als wirksam, so als sittlich unstatthaft; jene Abstumpfung würde eine rohe Gefühllosigkeit, eine Verhärtung des Wesens, ein Erlöschen der Liebe ergeben. Auch umfängt uns das Böse keineswegs bloß von außen, es wohnt in unserem eigenen Innern, es ist in Sinneslust und Hochmut die treibende Kraft unseres Handelns; gute Vorsätze mögen wir fassen, aber die Kraft der Ausführung fehlt. Dazu das geistige Unvermögen des Menschen, sein Versenktsein in Zweifel, sein Nichtdurchdringen zur Wahrheit. In solchen Nöten und Widerständen droht eine völlige Verzweiflung; ein Abwerfen der Bürde des Lebens könnte der beste Ausweg dünken.

In Wahrheit benimmt sich der Mensch ganz anders. inmitten alles Leides erscheint ein zähes Behaupten des Lebens, ein gieriger Drang nach Selbsterhaltung, ein unbedingtes Leben-Wollen (esse se velle). Selbst das elendeste Dasein wird der Vernichtung vorgezogen; wie ein wertvolles Gut umklammert der zum Tode verurteilte Verbrecher das ihm geschenkte klägliche Leben. Ein ähnlicher Lebensdrang geht durch die Natur: von den ungeheuren Drachen bis zu den kleinsten Würmern wehrt sich alles seines Lebens und widersteht mit aller Kraft der Zerstörung. Wäre eine so allgemeine Tatsache erklärlich, wenn die Welt des Leides und des Bösen die ganze Wirklichkeit bedeutete, und nicht das im ersten Anblick so trübe Sein in seiner Wurzel gut wäre und Glück enthielte?

Diese Wahrnehmungen sind für Augustin nur Bekräftigungen seines eigenen Verhaltens. Ihn selbst erdrückt alles Leid und Elend nicht, vielmehr weiß und fühlt er sich ihm, je mehr es sich anhäuft, desto sicherer im Kern des Wesens überlegen; gerade das Elend der nächsten Wirklichkeit erweckt in ihm die feste Überzeugung, daß diese Welt nicht die ganze Welt sein kann. Hinter dem eingeschüchterten physischen Lebenstriebe erscheint ein metaphysischer Lebensdrang und verwehrt dem Menschen zwingend einen Verzicht auf Selbsterhaltung und Seligkeit.

Eine solche Wendung, eine solche Neubefestigung des Lebens, verlangt aber eine andere Grundlage und andere Zusammenhänge als die der natürlichen Welt: nur in einem weltüberlegenen, vollkommenen Sein, nur in Gott kann das neue Leben seinen Halt finden. Die Wirklichkeit dieses göttlichen Seins gilt Augustin als das Axiom, das allererst uns des eigenen Seins versichert; so gewiß in uns mehr ist als bloße Natur, so gewiß sind wir in Gott gegründet und von göttlichem Leben umfangen.

Doch fehlt es neben solcher axiomatischen Behauptung nicht an wissenschaftlicher Auseinandersetzung und Begründung; sie erhebt sich von farblosen Umrissen zu einem anschaulichen Inhalt, indem sie eine Stufenfolge von Sein, Geist, Persönlichkeit durchläuft. Zunächst heißt es, daß jenes von Hemmung und Leid erfüllte Sein als ein Reich unablässiger Veränderung, unsteten Werdens gar kein wahres Sein bedeutet; ein wahres, echtes, wirkliches Sein – diese Häufung hat Augustin selbst – ist nur eine schlechthin unwandelbare Natur, nur ein Wesen, das, unberührt durch den Fluß der Zeit, stets bleibt, was es ist. Wahrhaftiges Leben ist nur das ewige Leben. Das wesenhafte Sein aber ist nichts anderes als Gott; aus ihm stammt alles echte Leben, und auf ihn weist es zurück.

Sodann hat alle Wirklichkeit als tiefsten Grund ein geistiges Sein. Die einfache Selbstbesinnung zeigt uns als den gewissesten Punkt gegenüber aller Unsicherheit die Existenz der Seele. Denn mögen wir an allem zweifeln, der Zweifel selbst erweist die Tatsache des Denkens und damit der Seele. Unser Innenleben ist uns unmittelbar gegenwärtig, es kann keine Einbildung sein. Daß wir sind, zugleich wissen, daß wir sind, und unser Sein und Wissen lieben, das ist eine unbestreitbare Tatsache, während das Dasein einer Körperwelt sich nicht streng beweisen läßt. Die seelische Innerlichkeit aber führt Augustin zur Idee einer reinen Geistigkeit; der Quell dieser ist wiederum Gott, das Urbild des Menschenwesens.

Mit solcher Forderung reiner Geistigkeit und wesenhafter Ewigkeit bleibt Augustin bei aller Eigentümlichkeit seiner Beweisführung noch im Gedankenkreise des Platonismus. Er durchbricht aber diesen Kreis und eröffnet neue Bahnen, indem das Verlangen nach mehr Kraft und Selbstleben ihn den Kern der Seele nicht mehr im Erkennen, sondern im Wollen suchen heißt. Wie ihm das Seelenleben von Grund aus vornehmlich Streben nach Wohlsein und Selbstbehauptung bedeutet, so bildet seine Vollendung der Wille, als dasjenige, worin sich das Leben zur Einheit zusammenfaßt und zur vollen Tätigkeit erhebt. Ja es heißt, daß alle Wesen nichts anderes als Wille sind (nihil aliud quam voluntates); „der Wille ist das übergreifende Prinzip aller Geistestätigkeiten" (Heinzelmann). Diese Überzeugung hat sich für Augustin im Lauf seines Lebens immer kräftiger ausgeprägt und ihn immer weiter vom antiken Intellektualismus entfernt.

Da er aber der griechischen Denkweise darin treu bleibt, vom Mikrokosmos zum Makrokosmos fortzuschreiten oder vielmehr den Mikrokosmos als ein Abbild des Makrokosmos zu verstehen, so gilt ihm jener Vorrang des Willens zugleich für das göttliche Wesen. Die Dreieinigkeit, nach seiner Fassung das eigene innere Leben der

Gottheit, nicht eine bloße Ordnung ihrer Offenbarung, erscheint als ein Kreislauf von Sein (Kraft), Erkennen (Weisheit), Wollen (Liebe). Das Leben, das im Erkennen sich schied, kehrt im Wollen zu sich zurück und bekräftigt durch die Tat die Einheit seines Wesens. Dies Urbild des Wesens erscheint nach Augustin abbildlich in jedem Sein, besonders aber in der menschlichen Seele.

So vollzieht der Gottesbegriff Augustins eine Verbindung, ja Verschmelzung spekulativer und religiöser, platonischer und christlicher Elemente. Das reine und wesenhafte Sein wird zugleich das Ideal persönlichen Lebens, „das als allmächtige Liebe auf den Willen wirkende Gute" (Harnack). Einmal ist Gott nicht etwas Besonderes, neben anderen Dingen Befindliches, sondern der Inbegriff des wahren Seins, außer dem es keine Realität gibt; sich von ihm ablösen, das heißt dem Nichts verfallen, sich ihm verbinden, vom Schein zum Wesen aufsteigen. Andererseits ist er das Ideal der Heiligkeit, Gerechtigkeit, Güte, die allem menschlichen Stande unermeßlich überlegene vollendete Persönlichkeit. Im Zusamentreffen beider Gedankenkreise wird jeder fortgebildet: die Begriffe vom reinen Sein empfangen eine Belebung und Erwärmung, das Persönliche aber entwächst der menschlichen Daseinsform, wie denn Augustin einen unablässigen Kampf gegen die „Anthropomorphiten" führt, welche Gott in menschlichen Gestalten und Affekten vorstellen.

Verbindet sich demnach in der Gottesidee das echte Sein mit dem höchsten Gut und findet sich nur in Gott ein wahrhaftiges und ewiges Leben, so liegt für uns alles an dem Zusammenhange mit diesem höchsten Wesen, so gibt es nur von hier aus eine Rettung, ein Glück, eine Selbsterhaltung. Aus tiefster Überzeugung heißt es daher: „Wenn ich dich, meinen Gott, suche, so suche ich das selige Leben. Ich will dich suchen, damit meine Seele lebe."

Der zwiefachen Wurzel des Gottesbegriffes entspricht ein zwiefacher Weg des Suchens. Einmal folgt Augustin der neuplatonischen Spekulation: das reine Schauen soll den ganzen Menschen in die überweltliche Wesenheit erheben, die „Ekstase" alle Selbstsucht auslöschen. Der Mensch will hier von Gott nichts anderes als Gott selbst; das höchste Wesen ist ihm reiner Selbstzweck, nicht bloßes Mittel zum Glück. Allerdings wahrt auch im Anschluß an die Mystik Augustin seine Eigentümlichkeit. Mit dem Schauen verbindet sich ihm aufs engste die Liebe; der Affekt wird nicht unterdrückt, sondern veredelt, ein warmes Gefühlsleben strömt in die Mystik ein und gibt auch dem Ausdruck eine ungekannte Innigkeit. Niemand mehr als Augustin hat der christlichen Mystik einen unterscheidenden Charakter aufgeprägt.

Eigentümlicher und kräftiger aber ist eine andere Art des Verhältnisses zu Gott, die Augustin ausbildet; es ist die lebendige Beziehung der menschlichen Persönlichkeit auf die absolute, ein sittlich-religiöser Wechselverkehr mit Gott. Auch hier liegt die Welt mit ihrer bunten Mannigfaltigkeit draußen, und es ringt die ganze Seele nach einem Teilhaben an ewiger Liebe, aber hier erwächst ein weit reicherer Inhalt als in der Mystik, und hier gilt es kein Aufgeben, sondern ein Bekräftigen des geläuterten, ja erneuten Menschenwesens. Der Seelenstand des Individuums, das moralische Befinden des inneren Menschen wird zum Hauptproblem des Lebens und zum Kern alles Geschehens; indem das Menschenwesen mit Gott verkehrt, wie ein Ich mit einem Du, wird sein Tun unermeßlich erhöht; es entsteht eine Geschichte der Seele, und diese Geschichte drängt alles übrige, auch die merkwürdigsten und erschütterndsten Ereignisse, in die Peripherie des Daseins. Die Religion übt hier die fruchtbarste Wirkung nach der Richtung, das innere Erlebnis zu voller Selbständigkeit und Selbstwertigkeit zu erheben, das Seelenleben unerschütterlich in sich selbst zu befestigen. Der religiöse Prozeß kann namentlich deshalb so viel bewegen und erzeugen, weil er einen schroffen und bleibenden Gegensatz in sich trägt. Denn nunmehr entfaltet sich deutlich jene innere Dialektik der christlichen Grundidee: das Gegeneinanderwirken weitester Entfernung von Gott und engster Annäherung an Gott. Zwischen Gott und dem Menschen, dem Vollkommenen und dem höchst Unzulänglichen, dem Heiligen und dem Sündigen eröffnet sich hier eine unermeßliche Kluft, die Folge der Schuld; aber zugleich wird sie durch eine freie Tat Gottes wieder aufgehoben, und im innersten Wesen eine völlige Einigung von Göttlichem und Menschlichem hergestellt. Dabei beharren schwere Kämpfe und Stürme, aber über ihnen kann ein seliger Friede schweben und durch die Bekenntnisse Augustins der eine Grundton klingen: „Du hast uns geschaffen zu dir hin, und unser Herz ist unruhig, bis es ruhet in dir."

Die hier begonnene Bewegung pflanzt sich fort in einer reichen Literatur – denken wir nur an Thomas von Kempen –, sie belebt sich neu durch die Reformation, sie bedeutet über das religiöse Gebiet hinaus einen Wendepunkt für die selbständige Entwicklung

eines Gemüts- und Gefühlslebens, einen bedeutenden Schritt zur
Heraufführung einer neuen Welt.

c. Die religiöse Gestaltung der geistigen Welt.

In jener Aufdeckung einer gewaltigen Bewegung innerhalb des
Menschen liegt Augustins unvergleichliche und unbestreitbare Größe.
Indem er ¦den Quell aller Wahrheit und Liebe sowohl über alle
menschliche Unzulänglichkeit weit hinausrückt als ihn in allernächster
Nähe und unablässiger Wirkung hält, indem er den Menschen
zugleich aufs tiefste demütigt und aufs höchste erhebt, hat er einen
von aller Besonderheit der Bekenntnisse unabhängigen Typus
religiösen, ja allgemeinmenschlichen Gemütslebens gebildet. Aber
so gewiß hier Augustin im tiefsten Grunde des Lebens eine klassische
Größe erreicht, die nähere Entwicklung gerät unter den Einfluß der
müden und welken Zeitumgebung und wird dadurch in problematische Bahnen gelenkt. Augustin ist stärker in der Schärfung als
in der Überwindung des Gegensatzes; so beläßt er das religiöse
Leben zu sehr in jenseitiger Überlegenheit, statt es zum übrigen
Leben zurückzulenken und zu seiner Erhöhung zu verwerten. Bei
der gigantischen Kraft, welche dieser Mann in alles Unternehmen
legt, entwickelt sich in bedenklichster Weise die Neigung, Göttliches
und Menschliches, Gnade und Tätigkeit einander schroff entgegenzusetzen, den Gewinn der einen Seite der anderen zum Verlust zu
rechnen. Gott scheint um so höher geehrt, je tiefer der Mensch
gedemütigt wird. Möglichst niedrig vom Menschen zu denken,
ihm alle Selbständigkeit, alle eigene Kraft zum Guten, alle und jede
Freiheit abzusprechen, das wird damit zum Kennzeichen echter
Frömmigkeit. Die Größe des Göttlichen wird nach dem Abstande
des Menschen bemessen. Dürfen wir uns wundern, daß bei solcher
Gedankenrichtung Augustin sich in der Ausmalung der Schlechtigkeit, der Nichtswürdigkeit des Menschen nicht genug tun kann?
In voller Anerkennung bleibe dabei sein Verdienst, die Widersprüche des menschlichen Wesens, das Unvermögen gegenüber unerläßlichen Aufgaben, die Schranken aller bloßen Natur, die Unentbehrlichkeit freier Gnade so tief erfaßt und so überwältigend
geschildert zu haben. Er hat damit das Beste des Paulinismus,
wenigstens für das Abendland, gerettet. Aber da er unter den Einflüssen jener trüben Zeit nicht dazu gelangte, die Umwälzung bis

zu Ende zu führen, den neuen Menschen zu voller Kraft zu erheben und in der Freiheit selbst die höchste Gnade zu finden, so hat seine Religion und Frömmigkeit einen einseitig passiven Charakter behalten, so ist sie nicht zur Männlichkeit und Freudigkeit vorgedrungen, so unterliegt sie weithin der Gefahr ungesunder Selbstpeinigung, kritik- und tatloser Devotion, auch einer sensualistischen Gestaltung des Lebens.

Solche Gefahren reichen über den unmittelbaren Seelenstand hinaus in die Gestaltung des gemeinsamen Lebens; die Gewalt des Mannes gibt auch hier seinen Irrungen eine verhängnisvolle Macht. Das ist eine besondere Größe Augustins, daß er mit der Religion alles Schaffen durchdringen und im Ganzen des Geisteslebens nichts zulassen will, was nicht die Religion geweiht und erhöht hat; er zuerst hat damit auf dem Boden des Christentums ein umfassendes religiöses Kultursystem errichtet. Er hat dadurch eine gewaltige Beseelung, Erwärmung, Vertiefung des ganzen Daseins vollzogen. Aber zugleich hat jenes Beharren des Göttlichen in jenseitiger Überlegenheit dies Streben ins Einseitige und Problematische geführt. Die Breite der Dinge, die Ausdehnung der Kulturarbeit bleibt hier unergriffen, ja ein Verweilen dabei erscheint als eine Gefährdung der Hauptsache. So entwickelt sich wohl ein großartiges Verlangen nach der allesbeherrschenden Einheit, ein Flüssigmachen alles Starren, ein stürmisches Emporheben alles Denkens und Handelns (sursum corda). Aber die Einheit duldet als eine jenseitige nichts neben sich, sie droht alle Mannigfaltigkeit zu verschlingen, aller Beschäftigung damit, aller gegenständlichen Arbeit ihren Wert zu rauben; so erfährt das Leben eine starke Verkümmerung und Einengung, es fehlt ein genügendes Gegengewicht gegen das Wogen und Wallen stürmischer Subjektivität. Es droht bei solcher Ablösung und Überspannung die Religion in einen Utilitarismus umzuschlagen, der nur das zum „Seelenheil" Nützliche gelten läßt und damit den Menschen wieder zum Mittelpunkt macht, über dessen Kleinheit Augustin sonst so energisch hinausstrebt. Alle diese Gefahren werden, neben der unverkennbaren Größe der Leistung, deutlicher vor Augen treten, wenn wir jetzt Augustins Streben in die Hauptrichtungen des Guten, Wahren, Schönen verfolgen.

Beim Guten, d. h. dem Sittlichguten, wird die Ablösung von aller bloßen Natur mit besonderer Energie vollzogen. In nichts anderem besteht die Sittlichkeit als in der vollen und freien Hingebung an Gott; alle guten Handlungen, besonders die Werke der Barmherzigkeit — hier das Hauptstück der praktischen Sittlichkeit —, erscheinen als ein Gott dargebrachtes Opfer; nur was wegen der Gemeinschaft mit Gott geschieht, ist wahrhaft gut, bildet ein „wahres" Opfer. Die rechte Liebe hat nicht, |wer sich, seine Angehörigen, sein Vaterland um ihrer selbst willen liebt, sondern nur, wer sie Gottes wegen und von Gott aus liebt, wer in ihnen Gott liebt; denn er allein liebt an ihnen, was wesenhaft und gut ist. „Aus derselben Liebe lieben wir Gott und den Nächsten, aber Gott um seiner selbst, uns aber und den Nächsten um Gottes willen."

Wie aber Gott das einzige Ziel bildet, so kommt auch aus ihm allein die Kraft zum Guten; nur er kann uns jene echte Liebe einflößen, von ihm haben wir empfangen, was wir an rechter Gesinnung besitzen, und was unser Verdienst heißt, das ist seine Gabe (merita nostra dona ejns). Das Streben, das sittliche Leben ganz und gar in der ewigen Liebe zu begründen, führt Augustin dazu, alles Selbstvertrauen des Menschen, alles Handeln aus eigener Kraft, auch wo es nichts Böses will, zu etwas Verfehltem, Schlechtem, Lasterhaftem zu stempeln. „Was nicht aus dem Glauben entspringt, ist Sünde." Als eine eitle Selbstüberhebung erscheint es, aus eigenem Vermögen leisten zu wollen, was allein bei der Macht und Gnade Gottes steht; ja dieses Selbstvertrauen der Kreaturen, die Anmaßung, aus bloßer Naturkraft etwas erreichen zu wollen, gilt als die tiefste Wurzel alles Bösen. Damit die schärfste Unterscheidung eines Wirkens aus natürlichen Trieben und Neigungen und eines in höherer Kraft begründeten und durch Selbstverneinung fortschreitenden Handelns, die Austreibung des naturhaften Charakters der Sittlichkeit, den die antike Moral nie ganz abgelegt hat. Ein Hauptgedanke des Christentums erhält damit eine deutliche Formulierung und feste Begründung.

Aber wenn die religiöse Gestaltung der Moral bei Augustin eine Befreiung von der bloßen Natur ergibt, große Gefahren erzeugt die völlige und unmittelbare Unterordnung unter eine Religion, welche Göttliches und Menschliches einander schroff entgegenstellt. Das Handeln zur Welt und zum Menschen verliert dabei allen eigenen Wert. Wenn in allem nur Gott zu lieben ist, wenn wir am Menschen nicht den bloßen Menschen, nicht Vater und Mutter, nicht den Freund und Volksgenossen, sondern nur das Göttliche zu lieben haben, so liegt die Wendung nahe, alle Beziehung zu der niederen Sphäre abzubrechen und das Göttliche nicht erst durch jene Vermittlung, sondern sofort bei sich selbst aufzusuchen. Eine völlige Gleichgültigkeit gegen unsere Umgebung, eine Abstumpfung unserer verwandtschaftlichen und humanen Gefühle könnte damit als der rechte Gottesdienst, als die höchste Form jenes Opfers erscheinen. Das hat Augustin persönlich nicht gewollt, und so hat er – das zeigt schon das Verhältnis zu seiner Mutter – auch nicht gehandelt, aber in der Konsequenz seiner Gedanken liegt eine Abwendung vom sittlichen Wirken, eine Entzweiung der Anbetung des Ewigen und der Liebe zum Menschen. Erscheinungen der Art zeigt schon die eigene Zeit Augustins, es zeigt sie weiter das Mönchstum in derjenigen Richtung, welche eine ausschließliche Kontemplation Gottes als den Gipfel des Lebens preist.

Auch die Neigung, dem Menschen alles moralische Verdienst zu nehmen, hat in Augustins Fassung schwere Gefahren; sie droht namentlich unsere Tätigkeit zu unterdrücken, die Entscheidung aus uns hinauszuverlegen, das Gute nicht durch uns, sondern nur an uns geschehen zu lassen. Ist aber das moralische Leben des Menschen bloßes Wunder und Gnade, wird es ihm ohne alles eigene Zutun von oben her eingeflößt, so liegt eine starke Materialisierung des Lebens nahe; eine solche erscheint schon bei Augustin selbst, namentlich in seiner Lehre von den Sakramenten, sie verstärkt sich im mittelalterlichen Christentum. Auch an dieser Stelle ist Augustin nicht zur Überwindung der Gegensätze gelangt, die sein einbohrendes Grübeln und sein glutvolles Empfinden eröffnete. Daß er sie aber eröffnete und damit eine Hinaushebung der Moral über alle Natur vollzog, das bleibt ein unbestreitbares und unvergängliches Verdienst.

Ähnliche Überzeugungen zeigt Augustins Behandlung des Wahrheitsproblems. Seinem stürmischen Verlangen nach vollem Besitzen und Genießen genügt nicht das bloße Streben nach Wahrheit, nicht eine bloße Annäherung, etwa ein Erfassen des Wahrscheinlichen. Läßt sich denn etwas als wahrscheinlich erkennen ohne eine Kenntnis der Wahrheit? Wenn jemand deinen Bruder deinem Vater ähnlich findet, ohne deinen Vater zu kennen, so wird er dir sicherlich töricht scheinen. Vornehmlich wo die Grundbedingungen des eigenen Lebens in Frage stehen, da gibt es ohne ein volles Besitzen der Wahrheit, ohne ein sicheres Haben und Halten keine Ruhe und Befriedigung. Aber einer solchen Sicherheit bedarf es nur für das zum Heil Notwendige, nicht für alles, was irgend in den Gesichtskreis des Menschen kommt; hier mag der Zweifel sich um so freier entfalten. Nirgends mehr als an dieser Stelle erscheint bei Augustin ein religiöser Utilitarismus. Ihn interessiert nicht sowohl die Welt als das Wirken Gottes in der Welt und vornehmlich an uns selbst; Gott und die Seele, das sind die einzigen Gegenstände, deren Erkenntnis uns not tut; alles Wissen wird moralisch-religiöses Wissen oder vielmehr moralisch-religiöse Überzeugung, williger Glaube des ganzen Menschen. Statt über die Geheimnisse des Himmels und der Erde, den Lauf der Gestirne und den Bau der Tiere zu grübeln, soll der Christ sich genügen lassen, die Güte Gottes als die Ursache aller himmlischen und irdischen, aller sichtbaren und unsichtbaren Dinge gläubig zu verehren. Eine nähere Beschäftigung mit der Fülle der Welt, namentlich der Natur, erweckt die mannigfachsten Bedenken. Sie erscheint als überflüssig, weil sie unser Glück nicht erhöht, als unstatthaft, weil sie die zu wichtigeren Dingen erforderliche Zeit verbraucht, als gefährlich für die Überzeugung, weil die Richtung der Gedanken auf die Welt leicht nur das Körperliche für wirklich halten läßt, als schädlich für das moralische Verhalten, weil sie eine stolze Selbstüberhebung des Menschen erzeugt. So heißt es unser Nichtwissen geduldig zu ertragen und die Begier nach Erforschung überflüssiger Dinge, das eitle Erkenntnisverlangen, zu unterdrücken. »Des Menschen Weisheit ist Frömmigkeit.«

Solche der Wissenschaft feindselige Stimmung hat über Augustin im Lauf seines Lebens immer mehr Macht erlangt und ihn in einer späten Selbstschau die frühere Hochschätzung der »liberalen Disziplinen« wie die nichtchristlicher Philosophen feierlich zurücknehmen lassen. In Wahrheit hat über Augustin, diesen »Kulturmenschen ersten Ranges« (Reuter), der Wissensdrang stets eine große Macht behauptet. Nicht nur will er eine »christliche Philosophie, welche allein die wahre Philosophie ist«, eine wissenschaftliche Durchleuchtung der religiösen Überzeugungen, auch das weltliche Wissen hat ihn immer wieder angezogen. Freilich erliegt er dabei oft den Einflüssen seiner erregten Subjektivität und verfällt in unkritischer Denkweise bisweilen selbst dem Fabelhaften; das Sinken der Kultur ist auch bei ihm unverkennbar. Aber nicht nur gibt er einzelnen Gebieten reiche Anregungen, er entwirft auch ein großes Weltbild spekulativer und ästhetischer Art. Hier wie überhaupt waren die Kulturgüter, welche sein Bewußtsein schroff verwarf, ihm tatsächlich in Fleisch und Blut übergegangen und bildeten die Voraussetzung aller seiner Arbeit. Aber jenseit seiner Persönlichkeit wirkte allerdings der wissensfeindliche Zug, namentlich die Scheu vor dem Wissen als einer unfrommen Überhebung. Derartige mittelalterliche Stimmungen, die sich bis in die Faustsage erstrecken, weisen zurück auf Augustin.

Auch das Schöne wird als Glied eines religiösen Lebenssystems eigentümlich gestaltet. Bei ihm gilt es ein Erfassen der Größe und Herrlichkeit Gottes in seinen Werken, in dem Gesamtwerke des Weltalls. Der sinnliche Reiz der Dinge weicht damit zurück, ebenso die Versenkung in den besonderen Gegenstand. Die Hauptsache wird das Aufsteigen von der Mannigfaltigkeit zur allbeherrschenden Einheit, von der sichtbaren Erscheinung zum unsichtbaren Grunde, von den vergänglichen Dingen zur unvergänglichen Wesenheit. Die altgriechische Freude an der Schönheit des Alls leuchtet dabei noch einmal hell auf: Maß, Gestalt, Ordnung (modus, species, ordo) beherrschen und durchdringen alles Sein, das geistige nicht minder als das sinnliche; je mehr etwas an ihnen teil hat, desto besser ist es, und es gibt nichts Geordnetes, das nicht auch schön ist. Daß alle Mannigfaltigkeit des Seins und Lebens sich zu einer Harmonie des Alls verbindet, das ist ein Hauptpunkt der augustinischen Überzeugung; selbst die moralische Welt werden wir unter den Einfluß dieser ästhetischen Anschauung geraten und sich als ein Kunstwerk darstellen sehen. Auch für Augustin bildet die Idee des Schönen eine Vermittlung zwischen der reinen Innerlichkeit und dem anschaulichen Dasein; ihren Einfluß zeigen besonders die ersten philosophischen Schriften nach seinem Übertritt. Aber von der Anschauung des Schönen drängt es ihn immer zum Suchen des letzten Grundes, zur Vergegenwärtigung der ewigen Macht und Güte. Auch hier herrscht der Gedanke des religiösen Nutzens, des Seelenheiles; nur als ein Mittel dafür erlaubt die strengere Gesinnung eine Beschäftigung mit dem Schönen. So sollen wir nicht „vergeblich und nutzlos", nicht mit „eitler und vergänglicher Neugier" anschauen „die Schönheit des Himmelsgewölbes, die Ordnung der Gestirne, den Glanz des Lichtes, den Wechsel von Tag und Nacht, den monatlichen Umlauf des Mondes, die den vier Elementen entsprechenden Jahreszeiten, die gewaltige Kraft des Samens mit seinem Hervorbringen von Gestalt und festen Verhältnissen", sondern von den vergänglichen Erscheinungen aufsteigen zur unvergänglichen und ewigen Wahrheit, zu Gott.

Demnach sind für Augustin alle Formverhältnisse wertvoll nur als Hinleitung zum ordnenden Gedanken Gottes. Auch vergißt, ja verwirft seine Schätzung des Schönen über der Natur, dem Werke Gottes, die Kunst, das Werk des Menschen. In ähnlichem Sinne wie Plato, aber in noch heftigeren Ausdrücken zeigt er, wie die Kunst, namentlich die dramatische, den Menschen in widersprechende Affekte verwickelt, ihn wunderlicher Weise aus schmerzvoller Erregung der Empfindungen Lust saugen läßt. Ferner hemmt ein heftiger Widerwille gegen jene bloß formale Bildung, welche den Ausgang des Altertums beherrschte, eine künstlerische Gestaltung des Lebens. Augustin verspottet die Aufregung über ferne und fremde Dinge, z. B. die Schicksale einer Dido, wie die übliche literarische Bildung sie forderte; er ereifert sich über Gelehrte, welche in erbittertem Streit über die Aussprache des Wortes Mensch (homo) vergessen, was der Mensch dem Menschen schuldet. Aber in aller Kulturfeindlichkeit des Bekenntnisses bleibt Augustin ein großer Künstler der Darstellung, ein Meister des Wortes von allererstem Range; namentlich hat seine Sprache in der Kraft und Weichheit eines durchgehenden Gemütstones einen musikalischen Klang hinreißender Art, bei keinem anderen ist die lateinische Sprache so sehr ein Gefäß seelischer Innerlichkeit geworden.

So entsteht ein durchaus eigentümliches, auch in seiner Verzweigung ganz von der Religion beherrschtes Lebenssystem, die Grundlage der mittelalterlichen Gestaltung der Kultur. Seine Größe wie seine Gefahren liegen deutlich zu Tage. Das Leben kann sich hier auf einen Punkt zurückziehen, wo es vor aller Verwicklung der Weltarbeit geborgen und eines Zusammenhanges mit den ewigen Gründen gewiß wird; die Kultur dagegen verliert allen eigenen Wert. Alles praktische, wissenschaftliche, künstlerische Streben kann hier den Menschen nicht in seinem Bereiche festhalten, es treibt über sich selbst hinaus zur Religion, es möchte möglichst rasch an den Punkt führen, wo die mühevolle Arbeit umschlägt in eine Anbetung der ewigen Liebe und Allmacht. In dieser jenseit der Welt eine sichere Ruhe zu finden und durch nichts zurückgezogen zu werden in die Sphäre des Zweifels und Leides, das ist das Anliegen, das alles übrige Streben verschlingt. Aus der elenden Lage jener Zeit ist solcher Zug zur Ruhe und Einheit vollauf begreiflich; wir sahen auch, wie Augustins Persönlichkeit durch starke Klammern an die Kultur gefesselt blieb. Aber der Lauf der Geschichte mußte

alles Problematische zur Entfaltung bringen, und es hat dann
unsägliche Mühe gekostet, ein Gleichgewicht der Schätzung wiederzufinden.

d. Die Weltgeschichte und das Christentum.

Bisher war es die allgemeine Idee der Religion, das innere
Verhältnis des Menschen zum vollkommenen Geiste, wovon wir
Augustins Überzeugungen erfüllt sahen; das Eigentümliche des geschichtlichen Christentums blieb im Hintergrunde. Es tritt aber
daraus deutlich hervor, sobald sich die Betrachtung dem näheren
Befunde der Welt und der Geschichte zuwendet. Auch hier
beschäftigt Augustin im Grunde nur das Verhältnis zu Gott, aber
wer die Religion so groß faßt, dem wird sie auch einen charakteristischen Weltanblick eröffnen. Zunächst verbinden sich dabei
christliche und neuplatonische Züge. Mit voller Entschiedenheit
wird die Welt nicht als ein notwendiges Ausstrahlen des Urwesens,
sondern als ein Werk freier Tat gefaßt: Gott hat sie geschaffen nicht
aus eigenem Bedürfen, sondern aus der Fülle seiner Güte (ex
plenitudine bonitatis). Er hat alles selbst geschaffen, nicht, wie die
Neuplatoniker meinten, durch untergeordnete Zwischengötter; ihm
allein gebührt daher Anbetung und Dank. Aber die Welt, welche
er schafft, ist nicht ein beliebiges und gleichgültiges Etwas, wie es
bei den früheren Kirchenvätern scheinen konnte, sondern Gott eröffnet in ihr seine ganze Fülle und Herrlichkeit, sie bildet eine
Mitteilung und Darstellung seines ganzen Wesens. Auch ist sie
kein bloßes Nebeneinander zerstreuter Dinge, sondern ein einziger
Zusammenhang, ein eng verbundenes Ganzes. Ferner bildet dieses
sinnliche Dasein nicht die ganze Welt, sondern es ruht auf einer unsichtbaren Ordnung, die vor ihm war, und die sein belebender Grund
bleibt. Was in unserem Kreise vorgeht, erklärt sich nicht aus dem
äußeren Zusammensein der Dinge, sondern nur aus einem Wirken
innerer Kräfte; alles ist voller Wunder, wunderbar ist am meisten
das alltägliche Geschehen, z. B. das Hervorgehen eines Wesens aus
dem Samen, nur hat die Gewohnheit uns dagegen abgestumpft. Das
Wunder ist nichts Widernatürliches und Willkürliches, sondern eine
tiefere Natur und Gesetzlichkeit; es gibt keinen Zufall, nur wir
Menschen nennen zufällig, wessen Ursachen sich uns verbergen.
Auch das Nacheinander des Geschehens ist innerlich verkettet, das
Frühere enthält das Spätere, die „Samen der Samen" lagen in den

Anfängen der Weltschöpfung; wohl brachten erst besondere Stellen und Zeiten sie zur Entwicklung, aber sie waren nur die Gelegenheiten, nicht die treibenden Gründe. So gleicht die Welt einem Riesenbaume, dessen Wurzel in unsichtbarem Vermögen (vi potentiaque causali) alle spätere Bildung in sich trägt; wunderbar wie alles Werden aus dem Samen ist auch der Fortgang des Weltprozesses. Auch dadurch ist die Mannigfaltigkeit fest geordnet, daß Gott, das vollkommene Sein, den geschaffenen Dingen ein in verschiedenen Graden abgestuftes Sein gegeben hat, so daß ihre Gesamtheit eine ununterbrochene Kette bildet.

So wird die Welt als eine Darstellung des göttlichen Wesens größer, zusammenhängender, innerlicher. Um so peinlicher berührt die Tatsache des weltdurchdringenden Bösen. Von Anfang an war es der Empfindung unseres Denkers in gewaltiger Stärke gegenwärtig; die religiöse Spekulation mit ihrer Begründung aller Dinge in Gott hat seine Wucht noch gesteigert. Auch erscheint bei dem Grübeln über das Böse der raffinierte Charakter von Augustins Sinnlichkeit in sehr abstoßender Weise. Das Böse scheint hier schon im Physischen zu walten und dem Guten, wie bei den Manichäern, als eine eigene Natur zu widerstreiten. Bei solcher Annahme sucht Augustin die Sünde vornehmlich in der geschlechtlichen Sphäre und verficht die Meinung, „daß die Zeugungslust Sünde sei, und daß die Erbsünde sich eben aus der Zeugung als Fortpflanzung einer natura vitiata erkläre" (Harnack). Durch breites Ausspinnen dessen sind in unerquicklicher Weise die Gedanken des christlichen Gemeindelebens auf unsaubere Dinge gelenkt und ist die christliche Phantasie weithin vergiftet. Zugleich ist die Grundauffassung des Bösen sehr verflacht. Niemand verschuldet mehr als Augustin, daß ein Stück Manichäismus in das Christentum eingedrungen ist und ihm bis heute anhaftet.

Aber dies ist nur ein Zug seiner von Kontrasten erfüllten Natur, und auch hier verschlingen sich mit dem Problematischen der Gesinnung bedeutende Gedanken. Augustin sieht in dem Bösen nicht bloß zerstreute Vorgänge an den Individuen, sondern eine durchgehende Erscheinung, einen großen Lebensstrom: durch Adam sind alle Geschlechter in die Sünde verwickelt, die ganze Menschheit ist von Gott abgewichen und der Macht des Teufels verfallen. Umfangen von einem solchen Gesamtstande der Verderbnis, ist der Einzelne durchaus ohnmächtig; er kann die Sünde nicht vermeiden,

da die Erregbarkeit für das Gute erloschen und aller Fortschritt aus
eigener Kraft versperrt ist. Auch nützt keine Berufung auf eine
Freiheit des Handelns; denn um gut handeln zu können, müßten
wir gut sein, und das sind wir nicht.

Trotzdem läßt sich unmöglich die Überzeugung aufgeben,
daß die Welt als das Werk des vollkommenen Geistes gut ist;
schließlich muß auch das Böse dem Guten dienen. „Wäre nicht
das gut, daß es auch Übel gäbe, so würden sie auf keine Weise
von dem allmächtigen Guten zugelassen sein." Aber wie den schroffen
Widerspruch der religiösen Überzeugung und der unmittelbaren
Erfahrung lösen, lösen nicht nur für den Glauben, sondern auch
für das wissenschaftliche Bewußtsein? Augustin muß hier seine ganze
Kraft einsetzen, er hat in Wahrheit alle Richtungen seines Denkens
zu vereinter Arbeit aufgeboten.

Den Beginn der Aufklärung bildet die altgriechische, mit besonderer Energie von den Neuplatonikern verfochtene Überzeugung,
daß das Böse keine selbständige Natur, keine eigene Wirklichkeit
bedeutet, sondern daß es einem anderen Sein nur anhängt, daß es
nicht mehr ist als eine Hemmung und Beraubung des Guten; „was
schadet, beraubt die Sache, der es schadet, eines Gutes, denn wenn
es kein Gut nimmt, so schadet es überhaupt nicht". Verlieren kann
man nur, was man besaß, erblinden z. B. kann nur der Sehende;
je höher etwas steht, je mehr Güter es hat, desto mehr kann es
einbüßen. In diesem Gedankengange wird das Leid selbst ein Zeugnis für die Größe des von Haus aus vorhandenen Guten; wie
dieses Gute aus Gott stammt, so kann es nicht letzthin verloren
gehen. Bei solcher Wendung findet Augustin in allem und jedem
Streben, auch in der schlimmsten Verirrung, den Ausdruck eines
Verlangens nach dem Wahren und Guten; auf falschen Wegen
suchen wir gewöhnlich Glück und Seligkeit, aber wir suchen Glück
und Seligkeit.

Aber wie verträgt sich irgendwelches Dasein eines minder Guten,
irgendwelche Beraubung von Vorzügen mit dem Wirken einer allmächtigen Güte? Um das begreiflich zu machen, wird jene metaphysische Überzeugung durch eine ästhetische Betrachtung ergänzt.
Nicht von den einzelnen Teilen her, sondern nur als ein Ganzes ist
die Welt zu verstehen; wer die Vielheit zerstreut und zerstückelt
betrachtet, wird überall Schäden und Mängel gewahren. Namentlich
sei die Welt nicht nach dem Wohl oder Wehe des Menschen be-

urteilt: „nicht nach unserem Vorteil oder Nachteil, sondern bei sich selbst betrachtet, gibt die Natur ihrem Schöpfer Ehre". Vom Ganzen aus wird sich aufhellen, was für sich unvernünftig dünkt, wie der Zusammenhang des Gemäldes auch die schwarze Farbe schön macht und im musikalischen Kunstwerk alle Disharmonien der Harmonie des Ganzen dienen. Ja in dem Umfassen und Überwinden von Gegensätzen mag sich die höchste Schönheit erweisen. So wird die schroffe Disharmonie des ersten Eindrucks vereinbar mit dem Glauben an eine volle Harmonie des Grundes.

Der Punkt jedoch, an dem sich die Welt als Ganzes erweist, liegt nicht in ihr, sondern über ihr: im göttlichen Sein. Namentlich ist es die moralische Seite der Gottesidee, welche den versöhnenden Abschluß bringt; der griechische Unterbau erhält damit eine christliche Spitze. Das Böse der Welt verliert seine Unvernunft als ein unentbehrliches Mittel zur Darstellung der sittlichen Vollkommenheit Gottes. Solche Darstellung hat ein Zwiefaches zu leisten: einerseits muß der strenge Ernst der sittlichen Ordnung mit ihrem Gericht, andererseits Gottes barmherzige Güte zur Erweisung kommen. Jenes geschieht, indem von den Menschen, die allesamt durch ihre Sünden dem Gericht verfallen sind, der eine Teil, d. h. die große Mehrzahl, der verdienten Strafe überlassen bleibt, dieses, indem ein anderer Teil ohne alles eigene Verdienst durch reine Gnade Rettung findet. Denn das fordert der Grundgedanke des alleinigen Wirkens Gottes, daß nicht eine unterschiedliche Leistung der Individuen die Wahl zur Seligkeit oder Verdammnis bestimme, sondern lediglich und allein das Wohlgefallen, der nicht weiter begründete Wille der göttlichen Allmacht. Der menschlichen Freiheit irgendwelche Mitwirkung zugestehen, das heißt das göttliche Werk mindern. So wird die Freiheit, die dem ältesten Christentum so wert war, jetzt der unbedingten Abhängigkeit des Menschen von Gott aufgeopfert, freilich, wie sich zeigen wird, nur in dieser einen Gedankenrichtung. Alles Gute, so heißt es hier, wirkt nicht der Mensch, sondern Gott: „was von dir geschieht, das wirkt er selbst in dir".

So verbinden sich im Ganzen der Weltordnung Gnade und Gerechtigkeit, Milde und Strenge und bilden, von Gott aus angesehen, eine volle Harmonie; ist diese Harmonie nicht darstellbar ohne einen Abfall, so ist dieser mit gutem Grunde zugelassen; „Gott erachtete es für besser, an dem Bösen wohl zu tun, als das Böse überhaupt nicht zuzulassen". Demnach ist die Welt „auch mit den Sündern

schön«, selbst das ewige Verderben der Unerlösten gehört zur Vollkommenheit des Ganzen.

Das ist ein gigantischer Versuch, das Problem des Bösen theozentrisch zu lösen. Er erfolgt unter bewußter Voranstellung der
Moral, unter tatsächlichem Vorwalten künstlerischer Gedanken oder,
wie es auch heißen könnte, unter künstlerischer Gestaltung der
moralischen Idee. Denn künstlerisch ist jene Fassung des Weltprozesses als einer Darstellung des göttlichen Wesens, das Auseinandertreten der Eigenschaften Güte und Gerechtigkeit, das Streben
nach Gleichmaß und Ordnung. In Wahrheit führt Augustin mit
jenem Versuche weit mehr die platonische Spekulation fort, als er
eine christliche Überzeugung durchbildet.

Ihre Hauptschwierigkeit teilt diese Behandlung der Welt und
des Bösen mit der gesamten supranaturalen Richtung jener Zeit. Sie
setzt alle Realität in Gott und sträubt sich zugleich gegen eine Auflösung der Welt in bloßen Schein; sie behauptet eine Welt außer
Gott und sucht alles Wesenhafte dieser Welt in Gott. So beharren
zwei Gedankenreihen unausgeglichen nebeneinander, ja es schieben
sich eine göttliche und eine menschliche, eine ewige und eine zeitliche Ansicht der Dinge ineinander. Augustins Lehre hat in ihrer
schroffen Härte eine riesenhafte Größe, so lange sie ganz bei Gott
verbleibt und alles menschliche Ergehen dem göttlichen Leben als
ein unselbständiges Element einfügt. Aber so völlig läßt sich für
uns im Kampf Befindliche und zur Entscheidung Aufgerufene die
menschliche Betrachtung und Empfindung nicht verdrängen; indem
sie Raum gewinnt, zieht sie das Ewige auf den Boden der Zeit.
Damit wächst die Härte des Bildes bis zur Unerträglichkeit. Gott
könnte alle Menschen retten, hat das jedoch, um die verschiedenen
Seiten seines Wesens gleichmäßig zu entfalten, nicht getan, sondern
die große Mehrzahl in alle Ewigkeit hoffnungslos verdammt, ohne
daß diese Unseligen irgend mehr gesündigt hätten als die zur Seligkeit Erkorenen. Augustin redet dabei fortwährend von freier Gnade
und nähert sich in Wahrheit sehr einer despotischen Willkür; er preist
das Mysterium und hat Mühe, nicht in bare Unvernunft zu verfallen. Schließlich bleibt nur die Verweisung auf das Jenseits, das
alle Rätsel lösen werde.

Ferner dünkt hier in Rettung oder Verdammung alles durch
den ewigen göttlichen Ratschluß im voraus bestimmt, »prädestiniert«,
und der ganze Weltlauf fertig abgeschlossen; der Mensch kann mit

allem Tun und Lassen nichts ändern, seine Rolle ist ihm genau vorgeschrieben. Das müßte allen Antrieb und alle Spannung des Lebens
zerstören. Denn den Verdammten kann alle Anstrengung nichts
nützen, den Geretteten alle Verfehlung nichts schaden; es bliebe
nur die Qual der Ungewißheit, wohin man gehöre.

Aber so große Macht jene Gedankenrichtung über Augustin hat
und mit so eiserner Energie sie bis zu Ende verfolgt wird, wieder
haben wir nur eine Seite des Mannes; für seine unmittelbare Empfindung wie bei seiner Stellung im kirchlichen Leben siegt eine völlig
andere Schätzung. Augustin schiebt dann jene Gedankenreihe ganz
zurück, versetzt sich ohne weiteres in die zeitliche Betrachtung der
Dinge und macht die ewige Ordnung zum bloßen Hintergrunde der
geschichtlichen Arbeit. Hier sieht es aus, als sei die Sache noch
mitten im Fluß, als könne und müsse die Gnade dem Menschen
immer von neuem zugehen, als gelte es eben jetzt aus eigenem Vermögen die große Entscheidung zu treffen. So findet auch die Freiheit wieder Einlaß. Nur einer Unterstützung und der Verbindung
mit dem Ganzen scheint der Einzelne zu bedürfen, um die Aufgabe
zu lösen; ausdrücklich heißt es, daß nicht die bloße Barmherzigkeit
Gottes genügt, sondern auch der Wille des Menschen not tut. So
trennt eine weite Kluft die spekulative und die praktische Gestaltung
des Lebens.

Diese Gegensätze erstrecken sich auch in die Fassung des
Christentums. Der reinen Spekulation bedeutet es ein übergeschicht-
liches Gegenwirken des ewigen Gottes gegen die Auflehnung des
Bösen, eine Offenbarung der göttlichen Kräfte in höherer Potenz.
Aber die weitere Behandlung bringt das geschichtliche Christentum
mit dem Erlösungswerke und der Persönlichkeit Jesu voll zur Geltung. Auch hier sieht Augustins Sinn für das Große und Universale
im Christentum mehr als eine einzelne Erscheinung innerhalb des
Zeitlaufs; „was jetzt christliche Religion genannt wird, das war auch
bei den Alten und fehlte nicht seit Beginn des Menschengeschlechts,
bis Christus selbst im Fleisch kam. Seitdem begann die schon vorhandene wahre Religion die christliche zu heißen." Aber zugleich
erklärt er das Eingehen des Göttlichen in die Geschichte zu sichtbarer Gegenwart als die eigentümliche Größe des Christentums;
dadurch kann es dem ganzen Menschengeschlecht zur Rettung verhelfen, während sich der Einfluß der Philosophie, die nur ein zeit-
loses Wirken der Weltvernunft kennt, auf wenige beschränkt. Christus

ist gesandt, um die Welt von der Welt zu befreien. Durch sein
Leiden und Überwinden ist die im Sündenfall begründete Macht des
Bösen über uns gebrochen, die Handfeste vernichtet, welche gegen
uns zeugte, der Mensch wieder in den Stand gesetzt, sich Gott
nähern zu können.

Solche Überzeugungen können sich bei Augustin weit und breit
darlegen, ohne ein näheres Eingehen auf das Eigentümliche der Persönlichkeit und des Lebens Jesu. Aber wo immer sein innerstes
Empfinden sich voll und frei ausspricht, da bezeugt es den tiefsten
Eindruck dieser Persönlichkeit. Groß an ihr ist besonders die Demut
in der Hoheit, sowie die Umkehrung der natürlichen Schätzung der
Dinge; „keine Vorstellung ist bei ihm im Hinblick auf Christus
stärker ausgeprägt, als daß Christus das geadelt hat, wovor uns
schauerte (Schmach, Schmerzen, Leid, Tod), und das entwertet hat,
wonach wir begehrten (nämlich Recht zu bekommen, angesehen zu
sein, zu genießen)" (Harnack).

Zugleich entsteht eine Philosophie der Geschichte mit dem
Christentum als Mittelpunkt. Die Menschheit hat dieselben Lebensalter wie das Individuum; der Höhe männlicher Kraft entspricht
das Erscheinen Christi, seitdem begann das Greisenalter. Denn
wohl eröffnet Christus ein Reich unverwelklicher Jugend, aber solche
Jugend gehört in eine andere Ordnung der Dinge als in die irdische.
So bildet nicht diese den Hauptplatz der Arbeit, und es entsteht
kein Drang, hier möglichst viel zu schaffen, die ganze Weite unserer
Wirklichkeit vernünftig zu gestalten; vielmehr wird alle äußere Lage
gleichgültig gegenüber dem inneren Befinden sowie den Gütern des
Jenseits. Dieser weltflüchtige Zug lähmt alles Streben nach sozialer
Reform; es kann z. B. die Sklaverei ruhig bestehen bleiben, obwohl
sie aus dem Sündenfall hervorging und vor Gott Herren und Sklaven
gleich sind. Denn „der Gute ist frei, auch wenn er dient, der Böse
Sklav, auch wenn er herrscht."

Wie Augustin nicht seine Kraft für irdische Dinge aufbietet,
so kann sich auch seine Gesinnung nicht liebevoll in dies Leben
versenken, nicht hier sich zu Hause fühlen. Wohl erscheinen einzelne Ansätze, dieses Dasein durch eine unmittelbare Gegenwart des
Göttlichen zu erhöhen und die Welt nicht durch die Flucht, sondern
durch eine innere Umwandlung zu überwinden. Augustin erklärt
es für verkehrt, den Ausdruck „Welt" immer in schlechtem Sinne
zu nehmen; er kann es größer finden, die irdischen Dinge zu be-

sitzen, ohne ihnen anzuhangen, als ihnen völlig zu entsagen. Bisweilen scheinen die Verbote nur deshalb gegeben, weil die Menschen, wie sie einmal sind, jener inneren Beherrschung nicht fähig sind. Der Fromme ist auch in diesem Leben der Prüfung nicht unglücklich; kann er sich doch stets aus der Sphäre des Leides zurückziehen auf ein Leben mit Gott, auf eine Gemeinschaft göttlicher Liebe, die seiner innersten Seele Frieden und Freude gewährt.

Jedoch läßt das tiefe Gefühl für die Schwere von Leid, Irrung, Schuld, die starke Empfindung der Ungewißheit und Unfertigkeit unseres Daseins keine volle Befriedigung hienieden aufkommen; das wahre und vollendete Glück verbleibt dem Jenseits. Dort allein ist Ruhe und seliges Schauen, während wir hier nur arbeiten und hoffen; dieses Leben ist eine bloße Vorbereitung, eine Wanderschaft in der Fremde, eine Stätte der Versuchung, ja im Vergleich mit jenem Leben ein Tod. So hat das irdische Dasein einen Wert nur im Hinblick auf das kommende Leben. Denn es dient der Erziehung für dieses und hat in allen Mühen und Schmerzen die Gewißheit einer besseren Zukunft. Ja wenn der Gedanke dahin voraneilt, so mag alles Dunkel, das uns jetzt umfängt, nur als ein dünner Schleier erscheinen, der bald fallen wird; gegenüber der Herrlichkeit des vollendeten Lebens verblassen alle Leiden dieses Daseins zu einem bloßen Traume. Wir sind nur gleichsam traurig, denn unsere Traurigkeit vergeht wie der Schlaf, und am Morgen werden herrschen die Guten. Über die Unsterblichkeit aber besteht hier, wo der Kern des Lebens so ganz aus dem Sichtbaren ins Unsichtbare, aus der Zeit in die Ewigkeit, vom Menschen in Gott verlegt ist, nicht der mindeste Zweifel; wer von ganzem Herzen Gott liebt, ist in solcher Liebe der eigenen Unvergänglichkeit durchaus sicher. Denn „er weiß, daß für sich selbst nicht vergeht, was für Gott nicht vergeht. Gott aber ist der Herr der Lebendigen und der Toten."

Der Gedanke an das Schicksal im Jenseits, und zwar nicht bloß das eigene, sondern auch das der Angehörigen, wird aber ein starker Antrieb zu eifriger Arbeit im Diesseits. Namentlich wirkt dahin die Lehre vom Fegefeuer, einem Mittelstande zwischen Seligkeit und Verdammnis, samt der Überzeugung, daß Fürbitten und Werke der Lebenden die Leiden des Fegefeuers mildern können. Die Ausbildung solcher Lehre zeigt Augustins genaueste Kenntnis des menschlichen Herzens mit seinen Triebkräften und seinen Schwächen.

Solche Richtung auf das Jenseits stempelt alle Freude an den Gütern des Diesseits zu einem Unrecht. Der Besitz dieser Güter gilt hier als eine Hemmung des sittlichen Lebens und der Hingebung an Gott. Nun erhebt sich in voller Stärke das Lebensideal der Askese; das Privateigentum erscheint als eine Hauptquelle des Weltelends; wer den Besitz gänzlich aufgibt, übertrifft den, der nur die Liebe zu ihm aufgibt. Die Ehelosigkeit wird ein höherer Stand als die Ehe; selbst ein bei allgemeiner Ehelosigkeit erfolgendes Aussterben des Menschengeschlechts würde der Denker mit Freuden begrüßen. So gehören schließlich der Affekt wie die Hoffnung durchaus dem Jenseits.

e. Die Kirche.

Bis jetzt eröffneten sich bei Augustin zwei Gedankenkreise: der allgemeinreligiöse und der christliche; außer ihnen gibt es aber noch ein drittes Reich, das sein Streben anzieht und oft ausschließlich festzuhalten scheint: das kirchliche Leben, die sichtbare, mit festen Ordnungen ausgestattete religiöse Gemeinschaft. Was immer sich den Lateinern an Verstärkung der kirchlichen Macht und Autorität entwickelt hatte, das willig aufzunehmen und kräftig weiterzuführen, trieben Augustin zwei Hauptgründe: die Nützlichkeit für die Menge und die Unentbehrlichkeit für sein eigenes unstetes Gemüt. Den Erwägungen der Zweckmäßigkeit geben namentlich frühere Schriften sehr offenherzigen Ausdruck. Mit den anderen Kirchenvätern erblickt Augustin den Hauptvorzug des Christentums darin, nicht bloß einigen wenigen, sondern der ganzen Menschheit Rettung zu bringen. Besteht zugleich ein tiefes Mißtrauen gegen das Vermögen der Individuen, und erhält sich auch die antike Vorstellung von einer bleibenden Spaltung der Menschheit in eine intelligente Minderzahl und eine unintelligente Mehrzahl, so werden Autorität und Glaube unentbehrlich; der Höherstehende bedarf ihrer nicht für sich selbst, aber auch er muß sich unterwerfen, um nicht durch den Gebrauch seiner Freiheit den Glauben der Menge zu erschüttern; „wenn sie sich selbst nicht schaden, so werden sie durch ihr Beispiel den übrigen schaden". Hier erscheint die Kirche als eine Anstalt zur Erziehung und Disziplinierung der Menge; der Glaube, d. h. die Unterwerfung unter die Kirchenlehre, wird empfohlen wegen seiner Sicherheit, ja Bequemlichkeit! Weit stärker aber als solche Nützlichkeitsgründe treibt Augustin seine eigene unruhige und von Gegensätzen zerrissene

Natur zum Suchen eines festen, allem Zweifel unzugänglichen Haltes. Offenbar sichert ihn aller Hochflug der Spekulation nicht gegen peinigende Zweifel; in ihm steckt bei aller geistigen Kraft eine Thomasnatur, die fühlen und greifen will, was sie als wahr anerkennen soll, die der Wirklichkeit der geistigen Größen nicht traut, wenn nicht eine sinnliche Verkörperung sie deutlich vor Augen rückt. Daher klammert er sich mit ganzer Seele an die Kirche als an eine unentbehrliche Stütze und bekennt von sich selbst: „Ich würde dem Evangelium nicht glauben, wenn mich nicht die Autorität der katholischen Kirche bewöge."

Solcher Gedankenrichtung wird zum Zentralbegriff des geistigen und religiösen Lebens die Kirche, die Gemeinschaft des neuen Lebens, die Gnadenanstalt, in der allein die göttliche Liebe und mit ihr ein neues Leben dem Menschen – vornehmlich durch die Sakramente – zuströmt. Hier allein ist das Heil zugänglich, hier allein werden die Sünden vergeben, hier allein bietet sich die Möglichkeit eines sittlichen Lebens. Für den Einzelnen gibt es danach keine Rettung ohne eine völlige Unterwerfung unter die Lehre und das Leben der Kirche. „Ohne ein kräftiges Regiment der Autorität (sine quodam gravi autoritatis imperio) kann die wahre Religion nicht bestehen."

Es ist zunächst die Kirche als sichtbare Ordnung, als festes Institut, der sich Augustins Verehrung zuwendet. Aber er könnte solche Schätzung nicht vor seiner eigenen Art rechtfertigen, wenn nicht das Sichtbare unsichtbare Kräfte in sich aufnähme, wenn es nicht bei aller Selbständigkeit zugleich ein Glied weiterer Zusammenhänge würde. Dies aber wird es in der Tat; das Zeitliche und Sinnliche erhält, ohne seine Natur aufzugeben, zugleich die Eigenschaften der höheren Ordnung und schöpft daraus einen tieferen Gehalt, eine gewaltigere Kraft, eine unsagbare Weihe; es mündet hieher alles ein, was dort gewonnen wurde; Sichtbares und Unsichtbares verschmelzen zu einem einzigen Lebensganzen. Der Kreis der Kirche scheint hier den der Religion und den des christlichen Lebens gänzlich an sich zu ziehen und in sich zu fassen; wurde aber an die Religion alle Vernunft des Lebens gebunden, so gibt es schlechterdings nichts Gutes außer der Kirche: ohne die katholische Kirche kein Christentum, ohne Christentum keine Religion, ohne Religion kein Vernunftleben. Danach entscheidet das Verhalten zur Kirche letzthin über des Menschen Wert und Seligkeit.

Dies Zusammenrinnen des Sinnlichen und Geistigen, des
Zeitlichen und Ewigen ist nicht bei Augustin urplötzlich erfolgt, zu
ihm drängte die gesamte Bewegung der älteren Kirche. Aber die
Sache geht jetzt ins Große und entfaltet damit ihre ganze Kraft;
Augustin aber ist mit solcher Erhöhung der Begründer des Katholi-
zismus mittelalterlicher Art geworden.

Die Bedeutung jener Verschmelzung wie ihre geschichtliche
Notwendigkeit ist augenscheinlich. Mit ihr bekommt das Leben
einen festen Halt und das Handeln ein greifbares Ziel, alle Kräfte
werden durch Eine Aufgabe zusammengehalten. indem die sichtbaren Einrichtungen sich unsichtbare Kräfte aneignen, das Zeitliche
direkt das Ewige übermittelt, nicht als ein bloßes Symbol, sondern
als ihm untrennbar verwachsen, ungeschieden mit ihm verfließend,
wächst ins Unendliche die Spannung dessen, was bei uns und von
uns geschieht; der Mensch weiß sich hier sicher geborgen in göttlichen Zusammenhängen, und von seinem eigenen Handeln geht
nichts verloren. Die Grundidee des Christentums von der Einigung
des sonst getrennten Göttlichen und Menschlichen, dem Eingehen
des Ewigen in die Zeit, hat hier eine, wenn auch angreifbare, so
doch höchst wirksame und der geschichtlichen Lage angemessene
Durchführung gefunden. Denn wie hätte das Christentum zur Zeit
der Völkerwanderung und der Bildung neuer Nationen anders wirken
und walten können als in dieser Form? Nichts unterscheidet aber
Augustin mehr von Plotin und auch von den griechischen Kirchen-
lehrern als solches Hervortreten der religiösen Gemeinschaft mit ihrer
Geschichte, solches Selbständigwerden einer zeitlichen Ansicht und
Ordnung der Dinge.

Aber die Größe und Stärke enthält zugleich schwere Verwicklungen. Jene Verschmelzung des Ewigen und Unsichtbaren mit einer
geschichtlichen Gestaltung ergibt die Gefahr sowohl einer Festlegung
und Verengung als einer Veräußerlichung, die Gefahr einer Bindung
ewiger Wahrheiten an vergängliche Formen und innerer Aufgaben
an äußere Leistungen. Es kann, ja es muß eine schroffe Ausschließlichkeit und ein leidenschaftlicher Fanatismus entstehen, wenn alle
Verbindung mit dem Gottesreiche, ja mit dem Vernunftleben verliert,
wer nicht diese sichtbare Gemeinschaft teilt und ihren Forderungen
genügt. Zudem erhebt sich die Frage, ob Augustin jene Einheit
der Welten nicht mehr dekretiert als erwiesen hat, ob die Begriffe
nicht mehr ineinandergeschoben als geeinigt sind. In Wahrheit haben

alle Hauptbegriffe einen Doppelsinn. Das Christentum ist bald die ewige, alle Zeit durchdringende Offenbarung Gottes, bald diese besondere und begrenzte geschichtliche Ordnung; die Kirche bald die unsichtbare Gemeinschaft der von Gott Erwählten, bald diese sichtbare Verbindung mit einem menschlichen Oberhaupt; der Glaube bald die demütige Hingebung des ganzen Wesens an die göttliche Wahrheit, bald ein bloßes Annehmen der Kirchenlehre ohne eigene Prüfung; das Wunder bald die Erweisung übersinnlicher Kräfte in allem Geschehen, bald eine seltene Durchbrechung des regelmäßigen Naturlaufs, der Gewohnheit des göttlichen Handelns. Solchen Doppelsinn zu deutlichem Bewußtsein bringen, das heißt einen Grundpfeiler des augustinischen Systems und der mittelalterlichen Ordnung erschüttern.

Wenn aber Augustin alles Geistesleben der menschlichen Gemeinschaft an die Kirche bindet, so hat er zugleich alle Kraft aufgeboten, dem kirchlichen Leben einen reichen Inhalt zu geben. Eine mystische Grundanschauung, ein inniges Empfinden, ein nüchternes praktisches Wirken helfen und stützen sich gegenseitig. Die Substanz dieses Lebens von der Beschaffenheit der Personen unabhängig zu machen, dazu mußte es vornehmlich einen Augustin drängen, der so gering vom Menschen denkt und die sittlichen Schäden seiner eigenen Zeit so schwer empfindet. So entwickelt er die Lehre von dem Sakrament des Priesteramts (sacramentum ordinis) und verficht einen eigentümlichen, von der Beschaffenheit des Individuums unabhängigen „Charakter" des Priesters als Priester.

Wie die Kirche ihren Gliedern alle Güter des christlichen Lebens übermittelt, so bestärkt sie vornehmlich die Liebe, welche nach Augustins Überzeugung den Kern des christlichen Lebens bildet. Fragen wir, ob jemand ein guter Mensch sei, so fragen wir nicht, was er glaubt und was er hofft, sondern was er liebt; die Seele ist mehr da, wo sie liebt, als wo sie lebt, sie wird, was sie liebt; nicht der Glaube und die Hoffnung, sondern nur die Liebe reicht über das Leben hinaus in das Jenseits. Alle Tugenden erhöht und veredelt die uns von Gott, vornehmlich mittels der sakramentalen Einrichtungen, zuströmende Liebe. Die Liebe darf aber nicht bloße Gesinnung bleiben, sie muß eine feste Ordnung annehmen und sich in sichtbaren Werken verkörpern. Die Tugend wird damit zur „Ordnung der Liebe"; die Werke, auch im Sinne einer greifbaren Leistung, sind unentbehrlich, weil der Mensch als Glied der Gemein-

schaft seine Gesinnung auch zu betätigen hat. Die erforderlichen
Werke aber sind nach Seite der Religion die Teilnahme an den
kirchlichen Einrichtungen, besonders den Sakramenten, nach Seite der
Ethik hauptsächlich die Erweisung der Barmherzigkeit, die Sorge für
die Armen und Notleidenden. Augustin beschränkt sich dabei nicht
auf die Förderung der Individuen, er preist die Wirkung des Christentums und der Kirche auf den Gesamtstand der Gesellschaft: die
Besserung des Verhältnisses von Herren und Sklaven, die Verbrüderung
der Stände, Nationen, aller Menschen, die innere Verbindung von
Herrschern und Völkern.

Bei solcher Erziehung der Menschheit bleibt der letzte Gedanke
der Kirche immer das Jenseits; eine weltflüchtige Stimmung beherrscht
ihre Diener. Aber sie kann nicht im Diesseits das Jenseits vor-
bereiten, ohne auch eine Herrschaft über die Welt auszuüben, ohne
alle anderen Gewalten unter sich zu beugen. Nicht aus einer Liebe
und Lust an weltlicher Macht — denn der eigenen Neigung würde
eine völlige Zurückziehung von der Welt entsprechen —, sondern
aus Fürsorge für das Ganze der Menschheit, zur Rettung der Seelen.
Aber bei allem Streben, solche Höhe zu behaupten, ist die Gefahr
fast unvermeidlich, daß das Irdische das Geistliche bei sich festhält
und durch Verwicklung in seine Angelegenheiten herabzieht. Nicht
nur das Individuum mag leicht der Herrschsucht verfallen, auch das
Handeln der Kirche nähert sich sehr einer weltlichen Politik. In
der schlechten Welt, deren Zustand sich nach Augustin nie wesentlich bessern kann, könnte die Kirche ohne eine Rücksicht auf die
bestehenden Verhältnisse nichts ausrichten. Daher muß sie wohl
oder übel mit ihnen paktieren, sie muß und darf manches dulden
(tolerare), was sie von sich aus anders wünscht. So wird sie mehr
und mehr auch ein Reich dieser Welt; unter den Sorgen um die
Leitung der Welt droht ihr religiöser Charakter sich abzuschwächen
und ihre Idealität zu sinken.

Eine derartige Kirche kann unmöglich den Staat als gleichberechtigt anerkennen. Die eigentümliche Lage einer Zeit, wo der
Staat schon christlich geworden ist, aber das Bild des antiken Staates
noch lebhaft fortwirkt, spiegelt sich bei Augustin in einer Doppel-
heit der Beurteilung: der Staat wird schroff abgewiesen, sofern er der
Kirche widersteht und ihren Platz verlangt; er wird in einem be-
schränkten Kreise geschätzt, sofern er die höhere Aufgabe der Kirche
anerkennt und fördert. Dort entwickelt sich ein so leidenschaftlicher

Haß gegen den Staat, wie kaum irgend sonst in der Geschichte.
Die irdische und die himmlische Gemeinschaft bilden einen völligen
Gegensatz, dessen Entfaltung die ganze Geschichte durchzieht; jene
entsprang aus einer Liebe zu sich selbst bis zur Verachtung Gottes,
diese aus der Liebe zu Gott bis zur Verachtung seiner selbst. Als
Begründer beider erscheinen Kain und Abel. Von Kain heißt es:
»er gründete den Staat« (condidit civitatem); auf einen Brudermörder
also geht der irdische Staat zurück! Mehr Anerkennung findet der
christlich gewordene Staat; er hat neben der Kirche eine eigene Aufgabe, da das Bedürfnis des Lebens eine den Gläubigen und Ungläubigen gemeinsame Ordnung verlangt. Namentlich hat der Staat
für Ruhe und Frieden zu sorgen; auch die Kirche nimmt keinen
Anstand, seinen Gesetzen in Angelegenheiten des zeitlichen Lebens
zu gehorchen. Augustin gewährt in dieser Richtung dem Staat so
viel Selbständigkeit, daß sich in den mittelalterlichen Kämpfen Freunde
des Staates auf ihn berufen konnten. Aber es beschränkt sich solche
Anerkennung des Staates auf weltliche Dinge; für das ewige Heil und
die geistigen Güter hat allein die Kirche zu sorgen, ihre Sache ist
die Bildung und Erziehung der Menschheit. Ihr allein gehört daher
der Affekt des inneren Menschen.

Ähnlich steht es mit Nation und Vaterland. Die Kirche verfolgt
auf Erden ihren himmlischen Zweck, unbekümmert darum, was in
Sitten, Gesetzen, Einrichtungen voneinander abweicht; von dem, was
bei verschiedenen Nationen in verschiedener Weise dem Zweck des
irdischen Friedens dient, zerstört sie nichts, sondern erhält und befolgt
es, soweit es kein Hemmnis der wahren Religion bildet, innerhalb
der von Frömmigkeit und Religion gesetzten Schranken. Die
geistige Aufgabe aber bleibt davon unberührt, nur in dem niederen
Kreise des weltlichen Daseins wird die Nation als etwas Natur-
gegebenes geduldet. Auch persönlich hat Augustin keinen politischen
Patriotismus, sein Vaterland bildet das Christentum. So berührt hier
alles außerkirchliche Leben den Christen nur äußerlich und wie etwas
Fremdes.

Zu den Verwicklungen aus dem Zusammenstoß mit der Welt
gesellen sich Gefahren im eigenen Leben dieser Kirche, die alles
Göttliche an ihre Ordnungen bindet. Sie kennt keine Freiheit der
Individuen, keinen inneren Zwang einer dem Menschen in der Tiefe
der Seele gegenwärtigen Wahrheit. Alle Abweichung und Absonderung
erscheint als eine Sache bösen Willens, hochmütiger Selbstüberhebung;

der Ungläubige (infidelis) – niemand mehr als Augustin hat diesen
Namen in Schimpf und Verruf gebracht – ist ein solcher, der dem
göttlichen Wort nicht glauben will, ein Häretiker einer, „der um eines
zeitlichen Vorteils und namentlich um seines Ruhmes und Vorranges
willen falsche neue Meinungen entweder aufbringt oder annimmt.“
Wenn zugleich solche eigenwillige Absonderung, als eine Erschütterung
der notwendigen Autorität, das Ganze schädigt, so muß ein gewaltiger
Haß aufschießen, ein glühendes Verlangen nach Ausrottung des Übels
mit Stumpf und Stiel. Kaum irgend bricht die Leidenschaft Augustins
so wild und ungestüm hervor als hier, wo sich alle Glut des religiösen Verlangens auf die Verteidigung des kirchlichen Systems überträgt; wohl soll dabei die christliche Liebe gewahrt bleiben, indem
die Gegenwirkung auch dem eigenen Seelenheil der Betreffenden
dient, aber die Liebe und Fürsorge erhält einen Zwangscharakter:
man soll die einmal dem Christentum Zugehörigen nötigen einzutreten (compelle intrare), auch gegen ihren eigenen Willen diejenigen zum Guten zwingen, welche sich selber feindlich sind. „Tötet
die Irrtümer, liebet die Menschen“, so heißt es, und es wird Gott
angerufen: „Möchtest du die Feinde der heiligen Schrift mit einem
zweischneidigen Schwert töten, und sie aufhören, ihr feindlich zu
sein. Denn so wünsche ich sie getötet, daß sie dir leben.“ So
vermengen sich, unter augenscheinlicher Selbsttäuschung, wunderlich
die Gefühle; alle niederen Affekte drohen, unter Versetzung auf den
Boden der Kirche, wiederaufzuleben, der wildeste Haß den Deck-
mantel christlichen Liebe anzulegen. Das ist ein üppiger Nährboden
für Glaubensverfolgungen, Inquisition, Ketzergerichte, diesen trau-
rigsten Auswuchs des Christentums.

Auch die Substanz der Moral wird durch jene Allgewalt der
Kirche und der kirchlichen Interessen geschädigt. Die Moral erscheint
nicht als ein selbständiges und an sich wertvolles Reich, sondern als
eine Summe von Einrichtungen der Religion, und da die Religion
hier mit der Kirche zusammenfällt, der kirchlichen Ordnung. So
gibt es sittlich gute Handlungen im wahren Sinne nur innerhalb
der katholischen Kirche; den Nichtkatholiken nützen auch die auf-
opferndsten Werke der Liebe und der Entsagung nicht das Mindeste,
sind sie doch, weil außerkirchlich, überhaupt keine guten Handlungen.

Ferner zieht solche Abhängigkeit von der kirchlichen Ordnung
die Moral unvermeidlich in allen Wechsel und Wandel der Zeiten.
Daß im Lauf der Geschichte Veränderungen der Lebensregeln er-

folgten, erweist jener Zeit vor allem der Unterschied des alten und des neuen Testaments; am deutlichsten ist die Wandlung in dem Fortschreiten von der früher gestatteten Polygamie durch die Einehe hindurch zu der nunmehr, wenn auch nicht geforderten, so doch gewünschten Jungfräulichkeit. Bei solchen Wandlungen sind nach Augustins Überzeugung nicht die Meinungen der Menschen, sondern die sittlichen Gebote selbst verändert; was früher erlaubt war, ward später verboten.

Bei dieser Beweglichkeit des Sittlichen können Handlungen pflichtmäßig werden, die den allgemeinen Moralgesetzen direkt widersprechen, wenn nur feststeht, daß ein göttliches Geheiß sie verlangt. Wie die Naturgesetze, so werden auch die Sittengesetze zu bloßen Regeln, die jeder Augenblick zu Gunsten der Religion durchbrechen kann. Das Bedenkliche dieser Wendung fühlt auch Augustin; so verlangt er sicherste Beweise dafür, daß der Ausnahmsbefehl wirklich von Gott stamme; er ist behutsam in der Anwendung der Regel auf einzelne Fälle, behutsamer als andere Kirchenväter seiner Zeit. Aber seine Erhebung der Sache ins Prinzip hat besonders dazu gewirkt, die Selbständigkeit der Moral zu erschüttern und das moralische Interesse dem kirchlichen unterzuordnen.

In allem diesem sehen wir das Kirchensystem ins Unermeßliche wachsen, die Religion an sich ketten, das Geistesleben nach seinen Zwecken gestalten, die Gegner zermalmen. Aber bei Augustin selbst wird alle Autorität und alle Entwicklung kirchlicher Macht getragen und umfaßt vom stärksten persönlichen Leben; die Persönlichkeit mit ihrer unmittelbaren Beziehung auf Gott bleibt die belebende Seele des Ganzen. Von dem Leben mit Gott, wie es sowohl in mystischer Versenkung zum letzten Grunde alles Wesens strebt, als im persönlichen Verkehr eine sittliche Gemeinschaft entwickelt, strömen unablässig Kraft, Wärme, Innigkeit in die kirchliche Ordnung und bewahren sie vor einem Sinken in einen seelenlosen Mechanismus der Ceremonienübung und Werkheiligkeit. Die Autorität selbst wirkt hier nicht als eine starre Tatsache und durch das bloße Schwergewicht ihres Daseins, sondern es treibt zu ihr und erhält bei ihr ein inneres Bedürfnis, eine zwingende Notwendigkeit der glücksdurstigen, einen festen Halt ersehnenden Persönlichkeit. Aus dieser belebenden Tiefe schöpft das kirchliche System zum guten Teil die unermeßliche Macht über die Gemüter, die es bis zur Gegenwart ausübt. Aber kann alle Größe der Leistung den Widerspruch verhüllen, daß der Mensch zu einem so ursprünglichen, so selbständigen, so umwälzenden persönlichen Leben erhoben und ihm zugleich eine unbedingte Unterwerfung unter das kirchliche System zugemutet wird? Der Widerspruch wurde hier beschwichtigt, aber nur einstweilen, nur für eine gewisse Zeitlage; schließlich mußte er zur Empfindung kommen und dann die Menschheit auf neue Bahnen treiben.

f. Rückblick.

Die eingehende Betrachtung Augustins sei nicht noch durch weitschichtige Reflexionen belastet. Nur daran sei in aller Kürze erinnert, wie sehr das Ganze den Reichtum, aber auch die Unfertigkeit von Augustins Wirken und Wesen gezeigt hat. Drei Lebenskreise, den allgemeinreligiösen, den christlichen, den kirchlichen, sahen wir sich zu großen Reichen entwickeln, das Ganze der Wirklichkeit an sich ziehen, das menschliche Dasein eigentümlich gestalten. Indem diese drei Wirklichkeiten sich teils verbinden und in einander schieben, teils innerlich widerstreben und durchkreuzen, entsteht eine unendliche Weite und Fülle des Lebens, aber es ergeben sich auch härteste Widersprüche. Derselbe Denker, welcher, in Abschüttelung alter Überlieferung, das Selbstleben der Seele zum beherrschenden Mittelpunkt der Wirklichkeit machte, hat zur Begründung eines Systems absoluter Autorität mehr getan als irgend ein anderer; der Mann, dem die Liebe zur Seele des Lebens, ja zur weltbewegenden Gotteskraft wurde, hat mit seiner Steigerung des Fanatismus gegen Andersgläubige unsäglichen Haß entzündet; er, der in wesenerneuernder Umwälzung die gründlichste Befreiung des Geistigen und Sittlichen von allem Naturhaften vollzog, verfiel in anderer Richtung einer Vermengung bloßer Natur und freien Handelns, auch einer groben Materialisierung des sittlichen Lebens. Vornehmlich aber durchdringt sein ganzes Wirken jene widersprechende Behandlung des Subjekts, daß dies einmal zu kühnster Betätigung aufgerufen wird und sich siegesgewiß über alles gegenständliche Dasein hinaushebt, daß es andererseits immer wieder von peinigendem Zweifel über das eigene Vermögen befallen wird und stürmisch nach einer sicheren Anlehnung verlangt, dienstwillig sich einer äußeren Ordnung unterwirft.

Das Schlimmste bei dieser im einzelnen ebenso durchsichtigen wie im ganzen rätselhaften Natur ist die Verschiedenheit der geistigen, namentlich der moralischen Höhenlage; es gibt keinen großen Denker,

bei dem Höhe- und Tiefpunkt so weit auseinanderliegen als bei
Augustin. Es erscheint einmal eine wunderbare Innigkeit, das tiefste
Mitempfinden aller menschlichen Schicksale, ein Beleben des Besten
und Edelsten im Menschen, ein Ergriffensein von göttlicher Kraft;
andererseits aber reißt der ungestüme, gegen das Eindringen niederer
Triebe wehrlose Glücksdrang alles Streben mit sich fort und erzeugt namentlich da unheimliche Gebilde, wo er die eminente logische
Kraft des Mannes in seinen Dienst zwingt und sich gegen allen
Widerspruch der unmittelbaren Empfindung abstumpft. Jene abstoßende Verschmelzung von glühender Leidenschaft mit kalter und
eiserner Konsequenz, welche die späteren Glaubenskämpfe oft zeigen,
sie beginnt mit Augustin.

Was aber eine Schwäche in der Sache, das wurde zur Stärke
für die Wirkung. Die verschiedensten Richtungen fanden bei Augustin
nicht nur eine Anknüpfung, sondern eine deutliche, ja klassische
Verkörperung; er ist der beredteste Dolmetsch ihres innersten Wollens.
Zugleich kann sich hier das eine durch das andere ergänzen, alle
unliebsamen Konsequenzen lassen sich durch die stets offene Möglichkeit neuer Wendungen abbrechen. Für das Verständnis aller
Richtungen hat Augustin einen einzigartigen Wert, insofern sie bei
ihm ihren Ursprung aus dem Ganzen des Menschenwesens aufs
deutlichste zeigen und ihre letzten Triebkräfte mit durchsichtiger
Klarheit enthüllen. Namentlich erhellt von hier, wie tief das System
des mittelalterlichen Katholizismus in seelischen Bedürfnissen des
Menschen wurzelt, und wie sicher es dadurch gegen alle Angriffe
sowohl plumper Gewalt als kleinlicher Spottsucht geschützt wird.

Augustins historische Stellung zu bezeichnen, ist keineswegs
leicht. Augenscheinlich bildet er die geistige Höhe des alten Christentums und beherrscht er das Mittelalter. Aber auch das neue Christentum hat unablässig aus ihm geschöpft und die Reformation sich in
ihren Hauptsätzen auf ihn berufen; ja es ist kaum paradox, zu sagen,
daß, wenn die Gegenwart das Grundproblem der Religion wieder
selbständig aufnehmen will, sie zur geschichtlichen Orientierung nicht
sowohl auf Schleiermacher oder Kant, auch nicht auf Luther oder
Thomas, sondern auf Augustin zurückgreifen muß, als auf den Punkt,
wo sich das Ganze des Gewordenen mitten im Werden befindet und
daher sein Recht wie sein Unrecht einer kritischen Behandlung kund-
tun mag. Auch jenseit der Religion findet der moderne Mensch
bei ihm mannigfache Anknüpfung, wenn er nur über die oft fremd-

artige Einkleidung zum Kern der Sache vordringt. Es gibt Punkte, wo Augustin mit seiner weltbewegenden Subjektivität uns näher steht als Hegel und Schopenhauer.

Trotzdem haben wir Bedenken, ihn mit hervorragenden Gelehrten unserer Zeit schlechtweg einen modernen Menschen zu nennen. Gewiß hat Augustin viel Modernes, er hat es vor allem in jener glühenden, alle Tiefen aufwühlenden Subjektivität, in seiner die schroffsten Gegensätze umspannenden dämonischen Natur. Aber stempelt ihn das schon zum modernen Menschen? Es fehlt zugleich vieles, was zur modernen Art unentbehrlich dünkt. Er kennt keine deutliche Auseinandersetzung von Subjekt und Objekt, kein Verlangen nach einer Welt reiner Sachlichkeit, affektloser Wahrheit, gegenständlicher Arbeit, wie es die neue Welt durchdringt und der bloßen Subjektivität entgegenwirkt; er hat das Subjektive rasch ins Große projiziert und zugleich objektiviert. Auch gestattet die ausschließliche und direkte Richtung seines Denkens und Strebens auf die Religion kein Eingehen in die Weite und Breite der Wirklichkeit, kein Ideal eines universalen Menschen im Sinne der Neuzeit. Endlich wirkt in ihm das Altertum mit starken Zügen fort: von der klassischen Zeit her in der kosmischen Spekulation, der plastischen Gestaltung der Wirklichkeit, der Scheidung eines esoterischen und eines exoterischen Lebens, von der Ausgangzeit her in der Sehnsucht nach einem allen Stürmen entzogenen Hafen, einem endgültigen Abschluß in sicherer Ruhe, auch in der Überspannung des Gegensatzes von Sinnlichem und Geistigem. In anderem endlich – und das im Besten – folgt er lediglich seiner eigenen Art und entwickelt damit eine unvergängliche Größe. So ist es wohl besser, ihn keiner besonderen Gruppe und Epoche einzureihen, sondern in ihm eine der wenigen Persönlichkeiten anzuerkennen, aus denen die Zeiten schöpfen, und an denen sie sich über ewige Aufgaben orientieren, die selbst aber über den Zeiten stehen.

3. Das Mittelalter.

a. Das frühere Mittelalter.

Hätten wir von der allgemeinen Lebensanschauung des Mittelalters zu reden, statt von den Lebensanschauungen der mittelalterlichen Denker, so würde unser eine eigentümliche und anziehende Aufgabe harren; wir dürften dann manches Unterscheidende und

auch Wertvolle erwarten. Für unsere besondere Aufgabe dagegen
bietet ein ganzes Jahrtausend wenig Neues. Die Lebensanschauungen
der mittelalterlichen Denker entlehnen ihren Stoff früheren Zeiten;
was an eigentümlicher Kombination geboten wird, bringt mehr eine
geschichtliche Lage zum Ausdruck, als es einen bleibenden Wert
hat. Daraus ergibt sich für unsere Untersuchung das Recht, ja
die Pflicht einer summarischen Behandlung.

Die ersten Jahrhunderte des Mittelalters folgen philosophisch
namentlich dem Neuplatonismus. Zu den bis jetzt erwähnten Quellen
kommen abschließend noch zwei neue: die Schrift des Boethius († 525)
über den Trost der Philosophie (de consolatione philosophiae), ein philosophisches Erbauungsbuch für Gebildete, und die Werke des Pseudo-
Dionysius (wohl aus dem 5. Jahrhundert). Boethius' Trost hat mehr
Weichheit und Vornehmheit als Kraft und Wärme. Der Denker ist
erfüllt von der Nichtigkeit alles Irdischen und Sinnlichen, er erhebt
sich zur unsinnlichen Wesenheit und zugleich zu einer Betrachtung
aus dem Ganzen, er findet Beruhigung in dem Gedanken, daß mit
solcher Wendung alles vernünftig wird und das Böse sich in bloßen
Schein auflöst.

Mehr auf die gesamte Lebensordnung wirkt Dionysius, dessen
im wesentlichen neuplatonische Weisheit dem Mittelalter als eine von
apostolischer Autorität getragene Enthüllung tiefster christlicher Wahrheit galt. Als der Kern des Christentums erscheint hier die neuplatonische Idee eines Ausgehens und Zurückkehrens Gottes zu sich
selbst; die Welt ist nichts anderes als ein ewiger Kreislauf der göttlichen Liebe. Alles Geschichtliche wird ein Symbol des Ewigen,
alles Menschliche des Kosmischen und Göttlichen. Die Lebensstimmung erhält den Zug des Sehnsüchtigen und Traumhaften; das
kirchliche Christentum aber erfährt einen Einfluß an zwei wichtigen
Punkten. Indem der neuplatonische Gedanke der lückenlosen Stufenfolge der Wesen, eines Ausströmens des Lebens von oben nach unten,
auf das Christentum und die Kirche übertragen wird, entwickelt und
befestigt sich über Augustin hinaus der Gedanke der Hierarchie,
zunächst der himmlischen, dann der irdischen, ihres Abbildes. Ferner
verschmilzt dieses System, in philosophischer Weiterführung eines
durchgehenden Zeitverlangens, Sinnliches und Übersinnliches derart,
daß das Sinnliche einmal als ein bloßes Abbild, dann aber als dem
Geistigen untrennbar verbunden erscheint; das wirkt dahin, den
Kulthandlungen, namentlich den Sakramenten, den ausgeprägten

Charakter von Mysterien zu verleihen und damit ihre Bedeutung sehr zu verstärken. Augenscheinlich wird hier die antike Grundlage der beiden Hauptpfeiler des mittelalterlichen Kirchensystems: der Hierarchie und der Sakramente.

Zur Vermittlung des Dionysius an den Westen hat namentlich Scotus Eriugena (im 9. Jahrh.) gewirkt. Er zeigt ein frischeres Lebensgefühl als der Ausgang des Altertums, und die Begründung alles Daseins in Gott wirkt dahin, die Welt und Natur wieder bedeutender zu machen, ja einen radikalen Pantheismus vorzubereiten. Die äußersten Konsequenzen aber wurden erst nach Jahrhunderten gezogen, und nun war die Verwerfung durch die Kirche unvermeidlich.

Auf dem eigenen Boden des Mittelalters erscheint nirgends eine Absicht, an dem überkommenen Bestande zu rütteln. Trotzdem erfolgen Weiterbewegungen, indem einzelne Elemente jenes Bestandes kräftiger entwickelt werden und sich damit das Gesamtbild verändert. Es haben aber jene Bewegungen eine zwiefache und entgegengesetzte Richtung: einerseits wird mehr verstandesmäßige Einsicht, andererseits mehr gefühlsmäßige Aneignung verlangt. Jenes Streben beginnt namentlich mit Anselm von Canterbury (1033—1109). Er sucht eine wissenschaftliche Begründung der Glaubenswahrheiten, nicht um diese erst zu erweisen, sondern um die anerkannte Wahrheit deutlicher auseinanderzusetzen. Aber es wirkt zu einer inneren Veränderung, einer Rationalisierung des überkommenen Bestandes, wenn Grundfragen wie die des Daseins und der Menschwerdung Gottes überhaupt zur wissenschaftlichen Erörterung gelangen. Auch ließ sich das einmal geweckte Verlangen nicht überall so leicht befriedigen als bei Anselm selbst.

In Wahrheit verschärft sich schon bei Abälard (1079—1142), dem glänzenden Dialektiker, die Sache zum offenen Konflikt. In ihm bricht die Subjektivität merkwürdig frei und kräftig hervor; schon bei ihm erscheint jene Frische der Empfindung und jene Beweglichkeit des Denkens, wodurch der französische Geist so viel dazu beigetragen hat, mit dem Schutt der Vergangenheit aufzuräumen und der Gegenwart ein eigenes Leben zu sichern.

Abälard beugt sich nicht in scheuer Verehrung vor den überlieferten Lehren der Religion, er macht sie zum Gegenstande unablässiger Reflexion und Diskussion, er erweist eben an den schwierigsten Dogmen seine dialektische Kraft. In einer höchst bemerkenswerten Schrift läßt er einen Philosophen, einen Juden, einen

Christen über die letzten Fragen disputieren und sich einander weit näher finden, als es zu Anfang schien: er bringt die Forschung, ja den Zweifel zu Ehren, gemäß der Überzeugung, daß „wir durch Zweifeln zur Forschung kommen, durch Forschen aber die Wahrheit erreichen"; er betrachtet die Autorität nur als einen vorläufigen Ersatz der Vernunft und richtet scharfe Äußerungen gegen die Menge, welche den im Glauben fest nenne, der die Durchschnittsmeinung nicht überschreitet, welche verdamme und anklage, was sie nicht kennt, für Torheit und Unsinn erkläre, was sie nicht begreift.

Solcher rationalistischen Gesinnung entspricht der Inhalt der Lehren. Den Kern der Religion bildet bei Abälard die Moral; das Christentum hat nicht etwas Neues und Gegensätzliches gebracht, sondern es bildet den Höhepunkt einer allgemeinen Bewegung. Es hat sonst Zerstreutes verbunden, Verdunkeltes aufgeklärt, allen mitgeteilt, was sonst nur einzelnen zugänglich war. Jesus wird verehrt als der Begründer eines reinen Sittengesetzes. Auch darf im Christentum kein träger Stillstand walten. Der Denker findet es „wunderlich, daß während durch die Reihe der Lebensalter und die Folge der Zeiten die menschliche Einsicht in allen geschaffenen Dingen wächst, im Glauben, wo der Irrtum besonders gefährlich ist, kein Fortgang stattfindet. Es kommt das sicherlich daher, daß es keinem bei seinen Genossen freisteht, zu untersuchen, was zu glauben sei, und straflos zu zweifeln hinsichtlich dessen, was alle sagen." — In der Moral aber vollzieht er eine Wendung von der mittelalterlichen zur modernen Denkart, indem er das Subjekt zu Ehren bringt und beim Handeln seine Überzeugung und Absicht zur Hauptsache macht.

So sehen wir einen neuen Geist aufsteigen, der mit der Umgebung schroff zusammenstoßen mußte. Aber der von Abälard ausgehenden Belebung des Stoffes, seinem Verlangen einer wissenschaftlichen Durchleuchtung und geschickteren Vermittlung der Glaubenslehren konnten sich auch die Gegner nicht entziehen. Ein Schüler Abälards war Petrus der Lombarde, zu diesem aber steht in naher Beziehung Thomas von Aquino, das Haupt der Scholastik. Wie oft in der Geschichte der Religionen, so hat auch hier die Orthodoxie sich die Waffen angeeignet und für ihre Zwecke verwertet, welche der Rationalismus geschliffen hatte.

Bedrohlicher noch wurde die Wendung zur gefühlsmäßigen Aneignung, welche in der Mystik ihren Ausdruck findet. Auch hier erfolgt die Verstärkung zunächst auf kirchlichem Boden und in durchaus kirchlicher Gesinnung (Bernhard von Clairvaux und die Victoriner). Aber sehr bald entstand ein radikaler Pantheismus (Amalrich von Bena), dessen Ausbreitung die Kirche nur mit den schärfsten Mitteln verhindern konnte. Dem Ganzen des Lebens war augenscheinlich eine neue Synthese nötig; sie nach der Art und mit den Mitteln jener Zeit vollzogen zu haben, das bildet die Hauptleistung der Höhe der Scholastik.

b. Die Höhe des Mittelalters.

Jene Synthese und so überhaupt das Werk der Scholastik ist keineswegs ein Erzeugnis bloßer Gelehrsamkeit; es erwuchs, so sahen wir, aus zwingenden Forderungen der allgemeinen Lage. Die beherrschende Hauptfrage war das Verhältnis von Glauben und Wissen, von Christentum und allgemeiner Kultur; das Wachstum der geistigen Bewegung machte es immer dringlicher, darüber volle Klarheit zu gewinnen. Das Wissen wurde jener Zeit durch die aristotelische Philosophie vertreten, die, im Abendlande zunächst nur nach der logischen Seite wirksam, seit dem 12. Jahrhundert, auf dem Umwege durch die Welt des Islam und von Spanien her, als Ganzes zu wachsendem Einfluß gelangte und die Gemüter unwiderstehlich bewältigte. Aber zugleich kam an die Zeit die Gefahr einer inneren Entzweiung. Das System des Averroës, das den abschließenden Höhepunkt der arabischen Philosophie bildet, erstrebt keine Vermittlung zwischen Wissen und Glauben, es läßt ihren Konflikt völlig unausgeglichen. Das Wissen entwickelt sich hier ohne alle Rücksicht auf die Religion, wobei Aristoteles genauer interpretiert und mehr nach seiner eigenen Art verstanden wird als irgend sonst im Mittelalter. Ganz unvermittelt erfolgt dann die Wendung zum Glauben; auf göttliche Autorität hin werden seine Wahrheiten angenommen, mögen sie den Ergebnissen der Wissenschaft noch so schroff widersprechen. So eine innere Spaltung des Menschen, so die vielberufene Lehre von der doppelten Wahrheit, nach der in der Theologie falsch sein kann, was in der Philosophie wahr ist, und umgekehrt. Diese Denkweise, die mit hervorragendem Scharfsinn vertreten wurde, fand auch innerhalb des Christentums viel Zustimmung, ihr bedeutendster Vorkämpfer war der aus Dante bekannte, jetzt endlich auch in seinen Schriften erschlossene, in seinen Schicksalen noch immer nicht voll aufgeklärte Siger von Brabant, ein

16*

Mann von großer Klarheit und exakter Denkweise. Ihm gegenüber
entwickelten Albertus Magnus und Thomas von Aquino ein System
der Aussöhnung von Wissen und Glauben, das Aristoteles dem
Christentum anzunähern und wie die geistigen Aufgaben so auch
die verschiedenen Welten mit Einem Gedankenbau zu umspannen
suchte. Diese verbindende und jene scheidende Denkart trafen bald
nach der Mitte des 13. Jahrhunderts an dem wissenschaftlichen
Mittelpunkte der damaligen Christenheit, der Pariser Universität, mit
voller Schroffheit aufeinander; daß die verbindende den Sieg erlangte,
entsprach nicht den Interessen der Wissenschaft, und es hemmte
leicht eine unbefangene Interpretation des Aristoteles, aber es entsprach
einem zwingenden Bedürfnis der weltgeschichtlichen Lage. Denn
nur jene ausgleichende Richtung konnte das dem Mittelalter eigentümliche Verlangen nach Ordnung und Organisation befriedigen; es
war die Idee der Abstufung, welche so verschiedenartige Gedankenmassen, wie es die aristotelische und die christliche Welt in Wahrheit
sind, in Ein Gefüge zusammenzubringen versprach. Die Lösung
der Aufgabe war nicht Sache eines Einzelnen, aber es bildet Thomas
in Leistung und Wirkung so sehr die Höhe, daß nur mit ihm sich
unsere Darstellung zu befassen braucht.

Die geschichtliche Würdigung des Thomas (1227 – 1274) wird
oft beirrt durch die Kämpfe der Gegenwart. Die berechtigte Abweisung eines unhistorischen Neu-Thomismus läßt mit Unrecht oft
auch den alten und echten Thomas herabsetzen. Gewiß war dieser
kein Denker ersten Ranges, aber er war kein unbedeutender Geist
und kein Fanatiker; er hat sich nicht weit über seine Zeit erhoben,
aber er hat zusammengefaßt und verarbeitet, was diese irgend bot,
er hat das mit klugem Geschick und in milder Gesinnung getan.
Daß er auf der Höhe damaliger Entwicklung stand, das erweist überzeugend der enge Anschluß des großen Dante an ihn. Schon das
sollte alle kleinliche Krittelei verhindern.

Thomas' Verdienst ist der Ausbau, die systematische Durchbildung einer allumfassenden christlichen Weltanschauung; er hat
das Christentum zur Kultur und Wissenschaft in engere Beziehung
gesetzt und bei voller Wahrung der Obmacht der Religion auch den
anderen Gebieten ein eigentümliches Recht zuerkannt. Die Welt
der Kultur aber vertritt ihm Aristoteles, der im Ganzen seiner Lehre
wie Neuerstandene und daher mit voller Frische Wirkende. Hier
bot sich ein Weltbild von erstaunlicher Fülle und gleichmäßiger

Durcharbeitung, hier fand sich ein System, das sich als einen fertigen Abschluß gab und den Menschen nirgends durch offene Probleme aufregte. Kein Wunder, daß es die Geister des Mittelalters mit unwiderstehlichem Zwange überwältigte; bot es ihnen doch alles, was sie nur wünschen mochten.

Aber zugleich fand sich hier ein schweres Problem. Den weltfreudigen, durchaus dem Diesseits zugewandten Griechen dem Christentum eng anzugliedern, war kein leichtes Werk; uns Neueren will es sogar unmöglich dünken. Aber der mittelalterliche Denker traf mit jenem zusammen in einer idealen Wertschätzung der Dinge; er sah ferner Aristoteles, nach dem Vorgang der meisten arabischen Philosophen, durch das Medium neuplatonischer Ideen und verstand ihn innerlicher und religiöser, als der geschichtliche Befund in Wahrheit erlaubt; vornehmlich aber erleichterte Aristoteles' Hauptrichtung auf die anschauliche Welt und seine Zurückhaltung bei den letzten Fragen eine Vereinbarung mit dem Christentum, sobald nur eine Abstufung der beiden Welten anerkannt war. Dies aber ist der leitende Gedanke des Thomas. Hier erhält jedes Gebiet ein eigentümliches Recht, auch das niedere soll seine besondere Art entfalten und ungestört von dem höheren bleiben. Wie ein eigenes Reich der Natur, so wird auch eine selbständige Aufgabe der natürlichen Erkenntnis anerkannt und ein direktes Zurückgehen auf Gott bei wissenschaftlichen Einzelfragen als ein Asyl der Unwissenheit (asylum ignorantiae) verworfen. Aber es muß das Niedere seine Schranken einhalten und alle Übergriffe in das Höhere meiden. Das Reich der Natur entwirft nur im Umriß, was im Reich der Gnade, der Welt des geschichtlichen Christentums, weiter ausgeführt und befestigt wird. Es ist z. B. nach Thomas das Dasein Gottes, die Begründung der Welt in ihm, eine Unsterblichkeit der Seele schon aus bloßer Vernunft beweisbar; dagegen stammen die Lehren von der Dreieinigkeit, der zeitlichen Weltschöpfung, der Auferstehung des Leibes aus der christlichen Offenbarung. So verbindet sich mit jener Selbständigkeit eine Unterordnung und mit der Scheidung der Gebiete ein umfassender Zusammenhang. Hier heißt es: „Das göttliche Recht bricht nicht das menschliche"; „die Gnade zerstört nicht die Natur, sondern vollendet sie (gratia naturam non tollit, sed perficit)"; „die Vernunft ist die Vorläuferin des Glaubens".

Über dem Reich der historischen Offenbarung liegt aber eine noch höhere Stufe: die unmittelbare Einigung mit Gott, welche die mystische Anschauung eröffnet, das Reich der Herrlichkeit (gloria). Aber dieses Reich ist für das irdische Leben mehr Hoffnung als Besitz; auch führt zu ihm der Weg notwendig durch die kirchliche Ordnung, aus eigenem Vermögen kann das Individuum nicht dahin vordringen. Schließlich bildet das Ganze einen einzigen großen Tempel: die Natur ist der Vorhof, die Gnade eröffnet das Heilige, ein Allerheiligstes erfüllt die Sehnsucht und entschleiert sich den Gläubigen in einzelnen weihevollen Augenblicken der Verzückung. So scheinen durch jene Abstufung alle Aufgaben ausgeglichen und jedem Gebiet sein Recht zuerkannt ohne eine Gefährdung der Ordnung des Ganzen.

Aber was sich in den allgemeinsten Umrissen glatt zusammenfügt, das fordert im Einzelnen unsägliche Mühe und Arbeit. Bald galt es Zusammenstöße zu mildern, bald Lücken auszufüllen. Dafür bedurfte es einer energischen Aufbietung logischer Kraft und einer geschickten Handhabung logischen Rüstzeuges. Hier hat Thomas in Wahrheit Bedeutendes geleistet, er erscheint als ein Meister sowohl in der Verbindung von scheinbar Getrenntem durch syllogistische Verkettung als in der Beschwichtigung von Widersprüchen durch scharfsinnige Distinktion, durch ein Aufweisen verschiedener Bedeutungen der Begriffe.

Diese logische Kraft leistet auch dem eigenen Bestande der christlichen Überlieferung wertvolle Dienste. Wohl stammen die Glaubenslehren nicht aus bloßer Vernunft, aber, einmal von Gott mitgeteilt, werden auch sie zum Gegenstand logischer Bearbeitung, auch an ihnen erweist sich das durchbildende und architektonische Vermögen des Mannes. Hier zuerst erwächst ein System christlicher Moraltheologie; namentlich aber wird die kirchliche Ordnung umsichtig gegliedert und fest zusammengeschlossen. Alle Mannigfaltigkeit tritt in einen Zusammenhang und strebt nach einer beherrschenden Spitze; die Kirche gewinnt hier eine durchaus hierarchische Gestalt, wie sie Augustin noch fern lag. Verschiedene Gedankenrichtungen streben hier zu demselben Ziele: das Verlangen nach geschlossener Einheit der Kirche als eines einzigen Körpers (unum corpus), die Überzeugung von der Mitteilung der göttlichen Kräfte von oben nach unten in fortlaufender Kette, endlich die dem mittelalterlichen Denker selbstverständliche Annahme, daß es für uns keine volle Wirklichkeit gibt ohne eine sichtbare Verkörperung, und daher auch keinen festen Zusammenhang ohne die Herrschaft einer einzelnen Persönlichkeit. So muß Thomas die Konzentration der kirchlichen

Gewalt in einer einzigen Hand verfechten; was aber aus der kirchlichen Ordnung heraustritt und gar sich ihr entgegenstellt, das ist verloren und verfällt harter Bestrafung. Alle Selbständigkeit des Individuums ist aufgegeben, zum Gewissen der Menschheit wird die Kirche, auch die volle Ausbildung der Lehre vom Fegefeuer steigert ihre Macht. Zugleich wachsen ihre Ansprüche nach außen. Die Kirche beherrscht alles Geistesleben und hat die unbedingte Oberhoheit über den Staat. Wie überhaupt im Christentum die Könige den Priestern nachstehen, so müssen dem Papst alle Könige des christlichen Volkes untergeben sein „wie unserem Herrn Jesus Christus selbst".

Trotz so schroffer Formulierung verdient das Prinzip nicht den Vorwurf der Herrschsucht; es ist nicht das eigene Wohl, sondern die Ordnung Gottes und die Sorge für das Heil der Menschheit, woraus die Weltherrschaft der Kirche hervorgeht. Thomas selbst ist durchaus erfüllt von weltflüchtiger Stimmung, er nennt mit seiner Zeit schlicht und einfach das Jenseits Vaterland (patria) und ersehnt augenscheinlich die Ruhe eines nur der Anschauung Gottes geweihten Lebens. Sachlich aber widersteht einer völligen Verwandlung der Kirche in einen geistlichen Staat vor allem die Überzeugung von der Mitteilung göttlichen Lebens und göttlicher Liebe in den Sakramenten. In ihnen bleibt die Wirksamkeit des Leidens Christi (efficacia passionis) lebendig; die Sakramente des neuen Bundes „bezeichnen nicht nur, sondern bewirken die Gnade" (non solum significant, sed causant gratiam). So werden sie ein Hauptstück im Lebensbilde des Thomas; namentlich durch sie erhält das System der kirchlichen Ordnung einen mystischen Hintergrund und eine religiöse Beseelung.

Demnach ist es durchaus verständlich, daß Thomas der Hauptphilosoph des Mittelalters wurde, daß es ihn bald — wie auch Werke der Malerei zeigen — als den klassischen Interpreten der christlichen Wahrheit verehrte. Die Idee der Ordnung, welche das Mittelalter beherrscht, erlangt in ihm ihren angemessensten philosophischen Ausdruck; es entfaltet sich ein großes Lebenssystem, das alle Mannigfaltigkeit der Aufgaben zugleich anerkennt und straff zusammenhält; der Horizont wird beträchtlich erweitert, in der Zuführung antiker Gedankenmassen vollzieht sich eine Art von Renaissance. Solche Anerkennung gilt natürlich nur für das Mittelalter, nicht für die Gegenwart.

Wie Thomas in der Milderung und Ausgleichung der Gegensätze seine Stärke hat, so hält sein von der Kirche übernommenes System eine Mitte auch bei der Frage, ob das Erkennen oder das Wollen den Kern des Lebens bilde und zu Gott führe, ob die theoretische oder die praktische Vernunft das höchste Gut gewähre. Denn obgleich bei ihm das Erkennen und die theoretische Vernunft dem Wesen nach vorangehen, so behält das Wollen eine Selbständigkeit, ja an einzelnen wichtigen Stellen, z. B. in der Frage der Annahme oder Verwerfung des Glaubens, trifft es die Entscheidung. Eine Abweichung von dieser Mittellinie erfolgt bald darauf in zwiefacher Weise; in entgegengesetzter Richtung wird eine ursprünglichere Lebensführung und ein unmittelbareres Verhältnis zu Gott erstrebt.

Allen Inhalt des Christentums und zugleich das ganze Geistesleben in Erkennen verwandeln will die Mystik; von einem die letzte Tiefe ergründenden, Subjekt und Objekt gänzlich einigenden Denken erwartet sie die volle Einigung mit Gott und zugleich die höchste Seligkeit. Es besagt das an sich keinen Bruch mit dem kirchlichen System, denn auch diesem galt die unmittelbare Anschauung Gottes als die vollendende Höhe des Lebens. Aber wenn die mystische Bewegung die Zusammenhänge und Schranken abstreift, an welche die kirchliche Ordnung sie band, so mag allerdings aus dem verborgenen Gegensatz ein offener Widerspruch werden; dann mag die Spekulation die Religion absorbieren, das Individuum mit der Innerlichkeit, aber auch Formlosigkeit seines Gemütslebens alle Organisation überfliegen, die Welt mit ihrer Mannigfaltigkeit zu wesenlosem Scheine herabsinken.

Unter den Männern, welche bei gutkirchlicher Gesinnung durch die Konsequenz der Gedanken in Wahrheit von der Kirche abgeführt wurden, verdient keiner mehr Beachtung als Meister Eckhart († 1327), ein großer Zauberer des Wortes und der Schöpfer der philosophischen Kunstsprache deutscher Zunge. In dem Ganzen seiner Überzeugung will er sich nicht von der Scholastik und Thomas trennen, und auch seine Mystik bietet dem, der die historischen Zusammenhänge kennt, in den Begriffen wenig Neues; sie enthält dieselbe Verwebung logischer Abstraktion und religiösen Gefühlslebens, die seit Plotin zahlreiche Gemüter fortriß; ihr droht dieselbe Gefahr, mit der Abstreifung aller Besonderheit auch allen Inhalt einzubüßen und sich ins Gestaltlose zu verlieren. Aber der mittelalterliche Denker einer neuen Volksart hat gegenüber dem absterbenden Altertum mehr Frische und Unmittelbarkeit der Empfindung, mehr Freudigkeit der Stimmung, mehr Einfalt und Naivität des Ausdrucks; dazu besitzt er ein wunderbares Vermögen, auch das Unfaßbarste zu gestalten und zur Anschauung zu bringen. Wir verweilen bei ihm etwas länger, weil kein zweiter Denker jener Zeit noch heute einer so unmittelbaren Wirkung fähig ist.

Eckharts Mystik enthält einen einfachen Gedankenbau. Gott kommt aus dem bloßen Wesen, dem „Abgrunde" seiner Natur, zu lebendiger Wirklichkeit nicht ohne sich auszusprechen; indem er sich aber ausspricht, schafft er die Dinge; so ist er allein das Reale in allen Dingen. Alle Irrung und Verkehrtheit kommt daher, daß die Kreatur etwas für sich sein will, alles Heil liegt an dem vollen Aufgehen in Gott. Der Mensch, als die denkende Seele, hat die Aufgabe, die Welt zu Gott zurückzuführen; so kann Gott selbst seiner nicht entbehren.

Zum Kern des Lebens wird damit die Rückkehr der Seele zu Gott, dem ihr ganzes Wesen angehört, die Austreibung alles selbstischen Verlangens nach Glück; es entbrennt ein energischer Kampf gegen ein starres Festhalten der Besonderheit des Ich, für ein Weit- und Freiwerden des Wesens aus der Unendlichkeit göttlichen Lebens. Wer für seine Arbeit einen Lohn verlangt, der gleicht den Kaufleuten, welche Jesus aus dem Tempel trieb; die Wahrheit aber „begehrt keiner Kaufmannschaft". Wer etwas für sich erstrebt, hat keine wahre Liebe zu Gott. Denn „hätte ich im Leben einen Freund und liebte ihn darum, daß mir Gutes von ihm geschehe und mein eigener Wille, so liebte ich meinen Freund nicht, sondern mich selbst". Auch die Selbstsucht und Eitelkeit innerhalb der Religion wird mit unbarmherziger Klarheit beleuchtet. „Das wahre Leben liegt nicht daran, daß wir süßer Worte und geistlicher Geberden sind, und daß wir großen Schein haben von Heiligkeit, und daß unser Name fern und weit getragen werde, und daß wir groß geliebt werden von Gottes Freunden, und daß wir von Gott so verwöhnet und verzärtelt seien, daß es uns dünke, daß Gott aller Kreatur vergessen habe bis auf uns allein, und daß wir wähnen, daß was wir von Gott begehren, das sofort geschehen sei. Nein das nicht, das ist es nicht; was Gott von uns heischt, das geht ganz anders."

In Wahrheit gilt es, allen Schein eines besonderen Seins zu

zerstören und damit alle Selbstsucht auszurotten. Das Hauptmittel
dazu ist das Leiden, Leiden nicht bloß äußerlich, sondern vor allem
innerlich verstanden. Äußeres Leiden nämlich „macht den Menschen
nicht geduldig, vielmehr zeigt und offenbart es nur, ob der Mensch
geduldig sei, wie das Feuer zeigt, ob der Pfenning silbern oder
kupfern ist". Rechtes Leiden dagegen „ist eine Mutter aller Tugend,
denn es drücket des Menschen Herz nieder also, daß er sich nicht
kann aufrichten gegen die Hoffahrt und muß demütig sein. Nun
aber liegt die höchste Hoheit der Höhe in dem tiefsten Grunde der
Demut; je tiefer der Grund, desto höher ist auch die Höhe; die
Höhe und die Tiefe sind Eins". Der Mensch muß zu der geistigen
Armut kommen, in der er für sich nichts will und nichts weiß und
nichts hat; es muß getötet werden „alles, was lebet eigenes Willens
und eigenes Nutzes und alles Willens".

Aber solcher Herabsetzung des bloßen Menschen entspricht
eine Erhöhung durch die Aufnahme in das göttliche Wesen. „Es
stirbt der Geist ganz aufgehend in das Wunder der Gottheit. Denn
in der Einheit hat er keinen Unterschied, das Persönliche verliert
seinen Namen in Einheit, Gott nimmt die Seele in sich auf, wie die
Sonne das Morgenrot in sich zieht." Alsdann bewährt sich das
Wort: „Selig sind, die in Gott sterben." Denn mit der Wiedergeburt aus Gott erhält der Geist Anteil an der ganzen Fülle des
göttlichen Lebens: „Bin ich selig, so sind alle Dinge in mir, und
wo ich bin, da ist Gott, so bin ich in Gott, und wo Gott ist, da
bin ich." Nun ist alles selbstische Genießen so weit zurückgedrängt,
daß es heißen kann: „Wer einmal wird berühret von der Wahrheit
und von der Gerechtigkeit und von der Güte, hinge auch alle Pein
der Hölle daran, der Mensch könnte sich nie einen Augenblick
davon abkehren."

Solches Leben kann sich nur entfalten im tiefsten Inneren, in
einer einheitlichen Zusammenfassung des Seins jenseit aller Mannigfaltigkeit der Kräfte und Leistungen. Will die Seele „Frieden und
Freiheit des Herzens in einer stillen Ruhe" finden, so muß sie
„wieder heimrufen allen ihren Kräften und sie sammeln von allen
zerstreuten Dingen in ein inwendiges Wirken". So erwächst ein
tiefinnerliches Gemütsleben jenseit aller Berührung mit der Außenwelt; auch das Wort Gemüt hat namentlich durch Eckhart seinen
eigentümlichen Gefühlston erhalten.

Sodann entwickelt sich in diesen Zusammenhängen ein Kampf

für die volle Unmittelbarkeit des religiösen Lebens, eine Abweisung
oder doch Zurückstellung aller äußeren Vermittlung. Gott ist nicht
fern von uns; „du darfst ihn nicht suchen weder hier noch da; er
ist nicht ferner denn vor der Tür des Herzens, da steht er und
wartet, wen er bereit findet, der ihm auftue und ihn einlasse".
Auch das Werk Christi bedeutet keine äußerliche Stellvertretung,
welche uns selbst die entscheidende Tat abnimmt; wir alle sollen
werden, was er war. „Es hilft mir nicht einen vollkommenen Bruder
zu haben, ich muß selbst vollkommen werden." Jesus aber „ist gewesen ein Bote von Gott zu uns und hat uns zugetragen unsere Seligkeit, und die Seligkeit, die er uns zutrug, die war unser"; sein Vorgang
soll unsere Mühe gering machen, denn „der gute Ritter klagt seiner
Wunden nicht, so er den König ansieht, der mit ihm verwundet ist".

Bei dieser Überzeugung weicht die Furcht vor dem richtenden
und strafenden Gott den edleren Empfindungen von Liebe und Vertrauen. Der Mensch soll Gott nicht fürchten; das allein ist die
rechte Furcht, daß man fürchtet, Gott zu verlieren. Wir sollen nicht
Knechte, sondern Freunde Gottes sein. Wohl ist der Mensch voller
Sünden, aber, „was ein Tropfen ist gegen das Meer, das ist aller
Menschen Sünde gegen die unergründliche Güte Gottes".

Endlich entwickelt sich hier ein eifriger Drang, den Reichtum
des neuen Lebens nach außen in tätigem Handeln zu bekunden:
„wenn der Mensch sich übt in dem schauenden Leben, so kann er
von rechter Fülle es nicht ertragen, er muß ausgießen und sich üben
in dem wirkenden Leben." Da jetzt aber die ganze Welt einen Abglanz
göttlichen Wesens bildet, so ist kein Platz für einen schroffen Gegensatz zwischen Heiligem und Profanem, Geistlichem und Weltlichem;
die rechte Gesinnung kann im alltäglichen Leben und im Verkehr mit
den Menschen Gott ebensogut besitzen wie in der Einöde oder in
der Zelle. Die schlichte, dienstwillige Arbeit des Menschen für den
Menschen tritt allem anderen voran, das einfachste Werk helfender
Liebe ist besser als alles andächtige Schwärmen. Martha, welche für
Jesus hingehende Sorge trägt, wird höher gestellt als Maria, die
seinen Worten lauscht; ein „Lebemeister" gilt mehr als tausend
„Lesemeister". Ja, „wenn einer · in den dritten Himmel verzückt
wäre, wie Paulus, und sähe einen armen Menschen, der einer Suppe
von ihm bedürfte, es wäre besser, er ließe die Verzückung und
diente dem Dürftigen." Damit verlieren die spezifisch religiösen
Werke ihren auszeichnenden Wert; vom Gebete heißt es: „Das Herz

wird nicht rein von dem äußeren Gebet, sondern das Gebet wird rein von reinem Herzen"; den Reliquienverehrern aber wird zugerufen: „Leute, was suchet ihr an dem toten Gebeine? Warum suchet ihr nicht das lebendige Heiltum, das euch geben mag ewiges Leben? Denn der Tote hat weder zu geben noch zu nehmen." Besonders verwerflich erscheint die Bindung aller Menschen an eine einzige Ordnung, denn es ist einmal nicht allen derselbe Weg gewiesen: „was des einen Menschen Leben, das ist des anderen Tod". Nur darauf kommt es an, daß alles aus der Liebe geschehe; sie ist „das allerstärkste Band und doch eine süße Bürde". „Wer diesen Weg gefunden hat, der suche keinen anderen." „Wo aber mehr Liebe sei, das weiß niemand; das liegt verborgen in der Seele."

Das alles soll nach der Absicht des Denkers innerhalb der kirchlichen Ordnung, nicht gegen sie wirken, es hat noch keine abstoßende und ausschließende Kraft, wie später bei Luther, noch fehlt die Zuspitzung zu einem Entweder—Oder. Aber in vollster Kraft steht hier ein Wirken zur Verinnerlichung des Lebens, zur Befreiung vom selbstischen Glücksverlangen wie von äußeren Formen und Werken, vieles ist hier weiter und freier als bei Luther.

Einen selbständigen Typus neben Thomas bildet auf der Höhe der Scholastik Duns Scotus († 1308). Der Grundgedanke einer Ausgleichung von Wissen und Glauben, von Philosophie und Theologie wird auch hier festgehalten, aber die Unterschiede werden geschärft, das Vermögen der Spekulation eingeengt, der Glaube als ein praktisches Verhalten verstanden. Durchgängig wird das Tatsächliche und Eigentümliche höher geschätzt; so entfaltet das Christentum stärker einen positiven und geschichtlichen Charakter, so gilt die Individualität als nicht aus dem Allgemeinbegriff ableitbar, und erscheint das Unterscheidende der Eigenart als die Vollendung der Wesen. In engem Zusammenhang damit erhält der Wille den entschiedenen Vorrang vor dem Intellekt und zugleich eine Freiheit der Entscheidung bis zu grundloser Willkür. Die Verschiebung von einer rationalen zu einer positiven Denkweise erscheint deutlich in dem Gegensatz, daß nach Thomas Gott das Gute gebietet, weil es gut ist, nach Scotus das Gute gut ist, weil Gott es gebietet. Diese positive Richtung entwickelt ein religiöses Gefühlsleben namentlich im Anschluß an Augustin; sie hat weit über das religiöse Gebiet hinaus zur Schärfung der Begriffe und Termini gewirkt, so daß keiner der Scholastiker noch heute so in der wissenschaftlichen Sprache fortlebt wie Duns Scotus.

c. Das spätere Mittelalter.

Im weiteren Verlauf des Mittelalters erfolgt eine Auflösung des geistigen Zusammenhanges, dessen Herstellung seine Höhe gebildet hatte. Der sogenannte Nominalismus, dessen Haupt Wilhelm von Occam (etwa von 1280 bis gegen 1350) bildet, verfolgt die von Duns Scotus eingeschlagene Richtung weiter dahin, daß alle allgemeinen Größen geleugnet werden, und der Mensch lediglich auf seine subjektiven Begriffe angewiesen, ihm jeder Zugang zu den Dingen versagt wird. Zugleich entfällt alle Möglichkeit einer wissenschaftlichen Begründung des Glaubens, er ist vielmehr in seiner reinen Tatsächlichkeit anzunehmen, wie ihn die Kirche übermittelt, die sich dabei wieder auf die Bibel stützt. Schließlich liegt alles an der absoluten Macht und Willkür Gottes. Ein merkwürdiges Schicksal treibt aber diesen prinzipiellen Anhänger der Autorität in einen harten Kampf mit der sichtbaren Autorität. Er sieht das von ihm mit ganzer Inbrunst ergriffene Ideal völliger Armut nicht nur der einzelnen Ordensglieder, sondern der Orden selbst vom Papst verworfen; er wird durch den Konflikt zu einer immer schärferen Kritik nicht nur des einzelnen Papstes, sondern des ganzen Papsttums und seines Anspruches auf weltliche Macht geführt, er wird zugleich ein Vorkämper der Selbständigkeit des Staates und des Kaisertums. „Die heilige Armut machte ihn zum Kritiker des Papsttums und zum Verteidiger der Selbständigkeit des Staates" (Seeberg). So unbeugsam er sein ganzes Leben hindurch solche Ziele verfocht, unmittelbar erreicht hat er so gut wie nichts. Aber seine wissenschaftliche Denkweise hat anderthalb Jahrhunderte beherrscht und in wesentlichen Stücken die Reformation vorbereitet, wie sich denn auch Luther einen Occamisten nennt und Occam als seinen „lieben Meister" verehrt.

Für unsere Betrachtung unmittelbar wichtiger sind im späteren Mittelalter die Werke der gemäßigten und mehr ins Praktische gewandten Mystik. Vor allem hat hier die Schrift des Thomas von Kempen († 1471) von der Nachfolge Christi einen derartigen Einfluß geübt, daß auch unsere Untersuchung einen Augenblick dabei zu verweilen und die Gründe solcher Wirkung zu erwägen hat.

So wenig jene Schrift eine zusammenhängende Lebensanschauung bietet, kräftige und einfache Grundstimmungen tragen das Ganze.

Wir gewahren eine von dem Elend der menschlichen Lage über-
mannte, mit inniger Sehnsucht über sie hinausstrebende Seele. Alles
Verlangen richtet sich von der Welt zu Gott, vom Diesseits zum
Jenseits; beides steht in schroffem Gegensatz, das eine ergreifen heißt
das andere aufgeben, „das ist die höchste Weisheit, durch Verachtung
der Welt zum Himmelreich zu streben". Aller Inhalt und Wert des
Lebens kommt aus dem Verhältnis zu Gott; dieses Verhältnis aber
begründet sich nicht vom Erkennen her durch tiefdringende Spekulation, gegen die ein starkes Mißtrauen waltet, sondern durch eine
persönliche Beziehung von Gemüt zu Gemüt, durch aufopfernde
Hingebung und Liebe. Alle Schätzung der Güter steht unter dem
Gedanken, daß, was von der Welt ablöst, gut, was in sie verwickelt,
böse ist. Wiederum erwächst ein religiöser Utilitarismus, eine Ein-
schränkung auf das zum Heil Notwendige, der u. a. auch die weltliche
Wissenschaft zum Opfer fällt. Der Hauptweg zu Gott wird das
Leiden mit seiner alle Weltlust brechenden Kraft; auch gilt es ein
einsames und schweigendes Leben (solitudo et silentium), ein williges
Gehorchen, ein freudiges Zurückstehen hinter anderen, ein sich selbst
Besiegen bis zu völliger Selbstverleugnung, ein stetes Vorhalten des
Todes. „Durch zwei Flügel erhebt sich der Mensch über das Irdische:
durch Einfachheit und Reinheit". Eine positive Ergänzung erhält
dieses Bild durch die Forderung der Liebe, einer stets dienstwilligen
Gesinnung, eines gegenseitigen Tragens der Lasten.

Aber diese Gefühle erstrecken sich nicht auf das anschauliche Bild
des Menschen, sie umfassen nicht die lebendige Persönlichkeit, sondern
sie gehen ins Unbestimmte und Abstrakte, sie schweben wie von
allem festen Boden abgelöst in freier Luft. Alle Vertraulichkeit mit
Menschen wird widerraten, wir sollen möglichst wenig mit anderen
verkehren, weder wünschen, daß sich jemand in seinem Herzen mit
uns befasse, noch uns selbst mit der Liebe zu einzelnen Menschen
befassen. So eröffnet sich ein Einblick in eine weltflüchtige, tief-
pessimistische Stimmung mönchischer Art. Daß aber das Herz nicht
letzthin so ins Abstrakte lieben kann, sondern für seinen Affekt einen
lebendigen Gegenstand braucht, das erweist sich auch hier: je mehr
das Gefühl von der Besonderheit der menschlichen Umgebung abgelöst wird, desto ausschließlicher konzentriert es sich auf die Persönlichkeit Jesu. Er allein ist voranzuweisen, er allein seiner selbst willen
zu lieben, alle andern nur seinetwegen. Es gilt, sein Lebensbild
möglichst nahe zu halten und zum Maß alles eigenen Tuns zu machen;

die „Nachahmung Christi“ in Lieben und Leiden, in Entsagen und Überwinden wird zur Seele unseres Lebens.

In dem allen ist es allein die Frage des eigenen Seelenheiles, die den Menschen beschäftigt; um den Gesamtstand der Menschheit ist keine Sorge, die gesellschaftlichen Verhältnisse werden hingenommen wie eine fremde Ordnung. Auch beim christlichen Leben bildet das Handeln des Einzelnen den Mittelpunkt; er scheint hier, bei aller Voraussetzung göttlicher Gnade und kirchlicher Ordnung, für die Aneignung wesentlich auf sich selbst gestellt, bei seinem eigenen Tun liegt die Hauptentscheidung. Dies Tun ist nicht äußerer, sondern innerer Art, „es wirkt viel, wer viel liebt“, aber auch so erscheint es als ein von uns aufzubringendes Werk, auch der Stand des Inneren wird zu einer Leistung des Menschen. Die Unzulänglichkeit unseres Tuns wird nicht bezweifelt, aber sie bedeutet mehr ein Zurückbleiben hinter dem Ziel als ein völliges Verfehlen; es bedarf daher mehr einer Ergänzung unseres Vermögens als einer Erneuerung unseres Wesens. So wirken in dieser Lebensgestaltung verschiedene Strömungen durcheinander, und es schützt alle seelische Verinnerlichung nicht vor einer unerquicklichen Werkheiligkeit.

Auch in der Fassung des höchsten Gutes erscheinen entgegengesetzte Strömungen. Einerseits ein selbstisches Glücksverlangen, das nicht gänzlich entsagt, sondern seine Zeit nur erwartet, auf das Diesseits nur verzichtet zu Gunsten des Jenseits, das dient, um später zu herrschen, die zeitliche Mühsal erträgt um der ewigen Lust willen. Hier bleibt in aller scheinbaren Hingebung und Aufopferung immer der eigene Vorteil im Auge; Gott und Christus erscheinen als Mittel für die menschliche Seligkeit. Aber das alles ist nur eine Seite von Thomas. Eine nicht minder starke Bewegung geht auf Gott um Gottes willen, es entwickelt sich eine reine Liebe zum Guten und Ewigen und findet einen ebenso einfachen wie großartigen Ausdruck. „Ich will lieber arm sein deinetwegen als reich ohne dich. Ich ziehe vor mit dir auf der Erde zu pilgern, als ohne dich den Himmel zu besitzen. Denn wo du bist, da ist der Himmel; hingegen der Tod und die Hölle, wo du nicht bist“. „Ich kümmere mich nicht um das, was du außer dir selbst gibst, denn dich selbst suche ich, nicht deine Gabe.“

Demnach liegt hier das Edle neben dem Selbstischen, das Göttliche neben dem Kleinmenschlichen; gerade diese Mischung mag

zur beispiellosen Ausbreitung der Wirkung viel beigetragen haben,
denn wer dem Durchschnitt nahe genug bleibt, um leicht Anknüpfung
zu finden, und zugleich eine Kraft der Erhöhung besitzt, der mag
am ehesten ins Weite wirken. Auch hat sich Thomas in der Entfaltung der Lehren oft von der mönchischen Grundanschauung gänzlich
befreit; so gewinnen tiefe und edle Gefühle einen allem Parteistreit
überlegenen Ausdruck, und es ist dieser Ausdruck so einfach, so
treffend, so überzeugend, daß jedes religiöse Gemüt hier eigene Bewegungen und Erlebnisse wiederfinden konnte.

Daher haben Individuen verschiedenster Überzeugung weit über
das kirchliche Christentum hinaus sich jenes Werkes erfreut und
für das eigene Leben daraus geschöpft. Es ist die letzte Leistung,
in der das Christentum älterer Gestalt zu allen spricht und allen
etwas sein kann.

C. Das neue Christentum.

1. Die Reformation.

Innere Wandlungen hatte das Christentum bisher in Hülle und Fülle durchgemacht, ohne daß diese Wandlungen zu einem schroffen Bruche führten und die Kontinuität der Bewegung aufhoben. Daß die Sache jetzt anders verlief, und daß eine neue Art des Christentums entstand, läßt sich schwerlich aus der Religion allein erklären, es entsprang aus einer allgemeinen Veränderung der geistigen Lage, des Lebensprozesses, des Lebensgefühles. Das alte Christentum hatte seine entscheidenden Grundlinien im vierten Jahrhundert erhalten und dabei tiefe Einflüsse von den besonderen Zuständen jener Epoche empfangen. Die Menschheit war der Kultur satt und müde, es fehlte an großen Idealen der Arbeit, bei den Individuen überwog das Gefühl sittlicher Schwäche, das christliche Leben geriet durch den massenhaften Zustrom roher Elemente in ein jähes Sinken. Dazu bedrückte jene Zeit ein schroffer Gegensatz von Geistigem und Sinnlichem, ein Rückschlag gegen die raffinierte Sinnlichkeit, in die jede alternde Kultur ausläuft. Bei solcher Lage wurde zum ersten Anliegen, dem Menschen einen festen Halt außer sich zu geben und ihn dadurch von allem Zweifel zu befreien, über alle Unzulänglichkeit zu erheben, vor allen Stürmen des Lebens in den sicheren Hafen ewiger Ruhe zu retten. Man sehnte sich nach Autorität und endgültigem Abschluß, man wollte sich selbst möglichst entlasten, man brachte dem Geheimnisvollen, dem Magischen, dem Unverständlichen die bereiteste Stimmung entgegen. Wenn also damals die Glaubenslehren in ein unantastbares System zusammengeschlossen wurden und sich die objektive Ordnung der Kirche mit dem Anspruch erhob, den individuen alles Heil zu

vermitteln, so entsprach das durchaus der Lage und den Bedürfnissen jener Zeit und besaß darin eine unwiderstehliche Macht.

Diese Entwicklung hatte das Mittelalter fortgesetzt und auf seiner
Höhe in der römischen Kirche ein System geschaffen, das nicht nur
innerhalb des Christentums und der Religion, sondern im Ganzen
des menschlichen Geisteslebens eine einzigartige Erscheinung bildet.
Nicht nur die Individuen, sondern auch die Kulturarbeit mit aller
ihrer Verzweigung war hier der Religion an- und eingefügt, die
Religion aber sollte sich in der Gestaltung zur Kirche über alle
Dürftigkeit und Zufälligkeit der menschlichen Lage hinausheben
und zu einem durchaus selbständigen Reiche göttlicher Kräfte und
Wirkungen zusammenschließen. Dies Reich hielt der sonstigen
Flüchtigkeit des menschlichen Lebens eine ewige Wahrheit als einen
unantastbaren Besitz entgegen und gab sich als den alleinigen Ver-
mittler des Menschen mit geistigen und göttlichen Dingen, in seinem
eigenen Bestande aber enthielt es eine bewunderungswürdige Ausgleichung der Gegensätze, zwischen denen sich das menschliche Leben
bewegt und von denen es unablässig mit innerer Spaltung bedroht wird.
Diesseits und Jenseits, Sinnliches und Geistiges waren hier einander eng
verbunden und verschlungen, das Weltbild wurde getragen von einer
lebendigen Gemeinschaft, die Gemeinschaft aber erhöht und veredelt
durch die göttlichen Kräfte, welche ihr zuströmten und sie zum
Mittelpunkt eines großen Weltzusammenhanges machten. Gedankenarbeit und Machtentwicklung gingen hier Hand in Hand; viel rationale
Arbeit wurde mit eiserner logischer Konsequenz verrichtet, aber sie
ruhte auf einem überrationalen, mystischen Grunde; die Strenge
der ethischen Idee wurde gemildert durch ein namentlich dem
Griechentum entlehntes Element des Schönen, einem Sinken des
Schönen in weichlichen Genuß aber widerstand der Ernst einer
moralischen Ordnung. Was bei dem allen an Ungleichheiten
verblieb und an Widersprüchen drohte, das wurde mit Hilfe der
Idee der Abstufung klug ausgeglichen und geschickt zusammengehalten.

So eine Welt- und Lebensordnung, der kein Unbefangener den
Charakter der Größe abstreiten kann. Aber wie dies System aus
einer besonderen geschichtlichen Lage hervorgegangen war, so ruhte
es auf eigentümlichen Voraussetzungen, und ob diese für alle
Zeiten gelten und die Menschheit dauernd binden, das konnte gar
wohl in Zweifel geraten. Ein solcher endgültiger Abschluß ist nur

statthaft, wo nicht nur an eine ewige Wahrheit, sondern auch an eine fertige Erschließung dieser Wahrheit innerhalb der Zeit geglaubt wird, und wo die geschichtliche Bewegung keinerlei wesentliche Fortbildungen und Erneuerungen verspricht, wo also das Leben in seinem Grundstock den Charakter voller Stabilität trägt; er ist ferner nur möglich, wenn die hier gebotene Gestalt der Religion die Normalform aller Religion bildet und nirgends mit notwendigen Forderungen der menschlichen Seele in Widerspruch gerät. Ein solcher Widerspruch droht aber namentlich daher, daß sich der Mensch, das lebendige Individuum, nicht dauernd die passive Rolle gefallen läßt, die ihm hier zugewiesen wird. Denn bei jener mittelalterlichen Ordnung findet der Mensch seinen geistigen Schwerpunkt nicht in sich selbst, seiner Überzeugung und seinem Gewissen, sondern in der ihn umfangenden und beherrschenden Kirche, der Lebensprozeß erfolgt weniger durch ihn als an ihm, durchgängig wird eine unbedingte Unterwerfung und eine willige Devotion verlangt. Bei aller Innigkeit der Empfindung und bei aller Emsigkeit frommer Werke fehlt der Charakter der Freiheit, Freudigkeit, Selbständigkeit, es ist die Religion einer ohnmächtigen und von ihrer Ohnmacht durchdrungenen Menschheit. Konnte diese Ohnmacht anhalten, mußte nicht ein Wiedererstarken der Menschheit erfolgen und jener Gestaltung mehr und mehr Widerstand entgegensetzen?

Ein derartiges Erstarken ist erfolgt: es war nicht eine kecke Überhebung Einzelner, es waren große Veränderungen im Tatbestande des Lebens, welche der Menschheit wieder frische Kraft und freudigen Mut einflößten und zugleich ihre Stellung zu den letzten Dingen veränderten. Die trüben Eindrücke des ausgehenden Altertums begannen zu verblassen, neue Völker waren herangewachsen, strotzend von jugendlicher Kraft, die, zunächst mehr nach außen gerichtet, sich schließlich auch ins Innere wenden und einen neuen geistigen Welttag herbeiführen mußte. Die Kirche hatte mit ihrer handgreiflichen Ordnung und ihrer strengen Zucht ein gutes Werk der Erziehung an den Völkern getan. Aber wie jede Erziehung, so ging auch diese zu Ende, und die Unmündigkeit wurde mit ihrer deutlichen Empfindung unerträglich; nun drohte zur starren Hemmung zu werden, was langen Jahrhunderten zum Segen gereicht hatte.

Solche Regungen und Stimmungen erscheinen schon im Mittelalter, aber zur Bewußtheit gelangt der neue Lebenstrieb erst mit dem Aufsteigen der Renaissance. Nun erwachen die Geister wie aus langem Schlummer, selbsttätiger wird das Leben, freiere Gedanken von Gott und Welt, Überzeugungen von einem geistigen und göttlichen Leben auch jenseit der kirchlichen Form gehen auf und erzeugen die frohe Stimmung eines frischen Morgens. Zugleich wird das Auge geöffnet für die Schönheit der umgebenden Welt, sowie das Sinnen und Denken bei ihrer Lebensfülle festgehalten. Auch eingreifende soziale Wandlungen kommen in Fluß und treiben auf neue Bahnen. Das feudale System ist innerlich gebrochen, ein starkes Bürgertum ist aufgekommen, und mit ihm ist die Macht wie die Ehre bürgerlicher Arbeit gewachsen; noch weitere Schichten streben aufwärts und verlangen eine bessere Lebenshaltung. Das alles drängt schließlich auch zu einer Umwandlung der letzten Überzeugungen.

Aber mit aller Lebensfülle hätte es von sich aus nie eine Erneuerung der Religion bewirkt; mit seiner Steigerung menschlicher Kraft und menschlichen Selbstgefühls war es eher geeignet, von der Religion abzuführen. Diese konnte nur gewinnen, wenn die Bewegung auf ihren eigenen Boden verpflanzt wurde, wenn die aufstrebende Kraft das Gefühl tiefster Hilfsbedürftigkeit in sich aufnahm, wenn eine souveräne Persönlichkeit erschien, der die kirchlichen Formen keinen Frieden für ihre Seele boten, eine Persönlichkeit, die kräftig genug war, um zur Erringung dieses Friedens auf die letzten Grundlagen unserer geistigen Existenz zurückzugreifen, und mutig genug, die innere Notwendigkeit gegen eine übermächtige, durch die Überzeugung der Menschheit geheiligte Welt durchzusetzen.

Eine solche Persönlichkeit erschien in Luther; was immer die Reformation an geistigen Bewegungen durchwogte, in ihm hat es sich zu Fleisch und Blut verkörpert, seine kräftige und anschauliche Art hat dem ganzen Unternehmen ein glutvolles Leben und einen hinreißenden Affekt eingeflößt.

„Unter uns gesagt“, so schreibt Goethe an Knebel, „ist an der ganzen Reformation nichts Interessantes, als Luthers Charakter, und er ist auch das Einzige, was der Menge wirklich imponiert hat.“

Unsere Darstellung des Mannes hält sich namentlich an die Zeit des Aufstrebens, wie sie literarisch am meisten in der Schrift von der Freiheit des Christenmenschen (de libertate Christiana) zum Ausdruck kommt. Bisweilen sei auch Melanchthon herangezogen, wo er die leitenden Gedanken mit besonderer Klarheit formuliert hat.

a. Luther.

Die Hauptwendung Luthers gegenüber dem mittelalterlichen System besteht darin, daß bei ihm das religiöse Problem erstwesentlich auf den Boden des unmittelbaren persönlichen Lebens versetzt und hier in seiner vollen Stärke durchlebt wird. Das besagt keineswegs bloß eine weitere Annäherung eines gegebenen Inhalts an die subjektive Empfindung, denn an solcher Empfindung fehlte es dem Mittelalter wahrlich nicht, und eine Veränderung darin hätte nun und nimmer eine Umwälzung des Geisteslebens hervorgebracht. Das Neue war vielmehr dieses, daß das Ganze der überkommenen Religion kräftiger auf ein Ganzes des Menschen, auf eine lebendige Einheit des menschlichen Seins bezogen und daran gemessen wurde; daß damit die Religion mehr zur Sache des ganzen Menschen wurde, mußte sie selbst ungleich wesenhafter und wahrhafter machen. Aus solcher Veränderung entsprang für sie eine kräftigere Konzentration, ein eifriges Streben von der weitläufigen Verzweigung des kirchlichen Baues zu einem einzigen allbeherrschenden Hauptpunkte, eine Ausscheidung oder doch Zurückstellung alles dessen, was von diesem Hauptpunkt aus als bloßes Nebenwerk erschien. Indem solche Konzentration allen Bestand des religiösen Gebietes einander näher rückte, kamen die Spannungen und Kontraste innerhalb des Christentums zu weitaus stärkerer Wirkung, die Aufgabe wuchs im Ringen des ganzen Menschen mit dem Ganzen des Problems zu unerträglicher Schwere; zugleich kam die Unzulänglichkeit der vom mittelalterlichen System dargebotenen Hilfen zu deutlicher Empfindung. Die Religion der Gemeinschaft und die Religion der Persönlichkeit können sich nicht mehr friedlich vertragen und freundlich verbinden wie im Mittelalter, vielmehr verwandelt ein kräftigerer Lebensprozeß das Sowohl – als auch in ein Entweder – oder. Und in diesem kann die Entscheidung nicht zweifelhaft sein. Aus aller Mannigfaltigkeit der Aufgaben erhob sich nun die eine Aufgabe der Rettung der Seele, der moralischen Persönlichkeit; in unendliche Ferne gerückt, ja schlechthin unmöglich gemacht schien diese Rettung, wo die Steigerung des Problems eine vollkommene Heiligkeit des ganzen und inneren Menschen verlangen hieß; niemand anders könnte aus solcher Not helfen als die höchste Macht selbst. Diese aber war durch die mittelalterliche Ordnung dem unmittelbaren Leben des Menschen wie entfremdet, und an ihre Stelle war die Kirche mit ihren Gnaden-

mitteln und frommen Werken getreten. Aber hat damit nicht Menschliches die Stelle von Göttlichem usurpiert, können wir mit allem
menschlichen Vermögen die Rettung erzwingen und ihrer gewiß sein,
wenn Gott als erzürnt gilt, Christus vor allem als Weltenrichter
erscheint, wie Luther das um sich vorfand?

So erwacht ein leidenschaftliches Verlangen nach einem unmittelbaren Zugang zu Gott, ein heißer Durst nach einem rettenden
Wunder unendlicher Liebe und Gnade. Eröffnet sich irgendwelche
Aussicht auf eine solche Hilfe, so darf keine Rücksicht auf Menschen
und menschliche Ordnung die um ihr ewiges Heil besorgte Seele
von der Verfolgung dieses Weges abhalten. Sondern es heißt:
„Ärgernis hin, Ärgernis her, Not bricht Eisen und hat kein Ärgernis.
Ich soll der schwachen Gewissen schonen, sofern es ohne Gefahr
meiner Seele geschehen kann. Wo nicht, so soll ich meiner Seele
raten, es ärgere sich dann die ganze oder halbe Welt".

Diese ersehnte Wendung durch übermenschliche Macht ist aber
nach Luther im Christentum in Wahrheit erfolgt, sie ist erfolgt durch
die Darbietung der göttlichen Gnade in Jesus Christus. Nur Einer
Sache und ihrer allein bedarf es zum Leben, zur Gerechtigkeit, zur
christlichen Freiheit. Diese ist das hochheilige Wort Gottes, das
Evangelium von Christus. Der Inhalt der frohen Botschaft ist die
Verkündigung der Vergebung der Sünden, wie diese erfolgt ist „durch
die Menschwerdung, das Leiden, die Auferstehung, die Verherrlichung
des Sohnes". „Wir glauben, daß Christus für uns gelitten hat, und
daß uns um seinetwillen die Sünde vergeben, Gerechtigkeit und
ewiges Leben geschenkt wird. Denn diesen Glauben will Gott für
Gerechtigkeit vor ihm halten und zurechnen" (Augsb. Konf.). So die
Überzeugung, daß der Mensch um Christi willen einen barmherzigen,
einen gnädigen Gott habe, daß ein Wunder der Liebe die sonst
unüberwindliche Kluft geschlossen und den Menschen wieder in den
Stand der Gotteskindschaft eingesetzt habe.

Das ergibt eine energische Konzentration des Christentums, eine
Erhebung des Lebens über alle sichtbaren Zusammenhänge in ein
unmittelbares Verhältnis zu Gott. Gemäß solcher Konzentration tritt
das ganze Leben unter einen großen Gegensatz, den Gegensatz von
Gesetz und Evangelium. Dort die Schärfung, hier die Lösung des
Problems, für die menschliche Lage beides kein bloßes Nacheinander,
sondern ein Mit- und Gegeneinander, ein bleibendes Widerspiel.
Das Gesetz der Ausdruck des göttlichen Gebotes, der moralischen

Ordnung, unerfüllbar dem Menschen als Menschen, sobald die Forderung aufs Ganze, Innere, Vollkommene gestellt wird; das Evangelium jene Verkündigung der Gnade und Rettung, nunmehr der eigentliche Gegenstand des Glaubens. Unmöglich kann solche Vergebung und Versöhnung zum Menschen wie ein Zauber ohne eigene innere Bewegung wirken; sie bedarf einer persönlichen Aneignung, und es ist der Glaube, in dem sich diese vollzieht. Aber dieses Einzige, was auf der Seite des Menschen zu geschehen hat, ist selbst mehr als irgend etwas anderes eine Sache göttlicher Gnade. „Das Übrige wirkt Gott mit uns und durch uns, dies allein wirkt er in uns und ohne uns". Es ist hier alles menschliche Verdienst fernzuhalten und Gott allein die Ehre zu geben. „Wenn dem Glauben die Rechtfertigung beigelegt wird, so wird sie der Barmherzigkeit Gottes beigelegt, den menschlichen Versuchen, Werken, Verdiensten aber entzogen" (Melanchthon).

Aber wenn letzthin die Begründung eines neuen Verhältnisses von Mensch und Gott ganz und gar Sache Gottes ist und der Mensch dabei lediglich zu empfangen hat, es entspringt aus jener Wendung ein neues Leben voll frischer und froher Tätigkeit. Denn nachdem Gnade und Liebe den Widerspruch aufgehoben und die Scheidewand zwischen Gott und Welt vernichtet hat, vermag sich die in Christus erschlossene Herrlichkeit allen Gläubigen mitzuteilen und sie als echte Kinder Gottes zu freiesten Königen zu machen. Je schwerer früher die Last des Bösen empfunden wurde, desto größer ist jetzt der Jubel der Befreiung; je peinigender der Zweifel an der Errettung, desto freudiger jetzt ihre felsenfeste Gewißheit. Wie „das Wort Gottes kommt die Welt zu verändern und zu erneuern, so oft es kommt", so wird nun der Mensch zu unermüdlichem Wirken und Schaffen aufgerufen. Namentlich erwächst ein überquellender Reichtum dienstwilliger, opferfreudiger Gesinnung. „Es fließt aus dem Glauben die Liebe und die Freude im Herrn und aus der Liebe ein froher und freier Geist, dem Nächsten aus freien Stücken zu dienen, ohne alle Rücksicht auf Dank oder Undank, auf Lob oder Tadel, auf Gewinn oder Verlust". In diesem Sinne heißt es — und es ist bei dieser durchaus ethischen Wendung anders gemeint als bei den griechischen Kirchenvätern —, daß wir einer des anderen Christus sein sollen (alter alterius Christus). „Wie sich Christus mir dargeboten hat, so will ich mich als eine Art Christus (quendam Christum) meinem Nächsten geben, um nichts in diesem Leben zu tun, als was ich meinem Nächsten notwendig, nützlich und heilsam sehe, da ich selbst durch den Glauben an allen Gütern in Christus überflüssig teilhabe". Solches Wirken für den Nächsten bezeugt am sichersten die eigene Rettung durch göttliche Gnade. „Den Nächsten vergeben, macht uns sicher und gewiß, daß uns Gott vergeben hat".

Es ist aber die Haupteigenschaft des neuen Lebens die Freiheit, so daß Melanchthon schlechtweg sagen kann: „Schließlich ist die Freiheit das Christentum"; Freiheit nicht als eine natürliche Eigenschaft, sondern als eine Gnade und Gabe Gottes, Freiheit nicht des Menschen an sich, sondern des „Christenmenschen". Es bedeutet aber diese Freiheit an erster Stelle eine Befreiung vom Gesetz: daß es uns nicht mehr mit seinem Drucke und Zwange schreckt, sondern wir aus freien Stücken das Gute tun. Freiheit zugleich von allen Werken, nicht als ob sie entbehrlich seien, sondern daß nicht sie das Heil bringen. Wir sind durch den Glauben nicht frei von den Werken, sondern von der Schätzung der Werke (ab opinionibus operum). Damit vollzieht sich eine Wandlung des Ideals christlicher Vollkommenheit. Wo die Werke allen selbständigen Wert verlieren, da kann sich nicht mehr ein spezifisch Heiliges vom alltäglichen Leben absondern und seinem Träger eine überlegene Hoheit verleihen, da gibt es keine Auszeichnung, kein überschüssiges Verdienst, da steht kein Kreis der Tätigkeit hinter anderen darin zurück, Gott dienen zu können. Gemäß der Überzeugung „Gottes Wort ist unser Heiligtum und macht alle Dinge heilig" wird dem Werk des Alltages die volle Weihe und dem bürgerlichen Beruf die volle Würde gegeben. Damit fällt manches, was die ältere Überzeugung zu den Hauptstücken rechnete, es fällt die Geringachtung der Welt, die doppelte Moral, der Unterschied zwischen Priestern und Laien, der Schatz überflüssiger Verdienste, die Lehre vom Fegefeuer, es wird damit die bevorzugte Stellung und die überlegene Macht der Kirche in den Grundlagen erschüttert.

Eine Wendung von größter Bedeutung vollzieht sich darin, daß sich hier der alte Begriff einer unsichtbaren Kirche gewaltig verstärkt und zugleich an der sichtbaren Kirche weit mehr das Menschliche und Zeitliche zur Empfindung kommt. Das ist keine bloße Distinktion der Begriffe, es ist eine Befreiung und Ablösung des Religiösen von dem bloß Kirchlichen, es ist eine Erhebung der sittlich-religiösen Persönlichkeit über alle menschliche Autorität und Tradition. Wohl ist der Christ gebunden an die göttliche Ordnung

und alle seine Kraft fließt aus göttlicher Gnade, aber gerade darum
erscheint eine Unterwerfung unter menschliche Satzungen als etwas
Schimpfliches und Sklavisches (turpe et iniquiter servile), gerade
darum heißt es, daß man „Gerechtigkeit nicht suchen soll aus Ge-
beten und Gottesdiensten, so von Menschen erdichtet sind." „Weder
der Papst noch ein Bischof noch irgend ein Mensch hat ein Recht,
eine einzige Silbe festzustellen über einen Christenmenschen, wenn
es nicht mit dessen Zustimmung geschieht; was anders geschieht,
das geschieht in tyrannischer Weise." Die Ceremonien werden nun
zu Einrichtungen, an die das Heil binden die göttliche Gnade mindern
heißt, sie unterliegen dem Wandel der Zeit und gleichen einem
Gerüst, das nach Vollendung des Baues abgetragen wird. Besonders
energisch abgewiesen wird die Heiligenanrufung, als eine Verdunk-
lung des Werkes Christi und eine Abschwächung des Vertrauens auf
die göttliche Gnade. Mit solcher Wendung zum Innerlichen und
Wesentlichen verbindet sich das Verlangen, daß jeder Einzelne sich
die Gnade voll aneigne, daß unsere ganze Überzeugung für die
Erneuerung gewonnen werde; es genügt nicht, daß Christus überhaupt sei, er muß für dich und mich Christus sein (ut tibi et mihi
sit Christus). Das göttliche Leben soll nicht nur den Menschen
irgend berühren und ihm von außen her anhaften, es soll in ihm
selbst Wurzel schlagen, für ihn wirksam sein, von der Tiefe her
sein Leben durchdringen.

Bei solchem Streben zur Verinnerlichung wird aber alle Willkür des bloßen Subjekts, alles Abhängigwerden der göttlichen Wahrheit von menschlicher Vernunft mit größter Energie abgewiesen. Die
göttliche Gnade kommt an den Menschen als eine Tatsache, die sich
nicht weiter ableiten und in allgemeine Begriffe umsetzen läßt, der
sich daher die Vernunft unbedingt zu beugen hat; ihr Spekulieren
hat kein Recht in göttlichen Dingen, auch die Schrift sei nicht von
ihr nach subjektivem Ermessen gedeutet, sondern in ihrem schlichten
Wortsinn aufgefaßt und angenommen. Insofern liegt hier das Heil
des Menschen wesentlich an einer historischen Tatsache, die nicht
bloß unsichtbarer und geistiger, sondern auch sichtbarer und körper-
licher Art sein muß. Es gibt keinen sicheren Damm gegen die
Willkür, wenn nicht auch der Buchstabe gilt, wenn nicht auch in
den Sakramenten, bei aller Notwendigkeit des Glaubens, eine wirkliche Gegenwart Christi stattfindet.

Aus dem allen entsteht ein Leben voller Bewegung und Span-

nung. Im innersten Grunde ist durch Liebe und Gnade ein sicherer
Friede gewonnen, hier entfaltet sich ein kindliches Verhältnis zu Gott
und mit ihm eine innere Fröhlichkeit, die auch in das Leben zur
Welt ausstrahlt und selbst die äußere Natur verklärt. Aber alles innere
Wachstum des Lebens macht das irdische Dasein keineswegs zu
einer Stätte reiner Seligkeit. Denn es beharrt der Widerspruch einer
dunklen und feindseligen Welt, es umgibt uns ein Reich tiefer Unvernunft. „Gott hat uns in die Welt geworfen unter des Teufels
Herrschaft, so daß wir hier kein Paradies haben, sondern alles Unglücks sollen gewarten, alle Stunde, an Leib, Weib, Gut und Ehren."
Das Leid und seine Empfindung wird durch die Eröffnung des
neuen Lebens zunächst noch gesteigert: „je christlicher einer ist,
desto mehr ist er dem Übel, dem Leid, dem Tod unterworfen."
Das Schwerste aber ist die Versuchung im Glauben. Denn immer
von neuem erwacht der Zweifel und Widerspruch der Vernunft, immer
von neuem kommen innere Anfechtungen und Kämpfe, die als geistliche viel größer und gefährlicher sind als alle leiblichen. Schließlich aber erhebt sich frei und siegreich über alle Hemmung das
Bewußtsein der Rettung durch göttliche Liebe und Gnade, und den
ungeheuren Widerständen bleibt eine zugleich demütige und trotzige
Festigkeit überlegen. Die kindliche Gesinnung verschmilzt mit männ-
lichem Mut, mit heldenhafter Gesinnung, welche die Welt nicht flieht,
sondern mutig den Kampf mit ihr aufnimmt. So muß schließlich
auch das Feindliche zu innerem Wachstum dienen. „Das ist die
geistige Macht, welche herrscht inmitten der Feinde und gewaltig ist
in allen Unterdrückungen. Dies aber ist nichts anderes, als daß die
Tugend in der Schwachheit vollendet wird, und daß ich in allen
Dingen am Heil gewinnen kann, so daß Kreuz und Tod gezwungen
werden, mir zu dienen und zum Heil mitzuwirken." Aber auch bei
solchem inneren Siege ist dieses Leben kein Abschluß und keine
Vollendung, sondern vielmehr ein bloßer Vorlauf (praecursus) oder
vielmehr ein Anfang (initium) des zukünftigen Lebens. „Es ist noch
nicht getan und geschehen, es ist aber im Gange und Schwange;
es ist nicht das Ende, sondern der Weg. Es glühet und glänzet
nicht alles, es feget sich aber alles."

Was in dieser Lebensgestaltung an eigener Bewegung wirkt,
das verstärkt und verschärft sich durch das deutliche Bewußtsein des
Gegensatzes zu überkommenen Formen, in denen die göttliche Wahrheit des Christentums durch menschliche Zutat entstellt und ver-

schüttet dünkt. Nach zwei Seiten gilt es zu kämpfen: gegen römische
Werkheiligkeit und Menschenüberhebung, gegen griechische Spekulation und Subjektivität. Der Kampf gegen die römische Art steht
im Bewußtsein voran, aber der Gegensatz zur griechischen ist kaum
geringer. Diese hat nämlich nach Luthers Überzeugung das Christentum mit fremdartigen, namentlich aristotelischen und neuplatonischen
Gedankenmassen überflutet und dadurch nicht nur im Einzelnen
entstellt, sondern auch als Ganzes viel zu sehr in eine bloße
Lehre, eine Weltanschauung verwandelt. An die Stelle der Religion ist hier die Spekulation getreten, menschliche Vernunft hat
sich die Grundtatsachen nach ihrem Belieben bald so bald so
zurechtgelegt, die ernste Sache droht ein bloßes Spiel zu werden,
wenn die allegorische Deutung alles aus allem zu machen gestattet.
Diese Deutung mit ihren verschiedenen Wahrheiten reizt den schlichten
Wahrheitssinn des deutschen Mannes zu schärfstem Widerspruch,
mit eiserner Energie wird ihr der schlichte Tatbestand, der einfache
Buchstabensinn entgegengesetzt. Es ist die Wendung zur Geschichte,
welche hier alle philosophische Spekulation, es ist die Wendung
zum ethischen Grundcharakter des Christentums, welche allen Intellektualismus austreiben möchte. Damit scheint das Charakteristische
des Christentums zu voller Reinheit herausgearbeitet und zugleich
eine Wiederaufnahme des alten und echten Christentums vollzogen.

Daß die Reformation keine einfache Wiederherstellung, daß sie
eine Fortbildung und Umwälzung war, das läßt sich kaum bestreiten.
Wohl durfte sie sich bei dem Suchen eines unmittelbaren Verhältnisses der Seele zu Gott und einer reinen Innerlichkeit des sittlich-
religiösen Lebens auf das alte Christentum berufen; dieses hat
jene Elemente in Wahrheit. Aber es hat sie neben anderen Elementen, es hat ihnen noch nicht die Ausschließlichkeit, noch nicht
die abstoßende Kraft gegeben, welche sie bei Luther erhalten. Auch
das mittelalterliche Christentum leugnete keineswegs eine Unmittelbarkeit und Innerlichkeit, wenn auch der Raum, den sie einnahmen,
sich noch mehr verengt hatte, und sie sich noch mehr mit Anders-
artigem vertragen mußten. Das Neue und Große der Reformation
lag also weder in der Einführung eines völlig Neuen, noch in der
Wiederbelebung eines gänzlich vergrabenen und verschütteten Alten,
sondern darin, daß zwischen dem, was bis dahin friedlich zusammen-
ging, daß zwischen einer Religion der reinen Innerlichkeit und der

Religion einer kirchlichen Ordnung ein unversöhnlicher Widerspruch zur Empfindung kam, und dieses wieder kam daher, daß jene Innerlichkeit weit mehr zu einer Sache des ganzen Menschen und zur allbeherrschenden Kraft geworden war. Das ist die Art, in der sich große Wandlungen auf religiösem Gebiet zu vollziehen pflegen: man will im eigenen Bewußtsein etwas Altes, aber indem man es allein fixiert, es verstärkt, alles ihm Entgegenstehende ausscheidet, erfolgt eine innere Umwandlung, es verlegt sich der Schwerpunkt des Lebens, und auch des Alten Sinn wird damit wesentlich verändert. So bringt die Reformation nicht das alte, sondern eröffnet sie ein neues Christentum.

Diese neue Art der Reformation bezeugen Veränderungen sehr eingreifender Natur. Mit jenem Vorantreten des Inneren hebt sich das Geistige freier über das Sinnliche hinaus und entfällt jene Vermengung von Geistigem und Sinnlichem, die das sinkende Altertum dem Christentum zugeführt und die das Mittelalter noch weiter befestigt hatte. Das Sinnliche ward dabei in den geistigen Grundprozeß selbst als ein notwendiger Bestandteil aufgenommen, es gehörte zu seiner vollen Realität. Ein solches Zusammenfließen bedrohte das religiöse Leben mit einer starken Materialisierung; es entstand vieles, was bei freierer Abhebung des Geistigen vom Sinnlichen als magisch, als krasser Aberglaube und unerträglicher Götzendienst erscheinen mußte. Eine solche Abhebung hat die Reformation vollzogen und zugleich das Sinnliche zu einem bloßen Bild und Zeichen herabgesetzt. Die dadurch bewirkte Befreiung erschien ebenso als die rechte Erfüllung einer Religion, welche eine Anbetung im Geist und in der Wahrheit verlangt, wie als eine Erhöhung des Lebens zu männlicher Selbständigkeit gegenüber einer Stufe unmündiger Kindheit. Diese schärfere Abgrenzung von Sinnlichem und Geistigem griff mit starker Wirkung auch in das Ethische und Praktische. Denn die Aufhebung der Vermengung war unmittelbar eine Abweisung des asketischen Lebensideals, das in dem Sinnlichen als solchem etwas Böses sieht. Das hatte einen guten Grund gegenüber der raffinierten und verderbten Sinnlichkeit des spätesten Altertums, das verlor sein Recht gegenüber der bei aller Derbheit, ja Roheit frischeren und natürlicheren Sinnlichkeit der neueren Völker. Ohne solche neue Umgebung hätte die Reformation schwerlich die Befreiung von dem mönchischen Lebensideal erreicht.

Augenscheinlich ist auch eine durchgängige Wendung wie des

gesamten Lebens so der Religion zu größerer Aktivität. Daß diese Aktivität grundverschieden ist von einem bloß naturhaften Lebenstriebe, und daß nicht eine kecke Oppositionslust oder eigenwillige Neuerungssucht Luther in den Weltkampf lockte, das kann nur das krasseste Mißverständnis seines Wesens und Wollens verkennen. Trug doch hier alle Lebensentfaltung in sich das Bewußtsein der unbedingten Abhängigkeit von der unendlichen Macht, galt alle Kraft als von Gott verliehen, und konnte nur die Angst um das Heil der unsterblichen Seele und um die Rettung der christlichen Wahrheit zu einem Bruch mit der früher so inbrünstig verehrten kirchlichen Ordnung treiben. Das aber ist das Neue und Große, daß hier als die Hauptwirkung des Göttlichen die Erzeugung eines neuen, selbsteigenen Lebens gilt; das direkte Verhältnis zur weltüberlegenen Macht gibt dem Menschen selbst eine Weltüberlegenheit und befreit ihn von aller menschlichen Abhängigkeit. Nunmehr braucht er den Halt des Lebens nicht mehr draußen zu suchen, nachdem er die sicherste Stütze in der inneren Gegenwart der unendlichen Liebe und Gnade gefunden hat. Auch die Frömmigkeit nimmt damit den Zug der Aktivität in sich auf und entwächst jener blinden Devotion, die der älteren Art so hoch galt. Zugleich erfolgt die gewaltigste Erschütterung jenes hierarchischen Systems, das den Kern der Religion in einem großen Aufbau jenseit der Seele fand. Luther und die anderen Reformatoren haben diesem System viel Unrecht getan, indem sie den menschlichen Trägern als Schuld zuschoben, was vielmehr der Ausdruck einer weltgeschichtlichen Lage und Notwendigkeit war, auch indem sie besondere Schäden der damaligen Zeit als eine bleibende Eigenschaft jener Ordnung behandelten. Aber daß jene geschichtliche Notwendigkeit hinfällig geworden ist oder doch hinfällig zu werden beginnt, das bringt die Reformation in zwingender Weise zum Ausdruck; was in dem großartigen Unternehmen an Unmöglichkeiten und an Irrungen lag, das mußte von dem Augenblick an deutlich empfunden werden, wo als die wahre Stätte des Reiches Gottes die innenwelt des Geisteslebens erkannt und die unmittelbare Gegenwart dieses Reiches in der Seele jedes Einzelnen anerkannt wurde. Nun leuchtete ein, daß die Ablösung der Substanz der Religion vom Seelenleben eine Gefährdung des Geistes in der Religion bedeutet, daß sie dahin drängt, für Gott die Kirche und für die Religion die Kirchlichkeit einzusetzen. Wird möglichst alle Selbsttätigkeit des Menschen aus dem religiösen Leben ausgeschaltet, so kann ihm das Gute und Göttliche nur von außen her in wunderbarer Weise eingeflößt werden, so droht eine grobe Materialisierung und innere Verflachung, so verwischen sich die Grenzen zwischen Religion und Magie. Auch kann alles Streben zur Ablösung der Kirche vom Stande der individuen nicht verhindern, daß menschliche Vorstellungen und Interessen in ihr Gefüge eindringen, daß namentlich der Machtgedanke in bedenklichster Weise das Streben fortreißt, daß damit das vermeintlich Göttliche eine starke Vermenschlichung erfährt. Die Reformation steht dem gegenüber zu der Behauptung, daß der Mensch nirgend anders über die bloße Menschlichkeit hinausgehoben werden kann, als durch ein göttliches Wunder in seinem eigenen innern, und daß nur von dieser innerlichkeit her sich ein Reich Gottes unter Menschen aufbaut.

Das widerspricht jener älteren Denkweise unversöhnlich zu einem Kampf auf Leben und Tod, eine neue Epoche der Menschheit ist damit eröffnet. Die höhere Art dieses Neuen anerkennen heißt keineswegs es in allen einzelnen Stücken für überlegen erklären. Manches Wertvolle vom Alten wurde preisgegeben, indem ein unleugbarer Mißbrauch allen Gebrauch verwerfen hieß; muß z. B. das Klosterleben, ein von der Welt zurückgezogenes, nur innerlichen Aufgaben geweihtes Leben, notwendig mit einer doppelten Moral und einer Werkgerechtigkeit verbunden sein? Auch sonst wahrt in wesentlichen Punkten die ältere Art notwendige Forderungen der Religion besser als die neue. Jene verficht z. B. kräftiger die unerläßliche Selbständigkeit der religiösen Gemeinschaft gegen die politische, sie widersteht energischer einer bloß säkularen Gestaltung des Kulturlebens, einem Verfallen in bloße Zweckmäßigkeit und Nützlichkeit. Aber alle Unfertigkeit und selbst alle Irrung des Neuen kann die Anerkennung nicht hindern, daß mit ihm ein höheres Prinzip zum Durchbruch gekommen ist, ein neues Prinzip, das, zunächst nur religiös gemeint, schließlich das ganze Leben umwandeln mußte.

Die Unfertigkeit der Reformation bedarf freilich um so mehr der Betonung, je höher die Bedeutung der Umwälzung angeschlagen wird. Am wenigsten befremdet, daß das Neue sich nicht gänzlich vom Alten befreien konnte, sondern manches von ihm fortführte, was seiner eigenen Natur nicht entsprach. So hätte die Verlegung des Zentrums des Lebens in die ethische Betätigung zu einer Sichtung und Umwandlung der stark von der griechischen Spekulatiou abhängigen Gedankenwelt führen müssen, die in den altkirchlichen Dogmen niedergelegt ist. So hätte die Bekräftigung des geistigen Charakters des Christentums eine energische Austreibung des Anthropomorphismus aus den religiösen Vorstellungen und Empfindungen verlangt, während dieser Anthropomorphismus in den Lehren von dem zürnenden und Genugtuung heischenden Gott, von dem Sühnopfer und dem stellvertretenden Leiden eher noch verstärkt ist.

Auch in seiner inneren Art hat das Neue oft nicht die Durchbildung erreicht, welche seinem eigenen Grundstreben entsprach. Die große Wendung verlangt, daß das Seelenleben des Menschen sich jenseit aller besonderen Betätigung zu einer neuen Einheit zusammenfasse, und sie kann alles Leben umwandeln nur, wenn die ethische Aufgabe ihr eine neue Höhe der gesamten menschlichen Wirklichkeit bedeutet, nicht ein besonderes Gebiet neben anderen. Das Verlangen danach wirkt und treibt in der Bewegung, nicht aber ist es rein herausgearbeitet und gleichmäßig durchgeführt. Es sieht oft aus, als solle nur das Zentrum des Lebens aus dem Intellekt in Gefühl und Wollen verlegt werden, wie denn Melanchthon das „Herz mit seinen Affekten den wichtigsten und den Hauptteil des Menschen" nennt. Die Gefahr liegt nahe, daß die Bewegung zu sehr ins bloß Psychologische und Subjektive gerate, daß die moralische Vertiefung zu sehr Sache der bloßen Individuen bleibe, nicht sich von dem Innersten des Gemütes aus über die Weite der Kulturarbeit ausdehne. Das aber ergibt einen Dualismus des Lebens: hier eine Religion der bloß subjektiven Gesinnung und Stimmung, dort ein Kulturleben ohne eine Beziehung zu den letzten Fragen. Bei Luther selbst wirkt dahin freilich auch seine Überzeugung, daß das Ende der Welt nahe sei; wer so denkt, kann nicht wohl den Aufbau einer neuen Lebensordnung unternehmen. So hat sich denn die Aktivität, welche das Leben hier im tiefsten Grunde gefunden hat, nicht voll seiner Ausdehnung mitgeteilt, ein leidendes Ertragen der schlechten Welt, ein Sichbeugen unter die bestehenden Gewalten, ein „schweig', leid', meid' und vertrag'" erscheint oft als das rechte Verhalten. Mit solchem Sichergeben in die unvernünftige Welt hat das Luthertum den allgemeinen Verhältnissen gegenüber weit weniger Kraft und Leistungsfähigkeit erwiesen, als der andere Zweig der Reformation es tat.

Es blieb aber das neue Leben nicht nur unfertig, es enthielt in seiner eigenen Gestaltung einen harten und für die Dauer unerträglichen Widerspruch. Das religiöse Leben sollte auf ein unmittelbares Verhältnis zu Gott gegründet und damit in reine Innerlichkeit gestellt werden. Aber zugleich war um jeden Preis zu verhüten, daß es unter die Macht subjektiver Willkür gerate und damit aus der Wahrheit herausfalle; mit Fug und Recht wurde eine unerschütterliche Tatsächlichkeit verlangt, die das eigene Innere befestige und Kraft zum Kampf gegen die feindliche Welt gebe. Wir werden heute diese überlegene Tatsächlichkeit nur innerhalb des Geisteslebens selbst suchen können, in einer neuen Stufe, die unmittelbar eine göttliche Wirklichkeit erweist. Luther aber konnte nach der damaligen Lage jene Tatsächlichkeit, jenen festen Halt, nicht wohl anders finden, als in einer geschichtlichen, d. h. einer innerhalb der Geschichte gelegenen und geschichtlich übermittelten Tatsache. Als eine solche Tatsache galt ihm die Menschwerdung Gottes in Christus und das Sühnopfer der Liebe; sie mußte, bei ihrer Unerklärlichkeit durch alles Vermögen der Vernunft, nicht bloß an sich gewiß, sie mußte uns auch in einer allen Zweifel ausschließenden Weise durch sichere Unterpfänder zugeführt sein. So der Drang nach handfesten Zeugnissen und Bekräftigungen. Solchen sicheren Halt fand Luther vor allem in der Bibel als dem „Worte Gottes", er fand ihn auch in der gemeinsamen altkirchlichen Lehre, er fand ihn endlich in den Sakramenten. Alle subjektive Deutung, alle Verflüchtigung in bloße Begriffe mußte bei ihnen ausgeschlossen sein. So wird ein Hauptstück der Überzeugung die unbedingte Autorität des Schriftwortes und zugleich das Zurückgehen auf den als einfach und allgemeinverständlich angenommenen Buchstabensinn. „Dies muß bei einem Christen vor allem ausgemacht und felsenfest sein, daß die heiligen Schriften ein geistiges Licht sind, weit klarer als die Sonne selbst, vornehmlich in dem, was das Heil und die Notwendigkeit angeht." Die Scheu, sich von dem Buchstaben zu entfernen und das durchgehende Verlangen nach etwas Handgreiflichem, aller Deutung und Diskussion Entzogenem erklärt auch die Sakramentenlehre und ihr Verfallen in das Magische, das Luther sonst so energisch bekämpft hatte. Er geriet hier in Gefahr, nur einem Sinnlichgeistigen volle Realität zuzuerkennen und damit wieder in die mittelalterliche Art zurückzusinken.

Das alles enthält einen Widerspruch, den das diktatorische Machtgebot des gewaltigen Mannes wohl niederschlagen konnte, den es aber damit nicht überwunden hatte. Wo das religiöse Leben auf ein durchaus unmittelbares Verhältnis zu Gott gestellt wird, da kann das Historische wohl ein unentbehrliches Mittel der Erweckung und Erziehung des Menschen, da darf es aber, als einer unmittelbaren Erlebung unfähig, nicht ein Stück des Glaubens selbst sein. Wird aber, wie bei Luther, das Heil wesentlich an eine historische Tatsache gebunden, so entsteht ein verhängnisvoller Zwiespalt, der sich in alle Grundbegriffe erstrecken muß. So ist der Glaube nun nicht bloß das unbedingte Vertrauen der ganzen Seele auf die unendliche Liebe und Gnade, sondern auch ein willfähriges Annehmen einer Summe autoritativ übermittelter, der Vernunft schroff widerstreitender Lehren; so ist das Wort nicht bloß die rettende Tat Gottes selbst, sondern zugleich ihre urkundliche Fixierung in den biblischen Büchern. Daraus, daß so das religiöse Leben mit seiner reinen Innerlichkeit an etwas gebunden wurde, was nicht Gegenstand unmittelbaren Erlebens werden kann, ist viel geistiger Druck und harte Beschwerung der Gewissen entstanden. Auch die geschichtliche Stellung Luthers bekam dadurch etwas Widersprechendes, daß er manches, was er draußen aufs schroffste angriff, unter etwas anderer Fassung im eigenen Gedankenkreise festhalten mußte. Er wollte Befreiung von kirchlicher Autorität und mußte eine gewisse Autorität wieder einführen; er erstrebte eine Überwindung alles Intellektualismus und bekam eine andere Art von Intellektualismus, wenn er statt der Spekulation und der Mystik ein Wissen von geschichtlichen Daten verlangte; ja es droht hier die Kirche vorwiegend zu einer Gemeinschaft der Lehre, einer bloßen Schule des reinen Wortes zu werden. Luther hatte Rom angegriffen im Namen der Freiheit und reinen Geistigkeit und mußte bald die Bindung und den Buchstabensinn gegenüber den „Schwärmern", „Wiedertäufern", „Enthusiasten", „Fanatikern" mit harter Schroffheit und nicht ohne Unbill verfechten. Die Berufung auf den Geist, welche doch die eigene Position erst möglich machte, wurde anderen zum herben Vorwurf gewandt. „Aber lieber Freund, Geist hin, Geist her, ich bin auch im Geist gewesen und habe auch Geist gesehen." Mit dem allen enthält der kirchliche Protestantismus den Widerspruch, im inneren Aufschwung ein weltumwälzendes Werk zu beginnen, in der Ausführung aber unter den Einfluß derselben Gedankenmassen zurückzusinken, deren Herrschaft er brechen wollte.

Luther selbst aber kam in eine Mittelstellung, die nicht ohne Willkür war und die der Umgebung mit schroffer Härte auferlegt wurde; ein besonders schwerer Druck entstand hier daraus, daß einmal die eigene Überzeugung jedes Einzelnen zur Entscheidung aufgerufen und zugleich das Ergebnis streng vorgeschrieben, alle Abweichung zum Verbrechen gestempelt wurde.

Aber was nicht nur heute als ein Widerspruch erscheint, sondern was von Haus aus ein Widerspruch war, das bildete nach der Lage der Zeit eine unerläßliche Notwendigkeit; die ungeheuren Wirren jener Tage drohten eine allgemeine Auflösung, hätte nicht eine eiserne Hand eine Mittellinie gezogen, sie gegen rechts und links rücksichtslos verteidigt und damit in der Fortbewegung zugleich die geschichtliche Kontinuität gewahrt. Es lag darin eine erschütternde Tragik, daß das neue Werk nur im Widerspruch mit seiner innersten Art sich geschichtlich befestigen konnte; Luther selbst hat am meisten darunter gelitten. Er hat den anderen nichts auferlegt, was er nicht vor allem sich selbst auferlegte; wenn er nach außen gewaltsam und gebieterisch auftrat, so tat er es vornehmlich, weil er die schwersten eigenen Anfechtungen zu überwinden hatte, die ihm oft „den Angstschweiß auspreßten“, weil sein Kampf gegen die anderen zugleich ein Kampf gegen sich selbst war. Und eben in diesen Kämpfen erscheint mit besonderer Klarheit die lautere Wahrhaftigkeit, die volle Treue und Tiefe des Mannes. Er hat den denkbar größten Ernst an die ewigen Dinge gesetzt und mit solchem Ernst der ganzen Persönlichkeit Jahrhunderten einen festen Halt gegeben; er steht mit dieser zugleich gewaltigen wie kindlich-schlichten Persönlichkeit, er steht auch mit dem Knorrigen und Derben seiner Art unvergeßlich besonders vor den Augen des deutschen Volkes, ein eindringlicher Mahner zu steter Wachsamkeit für die Seele. Und wie er sich persönlich durch alle Wirren, Zweifel, Nöte siegreich hindurchrang zu einem Punkt unerschütterlicher Festigkeit und tiefen Friedens, so enthält auch sein Werk jenseit alles Problematischen und Zeitlichen einen Lebenstypus von bleibender Bedeutung. In den inneren Bewegungen und schroffen Kontrasten der Seele ist hier ein unerschöpflicher Quell des Lebens eröffnet, ist demütiges Vertrauen und freudiger Lebensmut in Eins verschmolzen, ist der Mensch dem Unendlichen und Ewigen direkt gegenübergestellt und dadurch zu ungekannter Größe und Würde erhoben. Jetzt vornehmlich wird geistiges Leben ein Kampf um Welten und gegen Welten. Indem hier die Selbsttätigkeit, der Freiheitssinn, der Lebensmut durch die Begründung in unendlicher

Liebe und Gnade veredelt, ja geheiligt werden, eröffnet sich ein
durchaus neuer Anblick der Welt, ein neues Grundverhältnis zur
Wirklichkeit. In diesem Sinne ist die Reformation zur Seele der
Neuzeit und zur Haupttriebkraft ihrer Bewegung geworden. In
diesem weiteren Sinne haben sich die größten Denker und Dichter
der letzten Jahrhunderte, haben sich Männer wie Kant und Goethe
dankbar als ihre Anhänger gefühlt und bekannt; ja es hat alles
neuere Leben, das nicht direkt oder indirekt mit der reformatorischen
Bewegung zusammenhängt, etwas Flaches und Dürftiges.

Aber auch in der enger begrenzten kirchlichen Form entspringen die Probleme und Widersprüche zum guten Teil daraus,
daß in dem Ganzen ein höheres Ziel gesteckt, die Aufgabe gesteigert, ein engeres Verhältnis des Menschenwesens zum Quell der
Wahrheit und Liebe gesucht wird; wer diese Vertiefung anerkennt,
der wird über und in aller Unfertigkeit den Geist des Ganzen
ehren und die Eröffnung eines neuen, wahrhaftigeren Lebens begrüßen. Das mittelalterliche System, wie es die verschiedensten
Interessen aufnimmt, klug gegeneinander ausgleicht und geschickt
zur Wirkung verbindet, dieses bewunderungswürdige System der
Akkommodation nicht nur nach außen, sondern auch nach innen,
dieses unvergleichliche Meisterwerk der Organisation mit seiner Ansammlung von Menschenkunde und geschichtlicher Erfahrung, es
ist in allem Wirken auf das gesellschaftliche Leben und das sichtbare Dasein in unbestreitbarem Vorteil; es hat eine breitere geschichtliche Grundlage, eine größere Rationalität, eine reifere Durchbildung.
Das Neue kann eine Überlegenheit nur da behaupten, wo die
Überzeugung waltet, die sich in Luthers Sprache so ausdrückt,
„daß für den Preis der ganzen Welt nicht eine einzige Seele erkauft
werden kann", wo der Mensch die großen Lebensprobleme in
freudigem Vertrauen auf sich nimmt, wo zugleich mit den härtesten
Widersprüchen und dem Zusammenstoß ganzer Welten in unserem
Kreise der unermeßliche Wert der Persönlichkeit und die Eröffnung
einer Welt selbständiger Geistigkeit Anerkennung finden.

So gilt das schroffe Entweder — Oder, das die Lebensanschauung
der Reformation, namentlich in der Fassung Luthers, durchdringt,
auch für ihre eigene Beurteilung. Wer jene Vertiefung als überflüssig oder unmöglich ablehnt, dem kann die Reformation nichts
anderes sein als ein Sprung ins Dunkel, eine Erregung wilder
Leidenschaft und unseliger Spaltung; wer aber die Möglichkeit, die

Unerläßlichkeit der Wendung anerkennt, dem muß sie mit allen ungelösten Problemen als eine große Befreiungstat und der Aufgang eines neuen Tages gelten.

b. Zwingli und Calvin.

So gewiß Luther das geistige Haupt der ganzen Reformation bildet und der in seiner Person entwickelte Lebensprozeß die Höhe der ganzen Bewegung bleibt, die leitenden Männer der reformierten Kirche hatten auch in der Gestaltung des Lebens zu viel Selbständigkeit, um sich hier übergehen zu lassen. Unsere knappe Darstellung, die im wesentlichen Dilthey folgt, hat für Zwingli auch das hervorragende Werk Stähelins verwertet.

Zwingli hat gegenüber Luther einen weit engeren Zusammenhang mit dem Humanismus und der allgemeinen Bildung seiner Zeit, auch drängt es ihn stärker zum Wirken und Schaffen innerhalb seiner Zeit; er hat nicht in der radikalen Weise Luthers mit der Welt gebrochen, er hat nicht dem religiösen Leben eine so trotzige Selbstgenugsamkeit und eine so weltüberlegene Hoheit gegeben. Aber wenn die Tiefe des Ganzen geringer ist, so entfallen auch manche Schroffheiten und Widersprüche, das Religiöse verflicht sich enger mit dem praktischen Leben, und die Gedankenwelt wird ungleich rationaler als bei dem begründenden Heros der Reformation.

„Was Zwingli in der Auffassung des Glaubens von Luther unterscheidet, ist die engere Verbindung, in der ihm das religiöse und das sittliche Moment desselben stehen, und die ihn infolgedessen auch das Verhältnis von Gesetz und Evangelium mehr nach der Seite der Verwandtschaft als nach der des Gegensatzes betrachten läßt" (Stähelin); er wollte keine andere Reformation der Kirche anerkennen „als eine solche, durch die zugleich das sittliche und soziale Leben des Volkes von der erneuernden und heiligenden Kraft des Evangeliums durchdrungen und umgestaltet werden sollte" (Stähelin). Dazu stimmt, daß er auch in der Erscheinung Christi mehr das Ethische und menschlich Vorbildliche heraushebt, nicht bloß bei dem Leiden verweilt. Eine rationalere und freiere Denkart erscheint nicht nur in seiner Sakramentenlehre, sondern auch in einer schärferen Scheidung der Erbsünde von der Tatsünde, in dem Zurücktreten des Bildes des Teufels wie auch der Vorstellungen vom Ende der Dinge, in der Ausdehnung des Offenbarungsbegriffes über das Christentum hinaus auf das Ganze der Menschheit.

Aber wenn Zwingli beflissen ist, überall eine Beziehung des Menschen zu Gott aufzuweisen, er sieht in solchem Zusammenhange kein bloßes Stück der natürlichen Ausstattung des Menschen, sondern eine Offenbarung Gottes; mit gleicher Entschiedenheit wie Luther und Melanchthon verwirft er die scholastische Lehre von einer dem Glauben vorangehenden natürlichen Gotteserkenntnis. Auch behält das Christentum eine zentrale Stellung und eine unvergleichliche Eigentümlichkeit. Denn in dem Erscheinen Christi lag die letzte und tiefste Erschließung der vollkommenen Güte. Nunmehr ist sowohl das gänzliche Angewiesensein des Menschen auf Gott klar als auch, daß dies Verhältnis ihm die volle Seligkeit bringt. Nun ergibt sich als die wahre Religion, daß der Mensch sich lediglich von Gott abhängig findet und allein seiner Güte vertraut. »Das ist die Quelle unserer Religion, daß wir Gott als den anerkennen, der unerschaffen der Schöpfer aller Dinge ist, der allein alles hat und umsonst mitteilt.«

Damit muß alles verschwinden, was sich zwischen uns und Gott stellt; zum Aberglauben wird es, seine Hoffnung auf etwas anderes zu setzen als auf Gott selbst; »eine so unerschütterliche und untrügliche Kraft, wie der Glaube sein soll, kann sich nie auf etwas Kreatürliches stützen. Denn wie könnte das, was einmal nicht gewesen ist, Grund unseres Vertrauens sein?« Das Wirken des Unsichtbaren und über alle Natur Erhabenen ist aber innerlich vollauf gegenwärtig; »das höchste Wunder Gottes ist, daß er sich mit unseren Herzen verbindet, so daß wir ihn als unseren Vater erkennen«. Eine solche Denkweise muß die alte Lehre von den Gnadenmitteln, von der Luthers Abendmahlslehre ein gutes Stück bewahrt hatte, als bloße Magie empfinden und abweisen.

Die Abhängigkeit von Gott zerstört aber keineswegs die eigene Tätigkeit des Menschen, vielmehr soll der Mensch sich mit ganzer Kraft zum Organ des göttlichen Lebens und Wirkens machen, um so der unermüdlichen Tätigkeit Gottes zu entsprechen, durch den und in dem alles sich bewegt, enthalten ist, lebt. »Wirken, in dem universalen Zusammenhang mit der allumfassenden höchsten Wirkungskraft, ist die Seele dieses Systems.« »Gott will«, sagt Zwingli einmal, »da er eine Kraft ist, nicht leiden, daß einer, dessen Herz er an sich gezogen hat, untätig sei.« »Nur die Getreuen wissen, wie Christus den Seinigen keine Muße gewährt, und wie heiter und froh sie bei der Arbeit sind.« »Es ist nicht die Aufgabe eines Christen, großartig zu reden über Lehren, sondern immer mit Gott große und schwierige Dinge zu vollbringen" (nach Dilthey). Selbst die Lehre von der Gnadenwahl, die für den ersten Anblick die Selbständigkeit des Handelnden gänzlich aufhebt, steigert in diesen Zusammenhängen die Bedeutung und die Aktivität der Persönlichkeit. Denn wo über Heil oder Verderben des Einzelnen unmittelbar Gott selbst entscheidet, da wird das direkte Verhältnis zu ihm alles, da ist der unermeßliche Wert des religiösen Vorgangs im Einzelnen augenscheinlich, da kann der Gläubige sich ganz in Gott gesichert und als ein Werkzeug seines allgütigen und allmächtigen Willens fühlen. Auch tritt bei Zwingli „der Gedanke der Verwerfung hinter den der Erwählung zur Seligkeit auffallend zurück" (Stähelin).

So kommt hier die reformatorische Idee eines tätigen und männlichen Christentums zu besonders wirksamer Entwicklung; die Religion wird fortwährend in sittliches Handeln umgesetzt und dadurch bekräftigt, alles übrige Leben freundlich an sie angeschlossen, im Gemeindeleben das Individuum zu selbständiger Arbeit aufgerufen; es ist ein Geist der Frische und Fröhlichkeit, der aus Zwingli nach allen Seiten wirkt. Mag sich bei ihm zum guten Teil nur deswegen alles so glatt zusammenfügen und so klar gestalten, weil er die Dunkelheiten des Lebens und die Widersprüche unserer geistigen Existenz bei weitem nicht mit der Energie empfindet und unter so tiefen Erschütterungen durchkämpt wie Luther, und konnte jene praktische Tendenz leicht eine Vermengung von Religion und Politik, ja Polizei ergeben, die eigentümliche Bedeutung dieses einfachen und gesunden, frischen und tatfrohen Christentums darf dabei in allen Ehren bleiben.

In anderer Färbung erscheint die Grundidee des reformierten Christentums bei Calvin. Bei dieser zur Herrschaft und Organisation berufenen Natur waltet eine strenge Systematik und eine eiserne Konsequenz; alle Mannigfaltigkeit wird einem einzigen Gedankenbau gliedmäßig eingefügt. Aber nicht nur die Form, auch die Grundempfindung ist eine andere. Die Denkweise wird theozentrisch in der Weise Augustins, die Ehre Gottes ist die Zentralidee, der Herrlichkeit Gottes soll alle Kreatur dienen, es ist der absolute Wille Gottes, der über alles, in einer dem Menschen rätselhaften Weise, entscheidet. Aller Zweifel wie auch alles natürliche Selbstvertrauen wird hier zu einem Frevel gegen die Majestät Gottes; alles Leben des Menschen sei allein Gott geweiht, dem es von Haus aus gehört; Gott wirkt überall direkt, so daß alle sekundären Ursachen und menschlichen Vermittlungen entfallen; aus dem Kultus sei alles verbannt, was das reingeistige Wesen ins Sichtbare und Bildliche herabzieht.

Dabei wird auch hier die Tätigkeit der Einzelpersönlichkeit voll gewahrt, ja wo möglich noch verstärkt; wie Gott selbst als die höchste, unablässig wirksame Aktivität verstanden wird, so muß auch der Gottesdienst der eines tätigen Lebens sein. Aber die Tätigkeit verliert den Zug sonniger Fröhlichkeit, den sie bei Zwingli besaß, sie erhält einen strengen und herben, ja schweren und düsteren Charakter, das Leben wird zu einem harten und rastlosen Kampf für die Zwecke Gottes. Alles, was daneben liegt, alle Lust an natürlichen Dingen, wird als ein Raub am Höchsten verworfen und vertrieben. „Diese Religiosität unterscheidet sich von der Luthers durch die rauhen Pflichten des in einem strengen Dienst stehenden Kriegers Gottes, welche jeden Lebensmoment ausfüllen. Sie unterscheidet sich von der katholischen Frömmigkeit durch die in ihr entbundene Kraft der selbständigen Aktion. Das aber macht ihren Charakter aus, wie aus dem Prinzip der Gottesherrschaft und Gnadenwahl die religiöse Erfüllung des ganzen Lebens sich ergibt, wie in dieser Gottesherrschaft nun auch jedes weitere und nähere Verhältnis zu den anderen Menschen sein Motiv hat und schließlich selbst eine stolze Härte gegen die Feinde Gottes hier religiös begründet wird" (Dilthey).

Mit solcher Bekräftigung des allmächtigen Willens Gottes und des unbedingten Gehorsams des Menschen ist eng verbunden die Wiederaufnahme alttestamentlicher Gedankenkreise, die das reformierte Gemeindeleben zeigt. Es ist dieses Leben voll tiefen Ernstes und scheinbar ohne Freude, aber es hat eine unbeugsame Energie; es hat nicht nur die Stärke des Duldens, sondern auch den Trieb des Handelns; es gibt dem Einzelnen wie der sich heiligenden Gemeinde, dem bevorzugten Organ Gottes, eine unermeßliche Kraft. Nirgends ist so sehr dahin gewirkt, die Reformation zu einer Weltmacht zu erheben, und wenn sich schließlich auch hier das Kirchentum in ein orthodoxes Bekenntnis eingesponnen hat, so sind aus diesem Zweige der Reformation die mächtigsten Triebkräfte bürgerlicher und geistiger Freiheit hervorgegangen, und es ist hier die Stelle, wo sich aus dem Schoß der Reformation das moderne Leben zur Selbständigkeit aufringt.

2. Die neueren Denker und das Christentum.

Da wir hier weder Kirchen- noch Kulturgeschichte treiben, so darf uns nicht die weitere Entwicklung des Christentums, der Kampf der Kirchen, die Wiederbefestigung des Katholizismus, die Weiterbildung des Protestantismus durch Pietismus, Rationalismus, Spekulation, Neuorthodoxie beschäftigen, sondern allein das Verhältnis der großen Denker der Neuzeit zum Christentum; dies aber wird besser mit ihrer Darstellung im Rahmen der Neuzeit verflochten. Aber es gibt einen Punkt, der nur hier zur Sprache kommen kann: das Gemeinsame in ihrer Stellung zum Christentum; er verlangt um so mehr eine Erörterung, als dabei ein eigentümliches Problem, ja ein merkwürdiger Widerspruch erscheint.

Es scheint nämlich das Christentum die modernen Denker zugleich abzustoßen und anzuziehen. Sie alle stehen kühl, ja feindlich zum kirchlichen Christentum, alle sind heterodox; das sollte weder von rechts noch von links bestritten werden. Zugleich aber will keiner das Christentum völlig aufgeben, jeder strebt, es zur eigenen Überzeugung in Beziehung zu setzen, sie dadurch zu bekräftigen und zu vertiefen; gerade für das Beste im Eigenen wird eine Anknüpfung beim Christentum gesucht. Dabei gestaltet sich jeder sein eigenes Christentum, – Spinoza und Leibniz, Locke und Rousseau, Kant und Fichte, Hegel und Schopenhauer –, und es liefert die Gesamtheit dieser Fassungen ein treues Spiegelbild der geistigen Bewegung der Neuzeit. Wenn aber in aller Abweichung die Denker einmütig das Christentum irgendwie festhalten, so müssen sie wohl etwas in ihm finden oder fühlen, was die moderne Kultur nicht aus eigener Kraft zu erzeugen vermag; in Wahrheit wäre leicht zu zeigen, daß ihrer aller Arbeit eine seelische Tiefe und Innerlichkeit, auch eine ideale Wertschätzung der Dinge in sich trägt, die sie weniger selbst erzeugt, als den überkommenen Zusammenhängen des christlichen Lebens entlehnt. So bleibt das Christentum, auch in der äußeren Zurückdrängung, der stille Begleiter der modernen Kultur, ja der tiefere Grund, auf den ihre Leistung aufgetragen wird. Aber solche Festhaltung des Christentums erfolgt im Gegensatz zur kirchlichen Form; alle neueren Denker beseelt ein Verlangen nach einem freieren und universaleren Christentum; mit ihm hoffen sie die eigene Arbeit glücklich vereinigen zu können, die mit der kirchlichen Fassung unversöhnlich zusammenstieß.

Diese Vereinigung ist jedoch nicht so leicht und einfach, wie sie jenen Denkern meist erschien. Denn der Hauptzug der Neuzeit steht in schroffem Widerspruch nicht nur zur geschichtlich überkommenen Form, sondern auch zum charakteristischen Kern des christlichen Lebens. Dort ein stolzes Kraftgefühl der Menschheit, ein Vertrauen auf das eigene Vermögen und die natürliche Entwicklung der Dinge, eine rückhaltlose Hingebung an den Weltprozeß und den Strom der Zeit, ein Glaube an die Vernunft der Wirklichkeit; hier die Aufdeckung tiefster Konflikte im Menschen, ein Verlangen übernatürlicher Hilfe, die Idee einer sittlichen Wiedergeburt und die Hoffnung eines ewigen Lebens; – was kann verschiedenartiger sein? Sind solche Gegensätze einmal zum Bewußtsein gelangt, so kann nur eine flache Denkweise sie durch bequeme Kompromisse schlichten wollen. Auch die Kultur muß innere Wandlungen vollziehen, wenn eine Verbindung der beiden Pole des modernen Lebens gelingen soll. Aber sind solche Wandlungen nicht schon mitten im Fluß, ist nicht der Optimismus, Eudämonismus, Kulturenthusiasmus der früheren Jahrhunderte gründlich erschüttert, wird nicht die innere Leere auch der glänzendsten Kraftentfaltung immer deutlicher und immer schmerzlicher empfunden, drängt es nicht mehr und mehr aus allem Kulturgetriebe zu den Problemen der Seele, zu einem Kampf um einen Inhalt des Lebens und die Rettung eines geistigen Seins? Und sollte nicht das Christentum – ein auf seinen ewigen Wahrheitsgehalt zurückgeführtes Christentum – in diesen Bewegungen eine neue Bedeutung gewinnen, in diesen Kämpfen einen festen Halt gewähren können?

Das Christentum hat sich in seinen geschichtlichen Gestaltungen keineswegs ausgelebt. Daß es nicht gemäß der Meinung der Orthodoxie in eine einzige Form und Fassung aufgeht, das erweist seine Geschichte selbst mit ihrer Mannigfaltigkeit von Bildungen; zugleich zeigt sie, daß es in der Gegenwart unter wesentlich anderen Bedingungen wirkt als in allen früheren Zeiten. In den ersten Jahrhunderten hat das Christentum mit Kraft und Treue eine ethische Sammlung und Erneuerung geübt, aber seine kleinen Kreise blieben in einem Gegensatz zur großen Welt, und die geistige Arbeit erreichte keine beträchtliche Tiefe. Mit dem weiteren Sinken des Altertums kam die Zeit seines Sieges, aber zu einem Weltsystem hat es sich nur entwickelt unter einem übermächtigen Einfluß der griechisch-römischen Welt, der ihm auch die Hemmungen einer müden und

greisenhaften Zeit zuführte. Das Mittelalter brachte die positivere
Arbeit der Erziehung neuer Völker, aber diese Arbeit hatte gemäß
der damaligen Zeitlage den Charakter der Äußerlichkeit und des
Zwanges, die Innerlichkeit verkümmerte unter dem Übergewicht der
Organisation, die Geistigkeit unter einer starken Materialisierung des
religiösen Lebens. Dagegen erhebt sich die Reformation und vollzieht mit der Vereinfachung auch eine Verjüngung des Christentums;
wie wenig sie aber einen endgültigen Abschluß bedeutet, das hat
uns eben beschäftigt. Dann mußte sich das Christentum mit der
weltfreudigen und selbstbewußten Kultur der Neuzeit abfinden; es
hat das getan teils durch starre Abschließung dagegen bis zu schroffem
Haß, teils durch unwürdiges Nachgeben bis zur Preisgebung aller
Selbstachtung. Nun hat, wie sich unten näher zeigen wird, die
eigene Bewegung der Kultur eine neue Lage heraufgeführt, nun
drängt die Kultur selbst zur Vertiefung und zur Erneuerung des
Menschen, nun stehen die Schranken aller bloß natürlichen Kraft-
entwicklung deutlich vor Augen, nun ist auch die Zeit für eine neue
Phase des Christentums gekommen.

Wie tief heute die Erschütterung geht, das zeigt namentlich eine
Vergleichung mit der Reformationszeit. Damals lag das Problem
innerhalb des Christentums, jetzt ist das Ganze des Christentums,
ja die Religion überhaupt zum Problem geworden. Der Inhalt der
Religion sowohl als ihre Stellung im Geistesleben, sie sind uns stark
ins Unsichere geraten. Mehr und mehr sind die Stützen verloren
gegangen, auf denen der alte Glaube ruhte; hatte zuerst die Philosophie samt der Naturwissenschaft von den Weltbegriffen her auf-
lösend gewirkt, so hat neuerdings namentlich die historische Forschung
die Fundamente unterwühlt; wir hören dabei oft versichern, daß die
Wandlung an diesem besonderen Punkt das Ganze unangetastet lasse,
aber wo ist denn der Punkt, der aller Erschütterung Trotz bietet,
wo ist eine feste Grundlage, auf der sich sicher bauen läßt? Alle
Anfeuerung subjektiver Gesinnung, aller Aufschwung religiöser Begeisterung kann diesem Mangel nicht abhelfen, noch weniger kann
es die Flucht zu vergangenen Epochen an der Hand historischer
Gelehrsamkeit. Die Probleme, die unserer Zeit und ihrer weltgeschichtlichen Lage entstammen, wollen auf dem eigenen Boden
dieser Zeit erlebt und behandelt sein. In positivem Sinne behandelt
werden können sie aber nur, wenn es gelingt, was an sichtbaren
und geschichtlichen Stützen unwiederbringlich verloren ging, durch

eine gründliche Vertiefung des Lebens, durch einen Gewinn an
geistiger Substanz, durch eine Eröffnung unsichtbarer Zusammenhänge zu ersetzen, wenn es gelingt, dem heutigen Chaos ewige Grundtatsachen einfacher Art zu entwinden und sie zu gesteigerter Wirkung
zu bringen. Die Umwandlungen, die das verlangt, Umwandlungen,
die auf das Ganze des Lebens gehen, sind nicht eine Sache des
bloßen Augenblicks. Aber auch heute schon schwillt die Bewegung
nach jenen Zielen immer mächtiger an, innere Notwendigkeiten
werden immer unabweisbarer, mit den Problemen des seelischen
Lebens treten auch die der Religion wieder in den Vordergrund, sie
werden im neuen Jahrhundert immer mehr die Gemüter beherrschen.
Und dabei wird sich — vielleicht durch schwere Katastrophen hindurch — erweisen, daß das Christentum nicht nur eine große Vergangenheit, sondern auch eine große Zukunft hat.

Dritter Teil.

Die Neuzeit.

~~~~~~

A. Die Gesamtart der Neuzeit.

Die Gesamtart der Neuzeit zu bezeichnen scheint uns heute schwieriger als vordem. Denn immer mehr Probleme sind im Begriff des Modernen aufgestiegen, immer weiter ist dieser Begriff vor einer abschließenden Fassung zurückgewichen. So sei hier alle prinzipielle Formulierung zurückgestellt und von der weltgeschichtlichen Lage des Beginnes der Neuzeit ausgegangen. Ein neues Leben mußte schon deshalb kommen, weil die überlieferte Gestaltung einer Zeitlage und Zeitstimmung entsprungen war, die unmöglich für immer bleiben konnte. Jener älteren Art war eigentümlich die Verbindung des Christentums, eines zu einer kirchlichen Organisation verdichteten Christentums, mit der alten Kultur. Diese Kultur wiederum war das Werk eigentümlicher Völker und zugleich der Ausdruck einer besonderen Stufe der geistigen Entfaltung; kamen neue Völker auf, so konnte sie leicht fremd und ungenügend werden, vertiefte sich an wesentlichen Punkten das Geistesleben, so mußte es über den antiken Abschluß hinaustreiben. Nun waren neue Völker, zunächst die germanischen, in die Weltgeschichte eingetreten und begannen auch ihre geistige Eigenart mehr und mehr zur Geltung zu bringen; im Geistesleben aber hatte das Christentum selbst eine seelische Verinnerlichung vollzogen, die, zur vollen Bewußtheit gebracht, unmöglich so friedlich und freundlich mit dem Altertum zusammengehen konnte, wie es dem Mittelalter dünkte. Lagen schon darin Keime großer Wandlungen, so drängte zu einem Bruch namentlich eine Umwälzung des Lebensaffektes und Lebensgefühles. Der ältere Abschluß mit seiner Behauptung der Fertigkeit und mit seiner dominierenden Stellung der Religion entsprach dem Verlangen einer müden, sich selbst mißtrauenden, daher autoritätsgläubigen und wundersüchtigen Menschheit. Nun aber war neues Leben und frischer Mut erwacht, nun wollte man aufrecht stehen und den Problemen gerade ins Auge sehen, nun mußte man neue und eigene Wege suchen. So ward der Bruch, so ward das Aufsteigen eines neuen Lebens zur zwingenden Notwendigkeit.

Der Bruch selbst aber enthielt schon eine gewisse Andeutung über die Richtung des Weges, es lag nahe, daß er zu einem direkten Gegensatz der bisherigen Behauptung drängte. Nur von einzelnen Individuen her konnte das Neue beginnen; so erringt das Individuum eine Selbständigkeit und Überlegenheit, während es im Mittelalter ein bloßes Glied gegebener Zusammenhänge war und ihren Ordnungen unweigerlich nachzuleben hatte; an die Möglichkeit eines Fortschritts mußte glauben, wer den überkommenen Kulturstand als unzulänglich verwarf; endlich ließ sich der geschichtlichen Ordnung nicht entgegentreten ohne den Glauben und die Berufung an eine zeitlose, überall gegenwärtige Vernunft, während die mittelalterliche Aufbietung der Vernunft die geschichtliche Überlieferung nur umsäumte und entfaltete. So ist ein Stück Individualismus, Fortschrittsglaube, Rationalismus der Neuzeit von Haus aus eingeimpft; alles zusammen läßt sie dem mittelalterlichen Lebenssystem der Ordnung ein Lebenssystem der Freiheit entgegenhalten.

Seinen Hauptinhalt aber findet das moderne Streben in der Richtung auf die Welt, in der kräftigen Erfassung ihrer ganzen Weite und Fülle. Der Gegensatz zum Ausgang des Altertums und zur Zeit der Bildung des Christentums ist augenscheinlich. Hatte damals eine ermüdete Menschheit einen Halt und Sinn des Lebens nur in einer Flucht von der nächstvorliegenden Welt zu einem Reich des Glaubens und Gemütes gefunden, und war ihr über dem Streben nach der letzten Einheit alle Freude an der Vielheit versunken, so treibt der neue Lebensdrang umgekehrt mit ganzer Kraft in die Welt hinein, man will sich ausbreiten, die Dinge an sich ziehen, mit ihren Widerständen ringen; das weiche Gemüts- und Glaubensleben weicht emsiger Arbeit und männlicher Tatkraft, der Gesamtanblick des Daseins ist verwandelt. Aber dies neue Leben, das zunächst einfach scheinen mochte, zeigt bald eine ungeheure Verwicklung. Es möchte die Seele und die Welt aufs engste zusammenbringen, das Leben über die Welt ausbreiten, die Welt in das menschliche Sein hineinziehen. Aber kann das so einfach geschehen, nachdem sich das Leben unter schweren Erschütterungen so sehr von der Welt abgelöst und in seine eigene Innerlichkeit vertieft hat? Auch der wissenschaftlichen Besinnung der Neuzeit geht die Einsicht auf, daß die Seele nicht der Welt um uns unmittelbar wesensverwandt ist, und daß daher nicht einfach von einer zur anderen Wirkungen überströmen können, wie das die ältere Ansicht war; kommt aber eine tiefe Kluft zur Empfindung und bedarf es einer gegenseitigen Umwandlung, um von hier nach dort zu gelangen, so ist die alteingewurzelte naive Anschauung von der Wirklichkeit gründlich zerstört, so muß sich der Mensch seine Welt, die ihm früher mühelos zufiel, durch unsägliche Mühe und Arbeit erst aufbauen. Schon darin liegt, daß das moderne Leben kein ruhiges Besitzen und Entfalten, sondern daß es ein unablässiges Kämpfen, ein Kämpfen auch um die eigene Grundlage ist.

Ja es entsteht ein voller Gegensatz und ein unerbittlicher Streit, indem die erstrebte Einigung von Seele und Welt auf der einen Seite so verstanden wird, daß die Seele die Welt, auf der anderen so, daß die Welt die Seele in sich aufnimmt und sich assimiliert. Damit erwachsen grundverschiedene Wirklichkeiten, Weltbilder des Idealismus und des Realismus. Hier wie da ist Gewaltiges geleistet und der Gesamtanblick des Daseins wesentlich verändert. Die Seele kann sich die Welt nicht zu unterwerfen suchen ohne sich auch innerlich zu erweitern. Die geistige Arbeit hebt sich freier hinaus über den Stand des Menschen und streift möglichst alles ab, was die Besonderheit einer Volksart, einer Religion u. s. w. an Bindung enthält; das Geistesleben wird lediglich auf seinen allgemeinsten Begriff und seine freischwebende Kraft gestellt, sowie von seinen eigenen Notwendigkeiten getrieben. Zur Erscheinung kommt das namentlich in einem mächtigen Anschwellen der Gedankenarbeit auf modernem Boden. Mehr als irgend sonst führt und treibt sie hier das Kulturleben. Alle Ziele und Wege werden im voraus erörtert, Möglichkeiten erwogen, das wirkliche Leben im entwerfenden Plan vorauserlebt. So bilden den Kern des modernen Lebens Gedankengrößen, Ideen, Prinzipien, das ganze Dasein wird von ihnen durchtränkt, überall sehen wir Theorien die realen Bewegungen einleiten, ihre Kraft steigern, ihnen Leidenschaft einflößen, mehr als je zuvor gestaltet sich das menschliche Dasein zu einem Gedankenreiche.

Aber kaum weniger groß ist die Wandlung von der anderen Seite her, aus der Entwicklung einer dem Menschen gegenüber selbständigen, ihn sich möglichst ganz einordnenden Welt. Was immer menschliche Vorstellung und Begehrung in die Dinge um uns gelegt hatte, das wird nun als eine Verfälschung ihres echten Bestandes empfunden und mit aller Energie ausgetrieben; erst bei solcher präzisen Herausarbeitung der Dinge wird die Natur ein großer Zusammenhang in sich selbst, nun erst gelangt die Abhängigkeit des Menschen von ihr, ja die Zugehörigkeit zu ihr zu voller Anerkennung; solche Verkettung dringt mehr und mehr von außen nach innen, aller Inhalt scheint der Seele von draußen her zuzufließen, alles Glück am Verhältnis zur Umgebung zu liegen. Solche Bestrebungen erschließen eine unermeßliche Fülle von Tatsächlichkeit und treiben zu unermüdlicher Arbeit, jetzt erst scheint das menschliche Leben und Streben auf eine sichere Grundlage gestellt, jetzt erst von trügerischer Illusion zu voller Wahrheit, von subjektiver Überhebung zur Erkenntnis seiner Grenzen geführt. Damit entwickelt sich eine Realkultur, gewinnt eine volle Selbständigkeit und fordert eine Ausschließlichkeit, auch die idealen Bedürfnisse des Menschen getraut sie sich, freilich unter völliger Umwandlung der überkommenen Fassung, gründlich zu befriedigen. So stehen in der Neuzeit zwei Lebensentfaltungen, zwei Wirklichkeiten mit entgegengesetzten Bewegungsrichtungen und grundverschiedenen Inhalten nebeneinander und führen einen unablässigen, bald versteckten, bald offenen Kampf. Einen so schroffen Gegensatz kann nur eine flache Denkweise und matte Gesinunng leicht und rasch zu vermitteln suchen; eine wahrhaftige Überwindung, die eine eingreifende Umwandlung des gesamten Weltanblicks verlangt, wurde an allen Höhepunkten des modernen Lebens erstrebt; daß dabei aber kein Abschluß, nicht einmal ein leidlich sicherer Standort erreicht ist, kann niemand leugnen, der die Kämpfe und Wirren der Gegenwart aus voller Seele miterlebt.

Ein solcher innerer Widerspruch samt dem immer neu einsetzenden Streben zur Überwindung gibt der Neuzeit eine unablässige Bewegung und eine stürmische Unruhe; sie enthält nicht nur im Einzelnen Probleme über Problemen, sie ist mit dem Ganzen ihres Seins ein Problem, sie hat immer von neuem ihr eigenes Wesen, ihren eigenen Sinn zu erkämpfen. Das macht das Leben des modernen Menschen unvergleichlich unfertiger, unsicherer, aufgeregter als das früherer Epochen; ganz wohl begreiflich ist es, daß unter solchen Bewegungen eine Sehnsucht nach der größeren Ruhe und Geschlossenheit früherer Zeiten aufkommt, auch daß Parteigänger

des Alten jene Unruhe der neuen Art zu härtestem Vorwurf machen
und sie deshalb ganz und gar verwerfen.

Aber so begreiflich solcher Gedankengang, so verkehrt ist er.
Unermeßlich viel neue Tatsächlichkeit ist in jenen Bewegungen aufgestiegen, die Gesamtart des Lebens bis zum Grunde verwandelt,
ein naiver Anfangsstand als solcher deutlich durchschaut und damit
endgültig überwunden. Die großen Ergebnisse der neuen Art kann
man nicht aufnehmen und nutzen, wie wir doch alle ohne Unterschied der Parteien es tun, ohne auch ihr innerstes Wollen und Streben
zu ehren. Auch hat die gewaltigen Verwicklungen, unter denen
wir uns befinden, nicht Willkür und Eigensinn des Menschen erzeugt,
sondern es hat sie die weltgeschichtliche Entfaltung des Geisteslebens
mit sich gebracht und dem Menschen auferlegt. Und wenn das
Leben unfertiger, unruhiger, unbehaglicher geworden ist, so ist es
zugleich freier, weiter und größer geworden; in seinem mutigen
Aufnehmen der Probleme enthält es mehr Wahrheit als jene ältere
Art, die sich fertig dünkte ohne fertig zu sein, die den Menschen
rasch bei sich selbst einspann, und deren Ruhe nicht aus einer
Überwindung, sondern aus einer Unkenntnis der Widersprüche
unseres Daseins hervorging.

So wollen wir uns der Neuzeit trotz ihrer Unfertigkeit, ihrer
Widersprüche, ja ihrer Irrungen als einer höheren Form des Lebens
freuen und in solchem Sinne ihr Streben durch seine verschiedenen
Stufen verfolgen, nicht in knechtischer Beugung vor allem „Modernen“,
aber in eifrigem Suchen des Wahrheitsgehalts, der durch alle menschliche Irrung hindurchscheint.

B. Der Aufbau der neuen Welt.

1. Die Renaissance.

a. Der Grundcharakter der Renaissance.

Nach glänzenden Arbeiten ausgezeichneter Forscher besteht darüber heute kein Zweifel, daß die Renaissance keineswegs eine bloße Wiederaufnahme des klassischen Altertums, sondern an erster Stelle eine Entwicklung modernen Lebens bedeutet. Es ist Italien, wo unter der Gunst besonderer Umstände dieses Leben zuerst durchbricht; so verschmilzt mit seinen allgemeinen Zügen aufs engste die Eigentümlichkeit der italienischen Art. Aber man hätte sich dem klassischen Altertum nicht so nahe fühlen und es so eng mit dem eigenen Schaffen verknüpfen können, bestünde nicht in wichtigen Zügen eine Verwandtschaft, die das Hier und das Dort über das Mittelalter hinweg sich die Hand reichen ließ. Diese gemeinsamen Züge seien zunächst betrachtet.

Der Antike folgt die Renaissance in der Schätzung der Welt und der weltlichen Arbeit. Die Zurückziehung des Lebens auf eine weltferne Innerlichkeit, dies Endergebnis des alten Christentums, kann den jugendlich aufstrebenden Geist nicht mehr festhalten; immer unwiderstehlicher fühlt er sich zur Welt hingezogen, bis sich der Schwerpunkt des Lebens dahin verlegt und jene Überwelt mehr und mehr verblaßt. Diese Wandlung erfolgt weniger durch einen schroffen Bruch als durch eine allmähliche Verschiebung. Die Religion wird nicht angegriffen und abgewiesen, aber sie wird der strengen und starren Hoheit entkleidet, mit der sie den mittelalterlichen Menschen beherrschte; sie nähert sich der unmittelbaren Anschauung und Empfindung, indem ihre Gestalten reinmenschliche Züge annehmen und sich freundlich in unserem Kreise bewegen. Solches Vertrautwerden des Göttlichen ist zugleich eine Erhöhung des Menschlichen; so vermindert sich der Abstand der Welten, aus einem schroffen Gegensatz zum Göttlichen wird unser Dasein zu seinem Ausdruck und Abglanz. Namentlich ist es die Kunst, welche in dieser Richtung die Welt verklärt und dem Menschen auch innerlich zur Heimat macht. Aber in der Erhöhung des Diesseits läßt sie zugleich ein Jenseits stehen und gibt auch ihm die menschlichsten und liebenswürdigsten Züge; ein so freudiges Lebensgefühl umspannt beide Welten, daß ein Widerspruch noch nicht zur Empfindung kommt. So zeigt z. B. die Hauskapelle der Mediceer nebeneinander die künstlerische Erhöhung des Diesseits und die lebendige Vorführung eines herrlichen Jenseits. Solche Gesinnung empfindet keinen Widerspruch zwischen der Begeisterung für das Altertum und der christlichen Frömmigkeit; die platonische Akademie, diese höchste philosophische Schöpfung der Renaissance, kann Altertum und Christentum zu voller Harmonie zu verbinden suchen.

Aber die Wandlung, welche sich dem Bewußtsein oft versteckt, ist vorhanden und voller Wirkung. Das Bild der Welt gewinnt bei sich selbst einen engeren Zusammenhang; Natur und Innerlichkeit, so lange verfeindete Mächte, streben wieder zu einander; die Natur erhält die Beseelung zurück, für die das Altertum bis zum letzten Atemzuge gestritten hatte. Noch wichtiger für die Lebensführung ist die Ausbildung eines weltlichen Kreises neben der Kirche, eines neuen geistigen Mediums, das seine Angehörigen mit eigentümlichen Interessen und Aufgaben umfängt und zunächst in Italien, dann aber im ganzen westlichen Europa zu einem inneren Zusammenhange verbindet.

Sodann scheint die Antike neu aufzusteigen in der Rückkehr zur Form. Das alte Christentum sahen wir, abgestoßen von der glatten und leeren Form des späten Altertums und allein auf die Rettung der unsterblichen Seele bedacht, alle Sorge der Gesinnung zuwenden, die Form dagegen als etwas Gleichgültiges, ja Gefährliches abweisen. Die Gefahr der Barbarei bestand schon damals, sie wuchs mit dem Verblassen der antiken Kultur, im Mittelalter drohte oft die rohe Masse des Stoffes allen Geist zu erdrücken. Nun kommt wieder die andere Seite obenauf, die Form gewinnt die alte Stellung zurück, es erwacht ein jugendfrisches Streben, alles geistlose und chaotische Durcheinander zu überwinden, deutlich zu scheiden und kräftig auszuprägen, das Gesonderte aber zu durchgebildeter Gestalt neu zusammenzufügen. Solche Gestaltung erst scheint von der rohen Natur zur Geistigkeit zu erheben, die Welt dem Menschen zu unterwerfen, dem ganzen Dasein eine edle Freude einzuflößen. Eine Bildung in diesem Sinne wird nun zum allumfassenden Lebensideal; von hier aus wirkt es durch die ganze Neuzeit in alle Verzweigung des Lebens.

Aber bei aller Annäherung der Renaissance an das Altertum verbleibt ein wesentlicher Unterschied. Was im Altertum den Menschen als die erste und natürliche Ansicht der Dinge umfing und dem Einzelnen mühelos zufiel, das war jetzt durch eigene Arbeit zu erkämpfen, das ließ sich nicht erreichen ohne ein mutiges Durchbrechen der nächsten Überlieferung. Damit wird das Ganze bewußter und aggressiver, der Gang durch das Nein verschärft das Ja, die Wendung zur Welt wie zur Form zeigt die Stimmung einer Rückkehr aus langem Wahn zur unverlierbaren Wahrheit, die Freude der Genesung von schwerer Erkrankung. Schon darin erscheint die stärkere Entfaltung des Subjekts, welche den wichtigsten Charakterzug der Renaissance bildet; wir sehen es sich kühner von der Weltumgebung abheben, ihr freier entgegentreten, mehr eigenes Vermögen gegen sie aufbieten. Ja es wird hier zum Mittelpunkt des Lebens, der auf sich die ganze Weite bezieht und von sich aus alles überkommene Dasein verwandelt.

Es ist nicht leicht darüber Rechenschaft zu geben, wie der moderne Mensch in der Art der Renaissance seinen eigentümlichen Charakter gefunden hat. Ergebnisse der weltgeschichtlichen Arbeit und die Besonderheit des angeregten und beweglichen italienischen Volkes wirken dabei in engem Bunde. Zunächst war die alte Kultur in Italien nicht so verschüttet, um nicht bei einiger Energie sich bald wieder beleben zu lassen. Dagegen hatte hier das Mittelalter seine besondere Art nicht so stark ausgeprägt und so tief eingegraben wie im Norden. Dazu kommen die eigentümlichen, an sich höchst unglücklichen politischen Verhältnisse, die Zersplitterung der Staaten, die Erschütterung und Vernichtung legitimer Gewalten; sie verweisen den Einzelnen auf seine eigene Kraft und Entscheidung. In Italien zuerst sehen wir die Individuen nicht sowohl durch ihre Zugehörigkeit zu einem Stande, einer Zunft und Gilde bestimmt als durch ihre eigene, aller Bindung von außen überlegene Art; dem Menschen werden hier nicht als einem Gattungsexemplar aus seiner sozialen Stellung typische Züge aufgeprägt und seiner Arbeit unweigerliche Bahnen gewiesen, sondern er kann sich frei bewegen und seine eigene Art in sein Schaffen legen. So entfalten sich die Individualitäten weit kräftiger und weit deutlicher als je zuvor; mit wieviel größerer Lebenskraft und mit wieviel schärferen Zügen erheben sich vor unseren Augen die Gestalten der beginnenden Renaissance gegenüber denen des Mittelalters mit ihrer Gebundenheit und ihrer Gleichförmigkeit!

Eine echte Übergangserscheinung ist hier Dante. Im Stoff gehört er noch durchaus zum Mittelalter, sein Hauptwerk vornehmlich zeigt ihn darin als den treuesten Schüler des mittelalterlichsten Denkers, des Thomas von Aquino. Aber zugleich empfindet und schafft er mit solcher Selbständigkeit und Überlegenheit, legt er in die Gedankenarbeit so viel leidenschaftliche Erregung und ergießt er so viel Glut von Liebe und Haß über das ganze Weltall, daß wir uns damit durchaus auf modernem Boden fühlen.

Aber die welterneuernde Kraft des modernen Subjekts und der Siegeszug seiner Befreiung durch alle Kulturvölker ist nicht verständlich ohne die großen Wogen der weltgeschichtlichen Bewegung. Eine reine Innerlichkeit brauchte nicht erst entdeckt zu werden, war doch schon die Ausgangszeit in schmerzlichen Kämpfen zu ihr vorgedrungen und hatte das Mittelalter sie als einen Unter- und Nebenstrom treu bewahrt, nirgends mehr als im Leben und Weben der Mystik. Nun aber fühlt sie sich stark genug, solche Verpuppung abzustreifen und die ganze Welt zu durchdringen; nun wird dem Individuum im eigenen Sein eine Unendlichkeit verheißen und zu ihrer Entfaltung die Unendlichkeit der Dinge aufgeboten. So wird die Verinnerlichung des Lebens, jenes Vermächtnis einer absterbenden Welt, jetzt zum Keim einer großen Zukunft voll unbegrenzter Aussichten und Aufgaben.

Es erscheint aber die größere Selbständigkeit des modernen Subjekts hauptsächlich in der schärferen Auseinandersetzung mit der Welt, in der deutlicheren Scheidung dessen, was hierher oder dorthin gehört. So ist das Wachstum zweiseitig: der größeren Innerlichkeit des Geisteslebens entspricht eine reichere und kräftigere Gegenständlichkeit der Dinge; die Wechselwirkung beider macht das Leben ungleich frischer, wacher, gehaltvoller. „Im Mittelalter lagen die beiden Seiten des Bewußtseins – nach der Welt hin und nach dem Innern des Menschen selbst – wie unter einem gemeinsamen Schleier träumend oder halbwach. Der Schleier war gewoben aus Glauben, Kindesbefangenheit und Wahn; durch ihn hindurchgesehen erschienen Welt und Geschichte wundersam gefärbt, der Mensch aber erkannte sich nur als Rasse, Volk, Partei, Korporation, Familie oder sonst in irgend einer Form des Allgemeinen. In Italien zuerst verweht dieser Schleier in die Lüfte; es erwacht eine objektive Betrachtung und Behandlung des Staates und der sämtlichen Dinge dieser Welt überhaupt; daneben aber erhebt sich mit voller Macht das Subjektive, der Mensch wird geistiges Individuum und erkennt sich als solches" (Burckhardt).

Solche schärfere Scheidung des Menschen von der Umgebung bewirkt eine mutigere und freiere Bewegung aller seelischen Kräfte. Die Reflexion eilt voraus und ermittelt die Bahnen, sie will überall erwägen und berechnen, sie glaubt zugleich die Dinge von sich aus machen, z. B. eine Staatsverfassung aus bloßer Theorie konstruieren zu können; sie kann sich aber nicht so viel zutrauen ohne ein enges Bündnis mit der Phantasie, einer hochgestimmten Phantasie, welche kühne Synthesen wagt und aus der Zerstreutheit der Erscheinungen neue Zusammenhänge heraussieht. Nunmehr dürfen die Dinge nicht stehen bleiben, wie sie sich finden; man unterwirft sie der Kritik, man erweist an ihnen seine Kraft und zwingt sie zum Gebrauch oder Genuß des Menschen. Auch das Gefühlsleben mit seinem Glücksverlangen ist grundverschieden von der mittelalterlichen Art; es läßt sich nicht durch Glaube und Hoffnung auf ein Jenseits vertrösten, es will unmittelbar befriedigt sein und drängt mit glühendem Affekt nach vollem Glück.

Bei aller Verstärkung der Innerlichkeit bleibt jedoch der Sinn des Menschen stets der Wirklichkeit zugewandt, da nur an ihr sich die Kräfte entfalten und nur aus ihr sich das Leben erfüllt. Energisch wird danach gestrebt, allen Nebel überkommener Vorurteile von den Dingen abzustreifen und sie in ihrem reinen Bestande zu erfassen; auf den Boden dieser nüchtern und scharf erfaßten Wirklichkeit wird die eigene Tätigkeit gestellt. Überall gilt es demnach die Dinge erst recht zu entdecken, sie genauer zu fixieren und deutlicher zu schildern. Damit gewinnt die Welt mehr Festigkeit und Gegenständlichkeit; hier zuerst läßt sich von einem objektiven Weltbewußtsein reden. Aber das Subjekt wird dadurch keineswegs erdrückt; bildet doch seine Arbeit die Werkstätte, aus der jene Objektivierung hervorgeht.

So zeigen sich Subjekt und Objekt gegenseitig aufeinander angewiesen. Immerhin bleiben entgegengesetzte Pole, die leicht in feindliche Spannung geraten können; seine Höhe wird das Leben da erreichen, wo beides zusammen festgehalten, fruchtbar aufeinander bezogen, zur Gemeinschaft der Arbeit verbunden wird. Dies aber geschieht in der Kunst, dem Schaffen vor allem, aber auch dem Schauen. Denn wie auf ihrem Gebiet alle innere Bewegung zu einer Verkörperung strebt, so läßt sich das draußen Befindliche nicht aneignen, ohne eine Beseelung zu empfangen; so erreicht das Leben im Schönen eine Einheit und zugleich seine Vollendung. Das Bündnis von Kraft und Schönheit, oder besser: die lebensvolle Schönheit, wird das allbeherrschende Ideal.

In dieser Neubelebung der Schönheit ist der weite Abstand vom Altertum unverkennbar. Nunmehr ist das Schöne nicht bloß ein ruhiges Anschauen, ein Sichvergessen in den Gegenstand, sondern das Subjekt ist viel zu stark erregt, um nicht immer wieder zu sich selbst zurückzukehren und seine Lebenssteigerung in Genuß zu verwandeln. Auch galt dort — wenigstens bei den leitenden Denkern — das Schöne dem Guten so sehr verschwistert, daß beides in einen einzigen Begriff zusammengehen konnte (καλὸν κάγαθόν). Bei einer Spaltung aber pflegen sich die Denker für das Gute zu entscheiden. In der Renaissance dagegen lockert sich die Beziehung zur Moral mehr und mehr, das Schöne wird selbständig gegen das Gute, es entsteht eine spezifisch ästhetische Lebensführung. Die Kunst wird damit nicht unmoralisch, aber was sie an Moral bedarf, erzeugt sie aus sich selbst und bemißt es nach ihren eigenen Notwendigkeiten. Seinen Hauptwert hat hier das Schöne als Werkzeug des Lebens, als Mittel zur Entwicklung alles geistigen Vermögens. Die Formgebung dient der Herausarbeitung, Betätigung, Genießung alles dessen, was der Mensch in sich trägt; was immer der Lauf der Geschichte an Innerlichkeit bereitet hatte, das gelangt nun durch die künstlerische Darstellung zu vollem Besitz und Genuß. Das eben gibt der Kunst der Renaissance, vornehmlich der Malerei, ihre bleibende Bedeutung und Macht, daß in ihr der Mensch der Neuzeit sich selbst sucht und findet; das Bild ist hier nicht der Abdruck einer fertigen Sache, sondern es treibt das Leben selbst vorwärts. So kann von der Kunst ein neues Lebensideal ausgehen, das Ideal des universalen, in allen seinen Äußerungen zur Harmonie gestimmten Menschen.

Auf solcher Höhe hält sich aber das Schaffen nur in einem engeren Kreise, sonst verlieren leicht Subjektives und Objektives, Stimmung und Leistung das Gleichgewicht, das eine versucht das andere zurückzudrängen und zu überwältigen. Einerseits die Richtung auf subjektive Lust und schimmernde Pracht, ein durch künstlerischen Geschmack wohl veredeltes und gemäßigtes, aber höherer Zwecke ermangelndes Luxus- und Genußleben. Andererseits eine Ablösung der äußeren Leistung von der Innerlichkeit, der Trieb, alle Umgebung dem Willen des Menschen zu unterwerfen, eine Bewegung zum bloß Nützlichen und Zweckmäßigen; damit eine reiche Ausbildung der Technik, ein Herstellen mechanischer, namentlich in der Hand großer individuen leistungsfähiger Gebilde, aber zugleich eine volle Gleichgültigkeit gegen die letzten Zwecke und den inneren Stand des Menschen. Demnach spaltet sich das Hauptstreben in verschiedene Ströme und hat recht abweichende Höhenlagen. Aber schließlich ist es eine Gesamtbewegung, die alle Gegensätze umfaßt und alle einzelnen Gebiete ergreift, überall ins Weite, Kräftige, Stattliche, nicht selten ins Dämonische und Unheimliche wirkend.

Große Veränderungen erfährt zunächst das Verhältnis zur Welt und Natur. Die Renaissance ist die Zeit der Reisen und Entdeckungen, sie drängt dahin, alle irgend zugängliche Wirklichkeit in den eigenen Gesichtskreis zu ziehen und mit dem eigenen Leben zu verknüpfen. So nimmt jetzt der Kulturmensch die ganze Erde in Besitz; sie klaren Blickes überschauend, findet er sie nicht mehr ungeheuer und überwältigend, ein Columbus kann das stolze Wort sprechen: „Die Erde ist klein". Auch im näheren Detail soll die Wirklichkeit sich eröffnen und zum Genusse dienen. Es werden botanische Gärten angelegt, Menagerien gezeigt, in allem die Anschauung bereichert und neues interesse geweckt.

Der Mensch der Renaissance will jedoch die Natur nicht bloß anschauen, sondern auch beherrschen. Hier aber bleibt er noch in enge Schranken gebannt und verfällt, wenn sein ungestümes Verlangen sie durchbricht, schweren irrungen. Schätzbare Anfänge wissenschaftlicher Forschung sind vorhanden, und es steht am Ende des 15. Jahrhunderts Italien in der Mathematik und den Naturwissenschaften an der Spitze Europas, auch der Sinn für technische Erfindungen ist erwacht. Aber im großen und ganzen bleibt die Behandlung der Natur noch spekulativ und subjektiv, es fehlen der Arbeit noch sichere Angriffspunkte. Durchgängig gilt die Natur als innerlich beseelt, während die Einsicht in ihre Gesetzlichkeit noch fehlt und daher das Wunderbare keinen Anstoß erregt. Wenn zugleich der stürmische Lebensdrang volle Herrschaft über die Außenwelt verlangt, so kann eine ungezügelte Phantasie den Menschen leicht fortreißen und in die trüben Regionen der Magie führen. So schießen Zauberwesen und Aberglaube üppiger auf als im Mittelalter; die der Wissenschaft noch verschlossene Natur soll durch geheime Künste überlistet und in den Dienst des Menschen gezwungen werden. Das Schlimmste aber ist der Hexenglaube, dessen schwerer Alp und dessen entsetzliches Blutvergießen freilich weit mehr die nordischen Länder als Italien bedrückt und geschädigt hat. Aber die Wehrlosigkeit gegen Aberglauben und Zauberwesen gehört auch zum Bilde des Menschen der Renaissance.

Weit glücklicher ist er in der Entwicklung einer künstlerischen Anschauung der Natur und der Ausbildung eines seelischen Verkehrs mit ihr. Damit erfolgt eine unverlierbare Bereicherung des Lebens. Der Mensch des Mittelalters war viel zu sehr mit der sinnlichen Umgebung verwachsen und in seiner Empfindung viel zu gebunden, um über einzelne zerstreute Eindrücke hinauszukommen; dem späteren Altertum stand die Natur seelisch näher, aber sie war dort mehr eine behagliche und wohltuende Umgebung als ein Mittel zu einer inneren Erweiterung des menschlichen Wesens. Weit bedeutender wird sie der Renaissance, indem hier die Freude an der Gestalt der Landschaft aufgeht, es zugleich unwiderstehlich zur Schilderung treibt und das Naturgefühl eine plastische Durchbildung erlangt. Nun kann die Umgebung sich zum Ganzen eines Bildes zusammenfassen, eine Seele gewinnen und befreiend, beruhigend, veredelnd zum Menschen wirken.

Der Entdeckung der Welt entspricht eine Entdeckung des Menschen. Vor allem hat das Individuum ein leidenschaftliches Verlangen, seine Kräfte voll zu betätigen und allseitig zu entfalten; in aller Betätigung aber will es sich hervortun, glänzende Leistungen verrichten, eine Virtuosität erweisen. Auf diesem Boden entsteht der von allen öffentlichen Angelegenheiten abgelöste, sich seinen Lebenskreis selbst gestaltende Privatmensch. Mit der stärkeren Entfaltung verbindet sich aber eng eine klarere Erkenntnis der individuellen Art. Der Mensch beobachtet sich selbst wie andere genauer und liebt es, das Gesehene deutlich, ja drastisch zu schildern; die charakteristischen Züge von Personen, Ständen, Verhältnissen werden aufgesucht; über dem Äußeren wird das Innere nicht vergessen, und die Zeichnung von Seelenbildern erreicht eine bewunderungswürdige Höhe. So wird der Mensch sich selbst objektiv; mit klarer und nüchterner Reflexion will er, unbeirrt durch moralische Erwägungen, seine Natur durchschauen und sein ganzes Vermögen ermessen. Diese Selbsterkenntnis macht das Leben bewußter und kraftvoller, in höherem Grade wird es eigenes Leben und eigene Tat.

Auch das gemeinsame Dasein gerät in Bewegung und Umwandlung. Überall wird ein Wirken zur Anmut, Schönheit, Behaglichkeit aufgenommen, überall das Dasein künstlerisch gestaltet. Es verfeinern sich die Sitten, es erwacht eine Freude an der Schönheit und Reinheit des sprachlichen Ausdrucks, der gesellige Verkehr wird veredelt, die Feste verschmelzen die Kunst mit dem Leben, an jeder Stelle soll sich Kraft und Geschicklichkeit erweisen. Hier entsteht die gebildete Gesellschaft, in welcher der Einzelne sich frei bewegt und nach dem gilt, was er zur Unterhaltung und Ergötzung beiträgt. Die Unterschiede der Geburt verblassen dabei, die Stände gleichen sich aus, auch die Frauen nehmen vollauf teil; um so mehr schließt sich der Kreis der Gebildeten gegen die Draußenstehenden ab, und es beginnt eine neue Scheidung der Menschheit.

Völlig verändert ist auch der Anblick des Staates: es erwächst der moderne Kulturstaat mit seiner Richtung auf die weltlichen Aufgaben und seinem Anspruch, alle Verhältnisse zu beherrschen. Das Staatsleben wird ganz auf den Boden der Erfahrung gestellt und aller unsichtbaren Zusammenhänge mittelalterlicher Art entkleidet; nun bildet der Staat nicht mehr ein Stück einer weltumfassenden göttlichen Ordnung, nun begreift er nicht mehr wie ein Organismus die Individuen als seine Glieder in sich, hier „gibt es kein Lehnswesen im nordischen Sinne mit künstlich abgeleiteten Rechten" (Burckhardt). Sondern die Staatswesen werden kunstvolle Mechanismen in der Hand großer Individuen oder geschlossener Aristokratien, sie sollen Hervorragendes leisten und erreichen. Ein gewaltiger Durst nach Macht, Erfolg, Ruhm im sichtbaren Dasein verdrängt die sittliche Beurteilung als ein kindliches Vorurteil; ein Macchiavell formuliert in seinen schroffen Sätzen nur, was die Praxis seiner Umgebung beherrscht, die „Staatsraison" rechtfertigt im Bewußtsein dieser Zeit auch die verruchtesten Handlungen. Aber zugleich entwickelt sich großartig die Technik des Staatslebens. Zur Bewältigung der Dinge bedarf es einer genauen Kenntnis des eigenen Vermögens; so entspringt im Italien der Renaissance die Statistik. Ferner wird nicht nur die innere Verwaltung verbessert und in ein System gebracht, auch die Beziehungen nach außen erlangen mehr Sorgfalt und Geschick; Italien, vornehmlich Venedig, ist die Heimat einer „auswärtigen"

Politik. Bis in die einzelnen Zweige hinein wirkt solche Wendung
zu technischer Gestaltung. So wird jetzt der Krieg zur Kunst und
zieht alle Erfindungen in seinen Dienst, im Festungsbau werden die
Italiener die Lehrer von ganz Europa; nicht minder hebt sich die
Durchbildung des Finanzwesens; mit großem Eifer wirkt der Staat
zur Hebung der allgemeinen Wohlfahrt, für Gesundheit und Behagen
des täglichen Lebens, der Städteanlagen u. s. w. Dabei verflicht sich
überall mit der Lust am Schaffen die Reflexion, mit der Leistung
die Beschreibung, das Räsonnement, die Kritik. Namentlich wird
Florenz mit seinen politischen Bewegungen zugleich die Heimat der
politischen Doktrinen.

Wie auf diesem Gebiet die Entwicklung von Kraft und Technik die moralische Beurteilung weit zurückdrängt, so ist dem
Moralischen überhaupt der Boden der Renaissance nicht günstig.
Nicht als ob es an Erweisung edler und humaner Gesinnung und
an verehrungswerten Persönlichkeiten gefehlt hätte. Sie sind in
reicher Fülle vorhanden. Aber es fehlen zusammenhaltende sittliche
Mächte, die dem Individuum entgegentreten, einen Zwang gegen
seine Neigungen üben, es über seinen natürlichen Stand hinaustreiben. Vielmehr bleibt alles auf die individuelle Art mit ihrer
Zufälligkeit gestellt. Eine von Haus aus edle Anlage kann sich bei
der vorhandenen Freiheit zu schönster Blüte entfalten, aber es ist
auch freier Platz für Kraft- und Gewaltmenschen grauenhafter Art,
für Bestien in Menschengestalt, die das Verbrechen kunstgerecht be-
treiben. Der Durchschnitt bietet ein merkwürdiges Nebeneinander
von Höherem und Niederem, von Edlem und Gemeinem, oft in derselben Persönlichkeit; sobald die Moral der Natur widerspricht, erscheint sie als ein von draußen auferlegter Druck, der die volle
Entwicklung der Kraft lähme und eine sachliche Behandlung der
Dinge störe.

Am ehesten übt ein Gegengewicht gegen niedere Begierden das
Verlangen des Individuums nach Ruhm und Unsterblichkeit, oder
doch nach Geltung in seinem Kreise: das moderne Ehrgefühl. Aber
diese Antriebe gehen mehr auf den Schein als auf das Wesen und
dienen statt der Sache leicht ihrer Karikatur. In Wahrheit ist die
moralische Atmosphäre der Renaissance durch und durch unlauter,
und es kann alle Schönheit und Reinheit der Kunstleistungen nicht
den moralischen Abgrund verdecken, der sich vor dieser Zeit eröffnet,
und den schließlich auch sie selbst zu empfinden beginnt. Dieser

Mangel an moralischer Kraft machte die Renaissance durchaus unfähig, die Führung der Neuzeit zu behalten; nicht erst die Reformation und die Gegenreformation haben sie daran gehindert.

Die Religion verdankt der Renaissance ein enges Bündnis mit der Kunst und damit eine Befestigung ihrer Stellung im modernen Leben. Aber die allgemeine Stimmung der Renaissance ist der Religion wenig günstig. Das Volk verbleibt in dumpfem Aberglauben und empfängt eine Anregung fast nur durch die magischen Elemente der Religion, durch das Heidnische, das sich auf christlichem Boden forterhält. Die mittleren und höheren Stände verbinden eine starke Antipathie gegen das Tun und Treiben der Kirche mit einer Schmiegsamkeit gegen die kirchlichen Gewalten; auch können sie sich der Wirkung jenes Magischen nicht entziehen und möchten namentlich für den Todesfall der Sakramente versichert sein. Im Grunde ist die Gesinnung durchaus weltlich, und es sind vornehmlich die Weltangelegenheiten, wofür die Religion etwas leisten soll. Aber der feurige Lebensdrang und das Verlangen nach Ruhm und Größe in diesem Dasein läßt auch den Widerstand der Dinge schwer empfinden und richtet die Gedanken auf das Schicksal mit seinem geheimnisvollen Walten. Man möchte, wenn ein Eingreifen versagt ist, den Erfolg wenigstens im voraus wissen und sich danach einrichten; so ist die im Grunde ungläubige und skeptische Zeit stark durchsetzt von Schicksalsglauben, Astrologie, ja Zauberwesen. Gegenüber solchem Durchschnitt entwickeln freilich hochgesinnte Naturen und auserwählte Kreise eine edlere und tiefere Religion, eine Religion um ihrer selbst willen. Hier überfliegt das Streben alle sichtbaren und endlichen Formen, die Idee einer universalen Religion steigt auf, das freudige Lebensgefühl der Renaissance verklärt sich wohl zu einem Theismus und Pantheismus umschlingenden Panentheismus, der den Menschen zu unendlichem Leben erhöhen will, indem er ihn dem Göttlichen verbindet. Fruchtbare Anregungen für das moderne Gedankenleben sind von hier ausgegangen. Aber so wohltuend und anziehend das Bild einzelner Persönlichkeiten ist, auch bei ihnen wirkt eine Religion nicht sowohl der sittlichen Umwandlung als der bloßen Weltanschauung; die christlichen Grundprobleme einer neuen Welt verschwinden vor der spekulativen und ästhetischen Betrachtung des Alls und der davon erhofften Erweiterung des Seins. Daher mußten die Anhänger der Reformation in Italien vereinzelt bleiben. Wohl haben diese Einzelnen mit besonderer Kraft eine freiere und universalere Denkart vertreten und dafür Gut und Blut zu opfern verstanden. Aber einen Wirkungskreis fanden sie nur fern von ihrer Heimat; eine allgemeine religiöse Bewegung zu erzeugen, war der Boden der Renaissance durchaus ungeeignet.

Nun sei zu den hauptsächlichsten philosophischen Lebensanschauungen der Renaissance übergegangen. Sind sie auch keine Leistungen ersten Ranges, und verbleiben sie in schwankender Mitte zwischen Altem und Neuem, so erscheint in ihnen eine Fülle anregender Gestalten; es ist schon eine Beschränkung, wenn wir drei Hauptrichtungen hervorheben und Systeme der kosmischen Spekulation, der menschlichen Lebenskunst, der technischen Bewältigung der Natur in ihren Führern darzustellen suchen.

b. Die kosmische Spekulation. Nikolaus von Kues und Giordano Bruno.

ihren reinsten philosophischen Ausdruck erhält die Renaissance in den Systemen der kosmischen Spekulation, deren Beginn Nikolaus von Kues, deren Höhe Giordano Bruno bildet, jener noch dem Mittelalter mannigfach verwachsen, dieser voll des Bewußtseins einer neuen Zeit, jener ein von der Kirche gefeierter Kardinal, dieser als Ketzer verfolgt und verbrannt.

Diesen Denkern ist eigentümlich die Wendung von den inneren Problemen des Menschen zum All, die Hoffnung, aus diesem ein weiteres und wahreres Leben zu gewinnen, die Forderung, für das Engmenschliche die Unendlichkeit der Dinge einzutauschen. Einen so hohen Wert besitzt aber das All nur als ein Ausdruck des göttlichen Seins; so hat die Hingebung daran einen religiösen Hintergrund und empfängt aus ihm eine seelische Wärme. Mit dem Neuplatonismus und der Mystik wird alles Wesen der Dinge in Gott, dem absoluten Sein, begründet. Aber dieser Gedanke nimmt jetzt eine neue und entgegengesetzte Richtung. Eine weltmüde Zeit hatte aus dem Zusammenhange der Welt mit Gott den Antrieb gezogen, rasch zum letzten Ursprung aufzusteigen und sich von dem bunten Spiel der Erscheinungen auf die ewige Einheit zurückzuziehen; ein lebensfrohes Geschlecht entnimmt daraus die Aufforderung, sich näher mit der Welt zu befassen und von ganzem Herzen ihrer Fülle zu erfreuen, da in allem das Göttliche wohnt und uns aus allem entgegenscheint. Aus der Gegenwart Gottes empfängt jetzt die Welt mehr Einheit, mehr Harmonie, mehr inneres Leben.

Nikolaus von Kues (1401 – 1464), deutscher Abkunft, aber den geistigen Zusammenhängen Italiens angehörig, steht noch halb im Mittelalter, doch wagt sich das Neue schon kräftig genug hervor, um fruchtbare Bewegungen einzuleiten. Die Jenseitigkeit Gottes und die Scheidung der Welt von ihm bleibt bestehen. Aber die Spekulation sucht Gott und Welt von innen her zu verbinden. Die Welt enthält dasselbe Sein zur Vielheit entwickelt, was in Gott Eins ist. „Was ist die Welt anders als die Erscheinung des unsichtbaren Gottes, Gott anders als die Unsichtbarkeit des Sichtbaren?" Das Geschaffene entstand nicht plötzlich in der Zeit, es war vor seinem Erscheinen in unsichtbarem Vermögen ewig bei Gott. Gott wirkt nicht durch Mittelglieder, etwa die Ideen, sondern er ist unmittelbar durch alles tätig, er allein ist „Seele und Geist" der ganzen Welt. Als Erweisung des unendlichen Seins hat die Welt keine Grenze. Aber als ein Ausdruck der göttlichen Einheit muß sie in aller Grenzenlosigkeit einen Zusammenhang besitzen. Einen solchen sucht Nikolaus, indem er sie sowohl, in enger Verflechtung ästhetischer und mathematischer Begriffe, als ein zur Harmonie gefügtes Kunstwerk versteht, als sie in eine einzige Stufenfolge verwandelt, die vom Kleinsten zum Größten ununterbrochen aufsteigt. Hier wie da bleibt in dem Streben zum Ganzen die Eigentümlichkeit des Einzelnen gewahrt, ein jedes hat seinen festen Platz und seine besondere Aufgabe. „Kein Ding ist leer oder unnütz im Grunde der Natur. Denn jedes hat seine eigene Tätigkeit. Jede Vielheit verknüpft sich in harmonischer Ordnung zur Einheit, gleichwie viele Töne Eine Harmonie erklingen lassen und viele Glieder Einen Körper bilden. Der belebende Geist einigt den ganzen Körper und durch das Ganze die Glieder und Teile." Auch erscheint schon hier die gewöhnlich Leibniz zugeschriebene Lehre, daß zwei Dinge einander nie völlig gleichen können, da sie sonst in eins zusammenfallen würden.

Besonders aber wächst das Einzelwesen dadurch, daß es kein bloßer Teil des Ganzen bleibt, sondern unmittelbar bei sich selbst, jedes in seiner Weise, die Unendlichkeit des Seins und alle Fülle der Dinge zu erleben vermag, weil „Gott durch alles in allem ist und alles in Gott ist". Kraft des inneren Zusammenhanges mit dem göttlichen Grunde aller Wirklichkeit ist namentlich der menschliche Geist, der Mikrokosmos, ein „göttliches Samenkorn, das aller Dinge Urbilder in sich trägt". Die Lebensbewegung erscheint von hier aus als eine Entfaltung weltumfassender Innerlichkeit, ein Welt-

werden von innen her; die Idee der Entwicklung beginnt jetzt den
Sinn eines Fortschreitens aus sich selbst anzunehmen. Allerdings
sucht Nikolaus Gott keineswegs bloß in der Welt; für die religiöse
Überzeugung steht voran seine unmittelbare Erfassung bei sich selbst,
die mystische Erhebung zum Ursprung alles Seins. Das in Festhaltung des alten Gedankens der Mystik, daß die Entwicklung (explicatio),
als Auseinanderlegung der Einheit zur Vielheit, geringer ist als die
Einwicklung (complicatio), welche alle Mannigfaltigkeit in ungeschiedener
Einheit enthält. Es kann aber Nikolaus dem Leben der Welt mehr
Bedeutung zusprechen, weil er es nicht durch eine starre Kluft von
Gott trennt, sondern es sich ihm immer mehr nähern und dadurch
auch im eigenen Wesen unaufhörlich wachsen läßt. Es ist das Zusammentreffen ewigen und zeitlichen, unendlichen und endlichen
Seins in uns, das unserem Streben eine Rastlosigkeit einflößt und
uns zugleich die Gewißheit eines stetigen Aufsteigens gibt. So
war es die, Einsenkung religiöser, ja mystischer Ideen in unser
Dasein, welche den Gedanken eines unbegrenzten Fortschritts erzeugt hat.

Ein Verlangen nach dem unendlichen Sein erstreckt sich über
den Menschengeist hinaus auch auf die Natur und versetzt auch sie
in ein rastloses Wirken. Nichts in ihr ruht, die Erde, bisher der
feste Mittelpunkt des Alls, muß sich bewegen wie die anderen Welt-
körper; ja nicht einmal das scheinbar Unbeweglichste, die Pole des
Himmels, ist dem Wandel entzogen. Die Bewegung kann nie aufhören. Selbst der Tod steht im Dienst des Lebens, denn nichts
anderes ist er als die „Scheidung zur Mitteilung und Vervielfältigung
des Wesens".

Damit vollziehen sich große Wandlungen in den Begriffen und
in der Schätzung der Dinge. Die Bewegung und die Veränderung
waren seit Plato mit starker Ungunst behandelt und namentlich im
Mittelalter als ein unstetes Welttreiben gegen die ewige Ruhe in Gott
tief herabgesetzt. Nun macht ein frischerer Lebensdrang gerade sie
wichtig und wertvoll. Zugleich steigt die Bedeutung der Welt. Da
sie in ihrer ganzen Ausdehnung auf Gott ruht und zu Gott strebt,
so ist nichts von ihr verächtlich, auch nicht unsere Erde, die Wohn-
stätte des menschlichen Geistes.

Auch die nähere Beschaffenheit der Tätigkeit verrät bei allem
Anschluß an die Vergangenheit eine neue Art. Nikolaus sieht mit
dem Neuplatonismus und der Mystik im Erkennen die Hauptkraft

des Menschen und erwartet von seinem Durchdringen bis zum tiefsten Grunde die Wesenseinigung mit Gott. Unser Geist ist ein lebendiger Spiegel des Alls, ein Strahl des göttlichen Lichts. Aber die mystische Kontemplation des Unendlichen, in dem alle Gegensätze in Eins zusammenfallen, erfüllt ihn nicht gänzlich; auch die Mannigfaltigkeit der Dinge mit ihrem Leben fesselt und entzückt ihn. Indem dabei das Verlangen nach Erkennen mit jener Idee eines endlosen Fortschrittes verschmilzt, wird zur Seele des Lebens ein Durst nach weiterem und weiterem Erkennen. „Immer mehr und mehr erkennen zu können ohne Ende, das ist die Ähnlichkeit mit der ewigen Weisheit. Immer möchte der Mensch, was er erkennt, mehr erkennen und was er liebt, mehr lieben, und die ganze Welt genügt ihm nicht, weil sie sein Verlangen nach Erkenntnis nicht stillt." In diesem Streben wächst das eigene Wesen des Geistes: „wie ein Feuer, das aus dem Kiesel erweckt ist, kann der Geist durch das Licht, das aus ihm strahlt, ohne Grenze wachsen". Mit solcher Wandlung des Geistes zu einer beweglichen und ins Unendliche steigerungsfähigen Größe gewinnt die Lebensarbeit einen gewaltigen Antrieb und das irdische Dasein eine Zukunft bei sich selbst, nicht erst in der Erwartung eines besseren Jenseits; lauter Annäherungen an eine neue Denkart.

Zugleich freilich bleibt Nikolaus noch sehr abhängig von der Scholastik, und seine Schriften enthalten neben den fruchtbaren Anregungen höchst phantastische Spekulationen, viel abenteuerliche Zahlensymbolik, sowie erbauliche Betrachtungen im Sinne der mittelalterlichen Heiligenverehrung. Auch ist das scheinbar Neue oft bis in die einzelnen Begriffe und Bilder dem Neuplatonismus und der Mystik entlehnt. Und doch befinden wir uns an der Schwelle einer neuen Welt. Denn was in Wahrheit neu ist und auch das Alte erneut, das ist das veränderte Lebensgefühl, die Lust am Wirken und Schaffen, der Drang zur bewegten und schönen Welt, das ist mit Einem Worte die Grundstimmung der Renaissance.

Wer sich von Nikolaus zu Giordano Bruno (1548—1600) wendet, gewahrt sofort die nahe Verwandtschaft beider Denker. Aber zugleich ist eine große Veränderung unverkennbar: das Leben hat sich weit mehr von der Religion zur Weltarbeit verschoben, es wird weniger die Welt von Gott als Gott von der Welt aus angesehen. Auch erlangt das Neue mehr Selbstbewußtsein und mehr abstoßende Kraft; es empfindet den Gegensatz zur alten Art und nimmt kühn, ja keck den Kampf damit auf. Den neuen Bewegungen und Stimmungen gibt dabei einen festen Anhalt und eine anschauliche Bekräftigung das kopernikanische Weltsystem, das Bruno mit voller Begeisterung ergreift. Wiederum erscheint ein starker Einfluß der Astronomie auf die allgemeine Weltanschauung, ja das Lebensgefühl der Menschheit. Die Überzeugung von der Geschlossenheit des Weltalls und der wandellosen Kreisbewegung der Gestirne war seit Plato ein Hauptstück und eine Hauptstütze der Fassung des Alls als eines von ewigen Formen beherrschten, in sich selbst ruhenden Kunstwerks. Nun wird durch die neue Himmelslehre mit ihrer unendlichen Weite und unablässigen Veränderung des Alls eine völlig neue Weltanschauung eingeleitet.

Bruno findet wie Nikolaus den Hauptinhalt des Lebens in dem Aufsteigen des endlichen Geistes zum unendlichen Sein. Auch teilt er die kusanische Vorstellung, daß die Welt, das sichtbare Sein, zur Vielheit entfaltet, was Gott einheitlich und ungeschieden enthält, und gibt zugleich dem menschlichen Streben die zwiefache Richtung einer Vertiefung von der Erscheinung zum Wesen und eines freudigen Eingehens in das gotterfüllte Dasein. Aber es ist jetzt der Schwerpunkt weit mehr nach der Welt verlegt; ja die Beziehung auf Gott scheint oft ein bloßes Mittel, die Welt bei sich selbst zu erhöhen und in ein Ganzes zusammenzuschauen. Die göttliche Wesenheit und Kraft wirkt innerhalb der Dinge, als innerer Künstler wird die göttliche Vernunft gepriesen. »Gott ist nicht über und außer den Dingen, sondern ihnen durchaus gegenwärtig, wie die Wesenheit nicht außer und über den Wesen, die Natur nicht außer den natürlichen Dingen, die Güte nicht außer dem Guten ist.« Damit wird diese Welt der Hauptvorwurf der Wissenschaft: das unterscheidet nach Bruno den gläubigen Theologen und den wahren Philosophen, daß jenes Deutung die Natur überschreitet, dieser innerhalb ihrer Grenzen bleibt.

Bei solcher Annäherung Gottes an das Weltall übertragen sich auf dieses die Haupteigenschaften der spekulativen Gottesidee nach der Fassung des Kusaners: die Unendlichkeit und das Zusammenfallen aller Gegensätze. Auch Bruno wird zur Behauptung der Unendlichkeit durch die Spekulation getrieben: eine endliche Welt wäre Gottes nicht würdig, ihm ziemt es, alle Möglichkeit zur Wirklichkeit zu erheben. Aber dieser Zug erhält nun die kräftigste Unterstützung und anschaulichste Belebung durch das neue astronomische Weltbild; bei Bruno zuerst bekundet es seine umwälzende und erweiternde Macht, hier wirkt in vollster Frische, was später die träge Gewohnheit abgestumpft hat. Die bisherige Weltkugel mit ihrer Geschlossenheit wird als viel zu eng zerschlagen und zugleich die Vorstellung von einem räumlichen Jenseits über den Sternenkreisen aufgegeben. Ins Unendliche eröffnen sich Welten über Welten, alle voll Bewegung und Leben, alle Erweisungen des göttlichen Seins. Es erwächst eine stolze Freude an dem Freiwerden von der mittelalterlichen Enge, eine hohe Seligkeit an dem Miterleben der unermeßlichen, gotterfüllten Welt. Gegenüber ihrer Weite und Fülle sinkt der Sonderkreis des Menschen zu verschwindender Kleinheit; aus seiner Dumpfheit herauszutreten in den reinen Äther des Alls, das All mit »heroischer« Liebe zu umfassen, das wird die Größe und die Seele unseres Daseins. In diesem Heroismus, diesem Entfalten höchster Kraft, diesem Anspannen des eigenen Wesens durch das Erfassen der Unendlichkeit liegt auch die echte Sittlichkeit, nicht in einem Entsagen, Sichducken und Verkleinern.

Jene unendliche Natur hat auch innerlich eine andere und höhere Art als das menschliche Tun. Denn dies ist mitten im Suchen und muß mühsam bedenken und erwägen; das All ist solcher Unfertigkeit und solchem Schwanken weit überlegen, die höchste Ursache kennt kein Suchen und Wählen, sie kann nichts anderes tun, als was sie tut. So verschwindet der Gegensatz von Freiheit und Notwendigkeit. Denn echte Notwendigkeit bedeutet keinen äußeren Zwang, sondern das Gesetz der eigenen Natur. Daher »ist nicht zu fürchten, daß, wenn die höchste Ursache nach der Notwendigkeit der Natur handelt, sie nicht frei handle, im Gegenteil würde sie gar nicht frei handeln, wenn sie anders handelte, als die Notwendigkeit und die Natur, vielmehr die Notwendigkeit der Natur verlangt«. So sieht der Mensch über sich und um sich ein wesenhafteres, den Verwicklungen seiner Art überlegenes Leben. Aber die Gedankenarbeit lehrt ihn dieses Allleben ergreifen und alle Kleinheit ablegen.

Die Hingebung an das All verbindet sich aber bei Bruno, wenn auch nicht gleichmäßig durch alle Epochen seines literarischen Schaffens, mit der Anerkennung von Monaden, unter sich verschiedener, unteilbarer, unzerstörbarer Einheiten. Diese Einheiten sind nicht leere Punkte, sondern jede von ihnen hat »in sich das, was alles in allem ist«, jede hat teil am ganzen All, aber in eigentümlicher, unvergleich-

licher Weise, jede dient durch ihre Lebensentwicklung der Vollkommenheit des Universums. Jede hat endlich die Gewißheit der
Unvergänglichkeit. Denn was Leben und Tod heißt, sind nur
Phasen in ihrem Sein, Auswicklung und Einwicklung, wie später
ähnlich bei Leibniz. „Die Geburt ist die Ausdehnung des Zentrums,
das Leben das Bestehen des Kreises, der Tod die Zusammenziehung
ins Zentrum". Solche Unvergänglichkeit besagt aber nicht die
Fortdauer gerade dieser Lebensform; die Unzerstörbarkeit des
natürlichen Wesens ist keine persönliche Unsterblichkeit im Sinne
des Christentums. Aber sie ist ein treuer philosophischer Ausdruck
jenes hohen Lebensgefühles, das die Renaissance durchströmte und
auch dem Individuum das Bewußtsein einer Unvergänglichkeit gab.

Wie hier, so erscheint überhaupt ein Streben, die Gegensätze
des Daseins im eigenen Reich der Welt zu überwinden; nach langer
Spaltung streben endlich wieder die Dinge mit ganzer Kraft zusammen. Das All kennt nach Bruno keine Spaltung von Innerem
und Äußerem, von Körperlichem und Geistigem. Denn nicht nur
stammt letzthin das eine wie das andere aus derselben Wurzel, auch
im Reich der Erfahrung findet sich an jeder Stelle Geist, besitzt
das Größte wie das Kleinste eine Beseelung, hat aber auch alles
Seelenleben eine körperliche Existenz. Auch Form und Stoff sind
im Naturprozeß untrennbar verbunden, die Form wird nicht von
draußen dem Stoff zugeführt, und der Stoff ist nicht jenes leere
Vermögen, jenes „beinahe Nichts", wie ihn nach Augustin das
Mittelalter nannte, sondern er trägt die Form in seinem Schoß und
gestaltet sich von innen heraus. Das erhebt die Natur über die
Kunst, daß diese einen fremden, jene einen eigenen Stoff behandelt,
daß die Kunst um (circa) den Stoff, die Natur in ihm ist.

So erweist sich die Natur als ein Reich lebendiger Kraft. Aber
zugleich erhält und verjüngt sich die ältere Überzeugung von dem
künstlerischen Zusammenhange des Alls; Leben und Schönheit sind
wie im Streben der Renaissance, so im Weltbilde ihres größten
Philosophen geschwisterlich verbunden. Die Welt ist in aller ihrer
Bewegung ein herrliches Kunstwerk, dessen Harmonie über dem
Unterschied und Streit der Teile liegt. Die Harmonie selbst verlangt eine Mannigfaltigkeit der Teile, denn „es gibt keine Ordnung,
wo keine Verschiedenheit ist". Nur werde in dem Verschiedenen
der Zusammenhang, in dem Vielen das Eine ergriffen und von ihm
aus das Mannigfaltige verstanden; „es ist eine tiefe Magie, das Ent-

gegengesetzte hervorlocken zu können, nachdem man den Punkt der Vereinigung gefunden hat«.

Die Wendung zu solcher Harmonie des Ganzen erhebt sicher über alle Mißstände und Leiden des Daseins; wiederum wird vom Weltgedanken eine volle Aussöhnung mit der Wirklichkeit erwartet. Im Kunstwerk des Alls erweist sich alles als förderlich, schön und vernünftig. »Nichts im Universum ist so geringfügig, daß es nicht zur Vollständigkeit und Vollkommenheit des Höchsten beitrüge. Ebenso ist nichts für einige und irgendwo schlecht, was nicht für andere und anderswo gut und das Beste wäre. So wird dem, der auf das All blickt, sich nichts Schlechtes, Böses, Unangemessenes darbieten; denn auch die Mannigfaltigkeit und Gegensätzlichkeit hindert nicht, daß alles das Beste ist, wie es von der Natur geleitet wird, welche wie ein Gesangmeister die entgegengesetzten Stimmen zu einem, und zwar dem allerbesten Einklang lenkt.« Als solche Verbindung vollkommener Schönheit mit unendlicher Lebensfülle wird die Natur der wahre Gegenstand religiöser Verehrung. »Nicht in menschlichen Dingen mit ihrer Kleinheit und Niedrigkeit ist Gott zu suchen und zu verehren, — nicht in den elenden Mysterien der Römlinge (romanticorum vilia mysteria), — sondern in dem unverletzlichen Naturgesetz, in dem Glanz der Sonne, in der Gestalt der Dinge, welche aus dem inneren dieser unserer Mutter Erde hervorgehen, in dem wahren Bilde des Höchsten, wie es sich sichtbar darlegt in dem Anblick der unzähligen Lebewesen, welche am Saume des einen unermeßlichen Himmels leuchten, leben, fühlen, erkennen und dem einen Besten und Höchsten zujauchzen«. Von derartiger Verehrung der Natur als des wahren Gottesreiches war Bruno persönlich tief ergriffen, dahin war die ganze Kraft seines feurigen Gemütes gewandt, während ihm die inneren Fragen des religiösen Lebens und zugleich das Geschichtliche und Kirchliche der Religion gleichgültig wurden. Es war sein Unglück, einer Zeit anzugehören, die so ganz unter dem Zeichen konfessionellen Streites stand.

Zur Würdigung und Kritik dieser Gedankenwelt sei folgendes bemerkt. Bruno war ein reicher und anregender Geist, von dem viel Befreiung und Belebung ausging; er hat die Haupttendenzen der Renaissance auf einen philosophischen Ausdruck gebracht; ein schließlich mit heroischer Kraft ertragenes Märtyrertum wirft auf sein ganzes Leben und Sein einen verklärenden Glanz. Für einen großen Denker aber kann ihn nur halten, wer den Grad der Opposition

gegen die Kirche zum Maßstab der Größe macht. Denn die Gedankenarbeit kommt hier über aller stürmischen Bewegung nicht
zu durchgreifender Klärung. Das Weltall, das von der Kleinheit
des Bloßmenschlichen befreien soll, wird selbst wieder durch die
Phantasie mit menschenartigen, nur verblaßten Größen erfüllt. Die
Welt scheint herrlich als ein Abglanz des Göttlichen, aber dieses
wird wieder an sie gebunden und in sie versenkt. So jener Kultus
der Natur, ein Reflex der ästhetischen Naturbetrachtung der Renaissance, an sich ein wunderliches Zwittergebilde.

Wie das Verhältnis der Welt zu Gott, so hat auch die Welt
selbst an einem Widerspruche zu tragen: dem einer ästhetischen und
einer dynamischen Betrachtung. Die künstlerische Auffassung der
Natur enthielt in ihrer antiken Heimat eine Bindung alles Lebens
an die Form und eine klare Abgrenzung aller Größen; nun fällt
die Selbständigkeit der Form und schrankenlos flutet unendliches
Leben, zugleich aber verbleibt jene ästhetische Anschauung, ja sie
wird mit besonderem Eifer verkündet. Die Widersprüche sind demnach nicht sowohl überwunden als einfach ineinandergeschoben, der
Charakter einer Übergangszeit ist unverkennbar.

Damit sei die Bedeutung der Befreiung und Belebung, die auch
von der Gedankenarbeit der Renaissance ausgeht, nicht geschmälert;
nur sei nicht vergessen, daß, wenn vieles gewonnen wird, auch
manches verloren geht, und daß das Neue mehr kühne Entwürfe
als durchgebildete Gestalten zeigt.

c. Die Lebenskunst des Individuums. Montaigne.

Die Befreiung des Individuums ist ein Hauptstück der ganzen
Renaissance. Aber sie gestaltet sich bei den verschiedenen Völkern
verschieden. In Italien hat sie den Zug ins Große, Gewaltige,
Dämonische; harte Konflikte mit der Umgebung werden dadurch
unvermeidlich. Eine herabgestimmtere und flachere, aber auch maßvollere und liebenswürdigere Art gibt ihr der französische Volksgeist.
Dort hatte das Individuum in überquellender Kraft sich aller Bindung
entledigt und den Kampf mit der Unendlichkeit des Weltalls aufgenommen, hier gilt es namentlich eine Unabhängigkeit und Beweglichkeit innerhalb der gesellschaftlichen Verhältnisse; dort suchten die
Gedanken gern eine Anknüpfung an den Neuplatonismus mit seiner
Einigung von Gott und All wie seiner Erhöhung des Menschen zum
weltumspannenden Mikrokosmos, hier fühlt man sich am nächsten

dem Hedonismus, Epikureismus und Skeptizismus des späteren Altertums mit ihrer Loslösung des Individuums von allen drückenden Fesseln und ihrer Verwandlung der Lebensarbeit in Lebenskunst. Der hervorragendste Vertreter dieser Bewegung ist Michael Montaigne (1533—1592). Er hat, „wenn nicht den Menschen überhaupt, aber den französischen Menschen dargestellt mit allen Zweifeln und Irrungen, die ihn bedrängen, den Genüssen, die ihm Freude machen, den Wünschen und Hoffnungen, die er hegt, seinem ganzen geistig und sinnlich angeregten Wesen" (Ranke).

Das moderne Individuum, das zur Entfaltung seiner Kräfte und zum Genuß seines Daseins strebt, hat mehr Lebenslust und Frische einzusetzen als das des späteren Altertums, aber es begegnet auch weit härteren Widerständen der Umgebung und Überlieferung; sollen alle absoluten Größen, alle starren Bindungen fallen, so bekommt die Denkarbeit viel mehr zu tun, so hat sie weit mehr Schutt aufzuräumen, weit mehr Scharfsinn, Witz und Spott aufzubieten. Das aber ist in Wahrheit geschehen.

Montaigne bekämpft eine erstarrte, das Individuum mit absoluter Autorität bindende Kultur als eine Gefahr und ein Unglück. Sie lenkt den Menschen von den eigenen zu fremden Dingen, von der Gegenwart in die Zukunft. „Wir sind niemals bei uns selbst, wir sind immer draußen." Wir wollen überall wohnen und wohnen daher nirgends; wir leben und haben kein rechtes Bewußtsein von unserem Leben. Zugleich ist das Leben künstlich geworden, „wir haben die Natur verlassen und wollen sie ihre Lektion lehren, sie, die uns so glücklich und sicher führte". Nun durchdringt Unwahrheit und Heuchelei alle Verhältnisse, wir mühen uns am meisten um den Schein, „die ganze Welt treibt Schauspielkunst" (nach Petronius). Dabei macht die Verkettung mit fernen und fremden Dingen unser Leben unruhig und sorgenvoll; wir können nicht mehr unbefangen genießen, nicht mehr uns leicht und frei bewegen. Auch erzeugen die raffinierteren Bedürfnisse gefährlichere Leidenschaften. So ist der Kulturmensch minder glücklich und minder gut als der Naturmensch mit der Einfachheit und Unmittelbarkeit seines Lebens.

Mit solchen Anklagen gegen die Kultur scheint Montaigne schon die Bahnen Rousseaus einzuschlagen, seine Schilderung des Übels stimmt in Wahrheit mit diesem bis auf den Ausdruck überein. Aber sein Heilmittel ist ein völlig anderes, harmloseres und zahmeres als das des großen Radikalen. Während dieser die ganze bisherige Kultur

zerschlagen und ein völlig neues Leben aufbauen will, begnügt
Montaigne sich damit, den inneren Druck aufzuheben, mit dem die
Kultur den Menschen belastet; er tut das durch die Aufweisung
der Relativität aller ihrer Einrichtungen, die Zerstörung aller absoluten
Satzungen. Äußerlich aber bleibt alles stehen, wie es sich findet;
insofern ist dieser Relativismus durchaus konservativer Art.

Das Hauptmittel der Befreiung ist dabei die kritische Reflexion.
Sie zeigt den Wechsel und Wandel der geschichtlichen Bildungen,
die Zufälligkeit der menschlichen Einrichtungen, die Unsicherheit alles
vermeintlichen Wissens, die Hohlheit und Unfruchtbarkeit schul-
mäßiger Gelehrsamkeit, vor allem aber die Subjektivität und Indiv-
dualität aller Meinungen und Schätzungen.

Wechseln mit den Individuen bunt die Bilder und Bewertungen
der Dinge, zeigt dieselbe Sache dem einen dieses, dem anderen
jenes Gesicht, so wird es zu einer Torheit, einer Erzdummheit (quelle
bestiale stupidité!), die eigene Meinung den anderen aufzudrängen.
Wer die Subjektivität und die Relativität aller Überzeugungen und
Einrichtungen durchschaut, der ist für die weitherzigste Toleranz
gewonnen.

Solche innere Wandlung des Lebens muß alle überkommenen
Größen und Güter verändern. Das individuum kann nur urteilen
nach seiner Empfindung; der Empfindung muß sich alles erweisen,
was als wirklich, der Empfindung als angenehm dartun, was als gut
gelten soll. So entscheidet unser Eindruck über die Wahrheit, und
das Ansichgute weicht dem Angenehmen und Nützlichen.

Bei solcher freieren Bewegung verliert das Individuum keineswegs allen Zusammenhang mit seinesgleichen. Denn der Mensch
lebt in Gemeinschaft und unter dem Einfluß früherer Zeiten; solches
Miteinanderleben ergibt einen Durchschnitt von Überzeugungen und
Einrichtungen, der durch die Gewöhnung weiter wirkt. Unser eigenes
Befinden fährt am besten, wenn wir in freiem Anschluß den Gebräuchen und Meinungen folgen, die einmal unsere Umgebung und
unseren Lebenskreis bilden. Zu den gesellschaftlichen Einrichtungen
wird auch die Religion gerechnet und auch gegenüber ihrem geschichtlichen Befunde ein konservatives Verhalten empfohlen. Als beste
Partei gilt die, „welche die alte Religion und die alte Staatsordnung
des Landes festhält". So hatte es guten Grund, wenn Montaigne
auf seiner großen Reise vom Papst empfangen wurde und sein Werk
die Billigung des heiligen Officiums erhielt.

Nach solchem Wegfall aller Hemmungen kann das neue Leben seine Eigentümlichkeit voll und frei entfalten. Es wird hier vornehmlich zur Lebenskunst, zur rechten Nutzung aller Lagen, zur geschickten Anpassung an den Augenblick, zu einem vivre à propos.

Augenscheinlich fehlt diesem Leben die Tiefe, nicht aber fehlen ihm edlere Züge. Obschon die Lust als eigenes Behagen (plaisir) des Individuums das höchste Gut bildet und man sich nicht das Wohl eines anderen Wesens zur Aufgabe setzen kann, so braucht man keineswegs gleichgültig gegen die anderen zu werden; die eigene weichgestimmte und wohlwollende Natur empfiehlt ein freundliches Benehmen gegen alle Umgebung. Es entwickelt sich ein Streben nach Humanisierung aller Verhältnisse, nach Aufhebung harter Einrichtungen, z. B. grausamer Strafen, der Tortur u. s. w. Auch die Tiere, selbst die Bäume seien schonend behandelt. Auch das Bewußtsein der Relativität alles Menschlichen und des gleichen Rechtes aller Individuen erzeugt eine milde Beurteilung fremden Tuns, eine weitgehende Toleranz gegen Menschen und Dinge. Damit geht Montaigne seinen eigenen Weg gegenüber seiner Zeit mit ihren schroffen Gegensätzen und leidenschaftlichen Kämpfen.

Eine Hauptregel glücklicher Lebensführung bildet das Maßhalten; in nichts anderem besteht die Tugend. Nicht als eine strenge Herrin schlägt sie das Leben in Fesseln, sondern sie dient dem menschlichen Glück, indem sie uns recht genießen lehrt; ein Entsagen verlangt sie nur zu Gunsten einer größeren Lust. So hat sie ein heiteres und fröhliches Antlitz. Jenes Maßhalten empfiehlt in allen Verhältnissen die goldene Mittelstraße; nicht ein kühner Hochflug, sondern eine Beschränkung auf das Genügende führt am ehesten zum Glück. Übergroße Güter können nur beschweren.

Ferner verlangt das Glück eine einfache und natürliche Lebenshaltung; alle echte Freude und Tüchtigkeit entwickelt sich in engem Anschluß an die Natur. So beginne das Streben von den einfachsten Eindrücken und Empfindungen, auch bei der moralischen Bildung; »Schmerz und Lust, Liebe und Haß sind die ersten Dinge, die ein Kind fühlt; kommt die Vernunft dazu, so verbinden sie sich mit ihr: das ist die Tugend«. Dabei erscheint – hier wohl zuerst – die Maxime, welche später so viel Bewegung hervorrief, nicht in alles Geschehen einzugreifen, sondern die Natur gewähren zu lassen (laissons faire un peu la nature). »Sie versteht ihr Geschäft besser als wir.«

Je mehr sich dieses Leben von den Tiefen des Alls zurückzieht, desto wertvoller wird der gesellige Verkehr mit den Menschen. Das Zusammensein erscheint als die reichste Quelle der Freude, in der Wechselwirkung von Mensch zu Mensch entfaltet sich vornehmlich das Leben. Aber diese Wechselwirkung bleibe freier Art; mögen die Gedanken sich stets mit den Menschen beschäftigen, man soll nicht jeden Augenblick ihrer physischen Nähe bedürfen. Auch meide man alle festen Verpflichtungen, alle bindenden Verhältnisse; „die Weisheit selbst würde ich nicht geheiratet haben, wenn sie mich gewollt hätte".

Ein besonders hervorstechender Zug dieser Lebensführung ist ihre große Leichtigkeit, ihre Heiterkeit und Fröhlichkeit. Namentlich im Kontrast zu der gewaltigen Schwere und Tiefe, welche die Reformation der Lebensarbeit gab, ist dieses Leichtnehmen aller Dinge höchst charakteristisch. Das Leben wird scheinbar von dem drücken den Alp der Vergangenheit und der Verwicklung der Weltfragen gänzlich befreit; durch die Verlegung in den Verkehr mit der sinnlichen Umgebung gestaltet es sich zu einem frohen und bunten Spiel an der Oberfläche; in diesem Spiel regen und rühren sich mannigfache Kräfte, deren unablässige Bewegung eine heitere Freude über das Dasein ergießt. Alle Probleme verlieren ihre Härte; auch den schärfsten Angriffen nimmt ein liebenswürdiges Naturell die verletzenden Spitzen.

In solchem Streben entwickelt sich eine Hauptseite der französischen Art: kein Volk hat so viel Neigung, mit dem Wust und Schutt veralteter Überlieferungen aufzuräumen, das Leben in die unmittelbare Gegenwart zu stellen, dem jeweiligen Augenblick zu leben, alle Schwingungen der Zeiten mit der Resonanz beweglichster Empfindung zu begleiten. So sind die Franzosen der deutlichste Anzeiger der wechselnden Strömungen und Stimmungen des Kulturlebens geworden, sie sind das Volk, das, nicht nur in äußeren Dingen, die Mode macht. Zugleich ist hier eine feine Lebenskunst mit einer Verwandlung des Daseins in ein heiteres Spiel, mit einer freien und frohen Beweglichkeit des Individuums entstanden. Von Montaigne aber läßt sich in allen diesen Beziehungen sagen, daß „der eigentümliche Genius der Nation sich in ihm wiederfindet" (Ranke).

Aber was ein gewisses Niveau des Lebens befriedigt, ist darum noch nicht das Letzte und Ganze, und die Klugheit des Alltages nicht die Summe der Weisheit. Und das ist doch die Absicht Montaignes. Dagegen erheben sich sofort alle Bedenken, die schon der alte Epikureismus hervorrief; die Jahrtausende haben sie nur noch gesteigert. Augenscheinlich fehlt dieser Lebensführung alle Produktivität, auch hat ihr Optimismus keinerlei Wehr gegen Elend und Bosheit. Ihre Stärke, die Dinge leicht zu nehmen, wird zur Schwäche, sobald große und ernste Angelegenheiten in Frage kommen; ja wenn ihre spielende Art die letzten Probleme unserer geistigen Existenz zur Sache des gesellschaftlichen Geschmackes, der bloße Laune und Mode macht, so ist nur ein Schritt zu leichtfertiger und zerstörender Frivolität. Es ist ein Unglück für ein Volk, wenn jene frohflache Lebensführung in ihm Boden gewinnt, und eine skeptisch-epikureische Denkweise nicht nur über zeitliche, sondern auch über ewige Dinge entscheidet.

d. Das neue Verhältnis zur Natur und ihre technische Bewältigung. Bacon.

Bacon (1561 – 1626) steht schon an der Schwelle der Aufklärung. Denn der stürmische Lebensdrang ist bei ihm in augenscheinlicher Klärung begriffen. Aber immer noch wirkt das Neue hier mehr innerhalb des Alten, als daß es sich einen selbständigen Boden und eine eigene Art schüfe; der Denker ist größer in kühnem Entwurf als in durchbildender Arbeit; auch ihn treibt eine hochfliegende Phantasie, gibt seinen Ideen einen gewaltigen Schwung und durchflicht seine Darstellung mit glanzvollen Bildern; auch in der Wirkung hat er mehr angeregt als weitergeführt. So rechnen wir ihn noch zu den Übergangserscheinungen der modernen Welt.

Den Beginn seiner Arbeit bildet eine einschneidende Kritik der Zeitphilosophie, ein völliger Bruch mit der geschichtlichen Überlieferung. Ganz und gar ungenügend erscheint der vorgefundene Stand des Wissens, da er die Dinge weder erkennen noch beherrschen lehrt. Das vermeintliche Wissen ist bloßes Schein- und Wortwissen, ist unfruchtbarer und toter Art. Und das die Frucht jahrtausendlanger Arbeit! Wie könnten wir das erkennen und fortfahren, den gepriesenen Autoritäten, namentlich dem Aristoteles, zu huldigen? Warum auch am Alten hangen, da in Wahrheit nicht jene früheren Zeiten, sondern wir selbst mit den Erfahrungen der Jahrhunderte als alt gelten dürfen? Schien sonst die Überlieferung eine überlegene Vernunft mitzuteilen, so erwachen jetzt Zweifel daran, ob sie uns auch nur die besten Leistungen der Vergangenheit übermittelt. Denn die Zeit gleicht einem Fluß, der Leichtes und Aufgeblasenes mit sich fortführt, Schweres und Gediegenes aber zu Boden sinken läßt. So gilt es eine Befreiung von aller geschichtlichen Autorität und ein Beginnen der Arbeit ganz von neuem. Damit ein völliger Wandel im Verhältnis zur Geschichte; die blinde Verehrung der Vergangenheit schlägt um in eine blinde Verwerfung, eine alleinige Schätzung der Gegenwart.

Ein so schroffer Bruch mit der Vergangenheit ist oft getadelt und Bacon einer pietätslosen Neuerungssucht bezichtigt worden. Aber eine unbefangene Würdigung aus den Zeitverhältnissen wird anders urteilen. Begann man ernstlich an der Richtigkeit des bisherigen Weges zu zweifeln, so mußte die übermächtige Tradition zu einer ungeheuren Last, einer unerträglichen Hemmung werden; es galt vor allem diese Last abzuschütteln und die Bahn frei zu machen. Leicht kann die Geschichte würdigen, wen sie nicht mehr bedrückt; wer sein Recht erst zu erkämpfen hat, wird selten gerecht sein.

Aber wie werden wir über die früheren Zeiten hinauskommen? Offenbar verschuldete ihre Irrung nicht ein Mangel geistiger Kraft, denn an Begabung fehlte es jenen wahrlich nicht. Nur die Art des Verfahrens, die Methode kann es sein, welche die Vorgänger in die Irre führte; die Arbeit war vergeblich, weil sie falsche Wege verfolgte. So läßt nur eine richtigere Methode ein besseres Gelingen, ein Ende der fruchtlosen Mühsal hoffen.

Es war aber der Sitz der Irrung folgender. Statt die Dinge unverfälscht aufzunehmen und sich ihrer Wahrheit unterzuordnen, hat der Mensch sich selbst zum Mittelpunkt gemacht und nach seinen Empfindungen und Zwecken alles gedeutet, den unermeßlichen Reichtum der Dinge in ein Spinngewebe menschlicher Begriffe und Formeln eingefangen; Trugbilder menschlicher Vorurteile beherrschten die Arbeit und verhinderten alles Gelingen. Eine solche Forschung wollte rasch zu Ende und zur Ruhe kommen; so schloß sie ab, wo eben erst begonnen war; allgemeine Sätze wurden keck gewagt und zu unbestreitbaren Wahrheiten erhoben, bei denen man eine Antwort auf alle Fragen suchte. Ein solches subjektives und deduktives Verfahren ergab statt einer Erklärung der Natur (interpretatio naturae) nur ein Vorwegnehmen des Geistes (anticipatio mentis); auch erreichte es keinerlei Macht über die Natur, sondern blieb mit seinen Formeln und Abstraktionen gänzlich unfruchtbar für das Leben.

Das Durchschauen des Fehlers zeigt zugleich den Weg zur Wahrheit: es gilt eine engere, eine unablässige Berührung mit den Dingen, die Ausbildung eines objektiven und induktiven Verfahrens, die Befreiung der Forschung von allem Anthropomorphismus. Zu solchem Zwecke seien alle mitgebrachten Begriffe und Lehren ausgetilgt und der Geist wie eine leere Tafel den Dingen entgegengebracht. Die Natur bezwingen kann nur, wer ihr zunächst gehorcht. So sei durch den ganzen Verlauf der Arbeit alle Willkür des Subjekts, ja alles eigene Zutun des Geistes ferngehalten, der Geist nie sich selbst überlassen, sondern die Sache möglichst durch die eigene Bewegung der Dinge, möglichst mechanisch (velut per machinas) verrichtet. Die neue Art der Forschung beginne mit den einzelnen Eindrücken, als den noch unverfälschten Mitteilungen der Dinge; diese Grundlage muß breit und sicher sein; hier müssen wir klar und vollständig sehen, wo möglich mit Hilfe von Instrumenten, indem diese die Beobachtung nicht nur verfeinern, sondern sie auch dem Schwanken subjektiver Schätzung entziehen; dann gilt es langsam und vorsichtig, Schritt für Schritt behutsam tastend, unter vielfacher Veränderung der Beobachtung und geschickter Auswahl entscheidender Fälle, zu allgemeinen Sätzen aufzusteigen, dabei nicht zu einem systematischen Abschluß zu eilen und durch ihn ein ferneres Wachstum abzuschneiden, sondern die Fragen offen und das Denken in lebendigem Fluß zu halten. Dabei sei alles Schlußverfahren reichlich durch das Experiment unterstützt, das die Natur, welche sonst proteusartig dem Menschen entschlüpft, festhält und zur Antwort zwingt. Wird das alles mit unermüdlicher Geduld und strenger Selbstkritik geleistet, so wird sich mehr und mehr auf sicherer Basis eine gewaltige Pyramide des Wissens erheben.

Gegen dieses baconische Verfahren ist viel eingewandt, und das nicht ohne Grund. Die Tätigkeit des Geistes läßt sich nicht so gänzlich ausschalten, die Arbeit schichtet sich nicht so leicht zusammen, sie verlangt beherrschende Richtlinien, die lediglich ein voraneilendes Denken dem Chaos der Erscheinungen abringen kann. Auch unterliegt hier die Forschung noch zu sehr dem unmittelbaren Eindruck, es fehlt die eindringende Analyse, dieses Hauptmittel der modernen Forschung. Ferner wandelt Bacon noch in den Bahnen der Scholastik, wenn er nicht sowohl einfachste Kräfte und Gesetze als allgemeine Formen und Wesenheiten der Dinge aufsucht. Aber trotzdem enthält der Hauptzug des Strebens eine bedeutsame

Wendung. Die Empfindung der Kleinheit des Menschen ist mit voller Stärke erwacht und zugleich ein Durst nach einem Leben mit den Dingen, ja mit der Unendlichkeit des Alls; dafür gilt es eine Befreiung von eingewurzeltem Wahn, einen Kampf des Menschen gegen sich selbst, der nicht ohne Opfer gelingen kann. Nicht nur in die Weite wächst damit das Leben, die Berührung mit den Dingen scheint es allererst von bisheriger Schattenhaftigkeit zu voller Wirklichkeit zu führen. Aus solchem Gewinn fließt inmitten aller Unterordnung ein sicheres und stolzes Kraftgefühl.

Das um so mehr, als bei Bacon die Forschung über die bloße Erkenntnis hinaus nach einer technischen Herrschaft über die Natur strebt; „das wahre und echte Ziel der Wissenschaften ist kein anderes, als das menschliche Leben durch neue Erfindungen und Mittel zu bereichern"; von hier ist das charakteristische Wort in Umlauf gekommen, daß Wissen Macht ist. Nur deshalb dient der Mensch so willig, um den Dingen ihr Geheimnis abzulauschen und sie in seine Gewalt zu bekommen. Indem solche Herrschaft unser Vermögen weiter und weiter ausdehnt, die Naturkräfte zu Gliedern unseres Leibes, zu Werkzeugen unseres Willens macht, steigert sie ins Unermeßliche unser Leben und unser Glück. So liegt an der wissenschaftlichen Erkenntnis mit ihrer Wendung zur Technik alles Gelingen des Lebens.

Solcher Gedankengang führt zu einem enthusiastischen Preis der Erfindungen; sie sind „gleichsam Neuschöpfungen und Nachahmungen der göttlichen Werke", die Erfinder aber Mehrer des Reiches der Menschheit und Eroberer neuer Provinzen, als solche weit überlegen den kriegerischen Eroberern, die nur ein Volk und zwar auf Kosten anderer bereichern. Wie eine einzelne Erfindung das Leben verändern kann, zeigen die Buchdruckerkunst, das Pulver, der Kompaß; denn ohne sie gäbe es nicht die literarische Entwicklung, das Kriegswesen, den Welthandel der Neuzeit. Wie viel mehr ist zu erwarten, wenn, was bisher auf den Zufall gestellt war, methodisch und systematisch angegriffen, wenn eine allgemeingültige Methode des Erfindens ausgebildet und in gemeinsamer Arbeit betrieben wird. Denn sicherlich birgt der Schoß der Natur noch viel Wertvolles, ein großer Haufe von Erfindungen ist noch übrig; so verspricht die Erhebung des Zufalls zur Kunst eine durchgängige Erhöhung des Lebens. Mit der Begeisterung eines Sehers erschaut Bacon einen neuen Kulturstand und drängt er mit glühendem Eifer

zu seiner Verwirklichung. Als ein rechter Seher erwartet er diese
bessere Zukunft weniger von langsamer Arbeit als von einem so-
fortigen Umschwung.

Solche Fassung der Hauptaufgabe bringt einen neuen Geist in
das Leben, der sich in mannigfachsten Wirkungen bekundet. — Die
Pyramide des Wissens aufbauen und das ganze Dasein durch Erfindungen umwandeln kann nicht der Einzelne, es bedarf dazu einer
Verbindung vieler Kräfte, es bedarf, wenngleich die Gegenwart die
Hauptwendung bringt, der Kette der Geschlechter, einer Summierung
der Leistungen. Die Wissenschaft wird damit aus einer Sache des
Individuums zur Sache der Menschheit; der Einzelne muß sich
bereitwillig dem Ganzen unterordnen und einfügen, das die Ansammlung vollzieht; „viele werden vorüberziehen, und die Wissenschaft wird wachsen". So gewinnt die neue Wissenschaft ein eigentümliches ethisches Element.

Zugleich bestärkt sich die Hochschätzung der Methode, von der
Bacons Arbeit ausging. Nur ein der Zufälligkeit der individuen überlegenes, auf sachlicher Notwendigkeit gegründetes Verfahren sichert
einen Fortgang der Arbeit und verbindet die einzelnen Kräfte; zugleich
vermag es die Unterschiede der Individuen auszugleichen und auch
ein schwächeres Vermögen zu kräftigen. Denn „an sich geringe
und untaugliche Gaben werden bedeutend, wenn sie in rechter Weise
und Ordnung verwandt werden". Ein Lahmer auf gerader Straße
kann einen Läufer außerhalb des Weges überholen. Die Methode
scheint sich hier völlig von den Personen abzulösen und wie eine
Maschine mit unbedingter Zuverlässigkeit zu wirken. So beginnt
jene Überschätzung der Methode und Unterschätzung der Persönlichkeit, welche im modernen Leben viel Irrung hervorgerufen hat.
Aber alle Überspannung verdunkle nicht das Berechtigte, das Unentbehrliche des Grundgedankens. Die Entwicklung des modernen
Geisteslebens war nicht möglich, ohne daß die Arbeit in ihren eigenen,
inneren Notwendigkeiten einen festen Halt und eine sichere, die Individuen verbindende Richtung gewann; das aber ist der Kern jenes
Verlangens nach Methode.

Mit der Umgestaltung der Wissenschaft verändert sich auch
ihre Stellung im Ganzen des Lebens. Sie wird der beherrschende
Höhepunkt, die Seele der Kulturarbeit; der neue Stand der Dinge
gilt als das „Reich der Philosophie und der Wissenschaften", das
neue intellektuelle Zeitalter verkündigt sich mit voller Deutlichkeit.

Den Grundstock aller Wissenschaft bildet aber die Naturwissenschaft. Sie ist die „große Mutter" und die Wurzel alles Erkennens, von der es sich nicht losreißen darf ohne zu verwelken; sie liefert bei Bacon in der Tat die Begriffe und Normen für alle Forschung. So erfolgt schon hier jene grundfalsche Gleichsetzung von Natur und Welt, von Naturwissenschaft und Wissenschaft überhaupt, die so viel Irrung und Verwirrung angerichtet hat.

Dieses Wissen samt dem technischen Aufschwung gibt dem ganzen Leben einen eigentümlichen Anblick und eine entsprechende Stimmung. Nun gewinnt der Mensch eine bedeutende Aufgabe und Zukunft auch auf dem Boden der Zeit, nun wird er hier voll beschäftigt, nun entwickelt sich im Vordringen der Arbeit aus eigener Kraft ein stärkeres Selbstbewußtsein, eine freudige Grundstimmung. Nicht über das Elend des Menschen will der Denker klagen, sondern lieber bei den großen Männern und ihren Werken, „den Wundern der menschlichen Natur", verweilen, einen Kalender menschlicher Triumphe möchte er anlegen. Wohl kann der Wissenschaft ein übergroßes Vertrauen schaden, besonders aber wird vor Kleinmut und einem raschen Verzweifeln gewarnt. Wie sehr ist hier die Stimmung gegen das Mittelalter umgeschlagen!

Was immer dabei an Arbeit entsteht, das ist vornehmlich auf Leistung und Erfolg gerichtet; die reine Innerlichkeit beginnt zu verkümmern. Das zeigt die Behandlung aller einzelnen Gebiete. So hat Bacon über die Religion glänzende Sätze — ihm gehört z. B. das Wort, daß in der Philosophie ein oberflächliches Kosten vielleicht zum Atheismus treibe, ein tieferes Schöpfen aber zur Religion zurückführe —, vor allem aber möchte er göttliche und menschliche Dinge, Glauben und Wissen scheiden und damit der Forschung alle Störung durch religiösen Fanatismus fernhalten. — Die Moral will er nicht mehr von der Religion und Theologie, sondern von der menschlichen Natur aus begründen; aber die Behandlung geht nicht tief und die Untersuchung verweilt weniger bei den Zielen als bei den Mitteln und Wegen der Arbeit. Bacon spricht von einer „Kultur" des Geistes (cultura animi) und unterliegt so sehr dem Einfluß des Bildes, daß er auch von einem „Landbau" (georgica) des Geistes reden kann. — Ein Stück der Kulturarbeit wird auch das Recht; es dient vornehmlich der Förderung des gemeinsamen Nutzens, dem Glück der Bürger. Die Fassung der Gesetze sei klar und bestimmt, ihre Handhabung erfolge, mit tunlichstem Ausschluß aller

Willkür und Unsicherheit, aus der Denkweise der lebendigen Gegenwart. — Auch in der Erziehungslehre überwiegt das Technische das Moralische; so kann Bacon das Schulwesen der Jesuiten als Muster empfehlen. — Bemerkenswert ist endlich die Geringachtung der Kunst und aller schönen Form. Nicht auf die Schönheit der Dinge, sondern auf ihren Sachgehalt und ihren Nutzen kommt es an. Die Darstellung hat für sich keinen Wert, aller Schmuck dünkt überflüssig, ja schädlich. In Wahrheit gibt Bacon seine Gedanken in höchst durchgebildeter und feingeschliffener Form, er prägt oft so treffende Ausdrücke, daß Jahrhunderte davon gezehrt haben; seine Darstellung zeigt die vollste Frische der Empfindung und gewinnt durch den schroffen Kontrast des Ja und Nein, der die Arbeit durchdringt, eine dramatische Spannung. Alles zusammen macht ihn zu einem Meister des wissenschaftlichen Stils, er vor allem hat diesem Stil die eigentümlich moderne Färbung verliehen.

So durchbricht auch sonst bei Bacon die Leistung oft den Rahmen der naturwissenschaftlich-technischen Denkweise. Aber diese gibt die beherrschende Hauptlinie; nur was in sie einschlägt, verbindet sich zu gemeinsamer Wirkung.

Bacon hat ein dringliches Bedürfnis des modernen Lebens klassisch formuliert und siegreich durchgesetzt. Er entwickelt eine hinreißende Bewegung vom abstrakten Begriff zur unmittelbaren Anschauung, von einer Afterweisheit der Worte zur Erkenntnis der Dinge, von der Enge der Schule zu einem allgemeinen Kulturleben, vom freischwebenden Subjekt zu einem festen Zusammenhange mit den Gegenständen; er verflicht das menschliche Dasein enger der umgebenden Welt; er beginnt mit dem allen den modernem Realismus. Wie sehr seine Leistung einem Verlangen der Zeit, dem Durst nach Anschauung und Wirklichkeit, entgegenkam, das zeigt besonders die Umwälzung der Erziehungslehre im 17. Jahrhundert (Comenius), die sein Streben aufnimmt und weiterführt.

Daß Bacon trotzdem eine Übergangserscheinung bleibt, bekundet gerade seine Lebensanschauung. Einmal fehlen hier noch manche Zweifel, in deren Aussprache und Überwindung die Aufklärung ihre Größe fand, es fehlt namentlich ein Bruch mit dem naiven Weltbilde. Sodann erscheinen widersprechende Strömungen ohne einen Versuch der Ausgleichung. Beim Erkennen verhält sich der menschliche Geist zur Wirklichkeit völlig anders als beim Handeln. Dort scheint er leer und ohnmächtig gegenüber den Dingen, hier wächst er zu überlegener Größe und überwältigt er die Umgebung mit siegreicher Kraft. Was aber erlebt der Mensch, dessen Vermögen so gewaltig anschwillt, bei sich selbst, welchen inneren Gewinn ergibt jene Steigerung der Macht? Darauf hat Bacon keine Antwort.

Demnach gelangt er ebenso wenig zu einem vollen Abschluß wie die übrigen Denker der Renaissance; so viel seine jugendliche Kraft und sein freudiger Glaube zur Einführung einer neuen Zeit beigetragen hat, auch er bringt noch nicht das helle Licht, sondern erst die Morgendämmerung eines neuen Tages.

2. Die Aufklärung.

a. Die allgemeine Art der Aufklärung.

Wie die Aufklärung zusammen mit der Renaissance den Aufbau der Neuzeit vollzogen hat, so verbindet ein gemeinsamer Charakter beide Epochen. Hier wie da ein Zug zum Weltall, eine Lust und Freude am Leben, ein Trieb zu wirken und zu schaffen, eine Versetzung des Daseins in Aktivität, ein Verlangen nach Macht und Herrschaft über die Dinge, ein Streben nach unbegrenzter Entfaltung aller Kräfte. Zusammen mit solchem Lebensdrange ein fester Glaube an die Macht der Vernunft in der Wirklichkeit; selbst das Feindliche erscheint mehr als ein willkommener Reiz zur Anspannung der Kraft denn als eine lähmende Hemmung. So eine durch und durch freudige, stets zur Tätigkeit bereite Lebensstimmung.

Aber innerhalb dieser Gemeinschaft entfernen sich die Epochen von einander bis zu vollem Gegensatz; diesen Gegensatz muß deutlich vor Augen haben, wer die Bewegung der Neuzeit verstehen will. Die Renaissance ist die Jugend der Neuzeit, mit der Aufklärung beginnt der Stand ihrer Reife. Dort mehr Einsetzen des ganzen Wesens in ungeschiedener Einheit, ein kühnes Walten der Phantasie, ein Zug zum Heroischen; hier mehr Sonderung und Klärung gegenüber der Außenwelt wie bei sich selbst, mehr ruhige Energie, umsichtiges Abwägen, eine Wendung zu eindringender und fruchtbarer Arbeit. Dort die volle Frische des ersten Eindrucks, mehr impulsives Handeln, oft auch ein wirres Durcheinander; hier ein Verlangen nach regelrechter Begründung, strenger Ordnung, systematischem Zusammenhange. Dort der Mensch die Welt keck ergreifend und unbefangen Wirkungen mit ihr austauschend, ein leichtes Überströmen von hier nach dort, eine monistische Denkart; hier ein schärferes Auseinanderhalten, ein Aufdecken von Unterschieden, ein Herausstellen von Gegensätzen, ein dualistisches und dichotomisches Verfahren. Dort ein Streben nach großen Zusammenhängen, hier ein Zerlegen in kleinste Elemente; dort ein Überwiegen der Synthese, hier der Analyse. Dort die Natur vom Größten bis ins Kleinste beseelt und voller Geister, die nicht bloß als schöne Gestalten entzücken, sondern auch als düstere Unholde quälen; hier die Natur entseelt, in kleinste Elemente aufgelöst und unwandelbaren Gesetzen unterworfen, damit aber in einen Mechanismus umgesetzt, dessen durchsichtiges Räderwerk keine Magie und keinen Zauberspuk duldet.

Der tiefe Unterschied reicht auch in die Verzweigung des Tuns. Dort erscheint die Moral als etwas von draußen Auferlegtes und wird daher leicht dem ungestümen Lebensdrange des Kraftmenschen zur lästigen Fessel; hier wird sie in das eigene Wesen des Menschen aufgenommen und in ein Mittel der Lebenserhöhung verwandelt. Dort regiert in der Politik das überragende Individuum mit seinem Verlangen nach Macht und Herrschaft; hier gewährt die Aufdeckung ein und derselben Vernunft allen Menschen eine Selbständigkeit und ein gleiches Recht. Die philosophische Überzeugung folgt dort am meisten dem Neuplatonismus, hier dem Stoizismus. Völlig abweichend ist endlich das Verhältnis zur Geschichte. Die Renaissance gibt sich als eine Wiedererneuerung älterer Lebensformen, und auch ihre Leistung verschlingt untrennbar Altes und Neues; die Aufklärung stellt das Leben in eine zeitlose Gegenwart der Vernunft und widerspricht damit schroff aller geschichtlichen Überlieferung und autoritätsgläubigen Lebensführung.

In dem Ganzen ihrer Art erscheint die Renaissance lebensvoller, in Wahrheit ist die Bewegung und auch die Leistung gewaltiger bei der Aufklärung. Hier wie da hat das Leben die Richtung auf die Welt und will alle Weite des Daseins dem Menschen unterwerfen; hier wie da sind gegen das Mittelalter Mensch und Welt weiter geschieden. Aber in der Renaissance bleiben beide einander noch nahe genug, um sich leicht wieder zusammenzufinden: im künstlerischen Schaffen scheint aller Gegensatz ausgeglichen und die Wirklichkeit in vollen Besitz des Menschen verwandelt. Die Aufklärung dagegen hat den Gegensatz zu scheinbar unüberwindlicher Schroffheit gesteigert: die Natur entledigt sich alles Geistigen

und gewinnt eine volle Autonomie, zugleich wird die Seele von aller
Beziehung nach außen abgelöst und in sich selbst befestigt; so scheinen
die beiden Seiten der Wirklichkeit einander unversöhnlich abzustoßen.
Wenn trotzdem der Mensch nicht auf die Welt verzichten kann,
sondern in ihrer Aneignung den Kern seiner Arbeit, die Freude
seines Lebens erblickt, so entsteht eine schwere Verwicklung; sollen
Welt und Seele wieder zusammenkommen, so bedarf es einer durch-
greifenden Veränderung ihres ersten Bildes, und das Hauptmittel
dieser Veränderung wird die Wissenschaft.   Das ergibt weit mehr
Mühe und Sorge, es fordert mehr kritische Besinnung und scharfe
Abgrenzung, als der naivere Lebensstand der Renaissance sie besaß.
Alles in allem bietet diese ein frischeres und glänzenderes, die Aufklärung ein ernsteres und gehaltvolleres Leben.

    Wenn schon danach der erste Eindruck der Aufklärung leicht
ungünstig ist, so war das 19. Jahrhundert gegen sie besonders ungerecht, weil es seine eigene Art im Widerspruch zu ihr durchzusetzen hatte.   Auch sah es sie durchgängig nicht in der frischen
Kraft ihres Aufstrebens, sondern in der Verflachung, welche die Ausbreitung über den Durchschnitt des Lebens mit sich bringt. Richtig
würdigen läßt sich auch die geschichtsfeindliche Aufklärung nur aus
ihren geschichtlichen Zusammenhängen.   Von hier aus erscheint sie
nicht als ein verstandesmäßiges, kleinkluges Räsonnement, sondern
als ein ernsthaftes Ringen des ganzen Menschen um eine Wahrhaftigkeit seines Lebens; gegenüber dem Mittelalter erhebt sich hier
die Forderung voller Freiheit, gegenüber der Renaissance die voller
Klarheit; in Erfüllung beider Forderungen nimmt der Mensch Besitz
von der Welt und fühlt sich als ihren Gebieter.

    Eine derartige Bewältigung der Dinge war nicht erreichbar
ohne ein Eigenleben und einen festen Stammbesitz des Geistes;
so war es ein Hauptanliegen der Aufklärung, ihm das durch den
Nachweis zu sichern, daß er kein Leeres, keine tabula rasa ist, daß
er vielmehr eine selbständige Natur, einen sicheren Schatz von Wahrheiten und damit das Maß der Dinge in sich trägt; diese Natur
braucht er nur aufzusuchen und kräftig zu entfalten, um den Dingen
überlegen zu sein.   Aus der Vernunft, die ihm innewohnt, kann er
ein „natürliches" Recht, eine „natürliche" Moral, eine „natürliche"
Religion unabhängig von aller Überlieferung erzeugen, aus ihr eine
Kritik an dem überkommenen Stande der Dinge üben, alles Vorhandene zur Rechenschaft anhalten, ausscheiden, was ihr wider-

spricht, verbinden und erhöhen, was zu ihr stimmt. So wird alle Kraft zu männlicher Arbeit aufgeboten, der Menschengeist scheint nun erst in das Stadium der Mündigkeit einzutreten, er unternimmt einen energischen Kampf mit dem nächsten Dasein, das der Vernunft entfremdet scheint, er entwickelt aus jener vernünftigen Natur gegenüber dem kirchlichreligiösen ein universales Lebenssystem und verändert damit den Stand der Dinge bis in alle Verzweigung. Dies Lebenssystem ist später hart angegriffen und an fast allen einzelnen Stellen durchbrochen worden. Als Ganzes ist es bis heute nicht überwunden, weil alle Umwandlungen und Erneuerungen immer noch kein neues Lebensganzes hervorgebracht haben. Ein System ist aber nur durch ein System zu besiegen.

Blicken wir ferner auf Einzelnes, wie wohltuend berührt der Ernst der Arbeit, der freudige Glaube an die Macht des Guten, der Enthusiasmus für die Menschheit, die uns überall aus der Aufklärung entgegenscheinen! Wie viel verdanken wir ihrem unermüdlichen Eifer für die Humanisierung der allgemeinen Verhältnisse, die Milderung harter Gesetze, die Hebung der Bildung und Erziehung u. s. w., wie viel ihrem durchdringenden Verstande für die Befreiung von wüstem Aberglauben, der die geistvolle Renaissance entstellt! Wahrlich wir urteilen oft nur deshalb unfreundlich über die Aufklärung, weil unser Leben den besten Teil ihrer Arbeit in sich aufgenommen hat.

Solche Anerkennung der Aufklärung braucht gegen ihre Schranken und Irrungen nicht blind zu machen. Auch wer gegen das Streben, die Vernunft zunächst bei sich selbst zu konzentrieren und sie dann gegen die Welt in den Kampf zu führen, nichts einzuwenden hat, muß zugestehen, daß die Ausführung viel zu leicht und rasch genommen wurde, daß damit das Leben in Verengungen und Verneinungen geriet, die schließlich zur Starrheit und Flachheit führten. Die Vernunft schien dem Kraftgefühl und der optimistischen Stimmung der Aufklärung im Grunde der Seele fertig vorhanden, eine tüchtige, in jedem Menschenwesen unmittelbar wirksame Natur bedurfte nur der Freilegung, um sich mit überlegener Kraft zu entfalten und auch die umgebenden Verhältnisse zur Vernunft zu lenken; schwere innere Verwicklungen wurden hier nirgends empfunden. Damit ward manches überflüssig, was bis dahin unentbehrlich schien. War jeden Augenblick in jedem Individuum die Vernunft ergreifbar, so bedurfte es keiner mühsamen Erziehung

durch die Geschichte, so dünkte diese leicht mehr Hemmung als
Förderung; zugleich entfiel eine innere Bindung des Einzelnen an
die Gemeinschaft, alles Geistesleben schien unmittelbar auf die Individuen gestellt. Auch verhinderte jener Optimismus jedes tiefere
Verständnis der überkommenen religiösen Lebensordnung; in allen
diesen Punkten mußte die Aufklärung sich um so mehr verengen,
je selbstbewußter sie ihre Eigentümlichkeit entfaltete.

Die Verengung reicht aber noch weiter bis in das innerste
Gewebe des Lebens. Die Aufklärung sucht den festen und letzten
Punkt, den Grundbestand der Wirklichkeit, in demjenigen, was unmittelbar dem Bewußtsein vorliegt; das für das Bewußtsein Erste
gilt ihr als der Kern der Sache. So wird ihr zum Ganzen der
Seele das Denken und Erkennen, zum Ganzen der Welt das Nebeneinander kleiner Elemente. Das Vorstellungsreich und das räumliche Sein bilden miteinander das Ganze der Wirklichkeit, obschon
sie weder einzeln noch miteinander eine selbständige Innenwelt
ergeben.

Solche Verneinungen und Verengungen mußten sich in der
Durchbildung und Ausbreitung steigern und schließlich einen starken
Rückschlag erzeugen. Aber alles Problematische und Verfehlte
der näheren Ausführung zerstört nicht eine große und bleibende
Bedeutung des Grundstrebens; auch die schärfste Kritik sollte nicht
vergessen, wie viel die Aufklärung zur Befreiung und Durchleuchtung
des menschlichen Daseins gewirkt hat, und wie tief sie auch heute
noch in uns allen steckt.

Der Übergang von der Renaissance zur Aufklärung erfolgt
nicht plötzlich und ruckweise; es fehlt nicht an merkwürdigen und
anziehenden Übergangserscheinungen, in denen Altes und Neues
zusammentrifft und sich große Leistungen eng mit phantastischen
Gebilden verschlingen. Unter diesen Erscheinungen steht obenan
Kepler (1571 – 1630). Noch beharrt die jugendliche Stimmung der
Renaissance samt der Hoffnung, mit Einer kühnen Tat das Geheimnis der Dinge zu enträtseln und den Zugang in das Innerste
der Natur (penetralia naturae) zu erzwingen, eine hochgespannte
Phantasie treibt das Lebenswerk des Mannes und macht zum allbeherrschenden Weltbegriff die Schönheit. Aber zugleich erscheint
ein unermüdliches Streben nach Klarheit; die inneren Kräfte werden
aus der Natur mehr und mehr entfernt, die Unterschiede der Dinge

gestalten sich quantitativ, die Mathematik soll die Natur nicht in bloßen Symbolen ausdrücken, sondern präzis erkennen lassen; auch verhindert alle Hochschätzung des Geistes als des Urquells des Erkennens nicht eine unbefangene Würdigung der Erfahrung und eine peinliche Beobachtung des Kleinen; stolz darf der Forscher rühmen, daß ihm das Nichtverachten von acht Längeminuten den Weg zur Reform der ganzen Astronomie gezeigt habe. Phantasie und Forschung, künstlerische und mathematische Denkweise reichen sich hier die Hand im Begriffe der Weltharmonie; diese Idee wirkte als stärkste Triebkraft zu den Entdeckungen, die seinen Namen unsterblich machen.

Galilei (1564 – 1641) dagegen versetzt uns schon auf den Boden der Aufklärung; die Phantasie hat hier das wissenschaftliche Gebiet der exakten Forschung völlig abgetreten, und es sind zugleich die seelischen Elemente gänzlich aus der Natur vertrieben. Im allgemeinen gewinnt im 2. und 3. Jahrzehnt des 17. Jahrhunderts die neue Richtung zusehends an Kraft und Selbständigkeit; 1625 erscheint das Hauptwerk von Hugo Grotius, das nicht nur das Naturrecht als System begründet, sondern überhaupt mit siegreicher Klarheit eine neue Denkweise verkündet. Dieselbe Gesinnung erscheint um jene Zeit mit deutlichen Zügen auch in Frankreich und England. Ein neuer Geist ist im Erwachen, es fehlt nur noch ein großer Denker, um ihm zu vollem Selbstbewußtsein und zum Siege für das Ganze des Lebens zu verhelfen. Ein solcher Denker erschien in Descartes.

b. Die Führer der Aufklärung.

α. Descartes.

Descartes äußert sich nur gelegentlich über die Aufgaben und das Befinden des Menschen; trotzdem gehört auch er in unsere Darstellung. Denn seine Philosophie ist nicht bloß gelehrte Forschung und technische Leistung, sie entwickelt durch ihre Arbeit eine allgemeine Denkart und vollzieht eine Umbildung des geistigen Lebens; hier erscheint in voller Kraft und Klarheit des siegreichen Durchbrechens, was Jahrhunderte beherrschen und dem Geistesleben bleibende Züge einprägen sollte.

Von Jugend auf beherrscht Descartes ein glühendes Verlangen nach voller Klarheit, es macht ihn zum eifrigsten Verehrer der Mathematik, es läßt ihn zugleich den von der Scholastik überkommenen Stand der Wissenschaft als unzulänglich, ja unerträglich empfinden. Ein chaotisches Durcheinander, ein Sichbewegen im Kreise, statt fruchtbarer Lösungen künstliche Distinktionen, vor allem ein peinlicher Mangel an Sicherheit und Festigkeit. So erwächst ein radikaler Zweifel; was immer die überkommene Lage an Mitteln zu seiner Beschwichtigung bietet, das befriedigt die Forderungen eines energischen Denkens bei weitem nicht. Die Autorität der geschichtlichen Überlieferung genügt nicht, ja die Autoritäten widersprechen mannigfach sich selbst; daß die Sinne, die scheinbar sichersten Zeugen der Wirklichkeit, uns täuschen können, täuschen nicht nur in einzelnen Stücken, sondern im Gesamtbilde, das zeigt der Traum, das zeigen greller noch die Phantasien der Fieberkranken; dem Denken mit seinen logischen Verkettungen wird sicher vertraut, aber ist dieses Vertrauen berechtigt, könnte uns nicht eine dunkle Macht so bereitet haben, daß uns eben die Befolgung der Gesetze unserer Organisation ins Irre führte? So gerät alles ins Wanken, was bisher als sicher galt; der Zweifel scheint ganz und gar das Feld zu behalten. Einer so peinlichen Lage uns entwinden könnten wir nur auf Eine Weise: durch Ermittlung eines absolut festen Punktes, eines Punktes, wie ihn Archimedes verlangte, um von da aus die Erde bewegen zu können; nur von einem solchen Punkt aus wäre in die Erkenntnis Gewißheit zu bringen. Aber wo ist ein solcher Punkt, wo finden wir ihn in aller Weite unseres Gesichtskreises? Wir finden ihn nirgends draußen, wir können ihn nur in uns selbst suchen, wir finden ihn hier wirklich im Denken, in der Denktätigkeit. Alle besondere Behauptung, aller Inhalt des Denkens kann irrig sein, aber auch in dem Irrtum bleibt sicher, daß wir überhaupt denken; auch wenn wir zweifeln, denken wir, und so bestätigt der Zweifel selbst die Tatsache des Denkens. Im Denken aber steckt das denkende Subjekt, das Ich; es wird aus ihm nicht erst durch mühsame Erschließung abgeleitet, es ist in ihm unmittelbar gegenwärtig. So wird der Satz „Ich denke, darum bin ich" (cogito, ergo sum) zum Träger der gesamten Philosophie, der gesuchte archimedische Punkt ist nichts anderes als das denkende Subjekt selbst. Bei ihm hat demnach die Forschung ihren Standort zu nehmen und von ihm alles Weitere zu entwickeln.

Das ist eine Wendung scheinbar einfacher Art, aber in der Energie ihrer Durchführung bedeutet sie eine völlige Umwälzung. Denn bis dahin erschien als das Feste die Welt und von ihr ging

die Bewegung zum Menschen, jetzt wird die Welt zum Problem und
von seinem Ich hat der Mensch zu ihr einen Weg zu bahnen.
Das muß nicht nur die Art der Arbeit, es wird auch den Inhalt
der Wirklichkeit bis zum Grunde verwandeln. — Einen Weltaufbau
vom Ich her wagt aber Descartes nicht, ohne das Vertrauen auf
dessen Vermögen weiter zu verstärken. Es muß, so meint er, eine
Gottheit, eine absolute Vernunft geben, und diese muß unsere Vernunft glaubwürdig machen, wenn wir ihr volles Vertrauen schenken
sollen. So sucht er das Dasein eines göttlichen Wesens, einer unendlichen und allmächtigen Intelligenz, nachzuweisen; zur Natur
eines solchen Wesens aber gehört die Wahrhaftigkeit, es kann unsere
Vernunft nicht ins Irre gehen lassen, wenn sie mit voller Gewissenhaftigkeit den Gesetzen ihrer eigenen Natur gehorcht. Das
aber tut sie, wenn sie nur das als wahr gelten läßt, was ebenso
evident, ebenso klar und deutlich erkannt wird wie unsere eigene
Existenz aus der Tatsache des Denkens. Damit ist ein sicherer
Prüfstein gewonnen, und zugleich werden wir zur kräftigsten
Sichtung des überkommenen Bestandes aufgefordert. Das Irren erscheint jetzt nicht als eine Notwendigkeit unserer Natur, sondern
es erklärt sich daraus, daß ein Ungestüm des Erkenntnisverlangens
uns einen Abschluß vollziehen heißt, bevor die dazu notwendige
Klarheit und Deutlichkeit erreicht ist. Dann aber steht es bei uns
selbst, durch Zügelung jenes Ungestüms und Übung strenger Selbst-
zucht allen Irrtum zu vermeiden; erreichen wir keineswegs die ganze
Wahrheit, so können wir doch in dem, was wir erreichen, lautere
und sichere Wahrheit gewinnen. So wird von Anfang an, nicht
erst durch Kant, die Selbstkritik ein Hauptstück der modernen
Forschung und Aufklärung.

Die Beweisführung des Philosophen ist bei diesen Darlegungen
mannigfach angreifbar, namentlich ist die Begründung des Daseins
Gottes recht unzulänglich, beinahe kläglich. Aber wenn ein großer
Denker Beweise bringt, deren Ungenügen jedem Durchschnittskopf
einleuchtet, so ist zu vermuten, daß bei ihm hinter jenen Beweisen
etwas Ursprüngliches, Axiomatisches, intuitiv Gewisses liegt, daß ihn
eine innere Notwendigkeit drängt, der er nur nicht den rechten Ausdruck zu geben vermag. Bei Descartes wirkt hier mit zwingender
Kraft das Verlangen, die menschliche Vernunft, indem er sie zur
Trägerin aller Erkenntnis macht und über Recht oder Unrecht aller
Dinge entscheiden läßt, aufs Sicherste in einer Weltvernunft zu ver-

ankern. Das ergab unvermeidlich einen Zirkel in der Beweisführung, und dieser Zirkel wiederum deutet auf eine Unausgeglichenheit in den Grundgedanken, aber der nächste Zweck, die Befestigung der eigenen Überzeugung, wurde erreicht, und mit gutem Vertrauen konnte nun der Denker sein Werk beginnen.

Die Aufgabe erscheint zunächst als eine durchgreifende Klärung des Erkenntnisstandes; aus ihm sei alles verbannt, was jene Forderungen der Klarheit und Deutlichkeit nicht erfüllt; was aber vor ihnen besteht, das gewinnt unermeßlich an Durchsichtigkeit, Frische, Zusammenhang. Das Verfahren der Mathematik wird zum Vorbild der gesamten Forschung. Wie jene von einleuchtenden Anfängen in sicherer Verkettung Punkt für Punkt vordringt und nirgends ins Unbestimmte verläuft, sondern alle Mannigfaltigkeit in systematischer Ordnung zusammenhält, so sei es nun von der Philosophie und aller wissenschaftlichen Arbeit erstrebt. Dabei läßt sich ein unablässiger Fortschritt der Erkenntnis erwarten, während das scholastische Verfahren nur einen gegebenen Stand immer von neuem durcharbeitete.

Aber Descartes vollzieht nicht nur eine Reform oder besser eine Revolution des Wissens, in ihm beginnt eine Erneuerung der gesamten Kultur. Im Mittelalter war die Kultur an erster Stelle geschichtlich begründet; was immer die Vernunft zu tun hatte, das ward gestützt und umgrenzt von den Mächten der Tradition und Autorität. Nun aber erhebt sich eine lediglich auf die eigene Einsicht, auf die jedem Menschen innewohnende Vernunft gegründete Kultur. Wenn nunmehr als wahr und gut nur gelten soll, was unserer Vernunft unmittelbar einleuchtet, so fällt damit vieles, was bis dahin als sicherer und wertvoller Besitz gegolten hatte; es droht die Gefahr hastiger Verneinungen und eines schroffen Radikalismus. Aber der Kritik des überlieferten Befundes entspricht ein positiver Aufbau, eine Entdeckung neuer Größen und Güter, eine kräftigere Durchleuchtung und selbsttätiger Behandlung unseres gesamten Daseins.

Das Verlangen nach Klärung verändert vor allem das eigene Bild des Menschen, sowie das Verhältnis von Natur und Geistesleben. Vor den gesteigerten Ansprüchen des Denkens fällt das bisherige Ineinander von Körper und Seele, welches das Körperliche mit inneren Kräften und Trieben ausstattete, das Seelische aber recht unbestimmt ließ und gegen das Einfließen materieller Bilder wenig schützte; indem jedes präzis gefaßt und auf eine einzige Grundkraft zurückgeführt wird, erhellt deutlich die Unmöglichkeit einer unmittelbaren Verbindung. Das Wesen der Seele bildet die bewußte Tätigkeit, das Denken im weiteren Sinne, das Wesen des Körpers die Ausdehnung im Raum; dort kehrt die Tätigkeit immer wieder zu sich selbst zurück, oder vielmehr sie verbleibt auch in scheinbarem Hinausstreben immer bei sich selbst, hier liegt alles Geschehen in den Beziehungen und Berührungen der Dinge; zur Seele gehört wesentlich eine strenge Unteilbarkeit, der Körper, als räumliche Ausdehnung, ist ins Endlose teilbar. So wird zur Notwendigkeit der Dualismus; so wenig sich die Menschheit dauernd bei ihm beruhigen konnte, er war ein unerläßlicher Durchgang und Stachel zu weiterer Arbeit, er hat namentlich dadurch segensreich gewirkt, daß die von ihm vollzogene Scheidung der beiden Gebiete ein jedes seine Eigentümlichkeit kräftig und deutlich zu entfalten zwang. Nun erst ließ sich der Befund eines jeden aus den eigenen Zusammenhängen verstehen, das Psychische psychologisch, das Physische physikalisch erklären. Das erst hat eine exakte Naturwissenschaft und eine selbständige Psychologie möglich gemacht. Im Kulturleben aber ward die Scheidung beider Welten die Hauptwaffe gegen den entsetzlichen Hexenwahn, den die Anhänger aller religiösen Bekenntnisse aufs zäheste festhielten; sein Hauptgegner Balthasar Bekker war ein eifriger Cartesianer, und bis in einzelne Kriminalprozesse hinein läßt sich eine direkte Wirkung der cartesianischen Aufklärung verfolgen.

Jene Abgrenzung der beiden Gebiete erfolgt aber nicht ohne eine bedeutsame Grenzregulierung. Die sinnlichen Beschaffenheiten der Dinge, der Reichtum der Farben, Töne u. s. w., die bis jetzt als ihnen selbst innewohnende Eigenschaften galten, erscheinen bei schärferer Prüfung als Leistungen der Seele, als Betätigungen, mit denen sie aus ihrem eigenen Grunde heraus einen von draußen kommenden Reiz beantwortet; der wundervolle Zauber, durch den uns die Natur entzückt, er gehört nicht ihr selbst, er ist ihr von der Seele geborgt, diese hat die seelenlose Welt der Massen und Bewegungen mit jenem prächtigen Gewand umkleidet. So verliert die Natur alle Seele und seelische Eigenschaft, fremd steht sie dem Menschen gegenüber, vor ihrer Unendlichkeit droht das seelische Gebiet zu winziger Kleinheit zusammenzuschrumpfen. Indessen empfindet der Denker selbst bei jener Wendung nicht sowohl einen Verlust als einen Gewinn. Von allen seelischen Elementen befreit,

kann die Natur endlich dem Denken vollauf durchsichtig werden;
nun erscheint sie als eine Zusammensetzung kleinster, von Haus aus
bewegter Elemente, sie wird ein System einfacher Kräfte und Gesetze,
ein großes Räderwerk, das aller menschlichen Technik freilich durch
seine unbegrenzte Feinheit weitaus überlegen ist, das sich jedoch
nur im Mehr oder Minder von ihr unterscheidet. Auch der kunst-
vollste Organismus ist nichts anderes als eine Maschine von höchster
Vollendung; hatte die alte Physik die ganze Natur vom Organismus
aus verstanden, so wird nunmehr das Organische selbst einem geklärten Begriff des Mechanischen eingefügt. Das Wirken der Natur-
körper erfolgt nie von innen heraus, sondern nur auf eine Anregung
von außen her, die Natur wird ein unermeßliches Gewebe gegenseitiger Beziehungen. Solche Verwandlung in einen seelenlosen
Mechanismus machte späteren Geschlechtern vornehmlich den Eindruck des Künstlichen und Leblosen, beim Ursprung überwog das
freudigstolze Gefühl der Bewältigung der Natur durch unsere Begriffe und zugleich — an zweiter Stelle — der Unterwerfung unter
unsere Zwecke. Denn erst die Zerlegung der Natur in einfache
Größen, der analytische Charakter dieser Forschung, gestattet eine
Ausführung des von Bacon entworfenen Programms einer Beherrschung der Natur durch Einsicht und Geschick des Menschen.
Descartes hat diese technische Aufgabe nicht außer acht gelassen,
namentlich sein Briefwechsel zeigt, wie sehr ihn technische Probleme
beschäftigten. Aber letzthin tritt ihm aller Nutzen zurück vor dem
Selbstwert des Wissens, vor der Freude an der Durchleuchtung des
sonst so dunklen Reiches der Natur. Er ist es, der zuerst in systematischem Zusammenhange und in deutlicher Abgrenzung die Natur
aus der Natur selbst erklärt hat.

Der Autonomie, welche damit die Natur erlangt, entspricht eine
Autonomie der Seele. Mag sie bei Descartes an Ausdehnung im
Weltall verlieren und im strengen Sinne lediglich auf den Menschen
beschränkt werden, sie gewinnt dafür an Ursprünglichkeit und Selbständigkeit. Nichts kann ihr von draußen her ohne ihre eigene Betätigung zufließen, alle Lebensäußerung muß aus ihrem eigenen
Grunde entspringen. Das könnte nicht sein, wäre sie von Haus aus
leer; zu ihrer Selbständigkeit gehört notwendig ein ursprünglicher
Stammbesitz, ein fester Stock von unzweifelhaften Wahrheiten, von
»eingeborenen Ideen«. Mögen diese zu klarem Bewußtsein erst auf
einer gewissen Höhe der Entwicklung gelangen, sie sind von Anfang

an vorhanden und beherrschen die Arbeit. So ist die Lehre von den eingeborenen Ideen unerläßlich für das Beisichselbstsein der Seele und die Selbständigkeit des Denkens.

Schon diese Lehre von den Ideen zeigt, wie im cartesianischen Bilde der Seele der Intellekt voransteht. Er erlangt diese Stellung, indem das Denken, die Grundkraft der ganzen Seele, das anfänglich als bewußte Tätigkeit alles umfassen soll, sich unvermerkt zum begrifflichen Denken, zum Erkennen verengt. Der Intellekt hat die Oberhand vor der Sinnlichkeit, sofern diese als ein nicht rein bei sich selbst befindliches, sondern auch von außen her bedingtes Denken erscheint; er hat sie gegenüber dem Wollen, sofern in dem Wollen selbst schon ein Denken und Erkennen steckt. So erscheint das Erkennen als der Kern alles Seelenlebens, als das, dessen Entwicklung unser ganzes Dasein zur Stufe der Selbsttätigkeit führt. Auch unser Glück scheint durchaus am Denken zu liegen. Die wissenschaftliche Einsicht gibt uns Macht über unsere eigenen Affekte und vermag uns von allen Sorgen und Schmerzen zu heilen. Sie zeigt nämlich, daß die Dinge draußen nicht in unserer Macht stehen; was wir aber als unmöglich erkennen, das kann uns nicht aufregen. In unserer Gewalt hingegen sind die Gedanken, wir können sie auf das unendliche All richten und mit der Erkenntnis seiner Größe selbst wachsen. »Wenn wir Gott lieben und durch ihn uns in der Gesinnung (voluntate) mit allen geschaffenen Dingen verbinden, so schätzen wir auch uns um so mehr, je größer, edler, vollkommener wir jene fassen, weil wir Teile der ganzen Vollkommenheit sind.« Das sind, äußerlich angesehen, nur hingeworfene Bemerkungen, aber sie entsprechen dem Geist des Ganzen, und sie zeigen deutlich schon die Richtung, welche bei Spinoza ein mit klassischer Größe durchgeführtes Lebensbild ergeben sollte.

Unfertig bleibt überhaupt bei Descartes manches; dem bahnbrechenden Genius das zum Vorwurf zu machen, wäre undankbar und verkehrt. Er hat an allerwichtigsten Stellen nicht bloß schätzbare Anregungen geboten, sondern gewaltige Bewegungen in Fluß gebracht. Das moderne Ausgehen vom denkenden Subjekt wie der Aufbau eines rationalen Kultursystems, die exakte Naturbegreifung mit ihrem Zuge zum Mechanismus, das Beisichselbstsein des Seelenlebens mit seiner Überschätzung des Intellektes, sie verdanken ihm ihre philosophische Grundlegung. Manches davon erscheint uns nur deswegen minder charakteristisch und minder groß, weil es uns wie selbstverständlich in Fleisch und Blut übergegangen ist, auch weil die schlichte Klarheit der Darstellung oft die Tiefe und die Originalität des Inhalts vergessen läßt. Ob dabei nicht notwendige Probleme unerledigt geblieben sind, ob nicht das Streben nach Einfachheit nur deshalb so siegreich vordrang, weil ganze Gruppen des Geschehens zur Seite geschoben sind, das bleibe hier unerörtert. Die geniale Klarheit und Einfachheit des Descartes hat jedenfalls den Vorteil, uns über den eigentümlichen Charakter der Aufklärung am besten zu orientieren, sie enthüllt sowohl die zwingenden Antriebe ihres Werdens und Aufsteigens als das Problematische, das ihrem Unternehmen von Haus aus anhaftet. Wie die Größe, so ist auch die Grenze der Aufklärung nirgends besser zu ermessen als von Descartes aus.

Von Descartes zu Spinoza fortschreiten können wir nicht, ohne von den Zeitgenossen einiger unter sich höchst verschiedener Männer zu gedenken. – Thomas Hobbes (1588—1679), einer der konsequentesten Denker aller Zeiten, hat den Kern seiner Leistung darin, die mechanische Naturbegreifung, die er selbst mit begründen half, auf das Ganze unserer Wirklichkeit zu übertragen; er hat in solcher Richtung namentlich aus der Seele wie dem Staatsleben alle inneren Kräfte und Gesamtgebilde verbannt und sie durch die Verwandlung in ein mechanisches Getriebe in eine durchaus neue Beleuchtung gerückt. Er hat diese Betrachtung mit einer bewunderungswürdigen Energie und Klarheit, freilich auch mit starker innerer Begrenztheit durchgeführt. Denker, die in solcher Weise alles an die Entfaltung Einer Grundanschauung setzen, pflegen wenig unbedingte Anhänger zu finden und keine Schule zu machen. Aber sie wirken mit der Ausprägung eines reinen Typus wie ein Stachel auf das Ganze der Arbeit, sie bleiben mit Frage und Antwort gegenwärtig, wo immer ihre Probleme ernstlich aufgenommen werden. So hat Hobbes auf Spinoza und Leibniz Einfluß geübt, so ward er im 18. Jahrhundert namentlich von der französischen Aufklärung hochgehalten, so hat er unser Jahrhundert bis zur Gegenwart beschäftigt. Noch immer findet er Freunde, noch immer kann er auch dem Gegner etwas sein.

Fruchtbarer für das Lebensproblem sind die Bewegungen auf religiösem Gebiet, die das siegreiche Durchdringen der modernen Denkweise in Descartes hervorrief. Den neuen Forderungen mathe-

matischer Klarheit und Deutlichkeit vermag die Religion nicht zu
entsprechen; muß sie nun fallen oder findet sie neue Wege zum
Erweis ihrer Wahrheit? Pascal (1623—1662) sucht solchen Erweis
im Gefühl als der Wurzel des Lebens und dem Quell aller unmittelbaren Gewißheit; hat hier die Religion einen sicheren Grund, so
können alle Bedenken der Wissenschaft, alle Widerstände der nächsten
Welt ihr nichts anhaben. Bei sich selbst erhält hier das religiöse
Leben eine große Zartheit und Innigkeit, aber bei aller Weichheit
bleibt es gesund und kräftig, weil es seinen Kern in der moralischen
Gesinnung findet; diesen Kern verficht es gegen jesuitische Verflachung mit männlichstem Mute. Die Religion bringt hier das
Leben in die merkwürdigste Spannung und in eine unablässige Bewegung, indem sie sowohl das Elend des menschlichen Daseins erst
voll zur Empfindung bringt, als auch durch das Ergreifen unendlicher
Liebe sicher darüber hinaushebt. Die Größe des Menschen, die sie
eröffnet, läßt erst voll seine Kleinheit, andererseits aber auch seine
Kleinheit erst voll seine Größe empfinden; »wer anders ist darüber
unglücklich nicht König zu sein als ein depossedierter König?« An
solcher Gesinnung entwickelt sich ein wunderbares Schweben der
Stimmung zwischen Gegensätzen, ein Hin- und Hergehen von einer
Seite zur anderen, eine Gewißheit im Zweifel, ein Besitzen im Suchen;
»du würdest mich nicht suchen, wenn du mich nicht gefunden
hättest.« — So eine Religion persönlicher Gesinnung und reiner
Innerlichkeit, das aber durchaus als eine Sache des Individuums,
nicht als Quell einer neuen geistigen Ordnung, daher auch nicht im
Widerspruch zur kirchlichen Organisation, sondern innerhalb ihrer
seinen Platz suchend und sein Wirken übend. War eine solche
Denkweise auch nicht fähig, wie die Reformation die Welt aus den
Angeln zu heben und die Menschheit auf neue Bahnen zu führen,
so hat sie zur Aufrechterhaltung der Seele der Religion gegenüber
aller Äußerlichkeit des Kirchenwesens segensreich gewirkt und wirkt
so fort bis zur Gegenwart.

Ein völlig anderes Gesicht zeigt, bei Verwandtschaft der Probleme,
Pierre Bayle (1647–1706). Ihm scheinen Christentum und Vernunft unversöhnlich entzweit, keine Religion widersteht so sehr einer
Auflösung in Vernunftsätze als die christliche. Im besonderen ist
es das Problem des Bösen, die Vereinbarkeit des unsäglichen Elendes
der Welt mit dem Glauben an einen allmächtigen und allgütigen
Gott, was ihn unablässig beschäftigt und allem dogmatischen

Glauben entfremdet. Aber da er zugleich von tiefem Mißtrauen gegen das Vermögen der Erkenntnis und auch gegen die moralische Tüchtigkeit des Menschen erfüllt ist, so will er den Halt der Religion nicht missen; nur sei sie einfach und tolerant, nur sehe sie in der Läuterung des Herzens ihr Hauptwerk. Aber selbst in der Bejahung erscheint hier soviel Skepsis, soviel beißender Witz, soviel pessimistische Seelenkunde, daß selbst die Ehrlichkeit des Mannes, wir glauben mit Unrecht, oft angefochten wurde. Jedenfalls entspringt auch hier ein eigentümlicher Denktypus und erhält sich durch das 18. Jahrhundert; kein Geringerer als Friedrich II. war ein begeisterter Anhänger Bayles.

In Frankreich gerät die religiöse Entwicklung in die unglückliche Bahn, daß einerseits aus politischen Gründen ein prunkvolles Kirchentum aufrecht erhalten wird und sich eine höfische Theologie schillernder Art (Bossuet) entwickelt, andererseits aber die Gesinnung weiterer Kreise sich der Religion immer mehr entfremdet und leichthin über ihre Probleme hinwegsetzt. Wenn aber diese äusserliche und flache Behandlung religiöser Dinge im Bilde des modernen Frankreich besonders hervortritt, so sei nicht vergessen, daß gerade der französische Geist auch einen besonders starken Rückschlag dagegen vollzogen hat. Strenges Ordenswesen, unbedingte Weltflucht, härteste Selbstpeinigung haben sich während der Neuzeit nirgends mehr entfaltet als in Frankreich. „Nirgends stärker als auf religiösem Gebiet treten die Gegensätze des französischen Nationalcharakters zu Tage. Die Kehrseite seiner Weltlust und Genußsucht, seines spottenden Übermutes und seiner dreisten Verneinungen war zu aller Zeit der Ernst einer strengen, oft harten Religiosität. Im Seelenleben des Einzelnen betätigt, schulte sie Unzählige zur Buße und Heiligung. Im öffentlichen Leben zum Fanatismus, zur Herrschsucht und Verfolgung gesteigert, drückt sie der französischen Geschichte im Lauf der Jahrhunderte ein finsteres Gepräge der Grausamkeit auf" (Lady Blennerhassett).

β. Spinoza.
aa. Einleitung.

Eigentümliche Verwicklungen in Spinozas Lehre verrät schon ihr merkwürdiges Schicksal unter den Menschen. Sie entspringt aus der Aufklärung und vollendet gewisse Bewegungen der Aufklärung: erst hier erzeugt diese ein großes Weltbild, erst hier findet

sie den Weg ins Innerste und Reinmenschliche. Aber trotzdem
hat die Aufklärungszeit sie nicht anerkannt und zu breiterer Wirkung
kommen lassen; nicht nur Parteigänger des Kirchenglaubens, auch
Denker freiester Art, wie ein Bayle, haben sie schroff abgelehnt.
Dagegen begann ihre Zeit, als man der Aufklärung müde wurde
und ihre Denkweise als zu eng empfand; nun erwachte eine glühende
Begeisterung für Spinoza, nun fand ein neues Geschlecht in ihm
den klassischen Ausdruck seiner Überzeugung, seines Glaubens.
Dabei ist sehr viel Fremdes in Spinoza hineingelegt, aber auch
in ihm selbst muß mehr als bloße Aufklärung enthalten sein, wenn
ihm der größte deutsche Dichter so innige Verehrung weihen konnte.

Eigentümlich ist auch, daß Spinoza von sehr verschiedener, ja
entgegengesetzter Seite gefeiert wurde. Religiöse und künstlerische
Naturen, spekulative Philosophen und empiristische Naturforscher,
Idealisten und Realisten, ja Materialisten, sie fanden sich in der
Schätzung des Mannes zusammen. Sie konnten das wohl nur, weil
jeder verschiedenes in ihm sah; aber daß man so verschiedenes in
ihm sehen konnte, muß doch schließlich an ihm selbst liegen; wie
erklärt sich das, da er vor allem nach Einheit strebt und seine Welt
in Wahrheit den Eindruck voller Geschlossenheit macht? Sehen
wir, ob eine nähere Betrachtung diese Rätsel des ersten Anblicks
lösen oder doch mildern kann.

bb. Die Welt und der Mensch.

Es ist das Verhältnis von Welt und Mensch, was den Mittelpunkt der Arbeit Spinozas bildet; dargelegt ist es namentlich in
dem großen Werke der „Ethik". Diese Darlegung verläuft in der
ruhigen Form einer mathematischen Beweisführung, die Sache aber
ist voller Bewegung und Aufregung, so daß das Geschick des
Menschen wie ein Drama größten Stils vor Augen tritt. Zunächst
wird ein wuchtiger Kampf gegen die menschliche Überhebung aufgenommen. Das Weltbild kann seine Wahrheit nicht erschließen,
ohne alles auszuscheiden, was ihm an menschlichen Zügen beige-
mengt war; was aber nach solcher Läuterung verbleibt, das verwandelt auch die Vorstellung vom Menschen, und das macht aus
ihm einen verschwindenden Punkt des unermeßlichen Getriebes.
Aber solche Erniedrigung bildet nicht den letzten Abschluß. Aus
ihr eröffnet sich dem Menschen ein Weg zu einer neuen Höhe,
indem er die Welt als Ganzes zu denken und mit ihr innerlich

eins zu werden vermag; damit wird ihre Größe, Ewigkeit, Unendlichkeit sein eigener Besitz. Aber dieses nur, wenn er auf alle Besonderheit, auf allen Willen zur Besonderheit gründlich verzichtet, wenn
er sich dem Allleben ganz und gar einfügt. So trägt das schließliche Ja in sich ein starkes Nein, und der freudige Lebensmut, in
den das Ganze ausklingt, ist etwas völlig anderes als ein bloßer
Naturtrieb.

indem Spinoza bei den Grundlinien des Weltbildes alle menschliche Zutat als eine Verfälschung ausscheidet und das All allein
aus sich selbst zu verstehen sucht, vermag ihm ein einziger Zusammenhang alle Gegensätze menschlicher Denkweise zu umspannen.
– Vor allem verschwindet der Gegensatz von Gott und Welt. Sie
bilden nicht verschiedene Wirklichkeiten, sondern sie verhalten sich
innerhalb der einen und alleinigen Wirklichkeit wie Dasein und
Wesen, Erscheinung und Grundkraft, gewirkte und wirkende Natur
(natura naturata und natura naturans). Gott ist das reine Sein, das
aller besonderen Gestaltung zu Grunde liegt und ihre ganze Fülle
in sich trägt; er ist eben deshalb das Allergewisseste, dessen Erkenntnis aller übrigen Einsicht vorangeht. So verstanden, braucht
Gott nicht aus sich selbst herauszutreten, um zu den Dingen zu
wirken, sondern alles Wirken liegt innerhalb seines Lebens und
Wesens; er ist, nach der Schulsprache der Scholastik, die immanente
Ursache der Dinge. Demnach ist nicht sowohl Gott in der Welt
als die Welt in Gott.

Ein solcher Gott, der die ganze Unendlichkeit in sich faßt, sei
nicht nach dem Bilde des Menschen vorgestellt. Auch unsere höchsten
geistigen Eigenschaften wie Denken und Wollen gehören viel zu sehr
zur Welt der Erscheinung, um das Unendliche und Allumfassende
bezeichnen zu können. Auch kann Gott nicht vornehmlich um das
Wohl des Menschen bemüht sein, dafür alles einrichten, etwa auch
den Menschen nach seinem Verdienste lohnen und strafen. Das
ergäbe nicht nur ein zu kleines, menschenartiges Bild vom Allsein,
auch die alltägliche Erfahrung widerspricht deutlich solcher Annahme.
Denn sie zeigt eine völlige Gleichgültigkeit des Weltlaufs gegen alle
Wünsche und Zwecke des Menschen, sie zeigt auch, daß Glück und
Unglück Gerechte und Ungerechte unterschiedslos treffen, daß Stürme,
Erdbeben, Krankheiten selbst den Besten nicht verschonen. Wie in
dem allen keine besondere Fürsorge für den Menschen erscheint, so
ist überhaupt alles Handeln nach Zwecken Gottes unwürdig. Das

eben bildet seine Größe, nichts anderes zu wollen als sich selbst, sein eigenes unendliches Sein, das unberührt von allen Wandlungen der Zeit inmitten alles Wirkens von Ewigkeit zu Ewigkeit lediglich in sich selbst ruht.

Das Bild der Welt blieb bis dahin zerrissen und gespalten, weil der Mensch die Gegensätze seiner Empfindung: gut und böse, geordnet und ungeordnet, schön und häßlich in die Dinge selbst hineinzusehen pflegt; damit verfälscht er die Wirklichkeit und reißt auseinander, was in Wahrheit eine fortlaufende Kette bildet. Werden die Dinge von solcher Irrung befreit und unter Fernhaltung aller Bewertung rein bei sich selbst betrachtet, so fügt sich alles zusammen, und alle Mannigfaltigkeit verbindet sich zu einem einzigen, in der ewigen Substanz gegründeten Weltleben. Wohl verläuft die Entfaltung dieses Lebens, bei der Natur wie bei der Seele, in lauter einzelnen Vorgängen, aber diese Vorgänge bilden ein zusammenhängendes Gewebe: nicht nur verbindet sie eine lückenlose kausale Verkettung, nicht nur wirken durch alle Fülle des Geschehens einfache und unwandelbare Gesetze, sie sind ihrem letzten Grunde nach nichts anderes als Entfaltungen des göttlichen Wesens, zeitliche Gestaltungen des ewigen Seins, Wellen über Wellen im Meere der Unendlichkeit.

Nach solchem Zusammenschluß der Wirklichkeit ist auch eine Überwindung des Gegensatzes von Körperlichem und Geistigem zu hoffen, den Descartes bis zur Unerträglichkeit verschärft hatte. Zugleich handelt es sich um das Verhältnis von Subjekt und Objekt, von Denken und Sein, um das Wahrheitsproblem. Die ältere bis Plato zurückreichende Denkweise fand darin keinen Anstoß, die Wahrheit als eine Übereinstimmung unseres Erkennens mit dem draußen befindlichen Gegenstande zu fassen. Denn die Welt um uns und das Sein in uns schienen verwandter Art, im Aufnehmen des Fremden entfaltete sich das eigene Wesen. Die moderne Scheidung des Subjekts von der Welt verbietet ein solches Überströmen der Kräfte; wird es gelingen, eine neue Art der Verbindung zu gewinnen, sie zu gewinnen nicht auf den künstlichen Umwegen des Descartes, sondern auf geradem und natürlichem Wege?

Spinoza glaubt dies in Wahrheit leisten zu können. Körper und Geist gelten ihm nicht als verschiedene Dinge, sondern nur als verschiedene Seiten ein und desselben Dinges, nur als Entfaltungen, Darstellungen, Daseinsformen desselben Grundgeschehens; jede Reihe verläuft bei sich selbst, völlig unabhängig von der anderen, ohne alle gegenseitige Störung und Wechselwirkung. Trotzdem stimmen sie gänzlich zueinander, da es im Wesen ein und dasselbe ist, was hier und dort geschieht. Solche Verlegung der Spaltung aus dem Grunde in die Erscheinung scheint das schwere Problem in einfachster Weise zu lösen und hat dabei den Vorteil, keine der Seiten zu unterdrücken, sondern jede ihre Eigentümlichkeit voll entwickeln zu lassen.

Zugleich erfolgt eine Einigung von Denken und Sein. Von außen läßt sich beides nicht zusammenbringen, aber es stimmt, kraft beider Begründung in dem einen unendlichen Sein, völlig zueinander; um Wahrheit, volle Wahrheit zu erreichen, muß das Denken sich nur mit ganzer Kraft auf sich selbst besinnen, alle fremde Zutat abstreifen, alle verworrene Vorstellung ausscheiden, lediglich seiner eigenen Notwendigkeit vertrauen, muß es aus subjektiv menschlicher Vorstellung sachlich gebundenes Denken werden. Das aber kann es erst jetzt nach Entfernung aller menschlichen Vorurteile und Wahnbilder. Nunmehr wird die Ordnung und Verbindung der Begriffe dieselbe wie die Ordnung und Verbindung der Dinge; die logische Verkettung der Einsichten entspricht genau der realen Verkettung der Ereignisse; was in der Körperwelt draußen vorgeht, dessen treue Spieglung bildet die Welt der Gedanken. So eine Übereinstimmung nicht durch eine äußere Berührung, sondern durch die Begründung beider Reihen in ein und demselben Sein. Denkprozeß und Naturprozeß miteinander bilden hier das Ganze der Wirklichkeit, in ihm verläuft alles mit ruhiger und sicherer Notwendigkeit, kein dunkler Rest ist verblieben, sondern alles, so scheint es, bis zur letzten Tiefe aufgehellt.

cc. Der Mensch und seine Kleinheit.

Diese Größe erreichte das Bild des Weltalls nur bei völliger Befreiung vom Menschen, bei sicherer Erhebung über seine Vorstellungen und Absichten. Ganz und gar ist jetzt der Mensch ein bloßes Stück des Alls geworden, er hat nichts Eximiertes und Privilegiertes mehr, er bildet keinen „Staat im Staate" (imperium in imperio). Wie seine ganze Existenz nur einen Einzelvorgang, einen „Modus", im unendlichen All bedeutet, so ist sein Körper nur ein Teil der unendlichen Ausdehnung, sein Geist nur ein Teil des unendlichen Denkens; wie jener, gemäß der Lehre des Mechanismus, nur eine Zusammenfügung kleiner Teilchen, so ist auch der Geist nur ein Komplex einzelner Ideen, keine innere Einheit; der Wille und der Verstand sind nichts außer den einzelnen Willensakten und Gedanken. Da weiter auch das Wollen nicht etwas Besonderes neben dem Denken, sondern nur etwas am Denken ist, nämlich die Behauptung der Wirklichkeit, welche jeder Begriff in sich trägt, so verwandelt sich der ganze Mensch in ein Triebwerk einzelner Vorstellungen, er wird, nach des Philosophen eigenem Ausdruck, eine „geistige Maschine" (automaton spirituale). Das ist ein großer Gewinn an Klarheit. Aber er wird erkauft durch eine Preisgebung aller und jeder Freiheit des Handelns; was unsere eigene Entscheidung dünkt, wird ein bloßes Erzeugnis jenes seelischen Mechanismus; nur deshalb fühlen wir uns frei, weil wir uns wohl unserer Handlungen bewußt sind, oft aber ihre Ursachen nicht kennen und daher jene als ursachlos betrachten. Demnach sind die Handlungen und Begehrungen des Menschen ganz wie Naturgrößen zu behandeln, wie Punkte, Flächen, Körper; es gilt sie weder zu beklagen noch zu verspotten, sondern zu verstehen.

Bei solcher Einordnung des Menschen in die Natur werden ihre Gesetze unmittelbar auch seine Gesetze. Derselbe Trieb, der draußen alles bewegt, bewegt auch unser Handeln: der Trieb nach Selbsterhaltung. Er gehört nicht nur zu unserem Wesen, er bildet unser Wesen; wir können nie von uns absehen, können nie um eines anderen, sondern immer nur um unser selbst willen handeln. Was aber der Erhaltung oder Steigerung des Selbst dient, das nennen wir nützlich: so geht all unser Tun auf das Nützliche; je tüchtiger der Mensch ist, desto kräftiger wird er nach seinem Nutzen streben.

Indem aber im Reich der Erfahrung die einzelnen Wesen zusammentreffen, sich durchkreuzen, hemmen, fördern, entstehen die mannigfachsten Verwicklungen, ein unendlich bewegtes Getriebe. Hier walten die Affekte (Gefühlslagen), hier wird um Glück gekämpft, hier entfalten sich Liebe und Haß. Alles subjektive Befinden ist dabei abhängig von dem Grade der Kraftentfaltung, und alles Verhältnis zu Menschen und Dingen bemißt sich nach der Leistung für die Steigerung unseres Lebens. Die verwickelten Verschlingungen der Wirklichkeit verbergen solche Abhängigkeit leicht dem unmittelbaren Eindruck, die philosophische Betrachtung entdeckt auch in der scheinbaren Willkür die Notwendigkeit und bestätigt damit die naturwissenschaftliche Behandlung des Menschenlebens.

22*

Lust und Leid unseres Daseins stehen in Frage; wie aber sind sie selbst zu verstehen? Die Lust ist der Zustand, worin der Geist zu einer größeren, das Leid, worin er zur einer geringeren Vollkommenheit, d. h. hier Stärke des Lebensprozesses, übergeht. Lust und Schmerz aber bringen Liebe und Haß mit sich; denn wo bei der Lust ein äußeres Ding als ihre Ursache vorgestellt wird, da entsteht Liebe, wo dies beim Schmerz geschieht, Haß; die Beschaffenheit des Erlebnisses stempelt seinen Erzeuger zum Freund oder Feind. So gibt es auch in Liebe und Haß keinerlei Willkür; was uns fördert, das müssen wir lieben, was uns schädigt, das hassen wir und können an solchem Lieben und Hassen nicht das Mindeste beliebig verändern. Liebe und Haß beschränken sich aber nicht auf die Dinge, die uns direkt berühren. Denn dieser Dinge Ergehen hängt wieder an anderen; so wirken durch jene hindurch auch diese sonst fremden Dinge zu uns. Daher wird sich auch auf sie, wenn auch abgeschwächt, unsere Empfindung übertragen: wir lieben die Freunde unserer Freunde, weil sie fördern, was uns fördert, wir lieben aber auch die Feinde unserer Feinde, weil sie schwächen, was uns schädigt; umgekehrt hassen wir die Feinde der Freunde und die Freunde der Feinde. Das erstreckt sich weiter und weiter auf alle Verwandtschaften, Beziehungen, Nebenumstände der Erlebnisse. Alles, was irgend, wenn auch äußerlich und zufällig, mit angenehmen Erfahrungen zusammenhängt, an sie erinnert u. s. w., bewirkt Lust, das Gegenteil Schmerz. Auf solchem Umwege kann auch die allerfernste Sache Lust oder Schmerz, Liebe oder Haß erzeugen, die uns selbst oft rätselhaften Sympathien und Antipathien erklären sich einfach daraus, daß hier unserem Bewußtsein der Grund verborgen bleibt, der uns etwas lieben oder hassen läßt. Jene Affekte aber treiben zwingend zum Handeln, wir müssen fördern, was uns nützt, unterdrücken und zerstören, was uns schädigt. Alle Zusprache der Moralisten ändert nichts an solcher Notwendigkeit, einen Affekt kann nur ein stärkerer Affekt bezwingen, nicht bloße Aufforderungen und Vorsätze. So eine gründliche Durchleuchtung des Getriebes der Affekte, eine Zerlegung ihres verschlungenen Gewebes, eine reiche Fundgrube praktischer Menschenkunde.

Spinoza will bei dem allen lediglich schildern, er stört nicht die Entfaltung des Tatbestandes durch eine aufdringliche Beurteilung. Aber der Rückblick auf das Ganze treibt notwendig zu einer Schätzung, und nun kommt zu deutlicher Aussprache, wie wenig den Denker jener Stand des Menschen befriedigt. Denn mag im Getriebe des Lebens der Einzelne hie und da vordringen, im Großen und Ganzen bleibt er abhängig von einer fremden und undurchsichtigen Welt; von äußeren Ursachen werden wir unablässig hin- und hergeworfen, wie von entgegengesetzten Winden bewegte Meereswogen, unkundig unseres Ausgangs und Schicksals, Sklaven der Affekte, auch unter einander stets in Zwiespalt und Streit; alles in allem ein Stand von Leid und Knechtschaft. Ist das der letzte Abschluß, oder gibt es einen Weg aus der Knechtschaft zur Freiheit?

dd. Der Mensch und seine Größe.

In Wahrheit vollzieht Spinoza eine große Wendung, aber er hat sie mehr verdeckt als herausgearbeitet, er hätte sie nicht herausarbeiten können, ohne einen klaffenden Spalt in seiner eigenen Gedankenwelt auf-zudecken. Der Denker gibt jene Wendung als ein bloßes Mehr des an-fänglichen Strebens, als ein Zuendegehen des Weges der Natur, während in Wahrheit eine völlige Umwälzung erfolgt und gegenüber der Natur eine neue Welt aufsteigt. Das Ziel der Selbsterhaltung und des Nutzens soll bleiben, nur müßten wir ein in Wahrheit (re vera), ein von Grund aus (ex fundamento) Nützliches erreichen, wie es die gewöhnliche Lebensführung nicht bietet. Ein solches Nützliche gewährt allein die Erkenntnis, die echte wissenschaftliche Erkenntnis. Denn indem sie das sonst Äußere und Fremde von innen her aufklärt, es von Grund aus durchschauen lehrt, macht sie es zu unserem Besitz und versetzt uns ihm gegenüber in den Stand der Aktivität; kann unser Denken von sich aus die Dinge entwickeln, so verschwindet ihr Druck, so sind wir ihre Herren, durchaus tätig und damit selig. Das Denken kann dies aber nur, sofern es uns als Glieder der Weltverkettung betrachtet, unseren Zustand aus der notwendigen und ewigen Ordnung der Dinge versteht. Seine Vollendung erreicht dies Werk nur durch eine Anknüpfung an Gott, das alles begründende Wesen; indem das Denken aber von hier aus alle Mannigfaltigkeit als die Ent-faltung der unendlichen Substanz faßt, sie unmittelbar in ihrem be-lebenden Grunde sieht, ist es nicht mehr logisch verkettendes, sondern anschauendes Wissen (scientia intuitiva). Solche anschauliche Er-kenntnis Gottes ist das unvergleichlich höchste Gut und das Endziel alles wahren Strebens. Indem sie unser ganzes Dasein in Erkennen verwandelt, erhebt sie es zu voller Freiheit und Tätigkeit, zugleich aber vertreibt sie alles Leid. Auch die Affekte legen alles ab, was an ihnen Leiden ist, und verwandeln sich in reine Tätigkeit, sobald wir sie klar und deutlich durchschauen; sie enthalten dann nicht mehr Schmerz und Entsagung, sondern nur noch Streben und Lust. So wird nunmehr das ganze Leben zu tätiger Kraft und freudiger Bejahung, es erwächst das Ideal eines „freien Menschen", für den alle schmerzvollen Zustände zu einem Übel werden; Mitleid, Demut, Reue u. s. w. mögen auf der niederen Lebensstufe nützen, der höhere weiß nichts von ihnen; hier heißt es: „wer über eine Tat Reue hat, der ist doppelt unglücklich oder ohnmächtig".

Das ist ein hohes Ideal, dem sich der Mensch nur allmählich nähern kann. Aber mag ihn die wahre Erkenntnis nicht leicht ganz erfüllen, immer haben wir gegen die Affekte das Heilmittel einer klaren und deutlichen Erkenntnis; je mehr wir die Vorgänge, die uns treffen, in ihren notwendigen Zusammenhängen durchschauen, desto weniger werden sie uns aufregen, desto mehr wird ihr Denken uns einnehmen, auflösen, was an Liebe und Haß aus ihnen erwuchs, den Geist zur Ruhe reiner Betrachtung führen. So wird die wunsch- und willenlose Anschauung das große Mittel zur Befreiung von aller Aufregung und allem Leid, zur Versetzung unseres ganzen Wesens in Frieden und Seligkeit.

Dies alles gewinnt aber den Zusammenhang eines Alllebens und zugleich die volle seelische Vertiefung erst durch die Anknüpfung an jene anschauende Erkenntnis Gottes, des ewigen und unendlichen Seins; sie erst vollendet unser Denken und Leben. Wir sahen nun, daß, was unser Wohlsein steigert, notwendig unsere Liebe erweckt; so wird gegen Gott eine unermeßliche Liebe entstehen. Diese Liebe ist allem, was sonst Liebe heißt, weit überlegen; sie ist kein gewöhnlicher Affekt mit seiner trüben Leidenschaft, sondern sie ruht durchaus auf dem Erkennen, ist „intellektuelle Liebe" (amor intellectualis). Solche Liebe zu Gott ist nur echt, wenn sie kein Verlangen nach einer Erwiderung von seiten Gottes enthält. Denn Gott kann seiner Natur nach nichts Besonderes im menschlichen Sinne lieben, er würde damit zu einer niederen Art des Seins herabgezogen. Darum heißt es: „wer Gott wahrhaft liebt, kann nicht versuchen, daß Gott ihn wieder liebe". So findet sich ohne ein völliges Aufgeben des kleinen Ich keine Befreiung und Erhöhung. Gott aber liebt sich selbst, die ganze Ewigkeit und Unendlichkeit, mit intellektueller Liebe, und es ist die intellektuelle Liebe des Geistes zu Gott ein Teil der unendlichen Liebe, womit Gott sich selbst liebt. Damit empfängt das

Weltall eine geistige Tiefe und ein inneres Leben, immer freilich in weitem Abstande vom menschlichen Seelenleben.

Solche Einigung mit Gott gewährt dem Menschen auch eine Ewigkeit. Für eine Unsterblichkeit im Sinne einer einfachen Festhaltung der natürlichen Existenz hat Spinoza keinen Platz. Nur so lange der Körper dauert, kann der Geist Vorstellungen haben und sich vergangener Dinge erinnern; die Auflösung des Körpers also ist auch das Ende dieses gesonderten und gebundenen Seelenlebens. Aber als in Gott gegründet kann der Geist mit dem Untergang des Körpers nicht ganz erlöschen; in Gott bleibt notwendig eine Idee, welche sein Wesen unter der Form der Ewigkeit ausdrückt, er ist unzerstörbar als ein ewiger Denkakt Gottes. Er ist es um so mehr, je mehr ihn rechte Einsicht aus der Welt der Wirkungen in die des ewigen Grundes versetzt; je stärker damit sein unvergänglicher Teil wird, desto weniger kann ihm der Tod anhaben. In dieser Gedankenrichtung erscheint wohl gar der Untergang des Körpers als ein Abstreifen aller Vergänglichkeit, als eine Befreiung von der niederen Lebensform: „nur so lange der Körper dauert, unterliegt der Geist Affekten leidender Art."

Aber dem Philosophen besagt die Unsterblichkeit nicht vornehmlich die Hoffnung einer besseren Zukunft, sondern eine unmittelbare Erhebung über alles zeitliche Sein, ein Erfassen der Ewigkeit inmitten der Gegenwart; aus solcher Gesinnung heißt es: „der freie Mensch denkt über nichts weniger als über den Tod, und seine Weisheit ist ein Sorgen nicht für den Tod, sondern für das Leben". Um gemäß der Vernunft zu handeln, bedürfen wir nicht des Gedankens der Unsterblichkeit und einer Vergeltung. Auch wenn wir nicht wüßten, daß unser Geist ewig ist, würden wir Wohltun und Frömmigkeit, Mannhaftigkeit und Edelsinn für das Höchste halten; denn der wahrhaft Freie handelt nicht eines Lohnes halber, sondern aus der Notwendigkeit seiner eigenen Natur, und es ist die Seligkeit nicht der Lohn der Tugend, sondern die Tugend selbst. Darin besteht die Seligkeit, daß der Geist seine höchste Vollkommenheit erreicht hat; das aber geschieht durch jene Erkenntnis Gottes. „So ist der Weise seiner und Gottes und der Dinge mit ewiger Notwendigkeit bewußt, er hört nie auf zu sein, sondern er hat immer die wahre Befriedigung des Geistes".

Das Leben, das in eine so volle und freudige Zuversicht ausklingt, gibt der Ethik wie der Religion eine neue Grundlage und eine eigentümliche Gestalt. Es mag befremden, daß das Hauptwerk eines Denkers „Ethik" heißt, der so viel Mühe darauf verwandt hat, die ethische Beurteilung aus den Dingen zu entfernen und die Erfahrung in die reine Tatsächlichkeit eines Naturprozesses zu verwandeln. Aber bei Spinoza ist für den Menschen jene im absoluten Sein begründete Tatsächlichkeit selbst ein Ideal; wir befinden uns nicht von vornherein in der echten Wirklichkeit, sondern wir müssen uns zu ihr erst erheben; so tritt unser Leben unter den Gegensatz einer Hingebung an die Welt der Erscheinung und eines Aufsteigens zur Welt des Wesens, einer eigensinnigen Festhaltung kleiner Sonderart und eines willigen Eingehens in das unendliche Sein, so liegt in ihm eine große Entscheidung und eine Aufforderung wie eine Konzentration zu umwandelnder Tat. Die Wendung zum echten Erkennen ist selbst eine Tat, eine Tat des ganzen Wesens. Zugleich aber ist sie eine ethische Handlung. Nur geht dann das Ethische nicht sowohl auf einzelne Leistungen als auf eine neue Art des Seins. In geradem Widerspruch zu dem, was sein Bewußtsein erfüllt, gehört Spinoza zu den Denkern, die dem Menschen eindringlich ein Entweder – Oder vorhalten und nicht so sehr von einem allmählichen Fortschritt als von einer völligen Umwälzung das Heil erwarten. Im Kern der Gesinnung nähert sich hier Spinoza der christlichen Denkart mehr als irgend ein anderer Philosoph der Aufklärung.

Auch im Grundzuge seiner religiösen Überzeugung ist er dem Christentum verwandter, als sein harter Zusammenstoß mit der kirchlichen Form erwarten läßt. Bei Spinoza zuerst kommt, gemäß der schlichten Wahrhaftigkeit seines Wesens, der Konflikt der neueren universalen und rationalen Denkweise mit der überlieferten historischen und partikularmenschlichen zu vollem Ausbruch. Das Göttliche ist hier nicht ein besonderes Sein neben anderem, eine Persönlichkeit in der Art des Menschen, es umfaßt und durchdringt die ganze Welt, es wendet sich nicht speziell an den Menschen, sondern es wirkt an jeder Stelle der Unendlichkeit, es begünstigt unter den Menschen nicht die einen vor den anderen durch besondere Mitteilungen, sondern es offenbart sich in der gemeinsamen Vernunft und Natur gleichmäßig zu allen Zeiten und Orten; so bedarf es zur Religion keines geschichtlichen Glaubens. Besonders hart wird der Zusammenstoß bei der Lehre von den sinnlichen Wundern; Spinoza verwirft sie nicht nur wegen seiner wissenschaftlichen Lehre von der Ausnahmslosigkeit der Naturgesetze, sondern auch aus seiner

religiösen Überzeugung, welche diese Ausnahmslosigkeit als einen
Ausdruck der Unwandelbarkeit göttlichen Wesens und Wirkens versteht. Mag das Volk Gott der Natur entgegensetzen und seine
Macht besonders durch außergewöhnliche, der Natur scheinbar widersprechende Ereignisse bezeugt finden, der Denker sieht eben in dem
Alltäglichen und Durchgängigen das Große und Göttliche; auch kann
er die von alters her zur Verteidigung der Wunder aufgebotene Unterscheidung eines Übernatürlichen und eines Widernatürlichen nicht
gelten lassen. Denn ein Übernatürliches innerhalb des eigenen Bereiches der Natur ist selbst widernatürlich, die behaupteten sinnlichen
Wunder aber liegen nicht jenseit, sondern innerhalb der Natur. So
beginnt nunmehr die Erschütterung der Wunder in der Überzeugung
der Menschheit; ehe eine innere Gesetzlichkeit der Natur anerkannt
war, erregten sie nicht den mindesten Anstoß, wie auch die radi-
kaisten Bewegungen des Reformationszeitalters sie nicht angetastet
haben. Descartes hatte jene Gesetzlichkeit erkannt, aber entweder sah
er die Konsequenz nicht, oder er war zu vorsichtig sie auszusprechen.

Aber in allem Abstand von der kirchlichen Form des Christentums fühlt Spinoza sich ihm in eben dem Punkte nahe, der ihm selbst
den Mittelpunkt seiner Gedankenwelt bedeutet, in der Lehre von
dem Eingehen Gottes in die Welt und der lebendigen Gegenwart
des göttlichen Geistes an jeder Stelle. Wohl findet er es unverständlich, daß Gott, das ewige und unendliche Sein, menschliche
Natur angenommen habe, und er hält es nicht für notwendig,
Christus „nach dem Fleisch", d. h. nach der historischen Erscheinung,
zu kennen; aber „über jenen ewigen Sohn Gottes, d. h. die ewige
Weisheit Gottes, welche sich in allen Dingen, und am meisten im
Menschengeist, und am allermeisten in Jesus Christus geoffenbart
hat, ist ganz anders zu urteilen. Denn ohne sie kann niemand zum
Stand der Seligkeit kommen, da sie allein lehrt, was wahr und
falsch, gut und böse sei". In sehr bemerkenswerter Weise wird
hier der Menschengeist über das andere Sein, und wird zugleich
Jesus über alle anderen Menschen hinausgehoben, in unverkennbarem
Widerspruch mit den allgemeinen Lehren des Philosophen, die ein
gleichmäßiges Wirken der Gottheit im Weltall verkünden. Aber
Spinoza ist mehr als seine Lehren und seine Welt reicher als das
Netzwerk seiner Begriffe; ja vielleicht ist er nirgends größer als wo
er sich selbst widerspricht, d. h. wo die innere Notwendigkeit seines
Wesens ihn ·über die eigene Lehre hinaustreibt.

ee. Würdigung.

Daß Spinoza einen tiefen Eindruck machte, und daß er noch immer die Geister zu bezwingen vermag, das erklärt sich zum Teil schon aus der Art, in der er seine Gedankenwelt vorträgt. Die Darstellung hat einen sicheren Zug ins Große und Wesenhafte, ins Einfache und Reinmenschliche. Alle Arbeit wird getrieben und getragen von sachlicher Notwendigkeit; so sehr bindet diese die Kraft des Denkers, daß der subjektiven Stimmung und Reflexion gar kein Raum bleibt; auch die gewaltigsten Umwälzungen vollziehen sich hier mit der Ruhe eines Naturprozesses. Aber deshalb mangelt dem Ganzen keineswegs eine Seele; durchgängig wirkt eine mächtige Persönlichkeit und erwärmt durch ihre stille Gegenwart alle Begriffe und Lehren. Wohl trägt die Begriffsarbeit das schwere Rüstzeug der Wissenschaft und die Gedanken bilden strenggeschlossene Ketten; es gibt hier nichts Plötzliches und Unvermitteltes, sicher fügt sich der eine Stein zum anderen. Auf der Höhe der Arbeit aber erscheinen aufhellende Einblicke durchdringender Art, befreiende Intuitionen; sie sind nicht nur das Beste, sie sind auch das Überzeugendste des Ganzen. Nirgends mehr als in ihnen erscheint der Denker als ein Weiser, ein Weiser auf modernem Boden und mit modernen Mitteln. Diesem Weisen aber war ein schlichtes und glanzloses Heldentum beschieden; in einem Leben voll Entsagung und Kampf hatte er die Ruhe und Überlegenheit des Geistes zu bewähren, die seine wissenschaftliche Überzeugung fordert. Und er hat sie bewährt. Ein gänzliches Einswerden von Leben und Lehre gibt seinem Dasein die volle Wahrhaftigkeit, die wir ebenso freudig bei den Alten bewundern, wie schmerzlich bei vielen Neueren vermissen.

Aber Spinozas Größe ehren heißt nicht seinen Gedankengängen blindlings folgen, ist doch bei ihm selbst das Große oft dem lehrhaften Vortrag erst abzuringen. Auch Spinoza teilt den Fehler der Aufklärung, neue und notwendige Ziele für viel zu leicht und rasch erreichbar zu halten, durch energische Selbstbesinnung bleibende Aufgaben der Zeiten in Einem Zuge lösen zu wollen. Das macht die Ausführung zu eng und knapp; arge Verwicklungen entstehen, indem sich unverlierbare Wahrheiten und problematische, ja verfehlte Behauptungen durcheinander schieben und aneinander binden. Aber bei Spinoza gibt es eine Berufung von dem Fertigen der Leistung an die schaffenden und treibenden Kräfte seiner geistigen Art; wer

zu diesen Tiefen durchdringt, der mag Spinozas Lehren scharf kriti-
sieren und kann zugleich in ihm einen Meister von bleibender Bedeutung verehren.

Ergriffen von der Größe und Selbständigkeit des Weltgedankens
sucht Spinoza alle Spaltung aus ihm zu entfernen und alle Mannigfaltigkeit in ein höchst einfaches Gesamtbild zu verwandeln. Gott
und Welt, Seele und Körper, Denken und Wollen, sie sollen völlig
geeinigt oder doch ausgeglichen werden. Hat Spinozas System solche
Einigung erreicht? Etwa dem ersten Eindruck nach, aber vor einer
genaueren Prüfung besteht dieser Eindruck nicht. Welt und Gott
bilden keineswegs eine völlige Einheit, wo auch nur der Schein
einer Selbständigkeit der Einzelwesen gegenüber dem Allleben aufkommen kann. Dieser Schein aber beherrscht nach Spinoza den
Durchschnitt der menschlichen Lage; zur Befreiung von ihm wurde
alle Kraft des Denkens aufgeboten. Woher solche Macht des Scheins,
wenn alle Mannigfaltigkeit nur innerhalb des Alllebens liegt?

Seele und Körper besagten verschiedene Seiten desselben Seins,
Geistesleben und Naturprozeß sollten in vollem Gleichgewicht nebeneinander verlaufen. In Wahrheit hat Spinoza dieses Gleichgewicht
nirgends erreicht, sondern entweder das Geistesleben der Natur oder
die Natur dem Geistesleben untergeordnet, jenes in der Grundlegung,
dieses beim Abschluß seiner Gedankenwelt. Denn dort erscheint
als der Kern der Wirklichkeit die Natur, die Gesetze ihres Mechanismus erweitern sich zu Weltgesetzen und beherrschen auch die menschliche Seele; sie bildet nicht den Durchbruch eines neuen Lebens,
sondern nur ein Bewußtwerden des körperlichen Geschehens, einen
Reflex des Naturprozesses; eine Annäherung an den Naturalismus,
ja Materialismus ist unverkennbar. Ganz anders beim weiteren Verlauf und im Abschluß der Ethik. Denn nur dadurch erfolgt die
Wendung und Befreiung, daß sich das Denken zu völliger Selbständigkeit über die Natur hinaushebt und ein reines Beisichselbstsein gewinnt, von dem aus angesehen die Natur zu einer bloßen Erscheinung
des Weltgrundes wird. Wo das Leben in der Anschauung Gottes
seine Höhe findet und die göttliche Liebe die Seele des Weltprozesses
bildet, da überwiegt deutlich der Spiritualismus. So ist dieser Versuch
des Monismus bei sich selbst in der Ausführung gespalten und
verfeindet.

Erkennen und Wollen sollten in Eins zusammengehen, indem
der Willensakt gänzlich in den Erkenntnisprozeß eingefügt ward.

Aber wenn das Erkennen das ganze Leben an sich zieht, so wird es zugleich mehr als bloßes Erkennen. Wo die Erkenntnis als die echte Selbsterhaltung des Menschen gilt, wo sie das ganze Sein in Tätigkeit, Freude, Liebe verwandelt, da steckt in ihr mehr als bloße Verstandesarbeit, da wird sie zur Entfaltung eines tiefer gegründeten Lebens, zum Ausdruck eines reinen Beisichselbstseins des Geistes, da wächst aus der versuchten Lösung des Problems unmittelbar ein neues, schwereres Problem hervor.

So ist die Wirklichkeit zu reich, um in den einfachen Rahmen einzugehen, den ihr Spinoza vorhält. Und wir dürfen doch die Welt nicht einfacher machen wollen, als ihr Befund gestattet. Aber Spinozas Streben nach mehr Einheit und mehr innerem Zusammenhang der Welt behält trotzdem ein gutes Recht. Es bildet die entschiedenste Abweisung des scholastischen Verfahrens, das die Probleme vornehmlich durch ein Abstufen und Unterscheiden der Begriffe zu lösen suchte, und dessen Scharfsinn sich im Lauf der Jahrhunderte immer mehr in Künstelei verloren hatte. Es wirkt wie eine Rückkehr zur Wahrheit der Natur, wie ein Herausreißen aus toter Erstarrung, wenn ein Verlangen nach mehr Einheit aufkommt, wenn die verschiedenen Seiten der Wirklichkeit wieder zueinander streben, sich gegenseitig mitteilen und ergänzen, sich zu Einem einzigen Leben zu verbinden suchen. Wollen wir den Denker tadeln, weil er die Aufgabe zu summarisch löste, oder wollen wir uns lieber der nachhaltigen Anregung freuen, die aus solchem Streben hervorging?

Schließt sich das Weltbild nicht so einfach zusammen, so wird auch die Verwandlung unseres Lebens in reine Anschauung weder so rasch erreichbar sein, noch wird sie alle Probleme unseres Dasein zu lösen vermögen. Aber in dem Verlangen eines affektlosen Erkennens steckt bei Spinoza ein Streben nach einem neuen Grundverhältnis des Menschen zur Wirklichkeit, nach einer neuen Gestaltung seines Lebens. Der Denker empfindet die überkommene Lebensführung als klein, als unerträglich, weil sie in aller scheinbaren Erweiterung den Menschen immer bei sich selbst, im Kreise seiner eigenen Vorstellungen, Interessen, Affekte beläßt; ein engerer Anschluß an das Ganze des Alls durch echte Erkenntnis soll davon befreien, ein energischer Kampf gegen den Egoismus der Individuen nicht nur, sondern den der gesamten Menschheit wird aufgenommen.

Mit solchem Streben erscheint eine neue Woge weltgeschichtlichen Lebens, ein Rückschlag gegen eine bis in das alte Christentum zurückreichende und in Augustin gipfelnde Bewegung. Augustin hatte, von verzehrendem Glücksdurst erfüllt und zugleich durch seine gewaltige Natur auf das Ganze der Welt gewiesen, alle Weite und Fülle des Daseins der Rettung und Seligkeit des Menschen untergeordnet, er hatte damit allen Lebensgebieten einen leidenschaftlichen Affekt zugeführt, alles Sein in glutvolles Wollen und Streben verwandelt. Wohl war dabei im tiefsten Grunde die Überzeugung, daß der Mensch nicht um seiner selbst willen, sondern als einer höheren Stufe der Wirklichkeit angehörig, als Glied einer geistigen und göttlichen Ordnung, gehoben und erhalten werde, aber schon Augustins eigenes Ungestüm ließ viel Kleinmenschliches mit einfließen, und dies Kleinmenschliche hatte im Lauf der Zeit immer fester und enger das Leben umsponnen. Die Neuzeit hat von Anfang an jene Art als zu subjektiv, als eng, klein, unwahr empfunden; was sie aber zur Befreiung und Erweiterung anstrebt, das klärt und befestigt sich erst bei Spinoza. Nun erhellt, daß es zu einer Befreiung nicht genügt, mit der Renaissance stürmisch ins Große und Weite zu greifen, sondern daß sie eine innere Wandlung, die Herausarbeitung einer Weltnatur innerhalb des Menschen verlangt. Und diese Weltnatur glaubt Spinoza im Erkennen zu finden, das bei reiner Entwicklung dem Menschen den objektiven Gehalt der Dinge mitteilt und ihn bis zu völligem Auslöschen aller Selbstheit mit dessen Unendlichkeit und Ewigkeit erfüllt. Das erscheint als eine Erlösung von der kleinen Subjektivität und dem widerwärtigen Getriebe menschlicher Zwecke und Leidenschaften, als ein sicheres Aufsteigen des Lebens zu echter Wirklichkeit und lauterer Wahrheit.

Wo aber das All, das All als eine unermeßliche und unwandelbare Natur, so sehr zum alleinigen Inhalt unseres Lebens wird, da verschwindet nicht nur alle Willkür, sondern auch alle Freiheit, da erhebt sich zu überwältigender Größe die Macht der reinen Tatsächlichkeit, der Naturnotwendigkeit, des Schicksals. Das Altertum hatte diese Macht vollauf anerkannt, das Christentum unternahm, als die größte aller Aufgaben, die Menschheit über sie hinaus in ein Reich der Freiheit zu heben. Seine geschichtlichen Gestaltungen aber nahmen gewöhnlich das Problem viel zu leicht, der Widerstand wurde mehr in subjektivem Aufschwung überflogen als gründlich überwunden. So war es ein Gewinn für die Wahrheit und die Tiefe des Lebens, wenn Spinoza wieder voll zur Geltung brachte,

was an Natur und Schicksal in unserem Dasein steckt. Gewiß ist
dabei zu ausschließlich die ganze Wirklichkeit in Natur verwandelt,
und es erscheint die Wahrheit der Dinge zu sehr als außer und
neben dem Geistesleben gelegen, aber aller Irrtum der Ausführung
zerstört nicht die Bedeutung jener Wendung.

Dazu enthält auch an dieser Stelle Spinozas Grundstreben mehr
als seine Begriffe zum Ausdruck bringen. Er sucht nicht die bloße
Natur, er sucht in der Natur und hinter der Natur das Wesen, ein
wesenhaftes Leben und Sein. Nach seiner Überzeugung verläuft
das gewöhnliche Leben viel zu sehr an der Oberfläche, in Selbsttäuschung und Schein; nur insofern hat unser Handeln Wahrheit,
als wir in ihm unser Sein und Selbst erhalten; wollen wir also echtes
Handeln, so gilt es ein Vordringen zu unserem echten Sein. Das
aber kann nur durch eine Umwälzung der vorgefundenen Lage, nur
durch die Aneignung der Ewigkeit und Unendlichkeit des Alls geschehen. Das ist das Große bei Spinoza, daß ihm nicht dieses oder
jenes am menschlichen Leben, sondern daß ihm das Ganze dieses
Lebens, daß ihm der Mensch selbst zum Problem wird, und daß
er aller Punktualität des kleinen Ich, allem gemeinen Glück, dem
ganzen Gebiet des Nutzens und der Zwecke entwachsen soll.

So wirken aus Spinoza Anregungen tiefgehendster Art. Aber
seinem lehrhaften Vortrag wollen sie oft erst entwunden sein; schon
das erklärt, daß des Denkers Größe erst voll zur Geltung kam, sobald
er aus der Ferne gesehen und mit voller Freiheit behandelt wurde.
Und wenn bei solcher Behandlung die Deutung leicht auseinandergehen wird, so konnte auch deswegen der eine dies, der andere
jenes bei Spinoza groß finden und zur Hauptsache machen, weil
in ihm sehr verschiedene Gedankenreihen zusammentreffen, eine Einheit wohl suchen, sie aber keineswegs in abschließender Weise finden.
So wird der Streit über Spinoza nicht so leicht enden. Als groß
aber wird den Denker jeder verehren, der in der Philosophie nicht
zunächst ein geschlossenes System von Begriffen und Lehren, sondern
ein Weiterwerden unserer menschlichen Wirklichkeit, ein Vordringen
in neue Lebenstiefen sucht. Denn darauf angesehen gehört Spinoza
zu den Größten aller Zeiten.

γ. Locke.

Locke (1632–1704) wirkt aus wesentlich anderen Zusammenhängen als die übrigen Führer der Aufklärung. Ihn umwogt der

Kampf seines Volkes um Freiheit in Staat und Kirche, er selbst nimmt dabei entschiedene Stellung und wird auch in seinem persönlichen Ergehen davon betroffen. Auch sein Denken zeigt einen starken Einfluß der sozialen Umgebung, deren geistige Eigentümlichkeit er selbst befestigen und weiterbilden hilft.

Es ist nicht der ganze Umfang des englischen Strebens – jedes große Kulturvolk trägt in sich selbst einen Widerspruch gegen seine Durchschnittsart –, aber es ist doch die vorwaltende Richtung, welche in Locke einen klassischen Ausdruck findet. Diese Denkweise widerstrebt aller kühnen Spekulation, sie unternimmt nicht den Aufbau einer neuen Welt, sondern sie ergreift unbedenklich die gegebene Wirklichkeit und will sich über sie orientieren, innerhalb ihrer das Leben zur Vernunft und zum Glücke führen. Das Hauptaugenmerk ist dabei dem Menschen und seinem Befinden zugewandt; es entspricht einer durchgängigen Überzeugung, wenn ein englischer Dichter (Pope) als das eigentliche Studium des Menschen den Menschen bezeichnet. Dabei wird das Individuum sowohl bei sich selbst als im Zusammensein mit anderen, im Aufbau der Gesellschaft, betrachtet; die Seele wie die Gesellschaft von den einfachsten Elementen her zu verstehen und damit durchsichtig zu machen, das ist das eigentümliche Verdienst der englischen Aufklärung. Der schärfere Anblick und die genauere Durchmusterung der Erfahrung wirkt zur Austreibung alles dessen, was keinen sicheren Halt in Tatsachen hat; der Theorie schließt sich eng die Praxis an, indem die Aufklärung über unseren wahren Besitz und über unser wahres Vermögen unmittelbar eine entsprechende Gestaltung des Lebens hervortreibt. Wohl zieht das alles dem menschlichen Leben und Wirken engere Grenzen, aber es zeigt zugleich, daß innerhalb dieser Grenzen weit mehr liegt und weit mehr erreichbar ist, als man sonst dachte; in ihrem eigenen Befunde scheint die Erfahrung reich genug, um alle legitimen Wünsche zu befriedigen. So entsteht eine eigentümliche Denkweise und Lebensführung, sie arbeitet sich energisch in die einzelnen Gebiete hinein und gewinnt zugleich weitere Volkskreise. Von England aus ist die Aufklärung zu einer Weltmacht geworden, und auch die weitere Entwicklung ist nicht ohne den Vorgang der Engländer begreiflich.

Diese englische Denkweise hat aber ihren deutlichsten und wirksamsten Ausdruck in Locke gefunden. Sein Hauptanliegen ist das Erkenntnisproblem. Eine Disputation über philosophische Fragen läßt ihn eine arge Verworrenheit unseres Wissensstandes empfinden, dieser

Eindruck treibt ihn, den Ursprung, die Gewißheit, den Umfang des Erkennens von Grund aus zu untersuchen; das Werk, das daraus hervorgeht, ist der erste systematische Aufbau der Erkenntnis von der Seele des Einzelnen her. Denn den Ursprung des Erkennens untersuchen, das heißt für Locke sein Werden und Wachsen in der Seele verfolgen; die Seele wiederum bedeutet nichts anderes als Bewußtsein, bewußtes Leben. So die Aufgabe verstehen – und es kommt Locke gar nicht in den Sinn, daß sie anders verstanden werden könnte –, das heißt zugleich über die Anlage wie über das Ergebnis der Arbeit entscheiden: es gilt hier, die einfachsten Elemente des Erkennens im Bewußtsein aufzusuchen und ihren allmählichen Aufbau Schritt für Schritt zu verfolgen, bis das Ganze durchsichtig geworden und zugleich die Grenze des menschlichen Vermögens bezeichnet ist. Das Bewußtsein bringt augenscheinlich seinen Inhalt in das Leben nicht mit, sondern es empfängt ihn erst aus der Berührung mit den Dingen; so fällt die Lehre von einem festen Stammbesitz der Vernunft, von eingebornen Ideen; keine andere Quelle der Erkenntnis gibt es als die Erfahrung, die Erfahrung durch die Wahrnehmung äußerer Dinge oder unserer eigenen Zustände; der Geist gleicht einem weißen Blatt Papier, das erst zu beschreiben ist, oder auch einem dunklen Zimmer, in das durch die Sinne Licht fällt. Als Grundelemente erscheinen dabei die einfachen Vorstellungen; aus ihren Verbindungen und Beziehungen erwachsen nach und nach verwickeltere Gebilde, auch die höchsten Leistungen des Erkennens scheinen von hier aus begreiflich. Nichts sei zugelassen, was nicht in diesem Gewebe seinen Platz aufzuweisen vermag, als ein Trugbild alles entfernt, was das durch jene Fassung der Arbeit gegebene Niveau überschreitet. Ob Locke seinen Grundgedanken mit voller Konsequenz durchgeführt habe, auch ob auf diesem Wege überhaupt Wahrheitserkenntnis zu erlangen sei, ist sicherlich bestreitbar; aber auch wer es bestreitet, muß die Tatsache zugeben, daß diese empirisch-psychologische Behandlung einen neuen fruchtbaren Durchblick des Seelenlebens und des gesamten menschlichen Daseins eröffnet. Das Erwachsen des Seelenlebens vor unseren Augen macht unser Sein verständlicher, unser Vermögen übersehbarer; unser Lebenskreis erschließt sich weit mehr einer praktischen und technischen Behandlung, der Mensch gewinnt an Macht über sich selbst und seine Umgebung.

Daß ein derartiges Wissen nicht zu einem Wesen der Dinge

vorzudringen vermag, darüber ist sich Locke völlig klar; was die Dinge jenseit der Mitteilung an uns sind, das bleibt uns für immer verschlossen. Aber diese Einschränkung bereitet keinen Schmerz, da der Hauptzweck des Lebens unser praktisches Ergehen und Benehmen bildet, dafür aber jenes Erkennen völlig genügt. Wir brauchen nicht alle Dinge zu erkennen, sondern nur die, welche unser Benehmen angehen, „die eigentümliche Wissenschaft und Aufgabe des Menschen ist Moralität"; es wäre töricht, das uns zugewiesene Kerzenlicht gering zu achten und hellen Sonnenschein zu verlangen, wenn jenes unseren Weg genugsam beleuchtet.

Darin aber erscheint hier ein Widerspruch, daß grundsätzlich das Leben seinen ganzen Inhalt aus der Erfahrung schöpfen soll, daß in der Ausführung aber eine selbständige, aller Erfahrung überlegene Vernunft auftritt und sich mehr und mehr zur Hauptsache macht. Zunächst gilt als das höchste Gut und das Ziel alles Strebens das Glück im Sinne des subjektiven Wohlbefindens; so entscheidet dieses über den Wert aller Erlebnisse, „die Dinge sind gut oder schlecht lediglich in Beziehung auf Lust und Schmerz". Das müßte zu einem gröberen oder feineren Epikureismus führen. Aber zugleich erscheint bei Locke der Mensch als ein Vernunftwesen, das zu innerer Selbständigkeit des Lebens berufen ist und dadurch neue Aufgaben und Maßstäbe empfängt; hier gilt als seine wahre Größe das Vermögen, zu Gunsten der Vernunft allen bloßen Neigungen widerstehen zu können; „das große Prinzip und die Begründung aller Tugend und alles Wertes liegt darin, daß der Mensch im stande ist, sich seine eigenen Wünsche zu versagen, seinen eigenen Neigungen zuwiderzuhandeln und allein dem zu folgen, was die Vernunft als das Beste angibt." Wäre nicht so in der Regel bei den englischen Denkern die Erfahrung durch eine überlegene Vernunft ergänzt, sie hätten schwerlich den Abschluß und die Wirkungen erreicht, die sie erreicht haben.

Lockes Überzeugungen vom menschlichen Leben verkörpern sich aber weniger in seinen zerstreuten Äußerungen zur Ethik als in seiner Gesellschaftslehre. Auch hier besitzen wir nur kleinere Abhandlungen, und es fehlt alle Durchbildung zum System. Aber durch alle Mannigfaltigkeit der Gedanken geht eine charakteristische Grundüberzeugung; diese aber bildet nach der Seite der Theorie und Philosophie die Wurzel des modernen Liberalismus.

Locke entwickelt die politische und soziale Gemeinschaft durchaus vom individuum her, als dem unmittelbar gegebenen und deutlich faßbaren Element; so den Stand der Gesellschaft vom Individuum ableiten und unablässig auf das Individuum beziehen, das heißt ihn in der Sache vernünftig, in der Form durchsichtig machen. Die eingewurzelte Vorstellung vom Staate als einem die Individuen von vornherein umfassenden und bindenden Organismus wird als verworren und irreleitend abgewiesen. Aber das Individuum, das jetzt alle Gemeinschaft tragen und durchwalten soll, ist nicht das bloße Naturwesen des Hobbes, sondern die vernünftige Persönlichkeit; als das Charakteristische der Vernunft erscheint dabei das Vermögen der Überlegung, eigenen Entscheidung und Selbstregierung. Es erfolgt damit im Begriff der Vernunft gegen die Antike eine durchgreifende Veränderung. Denn dieser galt als ihr Wesen das Vermögen, allgemeine Begriffe zu bilden und ihnen gemäß zu handeln; daß jetzt an die Stelle dessen die Selbständigkeit, die Fähigkeit zu eigener Entscheidung tritt, das verrät den Geist einer neuen Welt. Auch das Gesetz bekräftigt jetzt die Freiheit, indem es sie einschränkt. Denn als Gesetz sei nur anerkannt, was von der gesetzgebenden Gewalt beschlossen ist, diese aber hat ihren letzten Ursprung im Willen der Individuen; so ist die Schranke selbstgesetzt, nicht von draußen auferlegt.

Bei solchem Aufbau der Gemeinschaft vom Individuum her entwickelt sich mit besonderer Klarheit der moderne Begriff der Gesellschaft als einer freien Assoziation; auch der Staat ist nicht mehr als eine Art der Gesellschaft mit präzisen Zwecken und scharfgezogenen Grenzen. Es bildet aber die Hauptaufgabe des Staates der Rechtsschutz der individuellen Daseinskreise, die Sicherung ihrer Freiheit gegen alle äußere Störung; da nun die bürgerliche Selbständigkeit namentlich an das Eigentum geknüpft scheint, so gilt bei Locke auch einfach die Sicherung des Eigentums als der Staatszweck. Seine Aufgabe scheint damit gegen die ältere Fassung tief herabgesetzt und schon jene Selbstsucht der besitzenden Klassen vorbereitet, in die der spätere Liberalismus oft entartet ist. Aber es sei nicht vergessen, daß bei jenem alten Liberalismus hinter dem Besitz die selbständige und tatfrohe Persönlichkeit steht und in ihm ihre Entfaltung sucht; das gibt dem Ganzen eine Idealität und treibt zu unablässigem Wirken für die anderen. Ein großer Gewinn für die Kraft und für die Wahrheit des Lebens scheint es, die Grenzen des Staates eng zu ziehen und möglichst viel der Freiheit des Einzelnen zu überlassen. So der mit Hilfe angelsächsischer Volksart zu voller Bewußtheit gelangte Rechts- und Freiheitsstaat der Aufklärung, weit verschieden von dem Macht- und Kulturstaat der Renaissance.

Ein solcher Rechts- und Freiheitsstaat muß sich gegenüber dem vorgefundenen Stande erst freie Bahn schaffen, die politische Theorie hilft dazu durch ein scharfes Prüfen und Sichten der überkommenen Verhältnisse. Sie beugt sich nicht dem blinden Tatbestand, sie anerkennt nicht eine Gewalt bloß weil sie Gewalt hat, sondern sie verlangt eine Begründung vor der Vernunft; nur was hier sein Recht dargetan und zugleich die eigene Zustimmung des Menschen gefunden hat, kann ihn innerlich binden. Ein Recht aber läßt sich nur begründen durch die Leistung in der lebendigen Gegenwart; nach dem Grade der Leistungen bemesse sich die Stellung der Individuen in der Gemeinschaft. So kann hier keine Autorität außer oder gar gegenüber der Vernunft bestehen; selbst die väterliche Gewalt stammt nicht aus einer geheimnisvollen Naturordnung, sondern aus der wirklichen Fürsorge für das noch unmündige Kind. In diesem Zusammenhange ist kein Platz für eine patriarchalische Herrschergewalt oder für ein Königtum von Gottes Gnaden; auch das Königtum hat durch seine Leistung für die Gemeinschaft sein Recht zu erweisen. Einer Begründung bedarf auch das Eigentum, es findet sie in der Arbeit; wer zuerst einen Gegenstand okkupiert und an ihn Tätigkeit gewandt hat, der darf ihn festhalten und sich aneignen. Auch der ökonomische Wert der Dinge bemißt sich nach dem Quantum der Arbeit, das sie verlangen; je weiter die Kultur fortschreitet, desto mehr tritt der bloße Stoff zurück vor dem, was durch Formgebung menschliche Arbeit aus ihm macht. So eine philosophische Begründung der Wendung des modernen Menschen zur Technik und Industrie.

Eine strenge Durchführung dieses Verlangens, alle politischen und sozialen Verhältnisse von den Individuen her zu entwickeln und jedem Einzelnen die Stellung genau nach der Leistung, das heißt aber der sichtbaren und wirksamen Leistung, zuzumessen, würde den gesuchten Vernunft- und Rechtsstaat mit dem geschichtlich überkommenen aufs Härteste zusammenstoßen lassen; bei radikaler Austreibung alles geschichtlichen Elements, aller Tradition, Vererbung u. s. w. wäre eine Wendung revolutionärer Art nicht zu vermeiden. Aber von solcher Strenge und Schroffheit ist Locke weit entfernt; stillschweigend wird das überkommene Grundgefüge der Gesellschaft als vernünftig angenommen; nur die besondere Gestaltung scheint manches Verfehlte zu enthalten, was fallen muß. Vernunft und Geschichte sind hier noch nicht entzweit wie in einer späteren Phase der Aufklärung; so bedarf es hier nur einer Reform, keiner Revolution.

Auch will Locke das Individuum nicht isolieren, indem er es selbständig macht. Denn nur zusammen mit den anderen, nur als ein Glied der Gesellschaft kann es seine Vernunft entwickeln und glücklich werden. Ja die Macht der sozialen Umgebung wird hier in einem Umfange anerkannt wie nie zuvor; neben das göttliche und das bürgerliche Gesetz stellt Locke als ein drittes das der öffentlichen Meinung und betrachtet diese als einen sicheren Ausdruck der Vernunft. Auch für die moralische Bildung ist das Urteil der Mitmenschen, ihre Billigung oder Verwerfung, ein höchst wichtiger Faktor; die Erweckung des rechten Ehrgefühls ist das Hauptmittel für die Erziehung zum sittlichen Charakter; „Reputation kommt der Tugend am nächsten“. So erhält — das ist bezeichnend für das englische Leben überhaupt — die politische Freiheit ein starkes Gegengewicht an einer sozialen Bindung; dieser soziale Zwang ist minder merklich, aber vielleicht greift er noch tiefer.

Von den einzelnen Gebieten hat Locke am meisten das der Erziehung gefördert. Eine rationelle Unterrichtsmethode war schon vor ihm von Ratichius und Comenius verfochten. Aber die neue Art wirkte bisher mehr innerhalb des alten Stoffes, als daß sie sich ihren Stoff selbst bereitet und dafür die lebendige Gegenwart herangezogen hätte. Dies aber ist es, was bei Locke geschieht. Freilich verbleibt er bei Umrissen und zieht auch nicht die letzten Konsequenzen. Aber die Anregung brauchte nur aufgenommen und weitergeführt zu werden, und wir befinden uns bei Rousseau.

Es ist eine eigentümliche Art der Aufklärung, die uns bei Locke begegnet. Sie beschäftigt sich weniger mit dem Grundverhältnis des Menschen zur Wirklichkeit, das sie nach dem unmittelbaren Eindruck hinnimmt, als mit der Gestaltung seines Lebens innerhalb eines gegebenen Raumes. Ein Vordringen zu den einfachen Kräften und eine Ableitung alles Geschehens und Handelns von daher läßt eine völlige Wendung des Lebens zur Vernunft erwarten. Daß diese Kräfte in der Richtung der Vernunft wirken, gilt dabei als sicher; ohne einen starken Optimismus, ohne ein Zurückschieben aller seelischen Verwicklungen kommt diese Lebens-

anschauung nicht aus. Zugleich entbehrt sie einer inneren Einheit.
Ihr Hauptzug läßt alles Heil von der aufklärenden Denkarbeit erwarten, aber diese beherrscht das Feld keineswegs allein, sie erfährt
eine unablässige Ergänzung, Einschränkung, Umbiegung durch den
Befund des geschichtlichen Lebens. Die logische Konsequenz wird
nicht gezogen, wo sie mit diesem Befunde schroff zusammenstößt
und eine radikale Umwälzung verlangt; der unmittelbare Eindruck
und ein praktischer Menschenverstand nehmen den Begriffen alle ver-
letzende Schärfe. Zwiespältig wie das Verfahren ist auch der Inhalt
der Überzeugungen. Das Leben soll aus dem nächsten Zusammensein der Dinge, d. h. der Erfahrung, seinen ganzen Inhalt gewinnen,
aber unvermerkt wird an wichtigsten Stellen eine der Erfahrung
überlegene Vernunft zur Hilfe gerufen, ohne daß je der Versuch
gemacht wird, diese zu rechtfertigen und gegen die Erfahrung
abzugrenzen. So schieben sich eine empirische und eine rationale,
eine realistische und eine idealistische Ansicht unablässig ineinander;
bald hat die eine bald die andere das Übergewicht. Solche maßgebende Stellung des wissenschaftlich nicht geklärten Eindrucks macht
Lockes Philosophie in höherem Grade zu einer Popularphilosophie
als die irgend eines anderen bedeutenden Denkers und gefährdet
die Selbständigkeit des philosophischen Lebensbildes gegenüber dem
alltäglichen. Das Denken und Leben wird hier auf einer mittleren
Höhe festgelegt, die gegenüber niederen Formen schätzbar ist und
die auch in der geschichtlichen Lage ein gutes Recht hatte, die aber
insofern zur Gefahr und zum Nachteil wird, als sie die angenommenen Grenzen als ausgemacht behandelt und durch eine
scheinbare Selbstverständlichkeit höchst problematischer Lösungen
ein Weiterstreben hemmt. Unanfechtbar aber bleibt die Fülle von
Anregungen, die von Locke ausgegangen sind, unanfechtbar der
männliche Ernst, die schlichte Wahrhaftigkeit, die lautere Gesinnung,
die aus allen seinen Werken sprechen.

ε. Leibniz.

aa. Das Charakteristische der Denkweise.

Mit Leibniz (1646—1716) tritt Deutschland in die Bewegung
der Aufklärung ein und erweist in ihm sofort eine sehr eigentümliche Art. Eine erstaunliche Weite und Universalität, die alles festhalten, nichts verwerfen möchte, ein energischer Zug zum System,

der einen einmal ergriffenen Gedanken auch gegen den härtesten
Widerspruch des unmittelbaren Weltanblicks durchsetzt, ein Ausgehen vom Inneren der Seele und ein Streben, von hier aus die
ganze Weite zu durchleuchten; in dem allen ein kühner Aufschwung
geistigen Schaffens und eine eingreifende Umwandlung des nächsten
Befundes, aber auch manche Gefahren, die den anderen fernlagen:
die Gefahr eines Mitschleppens unnützen Ballastes und eines Ver-
söhnenwollens auch des Unversöhnbaren, die Gefahr einer Über-
springung des unmittelbaren Eindrucks und eines Sichverlaufens ins
Pfadlose, die Gefahr endlich einer eigensinnigen, sich in sich selbst
vergrübelnden Subjektivität. Wo es aber gelingt, diese Gefahren zu
überwinden, da entstehen Schöpfungen allerersten Ranges, welche
den Begriff und die Aufgabe der Menschheit wesentlich erhöht haben.

Nirgends erreicht die Aufklärung eine solche Universalität,
nirgends ergreift sie so sehr den inneren Bestand der Dinge,
nirgends strebt sie so sehr nach systematischer Durchbildung wie
bei Leibniz. Wenn sie zugleich alle Enge einer bloßen Opposition
ablegt, vielmehr alle Mannigfaltigkeit an sich zu ziehen, alle Gegensätze zu umspannen sucht, so wird sie auch dem überkommenen
Lebensbefunde volle Gerechtigkeit erweisen wollen, so wird sie Altes
und Neues einer einzigen Gedankenwelt einzufügen streben. Gewiß
liegen auf diesem Wege große Gefahren, leicht mag statt einer wirklichen Vereinigung ein bloßer Kompromiß geboten werden, leicht
das Verlangen nach Ausgleichung das Charakteristische der verschiedenen Seiten von vornherein abstumpfen, leicht endlich das
Streben, es allen anderen recht zu machen, den Denker seiner
eigenen Art Unrecht tun lassen. Auch sei nicht geleugnet, daß in
Leibniz ein Stück höfischen Wesens steckt, eine Neigung, allen
Anstoß zu vermeiden, die Dinge in möglichst zusagender, bequemer,
gefälliger Beleuchtung zu geben. Aber zugleich ist anzuerkennen,
daß jenes Versöhnungsstreben nicht nur eine große Fassung der
Aufgabe, eine sichere Überlegenheit über alle Enge bloßer Partei-
betrachtung zeigt; auch darüber kann kein Zweifel sein, daß es bei
Leibniz von einer zwingenden Notwendigkeit des innersten Wesens
getragen wurde: die beiden Welten, welche er zusammenbringen
wollte, waren Stücke seines eigenen Lebens; zog ihn einerseits die
neue mathematische und naturwissenschaftliche Bewegung mächtig
an sich und trieb ihn zu genialem Schaffen, so kann auch seine
aufrichtige Anhänglichkeit an die überkommene sittlich-religiöse Welt

und seine innere Zugehörigkeit zu ihr nur verkennen, wer nicht in die
letzten Triebkräfte seiner Arbeit eindringt. So hat er sich die Aufgabe nicht künstlich zurecht gemacht, er hat sie zur Rettung der
Einheit seines Wesens, zu seiner geistigen Selbsterhaltung aufnehmen
müssen. Daher bleibe bei allen Bedenken gegen Unternehmen und
Ausführung die persönliche Wahrhaftigkeit, die Ehrlichkeit des Mannes
in allen Ehren!

Auch das erhebt die Sache weit über die gewöhnliche Schwäch-
lichkeit derartiger Kompromisse mit ihrer Liebedienerei gegen beide
Seiten, daß der Gesinnung eine durch und durch charakteristische
Denkweise technischer Art entspricht, und daß diese einen Weg
zu einer eigentümlichen Gestaltung des Sachbestandes eröffnet.
Den Schlüssel zu dieser charakteristischen Denkweise bildet die
Mathematik oder vielmehr die mathematische Art zu denken. Die
Bedeutung, welche die Mathematik für die Gedankenwelt und auch
für die Lebensanschauung der Aufklärung von vornherein hatte, sie
erreicht bei Leibniz ihre abschließende Höhe. Von Anfang an hatte
die Mathematik wesentlich dazu beigetragen, die Aufklärung in die
ihr eigentümliche Bahn zu bringen und sie in einem Hauptpunkt
ihres Wollens zu bestärken. Die Überzeugung von einem geistigen
Stammbesitz der Erkenntnis, von einem Innewohnen ewiger und allgemeiner Wahrheiten in der Seele, sie schien hier allem Zweifel enthoben; ja über den Besitz einzelner Wahrheiten hinaus zeigte sich hier
der Geist stark genug, aus eigenem Vermögen ein zusammenhängendes
Gedankenreich zu erzeugen. Im Aufbau dieses Reiches bekundete
sich ein Verfahren, das nicht wie die scholastische Logik einen gegebenen Stoff nur immer von neuem umknetet, sondern das ihn
unablässig zu erweitern, neue und neue Einblicke in die Wahrheit
zu geben verspricht. Im mathematischen Schaffen erweist sich das
Denken unwiderleglich als eine produktive Kraft. Dabei bildet dies
von innen aufsteigende Gedankenreich nicht ein Sondergebiet neben
der großen Welt, vielmehr sind die Wahrheiten der Mathematik zugleich die Grundgesetze des Naturlebens; so verbindet die Mathematik
mit sicherem Walten geistige Tätigkeit und Außenwelt, sie gibt dem
Denken das stolze Bewußtsein, den Schlüssel zum All im eigenen
Vermögen zu tragen, in seinem Leben unmittelbar das Weltleben
zu erfassen. Die Bejahung enthält dabei eine zwiefache Verneinung:
sie kehrt sich einerseits gegen alle blinde Unterwerfung unter

mus und Materialismus in der Wurzel gebrochen, wo die Mathematik die Dinge durch die Formen des Denkens hindurchsehen lehrt Nichts hat die Vernunft so sehr auf sich selbst zu stehen gewöhnt und mit so freudigem Selbstvertrauen erfüllt als die Mathematik.

Alle diese Überzeugungen werden von Leibniz willig aufgenommen und gemäß der Eigentümlichkeit seiner Natur weitergeführt. Nie werde vergessen, daß er in der Mathematik eher zur Selbständigkeit und überlegenen Größe gelangt ist als in der Philosophie, daß im besonderen die Erfindung der Differentialrechnung der Schöpfung seines philosophischen Systems vorangeht. So erfüllt und durchdringt ihn schon ganz und gar der Gedanke des Kleinen, Virtuellen, Fließenden, als er an den Zusammenschluß seiner philosophischen Überzeugungen geht. Von solchem Ausgangspunkt her treibt es ihn mächtig zu einer Verfeinerung der bisherigen Weltansicht, zu einem Flüssigmachen alles dessen, was bisher als starr hingenommen wurde. Was uns vor Augen liegt, ist nicht das Ganze; dahinter steckt das Mögliche, die aufstrebende Kraft; nur von der Möglichkeit her, aus dem Zusammentreffen von Möglichkeiten wird der Tatbestand verständlich; so ist die Möglichkeit in den Begriff der Wirklichkeit aufzunehmen und damit dieser Begriff aufs Wesentlichste und Fruchtbarste zu erweitern. Mit solcher Anerkennung der Möglichkeit scheint ein starrer Druck vom Menschen genommen, der Spielraum freier Bewegung unermeßlich erweitert. Dazu das Kleine, die Unendlichkeit des Kleinen, auf deren Entdeckung Leibniz besonders stolz ist. Wohl folgt er hier einem Zuge der gesamten modernen Wissenschaft, aber er führt ihn unvergleichlich weiter als die anderen, indem er ihn über alle Erfahrung hinaus ins Metaphysische erhebt und aus solcher Überlegenheit der Erfahrung Ziele vorschreiben läßt. Aber so weit es möglich, scheint ihm auch eine erfahrungsmäßige Bestätigung des Unendlichkleinen erbracht, erbracht durch die eben eröffnete Welt des Mikroskopes und namentlich durch die Entdeckungen Leeuwenhoeks; so wird kühnlich alle Grenze der Teilung und auch der Organisation des Stoffes verneint. Hinter jedem Körper steckt wieder ein anderer und anderer, wie beim Harlekin hinter jedem Gewande ein neues; warum sollte die Grenze unserer Wahrnehmung die Grenze der Natur sein? — Mit dem Gedanken der unendlichen Kleinheit verflicht sich aber aufs engste der einer durchgängigen Verschiedenheit der Dinge; nirgends wiederholt sich die Natur, nirgends gibt es zwei gleiche Dinge, zwei gleiche Fälle;

nur eine rohe Ansicht von außen her kann eine völlige Gleichheit wahrzunehmen meinen, in Wahrheit ist die vermeintliche Gleichheit nur eine geringere, äußersten Falls eine im Verschwinden befindliche Verschiedenheit.

Wie an dieser Stelle ein scheinbarer Gegensatz sich in einen Unterschied des Grades auflöst, so ist die mathematisch geartete Denkweise Leibnizens durchgängig bestrebt, vermeintliche Gegensätze in Abstufungen zu verwandeln und die qualitative Betrachtung durch eine quantitative zu ersetzen. Durch den Begriff des Unendlichkleinen, des im Verschwinden Befindlichen gewinnt diese schon von Kepler angebahnte Betrachtungsweise die Möglichkeit einer energischeren Durchführung. Auch das scheinbar Unversöhnliche läßt sich in dieser Weise zusammenbringen. So gilt z. B. die Ruhe als eine nach kontinuierlicher Verringerung verschwindende Bewegung, auch die Gegensätze von Gut und Böse, von Wahr und Falsch werden solcher Behandlung unterworfen. Demnach verschwindet aus dieser Gedankenwelt alle Starrheit und Abstoßung, alles wird flüssig und läßt sich ausgleichen und zusammenbringen, die Idee einer Kontinuität alles Seins und alles Lebens gewinnt damit eine Anschaulichkeit und Eindringlichkeit wie nie zuvor, so daß Leibniz guten Grund hat, das Gesetz der Kontinuität als ein von ihm eingeführtes zu betrachten. Nunmehr erscheint auch der Versuch, Natur und geistige Welt zusammenzubringen, in einem anderen Lichte als außerhalb jener Denkweise; sollte sich nicht bei schärferer Betrachtung auch hier eine fortlaufende Stufenfolge erkennen lassen, sich nicht einem einzigen Allleben einfügen und hier aufeinander angewiesen sein, was sich für den ersten Anblick schroff ausschließt? Fürwahr ein kühner, aber auch ein großer Gedanke! Ob er ausführbar ist und nicht an einem unser ganzes Dasein durchdringenden Entweder — Oder scheitert, das ist eine andere Frage; können wir leugnen, daß Leibnizens Ausführungen oft mehr den Eindruck eines staunenswerten Kunststückes, eines virtuosen Gedankenspiels als den überwältigender Wahrheit machen? Aber die Bedeutung jener Verfeinerung und Flüssigmachung überschreitet weit die besondere Art der Verwendung, sie gehört wesentlich zur Bewegung des modernen Lebens, und zugleich gehört Leibniz zu seinen leitenden Denkern.

bb. Das Weltbild.

Das Weltbild Leibnizens hat seine Anknüpfung bei Descartes, dessen Lösung aber konnte ihn unmöglich befriedigen. Sie konnte nicht befriedigen, weil es ihn von der Spaltung zwischen Welt und Seele zwingend zur Einheit drängte, sie konnte auch deshalb nicht befriedigen, weil hier wie da die Begriffe viel zu roh, viel zu wenig durchgearbeitet schienen. Dem von der Mathematik aus Gewöhnten, die Welt von den Formen des Denkens her zu betrachten, hatte die Materie von vornherein ihre sinnliche Handfestigkeit verloren, der Philosoph der Bewegung und des Kleinen mußte die kleinen Körper, aus denen die mechanische Lehre die Natur zusammenfügte, weiter zerlegen und bis auf einen Punkt selbständigen Lebens führen. So dringt er über die physischen Elemente hinaus zu metaphysischen vor, zu lebendigen Einheiten, „Monaden". Keinerlei Sein kann es geben, dem nicht eine „immanente" Tätigkeit, ein Beisichselbstsein zukommt. So bilden innere Kräfte, seelenartige Wesen, den Grundbestand aller Wirklichkeit; die sinnliche Welt steht nicht gleichberechtigt neben einer unsinnlichen, sondern die ganze Natur wird ein „wohlbegründetes Phänomen", eine Projektion des unsinnlichen Alls für uns endliche Geister, die wir die Wirklichkeit nicht von innen her zu durchschauen und zugleich zusammenzuhalten vermögen; eine absolute Intelligenz würde gar keine Außenwelt neben sich haben. Dieser Auffassung erscheint unser Körper als ein Aggregat von Seelen, ein Aggregat, dessen Zentralmonade die Seele bildet, welche gewöhnlich allein so genannt wird. Damit eröffnet sich eine neue Lösung des Problems von Seele und Körper, von Geistesleben und Natur, indem diese nicht mit gleichem Rechte nebeneinander stehen, sondern sich wie Wesen und Erscheinung verhalten. Leibniz selbst zeigt in der näheren Ausführung manche Schwankungen und gewährt der Körperwelt oft mehr Realität, als sie nach strenger Konsequenz haben dürfte. Aber ein eigentümlicher Typus des Weltbildes wird dadurch nicht aufgehoben: die Natur bleibt in ihrem Gebiete durchaus ungestört und erfährt keinerlei Eingreifen, aber das Ganze dieses Gebietes ist nur eine Erscheinung einer tieferen Ordnung, und alles Naturgeschehen mit seinem Mechanismus dient schließlich den Zwecken des Geistes. Dies Weltbild mag dem unmittelbaren Eindruck viel zu schroff widersprechen, um je populär werden zu können, scharfsinnige Geister von intellektueller Vornehmheit hat es immer neu angezogen.

Auch das Geschehen muß in solcher Welt sich anders ausnehmen. Der Austausch von Wirkungen, die Wechselwirkung, von der älteren Denkweise ohne Anstoß hingenommen, war der Aufklärung durch die schärfere Scheidung von Seele und Körper und die strengere Abgrenzung der einzelnen Lebenskreise ein überschweres Problem geworden; in seiner Behandlung geht wie Spinoza so auch Leibniz einen eigenen Weg. Sind die Elemente der Wirklichkeit, die Monaden, bei sich selbst befindliche Wesen, so können sie nichts anderes als sich selbst, ihre eigenen Zustände erleben, nicht aber von draußen her berührt werden und Einflüsse empfangen; die Monaden haben keine Fenster, durch welche die Dinge zu ihnen kommen könnten, sie sind keine leere Tafel, die sich von fremder Hand beschreiben ließe. Vielmehr erfolgt alle Bewegung bei ihnen von innen heraus, ihre Entwicklung kann nur Selbstentwicklung sein. Da nun die Grundkraft des Seelenlebens Vorstellen, Konzentrieren einer Vielheit in einer Einheit ist, so ist alle Lebensbewegung Vorstellen, Entfalten eines Gedankenreiches, aller Fortschritt eine zunehmende Klärung, eine Austreibung der anfänglichen Verworrenheit.

So die Begriffe von der Wirklichkeit umwandeln kann die Monadenlehre nicht, ohne daß aus ihr selbst ein schweres, scheinbar unlösbares Problem aufsteigt. Jedes Wesen soll nur sich selbst erleben, allen Inhalt aus dem eigenen Grunde hervorbringen, keinerlei Wirkungen von draußen empfangen. Aber zugleich heißt Leben die Welt um uns vergegenwärtigen, ein Spiegel des Alls werden. Wie kann nun ein Beisichselbstsein zugleich die Welt darstellen, wie das Seelenleben Weltleben sein, wie mein Denken zur Welt um mich stimmen? Das ist ein kritischer Punkt, aber nirgends mehr als hier erhebt sich Leibnizens logische Phantasie zu kühnerem Aufschwung und stolzerer Zuversicht. Es gibt eine Möglichkeit, daß das innere bei sich selbst verläuft und doch der Welt entspricht: eine höhere, die Seele wie das All beherrschende Macht müßte alles von vornherein so eingerichtet haben, daß jede Monade aus ihrer eigenen Entwicklung eben das als Vorstellung erzeugt, was draußen in Wirklichkeit geschieht; die Uhren müßten von dem großen Künstler so geschickt angefertigt sein, daß sie unablässig zusammengehen, ohne irgendwelchen physischen Zusammenhang oder eine Regulierung von außen. So wird z. B. dem Bild der Sonne, das von innen aufsteigt, der wirkliche Sonnenstand genau entsprechen. Diese schwindelnde Hypothese verwandelt sich für Leibniz rasch in eine sichere Lehre, jene vielbesprochene Lehre von der „prästabilierten Harmonie"; sie scheint ihm das großartigste und damit würdigste Bild sowohl von Gott als vom All zu gewähren.

Wir anderen empfinden hier wohl weniger eine Großartigkeit als eine Künstlichkeit. Aber unleugbar hat jene Lehre an wichtigen Punkten zur Erweiterung der Gedankenwelt gewirkt. So vornehmlich beim Begriff der Seele. Eine Welt in sich tragen und eine Welt aus sich entwickeln könnte die Seele unmöglich, wäre sie nicht mehr als das bloße Bewußtsein; so ist darüber hinauszugehen und auch ein unterbewußtes Seelenleben anzuerkennen; jede genauere Selbstbeobachtung erweist ein solches, indem sie das Vorstellen und das Gewahrwerden der Vorstellung als verschiedene Vorgänge zeigt. Auch entstehen oft Sinnesempfindungen durch eine Summierung von kleinen Eindrücken, die in ihrer Vereinzelung uns entgehen. Wären sie aber für uns gar nicht vorhanden, so könnte auch ihre Summe nicht zum Bewußtsein gelangen, wir könnten z. B. das leise Rauschen des Meeres nicht hören, weil die kleinen Wellen, die es bewirken, einzeln nicht wahrnehmbar sind. So erleben und sind wir fortwährend viel mehr, als das Bewußtsein aufweist; das Seelenleben verläuft in unzähligen Vorstellungen, die tausendfache Verwebungen bilden; sein Boden ist nicht leer, sondern voll kleiner, erst aufstrebender Vorstellungen, das Bewußtsein bildet nur den Gipfel eines in unergründliche Tiefen hinabreichenden Prozesses.

Diese Entdeckung des Unterbewußten wird eine Hauptstütze der leibnizischen Lehre von der allgemeinen Verbreitung des Seelenlebens. Denn nun ergeben sich verschiedene Stufen der Konzentration, verschiedene Grade des Vorstellens von trübster Verworrenheit bis zu vollkommener Deutlichkeit. Alles Seelische bildet eine fortlaufende Kette und untersteht gemeinsamen Gesetzen, aber zugleich bleibt freier Raum für Unterschiede, namentlich für eine ausgezeichnete Stellung des Menschen. Er allein besitzt ein Selbstbewußtsein, eine überlegene Einheit, von der aus sich die einzelnen Vorgänge überblicken und verbinden lassen; mit solcher Verstärkung des Zusammenhanges aber entsteht eine moralische, nicht bloß physische Identität, eine Persönlichkeit, es entsteht eine Verantwortlichkeit, ein freies Handeln, eine sittliche Welt. Auch wächst bei der Persönlichkeit die Unzerstörbarkeit der Monaden zu einer individuellen Unsterblichkeit. Damit erhält der Mensch eine selbständige Bedeutung, ohne aus den Zusammenhängen des Alls herauszutreten;

der Natur eng verbunden, wird er zugleich über sie hinausgehoben. So wenig wir den Mittelpunkt des Ganzen bilden, kraft unserer Vernunft können wir wie kleine Götter den Weltbaumeister nachahmen, als freie Bürger das Wohl des Ganzen fördern. Der Mensch ist „nicht ein Teil, sondern ein Ebenbild der Göttlichkeit, eine Darstellung des Universums, ein Bürger des Gottesstaates". „In unserem Selbstwesen steckt eine Unendlichkeit, ein Fußstapf, ein Ebenbild der Allwissenheit und Allmacht Gottes."

Die Erweiterung der Seele zu einer von unendlichem Leben erfüllten Welt gewährt auch eine überlegene Waffe gegen die Beschränkung des Erkennens auf die bloße Erfahrung. Nun wird begreiflich, wie die Seele etwas besitzen kann, ohne es empfangen zu haben, und wie die Menschen trotz aller Spaltung ihrer Meinungen gemeinsame Prinzipien des Denkens und Handelns befolgen können. In jeder vernünftigen Seele liegt ein Schatz ewiger und allgemeiner Wahrheiten; ihn zu voller Bewußtheit herauszuarbeiten, das ist die Hauptaufgabe der Wissenschaft. Auch das Glück vertieft sich mit dem Hinauswachsen des Seelenlebens über das bloße Bewußtsein; „wer glückselig ist, empfindet zwar seine Freude nicht alle Augenblicke, denn er rubet bisweilen vom Nachdenken, wendet auch gemeiniglich seine Gedanken auf anständige Geschäfte. Es ist aber genug, daß er im stande ist, die Freude zu empfinden, so oft er daran denken will, und daß inzwischen daraus eine Freudigkeit in seinem Tun und Wesen entstehet".

Alle solche Steigerung des menschlichen Seins bedeutet für Leibniz zugleich eine Erhöhung des individuums. Denn wie jedes einzelne Ding seine unterscheidende Eigentümlichkeit hat, so ist auch der Mensch keineswegs ein bloßes Exemplar seiner Gattung. Wohl spiegeln wir alle dasselbe All nach denselben Gesetzen, aber ein jeder spiegelt es in seiner besonderen Weise, oder wie Leibniz mit moderner Wendung im Anschluß an die Lehre von der Perspektive sagt: jeder betrachtet das Universum aus seinem eigentümlichen Gesichtspunkt. Aber zugleich verbleiben wir in einer allumfassenden Wahrheit. Leibniz ist es, der den mittelalterlichen Ausdruck Individualität (individualitas) der modernen Welt zuführt, er spricht das Wort, daß die Individualität die Unendlichkeit in sich trägt (l'individualité enveloppe l'infini).

So erfährt die Individualität bei Leibniz die beträchtlichste Bereicherung und Vertiefung. Aber sie erhält sie nicht als einen fertigen Besitz, sondern als eine stete Aufgabe und ein unablässiges Streben. Die Tiefe des eigenen Wesens ist immer erst zu erringen und aus dem Schlummer zu vollem Leben zu erwecken; bei der Unendlichkeit der Aufgabe kann das nur in endlosem Fortschreiten geschehen. Diesen Fortschritt denkt sich Leibniz, gemäß seiner Überzeugung von der Kontinuität alles Seins und Geschehens, als einen langsamen, aber stetigen; es gibt hier keine Lücken, Sprünge oder Rückschritte. Was eine plötzliche Umwälzung scheint, wurde in Wahrheit lange vorbereitet; alle vermeintliche Hemmung oder Zurückwerfung ist nur ein Sammeln der Kraft zu neuen Leistungen. Auch gibt es hier kein radikales Böses, keine Notwendigkeit einer völligen Umwälzung, das sittliche Leben besteht in allmählicher Besserung, einem langsamen Sichvervollkommnen (se perfectionner). Sich entwickeln heißt aber hier ein schon vorhandenes Wesen nur mehr und mehr entfalten, es ist eine Steigerung, keine Umwandlung. So beim Individuum, so auch beim Ganzen der Geschichte. Hier zuerst erscheint eine scharf durchdachte Philosophie der Geschichte, dieses Romans der Menschheit nach Leibnizens Ausdruck. Das Vergangene ist von der Gegenwart aus verständlich, weil im Grunde überall dasselbe geschieht (c'est tout comme ici), und doch sind die Zeiten verschieden, weil es in verschiedenem Grade geschieht. Alle Epochen verbinden sich hier zu einer fortlaufenden Kette, einem gemeinsamen Aufbau; die Gegenwart liegt sicher und fest zwischen der Vergangenheit und der Zukunft, sie „ist beladen mit der Vergangenheit und schwanger mit der Zukunft". Eng begrenzt ist das Vermögen des Augenblicks, kein stürmischer Anlauf kann rasch die Ziele erzwingen. Aber auch die kleinste Leistung bildet einen unentbehrlichen Stein zum großen Bau der Zeiten, nichts ist von unserer Arbeit verloren. Die Idee eines unablässigen Fortschritts samt dem sicheren Vertrauen auf eine bessere Zukunft, dies Hauptstück im geistigen Inventar der modernen Welt, sie ist nirgends so sehr von innen her und aus Weltzusammenhängen begründet als bei Leibniz. Zugleich wird durch eine solche Aufdeckung einer Vernunft der Geschichte der Konflikt überwunden, der sich der Aufklärung zwischen Denkarbeit und Geschichte eröffnet hatte, und es werden mit solcher positiven Würdigung der Geschichte bedeutende Entwicklungen eingeleitet.

Mit dieser Fassung der Bewegung gestaltet sich d
zu emsiger Arbeit, der Lebensdrang der Renais•

klärt sich, ohne seine Energie einzubüßen. Auch das Erkennen, der
Grundstock des gesamten Seelenlebens, verändert seinen Charakter: es
ist weder das stürmische Ringen mit dem All wie in der Renaissance
noch die ruhige intuition eines Spinoza, es wird ein unermüdliches Wirken zur Klärung in alle Weite und Breite, ein Zerlegen
und Durchsichtigmachen aller überkommenen Vorstellungen, ein Be-
gründenwollen aller bloßen Tatsächlichkeit, ein Aufhellen auch der
letzten Axiome, in dem allen eine unermeßliche Erweiterung des
Gedankenreiches. Der volleren Bewußtheit des Lebens entspricht
ein kräftigeres Wirken; das Denken drängt nicht nur stärker zum
Handeln nach außen, es gewinnt auch bei sich selbst mehr den
Charakter zwecktätigen Handelns. Unablässig sinnt und grübelt
Leibniz über Verbesserungen der menschlichen Lage drinnen und
draußen an der Hand des Erkennens. Er möchte durch neue Methoden unser Denken, Schließen, Gedächtnis u. s. w. verbessern, auch
eine Universalsprache schaffen, aber zugleich beschäftigt er sich mit
der Verbesserung des Hausgeräts, der Postwagen u. s. w. Nichts ist
so groß, daß es ihn abschrecken, nichts so klein, daß es ihn gleichgültig lassen könnte; alle Erfahrung reizt ihn zu neuen Gedanken
und Vorschlägen. Der Zug der Aufklärung zur Nützlichkeit ist
nirgends deutlicher verkörpert als in seiner Persönlichkeit und
Tätigkeit.

Das alles mag mit seinem Eifer und seiner Betriebsamkeit
dem ruhig großen Streben Spinozas nach Ewigkeit und Einheit
sehr nachzustehen scheinen. Aber Leibniz erschöpft sich keineswegs in die bloße Vielheit und Bewegung, so sehr er sie schätzt;
er will sie in der Einheit und Ewigkeit begründet haben. Nur
solche Begründung des endlichen Seins in einem unendlichen rechtfertigt die ihm eigentümlichen Lehren von einem durchgehenden
Zusammenhange der Welt, von der Gleichartigkeit alles Seins,
von der Übereinstimmung des Innenlebens mit dem All; es fehlt
selbst, wie namentlich die deutschen Schriften zeigen, nicht an einer
Annäherung an die innigkeit der Mystik und ihre Überzeugung von
der unmittelbaren Gegenwart Gottes in unserem Wesen. Aus solcher
Gesinnung ist das Wort entsprungen: »Gott ist das Leichteste und
Schwerste, so zu erkennen, das Erste und Leichteste in dem Licht-
weg, das Schwerste und Letzte in dem Weg des Schattens«.

Daher ist es eine gröbliche Verkennung des Denkers, seine Bejahung der Religion aus bloßer Konnivenz gegen die kirchlichen Ge-

walten abzuleiten. Vielmehr ruht sein ganzes Vertrauen zur menschlichen Vernunft auf der Überzeugung von ihrer Begründung in einer
göttlichen; nur dadurch sind uns ewige Wahrheiten möglich, die
allein unserem Leben und Streben einen Wert geben; meint er doch,
die ganze Erde könne „unserer wahren Vollkommenheit nicht dienen,
es sei denn, daß sie uns Gelegenheit gibt, ewige und allgemeine
Wahrheiten zu finden, so in allen Weltkugeln, ja in allen Zeiten
und, mit Einem Wort, bei Gott selbst gelten müssen, von dem sie
auch beständig herfließen". Diese Überzeugung bewahrt Leibniz
bei aller Beweglichkeit seines Geistes vor einem zerstörenden Relativismus; mag er jedes Individuum die Welt aus seinem eigenen Gesichtspunkt sehen lassen, das letzte und feste Maß bildet auch ihm
eine absolute, die göttliche Betrachtung der Dinge.

cc. Die Versöhnung von Religion und Philosophie.

Bedarf das Denken so sehr für seine eigene Wahrheit einer
Begründung in Gott, so kann es nicht befremden, daß Leibniz auch
eine Verbindung seiner Philosophie mit dem Christentum sucht; er
konnte hoffen, dadurch zugleich die Wissenschaft weiter zu befestigen
und die überkommene Religion, die ihm schon als eine geschichtliche Tatsache ehrwürdig war, zu vollerer Wirkung zu bringen. Denn
wie ihm alles Leben in der deutlichen Erkenntnis gipfelt, so hat
diese auch die Religion zu vollenden; die Liebe zu Gott, welche
ihren Kern bildet, muß auf dem Erkennen Gottes ruhen, um die
rechte und erleuchtete (éclairé) zu werden; „man kann Gott nicht
lieben, ohne seine Vollkommenheiten zu erkennen". Nur das macht
die Religion zur Überzeugung und Gesinnung des ganzen Menschen;
ein Glaube ohne Einsicht bleibt ein bloßes Hersagen und unselbständiges Hinnehmen, ein religiöses Gefühlsleben aber ohne eine
Leitung der Vernunft führt leicht ins Verworrene und Überspannte.
So erscheint das Erkennen als der einzige Weg, der Religion die
ganze Seele zu gewinnen; es schließt nicht andere seelische Betätigungen aus, stellt sich namentlich nicht dem Gefühl entgegen,
sondern es bildet die Vollendung des gesamten Lebens. In solcher
Gesinnung konnte sich Leibniz, und nach seinem Vorbilde der ältere
deutsche Rationalismus, mit dem Christentum durchaus eins fühlen,
das hier als die „reinste und aufgeklärteste" Religion, als die Religion
des Geistes galt. Durch Christus, so meint er, wurde die Religion
der Weisen zur Religion der Völker, er erhob die natürliche Religion

zum Gesetze, er wollte, daß die Gottheit nicht nur Gegenstand unserer Furcht und Verehrung, sondern auch unserer Liebe und herzlichen Hingebung sei.

Christlichen Glauben und philosophische Einsicht auszugleichen, mochte von hier aus Leibniz nicht allzuschwer dünken. Seine Philosophie brachte dem Christentum manches entgegen: die Begründung des Weltzusammenhanges auf eine überlegene Einheit, die Verwandlung aller Wirklichkeit in Seelenleben, die hervorragende Stellung des Menschen, die Anerkennung moralischer Werte. Das alles brauchte nur mehr ins Anschauliche und Geschichtliche gewandt zu werden, um mit dem Christentum dieses Mannes völlig zusammenzugehen. War doch dieses mehr eine spiritualistisch-moralische Weltanschauung als eine Kraft neuen Aufbaues und seelischer Umwälzung. Es sind vornehmlich zwei Punkte, von deren Sicherung der Denker eine volle Versöhnung zwischen philosophischer Lehre und religiöser Überzeugung erwartet: die Freiheit des Willens, als die Grundbedingung einer moralischen Ordnung, und die Vernunft der Wirklichkeit, als der Ausdruck und Erweis einer göttlichen Weltregierung.

Die Behandlung des Willensproblems ist ein schlagendes Beispiel dafür, wie sehr sich ein Philosoph über den Charakter seiner eigenen Lehre täuschen kann. Leibniz eifert gegen den Determinismus, er will ein freies Handeln dartun und glaubt es dargetan; in Wahrheit läßt er der Freiheit nicht den mindesten Raum und verwandelt er das ganze Seelenleben in einen intellektuellen Mechanismus. Denn wenn er geltend macht, daß alles Handeln aus der eigenen tätigen Natur hervorgeht, und daß es nicht gleichförmigen Gesetzen folgt, sondern bis ins Einzelne hinein eine unvergleichliche Art des Individuums bekundet, wenn er ferner als Eigentümliches des Menschen das Vermögen eines Handelns aus einem überlegenen Einheitspunkte verficht, an dem sich durch deutliche Erkenntnis die ganze Seele zusammenfaßt, so ist in dem allen wohl der Determinismus verfeinert, für die Freiheit aber nicht das Mindeste gewonnen.

Auch die Lehre von der besten Welt ist bei aller Fülle anregender Gedanken bedeutender als das Bekenntnis einer Epoche aufsteigenden Lebensgefühles denn als philosophische Leistung; überzeugen konnte sie nur, wo man im Grunde schon überzeugt war. Eine optimistische Stimmung erscheint schon in der Abschätzung des Tatbestandes. Leibniz leugnet keineswegs, daß die Welt viel

Unvollkommenheit, Schlechtigkeit, Schmerz enthält, daß metaphysische, moralische, physische Übel viel Raum einnehmen. Aber so
groß sind diese Übel nicht, wie sie verstimmten und mißmutigen
Seelen erscheinen, die überall Schlechtigkeit wittern und auch die
edelsten Handlungen durch ihre Deutungen vergiften. Auch bei
uns Menschen pflegen die Güter die Übel zu übersteigen, wie es
mehr Wohnhäuser als Gefängnisse gibt. In Tugend und Laster aber
waltet ein gewisses Mittelmaß. Heilige sind selten, aber auch
Schurken sind selten. Als Ganzes angesehen, ist das Böse nicht
sowohl ein eigenes Reich als eine Nebenerscheinung des Weltlaufs.
Aber auch in solcher Einschränkung bleibt es ein bedenklicher Ein-
wand gegen die Begründung der Welt in einer absoluten Vernunft;
eine tieferdringende Betrachtung müßte erweisen, daß diese Welt
mit dem Bösen besser ist, als eine Welt ohne alles Böse sein würde.
Einen solchen Beweis unternimmt namentlich die Theodicee, das
faßlichste Werk Leibnizens, dessen Ursprung in die Unterredungen
mit der geistvollen Königin Sophie Charlotte zurückreicht.

Zur richtigen Antwort gehört vor allem, die Frage an der
rechten Stelle, das heißt aber nicht vom Teil her, — und auch die
gesamte Menschheit ist nur ein Teil des Alls —, sondern vom
Ganzen her aufzunehmen; vielleicht ergeht es dann der Philosophie
wie der Astronomie, der sich unser Planetensystem aus einem wirren
Chaos in 'eitel Ordnung verwandelt hat, seit sie durch Kopernikus
lernte, „das Auge in die Sonne zu stellen". — Als Werk des allmächtigen und allgütigen Geistes muß die Welt die beste unter allen
möglichen Welten sein. Daß sie es wirklich ist, hat Leibniz nicht
sowohl direkt erwiesen, als durch die Widerlegung von Einwänden
glaublich zu machen gesucht. Er erstrebt dabei ein allen besonderen
Eigenschaften überlegenes Wertmaß und findet es im Begriff der
Vollkommenheit, d. h. des tätigen Seins, der lebendigen Kraft; von
hier aus angesehen erscheint die Welt als die beste, denn sie ist
das System höchster Lebensfülle. So zeigt es die Natur, indem sie
überall die einfachsten Mittel verwendet und die kürzesten Wege
einschlägt, indem ihre Regeln sich gegenseitig am wenigsten beschränken; so zeigt es auch das Seelenleben mit der Aufrufung des
Menschen zu eigener Entscheidung und rastloser Mitarbeit am Weltprozeß. Werden dem die Hemmungen entgegengehalten, welche jedes
Leben zu erfahren pflegt, so ist zu erwidern, daß es nicht auf die
Einzelnen, sondern auf das Ganze ankommt; das Beste im Ganzen

ist nicht das Beste an jeder Stelle; wie im Brettspiel sich die einzelnen
Figuren nur so weit entfalten dürfen, als es der Plan des Ganzen
gestattet, so muß sich auch in der Wirklichkeit des Lebens das
individuum dem Ganzen unterordnen. Wenn die Frage nicht sowohl auf das an der einzelnen Stelle Mögliche (le possible) als auf
das zusammen Mögliche (le compossible) geht, so kann es sehr
wohl geschehen, daß Geringeres miteinander mehr ergibt als die
Verbindung von Größerem. „Ein geringes Ding zu einem geringen
gesetzet, kann oft etwas besseres zuweg bringen als die Zusammensetzung zweier anderer, deren jedes an sich selbst edler als jedes
von jenen. Hierin steckt das Geheimnis der Gnadenwahl und Auflösung des Knotens." Auch das Böse vermag Leibnizens mathe-
matisch-quantitative Denkweise dieser Betrachtung einzufügen. Aus
dem Bösen kann ganz wohl ein größeres Gut, wenn nicht für den
Handelnden selbst, so für andere hervorgehen und damit die Summe
des Guten wachsen. War die Größe des römischen Staates möglich
ohne die Greuel, welche den Sturz des Königtums bewirkten?
Entscheiden wir nur nicht nach dem unmittelbaren Eindruck, sondern
begleiten wir die Ereignisse in ihre Folgen und ihre Zusammenhänge, so wird sich sicher die Vernunft des Ganzen herausstellen.
In dem, was wir durchschauen, erscheint so viel Vernunft, daß wir
getrost die Äußerung des Sokrates über Heraklit auf das Weltall
anwenden dürfen: „Was ich verstehe, gefällt mir; ich glaube, das
Übrige würde mir nicht minder gefallen, wenn ich es verstünde".
Jene Lebensfülle des Alls aber kann der Mensch kraft seines Denkens
miterleben und darüber alle Schäden seiner besonderen Art vergessen. So hoch erhebt uns die wahre Erkenntnis, „gleich als ob
wir aus den Sternen herab die Dinge unter unseren Füßen sehen
könnten." Dazu kommt der unaufhörliche Fortschritt der Welt-
entwicklung sowie die Zugehörigkeit der Seele zu einer ewigen
Ordnung. „Tut man aber noch hinzu, daß die Seele nicht vergehet,
ja daß eine jede Vollkommenheit in ihr bestehen und Frucht bringen
muß, so sieht man erst recht, wie die wahre Glückseligkeit, so aus
Weisheit und Tugend entstehet, ganz überschwenglich und unermeßlich sei über alles, was man sich davon einbilden möchte."

Einwendungen gegen diese Gedankengänge liegen auf der Hand.
Leibniz entwirft Möglichkeiten und glaubt sie gesichert, wenn sie
nicht zwingend widerlegbar sind; in Wahrheit ist es mehr ein Glaube
als die Forschung, der ihm die Möglichkeiten in Wirklichkeiten

verwandelt. Aber jener Glaube ist selbst der Ausdruck eines starken und aufsteigenden Lebensgefühles, von diesem aus will Leibnizens gesamte Lehre von der besten Welt verstanden sein.

Leibniz ist bedeutend durch tausendfache Anregungen, er ist noch bedeutender durch die großen Züge seines Strebens, die nur von der schulmäßigen Formulierung befreit zu werden brauchten, um das Bekenntnis unserer klassischen Literaturepoche zu werden und überhaupt das moderne Leben zu führen. Aber die nähere Gestaltung seines Werkes muß allerdings Widerspruch erwecken, auch läßt sie in Wahrheit andere Ziele erreichen, als sie dem Denker selbst vorschwebten. Leibnizens eigenes Bewußtsein ist von der Aufgabe erfüllt, Natur und Geistesleben, physische und moralische Welt in das rechte Verhältnis zu bringen. Die Natur soll in allem Besonderen aus sich selbst erklärt, als Ganzes aber auf das Geistesleben gegründet und in den Dienst seiner Zwecke gestellt werden. Aber die Art der Durchführung läßt das Gegenteil der Absicht erreichen: die Naturbegriffe dringen in das Geistesleben ein und unterwerfen sich innerlich eben das, dem sie dienen sollten. Indem das Seelenleben zum Kern alles Seins wird, verwandelt es sich in ein bloßes Vorstellungsgetriebe, wie schon die hier übliche Vergleichung mit einem Uhrwerke zeigt. Indem die quantitative Betrachtung mit größter Energie von der Natur auf den Geist übertragen wird, und selbst Gut und Böse, Wahr und Falsch sich in bloße Unterschiede eines Mehr oder Minder verwandeln, droht die neue Metaphysik eine bloß erweiterte Physik zu werden, wie auch der allbeherrschende Wertbegriff der Kraftsteigerung und Lebenserhöhung die moralischen Werte einer dynamischen Schätzung unterordnet. Wohl der schlimmste Widerspruch aber ist der, daß Leibniz auf einem Fürsichsein des Seelenlebens mit allem Nachdruck bestand und dabei dem Fürsichsein keinen anderen Inhalt zu geben wußte als ein Abspiegeln, ein Erkennen einer draußen befindlichen Welt; heißt das nicht die Innerlichkeit selbst wieder aufheben oder doch zu völliger Leere verdammen?

So ist es wiederum die Überspannung des Intellektualismus, welche zwingend über ihn hinaustreibt; solche weiteren Wege hat die spätere deutsche Entwicklung in der Tat gefunden und damit erst das Fruchtbare in Leibniz zu voller Wirkung gebracht. Auch die Verschmelzung von Altem und Neuem, deren nähere Art unablässigen Widerspruch hervorruft, ist |bedeutend und folgenreich durch die Weite ihres Gesichtskreises und die Hinaushebung über die Stimmung des bloßen Augenblicks; wer immer eine Kontinuität der geschichtlichen Bewegung für wertvoll erachtet, der wird etwas Großes darin sehen, daß Leibnizens unermüdliches Wirken die alte Art ruhig in eine neue überleitete und dadurch namentlich das deutsche Geistesleben vor schroffen Umwälzungen und engherziger Verneinung bewahrte. So bleiben wir seiner Denkweise auch da weithin verschuldet, wo wir seine Lehren ablehnen müssen.

c. Der Verlauf der Aufklärung. A. Smith.

Nachdem die leitenden Denker des 17. Jahrhunderts die Haupttypen der Aufklärung geschaffen hatten, vollzieht das 18. Jahrhundert eine Durchbildung und Ausbreitung über das Ganze des Kulturlebens. Die schwere Last der Vergangenheit wird jetzt in volle Bewegung gebracht; was von der Überlieferung einer Belebung und Verjüngung widersteht, muß ausscheiden. Die Klärung und Befreiung ergreift alle einzelnen Gebiete, durchgängig weicht die übernatürliche und transcendente Ansicht einer natürlichen und immanenten. So in der Religion, der Ethik, der Staats- und Wirtschaftslehre, der Philosophie der Geschichte, der Kunsttheorie. Unermeßlich viel schlummernde Kräfte werden entdeckt und erweckt; indem das Leben in rascheren Fluß gerät, entwickelt sich ein stolzes Kraftgefühl und eine freudige Zuversicht; der Widerspruch der ersten Lage, der nun erst zu voller Empfindung gelangt, kann nicht entmutigen, vielmehr wird er ein Antrieb, das eigene Vermögen aufs Äußerste anzuspannen und eine bessere Zukunft herbeizuführen. Im allgemeinen verblassen die Weltfragen vor dem Befinden und den Aufgaben des Menschen, die Metaphysik weicht der Psychologie. Vornehmlich ist es die Befreiung und Entfaltung des Individuums, wovon eine Wendung zur Vernunft erwartet wird. In der Tat wird damit das ganze Dasein bewegter, frischer, reicher; oft aber reißt das bloße Individuum die Ansprüche an sich, die nur dem Ganzen des Geisteslebens zukommen, und verfällt dann leicht ins Flache und Dürftige. Der Gedanke einer geschichtslosen Vernunft beherrscht die Gemüter, aber dieser Gedanke selbst ist das Erzeugnis einer geschichtlichen Lage, ein notwendiger Übergang von einer gebundenen zu einer freieren Lebensführung; auch eine innere Überwindung des 18. Jahrhunderts kann nur in der Atmosphäre der Freiheit erfolgen, die wir diesem Jahrhundert verdanken.

Die Führer der Aufklärung sind im 18. Jahrhundert die Engländer. Was in Frankreich von Descartes' Lehren zur Wirkung
gelangte, ward bald so schulmäßig eingesponnen, daß dort englischer
Einfluß das allgemeine Leben erst für die neue Bewegung zu gewinnen hatte. In England hatte schon das 17. Jahrhundert mit
seinen aufregenden politischen und religiösen Kämpfen weit mehr die
Geister erweckt; mit der Thronbesteigung des Oraniers kam die
Aufklärung zu freiester und breitester Entfaltung. Es war die Zeit,
von der Berkeley sagen konnte: „Denken ist das große Verlangen
der Zeit." Alle Fragen des menschlichen Befindens werden eifrig
diskutiert, mit Vorliebe wird der Dialog bald zur Polemik, bald zur
Popularisierung verwandt, eine neue Literatur gemeinnütziger Zeit-
schriften schießt auf, die wachsende Bedeutung des Individuums
und der Verbindungen von Individuum zu Individuum findet
Ausdruck im modernen Roman, der zuerst auch eine realistische
Schilderung der umgebenden Verhältnisse bietet; überall erscheint
ein energisches Zurückgehen auf die seelischen Wurzeln unserer
Existenz, ein ehrliches und emsiges Streben zur Klärung der Überzeugung und zur Verbesserung der allgemeinen Lage; in dem allen
wächst unermeßlich das unmittelbare Dasein und hält es den Menschen immer stärker bei sich fest. Es hat aber diese Kultur einen
ausgesprochen bürgerlichen und einfachen Charakter im Gegensatz
zu der prunkvollen Kultur, die vom Hofe Ludwigs XIV. ausstrahlte.

Die Bewegung ergreift mit ihrer umwandelnden Kraft auch die
Moral und die Religion. Gemeinsam ist allen Lehren dabei die
Abweisung der bloßen Autorität und die Begründung auf die eigene
Erkenntnis, gemeinsam auch die Abneigung gegen alles Übernatürliche und sein Eingreifen in unser Dasein; aus unserer eigenen Natur
und unserem Verhältnis zur Umgebung sollen alle Ziele des Handelns
hervorgehen. Von der Seele des Einzelnen geht die Forschung aus
und zu ihr kehrt sie immer wieder zurück. So wird die Moral
auf die Psychologie, nicht auf die Theologie oder die Metaphysik
gegründet; die Wissenschaft hat durch eindringende Analyse die
Grundempfindungen freizulegen, deren Kräftigung moralisches Verhalten hervorbringt. Den Inhalt der Moral setzen die Meisten in
das Wirken für andere Menschen: bis in die Gesinnung hinein
für das Wohl der Gesellschaft zu wirken, das bedeutet hier echte
Tugend. Auch darin ist man einig, die Motive des Handelns aus
dem Jenseits in das Diesseits zu verlegen; nicht eine unserem Tun

von Gott vorgehaltene Belohnung oder Strafe, sondern sein eigener Wert und die ihm entquellende Selbstbefriedigung soll uns bewegen. Auch hier wirkt das Selbstgefühl des freien Mannes, der seinen Schwerpunkt in sich selbst sucht und sich nicht von außen her befehlen läßt. Die höchste Gesamtleistung auf diesem Gebiet erreicht Shaftesbury (1671 – 1713). Der Mensch erscheint hier als mit einem moralischen Sinn ausgestattet, der sich durch Kultur zu einem moralischen Geschmack entwickelt. Die Tugend besteht in dem richtigen Verhältnis der selbstischen und der geselligen Neigungen; diese sollen stark, jene nicht zu stark sein und sich den anderen unterordnen. Wie hier die Harmonie das höchste Ziel bildet, so ist überhaupt das Gute zugleich das Schöne; daher kann es um seiner selbst willen gefallen, es bedarf keines anderen Lohnes als der Freude, die ihm selbst innewohnt. Tugend und Glückseligkeit sind untrennbar verbunden. So wird die Selbständigkeit und der Selbstwert des Sittlichen von innen her begründet, in sichtlichem Zusammenhange mit der antiken Moral und in deutlicher Erhebung über den Durchschnitt der Aufklärung. Nicht nur auf England, auch auf hervorragende deutsche Dichter und Denker haben diese Lehren nachhaltig gewirkt.

Auf religiösem Gebiet vollzieht das Individuum, in festem Vertrauen auf die Kraft seiner Vernunft, vornehmlich eine scharfe Kritik des überkommenen Bestandes. Angegriffen wird zunächst das Widervernünftige, bald alles Übernatürliche; schließlich bleibt der einzige Inhalt der Religion die Moral, den wahren Gottesdienst bildet allein die Tugend. Um damit abzuschließen, bedurfte es eines starken Optimismus. Ein solcher findet sich in Wahrheit. Die wohlwollenden Neigungen, so denkt man gewöhnlich, haben von Natur eine große Stärke und erlangen ohne viel Mühe das Übergewicht über die selbstischen. Das Glück dünkt weit verbreiteter als das Unglück: „man wird, die Erde im Durchschnitt genommen, für einen Menschen, der Schmerz und Elend erduldet, zwanzig in Glück und Freude oder doch erträglichen Verhältnissen finden" (A. Smith). „Gesund, schuldlos und reinen Gewissens" zu sein, das enthält nach demselben alles Wesentliche des Glückes; dieser Stand aber, so meint er, ist bei allem Leide der Welt der natürliche und gewöhnliche des Menschen, der Stand der Mehrzahl!

Eine solche Flachheit zeigt zur Genüge, wie viele Fragen der Moral und Religion die englische Aufklärung offen ließ. Trotzdem sei sie auch hier nicht unterschätzt. Sie hat damit begonnen, die

Moral wie die Religion in der eigenen Natur des Menschen zu
begründen; sie drang dabei nicht tief, weil ihr der Mensch lediglich
als ein Stück einer gegebenen Welt, nicht als ein Teilhaber wel-
umspannender und weltüberlegener Geistigkeit galt. Der Schitt
dazu blieb dem deutschen Idealismus vorbehalten, aber er hätte ihn
schwerlich tun können ohne die Vorarbeit der Engländer.

Das bedeutendste Werk der englischen Aufklärung ist die
Wirtschaftsphilosophie des Adam Smith (1723 – 1790). Indem es
auf seinem besonderen Gebiet den Ideen der Aufklärung einen
reinen, ja klassischen Ausdruck gibt, entwickelt es zugleich eine
Überzeugung vom Ganzen des Lebens und Tuns und macht·damit
das wirtschaftliche Gebiet zum erstenmal zum beherrschenden
Zentralgebiet aller Arbeit; hier zuerst wird unser ganzes Dasein
unter den Gesichtspunkt der materiellen Erhaltung und der Wirt-
schaft gestellt, wie sonst unter den der Religion, der Kunst, der
Wissenschaft. Das besagt eine so folgenreiche Wendung und wirkt
so mächtig bis in die Gegenwart hinein, daß hier eine nähere Darlegung zwingend geboten ist.

In Smith erlangt die wirtschaftliche Theorie der Aufklärung
den reinsten Ausdruck und einen systematischen Abschluß. Die
ältere Lehre, wie sie vom Altertum durch das Mittelalter bis in die
Neuzeit reicht, gewährte dem wirtschaftlichen Leben keine Selbständigkeit, sondern unterwarf es unmittelbar den ethischen Zwecken; sie
faßte es auch nicht in ein Ganzes zusammen, sondern zersplitterte
es in eine Fülle einzelner Erscheinungen. Auch fehlte der Gedanke
der Volkswirtschaft, einer Verbindung des wirtschaftlichen Lebens zu
nationalen Einheiten. Die Voraussetzungen dieser Lehre zeigte
namentlich Aristoteles mit voller Deutlichkeit. Diese Voraussetzungen
hat das moderne Leben erschüttert und zerstört. Indem die
äußeren Güter von sich aus Kräfte erwecken und die Bewegung
weitertreiben, werden sie aus bloßen Mitteln zu einem Hauptstück
des Lebens; auch wird das Mühen um sie durch den Zusammenschluß der Völker zu wirtschaftlichen Einheiten veredelt. Schon die
Renaissance hat hier eine Umwälzung angebahnt, die namentlich im
Frankreich des 17. Jahrhunderts große Leistungen hervorbrachte und
mehr und mehr auch die Gedanken bewegte. Aber alles bisherige
Werk der Art wird weit übertroffen von A. Smith; er erst behandelt
das Problem in universaler Weise und gibt der modernen Überzeugung einen völlig angemessenen Ausdruck.

Smiths Lehre beginnt mit der Tatsache der Arbeitsteilung. Diese entspringt nicht der Weisheit des Menschen, sondern seinem natürlichen Hange zum Tausch; sie hat die Tendenz, aus sich selbst ins Ungemessene zu wachsen. Indem sie jedes besondere Werk geschickter verrichten lehrt, viel Zeit erspart, auch zur Erfindung von Maschinen treibt, steigert sie die wirtschaftliche Leistung und mit ihr Wohlstand wie Wohlbefinden ins Unermeßliche; sie vornehmlich ist es, welche vom Natur- zum Kulturstande führt. Die Teilung aber ergibt keine Zerstreuung, sondern eine engere gegenseitige Bindung der einzelnen Glieder; jeder einzelne kann nämlich nur bestehen und gedeihen, sofern er den anderen etwas ihnen Wertvolles darbringt, er muß daher auf einem nützlichen Gebiete Tüchtiges leisten, er empfängt damit den stärksten Antrieb zur vollen Anspannung und zweckmäßigen Verwertung seiner Kräfte. Was aber zweckmäßig sei, das kann er, dessen Wohl, ja Existenz auf dem Spiel steht, besser beurteilen als irgend ein Fremder. Im Zusammensein wird das Verhältnis von Nachfrage und Angebot alles aufs Beste regulieren; wo ein Bedürfnis entsteht, werden rasch Kräfte zuströmen, wo hingegen ein Überfluß, werden sie ebenso rasch fortströmen; je freier die Bewegung, desto rascher verläuft der Prozeß; keine stärkere Triebkraft der Arbeit gibt es als die Konkurrenz. Einer Überwachung durch den Staat oder durch Korporationen bedarf es nicht, da die wirksamste Kontrolle der Arbeit die Kunden selbst besorgen; ja alles Eingreifen des Staates, sei es zur Förderung, sei es zur Hemmung wirtschaftlicher Vorgänge, ist unter normalen Verhältnissen vom Übel. Denn jede künstliche Lenkung muß die Kräfte von ihren natürlichen Bahnen ablenken, ihren Lauf verlangsamen, ihre Leistung verringern. Monopole und Privilegien mögen das Wohlsein einzelner Klassen befördern, sie schädigen das Gedeihen des gesamten Volkskörpers. Ihm entspricht allein das „naheliegende und einfache System der natürlichen Freiheit", das jedem gestattet, das eigene Interesse auf eigenem Wege zu verfolgen (pursue his own interest his own way). Wiederum ist es der Gedanke der Selbständigkeit des freien Individuums, der das Leben und Handeln beseelt; selbst den Kampf auf sich zu nehmen und seinen Gefahren klar ins Auge zu sehen, hat weit mehr Reiz und Freude, als durch fremde Fürsorge sicher gebettet zu sein. Zum Kampf gehört aber notwendig das Recht einer völlig freien Bewegung der Individuen, nach Art und Ort müssen sie ihre Arbeit wählen und wechseln können wie sie es

wollen. An manchen Reibungen und Mißständen kann es in diesem
Prozeß nicht fehlen, aber er selbst enthält alle Heilmittel der Übel,
er bietet schließlich jedem ein Glück.

Indem aber die Einzelnen alle Kraft für ihr eigenes Wohl einsetzen, fährt zugleich das Ganze am besten; denn da nur durch
einen Vorzug der Leistung der Einzelne weiterkommt und in der
Konkurrenz die einen die anderen eifrigst anspornen, so muß der
Gesamtstand unablässig fortschreiten, er muß es um so sicherer, weil
unwandelbare Naturtriebe das ganze Gebäude tragen. So wird ein
vernünftiges Ergebnis erreicht, ohne den Handelnden selbst als
Ziel vorzuschweben, ein Gedanke, den bekanntlich Darwins Lehre
aufnimmt und weiterführt. Trotzdem wäre Entzweiung und Kampf
unvermeidlich, bestünde nicht eine Solidarität der Interessen der verschiedenen Stände und Berufe und gereichte nicht der Gewinn des
einen schließlich auch den anderen zum Vorteil. Daß aber dies
geschieht, davon ist Smith felsenfest überzeugt; er zweifelt nicht
daran, daß was der eine erringt, direkt oder indirekt, früher oder
später auch den Übrigen zu gute komme. Im besonderen hat nach
seiner Meinung der industrielle Fortschritt Großbritanniens auch das
Los der arbeitenden Klasse erheblich verbessert. Die gegenseitige
Förderung wird ersichtlich, sobald wir nur nicht an einzelnen Vorgängen haften, sondern unser Augenmerk auf das Ganze richten.

Was aber innerhalb des einen Staates gilt, das wird auf das
gegenseitige Verhältnis der Staaten ausgedehnt und empfiehlt hier
einen unbeschränkten Freihandel. Eine völlig freie Bewegung im
Austausch der Waaren entspricht dem Interesse sowohl des Käufers
als des Verkäufers; im „naturgemäßen" Handel gewinnt nicht der
eine auf Kosten des anderen, sondern es gewinnen beide: indem
der eine seine Waren vorteilhaft verwertet, bietet er zugleich dem
anderen eine bessere Nutzung der seinen. So namentlich im Austausch von Industriewaren gegen Rohprodukte. Damit wird der
Handel aus einer ergiebigen Quelle von Zwietracht und Feindschaft
ein Band der Eintracht und Freundschaft; das Wohlergehen des
Nachbarn ist für uns kein Schaden, sondern ein Vorteil. So eine
Solidarität der Völker wie vorhin der Berufszweige, ein Anblick
friedlichen Wetteifers, unaufhörlichen Fortschritts.

Diese Betrachtung wird über die materielle Arbeit hinaus auf
die geistige ausgedehnt, so daß schließlich die Wettbewerbung der
Individuen das ganze Kulturleben trägt. Hohe Ziele bewegen selten

durch ihren eigenen Reiz; zum Fortschritt sind Wetteifer und Konkurrenz unentbehrlich. Das gilt namentlich von der Religion, der Wissenschaft, dem Unterrichtswesen. Sie stehen sich am besten und schreiten am sichersten vorwärts, wo sie ganz sich selbst überlassen bleiben, ihre Vertreter hart zu kämpfen und etwas Tüchtiges zu leisten haben, um Anerkennung und zugleich eine gesicherte Existenz zu finden. Alle Erteilung von Privilegien, alle Versetzung in einen sorglosen Zustand wirkt zur Trägheit und zum Verfall. Daher erklärt es sich, daß die Religionen zu Beginn viel kräftiger sind als im späteren Verlauf, Privatschulen mehr leisten als öffentliche u. s. w. Überall bilden die Lebensinteressen der Individuen die treibende Kraft der Bewegung und die sichere Gewähr des Fortschritts; so erweitert sich die wirtschaftliche Lehre zu einer allgemeinen Lebensordnung.

Über den Wert und die Schranken des Ganzen haben die letzten Jahrzehnte viel verhandelt. Uns ist diese Lehre vornehmlich beachtenswert als ein Stück der Lebensanschauung der Aufklärung. Schon ihr Verfahren bekundet den engen Zusammenhang damit: der Denker sucht durch eindringende Analyse den wirtschaftlichen Prozeß in seine einfachsten Fäden aufzulösen, um diese wieder zusammenzufügen und aus den Elementen das Gesamtbild der Wirklichkeit abzuleiten. Das macht in Wahrheit das sonst höchst verworrene Gebiet klar und durchsichtig; die Aufklärung feiert mit dieser Unterwerfung des wirtschaftlichen Lebens einen ihrer glänzendsten Triumphe. Auch der Inhalt zeigt den Geist der Aufklärung, indem überall die Natur aufgesucht, das Handeln auf Naturtriebe zurückgeführt, alles menschliche Eingreifen verboten wird. Es ist ganz im Sinn der Aufklärung, alles Gelingen von der freien Bewegung der Naturkräfte zu erwarten. Der Aufklärung entspricht auch der Optimismus, der dies System durchdringt. Es steht und fällt mit der Überzeugung, daß das von künstlicher Hemmung befreite Individuum stark und einsichtig genug sei, einen angemessenen Platz im Leben zu erringen, sowie mit der anderen, daß die Kunden immer sowohl gewillt als fähig sind, das sachlich Bessere auszuwählen; denn würde das Schlechtere Beifall finden, so wäre der Fortschritt in der Wurzel zerstört.

Mit der englischen Aufklärung aber teilt Smith eine stillschweigende Ergänzung der Lehren durch die geschichtliche Lage. Das System gibt sich als ein Erzeugnis reiner Theorie und daher

als überall und jederzeit gültig; in Wahrheit ist es zum guten Teil
aus den eigentümlichen Verhältnissen des damaligen England hervorgegangen; das Bild eines behäbigen, in sicherem Fortschritt zu
größerer Kraft und breiterem Wohlstand befindlichen Gemeinwesens
und einer eben erst von der Handarbeit zum Maschinenbetrieb über-
gehenden Arbeit begleitet und ergänzt unablässig die Theorie. Smiths
großes Werk erschien 1777, 1767 war durch Hargreaves die Spinn-
maschine, 1769 durch Watt die Dampfmaschine und in demselben
Jahre durch Arkwright die von Wasserkraft getriebene Garnspinn-
maschine erfunden; in diesen Jahren gerade beginnt die Umwälzung der modernen Arbeit, die später das Gesamtbild des
menschlichen Daseins verändern sollte. Aber die unermeßlichen
Verwicklungen lagen noch in weiter Ferne; indem Smith einfachere
Verhältnisse, eine gelindere Art des wirtschaftlichen Kampfes, einen
langsameren Austausch der Güter voraussetzt, kann er von der
freien Bewegung der Kräfte alles Heil erwarten. Kapital und Arbeit
sind hier noch nicht entzweit, eingreifende Verschiebungen und
Erschütterungen durch eine grenzenlose Beschleunigung des Verkehrs
liegen noch außerhalb des Gesichtskreises. So befürchtet z. B. Smith
von der Einfuhr ausländischen Getreides keinerlei Gefahren: die
Transportschwierigkeiten seien zu groß, selbst in Teurungszeiten
sei wenig eingeführt. In dem allen verrät das System deutlich seinen
engen Zusammenhang mit der Besonderheit der geschichtlichen Lage;
es teilt den Irrtum der gesamten Aufklärung, eine Forderung der
Zeit für eine ewige Notwendigkeit zu halten.

Am wenigsten befriedigt Smiths System als allgemeine Lebensordnung und Lebensanschauung. Es fehlt hier dem Menschen alle
innere Freude an der Arbeit, alles innere Wachstum durch den
Fortgang der Arbeit; alles Leben und Wirken steht unter dem Gesichtspunkt des äußeren Vorwärtskommens, des Gewinns und Er-
werbes. Mögen wir den Ertrag der freien Bewegung und der
vollen Entwicklung der Kräfte für die Selbständigkeit und Mannhaftigkeit noch so hoch anschlagen, das Leben wird bis in alle
einzelnen Gebiete, wie die Religion, die Wissenschaft, die Erziehung,
innerlich erniedrigt. Und jene Freiheit der äußeren Bewegung liegt
weit ab von einer inneren Freiheit, da jenes gierige Streben nach
Erfolg und jene harte Konkurrenz den Menschen unablässig auf
die Umgebung richtet und streng an ihr Niveau bindet, ihn zum
willenlosen Sklaven des Publikums macht. So hat die Leistung

A. Smiths, philosophisch angesehen, sehr bemessene Schranken. Aber als ein charakteristischer Durchblick der menschlichen Wirklichkeit bleibt sie auch für das Lebensproblem bedeutend.

Die französische Aufklärung folgt in allen Hauptpunkten der englischen, sie arbeitet mit entlehntem Kapital. Aber sie gestaltet das Empfangene neu und eigentümlich, indem sie die historischen Zusammenhänge fallen läßt, welche in England die Gedankenbewegung bald maßvoll einschränken, bald fruchtbar ergänzen, indem sie die Prinzipien reiner herausarbeitet und die Konsequenzen strenger durchführt. Zugleich wird die Darstellung frischer, geistreicher, kecker, die den Franzosen eigentümliche Beweglichkeit und sinnliche Erregbarkeit erreicht hier ihre glänzendste Entfaltung. Das Streben nach einer vernünftigen Gestaltung aus den eigenen Zusammenhängen der Dinge ergreift alle Verzweigung des Daseins. Die politischen und die geschichtlichen Vorgänge werden aller übernatürlichen Zusammenhänge entkleidet, die menschliche Natur soll den Schlüssel zu allen Veränderungen der Staaten und aller Mannigfaltigkeit der Verfassungen liefern, eine rationelle Philosophie der Geschichte erhebt sich mit voller Bewußtheit gegen die überkommene religiöse Deutung der menschlichen Geschicke. Zugleich gewinnt die literarische Arbeit unermeßlich an Ausdrucksmitteln und künstlerischer Eleganz. So ist von Frankreich aus die Aufklärung des 18. Jahrhunderts eine Weltmacht geworden. Aber bei aller Frische, Liebenswürdigkeit, Anmut hat sie immer mehr an geistiger Substanz aufgegeben, ist sie immer mehr ein Spiel des bloßen Subjekts geworden. Höchst bedeutend für die eigene Zeit, hat sie zu dem bleibenden Bestand unseres geistigen Besitzes wenig beigetragen. So gestattet unsere Aufgabe nur eine flüchtige Berührung dieser Epoche.

Indem hier das Subjekt die vollste Unabhängigkeit entwickelt und die freieste Kritik übt, geraten alle Dinge in Fluß, auch in den sprödesten Stoff erstreckt sich die Anregung und Auffrischung, aber auch Zersetzung; in einer Persönlichkeit wie der Diderots scheint den Dingen alle Schwere genommen und das ganze Dasein in ein anmutiges Spiel verwandelt; jedem Eindruck nachgehend, durchläuft der Denker bei sich selbst verschiedene Phasen und treibt, ein Abbild seiner Zeit, immer weiter in die Verneinung hinein. – Bei anderen erscheint gegenüber den Engländern ein stärkeres Verlangen nach systematischer Einheit, ein kräftigeres Ausscheiden aller hyperempirischen Elemente. So vereinfacht Condillac den Lockeschen Empirismus, indem er das ganze Seelenleben von den sinnlichen Empfindungen her aufbaut; die sorgfältige Verfolgung der einzelnen Stufen dieses Aufbaues liefert eine Fülle feiner Beobachtungen und fruchtbarer Anregungen. – Derberen Gewebes ist Helvetius, der aus der Moral alles ursprüngliche Wohlwollen streicht und alles Handeln auf das wohlverstandene Interesse (l'intérêt bien entendu) des Individuums gründet. Indem wir hier nichts anderes sind, als die Objekte aus uns machen, wächst die Macht der äußeren Einflüsse ins Unermeßliche und mit ihr die der Erziehung, so daß es schließlich heißt: „Die Erziehung kann alles." Neue Ausblicke entstehen, indem der Denker alle Affekte und zugleich allen Antrieb des Handelns von der physischen Empfindlichkeit ableitet. — Eine räsonnierende, geistreiche, witzige Art findet in Voltaire ihren Gipfelpunkt. Gegen alle philosophische Systematik, ja allen lehrhaften Vortrag richtet er eine ätzende Skepsis und übt seinen Witz namentlich an Leibnizens bester Welt; noch heftiger bekämpft er alle dogmatische und autoritative Religion, sowie den Aberglauben als den schlimmsten Feind des Menschengeschlechts. Dabei verwirft er aus ehrlicher Überzeugung den Atheismus, aber er will eine Religion „mit viel Moral und sehr wenig Dogmen"; als moralisch gilt dabei, was der Gesellschaft in ihrem jeweiligen Stande nützt. So bei entschiedener Anerkennung des Selbstwertes der Moral ein Relativismus der Ausführung, der alles in Wandel und Fluß bringt. Die größte Wärme zeigt Voltaire im Kampf für die Toleranz; von ihr erwartet er den einzigen Frieden, den die Menschheit hoffen kann. — Alles zusammen hat eine unermeßliche Erregung und Bewegung bewirkt, es hat sich auch keineswegs in seiner eigenen Zeit ausgelebt, es ist später nur in andere Volksschichten gedrungen und übt hier noch heute eine gewaltige Macht.

Deutschland begann am spätesten mit der Aufklärung; sie fand hier an veraltetem Wust besonders viel aufzuräumen, sie hat das mit weit mehr Ernst und Ruhe unternommen als in Frankreich, sie hat im Sichten und Ausscheiden zugleich zu erhalten und zu befestigen gesucht, sie hat dadurch das deutsche Leben vor schroffen Katastrophen bewahrt. Aber bei ihrer Besonnenheit ist sie zugleich weit zahmer und spießbürgerlicher; mit der freien Beweglichkeit fehlt ihrem Durchschnitt auch der feine Geschmack und der sprühende Witz der Franzosen. Der leitende Geist der deutschen Aufklärung ist der von seiner Zeit aufs Höchste gefeierte Christian Wolff (1679—1754). Er hat das Verdienst einer systematischen Durcharbeitung und allgemeinverständlichen Darstellung des ganzen Stoffs im Sinne der Aufklärung, er liefert eine Art Enzyklopädie des Wissens auf modernem Boden, mit zähester Ausdauer arbeitet er die Grundgedanken in alle Verzweigung hinein, bildet er ein wohlgegliedertes Begriffssystem und schafft dafür auch einen deutschen Ausdruck; zugleich hat er seine Überzeugungen mannhaft gegen mächtige Gegner verteidigt. Auch hat namentlich sein Einfluß die deutschen Universitäten von der Scholastik zu moderner Denkweise übergeführt und damit ihre hervorragende Stellung im deutschen Geistesleben vorbereitet. Aber als groß gelten kann er immer nur von seiner Zeit aus und im Verhältnis zu dieser Zeit. Sobald wir ihn von ihr und ihrem Verlangen nach nüchterner Klarheit ablösen, wird seine geschmacklose Umständlichkeit, seine selbstbewußte Pedanterie unerträglich. Von solcher schulmäßigen Enge mußte sich die deutsche Aufklärung erst befreien; indem sie das tat, hat sie in Lessing eine besonders hohe Stufe erreicht. Lessings Begriffe sind im wesentlichen leibnizisch, aber sie werden geläutert, verjüngt, umgeprägt durch eine kraftvolle, jugendfrohe, lebensfrische Persönlichkeit, sie werden zugleich zu kristallheller Form geschliffen und gewinnen damit eine weit größere Anschaulichkeit und Eindringlichkeit; alles Schulstaubes entledigt, können sie den ganzen Menschen bewegen und kräftig zum allgemeinen Leben wirken. Das um so mehr, als eine streng wahrhaftige, gegen alles Scheinwesen unerbittliche Gesinnung die Arbeit durchdringt. Auch werden an wichtigen Punkten die übernommenen Bewegungen kräftig weitergeführt. Deutlicher entfaltet sich die Weltnatur des Individuums und seine Überlegenheit gegen die soziale Umgebung. Enger und innerlicher gestaltet sich der Zusammenhang Gottes und der Welt; vor allem aber erfährt das Verhältnis von Vernunft und Geschichte eine Klärung, die große Bewegungen, namentlich auf religiösem Gebiet, einleitet. Nach Lessing lassen sich die letzten Überzeugungen unmöglich von der Geschichte her begründen, „zufällige Geschichtswahrheiten können der Beweis von notwendigen Vernunftwahrheiten nie werden", wobei „zufällig" soviel wie empirisch—tatsächlich bedeutet. So wird Lessing der entschiedenste Gegner aller starren Orthodoxie. Aber er überschreitet

die gewöhnliche Aufklärung weit mit seinem Streben, in allen geschichtlichen Beständen eine Vernunft aufzudecken, ja die ganze Geschichte als eine Erziehung des Menschengeschlechts zur Vernunft
zu verstehen. Das läßt ihn liebevoll in alle Mannigfaltigkeit der
Überlieferung eingehen und nichts schlechthin verwerfen, das ergibt
mit neuen Ausblicken neue Aufgaben. Die Verfolgung dieser Bahn
hat das 19. Jahrhundert zu seinen hervorragendsten Leistungen geführt;
Lessing aber erscheint damit als das wichtigste Bindeglied zwischen
der älteren und der neueren Gedankenwelt.

C. Die Auflösung der Aufklärung und das Suchen neuer Wege.

Die Aufklärung galt uns als ein Hauptstück und eine Hauptstufe des modernen Strebens, den ganzen Reichtum der Wirklichkeit zu eröffnen und damit das Leben des Menschen zu erfüllen. Ihr eigentümlich war dabei die energische Zerlegung des Gesamteindruckes, die deutliche Scheidung des Seelenlebens und der Natur, das Ergreifen und Beleben der kleinsten Elemente, ein Aufbauen der Zusammenhänge durch die Sonderung und Analyse hindurch und damit in gründlicher Umwandlung des ersten Befundes. Mit dem Denken gewann zugleich das Leben, durch männliche Arbeit erstarkte die Macht des Menschen über die Natur wie über sich selbst; die exakte Naturbegreifung ergab eine technische Bewältigung der Dinge; im politischen und wirtschaftlichen Leben war die Freilegung der individuellen Kräfte zugleich ein Aufruf zu selbständigerer Betätigung, in der allgemeinen Lebenshaltung das Ausgehen vom Individuum ein Antrieb zu einer freieren, frischeren, aktiveren Art, wie das Religion, Moral, Erziehung deutlich aufweisen.

Mit dem allen hat sich die Aufklärung unverlierbar in die Geschicke der Menschheit eingeschrieben; diese Stufe läßt sich unmöglich überspringen, auch wer über sie hinaus möchte, darf sie nicht ignorieren. Allerdings war ihre Stärke zugleich ihre Einseitigkeit und ihre Schwäche. Das Zurücktreten der Synthese, die innere Losreißung des Menschen vom All, die Überschätzung des Erkennens, die versteckte Idealisierung des Kleinen mit ihrem gefährlichen Optimismus, die Schranken des Nützlichkeitsstrebens, sie mußten auf dem Wege zur Empfindung kommen, auf dem der weltgeschichtliche Prozeß die Schranken menschlicher Bestrebungen zu zeigen pflegt: durch ihr eigenes Sichausleben. Die Entwicklung selbst treibt die Verneinungen und Verengungen heraus, welche in der Sache liegen; das Sinken der großen Impulse im Durchschnitt des menschlichen Lebens enthüllt mehr und mehr die Schwächen, bis schließlich ein Umschlag erfolgt und jeder verwirft und verleugnet, was früher alle begeisterte und bewältigte. Erst eine spätere Zeit mag ein Gleichmaß der Beurteilung herstellen; die Fortdauer des Streites über die Aufklärung zeigt, daß eine solche Zeit heute noch nicht gekommen ist, daß bei allen Rückschlägen und Gegenwirkungen die Aufklärung noch immer fortlebt.

1. Die Rückschläge gegen die Aufklärung im 18. Jahrhundert.

a. Hume.

In Hume (1711—1776) löst sich ein schwerer Widerspruch der englischen Aufklärung. Sie will sich gänzlich auf den Boden der Erfahrung stellen, ihm glaubt sie alle Erkenntnis und auch die Lebensführung zu entnehmen. In Wahrheit entwickelt sie gegenüber der Erfahrung viel eigenes Vermögen des Geistes, vermengt es aber so sehr mit dem Befunde der Dinge, daß es nicht zur deutlichen Empfindung und Abgrenzung kommt. So behandelt z. B. die Erkenntnislehre grundlegende Denkgesetze, vornehmlich die Kausalverkettung, als von den Dingen dargebracht; so entwächst noch mehr in praktischer Richtung die freie Persönlichkeit aller Erfahrung, auf politischem, ethischem, religiösem Gebiet erfolgt eine Idealisierung und Intellektualisierung der menschlichen Natur, die in diesen Zusammenhängen keinerlei Recht hat. Im Begriff der Natur selbst steckt hier eine Zweideutigkeit, ein Widerspruch.

Hume ist es, der diesen Widerspruch durchschaut und mit zäher Energie den reinen Bestand der Erfahrung herausarbeitet, zugleich aber von ihm aus ein eigentümliches und präzises Bild von Wirklichkeit und Leben entwirft. Gemäß jenem Streben kann er unmöglich eine Kausalität im Sinne eines realen Zusammenhanges der Ereignisse dulden. Denn ein Zusammenhang wird, wie schon die antike Skepsis einsah, nicht durch die Dinge mitgeteilt, sondern von uns selbst hergestellt; er bedeutet alsdann nichts anderes als eine gewohnheitsmäßige Aufeinanderfolge unserer Vorstellungen, kraft deren ähnliche Lagen einen ähnlichen Ablauf erwarten lassen. So wird die Kausalität aus einem kosmischen Gesetz ein psychisches Phänomen, es verschwindet aus ihr alle Behauptung über die Dinge. Ja der Begriff des Dinges selbst verliert seine bisherige Geltung. Körper, Seelen, Dinge überhaupt werden nicht wahrgenommen und bedeuten nicht Größen jenseit unseres Gedankenkreises, sondern sie sind lediglich Erzeugnisse und Hilfen unseres Vorstellens; die Seele z. B. ist nichts „als ein Bündel oder eine Sammlung verschiedener Vorstellungen, welche einander mit einer unbegreiflichen Geschwindigkeit folgen und in fortwährendem Fluß und Bewegung sind". Unsere Vorstellungen sind nicht Abbilder einer neben ihnen vorhandenen Wirklichkeit. Die vermeintlichen Grade der Realität sind lediglich Grade einer undefinierbaren Kraft und Lebhaftigkeit, mit der die Vorstellungen den Geist ergreifen; schließlich kommt demnach alle unsere Überzeugung auf ein Gefühl zurück; bloßes Räsonnement versichert uns nirgends einer Wirklichkeit. Auch alle Zusammenhänge entspringen einer Nötigung des Gefühls und sind daher Sache eines Glaubens (belief), der natürlich mit dem religiösen Glauben (faith) nichts zu tun hat. Das Gefühl aber entwickelt sich vornehmlich durch Sitte und Gewohnheit; es wirkt dabei weniger der denkende als der empfindende Teil der Seele. Der Verlauf des Vorstellens untersteht nicht einer überlegenen Einheit und folgt nicht bewußter Überlegung, sondern er bewegt sich in strenger Notwendigkeit nach einfachen Formen der Assoziation. So wird alles ins Empirisch-Psychologische gewandt und jegliche Metaphysik radikal ausgetrieben.

Auch im übrigen Leben verliert die Vernunft ihre leitende Stellung, die bewegenden Kräfte erweisen sich als durchaus irrational. Nicht vernünftige Erwägungen, sondern Affekte der Lust und Unlust treiben unser Handeln; der vermeintliche Sieg der Vernunft über den Affekt ist nichts anderes als der Sieg eines ruhigen über einen heftigen Affekt. Aus eigener Kraft kann die Vernunft weder etwas heben noch hemmen, sie ist lediglich eine Dienerin der Affekte. Tugend und Laster unterscheidet nicht eine theoretische Erwägung, sondern ein unmittelbares Gefallen oder Mißfallen, ein Gefühl der Lust oder Unlust, das ihre Betrachtung erzeugt. So wird die Moral zu einer Sache des Geschmackes. Auch die Behandlung der Religion erfährt einen gänzlichen Umschlag. Hatte die Aufklärung die Neigung, sie vom Erkennen her zu begründen, so sucht Hume ihre Wurzel in den menschlichen Affekten, in der Hoffnung und mehr noch in der Furcht; er wird damit zum Zerstörer des englischen Deismus.

So wird durchgängig unser Leben auf die sinnliche Empfindung zurückgeführt und diese auch im Aufbau der Kultur kräftig fest-

gehalten; was immer sich ihr gegenüber selbständig dünkte, das muß
sich unterordnen oder ausscheiden. Das verändert ganz und gar
den Anblick wie die' Aufgabe des Lebens; augenscheinlich ist die
Wendung des Daseins ins Subjektive und Relative, augenscheinlich
auch der Sieg des unmittelbaren Eindrucks über das Denken, des
Affektlebens über die Theorie. Zugleich verschwindet aller Antrieb
zum Optimismus; nichts hindert, das Irrationale im menschlichen
Tun und Ergehen vollauf anzuerkennen. Aber was an Leid und
Dunkel bleibt, das kann bei der Wendung des Lebens ins Relative
nicht erschüttern und aufregen. Mag diese Lebensanschauung nach
außen hin, gegen Irrtum und Einbildung, eifrigst kämpfen, im eigenen
Bestande hat sie eine große Ruhe, ja eisige Kühle.

Die Gedankenwelt Humes gibt ein selbständiges, mit bewunderungswürdiger Konsequenz ausgeführtes Bild der Wirklichkeit.
Der Positivismus des 19. Jahrhunderts hat durch Heranziehung der
naturwissenschaftlichen, technischen, sozialen Erfahrungen dies Bild
nur weiter ausgeführt, ohne dabei immer die volle Präzision der
Humeschen Gedanken zu wahren. Ein solcher reiner und bloßer
Empirismus ist eine Möglichkeit, die scharf und klar durchzudenken
ein nicht geringes Verdienst bleibt. Ob sich mit diesem Bilde abschließen läßt, es nicht vielmehr in der Leistung selbst seine Grenze
bemerklich macht, das ist eine andere Frage; jedenfalls hat es zunächst
am meisten dadurch gewirkt, daß es bei Kant eine große Wendung
anregte.

b. Rousseau.

In Rousseau (1712–1778) beginnt die volle Reaktion des Gefühls gegen den Verstandescharakter der Aufklärung, und in diesem
Beginn erreicht sie sofort ihre höchste Höhe. Denn obwohl kein
großer Philosoph und kein Schöpfer eines tiefangelegten Systems,
war Rousseau der Quell einer neuen Stimmung und unermeßlichen
Bewegung. Die Stärke seiner Wirkung erklärt sich zum guten Teil
aus einem unausgeglichenen Gegensatz seines eigenen Wesens.
Rousseau ist Dichter und Denker in Einer Person; als Denker neigt
er zu nüchterner Logik, als Dichter zu träumerischer Romantik. Er
ist hervorragend in dem Vermögen der Abstraktion und der Schluß-
folgerung, er bildet in scheinbar leichtem Spiel Gedankenreihen,
deren einzelne Sätze wie Perlen einer Kette zueinander rollen, und
deren Ganzes zugleich mit der Gewalt unerbittlicher Konsequenz

wirkt. Von hier aus erscheint sein Werk als eine bloße Entwicklung selbstverständlicher Prämissen; es gibt sich alles so einfach, so einleuchtend, so zwingend, daß ein Widerspruch ganz unmöglich dünkt. In den Prämissen selbst aber erscheint bei genauerer Betrachtung ein völlig anderer Zug. Hier nämlich wirkt etwas Unmittelbares, Intuitives, Gefühlsmäßiges; eine stark erregte, überaus bewegliche Subjektivität fließt von hier in die Dinge ein und verleiht ihnen ein inneres Leben, Stimmung und Färbung, Liebe und Haß, Affekt und Leidenschaft. Wenn sie aber mit dem Zauber künstlerischer Phantasie die Größen umwandelt und aus ihnen etwas Anderes, Besseres, Seelenvolleres macht, so tut sie das so leise und zart, daß das Dichten nicht als solches empfunden wird; das Neue verschmilzt mit dem Alten zu scheinbar völliger Einheit und zieht bei allem kecken Wagnis die Überzeugungskraft der logischen Entwicklung an sich. Weniger der Denker als der Dichter Rousseau hat die Menschen überwältigend fortgerissen.

Dieser inneren Art entspricht in vollendeter Weise die Darstellung. Klar und einfach, wie sie sich gibt, scheint sie nichts anderes als der schlichteste Ausdruck sachlicher Notwendigkeit. Aber zugleich ist sie durch und durch Resonanz einer weichen und träumerischen Seele; alle ihre Erregungen und Stimmungen bringt sie zu hinreißendem Ausdruck, sowohl den glühenden Zorn und die stürmische Leidenschaft als die zartesten Schwingungen mit ihrem Zittern und Klingen; sie vermag namentlich verhaltene, zwischen Widersprüchen schwebende Stimmungen wunderbar zu verkörpern, sie läßt mit dem Hauptton zugleich leisere Töne anklingen und uns in allem Ungestüm der Bewegung wie allem Drang zum Handeln eine Sehnsucht nach besseren Dingen, einen Zug zur Einsamkeit, eine stille Melancholie vernehmen. Das alles geschieht nicht ohne Kunst, aber die Kunst versteckt sich geschickt genug, um die Wirkung lauterster Natur zu tun.

In der Sache entfaltet Rousseau zuerst den radikalen Charakter der Aufklärung, den so lange eine optimistische Fassung des Verhältnisses von Kultur und Natur verdeckt hatte. Von Anfang an wollte die Aufklärung eine vernunft- und naturgemäße Gestaltung des Daseins, aber sie dachte sich das Ziel nahe und den Weg leicht. Die geschichtliche Kultur fand man bei aller Irrung und Verirrung nicht in schroffem Gegensatz zur Natur; nach Verscheuchung von Vorurteil und Aberglauben schien ein tüchtiger uud unangreifbarer

Kern rasch herauszutreten. So konnte deutliche Einsicht, redliches
Wollen, emsige Arbeit alles in Ruhe und Güte zur Vernunft wenden;
das Ziel war eine kräftige Sichtung, eine Klärung und Erfrischung
des Lebens, nicht ein völlig neues, nur durch schmerzliche Erschütterungen erreichbares Leben. Daher werden nicht elementare
Leidenschaften entfesselt und die Gesellschaft bis zum tiefsten Grunde
aufgewühlt, sondern die Aufklärung entsteht auf der Höhe des
sozialen Lebens und dringt von hier langsam, aber sicher zu den
niederen Schichten. Ein ruhiger Fortschritt dünkt alles aufwärts zu
führen und die Interessen aller Stände mehr und mehr auszugleichen.
Auch die Verneinung hat hier einen maßvollen und gutartigen
Charakter; Reform, nicht Revolution ist die Losung. Die Männer,
deren Jugendzeit dieser Epoche angehörte, wie z. B. Goethe, haben
sich in die politischen und sozialen Stimmungen der jüngeren Zeit
nie recht hineingefunden.

Diese jüngere Zeit beginnt aber mit Rousseau. Bei ihm erscheint in greller Deutlichkeit eine schroffe Kluft zwischen dem Naturstande, den die Vernunft verlangt, und der gesellschaftlichen Wirklichkeit, die uns umgibt; diese dünkt nicht bloß unvollkommen und
mangelhaft, sondern mit ihrem ganzen Wesen widervernünftig, in
ihrer tiefsten Wurzel faul und morsch. So richtet sich auch die
Anklage nicht gegen einzelne Schäden, sondern gegen das Ganze
einer geschichtlich-gesellschaftlichen Kultur; das Einfache, Unmittelbare, Naturwahre, das die Engländer innerhalb der Gesellschaft erreichbar glaubten, kehrt sich hier gegen diese und kämpft mit ihr
auf Leben und Tod. Nun wird alle Einsicht und alles Wohlwollen
der früheren Art unzulänglich, und es erweckt der schroffe Gegensatz von Schein und Wahrheit die glühendste Leidenschaft; nun kann
nicht mehr der eine für den anderen Sorge tragen, sondern jeder
Einzelne wird zur Mitarbeit aufgerufen, jeder selbst muß seinem
Leben Glück und Wahrheit erringen.

Damit verwandelt sich durchaus der Wert der Gesellschaft für
das Individuum. An der Gesellschaft sah die Aufklärung bisher
eitel Licht; der gesellschaftliche Stand schien aus unserer vernünftigen Natur hervorzugehen und den Einzelnen unermeßlich zu
fördern; unter dem Schutz der Gesetze schien die Freiheit weit
besser zu gedeihen als bei der Zügellosigkeit der rohen Natur.
Nun kommt die Kehrseite zur Empfindung. Mit ihrer durchgängigen Bindung des Individuums an die Umgebung erscheint

die Gesellschaft als die schwerste Gefahr für seine Kraft, seine Gesinnung, sein Glück.

Die gesellschaftliche Kultur macht den Menschen unwahr, schwach, zerstreut; sie entfremdet ihn seinem eigenen Wesen. Bei ihr entscheidet über unseren Wert allein die Leistung nach draußen, so wird allem Denken und Sinnen die Richtung auf das Urteil der anderen gegeben, unter Ablenkung von dem eigenen Befinden; für jene Wirkung nach außen genügt der Schein, so muß eine unablässige Heuchelei um sich greifen und auch das Innere der Seele verfälschen. Hier ist kein Boden für ein starkes Empfinden und ein kräftiges Wollen, sondern alle Regung wird auf das flache Niveau der Gesellschaft gestimmt; hier kann sich keine selbständige Individualität entfalten, sondern allen wird eine Gleichförmigkeit aufgezwungen. Der Mensch fragt nicht, wie ihm selbst sein Tun gefalle, sondern was die anderen dazu sagen. „Niemand wagt er selbst zu sein. ‚Man muß es machen wie die anderen‘: das ist die Hauptmaxime der Weisheit. ‚Das tut man, das tut man nicht‘: das gilt als letzte Entscheidung.“ Bei solcher Selbstentfremdung geht das Begehren nicht auf das Nahe und Einfache, sondern auf das Ferne mit seiner Verwicklung; es kann sich aber nicht so ins Weite zerstreuen, ohne matt und schwach zu werden. Indem wir uns um alles kümmern, „ist unser Individuum nur der kleinste Teil von uns selbst. Jeder dehnt sich, so zu sagen, über den ganzen Erdball aus und wird empfindlich über diese ganze große Oberfläche. Ist es verwunderlich, daß unsere Übel sich vervielfältigen in allen den Punkten, durch die man uns verwunden kann?“ So der Ferne zugewandt, bleiben wir fremd in unserer Heimat und gleichgültig gegen unsere Nächsten. „Mancher Philosoph liebt die Tataren, um nur nicht seine Nachbarn lieben zu müssen.“

Solche Zustände können kein kräftiges Handeln, keine mannhaften Charaktere erzeugen. Aber auch unser Glück fährt dabei schlecht. Glücklich sein, das heißt für den Menschen nicht sowohl viel genießen als wenig leiden; wir leiden aber um so mehr, je größer die Kluft zwischen unseren Wünschen und unserem Können wird; diese Kluft zu verringern und erreichbare Ziele zu stecken, das ist echte Weisheit. Das gesellschaftliche Leben aber tut das gerade Gegenteil, indem es uns in die fernsten Angelegenheiten verwickelt, unabsehbare Wünsche erregt, uns ganz und gar von fremden Dingen abhängig macht.

So ein unwahres, unselbständiges, elendes Leben; das Unkraut konventioneller Art erstickt alle echte Natur und reine Menschlichkeit. Wenn schließlich das Verlangen nach einer Rückkehr zur Einfalt und Unschuld der Natur, nach einem kräftigeren und glücklicheren Leben aufkommt, so kann es unmöglich paktieren mit jenem Gesellschaftsstande; es muß sein künstliches Gebäude völlig einreißen und ein von Grund aus neues aufführen. Dafür wird die reine und unverfälschte Natur zum Losungswort; sie soll sich in vollster Freiheit entfalten ohne ein Eingreifen und Zustutzen unsererseits; auf einfache Empfindungen des Menschen als Menschen gründe sich alles Leben und werde dadurch auch in seiner Verzweigung „natürlich". So ein mächtiger Aufruf, die Forderung einer völligen Erneuerung des Daseins.

Hier liegt der Kern von Rousseaus Streben, aber hier liegen auch die schwersten Verwicklungen seiner Arbeit. Das Nein ist völlig klar, und der Denker seiner Richtung sicher, so lange er bei ihm verweilt; mit der Wendung zum Ja aber beginnt sofort die Ungewißheit. Was bedeutet ihm „Natur", und wie glaubt er sie erreichbar? Sie kann ihm nichts anderes sein als der Grundbestand, der nach Abzug der Entstellungen und Verfälschungen durch die gesellschaftliche Kultur verbleibt. Aber dieser Bestand wird nicht klar und scharf herausgearbeitet, sondern in einem Gesamteindruck ergriffen und zugleich idealisiert; die Natur erhält eine romantische Beleuchtung, das Einfache und Schlichte verklärt sich in etwas Reines und Edles; in direktem Gegensatz zur unerbittlichen Kritik der Gesellschaft erscheint ein schwärmerischer Glaube an eine unverfälschliche Güte des Individuums; „alles Gute erreicht man von schönen Seelen – Rousseau hat diesen bis auf Plato zurückreichenden Ausdruck erst recht in Umlauf gebracht – durch Vertrauen und Offenheit". Auch intellektuell betrachtet, ist der natürliche Mensch Rousseaus durchaus nicht der unentwickelte Naturmensch, sondern das durch die Kultur hindurchgegangene und aus ihr zu sich selbst zurückkehrende Individuum; es wird hier der feinste Extrakt der Kultur, befreit von allen Mühen und Schranken der Arbeit, in die Natur zurückverlegt. Solche romantische Verklärung der Natur läßt die in einfachen Verhältnissen lebenden Menschen und ihre Summierung, das Volk, als besser und reiner preisen; auch die äußere Natur erscheint in ihrer Unberührtheit vom Tun und Treiben des Menschen als ein Reich der Wahrheit und des Friedens.

So denkt Rousseau nicht ernstlich daran, die ganze Kultur abzuschütteln und die rohe Natur wiederaufzunehmen. Was er verlangt, ist eine durchgreifende Umgestaltung des Kulturstandes zu Gunsten der Selbständigkeit des Individuums und einer Vereinfachung der Lebensführung, eine neue Gesellschaft, die den Zusammenhang mit der Natur besser wahrt, eine Verjüngung unseres ganzen Daseins. Dies Einlenken nähert ihn offenbar wieder der älteren Aufklärung, aber er bleibt von ihr dadurch geschieden, daß jetzt die Kritik nicht sowohl auf einzelne Erscheinungen als auf das Ganze geht, und daß sie nicht von der räsonnierenden Überlegung, sondern von der unmittelbaren Empfindung geübt wird. So eine stürmische Kraft der Bewegung, ein leidenschaftlicher Antrieb zur Erneuerung und Umwälzung.

Aller Einzelarbeit voran geht hier die Sorge um einen neuen Menschen, einen kräftigen, einfachen, glücklichen Menschen, der nicht von anderen Menschen und Dingen abhängt, sondern bei sich selbst, in der Gesundheit seiner Natur wahrhaft frei ist, „der nur will, was er kann, und nur tut, was ihm gefällt", der jederzeit seine ganze Kraft einsetzt. Ein solcher wird sich nicht zunächst als Glied eines besonderen Standes, sondern vor allem als Menschen fühlen.

Zur Bildung derartiger Menschen bedarf es hauptsächlich einer neuen Erziehung. Die Erziehung soll nicht am Zögling herummodeln und ihn für fremde Zwecke dressieren, sie muß namentlich in den Anfängen die Natur sich rein entfalten lassen und sich ganz in ihren Dienst stellen (laissez faire en tout la nature); sie muß überall die unmittelbare Anschauung festhalten und die eigene Tätigkeit fördern, sie muß vom Nahen zum Fernen, vom Einfachen zum Zusammengesetzten sicheren Ganges fortschreiten und auch die moralische Bildung auf die einfachsten Naturtriebe gründen. Auf solchem Wege wird sie selbständige, tätige, glückliche Menschen bilden. Zugleich wird die Erziehung bei sich selbst wesentlich erhöht: sie soll nun nicht sowohl eine vorhandene Kultur übermitteln, als durch ein Herausheben der einfachsten Elemente eine neue Kultur aufbauen; sie wird damit das Hauptmittel zur Bildung einer neuen Menschheit und gewinnt eine Selbständigkeit gegenüber den anderen Lebensgebieten.

Sie könnte aber jenes Ziel unmöglich erreichen, vollzöge sich nicht zugleich eine Erneuerung aller einzelnen Lebensgebiete durch eine kräftigere Beziehung auf das unmittelbare Gefühl des Individuums

und einen engeren Anschluß an die Natur. Das unternimmt
Rousseau in Wahrheit, er führt den Gegensatz durch das ganze
Dasein hindurch, erweckt überall Liebe oder Haß, stellt überall den
Menschen vor ein schroffes Entweder – Oder.

Einer Erneuerung bedarf ohne Zweifel die Religion. Ihre
landläufige Form entbehrt alles inneren Lebens. „Der Glaube der
Kinder und vieler Menschen ist eine Sache der Geographie. Werden
sie dafür belohnt werden, daß sie in Rom und nicht in Mekka geboren sind? Sagt ein Kind, daß es an Gott glaubt, so glaubt es
nicht sowohl an Gott, als es Peter oder Jakob glaubt, die ihm sagen,
daß es etwas gibt, was man Gott nennt.“ Auch die philosophische
Spekulation vermag hier wenig, das Hauptwerk bleibt dem Gefühl
mit seiner inneren Stimme; es versichert uns weniger einfacher,
aber um so fruchtbarerer Wahrheiten, es läßt uns Gott, Freiheit,
Unsterblichkeit unmittelbar und damit völlig sicher erfassen. Eine
solche natürliche Religion bedarf keiner Gelehrsamkeit, alle Redlichen
können an ihr teilhaben. Zu ihr stimmt aufs beste das Christentum, in seiner ursprünglichen Einfalt und von der ebenso erhabenen
wie rührenden Persönlichkeit Jesu her verstanden, nicht in dem, was
eine entartete Kultur aus ihm gemacht hat.

Einer Umwandlung bedarf auch die Kunst. Die falsche Kultur
mit ihrem Luxus hat sie von der Natur losgerissen und raffiniert,
verderbt, unwahr gemacht. Alle echten Vorbilder des Geschmackes
bietet die Natur, während Luxus und schlechter Geschmack Hand
in Hand gehen. Die verkehrte Kunst der Zeit denkt nur an
exklusive Kreise und fremde Dinge. Die Komödie sucht ihren
Vorwurf nicht beim Volk, sondern in der engen Sphäre der höheren
Gesellschaft, und die Tragödie will die Pariser für Pompejus und
Sertorius erwärmen. Auch bei Freuden und Festen sollte man sich
nicht ängstlich absondern; „exklusive Vergnügungen sind der Tod
des Vergnügens. Die wahren Ergötzungen sind die, welche man
mit dem Volke teilt“.

Hieher gehört auch die Umwälzung des Naturgefühls durch
Rousseau. Er sucht bei der Natur weniger Genuß und Erquickung
als eine Befreiung von menschlicher Enge und eine Versetzung in
reinere Sphären. So wird er weniger vom Maßvollen und Anmutigen,
als vom Gewaltigen und Unendlichen angezogen; das Gefühl des
Erhabenen erschüttert und läutert die Seele. Daraus erwächst, als
etwas Neues, die Freude am Hochgebirge. „Dort gewinnen die

Gedanken eine gewisse Größe und Erhabenheit, entsprechend den Gegenständen, die uns berühren. Es scheint, daß man im Emporsteigen über den Aufenthalt der Menschen alle niedrigen und irdischen Gefühle dort läßt, und daß in dem Maße, wie man sich den ätherischen Regionen nähert, der Geist etwas von ihrer unzerstörbaren Reinheit annimmt.« Überhaupt zeigt das Naturgefühl einen ausgesprochen sentimentalen Charakter, die Natur scheint überall Reinheit und Friede zu atmen, den Menschen aber beschleicht bei ihrer Ruhe und Stille leicht das Gefühl der Wehmut. Ein solches weiches, träumerisches, lyrisch-musikalisches Naturempfinden zeigen z. B. die Schilderungen vom Genfer See. So entsteht hier der Typus einer romantisch-optimistischen Naturauffassung, der längere Zeit die Gemüter überwältigend fortriß.

Minder weich und sentimental zeigt den Denker die Politik. Freilich fehlt auch hier nicht alle Romantik; sie erscheint namentlich in dem festen Glauben an die Masse des Volkes, die immer das Gute will, es nur nicht immer sieht, einem der Theorie Rousseaus wesentlichen und unentbehrlichen Glauben. Aber die nähere Ausführung erweist durchaus den abstrakten Logiker, der die Grundideen der Aufklärung in ihre äußersten Konsequenzen verfolgt. Nun stammt nicht nur alles Recht von den Individuen, es soll auch bei ihnen verbleiben; alles geschichtliche Recht muß den ewigen Menschenrechten nachstehen, es wird zum Unrecht, sobald es ihnen widerspricht. Aber mögen die individuen immerfort den Gesellschaftsstand tragen, die Wendung zu ihm ist auch für sie ein großer Umschlag. Das Zusammentreten der Einzelwillen ergibt ein Gesamt-Ich, einen kollektiven Körper; da ihm jedes Glied alle seine Rechte abtreten muß, so erlangt er eine absolute Gewalt. Aber jene Unterwerfung des Einzelnen unter die Gemeinschaft hat zur unerläßlichen Bedingung die volle Freiheit und Gleichheit aller Individuen innerhalb der Gemeinschaft; nur alle zusammen sind souverän, und sie können diese Souveränität unmöglich einzelnen Personen übertragen. Auch kann nicht der eine den anderen vertreten; wird das Volk zu groß, um anders als durch Delegierte zu beraten, so gelte der Delegierte nicht als Repräsentant, sondern nur als Mandatar seiner Wähler; er hat lediglich ihre Willensmeinung zu übermitteln, nicht seiner eigenen Überzeugung Ausdruck zu geben. Von der gesetzgebenden Macht bleibe die vollziehende ganz und gar abhängig. Das entspricht der allgemeinen Neigung des Denkers, das Staatsleben vornehmlich als eine Anwendung von Gesetzen und den Kern des politischen Wirkens als ein Subsumieren des einzelnen Falles unter eine allgemeine Norm zu verstehen, eine Auffassung, welche das geschichtliche und persönliche Element im Staatsleben tief herabsetzt. Als das Hauptziel des Staates erscheint jetzt nicht wie bei den Engländern der Schutz der einzelnen Daseinskreise, sondern das Wohl des Ganzen; daß von daher ein starker, ja despotischer Druck gegen die Freiheit der Individuen erfolgen kann, wird schon hier bemerklich. Aber Rousseau betrachtet das Urteil des Volkes oder seiner Mehrheit als ein Gottesurteil, als den Ausdruck einer absoluten Vernunft. Tatsächlich kennt dieser französische Radikalismus nur eine Freiheit und Gleichheit innerhalb des Staates, keine Freiheit gegenüber dem Staate; die Staatsomnipotenz im demokratischen Gewande erhält hier einen klassischen Ausdruck. Ein starker Optimismus beschwichtigt alle Zweifel; der Mensch scheint gut und vernünftig, sobald er sich auf den Boden der neuen Ordnung stellt.

Überhaupt ist es der schroffe Kontrast von Pessimismus und Optimismus, der den politischen Lehren Rousseaus eine dämonische Kraft der Aufreizung und Umwälzung verleiht. Das Böse kommt vornehmlich auf die vorgefundene Gesellschaft, das Gute auf das Individuum; wir könnten nach unserer Natur edel und glücklich sein; die falsche Lebensordnung ist es, die uns am meisten daran hindert. Die Folgerung und Forderung liegt nahe: das Hemmnis muß fallen, gänzlich fallen. Vornehmlich diese Schärfung des Gegensatzes zwischen dem Elend der Zeitlage und der Güte der menschlichen Natur hat Rousseau zum Bannerträger der Revolution gemacht.

Die Kritik hat es bei Rousseau nicht allzuschwer. Sie braucht nur die Probleme im Begriff der Natur zu verfolgen, um das Unfertige und Schwankende der positiven Leistung darzutun; sie wird zeigen, wie bequem es sich der Denker mit seiner Annahme einer natürlichen Güte des Menschen macht, und wie abhängig er hier von der Aufklärung bleibt; sie mag zugleich bemerklich machen, daß das unverkennbare Verlangen nach seelischer Tiefe und einer selbständigen Innenwelt weniger zu einem sicheren Ergebnis führt, als bei einem ungestümen Wogen und Wallen verbleibt, daß statt eines geistigen Gehalts oft bloß subjektive Empfindung geboten wird. Trotzdem behält Rousseau eine hervorragende Größe; schon sein tiefer Einfluß auf die Besten seiner Zeit verbietet, ihn allzu leicht zu nehmen. Zur Erfrischung und Verjüngung des Lebens hat er Unermeßliches beigetragen; sein Verlangen nach einem neuen Menschen ist in tiefster Wurzel ethischer Art; mögen seine Lösungen unzulänglich sein, seine Probleme bleiben bedeutend und die Kraft bewunderungswürdig, mit der er sie der Menschheit auferlegte. Manche Ideen der Aufklärung hat er zuerst von der schulmäßigen Verpuppung befreit und zum Gemeingut gemacht; zugleich aber hat er neue Bahnen eröffnet. Mit ihm beginnt die Wendung zur Unmittelbarkeit des Gefühls, mit ihm beginnt auch die Spannung und der Kampf zwischen Individuum und Gesellschaft; so steht er am Scheidepunkt zweier Epochen.

Die Emanzipation von der verstandesmäßigen Aufklärung und die Wendung zum Gefühl ergriff auch das deutsche Leben mit mächtigen Wogen. In stürmischer Erregung drängt das jugendliche Geschlecht von gesellschaftlicher Gebundenheit zu voller Freiheit des Individuums, von der Beengung durch überkommene Regeln zu frischer Ergreifung des unmittelbaren Eindrucks und zu ungehemmter Entfaltung aller Kräfte, von der vorgefundenen Verschnörkelung des menschlichen Daseins zur Wahrheit und Einfalt der Natur, von umständlicher Reflexion zu rascher Intuition und kühnem Schaffen, vom Anschluß an maßgebende Autoritäten zu voller Originalität und Produktivität. Das Individuum proklamiert seine Selbstherrlichkeit; jeder möchte den Durchschnittsstand überschreiten. Der Begriff des Genies wird aufgestellt und mit besonderer Liebe erörtert; wer nicht an ihm teil hat, zum „Philister" herabgedrückt. Für Lavater galt (nach einer Mitteilung W. von Humboldts) jeder als ein Philister, „in dessen Produktion wohl Richtigkeit der Ideen, Korrektheit der Sprache, Eleganz der Darstellung, aber nicht eigentliches Genie ist". Diese Emanzipation gestaltet sich aber in Deutschland ganz anders als in Frankreich: sie erschüttert nicht die Grundlagen von Staat, Gesellschaft, Religion, sondern sie behält einen mehr literarischen und privaten Charakter; sie fordert für die Empfindung des Individuums den freiesten Ausdruck, das vollste Ausströmen, und verwirft allen Zopf und Zwang des geselligen Lebens; politische und wirtschaftliche Dinge dagegen erregen sie wenig, und wenn sie sich mit der Religion befaßt, so geschieht es nicht, um ihren Befund einer radikalen Kritik zu unterziehen, sondern um sie dem Verstande

zu entwinden und dem Gefühl zu überweisen. Soweit dieses Ganze
Oppositionsbewegung blieb, war ihm eine innere Selbständigkeit und
ein Gleichgewicht des Schaffens versagt; ein neues Welt- und Lebensbild hat es nicht hervorgebracht. Aber für ein kommendes Große
hat es Hindernisse weggeräumt und ihm den Weg bereitet; ohne
diese Zeit des Sturmes und Dranges ist der deutsche Idealismus mit
seinen schöpferischen Leistungen undenkbar.

Eine Klärung der Bewegung und zugleich ein Übergang zur
Höhe der klassischen Zeit erfolgt in Herder. Auch er hat die entschiedene Abweisung der Aufklärung, ein starkes Verlangen nach
lebendiger Anschauung, ursprünglichem Leben, unmittelbarem Gefühl.
Aber er gibt der Bewegung einen festeren Halt und eine kräftigere
Substanz, indem er innerlich über das Gefühl hinaus zu einem
Ganzen menschlichen Lebens und Seins vordringt und in der Harmonie aller Kräfte ein Ideal universaler Menschlichkeit entwirft, indem er ferner das individuelle Leben großen Zusammenhängen geschichtlicher und gesellschaftlicher Art einfügt. Zugleich läßt ein
sehnliches Verlangen nach Natur die natürlichen Bedingungen und
Umgebungen unseres Daseins hervorkehren, zwischen Geist und
Natur spinnen sich mannigfache Fäden, die Verbindung des Einzelnen
mit seinem Volk wird aufgedeckt und in dem Volk eine charakteristische Individualität erkannt. Die Wirklichkeit erscheint als in
lebendigem Fluß und aller Fortschritt dabei als ein Bilden von innen
heraus; die Gedankenwelt der Romantiker und der historischen
Schule wird hier in wichtigen Zügen vorbereitet. Das alles wird
mehr entworfen als ausgeführt, aber die staunenswerte Vielseitigkeit
und Assimilationskraft, besonders aber das energische Zusammenschauen der Dinge hat im höchsten Maße anregend und befruchtend
gewirkt. So bildet Herder ein unentbehrliches Glied in der Kette
deutscher Entwicklung.

2. Der deutsche Idealismus.

a. Kant.

α. Die allgemeine Art.

Bei Kant gelangen wir wieder zu einem großen Denker, zu
einem der größten aller Denker. Aber Kant gilt zugleich als ein
überaus schwer zugänglicher Denker, es mag von vornherein Zweifel

darüber walten, ob nicht schon die Umständlichkeit und Schul-
mäßigkeit seiner Darstellung die Wirkung auf den Menschen als
Menschen hemme, ob nicht die Weitschichtigkeit seines Gedanken-
baues ein einfaches und allgemeinverständliches Bild vom menschlichen Leben und Sein unmöglich mache. Indes es gibt keine wahrhaftige Größe ohne innere Einfachheit und Einfalt; wer Kant als
einen Fürsten im Reich der Denker ehrt, der muß auch das Vertrauen hegen, daß bei ihm hinter allem schulgelehrten Gerüst
schlichteste Wahrheiten wirken, die nicht bloß zum Fachmann, sondern
zum Menschen als Menschen sprechen. Zu diesen Wahrheiten aber
werden wir am ehesten durchdringen, wenn wir uns die inneren
Notwendigkeiten vergegenwärtigen, welche in seinem Wesen stecken
und deren Durchsetzung seine geistige Selbsterhaltung ausmacht.
Denn das ist es, was bei einem großen Mann das Leben und
Schaffen in Fluß bringt: von innen heraus verlangt er mit zwingender
Gewalt etwas, was ihm seine Umgebung, die überkommene Gedankenwelt und Vorstellungsweise, nicht bietet, ja dem sie schroff
widerspricht; so entspinnt sich ein harter Kampf, die selbstwüchsige
Persönlichkeit kann sich selbst nicht behaupten und keine Befriedigung
finden, ohne jenen Stand der Umgebung auf Leben und Tod anzugreifen, ohne eine der inneren Notwendigkeit ihres Wesens entsprechende Welt hervorzubringen. Solchen Kampf und die schließliche Wendung zum Siege zu betrachten, ist ein wundervolles Schauspiel, die überzeugendste Versicherung dessen, daß der Mensch kein
bloßes Produkt der Umgebung, kein Niederschlag des sozialen
Milieu ist.

Bei Kant nun verwickelt sich die Sache dadurch, daß seine
geistige Art nicht eine einzige, sondern zwei Grundforderungen enthält, die beide der überkommene Kulturstand nicht befriedigt. Kant
besteht auf einem echten Wissen, einer Wissenschaft als einem Ganzen
notwendiger und allgemeingültiger Erkenntnisse, und er durchschaut
zugleich, daß die überlieferten und um ihn herrschenden Fassungen
ein solches Wissen nicht gewähren; er verlangt aber auch eine echte
Moral, eine Moral, die nicht auf subjektives Behagen oder ein angenehmes Verhältnis zur Umgebung ausgeht, sondern welche volle
Selbständigkeit hat und den Menschen eine neue Welt eröffnet, und
er findet zugleich die üblichen Moralanschauungen in direktem
Widerspruch mit diesem Ideal. Wie nun muß unsere Wirklichkeit
beschaffen sein, wenn in ihr echtes Wissen und echte Moral zu-

sammen bestehen sollen? Das wird die Frage, der Kant sein ganzes
Leben und Sinnen gewidmet hat; daß er sich bei ihrer Beantwortung
nirgends mit bloßen Kompromissen, nirgends auch mit bloßen Entwürfen begnügte, daß er eine neue Gedankenwelt mit unvergleichlicher
Energie bis in alle Verzweigung durchbildete, das hat sein Leben
in eine einzige große Arbeit verwandelt; mit besonderem Recht
konnte er gegen seinen Abend die Worte in sein Tagebuch ein-
tragen, daß das Leben, wenn es köstlich gewesen, Mühe und Arbeit
gewesen sei. Aber seine Arbeit drang durch und veränderte mit
elementarer Wucht die Maße und Werte des Lebens, sie hat alte
Gedankenwelten zermalmt, eine neue, wenn auch nicht fertig aus-
gebaut, so doch sicher eingeführt.

β. Die Erkenntniskritik und der Zusammenbruch der alten Denkweise.

Alles Erkennen will Wahrheit; ob aber dem Menschen Wahrheit irgendwie möglich sei, darüber gerät in immer tiefere Zweifel,
wem das Problem einmal mit voller Klarheit aufging. Wir wollen
etwas erringen, was jenseit unseres Kreises liegt, wir wollen uns
etwas Fremdes aneignen und dabei seinen Bestand unverändert lassen;
ist das nicht ein Widerspruch, ein schlechterdings unüberwindlicher
Widerspruch? Die naive Vorstellungsweise und die von ihr beherrschte antike Wissenschaft hatte unbedenklich die Wahrheit als
eine Übereinstimmung unserer Vorstellung mit dem Gegenstande
gefaßt; eine solche Übereinstimmung schien ganz wohl möglich,
solange sich noch keine Kluft zwischen Welt und Seele aufgetan
hatte, solange eine innere Belebung der Welt, ein seelendurchwirktes
Naturbild gestattete, die Dinge ohne Wandlung und Verlust in die
Seele einströmen, die Seele aber sich rasch in das innerste Wesen
der Dinge versetzen zu lassen. Nun aber hatte sich der modernen
Denkweise die Seele von der Welt abgelöst und ihr schroff entgegengesetzt, die alte Fassung der Wahrheit wurde damit hinfällig, es galt
eine neue zu suchen. Die Aufklärung hat das, wie wir sahen, in
der Weise getan, daß Denken und Sein scharf gesondert, dann aber
in einen Parallelismus gebracht wurden; das Denken braucht sich nur
klar und kräftig bei sich selbst zu entwickeln, um einer Übereinstimmung mit der Welt der Dinge gewiß zu sein, das aber kraft
der Begründung beider Seiten in einem einzigen allumfassenden
Allleben. Aber auch diese Lösung, welche die besten Geister der

Aufklärung befriedigte, war Kant mit Recht in Zweifel geraten. Sind wir denn einer solchen umfassenden Einheit und damit einer Übereinstimmung beider Seiten irgendwie sicher? Und verfällt nicht das Denken, wenn es aus sich selbst ein Begriffsreich entwickelt, einer höchst abstrakten Fassung, die das Charakteristische der Dinge völlig abschleift, die bloße Schatten und Schemen zu erzeugen droht? Waren Kant solche Bedenken zu voller Bewußtheit gekommen, so mußte er das Problem ganz von neuem aufnehmen, so mußte er eigene Wege wagen.

Dafür aber brachte er bestimmte Grundüberzeugungen mit. Als sicher gilt ihm, daß das Denken nicht aus eigenem Vermögen ein Reich der Erkenntnis hervorbringt, sondern daß es dafür auf irgendwelche Anregung seitens der Dinge angewiesen ist; als nicht minder sicher gilt aber auch, daß von außen her sich nun und nimmer ein System allgemeingültiger und notwendiger Wahrheiten, und das allein ist Wissenschaft, darbieten läßt. So muß eine Ausgleichung gesucht werden zwischen dem, was von innen geleistet und was von außen zugeführt wird; sie wird in der Weise gefunden, daß die Form der Erkenntnis von innen, der Stoff von außen abgeleitet wird. Unser Denken entwickelt von sich aus ein Gewebe von Formen und faßt die Dinge nur soweit, als sie darin eingehen; wir sehen die Dinge nicht unmittelbar bei sich selbst, sondern wir sehen sie durch unsere eigene Organisation hindurch, wir verbleiben im Erfassen der Welt bei unseren eigenen Vorstellungen und sehen jene daher nur als Erscheinung. Aber unsere intellektuelle Tätigkeit wirkt nicht ohne weiteres aus eigener Notwendigkeit heraus, sondern sie bedarf zu ihrer Anregung der Erfahrung, auch muß sie immer auf die Erfahrung bezogen bleiben, um sich nicht ins Leere zu verlaufen. Die Bausteine müssen uns gegeben sein, den Bau gestalten wir nach den Gesetzen unserer eigenen Natur, wir finden nicht die Welt, sondern wir bilden sie; freilich erreichen wir mit dem allen nur eine besondere menschliche Welt und nur eine menschliche Wahrheit. Die Behauptung geht nun in einer völligen Umkehrung eingewurzelter Denkweise dahin, daß sich nicht das Subjekt nach dem Objekt, sondern das Objekt nach dem Subjekt richte; „der Verstand schöpft seine Gesetze nicht aus der Natur, sondern schreibt sie dieser vor".

Solche Grundüberzeugung verbleibt bei Kant nicht im allgemeinen Umriß, sondern sie wird mit zähester Energie und unermüdlicher

Geduld vom Großen bis ins Kleine ausgearbeitet; indem sie dabei
mit dem überkommenen und alltäglichen Weltbild aufs Härteste zusammenstößt und sich Punkt für Punkt mit ihm auseinandersetzt,
tritt deutlich zu Tage, eine wie radikale Umwälzung sie mit sich
bringt. Dadurch, daß die Leistung des Geistes den Dingen als Eigenschaft beigelegt wurde, die menschliche Vorstellung als ihre eigene
Natur galt, war unsäglich viel Schein entstanden; mit seiner Zerstörung
vollzieht sich durch den ganzen bisherigen Befund hindurch die
gründlichste Umwandlung und Umwertung; was in gelehrter, schul-
mäßiger, bisweilen ermüdender Art beginnt und fortschreitet, das
wendet sich schließlich ins Reinmenschliche und gewährt hier die
weitesten Ausblicke, die fruchtbarsten Anregungen.

Raum und Zeit schienen uns sonst als natürliche Ordnungen
der Dinge zu umfangen; nun erkennen wir, daß sie nur menschliche Anschauungsformen sind, in denen unsere Seele die Eindrücke
ordnet, daß wir diese Formen in die Welt hineintragen, statt sie
von ihr zu empfangen. Der bis dahin für felsenfest gehaltene
Boden unserer Existenz gerät damit ins Wanken; woran sollen wir uns
halten, wenn diese sinnliche Evidenz zusammenbricht? Aus solcher
Erschütterung der sinnlichen Welt glaubte Kant eine Zeit lang sich
auf das Denken als etwas schlechthin und bei sich selbst Gültiges
zurückziehen zu können; bald aber ward ihm klar, daß hier die
Sache ganz ähnlich steht, indem auch die Begriffe und die inneren
Zusammenhänge uns nicht von den Dingen mitgeteilt, sondern von
uns selbst zum Aufbau einer Welt der Erfahrung bereitet werden.
Den Begriff eines Dinges erzeugt unser Verstand, um den sonst
zerstreuten Vorstellungen Halt und Einheit zu geben. Die Kausal-
verknüpfung ist, als die unerläßliche Voraussetzung aller Erfahrung
und Wissenschaft, gewiß mehr als eine gewohnheitsmäßige Assoziation,
wofür Hume sie hielt, aber sie ist ein Grundgesetz unseres Geistes,
nicht der Dinge; von draußen her könnten sie nie die Allgemeingültigkeit und Notwendigkeit erlangen, die zu ihrem Wesen gehört.
So ist das Weltbild sowohl seinen sinnlichen als seinen logischen
Bestandteilen nach ein Werk des Menschengeistes, ein subjektives
Gebilde, kein objektiver Tatbestand.

In die merkwürdigste Verwicklung aber bringt uns der Versuch,
die Erfahrung als ein Ganzes zu überblicken und auf ihren letzten
Grund zurückzuführen. Unsere Vernunft treibt uns zwingend zu
solchem Unternehmen; das eben ist das Auszeichnende des Menschen,

daß er nicht ein bloßes Stück der Erfahrungswelt bleibt, sondern sie als ein Ganzes zu überschauen vermag. Dieses aber kann er nicht, ohne die Erfahrung zu überschreiten, ohne zu dem Bedingten, das sie bietet, etwas Unbedingtes zu suchen. Aber sobald dies Unbedingte gegenüber der Erfahrung festgelegt und als jenseit unseres Gedankenkreises vorhanden behauptet wird, erscheint unsere völlige Unfähigkeit, es als solches zu erweisen; immer wieder werden wir auf die Erfahrung zurückgeworfen, über die wir uns erheben wollten und erheben mußten. So erkennt die kritische Betrachtung in allem Streben nach letzten Abschlüssen bloße Bewegungen innerhalb unserer Vernunft, nicht Erschließungen einer jenseitigen Wirklichkeit.

Unserer Seele möchten wir ein selbständiges Dasein und eine Unvergänglichkeit sichern und finden einen Anhalt dafür in der Einheit des Bewußtseins, die alle Mannigfaltigkeit der Erscheinungen umfaßt und damit ein Seelenleben erst möglich macht. Aber diese Einheit besteht lediglich innerhalb der Erfahrung des Lebens; ob sie darüber hinausreicht, ob die Seele als eine unzerstörbare Einheit den Tod zu überdauern vermag, darüber kann uns alles, war innerhalb der Erfahrung vorgeht, nicht belehren, das läßt sich daher weder beweisen noch widerlegen. — Ähnlich ergeht es bei dem Versuche, die Vielheit der Erscheinungen zum Ganzen einer Welt zu verbinden und über die Beschaffenheit dieses Weltganzen letzte Aufklärungen zu gewinnen. Denn jedem Ja, das hier versucht wird, begegnet mit gleichem Rechte ein Nein; stark genug die gegenteilige Behauptung zu widerlegen, ist jede zu schwach ihr eigenes Recht zu erweisen. Denken wir z. B. die Welt in Raum und Zeit endlich, so wird das Bild zu klein, denken wir sie als unendlich, so wird es zu groß. Da es aber kein Drittes geben kann, so ist deutlich und zwingend dargetan, daß wir in jenem Weltbilde nicht eine Wirklichkeit draußen ergreifen, sondern lediglich von uns aus eine Zusammenfassung versuchen, bei der widerstreitende Interessen zusammenstoßen und die Sache stets in der Schwebe halten. — Auch bei dem letzten Problem dieser Art, bei der Gottesidee, ergeht es uns ähnlich: ohne einen letzten, bei sich selbst befindlichen Grund aller Wirklichkeit erreicht unser Erkennen keinen Abschluß; aber ein solches Sein für sicher erwiesen halten können wir nur, wenn wir Antriebe innerhalb unseres Gedankenkreises unvermerkt in Notwendigkeiten ihm gegenüber verwandeln, wenn wir uns durch einen kecken Sprung aus dem Subjektiven ins Objektive, vom Begriff in

ein außer ihm gelegenes Sein versetzen. Schließlich erweisen sich
überall die Bewegungen, die uns über den eigenen Gedankenkreis
hinauszuführen scheinen, als bloße Bewegungen innerhalb dieses
Kreises; in diesen bleiben wir ein- für allemal gebannt und vermögen
nie zu einem jenseitigen Reich der Dinge, nie zu einer objektiven
Welterkenntnis vorzudringen.

Das ist eine vollständige Umkehrung der landläufigen und ein-
gewurzelten Überzeugung; der erste Eindruck dieser Umkehrung
muß erschütternd und niederschlagend wirken. Alles was der Mensch
bisher sicher an Wahrheit zu besitzen glaubte, wird ihm nun abgesprochen, und mehr als das: es verschließt sich ihm ein- für allemal die Möglichkeit einer Wahrheit im alten Sinne, aller innere Zusammenhang mit dem All ist endgültig aufgehoben, der Mensch für
immer in eine Sonderwelt eingeschlossen.

Freilich erfolgt in dem schmerzlichen Verlust zugleich ein Gewinn. Wo die Formen scharf vom Stoff geschieden und lediglich
von der Seele abgeleitet werden, da muß diese ein viel feineres Gewebe haben, als sonst angenommen war: auch die scheinbar einfachsten Funktionen enthüllen jetzt eine verwickelte Struktur; eine
mikroskopische Betrachtung läßt das Gewebe eines Lebenskomplexes
erkennen, wo früher ein bloßer Punkt vorzuliegen schien. Zugleich
verschiebt sich das Verhältnis von Sinnlichem und Geistigem. Die
vermeintliche Handgreiflichkeit der sinnlichen Eindrücke verschwindet,
wo auch in der sinnlichen Anschauung eine geistige Tätigkeit, eine
logische Arbeit aufgedeckt und alle sinnlichen Bilder vom Denken
getragen werden. Der Materialismus läßt sich nicht gründlicher
widerlegen als durch die Einsicht, daß wir die sinnliche Welt nur
durch unsere geistige Organisation hindurch sehen wie wir sie sehen,
daß wir sie nicht finden, sondern durch unsere eigene Tätigkeit
aufbauen.

Jene Umsetzung der scheinbaren Mitteilung der Dinge in die
eigene Leistung der Seele wirkt weiter dahin, das Eigentümliche und
Unterscheidende der Vorgänge kräftiger hervorzukehren. Denn in
einen gemeinsamen Raum zusammengedrängt heben sie sich deutlicher voneinander ab und müssen sich schärfer gegeneinander ab-
grenzen. So ist Kant besonders stark in der Aufdeckung qualitativer
Unterschiede und Gegensätze, während Leibniz alle Mannigfaltigkeit
einer fortlaufenden Stufenfolge einzufügen bemüht war. Sinnlichkeit
und Verstand, Verstand und Vernunft, theoretische und praktische

Vernunft, Gutes und Schönes, Recht und Moral scheiden sich mit voller Klarheit und entwickeln zugleich ihre volle Eigentümlichkeit. Das Gesamtbild der Wirklichkeit wird damit farbenreicher, lebensvoller, gesättigter.

Aber Kant endet nicht mit der Scheidung, er will das Getrennte wieder verbinden, indem er die Mannigfaltigkeit aus einer umfassenden Einheit ableitet, das Nebeneinander des ersten Anblicks in ein geordnetes System verwandelt. Dies war nicht möglich, so lange die Bilder von draußen zuzufallen schienen; es wird möglich, wenn das Ganze der Seele sie von innen her entfaltet. Denn von hier aus lassen sich die Möglichkeiten überblicken, eine Vollständigkeit erreichen, eine Gliederung herstellen. So entstehen große Gesamtwerke, wie z. B. der Zusammenhang der Erfahrung, denen sich alles Einzelne unterordnet und an einem festen Platze einfügt; es erwächst wohl die größte Leistung architektonischer Kraft, welche die Gesamtgeschichte des Philosophie kennt; nirgends ist so sehr wie hier die ganze Fülle der Wirklichkeit in ein strenggeordnetes Gedankengewebe verwandelt.

Die Größe solcher Leistung im Verfeinern, Scheiden, Verbinden verändert zugleich den Anblick des Trägers der Leistung: die geistige Arbeit, welche das Ganze einer Welt bereitet und zusammenhält, kann nicht eine Sache des bloßen Individuums, nicht ein Vorgang seines vereinzelten Seelenlebens sein, es erscheint in ihr eine durchgehende Struktur, eine allem Menschenwesen gemeinsame Organisation des Geisteslebens; dies begründende Leben bildet bei sich selbst eine Welt und verlangt zugleich eine eigentümliche Betrachtung aus dem Ganzen. Sofern die Forschung sich ihm zuwendet, wird sie aus einer Erkenntnis der Dinge draußen zu einer Selbsterkenntnis des seine Welt bereitenden Menschengeistes.

Dies Neue mag bei Kant noch nicht zu deutlicher Abgrenzung und gleichmäßiger Durchbildung gelangt sein, in der Hauptsache ist eine fundamentale Wendung sicher vollzogen. Sie erscheint auch darin, daß Kant nicht mit den Engländern die Frage darauf richtet, wie der einzelne Mensch zu gewissen Leistungen, z. B. Wissenschaft, Moral u. s. w., gelangt, sondern wie Wissenschaft, Moral u. s. w. als Ganzes innerhalb des Geisteslebens möglich sind; das ergibt gegenüber der empirisch-psychologischen Betrachtung ein völlig neues, ein „transzendentales" Verfahren.

So hat Kants Erkenntnislehre nicht bloß viel genommen, sondern

auch viel gegeben. Immerhin könnte der Verlust zu überwiegen
scheinen, wäre die Grenze des Erkennens die Grenze alles Geisteslebens. Das aber ist sie keineswegs, sein letztes Wort hat Kant noch
nicht gesprochen, erst das Gebiet der praktischen Vernunft wird es
uns bringen.

γ. Die moralische Welt.

Wie auf dem theoretischen Gebiet so beginnt Kant auch auf
dem praktischen mit einer als unbestreitbar erachteten Tatsache: war
es dort die einer Wissenschaft und einer wissenschaftlichen Erfahrung,
so ist es hier die einer selbständigen, allen natürlichen Trieben und
selbstischen Zwecken überlegenen Moral: in jedem Menschen wirkt
unmittelbar ein Sittengesetz, es hält ihm eine unbedingte Verpflichtung
vor, es unterwirft sein Handeln unablässig einer moralischen Beurteilung; diese eine Tatsache sowohl. nach den Voraussetzungen
hin als in die Konsequenzen hinein voll zu entwickeln, das bildet
den Kern der kantischen Morallehre. Eine solche Moral kann nicht
ein bloßes Mittel zum Glück sein; sie nicht rein um ihrer selbst
willen, als einen völligen Selbstzweck, sondern eines anderen wegen
ergreifen, das heißt sie aufs Tiefste herabsetzen, sie von innen her
zerstören. Auch würde die Richtung auf das Glück unser Handeln
von einer draußen gelegenen Welt und Erfahrung abhängig machen.
Denn was zum Glück verhilft, kann nur die Erfahrung lehren; an
sie würde damit alles Sinnen und Streben unter Zerstörung alles
festen Haltes und eigenen Zieles sklavisch gebunden. Eine derartige
Selbständigkeit und Echtheit erlangt nach Kant die Moral aber nur,
wenn das Handeln von allem Stoffe absieht und lediglich in seiner
eigenen Form sein leitendes Prinzip findet. Das aber geschieht,
wenn das Tun volle Allgemeingültigkeit gewinnt, d. h. wenn wir so
handeln, daß die Maxime unseres Handelns jederzeit zugleich Prinzip
einer allgemeinen Gesetzgebung sein könnte, wenn die Motive, zum
allgemeinen Gesetz erhoben, nie mit sich selbst in Widerspruch geraten. So bildet wiederum die Form die eigentümliche Leistung des
Geistes, aber gegenüber dem theoretischen Gebiet ist die Sache jetzt
aufs Wesentlichste dahin verändert, daß die Form nicht an die Darbietung eines fremden Stoffes gebunden ist, daß sie vielmehr durchaus
selbständig wird und in der Moral eine eigene Welt erzeugt. Ein
solches Schaffen führt über das Gebiet der Erscheinungen hinaus in
ein Reich lauterer Wahrheit, hier beengen den Menschen nicht mehr

die Schranken einer besonderen Natur, sondern hier eröffnet sich ihm
eine absolute Vernunft, die für alle Vernunftwesen gelten muß.

Diese auf sich selbst gestellte Moral wird den Menschen zugleich
unterwerfen und befreien, erniedrigen und erhöhen. Das Gute wirke
auf unseren Willen unmittelbar durch seine eigene Hoheit, es darf
sich nicht unseren Neigungen empfehlen oder gar durch sie begründen wollen, es muß sich auch im Widerspruch zu ihnen durchsetzen. Das moralische Gesetz spricht zu uns nicht in bedingter
Weise, sondern als ein unbedingtes Soll, ein „kategorischer Imperativ“;
der Gehorsam nicht erbittet, sondern verlangt. Aber so zu uns
wirken und direkt unseren Willen bewegen kann das Gesetz nicht
als ein Gebot von außen her; denn was von außen kommt, und
wäre es auch ein Befehl Gottes, das müßte sich uns durch irgendwelche außerhalb der Handlung liegende Folgen, das müßte sich
durch Lohn oder Strafe empfehlen; ein Gutes aber, das nicht seiner
selbst wegen erstrebt würde, hörte damit auf ein Gutes zu sein, es
wäre durch die Verkehrung der Motive innerlich zerstört. Ist demnach ein Soll, ist die Anerkennung einer Pflicht nie von außen zu
erzwingen, so läßt sich der Ursprung des Gesetzes nirgend anders
finden als in unserer eigenen vernünftigen Natur; es ist unser
eigenes Wesen, das in ihm zu uns spricht, es ist die eigene Entscheidung, die uns ein Gebot zur Pflicht macht. Damit aber verändert sich durchaus der Anblick unserer Seele, sie gewinnt eine
Tiefe und mit ihr eine Abstufung, in uns selbst erscheint eine,
lediglich dem Denken zugängliche, „intelligible“ Natur, deren Inhalt
an den empirischen Menschen als ein Gebot kommt, aber als ein
Gebot seines eigenen Wesens, als die Verwirklichung dieses Wesens.
So erscheint eine weite Kluft innerhalb des Menschen, er steht vor
uns zugleich verschwindend klein und unermeßlich groß; klein ist
er gegenüber dem Gesetz, da wir das Gesetz in seiner Reinheit gar
nicht vorstellen können, ohne unseren weiten Abstand aufs stärkste
zu empfinden. Aber dasselbe Gesetz, das uns so sehr herabdrückt,
ist zugleich unser eigenes Wollen und Wesen, es versichert uns
eines neuen, unsichtbaren Selbst. Die tiefste persönliche Empfindung
der Größe dieser Wendung läßt Kant die bekannten Worte sprechen:
„Zwei Dinge erfüllen das Gemüt mit immer neuer und zunehmender
Bewunderung und Ehrfurcht, je öfter und anhaltender sich das Nachdenken damit beschäftigt, der bestirnte Himmel über mir und das
moralische Gesetz in mir. Beide darf ich nicht als in Dunkelheiten

verhüllt oder im Überschwänglichen, außer meinem Gesichtskreise,
suchen und bloß vermuten; ich sehe sie vor mir und verknüpfe
sie unmittelbar mit dem Bewußtsein meiner Existenz. – Das zweite
fängt von meinem unsichtbaren Selbst, meiner Persönlichkeit an und
stellt mich in einer Welt dar, die wahre Unendlichkeit hat, aber nur
dem Verstande spürbar ist."

So erhält die Moral hier eine neue Fassung: sie ist nicht mehr
eine Leistung innerhalb der gegebenen Welt, etwa ein altruistisches
Wirken, ein Handeln für die Zwecke der Gesellschaft u. s. w., sondern
der Durchbruch einer neuen Welt, eine Verbindung mit den letzten
Tiefen der Wirklichkeit. Jene üblichen Fassungen der Moral sinken
damit zu einer Popularphilosophie, die innerhalb der Wissenschaft
kein Recht mehr hat. Aber dafür klären und schärfen sich Begriffe,
die von Alters her das Streben der Menschheit anzogen, die aber
bis dahin keine präzise Formulierung und gesicherte Stellung finden
konnten, weil ihnen der Zusammenhang einer wissenschaftlichen
Überzeugung fehlte, Begriffe wie Persönlichkeit und Charakter.
Zum Persönlichsein genügt nicht das bloße Denkvermögen, es muß
die Fähigkeit der sittlichen Zurechnung hinzukommen; diese aber enthält eine Unabhängigkeit von allem Mechanismus bloßer Natur. Der
Charakter aber ist weder eine bloß natürliche Anlage noch eine durch
Gewöhnung erworbene Beharrlichkeit des Handelns, sondern die „ab-
solute Einheit des inneren Prinzips des Lebenswandels überhaupt".
Die bloße Gewöhnung ist auf diesem Gebiet sogar vom Übel, weil
sie nur den Schein dessen hervorbringt, was in Wahrheit eine freie
Entscheidung und eigene Gesinnung verlangt.

Das 18. Jahrhundert war voll der Größe und Würde des
Menschen, aber diese galt ihm gewöhnlich als ein Erbteil bloßer
Natur und ergab damit leicht einen flachen und unwahren Optimismus.
Bei Kant hat der Mensch jene Würde nicht durch seine bloße
Natur, sondern als Träger und Gefäß einer neuen Welt, durch die
Autonomie der sittlichen Persönlichkeit, die im Gesetz ihren eigenen
Willen erblickt, durch eine Hinaushebung über die Enge kleinmensch-
licher Art. Einer solchen Würde kann er nicht bewußt werden, ohne
darin eine unermeßliche Aufgabe zu erkennen und durch seinen
weiten Abstand vom Ideal zu tiefer Bescheidenheit gemahnt zu werden.

Die neue Welt der Moral kann sich nicht entwickeln ohne
auch ein eigentümliches Weltbild zu erzeugen; dies Weltbild bleibt
geschieden von dem der reinen Erkenntnis und darf nicht mit ihm

zusammenrinnen, aber die praktischen Ideen, die seine Hauptlinien bilden, haben für die persönliche Überzeugung dessen, der das Sittengesetz anerkennt, die vollste Gewißheit; auch ist der Glaube an sie, d. h. der hier mit voller Deutlichkeit von allem kirchlichen und historischen Glauben geschiedene Vernunftglaube, nicht eine Sache individuellen Beliebens, sondern ein Pflichtgebot.

Es bilden aber drei Ideen die Grundzüge des neuen Weltbildes. Vor allem die Idee der Freiheit als der Selbstbestimmung des vernünftigen Willens, des Vermögens, einen Zustand von selbst anzufangen; sie allein macht Moral in jenem hohen Sinne möglich; so gewiß es Moral gibt, so gewiß besteht auch Freiheit; wir müssen können, wo wir sollen: »du kannst, denn du sollst«. Dieser Idee der Freiheit widersprach die durchgängige Verkettung des Geschehens so lange mit unüberwindlicher Starrheit, als sie für ein den Dingen selbst innewohnendes Gesetz galt. Nunmehr aber hat sich die Welt der Erfahrung als ein bloßes Reich der Erscheinungen erwiesen, dessen Zusammenhang allein aus der Seele stammt. Erhebt zugleich die Moral den Menschen über dies ganze Reich, so gewinnt die Freiheit ungehemmten Raum; in ihr bietet sich nunmehr das, »was Archimedes bedurfte, aber nicht fand: ein fester Punkt, woran die Vernunft einen Hebel ansetzen kann«.

Muß die Moral die Freiheit voraussetzen, so entwickelt sie aus sich positive Überzeugungen von der Unsterblichkeit der Seele und dem Dasein Gottes. Das Sittengesetz verlangt eine gänzliche Erfüllung, eine vollendete Heiligkeit des Wandels; diese Aufgabe ist aber durchaus unlösbar innerhalb des Erdenlebens, wo nach Kants Meinung wohl die Menschheit, nie aber der Einzelmensch seinen Zweck erreicht; ein schlechthin Unerreichbares aber läßt sich nicht mit ganzer Kraft erstreben; so muß unser Handeln von der Überzeugung getragen sein, daß wir über diese Zeitspanne hinaus ins Unendliche fortdauern. – Die natürliche Ordnung der Dinge läßt oft Tüchtigkeit und Glück weit auseinanderfallen, der Glückswürdige wird keineswegs immer glücklich. Wir könnten aber nicht mit voller Hingebung für die Verwirklichung des Guten arbeiten, müßte es uns als ohnmächtig gelten; so erzeugt die Idee des Guten notwendig die Forderung einer naturüberlegenen sittlichen Weltordnung und damit die eines allmächtigen sittlichen Wesens: Gottes. – Diese Entwicklungen stehen nicht auf der sonstigen Höhe der kantischen Arbeit, und sie bringen den tiefsten Grund seiner eigenen Überzeugung kaum zum Ausdruck; nirgends mehr als hier empfindet man, wie sehr auch die Prosa der Aufklärung Kant anhaftet.

Was aber dabei unzulänglich sein mag, dem Grundgedanken einer selbständigen und schlechthin wertvollen Welt der Moral tut es keinen Abbruch. Erscheint wirklich in der Moral eine neue, allen Vernunftwesen gemeinsame Ordnung und eröffnen sich von hier, wenn auch „nur mit schwachen Blicken" „Aussichten ins Reich des Übersinnlichen", in den letzten Grund der Wirklichkeit, so ist es keine pomphafte Phrase, sondern eine schlichte Notwendigkeit, wenn der Moral gegenüber alles Übrige, ja die ganze sichtbare Welt nicht in die Wagschale fällt. „Alles Gute, das nicht auf moralisch gute Gesinnung gepfropft ist, ist nichts als Schein und schimmerndes Elend". Die äußere Welt geht ihren eigenen. Lauf und widerspricht oft der Moral; um so weniger darf der Erfolg in ihr dem Handeln das höchste Ziel sein. Auch ist die Leistung des Menschen nicht das Maß der Moral; Wahrheit bleibt Wahrheit, Recht Recht, wie immer die Menschen sich dazu stellen; „wenn z. B. ein jeder löge, wäre deswegen das Wahrreden eine bloße Grille?" Wohl aber wird das menschliche Dasein erst lebenswert durch das Teilhaben an der moralischen Welt: „Wenn die Gerechtigkeit untergeht, so hat es keinen Wert mehr, daß Menschen auf Erden leben". So eine stolze Befreiung des sittlichen Handelns von der gegebenen Welt, eine sichere Befestigung in sich selbst, ein völliges Unabhängigwerden vom äußeren Erfolge.

Es ist nicht nur eine männliche und kräftige, es ist auch eine strenge und herbe Moral, die damit aufsteigt. Sie verschmäht alle Anknüpfung an das bloße Gefühl, sie glaubt sich nur rein, wenn der Vernunftbegriff direkt auf den Willen wirkt. Auch die Tugenden, welche Kant vornehmlich zur Pflicht macht, tragen diesen rigoristischen Charakter; es sind das Wahrhaftigkeit und Gerechtigkeit, jene vornehmlich gegen den Handelnden selbst, diese gegen die Mitmenschen gerichtet. Wahrhaftigkeit haben wir an erster Stelle nicht anderen, sondern uns selbst zu erweisen; überall gilt es mit voller Aufrichtigkeit gegen sich selbst, aus eigener Überzeugung und selbständiger Entscheidung, nicht auf unsichere Meinung und fremde Autorität hin zu handeln. Wohl sichert auch die größte Gewissenhaftigkeit nicht gegen Irrtum, aber ihr moralischer Wert erleidet dadurch keinen Abbruch. „Es kann sein, daß nicht alles wahr ist, was ein Mensch dafür hält (denn er kann irren), aber in allem, was er sagt, muß er wahrhaft sein«. — Das Verhältnis der Menschen untereinander aber sei nach der Idee der Gerechtigkeit gestaltet. Als ein Glied des Vernunftreiches hat jeder Mensch eine unverlierbare Selbständigkeit und die Würde eines moralischen Selbstzwecks; wir haben uns demnach gegenseitig zu achten, uns nie als bloßes Mittel zu behandeln. Das ergibt eine eigentümliche Ordnung der politischen und gesellschaftlichen Verhältnisse, die einen Einfluß des englischen Ideals der freien bürgerlichen Gesellschaft nicht verleugnen kann. Aber sie wächst über das englische Maß weit hinaus, indem die Überlegenheit der sittlich vernünftigen Natur über alle Erfahrung, die dort im Hintergrunde blieb, sich nunmehr mit voller Deutlichkeit entfaltet, indem ferner die Gesellschaft ihr höchstes Ziel nicht in der Wohlfahrt, sondern in der Gerechtigkeit findet. Das Verlangen einer gerechten Ordnung hat Kant auch auf die internationalen Verhältnisse ausgedehnt und dem unaufhörlichen Kriegszustand die Forderung eines ewigen Friedens entgegengesetzt; dies nicht sowohl wegen der materiellen Schäden, der Verluste und Verheerungen des Krieges, nicht aus weichherzigen Empfindungen der Humanität, sondern weil es ihm entsetzlich und unerträglich dünkt, daß Vernunftwesen ihr Zusammenleben auf Gewalt und List statt auf Gerechtigkeit und Vernunft gründen.

Mögen solche Ausführungen im Einzelnen problematisch sein, die Hoheit und Würde der Moral erscheint in ihnen mit voller Deutlichkeit, kein Geringerer als Goethe rechnet es Kant zu „unsterblichem Verdienst", „uns von jener Weichlichkeit, in die wir versunken waren, zurückgebracht zu haben". Diesem größeren Ernst entspricht eine größere Strenge in der Beurteilung des wirklichen Standes des Menschen. Die Aufklärung war geneigt, im Bösen eine bloße Schwäche unserer sinnlichen Natur zu sehen, die mit dem Erstarken der Vernunft mehr und mehr verschwinden werde. Kant dagegen findet das Böse im Willen selbst; es bedeutet ihm nicht ein bloßes Zurückbleiben, sondern einen positiven Widerstand; es ist nicht ein äußerlich anhangendes, sondern ein „radikales" Böse. Aber solche Verschärfung des Problems macht den Philosophen nicht zu einem Anhänger des Dogmas vom Sündenfall und der Erbsünde, dieser „unschicklichsten unter allen Vorstellungsarten". Immer verbleibt auch die Anlage zum Guten im Menschen, sie sei kräftig gegen das Feindliche ins Feld gerufen. Statt auf eine wunderbare Errettung zu hoffen und harren, sei die uns allezeit gegenwärtige Vernunft zur Entfaltung voller Kraft aufgeboten. „Den Mut auffordern, ist schon zur Hälfte soviel, als ihn einflößen; dagegen die faule, sich selbst gänzlich mißtrauende und auf äußere Hilfe harrende kleinmütige Denkungsart (in Moral und Religion) alle Kräfte des Menschen abspannt und ihn dieser Hilfe selbst unwürdig macht". So bleibt der weiteste Abstand zwischen Kant, mit seinem Vertrauen auf die Selbsttätigkeit des Menschen, und Augustin; auch Luther darf jener, bei aller sonstigen Verwandtschaft, hier nicht zu nahe gerückt werden. Kant sagt: „Du kannst, denn du sollst", Luther: „Vom Sollen läßt sich nicht aufs Können schließen" (a debere ad posse non valet consequentia). Jener ist in erster Linie eine moralische, dieser eine religiöse Persönlichkeit, wie denn bei Kant die Religion, „die Erkenntnis aller unserer Pflichten als göttlicher Gebote", nur eine Verstärkung der Moral, kein eigenes Gebiet bedeutet und in der Denkarbeit sehr zurücktritt.

ᵟ. Das Reich des Schönen.

Während Kant sonst die Idee des Guten den gesamten Umkreis des Lebens beherrschen läßt und von ihr aus die einzelnen Gebiete gestaltet, hat er dem Schönen mehr Selbständigkeit und mehr Eigentümlichkeit zuerkannt. Wohl wird schließlich auch das Schöne als „Symbol des Sittlichguten" dem Guten untergeordnet, und der Geschmack als ein „Beurteilungsvermögen der Versinnlichung sittlicher Ideen" verstanden, aber den Kern der ästhetischen Lehren hat hier die moralisierende Tendenz nicht ergriffen, ihm wesentlich ist das Selbständigwerden des Schönen und seine Befreiung aus der bisherigen Vermengung. Es hat sich aber Kant mit jenem Problem viel beschäftigt und die literarischen Bewegungen seiner Zeit mit gespannter Aufmerksamkeit verfolgt, weit mehr, als man früher glaubte.

Gemäß seinem üblichen Verfahren beginnt Kant auch hier mit einer als unbestreitbar ergriffenen Tatsache, die ihm bei schärferer Analyse zu einem schweren Problem wird und bei weiterer Verfolgung die gewöhnliche Ansicht völlig umkehren heißt. Das Wohlgefallen am Schönen ist sowohl gegen das am Angenehmen als das am Guten deutlich abgegrenzt, denn jenes ist ohne alles Interesse, während das am Angenehmen wie am Guten stets mit Interesse verbunden ist. Auch sonst bestehen wesentliche Unterschiede. Angenehm ist, was den Sinnen in der Empfindung gefällt und daher keiner Allgemeingültigkeit fähig ist, gut, was vermittelst der

Vernunft durch den bloßen Begriff gefällt, schön hingegen, was ohne Begriffe als Objekt eines allgemeinen Wohlgefallens vorgestellt wird.

Diese Allgemeingültigkeit des ästhetischen Urteils ist nur begreiflich, wenn die Beurteilung lediglich auf die Form der Gegenstände geht, und wenn diese Form nicht als ihnen selbst angehörig, sondern als von uns ihnen beigelegt gilt. So erfassen und erfahren wir in dem Schönen nicht eine Welt draußen, sondern den Zustand unserer eigenen Seele; Dinge heißen schön nicht wegen ihrer eigenen Beschaffenheit, die vollständig im Dunkel bleibt, sondern deswegen, weil sie unsere Geisteskräfte, im besonderen Sinnlichkeit und Verstand, zu beleben und in Harmonie zu bringen vermögen. So wird auch beim Schönen der Mensch von dem Druck einer äußeren Welt befreit, auf sein eigenes Innere gewiesen, in diesem geklärt und bereichert.

Diese subjektive Natur des Schönen zeigt Kant besonders anschaulich beim Begriff des Erhabenen. Dem Erhabenen eigentümlich ist die Empfindung eines schroffen Kontrastes; dieser könnte aber gar nicht von uns erlebt werden, wenn er zwischen uns und einer Außenwelt läge und nicht in uns selbst, in unsere Seele hineinfiele. In Wahrheit empfinden wir im Erhabenen nicht unser Verhältnis zu draußen befindlichen Dingen, sondern das Unvermögen unserer Einbildungskraft, auch durch höchste Anspannung die Unendlichkeit der Vernunftidee zu erreichen. Die Eindrücke der Sinne können nur deshalb erhaben heißen, weil sie diese innere Bewegung anregen, die „wahre Erhabenheit aber liegt im Gemüte des Urteilenden, nicht im Naturobjekt".

So hat Kant das Schöne in der inneren Natur des Geistes begründet und ihm dadurch eine volle Unabhängigkeit nach außen, eine sichere Überlegenheit gegen alle bloße Nützlichkeit gegeben. Das war es, was unsere großen Dichter zu ihm hinzog und sich ihm nahe fühlen ließ; so konnte namentlich Goethe „die großen Hauptgedanken der Kritik der Urteilskraft seinem bisherigen Schaffen, Tun, Denken ganz analog" finden, im besonderen darin eine Bestätigung seiner Überzeugung von dem Leben der Kunst von innen heraus erblicken. Wie aber das Schöne Kant mit anderen führenden Geistern verbindet, so hält es auch sein eigenes System zusammen, indem es zwischen der erhabenen Welt der sittlichen Idee und dem uns umfangenden Reich der Erscheinungen freundlich vermittelt; endlich zeigt es besonders anschaulich, wie die Verlegung der Arbeit

aus dem Verhältnis des Menschen zur Welt in das Verhältnis des
Menschen zu sich selbst bei allem scheinbaren Verlust eine kräftige
Befreiung, Verinnerlichung, Belebung bewirkt.

ε. Würdigung und Kritik.

Kants Wirkung hatte eigentümliche Schicksale. Nachdem seine
Gedankenarbeit die Zeit zunächst aufs tiefste erregt und in völlig neue
Bahnen gezwungen hatte, wurde sie zeitweilig stark zurückgedrängt
oder doch zu einem bloßen Beginn einer über sie hinausführenden
Bewegung herabgesetzt. Nach einem jähen Zusammenbruch der
Philosophie aber wurde Kant der Punkt, bei dem sich die Geister
sammelten, nun gewann er breitere Kreise als je zuvor und wurde
er wohl gar als der endgültige Abschluß aller philosophischen Forschung
verkündigt. Es müßte wunderlich zugehen, wenn solche Ausdehnung
der Wirkung nicht oft eine Verflachung der Auffassung mit sich gebracht hätte. Daß Kant einen Verzicht auf alles Welterkennen gelehrt,
zugleich aber das moralische Ideal mit voller Kraft aufrecht gehalten
habe, das dünkt der Oberfläche der Zeit meist der Kern seiner
Leistung und sein Hauptverdienst. Aber jenes konnte man bequemer
und einfacher schon von Locke und der Aufklärung des 18. Jahrhunderts lernen, es hätte wahrlich nicht der Aufbietung so gewaltiger
Kraft und der Einsetzung so unermüdlicher Lebensarbeit bedurft,
um ein so bescheidenes Ergebnis zu erreichen. Es muß in Kant
wohl etwas mehr stecken, wenn von ihm wirklich eine neue Epoche
der Philosophie, ja des allgemeinen Geisteslebens beginnen soll.

Kant erscheint zunächst als ein Zerstörer, als „Allzermalmen-
der", wie ihn Mendelssohn nannte. Aber auch in der Verneinung
bleibt er himmelweit verschieden von allem Skeptizismus mit seiner
inneren Mattheit, seinem kalten Unglauben, seinem Mißverhältnis von
spitzfindigem Scharfsinn und echter Produktivität. Kant gerät in
harte Konflikte, aber er tut das vornehmlich dadurch, daß er die
Maße und Ansprüche steigert; auch der härteste Widerstand schreckt
ihn nicht ab, sondern treibt ihn zu um so kräftigerer Entfaltung
seiner Art und zu radikaler Umwandlung des Welt- und Lebensbildes, das seinem unabweisbaren Verlangen nicht genügt. So hat
er den Begriff der Wahrheitserkenntnis allerdings gegen die her-
kömmliche Fassung aufs gründlichste verändert, nicht aber hat er
ihn herabgestimmt; so hat er allerdings die Moral zum Kern des
Lebens gemacht, aber er hat das nicht getan, ohne sie zu einer Welt

zu erweitern und in ihr einen Zugang zum tiefsten Grunde der Dinge zu finden. Er hat den letzten Sinn der Wirklichkeit nicht in Zweifel und Dunkel gelassen, sondern er hat ihn als einen moralischen verstanden und verfochten. Kant ist nicht Metaphysiker nach der älteren Art, die durch ein Ausspinnen und Zergliedern allgemeinster Begriffe letzte Wahrheiten glaubte ergründen zu können, aber in weiterem Sinne ist auch er mit seinen weltumspannenden und weltabwägenden Gedanken ein Metaphysiker, wie ihn das Ausland durchgängig für einen solchen erachtet hat.

Kant selbst hat seine Philosophie mit Vorliebe eine kritische genannt und auch im Titel seiner Werke den Begriff der Kritik vorangestellt. Es war das keineswegs glücklich und hat nicht wenig zur Verhüllung des Kernes seiner Philosophie beigetragen. Denn es drängte einseitig die erkenntnistheoretische Aufgabe in den Vordergrund und ließ übersehen, daß alle Art des Erkennens abhängig ist von der Art des Lebens, daß also zuvor ein charakteristisches Leben gesichert sein muß, wenn eine charakteristische Erkenntnis gewonnen werden soll. In Wahrheit hat Kant das Erkennen über den Gegensatz des Dogmatismus und des Skeptizismus nur dadurch hinausgehoben, daß seine einbohrende Gedankenarbeit gegenüber dem bisherigen Stande ein neues Leben ergriff und entwickelte, ein neues Leben sowohl gegenüber der vom Griechentum überkommenen und in der Neuzeit weiter verstärkten Überschätzung des erkennenden Denkens, als gegenüber der von neueren, namentlich von englischen Denkern dagegen aufgebrachten Wendung zu den unmittelbaren Eindrücken und zum subjektiven Gefühl. Nur weil Kant einen neuen Lebensmittelpunkt gegenüber dem bloßen Denken und dem bloßen Empfinden fand und von ihm aus ein neues Leben entwickelt, hat seine Erkenntnisarbeit eine so völlige Umwälzung bewirken können.

Er fand dies Neue aber nur, indem er das Grundverhältnis der Seele zur Welt umwandelte, den Lebensprozeß vom Objekt ins Subjekt verschob. Denn das wurde ihm nach mühsamem Ringen völlig gewiß, daß geistiges Leben nicht möglich ist als eine Beziehung des Menschen zu einer Welt draußen. Es gibt dann keine wissenschaftliche Wahrheit, weil wir der Übereinstimmung mit einer draußen befindlichen Welt nie gewiß werden können, und ein von solcher Welt abhängiges Erkennen nie die Allgemeingültigkeit und Notwendigkeit erlangen könnte, die zur Wissenschaft gehören; es könnte keine echte Moral geben, wenn alles Handeln von draußen angeregt und nach draußen gerichtet sein müßte; auch daß das Schöne der Seele selbst angehört, nicht von den Dingen mitgeteilt wird, das allein scheint die Wirkung zu erklären, die es in Wahrheit übt. Die Entwicklung solcher Überzeugungen bewirkt zunächst die ungeheuerste Erschütterung, indem die ganze Welt, an die bisher unser Leben gebunden schien, versinkt, dem Leben selbst aber damit aller Inhalt zu entschwinden droht. In Wahrheit kommt mit solcher Wendung in alle Arbeit Kants ein hartes und herbes Nein, seine Philosophie verbleibt in einem schroffen Widerspruch mit der naiven Lebensführung, mit Recht hat er selbst die von ihm vollzogene Umwälzung mit der astronomischen des Kopernikus verglichen. Aber aus dem Nein erhebt sich alsbald ein Ja, indem das Seelenleben sich bei sich selbst zu einer Welt erweitert und bei sich selbst größte Aufgaben findet, die mit keinem inneren Widerspruch behaftet sind. Zugleich erfährt das Leben die durchgreifendste Umbildung, Verinnerlichung, Befestigung. Nunmehr wird eine wissenschaftliche Wahrheit möglich, sofern es sich beim Erkennen nicht um ein Erfassen einer dunklen und fremden Außenwelt, sondern einer durch eigene Tätigkeit getragenen Innenwelt handelt; indem ferner·in der eigenen Seele des Menschen eine geistige Tiefe, eine Unendlichkeit, ein Reich absoluter Güter entdeckt wird, erfolgt eine sichere Erhebung über alles Eng- und Kleinmenschliche, eine gründliche Befreiung von dem vulgärmenschlichen Getriebe mit seinen Interessen und Zwecken. Für eine innere Erhöhung des Menschen hat kaum ein Denker mehr getan als Kant, niemand hat mehr die Ehrfurcht vor dem gesteigert, was im Menschen vorgeht, niemand hat entschiedener die Kleinheit alles bloßen Nützlichkeitsstrebens abgewiesen, wie er denn sagt: „Alles, auch das Erhabenste, verkleinert sich unter den Händen des Menschen, wenn sie die Idee desselben zu ihrem Gebrauch verwenden". Eine so vom tiefsten Grunde kommende Umwandlung des Lebens wird sich aber in alle einzelnen Gebiete erstrecken, überall neue Aufgaben stellen, neue Tatsachen aufdecken, den bisherigen Stand umwandeln.

Aber es müßte wunderbar zugehen, wenn eine so eingreifende Wendung mit Einem Schlage fertig durchgeführt wäre, wenn nicht manche Verwicklungen blieben, namentlich nicht das zu überwindende Alte in die Gestaltung des Neuen mit einflöße. So bildet einen entschiedenen Mangel, daß jene neue Innerlichkeit, welche Kant einführt, unmittelbar nur in einzelne Gebiete zerstückelt vor Augen tritt, nicht zuvor als Ganzes entworfen und begründet wird. Wohl werden in den drei Hauptwerken die beherrschenden Grundtatsachen der theoretischen Vernunft, der praktischen Vernunft, der Urteilskraft deutlich herausgestellt, aber die allumfassende Tatsache der Vernunft findet keine Erörterung, wir vermissen eine Kritik der Vernunft überhaupt vor der aller besonderen Vernunft. Dies Zurücktreten des Zusammenhanges hinter der Scheidung hat auch Nachteile für die Beweiskraft der neuen Gedankenwelt. Denn so werden von den verschiedenen Gebieten verschiedene Grundtatsachen vorgehalten und als unangreifbare Wahrheiten verkündet: eine systematische Wissenschaft samt einer wissenschaftlichen Erfahrung, eine allem mechanischen Getriebe und selbstischen Interesse überlegene Moral, ästhetische Urteile allgemeingültiger Art jenseit alles bloß Angenehmen. So einzeln für sich gestellt, können diese Behauptungen angefochten werden und sind sie angefochten worden; eine weit größere Überzeugungskraft würden sie als Stücke einer einzigen Grundbehauptung gewonnen haben, die allein einen geistigen Charakter des menschlichen Lebens möglich macht.

Mit diesem Punkt in Zusammenhang steht ein anderes, noch tiefer greifendes Problem: die Fassung des Subjekts, das Kant zum Hauptträger des Lebensprozesses macht. Ein bedenkliches Schwanken ist hier unverkennbar. Sollte mit der Wendung zum Subjekt dem Leben eine volle Wahrheit verbleiben, so mußte die im Menschen aufsteigende Welt den Kern der Wirklichkeit bilden, so war gegenüber dem bloßmenschlichen Dasein zu einem Geistesleben in uns vorzudringen, in dem die Wirklichkeit ihre eigene Tiefe erreicht. Sobald aber das Subjekt der Welt als etwas Gesondertes gegenübergestellt wird, sinkt sein Lebenskreis notwendig zu einem Sonderkreise herab und verliert sein Inhalt die Wahrheit. Denn eine Wahrheit bloß für den Menschen, eine Wahrheit, die nicht über die menschliche Vorstellung hinausreicht, ist keine Wahrheit, dieser schillernde Begriff ist genauer betrachtet ein Unding, da zum Wesen der Wahrheit notwendig die Überlegenheit gegen alles Bloßmenschliche gehört. Da nun ohne Zweifel unser Lebenskreis viel Bloßmenschliches enthält, so wäre davon ein Geistiges mit universaler Gültigkeit abzuheben, im Menschen selbst müßte eine Scheidung zwischen einer engeren und einer weiteren Art erfolgen. Das ist in Wahrheit bei Kant geschehen. Aber es ist in einer Weise geschehen, die notwendig Widerspruch hervorrufen muß. Denn er verteilt die Sache so, daß auf dem Gebiet der Erkenntnis der Mensch ganz und gar

in den bloßmenschlichen Vorstellungskreis gebannt wird und daher
hier alle echte Wahrheit einbüßt, daß dagegen im Gebiet der praktischen Vernunft unser Leben rasch, zu rasch und ohne gehörige
Abstoßung des Bloßmenschlichen, zu absoluter Gültigkeit und Wahrheit erhoben wird. Daß zugleich solche Scheidung das Leben mit
innerer Spaltung bedroht, liegt auf der Hand; auch brachte die Aus-
einanderreißung von theoretischer und praktischer Vernunft die Gefahr,
daß, was in Wahrheit zwei Stufen des Lebens sind, – selbsttätiges
und gebundenes Leben –, als bloße Seiten erscheinen, und daß
damit die von Kant unternommene Vertiefung des gesamten Lebens
mit ihrer Scheidung von Subjektivmenschlichem und Geistigem nicht
zu voller Durchführung kommt. Bei solcher Durchführung ließe sich
die geistige Leistung nicht wohl in die bloße Form verlegen, die aus
eigener Kraft nun und nimmer eine volle Wirklichkeit erzeugen kann,
sondern sie müßte den Gegensatz von Tätigkeit und Vorwurf umspannen und damit aus eigenem Vermögen eine Wirklichkeit begründen.

Kurz, je höher wir die von Kant bewirkte Umwälzung anschlagen,
desto mehr müssen wir ihre Unfertigkeit behaupten, die mindestens
ebenso groß ist als die der kirchlichen Reformation, mit der Kant
so oft zusammengestellt wird; je bedeutender uns die von ihm begonnene Bewegung scheint, desto notwendiger ist es, daß sie als
ein fortlaufendes, nicht als ein fertig abgeschlossenes Werk verstanden
wird. Sonst könnte leicht der vermeintliche Kritizismus zum starrsten Dogmatismus werden. Kant festlegen heißt wohl nach seinem
Buchstaben – denn er glaubte fertig zu sein –, nicht aber nach
seinem Geist handeln. So waren die alten Kantianer, wie Fichte, in
besserem Recht, wenn sie stürmisch über Kant hinausdrängten, als
die neueren, wenn sie das Denken und Leben bei ihm festlegen
möchten. Das Zurück zu Kant hat noch immer ein gutes Recht,
sofern es die Aufforderung enthält, in Kant die Höhe der weltgeschichtlichen Arbeit zu erklimmen, die in ihm begonnene Umwälzung anzuerkennen und nach besten Kräften weiterzuführen.
Werden wir aber geheißen, das ganze Gerüst des kantischen Systems
mit allem, was darin an gelehrter Scholastik steckt, festzuhalten, dem
überreichen 19. Jahrhundert allen eigenen Ertrag für den inneren
Aufbau des Geisteslebens abzusprechen und unsere in mächtigster
Bewegung und Gärung befindliche Zeit an die Formeln der Vergangenheit zu binden, – auch die Hingebung an eine näher liegende

Vergangenheit bleibt eine Unterdrückung der lebendigen Gegenwart —, so sagen wir Nein und abermals Nein und fordern gegenüber einem solchen Zurück zu Kant ein Los von Kant, ein Hinaus über Kant.

b. Das Lebensideal des deutschen Humanismus.

α. Die allgemeine Art.

Die Blütezeit der deutschen Literatur mit ihrer Höhe in Goethe hat in aller Mannigfaltigkeit der Persönlichkeiten und Leistungen einen Grundstock gemeinsamer Überzeugungen, alles Schaffen trägt in sich eigentümliche Anschauungen von Leben und Welt, und mit dem Dichten verflicht sich unmittelbar ein Denken über große Probleme.

Es erscheint aber jene literarische Bewegung zunächst als eine kräftige Abweisung und gründliche Überwindung der Aufklärung, wenigstens der Gestalt, die sie schließlich angenommen hatte. Gegenüber ihrem verstandesmäßigen Räsonnement erhebt sich ein Verlangen nach durchgreifender Belebung und unmittelbarer Bewegung des ganzen Menschen, gegenüber dem Streben nach Nützlichkeit die Forderung eines Selbstwertes des Tuns, gegenüber der praktisch-moralischen eine künstlerisch-universale Gestaltung des Lebens, gegenüber der Spaltung von Welt und Mensch ein Verlangen nach Einigung mit dem All. Über die bürgerliche Welt mit ihren Zweckmäßigkeiten und Notwendigkeiten strebt hier der Mensch an der Hand der Kunst hinaus zu einer neuen Wirklichkeit, einem Reich innerer Bildung, einer Welt reiner Gestalten und lauterer Schönheit. Auf diesen Weg trieb ein aufstrebendes Geschlecht auch die besondere Lage der deutschen Verhältnisse. Denn das politische und soziale Leben mit seiner Zersplitterung, Kleinlichkeit, Ärmlichkeit bot nichts, was hochgesinnte Geister anziehen konnte; in dem damaligen Deutschland gab es, nach dem treffenden Worte der Frau von Staël, für den, der nicht mit dem Weltall zu tun hatte, nichts zu tun. So wandte sich die beste Kraft zu jener geistigen und literarischen Bewegung; sie sollte keineswegs dem übrigen Dasein nur einen Schmuck hinzufügen, sondern sie sollte ein neues Leben eröffnen, ein Leben des Menschen rein als Menschen, ein Leben im Innern der Seele jenseit aller Schranken und Mißstände des sichtbaren Daseins. Das Menschsein mit seiner Erhebung des Daseins zur Freiheit wird hier zu einem Ideal, zum höchsten aller Ideale.

Das Hauptmittel zur Erreichung solcher reinen Menschlichkeit schien aber die Kunst, namentlich als literarisches Schaffen, sie schien es deshalb, weil sie allein sich der Schwere des Stoffes zu entwinden vermag, die sonst den Menschen niederdrückt; erst das Reich des Schönen bringt die aufstrebende Form zu reiner Gestaltung und verbindet alle Mannigfaltigkeit zu lebendiger Einheit; hier erst vermag der Mensch ein innerer Zusammenhang, ein ganzer Mensch zu werden, hier erst mögen sich seine Kräfte zu voller Harmonie verbinden. Mit solcher Erhebung des Menschen zu einem inneren Kunstwerk steigt eine neue Wirklichkeit auf, eine Wirklichkeit unsichtbarer, aber unmittelbar gegenwärtiger Art. Zugleich erfolgt eine innere Abstufung des Daseins: deutlich scheiden sich die äußere Notwendigkeit des Lebens mit ihrer Nützlichkeit und das Reich der Schönheit mit seiner edlen Bildung, scheiden sich der weltkluge Verstand und die schöpferische Vernunft, die bloße Zivilisation als „Ordnung und Ruhe des äußeren Lebens" (F. A. Wolf) und die echte Geisteskultur.

Dient nun das literarische Schaffen mit seiner Verschlingung von Gedankenarbeit und Kunst der Heraushebung und Befestigung dieser höheren Stufe, so ist ersichtlich, wie es zur Seele des ganzen Lebens werden und die höchste Kraft und Liebe des Menschen an sich zu ziehen vermag.

Auch heißt den Menschen so zu einer ausgezeichneten Stellung erheben, ihn nicht von den Zusammenhängen des Alls ablösen. Denn ein und dasselbe Leben, ein und dasselbe Grundgesetz umfängt ihn wie die Natur: überall ein Walten innerer Kräfte, ein Bilden und Gestalten, ein Wirken zum Ganzen. Aber bei der Natur geschieht das unbewußt und unter dem Zwange der Notwendigkeit, im Zusammenschießen dunkler Kräfte und Triebe; erst beim Menschen erhebt sich der Lebensprozeß zur Klarheit, Bewußtheit, Freiheit. „Die Natur ist darunter gebunden, die Vernunft nur mit Notwendigkeit zu vollbringen; aber das Reich des Geistes ist das Reich der Freiheit" (Hegel). Wenn erst mit dieser Wendung das Weltleben seiner selbst inne wird, seine eigene Wahrheit in Besitz nimmt, so ist der Mensch zugleich dem Ganzen des Alls eng verbunden und über die anderen Teile hinausgehoben. Die Schönheit aber erweist sich im Vollbringen jener Befreiung als die Zwillingsschwester der Wahrheit, sie lockt nicht in ein fremdes Reich, sondern sie erschließt den eigenen, innersten Kern der Wirklichkeit.

So tief begründet muß jene Bildung des ganzen Menschen die gesamte Verzweigung des Lebens ergreifen und jedes Gebiet mit dem Geist der Schönheit und Wahrheit durchdringen. Die Wirkung dieser Denkart auf die Religion zeigt Schleiermacher, die auf das Unterrichtswesen Pestalozzi und F. A. Wolf. Die Erziehung dient hier an erster Stelle nicht Zwecken des gesellschaftlichen Zusammenseins, sondern der Entfaltung und Vollendung des inneren Menschen, der ebenmäßigen Ausbildung aller seiner Anlagen; der Erzieher schreibe nicht gebieterisch vor, sondern er unterstütze lediglich die von innen aufsteigende Bewegung, er leiste ihr dienstwillig „Handbietung". Auch das Unternehmen der spekulativen Philosophie, die Welt von innen her zu verstehen, wird nur begreiflich aus der seelischen und künstlerischen Art jener Zeit.

Gegenüber solchem Aufbau eines Reiches innerer Bildung wird nebensächlich, ja gleichgültig, was der breiteren Basis des Lebens angehört. Dahin rechnet man auch das politische Leben und Treiben, vornehmlich die äußere Politik. Der Einzelne möge sie auf sich beruhen lassen und „sich nicht in die Zwiste der Könige mischen" (Goethe).

„Für Regen und Tau und fürs Wohl der Menschengeschlechter
Laß du den Himmel, Freund, sorgen wie gestern so heut".

(Schiller)

Der Staat erscheint als ein unheimliches Wesen, eine ungeheure Maschine, ein seelenloses Getriebe, bei dem weder die innere Bildung noch die Individualität ihr Recht erlangt. Aller wesentliche Fortschritt im Reinmenschlichen wird nicht vom Staat und seiner Organisation, sondern von schöpferischen Persönlichkeiten erwartet. In solchem Sinne untersucht Wilhelm von Humboldt die „Grenzen der Wirksamkeit des Staates", bezeichnet Fichte in einer früheren Schrift als den Zweck aller Regierung „die Regierung überflüssig zu machen", und mahnt Fr. Schlegel: „Nicht in die politische Welt verschleudere du Glauben und Liebe, aber in der göttlichen Welt der Wissenschaft und der Kunst opfere dein Innerstes in den heiligen Feuerstrom ewiger Bildung".

Auch fühlte man sich in der Arbeit am Reinmenschlichen jenseit alles Gegensatzes und Streites der Nationen. Ein Fichte, dem später die Erweckung deutschen Vaterlandssinnes so viel zu danken hatte, erklärt unmittelbar vor dem Zusammenbruch als das „Vaterland des wahrhaft ausgebildeten Europäers — im allgemeinen Europa,

insbesondere in jedem Zeitalter denjenigen Staat, der auf der Höhe
der Kultur steht", und fügt hinzu: „Und in diesem Weltbürgersinne
können wir dann über die Schicksale der Staaten uns vollkommen
beruhigen". Wie kühl Goethe den Bestrebungen nach nationaler
Selbständigkeit gegenüberstand, ist bekannt; nur bei geringem Verständnis für die bewegenden Kräfte des politischen Lebens konnte
er im Jahre 1812, also unmittelbar vor der Erhebung, Preußen einen
Staat nennen, „der nicht mehr zu retten ist". In der gefährlichsten
Krise seines geschichtlichen Lebens fand Deutschland seinen größten
Dichter gleichgültig gegen sein nationales Geschick.

Dieser Mangel sei in keiner Weise beschönigt. Aber er ist nur
die Kehrseite der Stärke jener Zeit: ihrer unermüdlichen Arbeit zur
inneren Bildung des Menschen als Menschen. Jene Gleichgültigkeit
gestattete, inmitten erschütternder Umwälzungen ein Gleichgewicht
der Stimmung zu behaupten und das literarische Schaffen als einen
Tempeldienst am Schönen und Wahren unbeirrt fortzuführen.

Die Richtung auf die innere Bildung muß das Individuum zum
Mittelpunkt alles Strebens machen. Jeder individuelle Mensch trägt
nach Schillers Ausdruck „der Anlage und Bestimmung nach einen
reinen idealischen Menschen in sich"; dies ideal erreichen können wir
nicht ohne die eifrigste Arbeit an uns selbst, ohne ein Klarwerden
über den Punkt der eigenen Stärke, ohne eine Lenkung aller Kräfte
in der Richtung der eigentümlichen Begabung. Haben wir aber
durch Selbstprüfung und Selbsterkenntnis darüber Gewißheit erlangt,
so dürfen, ja sollen wir getrost dem eigenen Genius vertrauen, uns
nicht dem flachen Durchschnitt der gesellschaftlichen Umgebung
fügen und anpassen. Das Individuum lege möglichst in jede Lebensäußerung seine Eigentümlichkeit. Solche Schätzung individueller Art
erzeugt eine starke Abneigung wie gegen alle Schablone, so auch
gegen alle bindende und gleichmachende Methode. Das macht
F. A. Wolf mißtrauisch gegen alle pädagogische Technik und läßt
ihm alle Vorschrift an die Lehrer in der Forderung gipfeln, Geist
zu haben und Geist zu wecken. In Wahrheit hat jene Zeit eine
erstaunliche Fülle bedeutender Individualitäten hervorgebracht, die
mit markiger Art bis in Sprache und Stil hinein ihren Lebenskreis
zu unvergleichlicher Eigentümlichkeit gestalteten.

Die Richtung auf das Individuelle beherrscht auch die gegenseitigen Beziehungen der Menschen. Es entstehen enge Freund-
schaften im Austausch geistigen Schaffens wie seelischer Bildung,

ein Hauptstück ernster Lebensarbeit wird der intime Briefwechsel verwandter Seelen. Jenseit der Freundeskreise aber entwickelt sich die gebildete Gesellschaft als die Gemeinschaft derer, die, wenn nicht schaffend und führend, so doch empfangend und ausbreitend zum Aufbau der neuen Welt beitragen; in dieser geistigen Sphäre weiß man sich eins in der Schätzung der Güter, in den Grundsätzen der Beurteilung, in der Hauptrichtung des Geschmackes. Die gebildete Gesellschaft der Renaissance lebt wieder auf in ruhiger, geklärter, verinnerlichter Art.

Alles Wirken dieses Kulturkreises wird getragen von einem kräftigen Lebensmut und einer freudigen Weltstimmung. Nicht als ob man einem bequemen Optimismus huldigte, dem sich alle Probleme von vornherein abschleifen. Die Probleme werden tief empfunden und das Leben scheint voll schwerer Aufgaben. Aber in dem Sinne denkt man optimistisch, als die geistige Kraft den Aufgaben gewachsen gilt und auch der Zusammenstoß mehr die Anspannung des Vermögens als die Hemmung des Strebens empfinden läßt. Von der geistigen Arbeit kann man nicht groß denken, ohne sie in Weltzusammenhängen begründet und das menschliche Unternehmen von göttlicher Kraft getragen zu glauben. So ist man einer religiösen Überzeugung keineswegs abgeneigt, aber sie ist hier mehr ein Erfassen eines unendlichen Lebens im eigenen Leben, ein Anerkennen unsichtbarer Zusammenhänge, als eine Wendung zu einer neuen, nur durch schwere Erschütterungen und Umwandlungen zugänglichen Welt. Weit näher steht man dem Panentheismus, dem Bekenntnis der edelsten Geister der Renaissance, als der eigentümlich christlichen Überzeugung, die hier leicht eine bloße Zuflucht schwacher und kranker Naturen dünkt. So ist die Religion hier mehr eine unsichtbare Begleiterin der geistigen Arbeit als ein selbständiges Lebensgebiet; die Weite und Freiheit der Gesinnung ist nicht ohne eine Gefahr der Verflüchtigung zu einer gehaltlosen Stimmung. Auch die Frage der Unsterblichkeit ist jene Zeit geneigt zu bejahen. Denn viel zu sehr fühlt man sich im geistigen Schaffen über die bloße Zeit hinaus und von einer unzerstörbaren Kraft beseelt, um den Menschen ganz in den Naturprozeß aufgehen zu lassen und im Tode ein völliges Erlöschen des Geisteslebens zu befürchten; aber man findet die Ewigkeit vornehmlich innerhalb des Lebens und stellt aus solcher Gesinnung dem überkommenen Memento mori entgegen ein „Gedenke zu leben!"

„So löst sich jene große Frage
Nach unserm zweiten Vaterland,
Denn das Beständige der ird'schen Tage
Verbürgt uns ewigen Bestand".

Wie die Größe, so liegt auch die Gefahr dieser Lebensanschauung des deutschen Humanismus deutlich zu Tage: die Gefahr eines exklusiven Aristokratismus, einer Zurückschiebung der Dunkelheiten und Mißstände der allgemeinen Verhältnisse, eines Mangels an Kraft, Härte, Charakterfestigkeit. Aber solche Mängel verschuldet zum guten Teil die eigentümliche Lage der Zeit, jedenfalls können wir uns rein des Gewinnes freuen, den die Arbeit jener Dichter und Denker der Menschheit gebracht hat. Denn mit wunderbarer Kraft und Zartheit ist hier das Seelenleben in sich selbst vertieft, ist die ganze Weite des Seins belebt und veredelt, sind die innersten Beziehungen des Menschen zu sich selbst, seinen Genossen, der umgebenden Natur und Welt herausgebildet; so sehr ist das Grundgewebe des Lebens verfeinert und zugleich eine solche Einfalt und Größe des Ausdrucks erreicht, daß das Ganze den besten und unverlierbaren Gütern der Menschheit sich einreiht. Auch einer starken Wirkung nach außen hin zeigte sich das hier angesammelte geistige Vermögen fähig, sobald der Anlaß dazu geboten wurde. Denn vornehmlich aus dem Kreise dieser scheinbaren Phantasten und Träumer gingen, freilich in einer scharfen Scheidung der Geister, die Männer hervor, welche nach dem jähen Zusammenbruch den Mut, die Kraft, das Geschick fanden, das Vaterland wieder aufzurichten und seine Geschicke in neue Bahnen zu lenken. Hat doch Napoleon selbst, der große Realist, seinen Sturz in erster Linie nicht der Staatskunst der Diplomaten oder der Übermacht der Bajonette, sondern dem Widerstand der deutschen Ideologen zugeschrieben. Und nie wäre Deutschland im 19. Jahrhundert nach der sichtbaren Welt hin so großer Leistungen fähig gewesen, hätte ihm nicht im Reich des Unsichtbaren die stille Arbeit seiner Dichter und Denker einen unermeßlichen Schatz von Bildung und Kraft bereitet.

β. Goethe.

So gewiß Goethe einen engen Zusammenhang mit der Gesamtbewegung des deutschen Humanismus hat, er ist viel zu eigentümlich und er überschreitet viel zu sehr den Durchschnitt jener Bewegung, um nicht eine gesonderte Behandlung zu verlangen. Bei einer solchen sei zweierlei von vornherein gegenwärtig. Goethe gibt, wie das Ganze seiner Art, so auch seine Lebensanschauung durchaus nicht als eine allgemeingültige Lehre und Vorschrift, sondern als ein persönliches Bekenntnis; sie ist nichts anderes als die Ausstrahlung einer höchst eigentümlichen Individualität und hat eine volle Wahrheit nur in Zurückbeziehung auf diese Individualität. Bei solcher durchaus individuellen Art sei Goethes Lehre und Leistung nun und nimmer als ein normierender und bindender Typus gebieterisch aufgedrängt.

Weiter entsteht viel Mißverständnis durch ein Verkennen des tiefen Ernstes und der inneren Bewegung, die Goethes Lebensarbeit enthält. Weil er uns an seinen Erlebnissen erst teilnehmen läßt, nachdem die wunderbare Kunst seiner Darstellung ihnen die abgeklärteste Form verliehen hat, scheint leicht das Ganze eine mühelose Gabe des Geschickes, scheint eine Entfaltung bloßer Natur, was in der Tat eine Gegenwirkung geistiger und sittlicher Kraft war.

Den Kern des Lebens bildet bei Goethe das Verhältnis des Menschen zum All; aus dem All schöpfen wir unser Leben, in Wechselwirkung mit dem All entwickeln wir unser Wesen. Es waltet hier die entschiedenste Abneigung gegen ein Verharren beim Kleinmenschlichen, gegen ein Sicheinspinnen in den bloßmenschlichen Kreis; es dünkt das nicht bloß eine Einengung, sondern ein Herausfallen aus echter Wahrheit, die sich nur im Wechselleben mit dem All entwickelt. Dieser Zug ins Weite und Große führt Goethe in die Nähe Spinozas, als seinen Schüler fühlt er sich im Verlangen nach Befreiung von menschlicher Kleinheit und nach Hingebung an die Unendlichkeit. Aber in der Annäherung erscheint zugleich ein weiter Abstand beider Männer. Spinoza läßt den Menschen möglichst in das All verschwinden und möchte alles ihm Eigentümliche vom Grunde der Dinge wie eine Entstellung fernhalten; bei Goethe bleibt der Mensch selbständiger; wohl entfaltet sich seine Natur nur in Berührung mit dem All, aber er hat dabei etwas Eigenes und inneres einzusetzen und übt damit eine Gegenwirkung gegen den Zustrom von draußen. Der Lebensprozeß ist hier in aller Aneignung der Welt zugleich eine Selbsterhaltung gegen die Welt, ein Widerstehen gegen ihr Eindringen, er wird damit aktiver, tatfroher, freudiger, als es die strengen Begriffe Spinozas gestatten.

Indem bei Goethe das Sichbilden und Klären des Menschen durch die Welt zu einer Mitteilung der Seele an die Welt, einer

inneren Belebung und Annäherung aller Umgebung wird, entspinnt
sich ein vertrautes Wechselverhältnis, wobei die Welt dem Menschen
ihr sonst verschlossenes Wesen eröffnet, ihm ihr innerstes Leben
und Weben kundtut. So ist diese Lebensanschauung an erster
Stelle künstlerischer Art, die Naturforschung selbst ist hier eigentümlich und groß nur, so weit sie von künstlerischen Antrieben beherrscht wird. Eine geschichtliche Verwandtschaft besteht daher am
meisten mit dem klassischen Altertum; es ist vor allem der Platonismus mit seiner Verbindung von Seele und Welt, der hier in
einer neuen, sowohl durch die modernen Verhältnisse als durch
die unvergleichliche Individualität Goethes umgewandelten Gestalt
wieder auflebt. Wenn Goethe aus stürmischen Erregungen sich
schließlich zum Griechentum rettete, so war das nicht eine Preisgebung, sondern eine Bekräftigung seiner eigensten Natur; allerdings
ist die Assimilierung des Fremden nur annähernd gelungen.

Indem so der Lebensprozeß Seele und Welt aufs engste verschlingt, wird die Welt in großen Zügen aussprechen, was das Individuum bei sich selbst erfährt. Für Goethe nun bedeutet die Welt
kein ungewisses Problem, sondern eine in sich selbst gegründete
Tatsache, die uns mit überlegenem Wirken umfängt, ohne uns zu
erdrücken; wir haben diese Wirklichkeit klar zu erfassen und vollauf
anzueignen, nicht aber dürfen wir versuchen sie umzuwandeln, sie
aus einem jenseitigen Grunde abzuleiten oder über ihr Dasein
hinaus zu verfolgen. Die Wirklichkeit erscheint damit zunächst als
Natur, und das Leben vor aller Freiheit als ein Schicksal. So darf
auch die Forschung nicht hinter die Dinge zurückgehen und etwas
jenseit der Phänomene suchen wollen; wohl aber muß sie kräftig
in sie dringen, bis sie Urphänomene erreicht, die sich selbst erklären, und bei denen der Mensch sich beruhigen muß. „Die
Theorie an und für sich ist nichts nütze, als insofern sie uns an
den Zusammenhang der Erscheinungen glauben macht." „Man
suche nichts hinter den Phänomenen, sie selbst sind die Lehre."
So eine Abweisung aller „Transcendentalphilosophie", eine Abneigung
gegen alle zersetzende Analyse, ein kräftiges Zusammenschauen der
uns umfangenden Welt.

Wie das Forschen, so liegt auch das Leben innerhalb unverrück-
barer Schranken. Alle Betätigung des Menschen ruht auf einer ihm
gewordenen Natur, das Streben kann nur gelingen, wo es die von
solcher Natur gewiesene Richtung einschlägt, es fällt ins Leere und

Falsche, wenn es sich von ihr losreißt oder gar ihr entgegenwirkt. »Der Mensch mag sich wenden, wohin er will, er mag unternehmen, was es auch sei, stets wird er auf jenen Weg wieder zurückkehren, den ihm die Natur einmal vorgezeichnet hat.« Aber unsere Natur entwickelt sich nicht ohne unsere Tätigkeit, auch liegt sie keineswegs so deutlich zu Tage, um den Irrtum auszuschließen, sie will erst gefunden und errungen sein; so wird das Schicksal zur Aufgabe und Tat. Wie viel Mühe Goethe bei aller Größe seiner Anlage darin fand, über seine eigene Natur klar zu werden, wie er erst nach manchem Schwanken und peinlichen Aufregungen Sicherheit über die Hauptrichtung seines Wesens erreichte, das wissen wir, und wissen zugleich, daß jener Glaube an eine Natur im Menschen durchaus keine träge Ruhe ergibt, auch keine leichte und bequeme Gestaltung des Lebens bedeutet. Aber immerhin setzt solche Natur der Unruhe der Bewegung eine feste Grenze, alles Suchen strebt zum Ausgangspunkt zurück, in aller emsigen Tätigkeit hat dieses Leben keine heftigen Erschütterungen, kein schroffes Abbrechen, kein völliges Neueinsetzen. Durch alle Veränderung geht ein Beharren, alle Schwankung zerstört nicht jenen Urgrund der Natur. So suchte Goethe auch in den Schicksalen der Menschheit eine Kontinuität nachzuweisen und eine Kontinuität zu fördern; allem Revolutionären abhold, möchte er alles Tun an ein Vorhandenes anschließen, dieses in ruhigem Fortgang weiterbilden.

Solcher persönlichen Gesinnung entspricht Goethes dichterische Art. Seine Helden werden im Zusammenstoß mit den Dingen nicht innerlich verändert, sondern sie bewahren durch allen Wandel der Verhältnisse ihre alte Natur; dieser Wandel gibt ihnen mehr Gelegenheit, ihre Natur in immer neuen Entfaltungen zu zeigen, sie kräftiger herauszuarbeiten, als daß sie durch Erschließung neuer Tiefen eine innere Umbildung erführen. Die entscheidende Rettung pflegt durch eine Rückkehr zu ihrem echten, durch Versuchung und Irrung nur verdunkelten Wesen zu erfolgen. Bei solchem Mangel einer inneren Geschichte sind Goethes Helden nicht eigentlich dramatische Charaktere, wohl aber mit wunderbarer Lebensfülle und durchaus charakteristischer Individualität ausgestattete Naturen; auch hängt es damit zusammen, daß er so viele herrliche Frauengestalten und so wenig rechte Männer gezeichnet hat.

Ist es durchgängig eine vorhandene und unwandelbare Natur, worin bei Goethe der Mensch wurzelt, so muß die Beschaffenheit dieser Natur vornehmlich den Charakter unseres Lebens bestimmen. Nun ist zunächst die große Natur kein bloßes Nebeneinander von Erscheinungen, sondern ein inneres Ganzes; als ein unsichtbarer Zusammenhang umfängt und beseelt sie alle Mannigfaltigkeit des Sichtbaren. Das führt auf den Gedanken einer alldurchwaltenden Gottheit; Goethe hat dabei verschiedene Stufen von einem naturalistisch gefärbten Pantheismus bis zur Annäherung an den Theismus durchlaufen, darin aber ist er sich gleich geblieben, das Göttliche nicht sowohl im Gegensatz als in enger Verbindung mit der Welt zu fassen, die Natur in Gott, Gott in der Natur zu sehen. Gott wirkt nicht von draußen zu den Dingen, sondern er wirkt aus ihrem eigenen Wesen heraus, sie aber erreichen erst mit der Aufnahme in das Allleben ihr volles Wesen.

Wie solche Begründung in einem Allleben dem eigenen Sein eine freudige Gewißheit und sichere Ruhe gibt, so bewirkt sie zugleich einen innigen Zusammenhang mit den anderen Wesen. Es rechtfertigt und bestärkt sich damit Goethes Liebe zu aller Fülle des Lebendigen und namentlich zum Menschenwesen; denn jene innere Gegenwart des Göttlichen läßt überall im Kern etwas Wertvolles und Unverlierbares erkennen und in seiner Schätzung sich durch alle Not und Schuld des Lebens nicht stören. „Gott begegnet sich immer selbst; Gott im Menschen sich selbst wieder im Menschen. Daher keiner Ursache hat sich gegen die Größten gering zu achten." Gott an jeder Stelle zu sehen, anzuerkennen, freudig zu verehren, wo und wie er sich offenbare, in der Natur wie im Menschenwesen, das ist eine besondere Größe Goethes, während ihn allgemeine Bekenntnisse abstoßen.

Das eben ist ein Hauptzug der hier waltenden Überzeugung, daß jenes Allleben nicht die Mannigfaltigkeit verschlingt und die Unterschiede auslöscht, sondern daß es die Fülle der Wirklichkeit erst recht zur Entwicklung bringt, daß es im besonderen die großen Gegensätze von Welt und Leben bestehen läßt, aber sie in sich aufnimmt und fruchtbar aufeinander wirken läßt. Wenn einen Denker nichts mehr unterscheidet und auszeichnet als die Art, wie er sich zu jenen Gegensätzen verhält, so muß auch Goethe hier mit besonderer Klarheit seine Eigentümlichkeit erweisen. Das hat er in Wahrheit getan. Er stellt aber die Arbeit nicht unter einen einzigen Gegensatz, sondern er zerlegt den Reichtum der Welt in eine Reihe von Gegensätzen; dabei überwältigt und unterdrückt nicht das eine

Glied das andere, sondern die verschiedenen Seiten treten weit genug auseinander, um ihr eigentümliches Vermögen voll zu entwickeln, aber sie bleiben innerhalb eines Ganzen des Lebens sich nahe genug, um aufs Fruchtbarste zueinander wirken zu können. Indem so die Arbeit das Dasein in ein Gewebe von Gegensätzen verwandelt, deren Glieder sich deutlich scheiden und kräftig gegeneinander behaupten, zugleich aber unablässig zueinander streben und einander Leben mitteilen, bildet sich ein wunderbares Gleichgewicht der Bewegungen, erfährt das ganze Dasein eine Durchgeistigung, Klärung, Veredlung, erfolgt eine große künstlerische Synthese des Lebens, ja der gesamten Wirklichkeit.

Das Einzelwesen steht im Ganzen und schöpft aus dem Ganzen, aber jeder Punkt gestaltet das Leben in unvergleichlicher Weise und hat damit seine eigene Wahrheit, jeder hat aus der vorhandenen Welt sich seine eigene Welt erst zu schaffen. Aber da alle Mannigfaltigkeit innerhalb des Gesamtlebens bleibt, so fallen die einzelnen Kreise nicht auseinander, „so kann jeder seine eigene Wahrheit haben, und es ist doch immer dieselbige". Indem das Einzelne eine besondere Art entwickelt, ist es zugleich ein Ausdruck und Gleichnis des Allgemeinsten; indem wir zu uns selbst streben, erfassen wir zugleich die Unendlichkeit.

> „Du sehnst dich weit hinaus zu wandern,
> Bereitest dich zu raschem Flug.
> Dir selbst sei treu und treu den andern;
> Dann ist die Enge weit genug."

Eine Ausgleichung finden zugleich Freiheit und Notwendigkeit. Wir alle stehen unter ewigen ehernen Gesetzen, die keine Auflehnung dulden; so gehen auch durch das Bilden der Natur feste Typen und beherrschen alle Lebensfülle. Aber alle Strenge der Gesetze läßt einen Spielraum wie für individuelle Bildung, so auch für eigenes Handeln; „unser Leben ist, wie das Ganze, in dem wir enthalten sind, auf eine unbegreifliche Weise aus Freiheit und Notwendigkeit zusammengesetzt"; Macht und Schranke, Willkür und Gesetz, Freiheit und Maß suchen und finden in unserem Leben fortwährend eine Ausgleichung.

Zeit und Ewigkeit bilden hier keinen starren Gegensatz, sondern das Ewige, Unvergängliche, das alles Leben trägt, ist in der Zeit gegenwärtig, in jedem Augenblick gemäß seiner Unvergleichlichkeit in eigentümlicher Weise; so müssen wir es in der unmittelbaren

Gegenwart erfassen, den Augenblick zum Repräsentanten der Ewigkeit erheben. Nicht aber strebe man mit gieriger Hast von Augenblick zu Augenblick; das menschliche Dasein verliert allen Sinn und Wert, wenn der Tag den Tag erzeugt, der Augenblick den Augenblick verschlingt. So in aller unermüdlichen Tätigkeit zugleich eine sichere Ruhe, bei allem offenen Sinn für die Forderungen der lebendigen Gegenwart die Überzeugung, dem Großen aller Zeiten innerlich nahe zu sein.

> „Die Wahrheit war schon längst gefunden,
> Hat edle Geisterschaft verbunden;
> Das alte Wahre, faß' es an!"

Kein Gegensatz ist für Goethe wichtiger und keine Ausgleichung fruchtbarer als die zwischen Innerem und Äußerem. War der überwiegende Zug jener Zeit geneigt, nur von innen her zu bauen, so gibt Goethe dem Äußeren weit mehr Selbständigkeit und Wert; nur in der Berührung von Innerem und Äußerem erwächst ihm fruchtbares Leben und Schaffen. Inneres und Äußeres sind gegenseitig aufeinander angewiesen: das Innere findet und gestaltet sich erst am Äußeren, das Äußere aber erschließt sein Wesen nur in der seelischen Aneignung; erst die gegenseitige Berührung und Durchdringung erzeugt lebenskräftige Gebilde. Solche Erfahrung des künstlerischen Schaffens wurde für Goethe zu einer persönlichen Notwendigkeit des Wesens, jenes Herausstellen des Inneren und Verinnerlichen des Äußeren wurde ihm zur schöpferischen Werkstätte des Lebens, zur Erlösung aus allen Nöten. Denn was immer ihn erfreute oder quälte oder sonst beschäftigte, das mußte er in ein Bild, ein Gedicht verwandeln; solche Ablösung und Verkörperung brachte ihm seelische Beruhigung, ja endgültige Befriedigung. Dies Bekennen des eigenen Seelenstandes im künstlerischen Schaffen darf schwerlich schon als eine moralische Entlastung gelten. Wohl aber hat es wesentlich dazu beigetragen, dem Werke Goethes die großartige Wahrhaftigkeit und die wunderbare Einfalt zu geben, die ihn vor allen anderen auszeichnet, wie er denn mit gutem Recht von sich sagen durfte:

> „Teilen kann ich nicht das Leben,
> Nicht das Innen noch das Außen,
> Allen muß das Ganze geben,
> Um mit euch und mir zu hausen.

Immer hab' ich nur geschrieben
Wie ich fühle, wie ich's meine,
Und so spalt' ich mich, ihr Lieben,
Und bin immerfort der Eine«.

In engem Zusammenhange damit steht die Gegenständlichkeit des Denkens und Schaffens, die wir mehr als irgend etwas anderes an Goethe bewundern. Diese Gegenständlichkeit ist kein bloßes Abkonterfeien einer draußen befindlichen Sache, sondern der Vorwurf wird auf den seelischen Boden versetzt, gewinnt hier ein inneres Leben und vermag bei solcher Beseelung sein eigenes Wesen auszusprechen und damit zum Menschen zu wirken. So wird den Dingen nicht eine subjektive Stimmung aufgedrängt, sondern ihre eigene Stimmung abgelauscht oder abgerungen; der Seele des Dichters enthüllt sich ihre innerste Natur. Dieser erscheint damit wie ein Zauberer, der im Durchwandeln der Natur die sonst stummen Wesen zum Sprechen bringt, dem sich die ganze Unermeßlichkeit der Welt seelisch eröffnet, der alle Mannigfaltigkeit ihrer eigenen Tiefe zuführt und zugleich das Lebendige, Wesenhafte, Wirksame aus den Dingen heraussieht. Solche innere Belebung der Wirklichkeit beläßt keinen Gegensatz zwischen dem Menschen und der Welt, sie duldet keinen Spalt zwischen Erscheinung und Sein, sondern ihr erschließt sich die letzte Tiefe in jener Synthese von Geist und Welt, »die von der ewigen Harmonie des Daseins die seligste Versicherung gibt«. Festen Grund gewinnt damit die Überzeugung des Dichters:

»Natur hat weder Kern noch Schale,
Alles ist sie zu einem Male«,

und

»Wir denken, Ort für Ort
Sind wir im Innern«.

Eine solche Überzeugung unterscheidet wohl Kunstwahrheit und Naturwirklichkeit, aber die neue Wirklichkeit, welche die Kunst aufbaut, löst sich nicht von den Dingen ab, sondern sie bildet ihr eigenstes echtes Wesen, das der ersten Erscheinung erst abzugewinnen ist. Indem bei solcher Fassung die Kunst überall aus der Verhüllung oder Entstellung die reine Gestalt, den echten Kern herausbildet, vermag sie das ganze Leben zu durchdringen und seiner eigenen Wahrheit zuzuführen.

Gerade weil Goethe die Kunst so als die Seele des Lebens schätzt, bringt er sie nicht in einen Gegensatz zur Moral, erhebt er nicht eine ästhetische Kultur und Lebensanschauung auf Kosten der ethischen. Wohl soll die Kunst selbständig sein und die Kultur durch Kunst ihren eigenen Gang gehen, nicht die menschliche und dichterische Freiheit durch „konventionelle Sittlichkeiten", durch „Pedanterie und Dünkel" eingeschränkt werden. Aber wie alle großen Künstler kann auch Goethe von der künstlerischen Arbeit nicht hoch denken und in ihr die Seele seines Lebens finden, ohne in ihr zugleich ein ethisches Werk zu sehen und ethische wie künstlerische Bildung wechselseitig aufeinander anzuweisen. Wenn beim Kunstwerk stets der Wahrheit und lediglich der Wahrheit die Ehre zu geben ist und alle bösen Dämonen, wie Eigendünkel, Scheinwesen, Parteisucht, fernzuhalten sind, so gewinnt das künstlerische Schaffen selbst einen sittlichen Charakter. Was aber von den einzelnen Werken, das gilt auch vom Ganzen des Lebens. Indem es die eigene Natur zu vollem Wirken und Schaffen klar und kräftig herauszubilden, die geistige Eigenart rein zu entfalten und richtig zu verwerten hat, wird es selbst das Größte aller Kunstwerke. Aber jene Bildung verlangt so viel Selbsterkenntnis, Selbstbegrenzung, Selbstüberwindung, so viel Resignation und so viel Unterordnung, daß zugleich die höchste moralische Aufgabe darin ersichtlich wird.

Schließlich ist es auch das künstlerische Schaffen, das der Überzeugung von der Zugehörigkeit zu einem göttlichen Allleben eine persönliche Wahrheit und überwältigende Eindringlichkeit gibt. Das Kunstwerk bedarf einer religiösen Gesinnung, sofern es ein reines, unschuldiges Betrachten, ja eine Verehrung des Gegenstandes fordert. „Wer nicht mit Erstaunen und Bewunderung anfangen will, der findet nicht den Zugang in das innere Heiligtum". Der Künstler aber verdankt alles Entdecken, Verbinden, Gelingen nicht der eigenen Reflexion, sondern einer überlegenen Kraft; in den Scheiterhaufen, den mühsame Arbeit aufschichtet, muß der Blitz von oben hineinfahren, damit eine helle Flamme emporlodere. So will alles echte Gelingen gegeben sein; wie ein Geschenk der Gnade sei es freudig empfangen und dankbar verehrt. In Wahrheit durchdringt die Stimmung freudiger Dankbarkeit Goethes ganzes Leben und Wirken. Und Hand in Hand mit ihr geht ein festes Vertrauen auf eine Vernunft im Grunde der Dinge, der Glaube als ein starkes Gefühl von Sicherheit für die Gegenwart und Zukunft aus dem Zutrauen auf ein übergroßes, übermächtiges und unerforschliches Wesen; solcher Quelle entstammt auch das, „was niemand mit auf die Welt bringt, und worauf doch alles ankommt, damit der Mensch nach allen Seiten zu ein Mensch sei": die Ehrfurcht.

Mit diesem Abschluß kehrt die Goethesche Lebensanschauung zu ihrem Ausgangspunkte zurück, bildete doch die Zugehörigkeit zum großen Gesamtleben die Grundlage des Ganzen. Aber wie reich hat sich inzwischen das Leben gestaltet und wie viel Tiefe hat die Wirklichkeit gewonnen! Ohne einen schroffen Bruch mit der nächsten Welt ist das ganze Dasein geläutert, veredelt, auf seinen echten Kern zurückgeführt. Das vornehmlich ist die Größe der Goetheschen Art, mit offenstem und freiestem Sinn alle Mannigfaltigkeit des Seins und Geschehens an sich zu ziehen, in stillem, aber kräftigem Walten alles Scheinhafte, Konventionelle, Parteimäßige abzustreifen, das Echte, Lebensfrische, Reinmenschliche aber zu vollster Wirkung zu bringen. So erfolgt eine durchgängige Klärung und Veredlung des Lebens, eine Wendung vom Schein zum Sein, eine Erhöhung der Wirklichkeit von innen heraus; uraltes Besitztum der Menschheit wird und wirkt wie neu, indem alles Unechte, das sich ihm angesetzt hat, abfällt und lauterem Wesen Platz macht. Mit solcher Selbstvertiefung gewinnt das Leben zugleich eine innere Freiheit, ein Wirken von innen heraus; diese innere Freiheit ist es vornehmlich, in der Goethe den Kern seines Schaffens sah, und die als eine unerschöpfliche Lebensquelle aus ihm wirkt. Wer möchte ihm widersprechen, wenn er meint: „Wer meine Schriften und mein Wesen überhaupt verstehen gelernt, wird doch bekennen müssen, daß er eine gewisse innere Freiheit gewonnen".

γ. Schiller.

Die Lebensanschauung Schillers hat nicht die Breite, die Selbständigkeit, den Reichtum der Erfahrung wie die Goethes, aber sie ist bedeutend in ihrer energischen Konzentration, sie vertritt in großer Umgebung eine eigentümliche Gedankenrichtung mit bewunderungswürdiger Wärme und Kraft. In dem literarischen Kreise jener Zeit ist Schiller vor allem der Mann des Handelns und der Tat; macht ihn solche, seiner ganzen Arbeit eingeprägte Art zum weitaus größten Dramatiker der Deutschen, und verleiht sie auch seiner wissenschaftlichen Darstellung ein straffes Gefüge, eine energische Scheidung der Gegensätze, eine dramatische Bewegung, so richtet sie sein philosophisches Denken vornehmlich auf ethische Probleme und macht ihn zu einem begeisterten Anhänger der kantischen Freiheitslehre; ganz und gar teilt er ihre Erhebung des Menschen über allen Mechanismus der bloßen Natur und ihre Erweckung eines stolzen Selbstbewußtseins der Menschheit als eines Gliedes einer unsichtbaren Welt, indem die kantischen Gedanken in der feurigen Seele des Dichters die schulmäßige Form ablegen und der unmittelbaren Empfindung nähertreten, erweisen sie voll ihre befreiende und erhebende Kraft. Wohl mildert sich die rauhe Strenge Kants, es kommt mehr Freude in die Stimmung und mehr Lust in das Leben, aber der Ernst des Ganzen ist in keiner Weise verringert, und gänzlich fern liegt hier alles leichte Getändel, dem selbst ein Goethe zeitweilig verfiel.

Mit solchem Ernst und solcher ethischen Grundüberzeugung verbindet sich aber das eifrigste Verlangen nach einer künstlerischen Gestaltung des Lebens, nach engster Verbindung des Guten mit dem Schönen. Die Formeln, in denen das versucht wird, sind gewiß angreifbar, und es standen in verschiedenen Phasen des Lebens die Schalen des Guten und des Schönen nicht immer gleich zueinander, immer aber wurde beides in großem Sinne gefaßt, und immer sollte durch die Verbindung das Ganze des Lebens gewinnen. Das Sittlichgute sinkt nie zu einer bloßen Summe einzelner Vorschriften, sondern es bedeutet immer eine neue Art des Seins, die Versetzung in eine neue Welt; es ist nie eine bloße Verneinung, sondern es ist vor allem eine kräftige und freudige Bejahung; das Schöne aber, als die „Freiheit in der Erscheinung", liefert keineswegs bloß einen gelegentlichen Genuß, sondern es vollzieht eine durchgängige Veredlung des Lebens, es wird ein unentbehrlicher Bestandteil aller echten Kultur. Je mehr sonst die Geschichte das ethische und das künstlerische Streben einander arg verfeindet zu zeigen pflegt, desto mehr ist es als etwas Besonderes und Großes zu begrüßen, daß Schiller beides nicht nur zu versöhnen, sondern als einander unentbehrlich, als zusammengehörig aufzuweisen bestrebt ist. „Die hohe Reinheit des sittlichen Standpunktes bei der vollsten Anerkennung des künstlerischen Lebens in seiner Selbständigkeit ist das Eigenartige, ja Einzigartige der Schillerschen Denkweise" (Kühnemann).

So über die Gegensätze hinauszustreben hätte Schiller nicht vermocht ohne hohe Begriffe von der Menschheit und dem Menschenwesen, ohne die Idee einer uns im Ganzen unseres Wesens erhöhenden Geisteskultur. Der Glaube jener Zeit an die Größe und Würde des Menschen hat nirgends einen edleren Ausdruck gefunden als hier; der Gedanke der Menschheit erwärmt alle Begriffe und hält alle

Mannigfaltigkeit des Strebens fest zusammen. Aber wie Kant so ist auch Schiller aufs weiteste davon entfernt, den Menschen, wie er leibt und lebt, zu überschätzen, seinen empirischen Stand leichten Mutes zu idealisieren. Vielmehr ist es die Vernunftidee, die freilich mit lebendiger Kraft in jedem Einzelnen gegenwärtige Vernunftidee, welche dem Menschen allererst einen Wert gibt; eine derartige Tatsache ist zugleich eine unendliche Aufgabe, sein eigenes Wesen hat der Mensch erst aufzudecken und zu erringen, und er kann es nur erringen unter Aufbietung alles Vermögens. Ebensowenig denkt Schiller daran, den durchgängigen Stand der menschlichen Verhältnisse als gut oder doch annehmbar darzustellen, seine Schilderung der Unvernunft in Natur und Geschichte steigert sich wohl gar bis zu einem herben Realismus, der eine Wendung zu trübem Pessimismus nahelegt. Wenn Schiller davor sicher bewahrt bleibt, er vielmehr allem Dunkel gegenüber volle Freudigkeit behauptet, so geschieht das nicht durch eine Verständigung mit der Welt, sondern durch eine Erhebung über die Welt, durch die Erhebung in ein unsichtbares Reich der Vernunft, das dem Selbst eine Unabhängigkeit und Weltüberlegenheit gewährt, und das Güter erzeugt, denen gegenüber die der nächsten Welt zur Nichtigkeit herabsinken. Solches Festhalten freudigen Glaubens bei voller Anerkennung der Unvernunft der nächsten Welt ist es vornehmlich, was Schillers Gedankenwelt und Denkweise eine solche Kraft der Bewegung und Aufrüttelung einerseits, der Stählung und Ermutigung andererseits verleiht; es wirkt aus all seinem Denken und Sein eine heldenhafte Gesinnung, eine unversiegliche Jugendlichkeit, ein starker Antrieb zu eigenem Kampf und Sieg. Dankbar bekannte ein Goethe, daß Schiller ihn von der allzustrengen Betrachtung der äußeren Dinge und ihrer Verhältnisse auf sich selbst zurückgeführt und ihm eine zweite Jugend verschafft habe; in ähnlichem Sinne hat Schiller befreiend, erhebend, verjüngend auf das Ganze des deutschen Volkes gewirkt, und wird er trotz alles Wandels der Zeiten weiterwirken.

δ. Die Romantik.

Eine genauere Zeichnung der Romantik gehört nicht in den Rahmen unserer Arbeit. Aber es hat jene dem Ganzen des Lebens und auch der Lebensanschauung zu bedeutende Anregungen gebracht, um hier ganz fehlen zu dürfen; sehen wir also, so gut es geht, aus der bunten Fülle der Persönlichkeiten und dem Wandel geschichtlicher Phasen durchgehende Züge herauszuheben.

Die Romantik ist schon deshalb schwer zu behandeln und zu beurteilen, weil sie nicht einfacher, sondern komplizierter Art ist. Sie ist an erster Stelle eine starke Erregung des Subjekts, sie entspringt einer Zeitlage, wo das Gleichgewicht zwischen Arbeit und Seele, zwischen Objekt und Subjekt gestört ist, wo die dargebotenen Aufgaben die Innerlichkeit nicht mehr befriedigen. Was anders bleibt in solcher Lage als eine Zurückziehung auf die eigene, von den Dingen möglichst abgelöste Zuständlichkeit, als der Versuch, in ihrer Entwicklung einen zusagenden Lebensinhalt zu finden? Aber die bloße Wendung zum Subjekt ergibt noch keineswegs eine Romantik; es kann z. B. in der Religion ein freischwebendes Gefühlsleben aufkommen, das mit jener höchstens einzelne Punkte gemeinsam hat. Der Romantik ist wesentlich eine Beziehung zur Kunst, die Ausbildung einer künstlerischen Lebensordnung; das Subjekt, das sonst ins Leere fallen würde, findet seine Aufgabe und seine Freude darin, die reine Innerlichkeit künstlerisch zu gestalten, aus dem Fürsichsein des Menschen ein Kunstwerk zu machen, ihn darin sich seiner selbst erfreuen, sich selbst genießen zu lassen. Ein solches Unternehmen trägt in sich von vornherein einen Widerspruch. Denn wie der Mensch sein Geistesleben nur mit und an dem All entwickelt, so kann er unmöglich abgelöst davon und in dem Ausspinnen der bloßen Zuständlichkeit sein inneres in ein gehaltvolles Kunstwerk verwandeln; alles Talent, ja alle Genialität der individuen kann jenen inneren Widerspruch nicht überwinden und ein großes, reines, wahrhaftiges Schaffen erzeugen. Aber auch Bewegungen nach unmöglichen Zielen können in Erweckung neuer Kräfte Schätzbares leisten; das Streben nach Unerreichbarem ließ manches erreichen, dessen Wert unbestreitbar ist. So hat die Romantik in Verfolgung des Wahnbildes einer durch künstlerische Betätigung souverän gewordenen Subjektivität zur Verstärkung seelischer Innerlichkeit und Beweglichkeit Hervorragendes gewirkt, so hat sie auch sonst eine Fülle fruchtbarer Anregungen geliefert.

Die deutsche Romantik fand eine große künstlerische Bewegung vor; indem sie aber das Subjekt schärfer absonderte, gab sie dem literarischen Schaffen und der neuen Denkweise mehr Selbstbewußtheit, mehr Zuspitzung, mehr abstoßende Kraft. Was im deutschen Humanismus an eigentümlicher Behauptung lag, das wird potenziert und damit zu schroffer Einseitigkeit gesteigert. Nun erscheint die Kunst, das heißt aber vornehmlich das literarische Schaffen, als einzig wertvoller Inhalt des Lebens, nun wird eine ästhetische Lebensführung und Lebensanschauung mit dreister Ausschließlichkeit verkündet, nun fällt das Bündnis von Kunst und Moral, nun verschmäht das geniale Subjekt alle Bindung und glaubt sich der übrigen Menschheit durch sein künstlerisches Vermögen und seinen feinen Geschmack himmelweit überlegen.

So wird alles Problematische einer ausschließlich künstlerischen Kultur hervorgetrieben und gesteigert. Aber die größere Bewußtheit und die freiere Beweglichkeit ergibt auch manche Vorteile. Die Romantiker fühlten sich als die Bahnbrecher einer neuen Zeit, sie haben der Eigentümlichkeit dieser Zeit erst zur vollen Anerkennung verholfen und einen Begriff der „Bildung" aufgebracht, der in dieser Weise in Deutschland neu war. Auch den Ausdruck „Bildung" haben sie erst zur Bezeichnung eines geistigen Standes erhoben. Die Romantiker haben mit überlegenem Geist und Witz die Aufklärung angegriffen und dem Publikum den Geschmack daran gründlich verleidet; sie haben die literarische Reflexion und Kritik in Deutschland zu einer ungekannten Höhe und Macht erhoben. Mit dem allen vollzog sich in Wahrheit der Durchbruch einer neuen Denkweise.

Soweit sie aber im Schaffen selbständige Wege gingen, beschäftigte sie vornehmlich die Entfaltung der subjektiven Zuständlichkeit, die künstlerische Gestaltung der freischwebenden Stimmung. Alles Gegenständliche der Arbeit wird dabei ein bloßes Mittel und Werkzeug für die Erweisung des subjektiven Vermögens, man möchte durch den Gegenstand hindurch nur sich selbst, d. h. den eigenen Zustand erleben, das Erlebnis nicht nach dem ersten Eindruck hinnehmen, sondern es wieder und wieder erleben. So arbeitet sich der Mensch immer mehr in die eigene Zuständlichkeit hinein, und will er die Empfindung wieder empfinden, den Genuß wieder genießen; so erfolgen Spieglungen über Spieglungen, die das Ganze immer gehaltloser und schattenhafter machen. Das Leben verkünstelt und verflüchtigt sich, indem es immer wieder hinter sich selbst zurücktritt, es verliert alle Naivität und leicht auch die Wahrheit.

Aber inmitten solcher Gefahren und Irrungen bringt diese Lebensführung auch viel Neues und Schätzbares. Indem das Subjekt sein Schaffen zur vollen Souveränität aufruft, bildet sich das freieste und

kühnste Schalten und Walten mit allen Stoffen und Formen, die
Phantasie verschmäht alle Bindung und Begrenzung, sie will um
jeden Preis der prosaischen Alltäglichkeit entfliehen und strebt aus
der nächsten Umgebung ins Weite und Fremde, ja in ein neues
Reich voll Wunder und Zauber. Es entsteht eine Märchenpoesie,
eine Lust am Geheimnisvollen und Abenteuerlichen, an Dämmerung,
Halbdunkel und Traumleben. Ja es scheint in unser Dasein eine
höhere Welt mit wundersamen Wirkungen hineinzuragen, die sich dem
nüchternen Begriff streng verschließt, wohl aber sich andeuten und
ahnen läßt; damit erhält unser Leben und Sein einen symbolischen
Charakter, die Dinge sind im Grunde weit mehr und viel besseres
als sie unmittelbar aussprechen. Das Unbewußte gilt hier nicht als
eine niedere Stufe, sondern als der Urquell des Lebens. Das kann
leicht ins Krankhafte ausarten; was immer der natürlichen und einfachen
Ansicht widerspricht, wird sympathisch begrüßt; je paradoxer die Behauptung, je mehr die Dinge umgekehrt werden, desto größer dünkt
die Tiefe. So findet Novalis das Romantische darin, dem Gewöhnlichen ein geheimnisvolles Ansehen, dem Bekannten die Würde des
Unbekannten, dem Endlichen einen unendlichen Schein zu geben.
Aber es hat dies Hinausstreben über das Alltagsleben, sehr begreiflich
bei dem Deutschen jener kleinbürgerlichen Zeit, das Auge für neue
Seiten der Wirklichkeit geöffnet: die Romantiker haben den Sinn
für die Poesie des Waldes und der Mondnacht, für den Reiz geschichtlicher, namentlich vaterländischer Erinnerungen geweckt, sie
haben uns die natürliche und die geschichtliche Umgebung seelisch
genähert, indem sie sie enger mit der Stimmung verwoben.

Der Erweiterung des Stoffes entspricht eine Bereicherung der
Darstellungsmittel. Die Romantiker sind vornehmlich darauf bedacht,
die Stimmung, das freischwebende Gefühl, herauszubilden, sie möglichst in den Vordergrund zu führen, ihr Flüchtiges festzuhalten, ihr
Formloses zu gestalten. Solche Fassung der künstlerischen Aufgabe ergibt viel Spielerei und Überspannung. Aber aus der Aufbietung aller
Kraft, das reine Fürsichsein der Seele darzustellen, erwächst eine
höchst charakteristische Art und eine fruchtbare Weiterbildung des
Ausdrucks. Er gewinnt an Weichheit und Klang, an Seele und
Resonanz, die Sprache wird bildsamer und geschmeidiger, sie entwickelt in Laut und Rhythmus mit Rauschen und Klingen eine
durchgängige Musik, auch ein leuchtendes Farbenkolorit; so gelingt
es in Wahrheit, leiseste Empfindungen, namentlich ineinander über-

gehende und zwischen Widersprüchen befindliche Gefühlslagen, mit
wunderbarer Feinheit zu schildern, ihr Wogen und Wallen, ihr
Schweben und Schwingen zur Verkörperung zu bringen, überhaupt
den Gebilden der Kunst einen zarten Duft zu verleihen. Dagegen
fehlt die Kraft zu größerem Aufbau und strenger Komposition. Die
Arbeit verläuft ins Fragmentarische und Aphoristische und will es
nicht anders; Logik und Konsequenz erscheinen wohl gar als ein
Übel. So konnte dieser Boden keine Meisterwerke ersten Ranges
erzeugen. Aber alle weitere Entwicklung der deutschen Literatur,
selbst der Kampf gegen die Romantik, hat sich die Bereicherung
des Ausdrucks angeeignet, welche ihre Arbeit mit sich brachte.

Zu vollem Widerspruch fordert die Romantik nur da heraus,
wo sie das, was für die Kunst ein gewisses Recht hat, zur ausschließlichen Beherrschung und Erfüllung des Lebens beruft. Dann
muß sich rasch die freischwebende Stimmung als unfähig erweisen,
dem Dasein einen genügenden Inhalt zu gewähren; dann muß die
„unendlich freie Subjektivität" bald ihren Mangel an Festigkeit und
männlicher Kraft zeigen, sowie die eitle Selbstbespieglung und Ab-
sonderungslust unerträglich werden; dann wird auch die in jenen
Kreisen übliche Geringachtung der Moral mit dem Unvermögen,
die Moral anders als in einer fratzenhaften Gestalt vorzustellen,
lediglich als ein Zeichen eigener Flachheit erscheinen. Immer deutlicher wird, daß jene freischwebende Subjektivität einer geistigen
Tiefe entbehrt, daß dem glanzvollen Spiel wenig Substanz innewohnt. So muß die Sache immer mehr ins Flüchtige und Nichtige,
in eine Sophistik leerer Stimmungen geraten, je mehr sie ihre Konsequenzen entwickelt. Daher haben hervorragende Vertreter dieser
Denkweise sich schließlich nicht anders zu helfen gewußt, als indem
sie den Halt außer sich, in der Unterwerfung unter eine kirchliche
Ordnung autoritativer Art suchten, freilich nicht, ohne diese Ordnung
selbst in unhistorischer Weise mit einem romantischen Schimmer zu
umkleiden. Aufrechte und kräftige Persönlichkeiten konnte jene Denkweise nicht erzeugen.

Indes nur die Romantik schrofferer Art hat sich so in sich
selbst verzehrt, die Bewegung hat aber auch eine maßvollere Gestalt
angenommen und mit solcher zu fruchtbarster Anregung gewirkt.
Die Milderung erfolgt dadurch, daß das Subjekt nicht den schroffen
Gegensatz zu den Dingen festhält, sondern daß es zu ihnen zurückkehrt, die vertiefte Innerlichkeit ihnen mitteilt und sie damit bei sich

selbst belebt. Wohl bleibt dabei der Schwerpunkt bei der Subjektivität, die Dinge erschließen nicht sowohl in Goethescher Weise
ihre eigene Seele, als sie diese vom Menschen geliehen erhalten.
Aber es bekommt die bloße Stimmung ein Gegengewicht an den
Dingen, diese aber werden lebendiger gefaßt und dem Menschen
innerlich näher gerückt. Vornehmlich ist von hier aus die Geschichte
dem Menschen unvergleichlich viel mehr geworden, die Geschichte
in den mannigfachsten Verzweigungen: Heimat und Volkstum, Sitte
und Recht, Sprache, Kunst, Religion. Durchgängig erscheint hier
die Bewegung der Geschichte als von eigenem, aller menschlichen
Reflexion überlegenem Leben erfüllt; in ihr waltet ein ruhiges
Werden und Wachsen, große Zusammenhänge nach Art eines
Organismus umfangen und binden alle Mannigfaltigkeit; der Mensch
soll das Gewordene nicht meistern und nach seinen Absichten
zurechtlegen, sondern sich ihm anschließen und seinem Zuge
folgen. So die „organische" Auffassung von Recht und Staat,
so die moderne Nationalitätsidee mit allen ihren Antrieben, Belebungen und Gefahren, so eine durchgängige Verknüpfung der
eigenen Arbeit mit dem Werke der Vergangenheit, das alles in ent-
schiedenstem Gegensatz zur Art des 18. Jahrhunderts. Ein innerer
Widerspruch ist bei genauerer Betrachtung auch hier unverkennbar:
jenes innere Leben, jener organische Zusammenhang, welche die
Dinge sicher gegenüber dem Menschen zu befestigen und ihn über
alle Reflexion hinauszuheben scheinen, sie sind in Wahrheit vom
Menschen in sie hineingelegt; es wirkt zu uns das Objekt nicht mit
seiner reinen Natur, sondern mit dem verklärenden Bilde, welches
das Subjekt selbst bereitet hat.

Aber so wenig die Widersprüche des Historismus, auch seine
Gefahr eines überwiegend passiven Verhaltens, einer Lähmung männlicher Tatkraft zu verkennen sind, er behält große Verdienste: er
hat das Leben reicher, gesättigter, anschaulicher gestaltet, er hat ihm
eine breitere Basis zu geben versucht; auch wer über ihn hinausstrebt, kann sich seiner Erweiterung und Bereicherung des Daseins,
zugleich aber der Bedeutung der Romantik, nicht verschließen.

c. Die Lebensbilder der deutschen Spekulation.

Die großen Systeme aus dem Ende des 18. und dem Anfange
des 19. Jahrhunderts wollen im Zusammenhange mit ihrer Zeit und
aus ihrer eigenen Absicht verstanden sein; sonst geschieht noch

immer das Verdrießliche, daß Männer wie Schelling und Hegel, mit denen ein Goethe auf gleichem Fuße verkehrte, als bloße Abenteurer im Reich des Gedankens, ja als halbe Narren erscheinen. Gegen eine solche Verirrung ist sicher, wer sie als Söhne einer Zeit beurteilt, welche gegenüber allen Beziehungen nach außen ein Reich bei sich selbst befindlicher Innerlichkeit auszubilden strebte, welche vom Vermögen des Menschen aufs Größte dachte und in einem freien Schaffen nach Art der Kunst die Höhe des Lebens fand. Auf dem Boden der Philosophie bedeutet ein solches Schaffen den führenden Geistern nicht ein Hervorspinnen einer erträumten Welt neben der realen, sondern die Entdeckung und Ergreifung zentraler Tatsachen des Geisteslebens, deren energische Entwicklung eine innere Aneignung und geistige Durchleuchtung der gesamten Wirklichkeit verspricht; es ist eine Hineinziehung der gesamten Welt in eine von innen aufsteigende Bewegung, die hier unternommen wird. Der Fehler lag weniger im Grundgedanken als in der hastigen und überkühnen Art seiner Ausführung; mit Einer energischen Tat sollte der Kern der Wirklichkeit erreicht und das menschliche Geistesleben in ein absolutes verwandelt werden. Das ergab ein viel zu knappes, auch zu anthropomorphes Bild der Wirklichkeit; nicht nur von außen her protestierte dagegen die oft mißhandelte Erfahrung, auch die eigene Tiefe des Geisteslebens widerstand einem so summarischen Verfahren. Eine Abwendung davon, ein Rückschlag gegen solche Überspannung des Menschen war notwendig vor allem für das Geistesleben selbst. Aber so gewiß das Problem einer umsichtigeren Behandlung und einer breiteren Grundlage bedarf, die kühnen Weltbilder der Spekulation mit ihrem Schaffen aus Einem Guß, ihrem Ringen ganzer Persönlichkeiten mit dem Ganzen der Welt, ihrer energischen und charakteristischen Durchleuchtung der Wirklichkeit behalten einen eigentümlichen Wert. Sie bringen nicht nur eine unermeßliche Fülle einzelner Anregungen und Belebungen, sie geben dem Ganzen des Denkens einen Zug ins Systematische, Einheitliche, Große. Wer die markige, durch und durch persönliche und individuelle Ausdrucksweise jener Männer unbefangen auf sich wirken läßt, der wird deutlich die Überlegenheit ihrer Art gegen alles kleinkluge Räsonnement der Epigonen empfinden, das groß im Tadeln und klein im Schaffen ist.

Aus dem Kreise jener Männer seien hier Fichte, Schelling, Hegel, Schleiermacher, Schopenhauer herausgehoben. Jene vier gehen bei allen Unterschieden darin zusammen, die Welt als eine Verwirklichung der Vernunft zu bejahen, während Schopenhauer sie ebenso entschieden als ein Reich der Unvernunft verneint. Fichte, Schelling, Hegel wagen es, das Werden des Vernunftreiches durch einen fortlaufenden Gedankenprozeß nachzubilden, die Welt zu „konstruieren", während Schleiermacher jenes Ziel ruhiger und besonnener, freilich auch minder kräftig verfolgt. Die Kulturarbeit des 19. Jahrhunderts hat den bedeutendsten philosophischen Ausdruck in Hegel gefunden; so soll er uns vornehmlich beschäftigen.

α. Die Systeme konstruktiven Denkens.

Fichte, Schelling, Hegel bilden bei allen Unterschieden eine Gesamtbewegung; Eine Grundbehauptung trägt ihrer aller Arbeit. Diese Behauptung ist verständlich nur von Kant aus, nämlich aus seiner Aufdeckung geistiger Gesamtleistungen und einer inneren Struktur des Geisteslebens, womit zugleich eine eigentümlich philosophische „transcendentale" Betrachtungsweise entsteht und sich von der erfahrungsmäßigen abhebt. Jene neue Weise hatte Kant selbst scharf abgegrenzt und an strenge Bedingungen geknüpft. Seine kühnen, mit frischer Jugendkraft aufstrebenden, von dem Selbstbewußtsein einer stark erregten Zeit getragenen Nachfolger möchten die Denktätigkeit von allen solchen Schranken befreien, ihnen wird sie zum Mittelpunkt, zur schaffenden Seele der Wirklichkeit, bei voller Einsetzung ihrer Kraft scheint sie die ganze Unendlichkeit an sich zu ziehen oder vielmehr aus sich hervortreiben zu können.

Zu solcher weltschaffenden Leistung aber läßt sich das Geistesleben nicht aufrufen, ohne sich gegen die übliche Fassung wesentlich zu erhöhen. Es darf nicht eine bloße Eigenschaft der Individuen sein, es muß sich von ihnen ablösen und ihnen gegenüber eine Selbständigkeit ausbilden, mehr und mehr wird es ein bei sich selbst befindliches Reich, das vom Menschen Einordnung und Unterwerfung verlangt, das nicht von den Zwecken des Menschen, sondern von seinen eigenen Notwendigkeiten beherrscht wird. Zugleich wird es aus einem ruhenden und fertigen Sein ein unablässig fortschreitendes Leben, eine durch innere Kraft bewegte Entwicklung, ein rastlos in sicherem Zuge aufsteigender Prozeß. Indem dieser Prozeß möglichst die ganze Wirklichkeit in sich zieht, wird sie durchweg lebendig und flüssig, im besonderen wird die Geschichte zur erzeugenden Werkstätte des Geisteslebens und empfängt damit eine Bedeutung wie nie zuvor. Auch ein einfaches Grundgesetz der Bewegung ist bald ermittelt, es ist das Fortschreiten durch ein Hervorbringen und Überwinden von Gegensätzen; im Strom jenes Lebens erzeugt jedes Ja alsbald ein Nein, aus ihrem Kamp arbeitet sich eine Synthese heraus, weitere und weitere Antithesen und Synthesen folgen, bis endlich die ganze Wirklichkeit von der Bewegung umspannt und zugleich in Geistes- und Gedankenleben verwandelt ist.

Mit solchem Selbständigwerden des Geisteslebens gegenüber dem Menschen verschiebt sich wesentlich die anfängliche Ansicht und Aufgabe unseres Daseins. Anfänglich steht die Bewegung dem Menschen noch näher und wird direkter von seiner Empfindung getragen, er erscheint als gebietender Herr der Dinge, indem er bei voller Einsetzung seiner Kraft die ganze Wirklichkeit glaubt hervorbringen zu können; je mehr sich aber das Geistesleben zu einem eigenen Reich gegenüber dem Menschen ausbaut, desto mehr muß dieser sich unterordnen und eine überlegene Tatsächlichkeit anerkennen, desto mehr entwächst die Bewegung dem unmittelbaren Seelenleben. Mag durch alle Phasen geistige Aktivität den Kern der Wirklichkeit bilden, ihre Stellung zum Menschen und damit sein Verhältnis zur Wirklichkeit wird anders, zugleich aber verwandelt sich der Anblick und die Behandlung der einzelnen Lebensgebiete.

Es sind aber die drei Führer des Ganzen, Fichte, Schelling, Hegel, nicht bloße Stufen einer fortschreitenden Bewegung, die in Hegel gipfelt, sondern jeder von ihnen sucht den Kern des Geisteslebens und der Gedankenarbeit an einer verschiedenen Stelle: für Fichte wird das Denken eine Tathandlung moralischer Art, welche die Welt höchsten Zwecken unterwirft, für Schelling wird es ein künstlerisches Bilden, das die Wirklichkeit drinnen und draußen in ein lebensvolles Kunstwerk verwandelt, bei Hegel entwickelt es bei sich selbst einen logisch-dialektischen Prozeß, der alle Arbeit der Weltgeschichte an sich zieht und im Denken des Denkens die abschließende Höhe erreicht. Jeder hat damit einen eigentümlichen Weltdurchblick, jeder rückt andere Gebiete und Probleme in den Vordergrund, jeder hat auch seinen besonderen Stimmungston; zusammen haben sie dem menschlichen Dasein so reiche Anregungen und Belebungen gebracht, daß sich ihre Wirkung wohl zeitweilig verdunkeln und verdrängen, nicht aber dauernd aufheben läßt.

aa. Fichte.

Fichtes (1762 – 1814) Gedankenarbeit ist in hervorragendem Maße persönliche Tat, Sichaufringen des eigenen Wesens. Seine von Haus aus auf Kraft und Selbsttätigkeit angelegte Natur konnte so lange nicht ihre eigene Bahn finden, als ihn der Einfluß Spinozas im Menschen ein bloßes Stück eines strengen Kausalgefüges sehen ließ; von solchem peinlichen Zwiespalt befreit ihn die kantische Denkweise mit ihrer Verstärkung des Subjekts, ihrer Verwandlung der Kausalität aus einem Weltgesetz in ein eigenes Werk des Denkens, ihrer Voranstellung der praktischen Vernunft. Aber solcher Anschluß an Kant führt unmittelbar zu einem Hinausstreben über Kant; wo das Verlangen nach Selbsttätigkeit ausschließlich die Überzeugung wie das Streben beherrscht, da wird die kantische Begrenzung der Tätigkeit durch eine entgegenstehende Welt zu einem unerträglichen Dualismus, da muß das „Ding an sich" fallen. Nunmehr wird die praktische Vernunft zur Wurzel aller Vernunft, im Denken selbst mit seinem Beleben und Durchleuchten der Wirklichkeit wird ein Handeln erkannt; nunmehr läßt sich guten Mutes unternehmen, die ganze Welt aus der Tätigkeit hervorzubringen und sie damit in einen vollen Besitz des Menschen zu verwandeln. Durch sein ganzes Leben wird damit der Mensch vor ein Entweder — Oder, vor die Wahl zwischen Freiheit und Unfreiheit gestellt. Überall gilt es das Dasein auf eigene Tat, das heißt aber auf klare Begriffe zu gründen und diesen Begriffen gemäß zu gestalten; nirgends darf sich der Mensch einer von draußen gegebenen Ordnung blind unterwerfen, nirgends bloßer Autorität und Tradition vertrauen, sondern alles muß er auf seine Tat nehmen und in alle Gestaltung sein Selbst hineinlegen. Solche Wendung des Lebens zur Freiheit übt die mächtigsten Wirkungen auf Staat, Gesellschaft, Religion; überall ein Aufrütteln aus träger Gewohnheit und fauler Anbequemung, ein Aufruf zu männlicher Selbständigkeit, zur Verwandlung alles Daseins in Vernunft. Als Gesamtziel des Lebens erscheint jetzt die Kultur im Sinne der „Übung aller Kräfte auf den Zweck der völligen Freiheit, der völligen Unabhängigkeit von allem, was nicht wir selbst, unser reines Selbst ist".

Mit solchem Wecken und Drängen erscheint Fichte als eine stürmische Kraftnatur, aber an erster Stelle geht die Bewegung bei ihm nicht nach außen, sondern nach innen, auf eine innere Konzentration und durchgreifende Klärung, auf ein Selbständigwerden des eigenen Denkens und Lebens, sie ist daher vor aller Wirkung in die Welt wissenschaftliche Arbeit, Philosophie. Denn „die eigentliche Macht, welche den Menschen unterjocht, ist ein falscher Wahn"; daher heißt „wahrhaftig leben wahrhaftig denken und die Wahrheit erkennen". Auch findet die Tätigkeit bei solcher Richtung auf ihre eigene Tiefe eine Gesetzlichkeit in sich selbst; ein Soll, die Idee der Pflicht treibt alles Handeln. Die Anerkennung solcher Gesetzlichkeit gibt aller Lebensentfaltung einen streng moralischen Charakter; die Erhöhung ist zugleich eine Bindung, die Bindung eine Erhöhung. So ist hier die Moral nicht ein Klein- und Schwach-, sondern ein Groß- und Kräftigwerden des Menschen; sie bedeutet nicht eine lästige Polizei des Lebens, sondern seine Erhebung zu voller Selbsttätigkeit, Ursprünglichkeit, Weltüberlegenheit.

Demnach bringt Fichte der menschlichen Seele kräftige und fruchtbare Impulse, die zur Gesundung zunächst des deutschen Lebens nicht wenig gewirkt haben. Minder gelingt es, den Antrieb in Arbeit umzusetzen und dem Reichtum der Wirklichkeit gerecht zu werden. So bewunderungswürdig die Energie, mit der Fichte in jüngeren Jahren aus dem Ich, dem als ein Quell fortlaufender Bewegung verstandenen Ich, eine Welt hervorspinnt, unverkennbar ist diese Welt ein Reich abstrakter Formen, sie wird immer schattenhafter, je weiter die Gedankenarbeit sich vom Ausgangspunkt entfernt.

Eine engere Beziehung zum Reichtum der Dinge gewinnt Fichtes Denken erst, nachdem sich ihm das Ich als absolutes Leben über alle Einzelexistenz hinaushebt. Auch jetzt heißt es, die ganze Wirklichkeit durch unermüdliche Tätigkeit zur Vernunft zu gestalten, aber nun umfängt das menschliche Tun ein Weltprozeß, und es gilt zunächst das rechte Verhältnis zum Ganzen zu gewinnen, bevor an der einzelnen Stelle etwas gelingen kann. Damit erhält das Leben einen ausgesprochen religiösen Charakter; es entwickelt sich eine neue Mystik, die den Menschen das „Ewig Eine" als das allein Wesenhafte in seinem eigenen Leben und Sein erfassen heißt.

> „Das ewig Eine,
> Lebt mir im Leben, sieht in meinem Sehen".

Aber in aller Innerlichkeit der Gesinnung bleibt diese Religion durchaus eine Religion der Vernunft und der lebendigen Gegenwart; der Denker verwirft alles träge Harren und Hoffen auf ein Jenseits, denn „durch das bloße Sichbegrabenlassen kommt man

nicht in die Seligkeit"; er verwirft zugleich eine Verquickung historischer Daten mit notwendigen Vernunftwahrheiten; "man sage nicht,
was schadets, wenn auch auf dieses Historische gehalten wird? Es
schadet, wenn Nebensachen in gleichen Rang mit der Hauptsache
gestellt, oder wohl gar für die Hauptsache ausgegeben, und diese
dadurch unterdrückt und die Gewissen geängstigt werden".

Diese neue, wennschon verwandte Art gibt auch dem geschichtlichen und gesellschaftlichen Leben einen höheren Wert. In der
Geschichte erscheint jetzt ein gemeinsames Werk der Menschheit,
eine Lösung der Aufgabe, die Vernunft, die von Anfang an, aber
dunkel und gebunden, im Menschen wirkte, in volle Klarheit und
eigene Tat zu verwandeln, alle Verhältnisse mit Freiheit nach der
Vernunft zu ordnen. Besonders bedeutend aber wird dem Denker,
der zu Anfang den Zweck aller Regierung darin gesetzt hatte, "die
Regierung überflüssig zu machen", die staatliche Gemeinschaft; seine
Gedankenarbeit durchläuft dabei verschiedene Phasen. Aus dem anfänglichen Freiheitsstaat wird zunächst der "geschlossene Handels-
staat", der das wirtschaftliche Wohl aller seiner Glieder sichern soll,
dann der Kulturstaat, der alle Gebiete der "Geisteskultur" zu fördern,
nicht freilich zu beherrschen hat; endlich aber vollzieht sich nach
der schweren Katastrophe eine Wendung zum Nationalstaat. Da hier
zum ersten Male die Idee der Nationalität mit voller Klarheit in die
philosophische Betrachtung eintritt, so sei Fichtes Gedankengang etwas
näher dargelegt. Der Mensch, so meint er, kann nichts wahrhaft
lieben, das er nicht als ewig erfaßt und in die Ewigkeit seines Gemütes aufnimmt; so würde seinem irdischen Leben und Wirken die
rechte Liebe und Kraft fehlen, wenn es ihm nicht irgendwelche
Zusammenhänge böte, die seinem Tun eine sichere Fortdauer durch
die Kette der Zeiten versprächen. Einen solchen Zusammenhang
aber gewährt ihm allein seine Nation, "die besondere geistige Natur
der menschlichen Umgebung, aus welcher er selbst mit allem seinen
Denken und Tun und mit seinem Glauben an die Ewigkeit desselben hervorgegangen ist, das Volk, von welchem er abstammt, und
unter welchem er gebildet wurde, und zu dem, was er jetzt ist,
heraufwuchs". "Diese Eigentümlichkeit ist das Ewige, dem er die
Ewigkeit seiner selbst und seines Fortwirkens anvertraut, die ewige
Ordnung der Dinge, in die er sein Ewiges legt; ihre Fortdauer muß
er wollen, denn sie allein ist ihm das entbindende Mittel, wodurch
die kurze Spanne seines Lebens hienieden zu fortdauerndem Leben

hienieden ausgedehnt wird«. Wer so den Nationalitätsgedanken an
die höchsten Ziele des Menschen anknüpft, dem wird nicht die
äußere Macht und Ausdehnung, sondern die innere Durchbildung,
die kräftige Ausprägung eines geistigen Charakters die Hauptsache
sein; auch als Politiker hört Fichte nicht auf Philosoph zu sein und
die Dinge unter der Form der Ewigkeit zu behandeln. Das deutsche
Leben und Wesen aber wird ihm vor allem wertvoll, weil er in ihm
eine besonders kräftige Richtung auf das Innerste und Ursprünglichste
des Menschen zu erkennen glaubt und daher den Deutschen, er als
erster, vor anderen Völkern »Gemüt« zuspricht. Geschichtlich bekundet findet er diese Art vornehmlich in der Reformation, in der
deutschen Philosophie mit ihrem Aufbau der Wirklichkeit aus geistiger Selbsttätigkeit, in der deutschen Erziehung mit ihrer Bildung des
Menschen von innen her.

Fichte war ein Mann weniger, aber großer Gedanken, und
auch bei diesen war er größer im Entwurf als in der Ausführung.
Aber, an einen Wendepunkt des allgemeinen Lebens wie in eine
kritische Zeit seines Volkes gestellt, fand er die Aufgabe der
Weckung der Geister, und er hat sie mit hingebender Treue gelöst. Sein zugleich aufrüttelndes und befestigendes Schaffen, seine
unbeugsame, zusammenhaltende, stählende, dabei stets den Tiefen
des Lebens zugewandte Arbeit hat hier Unvergeßliches und Unverlierbares gewirkt.

bb. Schelling.

Ist Fichte im Kreise jener Denker vornehmlich die handelnde
und ethische Persönlichkeit, so ist Schelling (1775 – 1854) der
Künstler und Ästhetiker. Denn auch wo seine Forschung sich
anderen Gebieten zuwendet, wie namentlich der Natur, ist sie nur
bedeutend und fruchtbar, soweit sie von künstlerischem Geist getragen wird; wo sie diese Beziehung aufgibt, gerät sie bald ins
Wunderliche und Verfehlte. Nur aus einer künstlerisch erregten
Zeit heraus und als Ausdruck einer künstlerisch angelegten Persönlichkeit wird die Naturphilosophie Schellings irgend verständlich.
Was die Natur der künstlerischen Intuition bedeutet: ein Reich
lebendiger Kräfte und innerer Zusammenhänge, das soll nun auch
für die Wissenschaft gelten. Durchführen läßt sich diese Aufgabe
nicht ohne eine sehr summarische, willkürliche, gewaltsame Behandlung des Tatbestandes, aber durch alle irrung hindurch erscheinen

ideen von belebender und anregender Kraft. Die Natur gilt hier
als ein inneres Ganzes, das alle Mannigfaltigkeit mit einem gemeinsamen Leben umspannt; zugleich ist sie kein ruhendes Sein, sondern
ein immer neues Werden, ein durch Selbstentwicklung fortschreitender Prozeß; getrieben aber wird die Bewegung durch den Gegensatz von positiven und negativen Kräften, von Attraktion und
Repulsion. So scheint alle Vereinzelung und alle Starrheit zu verschwinden, die Flut des unendlichen Lebens trägt jede einzelne
Bildung; "die Natur ist nicht bloß Produkt einer unbegreiflichen
Schöpfung, sondern diese Schöpfung selbst; nicht nur die Erscheinung
oder Offenbarung des Ewigen, sondern zugleich das Ewige selbst".
Der innerste Kern von Natur und Geist ist derselbe; nur geschieht
dort bewußtlos, was hier zum Bewußtsein gelangt. So können wir
hoffen und wagen, die Natur vom Denken aus aufzuhellen; "was
wir Natur nennen, ist ein Gedicht, das in geheimer wunderbarer
Schrift verschlossen liegt. Doch könnte das Rätsel sich enthüllen,
würden wir die Odyssee des Geistes darin erkennen, der wunderbar getäuscht, sich selber suchend, sich selber flieht; denn durch
die Sinnenwelt blickt nur wie durch die Worte der Sinn, nur wie
durch halbdurchsichtigen Nebel das Land der Phantasie, nach dem
wir trachten."

Die Mehrzahl der wissenschaftlichen Forscher hat diese Gedankengänge sofort entschieden abgelehnt, auf einen künstlerischen
Geist wie Goethe haben sie stark gewirkt. Denn wenn der spätere
Goethe meinte, seiner früheren Naturauffassung habe "die Anschauung der zwei großen Triebräder der Natur: der Begriff von
Polarität und von Steigerung" gefehlt, wem sollte er die Weiterbildung mehr verdanken als Schelling?

Später verbreitet sich die künstlerische Auffassung von der
Natur über das Ganze der Welt; die Wirklichkeit erscheint als ein
in sich selbst ruhendes und aus eigenem Leben immer neu ent-
springendes Kunstwerk; in diesem Kunstwerk werden alle Gegensätze des Lebens – Sinnliches und Geistiges, Beharren und Bewegung, Einzelnes und Allgemeines – umspannt und ausgeglichen;
uns Menschen aber eröffnet die Kunst den Zugang zu den letzten
Tiefen der Wirklichkeit, sie erscheint als "die einzige und ewige
Offenbarung, die es gibt, und das Wunder, das, wenn es auch nur
einmal existiert hätte, uns von der absoluten Realität des Höchsten
überzeugen müßte."

Solcher Überzeugung entspricht ein Streben, das menschliche Dasein wie im Ganzen so auch in den einzelnen Gebieten künstlerisch zu gestalten. Das Ideal ist hier nicht wie bei Fichte der sittliche Charakter, sondern die geniale Individualität; soll dort das ganze Dasein in selbsttätiges Handeln verwandelt werden, so heißt es hier: "Lerne nur, um selbst zu schaffen." Auch die Wissenschaften finden ihre höchste Höhe in einer künstlerischen Gestaltung und Kontemplation. Fruchtbar wird das namentlich für die Behandlung der Geschichte, die zur "historischen Kunst" werden soll. In den Lehren von Recht und Staat berührt sich Schelling, empfangend und weiterbildend, eng mit den Überzeugungen der Romantik. Das Streben geht dahin, jene Gebiete von aller menschlichen Reflexion zu befreien und sie durchaus auf ein innewohnendes Leben und eine eigene Notwendigkeit zu stellen; vor allem Einzelnen steht dabei ein Ganzes, vor allem bewußten Handeln ein bewußtloses Werden und Wachsen. Gegenüber der Aufklärung wird damit eine engere Berührung mit der Erfahrung erreicht, eine unermeßliche Fülle anschaulicher Tatsächlichkeit gewonnen. Aber zugleich entsteht ein einseitig kontemplatives und zu passives Verhalten, es droht die Gefahr, die eigene Tätigkeit einzustellen und unter die Macht bloßer Naturbegriffe zurückzusinken, indem das Kleinmenschliche abgewiesen wird.

Bei näherer Betrachtung der künstlerischen Denkweise Schellings kann ein Problem nicht entgehen, das freilich auf Goethe zurückweist: das ungeklärte Verhältnis von antiker und moderner Art. Die Kunst des deutschen Humanismus war in erster Linie Seelenkunst, sie erreicht die Höhe ihrer Leistung und Wirkung in der Lyrik, sie ist durchtränkt von Gedankenarbeit. Die Gestaltung der Begriffe von der Kunst aber steht vornehmlich unter dem Einfluß der bildenden Kunst, namentlich der Skulptur; damit fließt die griechische Anschauung in das moderne Leben ein, ohne doch mit seiner grundverschiedenen Art völlig verschmelzen zu können. Bei Schelling wie auch bei Goethe, dessen Schaffen jenes Begriffe beherrscht, bleibt hier etwas Unausgeglichenes, ja Fremdartiges.

Es wurde aber die künstlerische Weltanschauung Schellings getragen von dem Glauben an die Vernunft der Wirklichkeit, von der freudigen Lebensstimmung, welche die Zeit unserer klassischen Literatur beseelte; sie konnte sich nicht behaupten, als sich ihm später, auch unter dem Einfluß persönlicher Erfahrungen, der Anblick von Welt und Leben verdüsterte und die Unvernunft der Wirklichkeit

als zu groß erschien, um ohne eingreifende Umwandlung der ersten
Weltlage und ohne die Hilfe höherer Mächte sich irgend überwinden zu lassen. So muß die Kunst der Religion weichen, und
es wird zur Hauptaufgabe nunmehr die „Wiedergeburt der Religion
durch die höchste Wissenschaft", die zugleich für „die Aufgabe des
deutschen Geistes, das bestimmte Ziel aller seiner Bestrebungen"
erklärt wird. In Ausführung dieses Strebens erscheinen neue Grundstimmungen tiefer Art, dem Bösen wird weit mehr Realität zuerkannt, das Geheimnisvolle des menschlichen Daseins nachdrücklich
beteuert. „Die ganze Natur müht sich ab und ist in unaufhör-
licher Arbeit begriffen. Auch der Mensch seinerseits ruht nicht, es
ist, wie ein altes Buch sagt, alles unter der Sonne so voll Mühe
und Arbeit, und doch sieht man nicht, daß etwas gefördert, wahrhaft erreicht werde, etwas nämlich, wobei man stehen bleiben könnte."
     Was aber Schelling selbst zur Lösung des Problems darbietet,
ein gewagtes Spekulieren über den Ursprung des Bösen und über
eine alle Religionen umspannende Stufenfolge der göttlichen Offenbarung, ist bei einzelnen anregenden Gedanken so wunderlich, es
unternimmt in dem Streben, auch das irrationale rational zu erklären,
etwas so Unmögliches, daß die Zeit guten Grund hatte, das Ganze
rundweg abzulehnen. Immer mehr hat Schelling sich der Zeitumgebung und der lebendigen Gegenwart entfremdet, die er zuerst
kühn glaubte führen zu können.
     Auch in dem Ganzen der Lebensarbeit überwiegen bei ihm
die Anregungen weitaus die Leistungen. Er ist zu rasch und hastig,
um irgend zu ausgereiften Werken zu gelangen. Trotzdem hat er,
bei der Genialität seiner Anlage, der Beweglichkeit seines Strebens,
dem Vermögen hinreißender Darstellung, zur Bereicherung des Daseins und zur Erweiterung des geistigen Horizontes Großes gewirkt.
Er hat viel Ruhendes in Fluß gebracht, viel Zerstreutes zusammen-
geführt, viel Starrheit sonstiger Gegensätze gebrochen, namentlich
hat er Sinnliches und Geistiges, Anschauung und Gedankenarbeit in
weit freundlichere und fruchtbarere Beziehungen gesetzt, als es vor
ihm der Fall war.

cc. Hegel.

     In Arbeit und Geschlossenheit ist Hegel (1770—1831) weit
überlegen. Er wirkt mit der vollen Kraft eines durchgebildeten
Systems und hat sich damit in das Geistesleben des Jahrhunderts so

tief eingegraben, daß es sich von ihm nicht befreien kann, auch wo alle Mühe darauf verwandt wird. Wie oft ist Hegel für überwunden und abgetan erklärt, und eine wie große Kluft scheidet ihn in Wahrheit von uns! Und doch übt er noch immer eine Macht über die Geister und gewinnt immer von neuem Anhänger; wenn auch oft unerkannt, steckt sein Einfluß tief in unserer Arbeit, unseren Begriffen, unseren Problemen. So werden wir von Hegel zugleich angezogen und abgestoßen, wir erkennen in ihm sowohl eine bewegende Macht unseres Jahrhunderts als ein Zeichen, dem allgemein widersprochen wird. Sollte ein solches Rätsel nicht zur Lösung reizen?

So gewaltig und überlegen sich Hegels System ausnimmt, es ist eine einfache Tatsache und alte Wahrheit, die es aufnimmt und weiterführt, die Tatsache des in uns wirksamen Denkens. Unserem eigenen Wesen angehörig, übt das Denken zugleich eine Macht über uns, schon beim Individuum entwickelt es seine Konsequenzen auch gegen dessen Willen, verlangt es zwingend eine Lösung erkannter Widersprüche; nicht sowohl wir denken als es in uns denkt. So hatte schon Sokrates das Denken scharf von der bloßen Vorstellung abgehoben und in ihm einen sicheren Halt für Erkennen und Leben gefunden. Hegel aber verfolgt das Denken von den Individuen in das Leben der Menschheit und die weltgeschichtliche Arbeit. Mit solcher Wendung erscheint es nicht als ein für allemal fertig, als ein ruhendes Sein, sondern als ein fortschreitender, durch seine eigene Gesetzlichkeit bewegter Prozeß; auch ist es nicht etwas neben den Dingen Befindliches, sondern das sie alle Umfassende und aus sich Hervortreibende. Demnach wächst in Aneignung der weltgeschichtlichen Arbeit der Denkprozeß zu einem Weltprozeß, er wird die wahrhaftige Substanz aller Wirklichkeit und übt mit seiner Logik eine weltbeherrschende Macht.

Das durchzuführen kann Hegel nicht unternehmen, ohne die Denkarbeit von aller Besonderheit menschlicher Art zu befreien. Diese Befreiung erfolgt, wenn wir Mut und Kraft genug finden, alle eigenen Einfälle und Vorstellungen abzuwerfen, ganz in ein sachliches Denken aufzugehen und lediglich seiner Notwendigkeit zu folgen. Alsdann fallen alle Schranken, und die menschliche Vernunft wird eins mit der göttlichen. Damit erst rechtfertigt sich ein sicheres Vertrauen auf das Vermögen des Denkens. Ohne einen solchen Glauben gibt es nach Hegel keine Energie der philosophischen Arbeit:

„Der Mut der Wahrheit, Glaube an die Macht des Geistes ist die
erste Bedingung des philosophischen Studiums; der Mensch soll sich
selbst ehren und sich des Höchsten würdig achten. Von der Größe
und Macht des Geistes kann er nicht groß genug denken. Das verschlossene Wesen des Universums hat keine Kraft in sich, welche
dem Mut des Erkennens Widerstand leisten könnte; es muß sich vor
ihm auftun und seinen Reichtum und seine Tiefen ihm vor Augen
legen und zum Genusse bringen."

Die Verwandlung der Wirklichkeit in reines Denken vollzieht
sich aber so, daß die Begriffe in sich selbst Widersprüche enthüllen,
die zu ihrer Auflösung und zur Schöpfung neuer Begriffe treiben;
diese aber erfahren dasselbe Schicksal, und so geht die Bewegung
weiter und weiter, bis alles Fremde unterworfen, alles Dunkel in
Licht, alle Voraussetzung in begründete Einsicht verwandelt ist. „Das
Wahre ist das Ganze. Das Ganze aber ist nur das durch seine Entwicklung sich vollendende Wesen." Die Methode erscheint damit
als die eigene Bewegung des Begriffes, weitergeleitet aber wird er
namentlich durch das in ihm enthaltene Negative. Denn in Wahrheit ist jeder Begriff eine „Einheit entgegengesetzter Momente", in
jedem Wirklichen ist eine Einheit von Sein und Nichts, daher sind
„alle Dinge an sich selbst widersprechend". Die Entwicklung und
Auflösung solcher Widersprüche ergibt einen immer größeren Reichtum des Inhalts, bis endlich der Geist die ganze Unendlichkeit als
sein Eigentum erkennt und zugleich den Gipfel vollen Selbstbewußtseins erreicht.

In dieser Bewegung ist jede Stufe nur ein Durchgangspunkt;
nichts Einzelnes kann sich absondern und festlegen, ohne sofort der
Erstarrung und Unwahrheit zu verfallen. Gerade in dem Augenblick, wo etwas die höchste Reife seiner Ausbildung erreicht, beginnt
sein Untergang; wie könnte es länger bleiben, nachdem es sein
Werk getan hat? So wird hier das Leben ein unablässiges Untergehen. Aber dies Untergehen ist kein völliges Vergehen, das äußere
Verschwinden kein gänzliches Erlöschen. Denn was sein besonderes
Sein aufgeben muß und „aufgehoben" wird, das bleibt erhalten als
ein Stück, ein Moment der höheren Stufe, es wird bei ihr auch in
positivem Sinne „aufgehoben"; das Einzelne erliegt den Lebensfluten
des gewaltigen Prozesses nur, um ein neues, unvergängliches Sein
innerhalb des Ganzen wiederzufinden. So bleibt der Sieg dem Leben,
aber die von ihm geforderte Vernichtung enthält eine gewaltige Tragik.

Die energische Durchführung dieses Verfahrens erzeugt ein durchaus charakteristisches Bild unserer Wirklichkeit. Nicht nur gerät alles in Fluß, sondern es wird alles miteinander verkettet und auf einander angewiesen, es erschließt seinen Sinn erst aus den Beziehungen und Zusammenhängen. Überall ist es der Kampf und Zusammenstoß, der weiterführt, nicht eine ruhige Ansammlung; zu höchster Spannung und Betätigung wird alles Leben aufgerufen. Alles, was äußerlich und sinnlich dünkt, erweist sich jetzt als bloße Erscheinung des Geistes für den Geist; nirgends erlangt das Materielle einen selbständigen Wert. Durchgängig ist die geistige Arbeit auf ihre eigenen Kräfte gestellt und über die Zwecke des bloßen Menschen wie das Vermögen des unmittelbaren Seelenlebens hinausgehoben; im eigenen Kreise erfährt hier der Mensch das Wirken höherer Mächte. Alles Geistige aber konzentriert sich im Denken mit seinen Begriffen; es gilt daher überall die Komplexe auf den zusammenhaltenden Begriff zu bringen, mit einer aufhellenden Idee das ganze Gebiet zu durchleuchten. Diese ideen sind es, welche den Kern und die Triebkraft der Geschichte bilden. Die verschiedenen Gebiete aber fügen sich wieder in einen allumfassenden Zusammenhang und werden zu Stufen und Darstellungen einer einzigen Wahrheit. So wird in einer gewaltigen Vergeistigung des Stoffes alles zusammengedrängt und miteinander verbunden, die ganze Weite des Lebens aus Einem Guß gestaltet. Über aller Hast der Bewegung aber schwebt die Einheit der Betrachtung und verwandelt den ungestümen Drang in die Ruhe eines Lebens unter der Form der Ewigkeit.

Dieser Prozeß ist in erster Linie eine Sache der geistigen Kraft, nicht der moralischen Gesinnung. Aber es fehlt ihm keineswegs ein moralisches Element; es liegt in jener Hingebung an die objektive Wahrheit, an die Bewegung der Ideen, welche unbekümmert um das Wohl und Wehe der Individuen ihren eigenen Weg verfolgen, sich selbst entwickeln und ausleben. Sie bedienen sich des Menschen auch gegen sein Wissen und Wollen; ihre „List" macht aus ihm auch da ein Werkzeug, wo er seinen besonderen Zwecken nachgeht und seinen Leidenschaften fröhnt. „Die Leidenschaften zerstören sich gegenseitig; die Vernunft allein wacht, verfolgt ihren Zweck und macht sich geltend." Die Ideen aber in den eigenen Willen aufzunehmen, das erhebt zu wahrer Größe, das bedeutet die echte Sittlichkeit. „Dies sind die großen Menschen in der Geschichte,

deren eigene partikulare Zwecke das Substantielle enthalten, welches
Wille des Weltgeistes ist".

Die Ausarbeitung dieser Gedanken ist jedoch auf den verschiedenen Gebieten recht ungleichartig. Die Natur bleibt das Stief-
kind, und auch mit dem individuellen Seelenleben weiß Hegel
nicht viel anzufangen. Seine Stärke liegt auf dem geschichtlich-
gesellschaftlichen Gebiet, das Streben des 19. Jahrhunderts nach
dieser Richtung erhält hier den bedeutendsten philosophischen Ausdruck; vor allen anderen ist Hegel der Philosoph des modernen
Kulturlebens; dessen Intellektualismus, Optimismus, Fortschrittsglaube
hat nirgends eine so großartige Durchbildung gefunden.

Hegels Gesellschaftslehre bringt seine Gedankenrichtung zu
besonders klarem Ausdruck. Wie sein Denken alles Einzelne dem
Ganzen einordnet, so steht ihm auch der Staat als Gesamtwerk
durchaus vor dem Individuum. Wohl findet er das Wesen des
neueren Staates darin, „daß das Allgemeine verbunden sei mit der
vollen Freiheit der Besonderheit und dem Wohlergehen der Individuen", aber die Überlegenheit des Allgemeinen bleibt dabei unangetastet, und der Gegensatz zum Rechts- und Freiheitsstaat der
Aufklärung ist augenscheinlich. Mag ferner Hegel davon überzeugt
sein, daß alles Große nicht bloße Massenwirkung, sondern das Werk
einzelner genialer Individuen ist: diese Individuen sind ihrer Zeit
nicht fremd, sondern sie werden von ihr erzeugt und bringen lediglich zu voller Bewußtheit, was im Ganzen der Gemeinschaft aufstrebt:
„In der öffentlichen Meinung ist alles Falsche und Wahre, aber das
Wahre in ihr zu finden, ist Sache des großen Mannes. Wer was
seine Zeit will, ihr sagt und vollbringt, ist der große Mann der Zeit."

Zugleich bekämpft Hegel mit höchster Energie die eingewurzelte
Neigung, an dem Staat eine bloß subjektive Kritik zu üben und
mit Vorliebe bei den Mißständen zu verweilen, die einmal unter
menschlichen Verhältnissen unvermeidlich sind. Vielmehr gilt es,
sich in das innere Leben und Wesen des Ganzen zu versetzen und
aus ihm alle Äußerungen zu verstehen. Wie überhaupt die vernünftige Einsicht eine Versöhnung mit der Wirklichkeit erzeugt, so
ist auch der Staat als ein in sich Vernünftiges zu begreifen und darzustellen. Hier vornehmlich hat die Philosophie nicht zu belehren,
wie die Welt sein soll, sondern das Vernünftige als wirklich und das
Wirkliche als vernünftig zu erkennen. Bildet doch die philosophische Betrachtung durchgängig nicht den Anfang, sondern den

Abschluß einer geschichtlichen Epoche. „Als der Gedanke der Welt
erscheint sie erst in der Zeit, nachdem die Wirklichkeit ihren
Bildungsprozeß vollendet und sich fertig gemacht hat. – Die Eule
der Minerva beginnt erst mit der einbrechenden Dämmerung
ihren Flug."

So hat Hegel vom Staat größer zu denken und ihm größere
Aufgaben zuzutrauen gelehrt. Aber er trägt auch ein gutes Stück
Schuld an der mystischen Überspannung der Staatsidee, die mehr
und mehr das Geistesleben mit einer Mechanisierung bedroht. Wer
mit ihm im Staate „die Wirklichkeit der sittlichen Idee", den „göttlichen Willen als gegenwärtigen, sich zur wirklichen Gestalt und
Organisation einer Welt entfaltenden Geist" sieht, der muß ihn als
ein „Irdisch-Göttliches" verehren, für den gibt es keine Grenzen
des Staates.

Auch die nähere Ausführung läßt überall die leitenden Grundanschauungen deutlich hervorscheinen. So sucht Hegel stets die
Macht des Gegensatzes im Zusammenleben aufzuweisen. Er versteht
z. B. die Strafe als die Negation der Negation der Rechtsordnung,
die der Verbrecher begangen hat; er erkennt in der Liebe zugleich
ein Aufgeben des eigenen Seins und ein Wiedergewinnen eines
neuen Seins durch die Selbstverneinung, „die Liebe ist der ungeheuerste Widerspruch, den der Verstand nicht lösen kann", „die
Liebe ist das Hervorbringen und die Auflösung des Widerspruchs
zugleich"; er verteidigt aber auch – entgegen dem allgemeinen Strome
der Philosophie – den Krieg als ein unentbehrliches Mittel, „damit
die sittliche Gesundheit der Völker in ihrer Indifferenz gegen das
Festwerden der endlichen Bestimmtheiten erhalten wird."

Sein Regierungsideal ist die Herrschaft der Intelligenz, wie sie
durch ein philosophisch geschultes, von geistigen Aufgaben erfülltes
Beamtentum geübt wird, die Volksvertretung soll nicht in die Staats-
geschäfte eingreifen, aber sie soll die Regierung zur Darlegung ihres
Verfahrens anhalten und dadurch das Staatsleben auf eine höhere
Stufe der Bewußtheit heben.

Der einzelne Staat bildet aber für Hegel keinen fertigen Abschluß, er mündet ein in den weltgeschichtlichen Prozeß. Immer
ist Ein Volk der Hauptträger der jeweiligen Entwicklung, jedes
Kulturvolk hat seinen Welttag. Aber es hat diese Stellung nur eine
begrenzte Zeit, um dann die Fackel einem anderen zu übergeben.
Alle Leistungen der einzelnen Völker und Zeiten dienen einer ein-

zigen Idee: der Entwicklung des Geistes zum Bewußtsein seiner Freiheit; in allem Aufbauen und Zerstören vollzieht sich nichts anderes als ein Sichselbstfinden des Geistes, ein Zurückkehren zu sich selbst, das zugleich die höchste Vollendung bedeutet. Eine solche, allen Inhalt des Lebens einschließende Freiheit ist grundverschieden von der bloß natürlichen und subjektiven Freiheit des Anfanges; jene zu erreichen, kostet unsägliche Arbeit. Denn „die Entwicklung, die in der Natur ein ruhiges Hervorgehen ist, ist im Geist ein harter unendlicher Kampf gegen sich selbst. Was der Geist will, ist, seinen eigenen Begriff zu erreichen, aber er selbst verdeckt sich denselben, ist stolz und voll von Genuß, in dieser Entfremdung seiner selbst." Aber zugleich dürfen wir „überzeugt sein, daß das Wahre die Natur hat, durchzudringen, wenn seine Zeit gekommen, und daß es nur erscheint, wenn diese gekommen, und deswegen nie zu früh erscheint, noch ein unreifes Publikum findet."

Wie nun die einzelnen Epochen Abschnitte und Stufen dieser weltgeschichtlichen Bewegung bilden, das hat Hegel in energischer Konzentration, aber auch mit starker Gewaltsamkeit durchgeführt und bis zur Gegenwart verfolgt, in der er den siegreichen Abschluß des Ganzen, das volle Selbstbewußtsein des Geistes, erreicht findet. Er schließt mit der freudigen Überzeugung: „Die Entwicklung des Prinzips des Geistes ist die wahrhafte Theodicee, denn sie ist die Einsicht, daß der Geist sich nur im Elemente des Geistes befreien kann, und daß das, was geschehen ist und was alle Tage geschieht, nicht nur von Gott kommt, sondern Gottes Werk selber ist."

Die Höhe des Lebens findet Hegel im Reich des absoluten Geistes, das sich ihm in die Gebiete der Kunst, Religion, Philosophie gliedert. Den Inhalt bildet überall dieselbe Wahrheit: das sich selbst durch die eigene Bewegung Finden und Aneignen des Geistes; aber die Kunst gibt diese Wahrheit in der Form der sinnlichen Anschauung, die Religion in der der Vorstellung, die Philosophie in der des reinen Begriffes. Überall wird damit zur Hauptsache der Gedankengehalt: das Kunstwerk ist die Verkörperung einer Idee, und in der Religion wird die Verwandlung in ein unbestimmtes Gefühl streng abgewiesen: „Der wahre Nerv ist der wahrhafte Gedanke; nur wenn er wahr ist, ist das Gefühl auch wahrhafter Art." Alle Gebiete unterliegen dabei der weltgeschichtlichen Betrachtung, welche die Gegenwart als den Höhepunkt und Zusammenschluß der gesamten, durch den Gegensatz fortschreitenden Bewegung versteht.

Der Religion gibt einen lebendigen Inhalt die das ganze System durchwaltende Idee von dem Aufgeben des Einzelnen in das Ganze des Denkprozesses und dem Neuwerden aus seiner Kraft. Das Leben und Wirken der Religion schildert Hegel in glutvoller Sprache: „In dieser Region des Geistes strömen die Lethefluten, aus denen Psyche trinkt, worin sie allen Schmerz versenkt, alle Härten, Dunkelheiten der Zeit zu einem Traumbild gestaltet und zum Lichtglanz des Ewigen verklärt." Aber er verfällt in Künstelei, wenn er diese immanente Religion des absoluten Denkprozesses als identisch mit dem Christentum erweisen möchte.

Den höchsten Gipfel bildet die reine Philosophie, die Philosophie des Wissens, als „der sich in Geistesgestalt wissende Geist oder das begreifende Wissen". Sie ist nicht etwas Besonderes neben ihrer Geschichte, sondern nichts anderes als deren Bewegung selbst, ihre in Eins zusammengefaßte und vom Gedanken durchleuchtete Bewegung. Die Lehren der einzelnen Philosophen sind nicht zufällige Ansichten und Einfälle bloßer Individuen, sondern notwendige Stufen des Gedankenprozesses. Alles hat hier seinen sicheren Platz, alles entspringt aus dem Ganzen und mündet ein in das Ganze. Auch bei den einzelnen Denkern fügt sich alle Mannigfaltigkeit unter eine Hauptidee und gewinnt erst damit einen Wert. Der Fortgang dieser Bewegung gehorcht wieder dem Gesetz des Gegensatzes, des Aufsteigens durch These und Antithese; auch hier ist der Kampf der Vater der Dinge. Von der Gegenwart, als der abschließenden Höhe, gesehen, hellt sich alles Frühere auf und gibt jedes Besondere sein Recht zu erkennen; das Ganze erscheint jetzt als ein „in sich zurückkehrender Kreis, der seinen Anfang voraussetzt und ihn nur im Ende erreicht". Damit kann sich die Hast des Fortschreitens in die Seligkeit einer in sich ruhenden Betrachtung verwandeln.

Die Macht der Philosophie Hegel beruht namentlich auf dem Zusammenwirken eines festen, scheinbar mit ehernen Klammern verbundenen Systems und einer reichen, an vielen Punkten mit ursprünglicher Kraft durchbrechenden Intuition; um auch dieser ihr Recht zu geben, haben wir den Denker oft mit seinen eigenen Worten reden lassen. So wird auch die Beurteilung vor allem davon abhängen, ob das System und die Intuition eine innere Einheit bilden. Diese Frage aber läßt sich nicht bejahen. Die Intuition ist hier nicht eine Ausführung und Ergänzung des Systems, sondern sie zeigt eine andersartige, reichere und weitere Grundüberzeugung. Das System, streng auf seine eigentümliche Behauptung zurückgeführt, bietet nichts anderes als ein Denken des Denkens, eine Ausstrahlung der Formen und Kräfte des Denkens ins All, eine Verwandlung der ganzen Wirklichkeit in ein Gewebe logischer Beziehungen. Das ist nicht erreichbar ohne eine Zerstörung alles unmittelbaren Lebens, eine Austreibung aller seelischen innerlichkeit und zugleich alles geistigen inhalts. Es steht in schroffem Widerspruche mit diesem Hauptzuge, wenn trotzdem ein Reich der Gesinnung, eine seelische Tiefe, ein Gebiet ethischer Werte anerkannt wird; in Wahrheit müßte alles derartige vor jenem logischen Getriebe verschwinden; so ganz müßte unser Sein darin aufgeben, daß für irgendwelches Erleben des Prozesses, für eine Verwandlung in Tat und Eigenbesitz nicht der mindeste Platz bliebe. Der Fortgang des Denkprozesses müßte also mehr und mehr alles Innenleben verzehren und den Menschen in ein willenloses Werkzeug eines intellektuellen Kulturprozesses verwandeln. Eine solche Tendenz wirkt in Wahrheit bei Hegel; soweit sie Boden gewinnt, siegt die leere Form, die Abstraktion, die Seelenlosigkeit.

Aber es wirkt ihr in dieser Philosophie unablässig entgegen eine reiche Intuition eines bedeutenden Mannes, welche eine große Zeit zusammenfaßt und allen Ertrag der weltgeschichtlichen Erfahrung in einen eigenen Gewinn verwandelt. Die Begriffsarbeit erscheint hier nicht als ein allverzehrender Moloch, sondern als eine freundliche Macht, die dem Leben zur Herausarbeitung seines Inhalts verhilft und selbst im Dienst eines weiteren Ganzen bleibt. So schöpft z. B. die Kunstphilosophie Hegels aus dem unermeßlichen Reichtum unserer klassischen Literatur, so erwärmt und beseelt sich die Religionsphilosophie durch das Christentum, so bereichert die politischen Begriffe der moderne Kulturstaat, so ist überall da Hegels Denken fruchtbar und eindringlich, wo eine lebendige Anschauung geistiger Wirklichkeit der bloßen Begriffsbewegung die Wage hält.

Wo hingegen dem Denker die intuition versagt, wie namentlich gegenüber der Natur, wo also die Begriffskonstruktion allein auf ihr eigenes Vermögen angewiesen ist, da wird Hegel formal, leer, unerträglich; die trotzdem aufrecht erhaltenen Ansprüche reizen zur schärfsten Abweisung. Denn hier erscheint mit einleuchtender Klarheit, wie wenig die Schraube des Begriffes zu leisten vermag, wenn sie keinen Widerhalt findet, sondern in leerer Luft arbeiten soll.

So erscheint bei Hegel ein harter Widerspruch: der Fortgang der Arbeit zerstört eben das, an dessen Bestehen ihre eigene Größe gebunden ist. Der Widerspruch kommt bei dem Denker selbst nicht zum Ausbruch, weil seine Persönlichkeit immer wieder ein leidliches Gleichgewicht zwischen Methode und Intuition herzustellen weiß. Aber jenseits der Person und ihres Werkes mußte der Konflikt alsbald entbrennen und das Ganze zersprengen.

Aber mag bei Hegel noch so vieles problematisch und verfehlt sein, eine überragende Größe sei ihm nicht bestritten; inmitten alles Problematischen hat er allgemeinere Wahrheiten zur Geltung gebracht, deren Anerkennung sich auch die Gegner nicht entziehen können. Es wirkt aus ihm mit hinreißender Kraft die Idee eines allumfassenden, alle Gebiete gleichartig gestaltenden Systems; es wirkt der Gedanke einer unaufhörlichen Bewegung des Lebens, der Flüssigkeit aller einzelnen Gebilde und ihrer Abhängigkeit von Lauf und Lage des Ganzen; es wirkt mit überwältigender Eindringlichkeit die Idee einer allem subjektiven Meinen und Mögen überlegenen sachlichen Wahrheit, eines Aufkommens und Kämpfens selbständiger Gedankenmassen jenseits der individuellen Kreise; es wirkt der Gedanke der ungeheuren Macht der Negation in unserem Leben, der aufrüttelnden und forttreibenden Kraft des Widerspruches, des Hindurchgehens der geistigen Bewegung durch den Gegensatz. Alle diese Ideen sind höchst fruchtbarer Art; kläglich verarmen müßte eine Gedankenwelt, die ihrer entraten wollte. Hegel aber hält sie uns vor nicht durch ein bloßes Programm, sondern durch die Tatsache einer streng gegliederten und fest geschlossenen Arbeit. Müssen wir aber bei aller Anerkennung dessen seine Verwandlung der Welt in bloßes Denken als einen verhängnisvollen Irrtum ablehnen, so ist der Widerspruch des Gesamteindruckes augenscheinlich; Fruchtbares und Verkehrtes, Notwendiges und Unhaltbares scheinen untrennbar verquickt, gleichzeitig werden wir angezogen und abgestoßen.

Hegel hat den Widerspruch, die innere Dialektik der Begriffe, in den Mittelpunkt der Denkarbeit gestellt; die Macht dieser Dialektik hat auch er selbst erfahren. Seine Absicht war, durch die Aufhellung und Zusammenfassung der weltgeschichtlichen Bewegung befestigend, beruhigend, versöhnend zu wirken; so wie das System sich unmittelbar gibt, mit seiner Tendenz, das Wirkliche als vernünftig und das Vernünftige als wirklich zu erweisen, trägt es ein durchaus konservatives Gepräge. Tatsächlich hat es gewaltigste

Leidenschaften entzündet und zerstörende Bewegungen hervorgerufen, vornehmlich in religiösen, politischen und sozialen Dingen; es ist die stärkste Triebkraft des Radikalismus der Neuzeit. Wie konnten sich das Wollen und das Wirken derart widersprechen?

Vor allem deshalb, weil ein Widerspruch im eigenen Wesen steckt, ein Widerspruch, den die Geschichtsphilosophie besonders stark empfinden läßt. Denn sie verwandelt die ganze Wirklichkeit in eine rastlose Entwicklung, zugleich aber will sie diese Entwicklung überschauen; so enthält sie gleichzeitig eine Tendenz zum Stabilismus eines letzten Abschlusses und zum Relativismus eines unbegrenzten Fortgehens. Die Unermeßlichkeit des Denkprozesses verlangt einen unaufhörlichen Fortgang in der Zeit, unmöglich kann ein besonderer Zeitpunkt die Bewegung abschließen. So müßte sich auch die Gegenwart als ein bloßes Glied der endlosen Kette verstehen und darauf gefaßt sein, all ihr Streben gemäß dem Gesetz des Widerspruches in das Gegenteil umschlagen zu sehen. Aber diese Folgerung kann Hegel um keinen Preis zulassen, er würde damit den Kern seines Systems und das Recht einer spekulativen Betrachtung preisgeben. Denn diese fordert ein Überblicken des Ganzen der Bewegung, nur vom Ganzen her lassen sich die Gegensätze überwinden und zusammenhalten; jener Überblick aber ist unmöglich ohne ein Heraustreten aus dem Werden in ein ewiges Sein, ohne eine Versetzung in ein Reich letztgültiger Wahrheit. Ein solcher Abschluß ist daher für Hegel unentbehrlich, wenn seine Philosophie mehr sein soll als der Ausdruck einer besonderen Zeitlage, ein kulturgeschichtlicher Durchblick. So wirken beide Bestrebungen schroff gegeneinander, sie sind in diesen Zusammenhängen unvereinbar. In der Gesinnung des Urhebers siegte die konservative Tendenz und bewirkte eine ruhige Kontemplation der Dinge, bei den Nachfolgern dagegen, gemäß dem Hauptzuge der Zeit, die radikale und trieb zu stürmischer Bewegung und schrankenlosem Relativismus. Hier wird die Wahrheit ein bloßes Kind der Zeit, ein Werkzeug für die Notwendigkeiten des Lebens und seine wechselnden Bedürfnisse.

Aber mochte der Radikalismus und Relativismus im Systeme selbst angelegt sein: daß er so rasch hervorbrach, war die Folge einer veränderten Zeitlage. Eben die Zeit, wo Hegel starb, vollzog eine Wendung des allgemeinen Lebens zu den Problemen des sichtbaren Daseins und demgemäß eine Wendung der Philosophie vom Idealismus zum Realismus. Bis zu Hegel überwogen die Fragen der inneren Bildung, und allen Wert gab dem Menschen die Teilnahme am geistigen Schaffen. Nunmehr dagegen wird der Mensch des unmittelbaren Daseins, der Mensch, wie er leibt und lebt, zur Hauptsache; sein Verhältnis zur physischen und sozialen Umgebung zeigt große Aufgaben und Verwicklungen; so sehr erfüllen diese alles Sinnen und Streben, daß die Welt der Dichtung und Spekulation verblaßt und, wenn nicht verschwindet, doch zu einer bloßen Begleiterin des Lebens wird. Erhält sich in solchen Zusammenhängen die Hegelsche Denkweise, so wird sich das Individuum jener gewaltigen intellektuellen Bewegung bemächtigen und ihre Steigerung des logischen Vermögens, ihre Beweglichkeit der Begriffe, ihre Verflüchtigung alles Stoffes, ihr Fortschreiten durch den Widerspruch zur Erhöhung der eigenen Macht benutzen; alsdann kann es sich zutrauen, die Dinge nach seinem Belieben so oder so zu wenden, nun dünkt sich die freischwebende Reflexion aller sachlichen Bindung überlegen, nun erfolgt ein Umschlag zur Denkweise der gleichberechtigten „Standpunkte" und „Gesichtspunkte", ein Umschlag zu einer modernen Sophistik, wie auch die alte Sophistik aus dem Hegel verwandten System Heraklits hervorwuchs.

Wenn ferner mit jener Umwälzung die bis dahin verkümmerten und verachteten materiellen Interessen um so stärker hervorbrechen, so können sie den stattlichen Gedankenapparat jenes Systems, das ganze Rüstzeug logisch-dialektischer Methode an sich reißen und für ihre Zwecke verwerten; so vollzieht sich z. B. in der sozialdemokratischen Theorie ein Umschlag der Geschichtsphilosophie ins Materialistische. Ohne die von Hegel entlehnten Waffen hätte nun und nimmer der wirtschaftliche Materialismus eine solche Macht erlangt.

So hat in der Tat Hegel die zerstörende Macht der dialektischen Methode mit besonderer Stärke an sich selbst erfahren. Von Anfang an wirkten in seiner Gedankenwelt dämonische Mächte, aber es bändigte sie einstweilen die geistige Kraft, und es beschwichtigte sie die friedliche, fast spießbürgerliche Persönlichkeit des Mannes; auch lag das Reich ihres Wirkens jenseit der Bedürfnisse und Leidenschaften des unmittelbaren Daseins, es war ein Kampf der Geister im reinen Äther der Gedanken. Aber mit Hegel selbst schwand jene Bindung; die dämonischen Mächte zerrissen den bisherigen

Zusammenhang und suchten sich rücksichtslos ihre eigene Bahn.
Zugleich stiegen sie von jener Höhe herab in das unmittelbare Dasein,
verschmolzen mit seinen Interessen und ergossen ihre Leidenschaft,
ihren unbegrenzten Lebensdurst in seine Bewegungen. Unter den
dadurch erweckten Problemen steht unsere eigene Zeit. Wird sie
stark genug sein, jene dämonischen Mächte zu bändigen und ihren
Wahrheitsgehalt zur Vernunft zu leiten?

β. Schleiermacher.

Unter den Führern des deutschen Idealismus darf auch Schleiermacher (1768 – 1834) nicht fehlen. Er hat nicht die durchdringende
und umwandelnde Kraft der eben behandelten Männer, nicht ihre
charakteristische Gestaltung und energische Färbung des Weltbildes.
Aber er hat auch nicht ihre Gewaltsamkeit; mit mehr Frische und
Unbefangenheit läßt er den ganzen Reichtum der Welt auf seine
feine und bewegliche Individualität wirken, im Austausch von Seele
und Welt gestaltet sich ein Lebensprozeß künstlerischer Art, der
alles Starre in Fluß bringt, alle Mannigfaltigkeit miteinander ver-
webt, alles Empfangene veredelt. Vor allem bewunderungswürdig
ist das Vermögen, die Glieder der Gegensätze, die sich sonst zu
einem Entweder – Oder entzweien, aufeinander hinzuweisen und
in ein Verhältnis gegenseitiger Ergänzung zu bringen. Aus solcher
Art entfaltet Schleiermacher seine „Dialektik" als eine Kunstlehre
des Denkens; wie diese so ist seine ganze Philosophie weniger
groß im fertigen Ergebnis als in der Belebung und Durchbildung
der Gedankenarbeit, im Überschauen, Einteilen, Zusammenhalten,
sie ist vornehmlich die Philosophie der universalen künstlerischen
Individualität.

Was hier an Weltanschauung geboten wird, hat einen engen
Zusammenhang mit dem Spinozismus, der die leitenden Geister
jener Zeit überwältigend anzog. Auch hier ein starkes Verlangen
nach einer allen Gegensätzen überlegenen Einheit, nach einer Einfügung des Einzelnen in das Allleben, nach einer Hinaushebung
des Daseins über alle Zwecke des bloßen Menschen. Aber Schleier-
machers Spinozismus ist keine bloße Nachahmung, er ist ein
von platonischer Denkweise aufgenommener und umgebildeter Spinozismus. Denn den starren, alle menschliche Empfindung abweisen-
den Ordnungen Spinozas wird hier ein warmes Leben einge-
haucht, und aus solchem Leben schöpft die Wirklichkeit zugleich

eine künstlerische Gestaltung. Mit dem Eintritt in ein Reich künstlerischer Freiheit und geistiger Beweglichkeit entäußern sich die Dinge aller Schwere des Stoffes, sie suchen und fliehen einander wie in leichtem, gefälligem Spiel. Die griechische Frische und Anmut des Geistes, sie ist in keinem der deutschen Denker so anschaulich wiedererstanden.

Unter den einzelnen Gebieten empfangen von Schleiermacher namentlich die Religion und die Ethik bedeutende Fortbildungen. Hier zuerst gewinnt auf dem Boden der neueren Wissenschaft die Religion eine volle Selbständigkeit. Den neueren Forschern galt sie sonst entweder als eine Stufe der Erkenntnis oder als ein Mittel moralischer Bildung; bei solcher Unterordnung war eine innere Zerstörung kaum zu vermeiden. Schleiermacher sichert der Religion eine Selbständigkeit, indem er ihr eine eigene geistige Wurzel im Gefühl zuerkennt. Aber es muß die eigentümliche Stellung des Gefühls bei Schleiermacher gegenwärtig haben, wer die Bedeutung jener Wendung richtig ermessen will. Gefühl ist für Schleiermacher nicht ein Seelenvermögen neben anderen, sondern es ist ihm als „unmittelbares Selbstbewußtsein", als die „ursprüngliche Einheit oder Indifferenz des Denkens und Wollens" die Wurzel alles Lebens; im Gefühl wird der Mensch nicht von der Welt abgelöst, sondern ihrer Unendlichkeit innerlich verbunden. Eine in solchem Gefühl, in dem Sicheinsfühlen mit dem Ewigen begründete Religion steht inmitten der Gesamtentwicklung des Lebens, aber sie behält zugleich in jener reinen Innerlichkeit ihr eigenes Gebiet und ihren eigenen Gedankenkreis. Was sie an Lehren aufstellt, das kann mit der Wissenschaft und Philosophie deswegen nicht zusammenstoßen, weil es nicht Behauptungen über draußen befindliche Dinge enthält, sondern lediglich dem religiösen Gefühl zur Darstellung verhilft; diese Darstellung kann im Lauf der geschichtlichen Entwicklung sich sehr wohl ändern, ohne daß die Religion selbst der bloßen Zeit verfällt. So wird zugleich innerhalb der Religion einer geschichtlichen Ansicht Bahn gebrochen und eine Versöhnung der Religion mit der Kulturarbeit ermöglicht. Mit dem allen hat Schleiermacher zur Belebung und Bewegung der Religion im 19. Jahrhundert mehr gewirkt als irgend ein anderer.

Auch das ethische Gebiet verdankt ihm viel. Kant und Fichte hatten mit überwältigender Kraft der Zeit ethische Antriebe gegeben und sie aus der Verweichlichung aufgerüttelt. Aber mit der Größe ihrer Leistung verband sich eine starke Einseitigkeit, Härte, Rauheit; der Pflichtgedanke hatte alle andere Betrachtungsweise, wenn nicht unterdrückt, so zurückgedrängt, auch die Individualität des Handelnden kam nicht zu voller Anerkennung. Schleiermacher sucht demgegenüber ein volles Gleichmaß zu gewinnen. Seine Betrachtungsweise ist universal, sofern sie die verschiedenen Seiten des ethischen Lebens in Gütern, Tugenden, Pflichten miteinander zur Anerkennung bringt, universal, sofern sie das ganze Leben in die ethische Betrachtung hineinzieht und weitesten Sinnes das Sittliche als ein Naturwerden der Vernunft versteht, universal auch insofern, als sie mit der Anerkennung einer gemeinsamen Vernunft das Recht und die Bedeutung der Individualität voll zu vereinigen weiß. Ist ihm doch für das Ganze seiner Lebensanschauung keine Tatsache so wichtig als die Individualisierung der Vernunft, „das Gesetztsein der an sich selbst gleichen und selbigen Vernunft zu einer Besonderheit des Daseins", die Bildung des Menschen zur Persönlichkeit, zur eigentümlichen Darstellung der Menschheit. Wohl läßt sich fragen, ob Schleiermacher in dem Streben, das Sittliche weit zu fassen und es der bloßen Subjektivität zu entwinden, nicht seine Grenzen gegen die Natur zu sehr verwischt hat, aber sein großes Verdienst auf ethischem Gebiet bleibt dabei unangetastet. Hier wie überhaupt hat er weniger mit eingreifender Kraft neue Bahnen gebrochen, als innerhalb eines weiten und reichen Bildungskreises zur Ausgleichung der Aufgaben, zu durchgängiger Belebung, Verbindung, Veredlung gewirkt.

γ. Schopenhauer und der Rückschlag gegen die Vernunftsysteme.

Mit Schopenhauer (1788—1860) beginnt ein starker Rückschlag gegen die Überzeugung von der Vernunft der Wirklichkeit, die das Schaffen des deutschen Humanismus erfüllte und eigentümlich gestaltete. Wie jene Überzeugung nirgends mehr zu philosophischem Ausdruck kommt als bei Hegel, so bildet Schopenhauer den schroffsten Gegensatz zur Hegelschen Denkart. Bei Hegel das Denken, bei Schopenhauer das Empfinden das Grundelement des Seelenlebens; dort der erste Eindruck wesentlich umgebildet und schließlich ganz zurückgedrängt, hier dagegen voll ausklingend und in sich selbst vertieft; dort die Wirklichkeit zusammengehalten durch logische Verkettung, hier durch die Ausbreitung starker Empfindungen über den

ganzen Umfang der Erfahrung. Die Erfahrung kommt bei Schopenhauer weit mehr zu Gehör, aber an erster Stelle ist er kein Empirist,
sondern ein Metaphysiker, er gewinnt einen Standort, von dem er die
Erfahrung überschaut und eigentümlich zurechtlegt, ja für den sich
ihm unter gänzlicher Umkehrung die nächste Welt in eine bloße
Erscheinung verwandelt. Große Intuitionen, seelische Stimmungen
tragen hier alle Arbeit, sie lassen weit mehr die vorhandene Welt
von vornherein in eigentümlichem Durchblick sehen, als daß sie
erfahrungsmäßig aus ihr hervorgingen.

Den Kern des Menschenwesens, dann aber der ganzen Wirklichkeit findet Schopenhauer in einem dunklen Lebenstriebe, einem
blinden, rastlos fortstrebenden, durch keine Vernunft gelenkten
Wollen. Dies Wollen, nicht das Erkennen, zeigen tausendfache
Erfahrungen des menschlichen Kreises wie der großen Natur deutlich
als die allbewegende Kraft. In der Natur verschwindet die Intelligenz durchaus gegenüber jenem Lebensdrange; was sie an Erkennen
entwickelt, dient lediglich der Selbsterhaltung der Wesen. Beim
Menschen wird der Intellekt freier, aber die Überlegenheit des Wollens
mit seinen Interessen ist auch hier augenscheinlich, wird doch selbst
auf der Höhe wissenschaftlicher Arbeit das Erkennen leicht aus seiner
Bahn gelenkt, sobald sich persönliche Zwecke des Forschers ein-
mischen.

Aus solchen Überzeugungen gestaltet sich ein eindrucksvolles und
durchaus neues Naturbild. Hatte der klassischen Zeit die Natur als
eine Welt künstlerischer Bildung und aufstrebender Vernunft gegolten,
und hatte eine romantische Beleuchtung sie zu einem Reich stiller
Größe und seligen Friedens verklärt, so erscheint sie nun, in voll-
ständiger Wendung, als ein Schauplatz dunklen Lebensdranges und
wilden Kampfes. Durch die ganze Natur geht eine rücksichtslose
Selbstbehauptung der Wesen, ein unbedingter Wille zum Leben; so
wenig dies Leben bietet, die Wesen umklammern es mit zäher Gier.
Dabei treibt und hetzt die Enge des Daseins sie unaufhörlich gegeneinander; ein Wesen wie das fleischfressende Tier kann gar nicht
bestehen ohne andere unablässig zu zerfleischen und zu vernichten;
der Sieger aber wird alsbald zur Beute eines noch Stärkeren; so ist
jedes Wesen in steter Gefahr und Aufregung, das Ganze aber bildet
mit seinem ruhe- und sinnlosen Getriebe ein Schauspiel trübster Art.
Steht es beim Menschen besser? Unverkennbar erscheint hier
etwas Neues, bei ihm zündet sich der Wille im Intellekt ein Licht

an, das Leben gelangt zur Bewußtheit, der Ausblick wird freier, die Empfindlichkeit feiner. Aber solche Weiterbildung steigert mehr das Unglück als das Glück. Was immer das Leben an Hemmung und Elend enthält, das kommt nunmehr erst recht zur Empfindung. Der Mensch mit seinen feineren Nerven, seinem beweglicheren Denken, seiner erregten Phantasie erlebt nicht nur das Unglück, das ihn unmittelbar trifft, er muß alle Möglichkeiten ausdenken, alles Leid tausendfach im voraus erleben. Wie Gespenster umschweben ihn die Sorgen auch inmitten augenblicklichen Wohlseins. Wie viel stärker, wie viel quälender beschäftigt der Tod den Menschen als das dumpf dahinlebende Tier! Ja, genauer betrachtet, überwiegt nicht nur das Unglück, sondern gibt es überhaupt kein rechtes Glück. Positiv empfunden wird nämlich nur der Schmerz; was Freude heißt, ist in Wahrheit nur die Aufhebung oder doch Linderung eines Schmerzes. Die Gesundheit fühlen wir nicht, wohl aber die Krankheit, den Besitz nicht, wohl aber den Verlust. Es sind nur kurze Übergangszustände, wie das Gesundwerden, das zum Wohlstand Gelangen, welche Freude bereiten; sehr bald entsteht wieder Gleichgültigkeit, Leere, Langeweile; der unersättliche Lebensdrang, der immer neu beschäftigt sein will, sucht neues und anderes und verfällt dadurch neuen Schmerzen. So schwingt das Leben unablässig gleich einem Pendel zwischen dem Schmerz und der Langeweile; die Kunst des gesellschaftlichen Lebens hat letzthin nur den Zweck, über die Langeweile, die innere Leere des landläufigen Daseins hinwegzutäuschen. Daß in Wahrheit der Schmerz das eigentlich Reale in unserem Leben ist, bekunden auch die Dichter, indem sie die Höllenqualen mit den glühendsten Farben auszumalen vermochten, während ihnen für den Himmel nur die Langeweile übrig blieb.

Das alles wäre zu ertragen, könnte der Mensch an seinem eigenen Bilde Gefallen finden und sich aus allen Nöten des Lebens auf einen moralischen Kern zurückziehen. Das aber kann er nicht, weitaus überwiegen bei ihm die unedlen Beweggründe die edlen. Die natürliche Selbstsucht, die alle Wesen beherrscht, steigert sich bei ihm zur Schlechtigkeit und Bosheit; in allen Erlebnissen seiner Umgebung, seiner Freunde und Angehörigen sieht er an erster Stelle, was ihm selbst daraus an Nutzen oder Schaden erwächst. Dabei eine stete Heuchelei, die einen jeden nach außen hin als edel und selbstlos erscheinen lassen möchte; auch eine durchgängige Eitelkeit und Torheit, die das Streben auf die nichtigsten Dinge richtet und am meisten darum bemüht ist, das Individuum in der Meinung der ihm sonst so gleichgültigen Anderen zu erhöhen. Das alles aber hält uns unbarmherzig fest, es gibt keine Möglichkeit einer inneren Wandlung, einer moralischen Läuterung. Denn alles Streben entfließt einem unwandelbaren Charakter; alle Einwirkung vermag nur die Erkenntnis, nicht aber den Willen zu verändern, „wollen läßt sich nicht lernen“ (velle non discitur). Die bösen Neigungen mögen durch wachsende Bildung eine minder rohe und für den Träger minder gefährliche Erscheinung annehmen, in ihrer Substanz sind sie unveränderlich. Auch verspricht weder die Arbeit der Geschichte noch der Zusammenhang des gesellschaftlichen Lebens irgendwelche Wendung zum Besseren; die Weltgeschichte mit der Zwecklosigkeit ihres Treibens und der Fülle ihres Leidens muß einem unbefangenen Beobachter wie ein wüster Traum der Menschheit erscheinen; im gesellschaftlichen Zusammensein aber summiert sich weit mehr die Unvernunft als die Vernunft, namentlich wird die erstrebte politische Freiheit weit mehr einer zügellosen Entfesselung von Selbstsucht und Parteiwut als einer inneren Erhöhung des Lebens dienen. So werden hier die geschichtlich-gesellschaftlichen Ideale und Hoffnungen des 19. Jahrhunderts auf schroffste abgewiesen. Damit scheint alle Aussicht auf Rettung zu verschwinden. Aber inmitten aller Verkettung und Verstrickung in das Weltgetriebe verbleibt ein Gefühl der Verantwortlichkeit und läßt ¦sich nicht abstreifen; das Elend erreicht seinen Gipfel, indem wir nicht umhin können, es auf unsere Freiheit zu nehmen und als unsere Schuld zu betrachten.

Dieser Widerspruch von Freiheit und Notwendigkeit erweist mit zwingender Kraft eine schwere Verwicklung, aber auch eine größere Tiefe unseres Daseins. Wie dieses Leben nicht aus sich selbst verständlich ist, so kann es nicht das Letzte sein, es muß seinen Ursprung in einer freien Tat haben, in einer Selbstbejahung des Willens, welche dieses Leben in Zeit und Raum hervorgerufen hat; zugleich ist jene Spaltung des Willens in zahllose einander feindliche Wesen erfolgt, deren Zusammenstoß so viel Leid erzeugt; damit entstand jenes unermeßliche Elend, das wir so schmerzlich empfinden und das uns so unerbittlich festhält.

Indes verzweifelt der Denker nicht an aller Möglichkeit einer Hilfe. Zunächst ist es die Ausbildung eines kontemplativen Verhaltens zur Welt, das eine Milderung des Elends verheißt. Ein solches Verhalten bildet die Seele von Kunst und Wissenschaft.

Beide richten uns auf den objektiven Bestand der Dinge und erfüllen uns mit seiner Anschauung. Damit legt sich die Unruhe des Wollens, es schweigen die Leidenschaften, es vergeht das selbstische Interesse mit seinen Aufregungen, Sorgen und Schmerzen. Das um so mehr, als Schopenhauer, unvermittelt genug, in den Grundformen der Natur schöne Gestalten nach Art der platonischen Ideen findet und damit die bloße Betrachtung zu einem künstlerischen Schauen erhöht.

Am sichtbarsten ist die befreiende Kraft solcher künstlerischen Kontemplation beim Genie, das im Schaffen und Schauen zu vollkommener Objektivität gelangt und darüber die Angelegenheiten des Weltgetriebes gänzlich vergißt. Augenblicke der Kontemplation haben aber auch die übrigen Menschen, als eine Oase in der sonstigen Wüste des Daseins. Wissenschaft und Kunst erhalten mit solcher Zurückführung auf die reine Anschauung einen völlig anderen Charakter als bei Hegel. Suchte dieser in allen Geisteswerken eine aufhellende Idee, so liegt nun alles an der bewältigenden Kraft des unmittelbaren Eindrucks, der Erregung willenloser Stimmung. Zugleich nähert sich die Wissenschaft der Kunst; zur Kunst der Künste wird die Musik, indem sie alle Regungen unseres innersten Wesens wiedergibt, aber ohne die Wirklichkeit und frei von ihrer Qual. Das Drama aber läßt in seinem tragischen Abschlusse das ganze Leben wie einen schweren Traum erscheinen und erweckt die Überzeugung, daß es noch ein ganz anderes Dasein geben muß als das, was uns hier umfängt.

Auf diese Weise wird jedoch das Problem mehr zurückgeschoben als gelöst, das Elend mehr gemildert als aufgehoben; auch steht dieser Weg nicht immer und nicht allen offen. Eine gründliche Befreiung bewirken kann nur eine völlige Brechung des Willens zum Leben, und zu dieser führt lediglich das echte und starke Mitleid mit allem, was da lebt und leidet, nicht nur den Menschen, sondern allen empfindenden Wesen; insofern ist der Weg zur Hilfe nicht wissenschaftlich-künstlerischer, sondern moralischer Art. Indem nämlich solches Mitleid uns das Leid der anderen ganz und gar als ein eigenes empfinden läßt und damit die ganze Schwere des Weltelendes auf den einzelnen Punkt legt, wächst die Größe des Leides bis zur Unerträglichkeit; alle Hoffnung eines Entrinnens muß schwinden, alle Lust am Leben zusammenbrechen. Gleicht das Leben einer von glühenden Kohlen bedeckten Kreislinie mit einigen kühlen Stellen, so mag zunächst der Einzelne gerade diese

Stellen zu erwischen hoffen. Sobald er aber alle anderen Wesen in sein Empfinden einschließt, in allen sich selbst wiedererkennt, entweicht alle Hoffnung. Nun wird der Wille in sich geben, die Bejahung des Lebens zurücknehmen und seine Verneinung vollziehen. Was aber im Menschen, dem Höhepunkt des Seins, geschieht, das läßt eine Umwälzung im Ganzen des Alls hoffen: dies ganze Dasein wird zusammenbrechen, das ja nur aus dem ungestümen Lebensdrange des Willens hervorging. So winkt hier eine große Erlösung, eine volle Stille und Ruhe, die aber ein leeres Nichts nur dem dünken kann, dem diese nächste Welt des Scheines die wahre und letzte Wirklichkeit bedeutet.

Das Urteil über Schopenhauer wird verschieden ausfallen, je nachdem seine Leistung im Zusammenhange der weltgeschichtlichen Bewegung betrachtet oder auf ihre abschließende Gültigkeit geprüft wird. Dort erscheint seine Gedankenwelt als ein berechtigter und bedeutender Rückschlag gegen den Optimismus und Kulturenthusiasmus nicht nur der Aufklärung, sondern auch des deutschen Humanismus, ja der ganzen Neuzeit. Ein kräftiges Lebensgefühl hatte den Menschen verlockt, die Wirklichkeit als ein Reich lauterer Vernunft darzustellen; die freundlichen Seiten der Dinge waren dabei möglichst hervorgekehrt, der Widerspruch des ersten Eindrucks durch Einfügung in Zusammenhänge künstlerischer oder logischer Art zu überwinden gesucht. Das mußte sich durch sein eigenes Fortschreiten überspannen und einen Einspruch hervorrufen; Schopenhauer hat diesen Einspruch mit bewunderungswürdiger Selbständigkeit und in klassischer Form zum Ausdruck gebracht; er hat den schlichten Wahrheitssinn für sich, wenn er auf der ganzen Linie das Irrationale unserer Welt empfinden läßt; er rückt damit andere Seiten des Geschehens, andere Gruppen von Tatsachen in den Vordergrund, er berichtigt nicht nur Fehler, er entwirft auch neue Aussichten und Aufgaben; die energische Abweisung bisher versuchter Lösungen wirkt zur Vertiefung des Ganzen und wird dahin weiter wirken. Allem bequemen Optimismus und Rationalismus ist hier auf dem eigenen Boden der Philosophie eine tödliche Wunde geschlagen; aufs gründlichste ist jener die Neigung ausgetrieben, Welt·und Leben dem Menschen möglichst glatt und annehmbar darzustellen.

Aber es ist ein anderes, Schopenhauers Bedeutung in dieser

Weise anzuerkennen, ein anderes, ihn als den unbedingten und endgültigen Meister zu verehren. Dem wirkt schon das entgegen, daß seine Behandlung und Schätzung der Dinge mindestens ebenso einseitig und eher noch subjektiver ist als die von ihm bekämpfte: hatte man früher zu ausschließlich bei dem Licht verweilt, so wird jetzt nur der Schatten aufgesucht, der Denker schwelgt mit sichtlichem Behagen in seiner krassen Ausmalung. Wie sich aber überhaupt die Wirklichkeit dem Menschen gemäß der Art darstellt, die er an sie bringt, so verrät jener Zwist der Beurteilung ein grundverschiedenes seelisches Verhalten: die Früheren verliehen aus vorwaltendem Drange zur Tätigkeit der Welt einen Wert, indem sie ihre Tätigkeit an ihr entwickelten, sie möglichst ganz in diese umsetzten; Schopenhauer dagegen bezieht alles Geschehen auf den subjektiven Zustand, die Empfindung und Stimmung, er verhält sich zur Wirklichkeit nicht sowohl aktiv als kontemplativ. Indem sich dazu ein argwöhnisches und schreckhaftes Temperament gesellt, erreicht er allerdings einen eigentümlichen Durchblick der gesamten Wirklichkeit, der ein gutes Stück Recht hat, aber er gewinnt keine völlige Aneignung und gleichmäßige Würdigung; er rückt die Wirklichkeit in ein grelles Schräglicht, das mit seinen schroffen Kontrasten die Empfindung stark erregt, das aber ein sehr einseitiges, ja arg verzerrtes Bild liefert.

Der Mensch Schopenhauers ist eine bloße Zusammensetzung von rohem Naturtrieb und superfeiner, aber ohnmächtiger Geistigkeit; er gleicht, mit seiner Wehrlosigkeit nicht nur nach außen hin, sondern auch gegen sich selbst, einem angeschmiedeten Prometheus; der Denker kennt nur ein blindes Begehren, keinen vernünftigen Willen, keine ethische Persönlichkeit, er hat keinen Platz für eine innere Bewegung und gründliche Erneuerung des Menschen durch Leid und Liebe, durch Arbeit und Glauben. So ist er an der entscheidenden Stelle arm in aller Fülle des Geistes und läßt er die Seele unter der Herrschaft eines unersättlichen Glücksdurstes, der schließlich wohl oder übel entsagen muß.

Aber nun und nimmer hätte Schopenhauer gewirkt, was 'er gewirkt hat, enthielte er nicht auch noch anderes, Tieferes und Besseres. Er hat eine gewaltige Energie metaphysischer Überzeugung, welche das Geheimnisvolle des menschlichen Daseins zu deutlichster Empfindung bringt und mit zwingender Kraft die ganze nächste Welt zu einem Reich der Erscheinung herabsetzt; er hat ethischen Grundstimmungen einen wunderbaren Ausdruck gegeben; er ist ein großer Künstler keineswegs bloß in der Frische, Durchsichtigkeit, Eindringlichkeit seiner Darstellung, sondern vor allem in der Verwandlung dieses ganzen, seiner Ansicht nach so dunklen Weltgetriebes in ein künstlerisches Gedankenbild; damit erfolgt eine Veredlung des Ganzen, und es findet sich ein Gegengewicht gegen die Schwere der Wirklichkeit, die den Menschen sonst erdrücken und alles Streben vernichten müßte Erreicht nicht in solcher metaphysischen, ethischen, künstlerischen Leistung das Geistesleben weit mehr Aktivität, als Schopenhauers Begriffe streng genommen gestatten? Erweist sich damit nicht auch hier die Gedankenwelt weiter und reicher als das System?

Das Überwiegen der Verneinung in ihm erklärt aber vollauf, weshalb er so spät zur Anerkennung und Wirkung kam. So lange ein freudiger Lebensmut allen Widerstand durch die Aufbietung geistiger Kraft sich zu überwinden getraute, konnte sein System nur ein sonderbares Kuriosum dünken; erst als der Idealismus dem Realismus unterlag, bald aber auch die Schranken des Realismus bemerklich wurden, und nun Abspannung und Zweifel um sich griffen, war seine Zeit gekommen, wurde der Platz frei für den Pessimismus. Als ein Widerspruch aber nicht nur gegen vorbeirauschende Lebenswogen, sondern gegen den Hauptzug der modernen Kultur wird Schopenhauer nicht so leicht veralten.

3. Die innere Bewegung des 19. Jahrhunderts und die Wendung zum Realismus.

Das 19. Jahrhundert hat nicht ein und dieselbe Richtung nur weiterverfolgt, wie im wesentlichen das 18., sondern es hat eine völlige Umwälzung der Ziele und der Arbeit vollzogen: von einer Idealkultur, welche gegenüber der sinnlichen Erscheinung eine neue Welt aufbaut, ist es zu einer Realkultur übergegangen, welche in dem unmittelbaren Dasein alle Aufgaben des Menschen findet und von dieser Aufgaben Lösung alles Heil erwartet. Mit besonderer Deutlichkeit erscheint in Deutschland die Umwälzung in den Jahren vor und nach 1830. Die Naturwissenschaften dringen vor und gewinnen einen Einfluß auch auf die allgemeine Weltanschauung; 1826 errichtete Liebig in Gießen sein chemisches Laboratorium, und im Winter 1827/8 hielt Alexander von Humboldt an der Universität und in der Singakademie zu Berlin seine Vorlesungen über physische Weltbeschreibung. In dieselbe Zeit fallen technische Erfindungen, die den Verkehr unermeßlich erleichtern und in steigendem Maße zur Belebung der wirtschaftlichen Arbeit, zur Umwälzung der bisherigen Produktionsbedingungen wirken: 1827 die Erfindung der Schiffsschraube, welche die Dampfschiffahrt erst recht zum Mittel des Weltverkehrs macht, 1830 die Lokomotiveisenbahn. Zugleich verpflanzen sich von der Pariser Julirevolution Bewegungen wie nach anderen europäischen Ländern, so auch nach Deutschland; das Verlangen nach größerer politischer Freiheit, nach mehr Teilnahme der Bürger an den öffentlichen Angelegenheiten will nicht wieder zur Ruhe kommen. In eben diese Jahre fallen die Verhandlungen der deutschen Staaten zur Herstellung größerer wirtschaftlicher Einheit, auf Grund derer am 1. Januar 1834 der „Deutsche Zoll- und Handelsverein" ins Leben tritt. Gleichzeitig werden die Größen der älteren Epoche abberufen: 1827 stirbt Pestalozzi, 1831 Hegel, 1832 Goethe, 1834 Schleiermacher; augenscheinlich versinkt eine alte Zeit und macht einer neuen Platz.

Dieser neuen Zeit ist eigentümlich die Richtung des Menschen auf die umgebende Welt, die Gestaltung seines Gedanken- und Lebenskreises aus dem Verhältnis zu ihr. Beim Weltbild weicht die spekulative Philosophie den Naturwissenschaften, und das Streben findet sein Hauptziel nicht mehr in der inneren Bildung der Individuen durch Literatur und Kunst, sondern in der Verbesserung des politischen und sozialen Zusammenseins. Zugleich verändert sich die Art der Tätigkeit: nicht mehr trägt ein kühner Flug der Phantasie den Menschen über alles sinnliche Dasein hinaus zur Bildung neuer Welten, sondern das Wirken bindet sich eng und streng an den sichtbaren Vorwurf, in ausgeprägterem Sinne wird es nunmehr zur Arbeit. Nichts ist charakteristischer für die eigene Art des 19. Jahrhunderts als solches Groß- und Mächtigwerden der Arbeit. Gewiß hat es auch den früheren Jahrhunderten an Emsigkeit und Fleiß nicht gefehlt, auch ältere Zeiten bieten davon bewunderungswürdige Vorbilder. Aber im 19. Jahrhundert hat sich die Arbeit bei sich selbst gegen frühere Zeiten wesentlich verändert, sie hat sich mehr von der unmittelbaren Empfindung wie den individuellen Zwecken abgelöst und fester mit den Gegenständen verschlungen, sie versetzt sich in ihr Gefüge, ihre Gesetze und Notwendigkeiten, um sie mit siegreicher Kraft gegenüber dem Menschen zu vertreten; so vollzieht sie, wohl die größte Emanzipation des 19. Jahrhunderts, eine Emanzipation vom Menschen, erhebt sich ihm gegenüber wie ein selbständiges Wesen und macht die individuen zu willfährigen Werkzeugen ihres rastlosen Fortschritts. Bei solcher Emanzipation schließt sich die Arbeit mehr und mehr zu riesenhaften Komplexen zusammen, so in der Industrie mit ihren gewaltigen Fabrikbetrieben, so im Handel mit seiner weltumspannenden Organisation, so auch in der Wissenschaft mit ihrer unablässig fortschreitenden Differenzierung. Innerhalb dieser Komplexe muß das Individuum seine Stelle suchen, es bedeutet nichts und vermag nichts, wenn es sich von ihnen absondert und eigene Wege einschlägt. Aber mit der Einschränkung der Individuen wächst das Vermögen der Menschheit. Das Erkennen entringt der Natur ungeahnte Kräfte und Zusammenhänge und zieht sie mit der Wendung zur Technik in den Dienst der Menschheit; auch im eigenen Kreise des Menschen wird weit mehr Unvernunft ausgetrieben und Vernunft entwickelt, reicher und bewegter wird das Leben, die Organisation der Arbeit lehrt politische und soziale Aufgaben sicher bewältigen, die früher aller Lösung spotteten.

Zu solcher Höhe aufklimmen konnte die Arbeit nicht ohne sichere Grundpfeiler, sie erhielt solche durch eine Verstärkung des Miteinander und Nacheinander der Kräfte, durch ein Wachstum von Gesellschaft und Geschichte. Das im vollen Gegensatz zum 18. Jahrhundert. Denn dieses war zur Abschüttelung veralteter Tradition und zur Ausbildung eigenen Lebens auf eine zeitlose, jedem Menschen gegenwärtige Vernunft zurückgegangen und hatte zugleich das höchste Ziel in die Ausbildung kräftiger Individuen gesetzt. Schon innerhalb des Idealismus hatte das Widerspruch gefunden und einen Umschlag erfahren: die Romantik wie die Spekulation hatten die Geschichte zu hohen Ehren gebracht, und die Schätzung des Staates hatte sich bei Hegel zu verderblicher Überspannung gesteigert. Aber dabei stand hinter der Geschichte und der Gesellschaft eine geistige Welt, nur als Darstellung dieser hatten sie einen Wert, nicht in ihrem sichtbaren Befunde. Dieser Befund aber wird dem Realismus zur Hauptsache; Geschichte und Gesellschaft, wie sie im unmittelbaren Dasein vorliegen, werden zur erzeugenden Werkstätte alles geistigen Lebens, zum alleinigen Lebenskreis des Menschen. Aus diesen sichtbaren Zusammenhängen muß alle Betätigung hervorgehen, in sie alle einmünden; nur was ihnen angehört, hat volle Wirk-

lichkeit. So wird der Mensch ganz in diese Welt gestellt und an
sie gebunden, aber er findet auch in ihr unvergleichlich mehr, als
frühere Zeiten meinten und ahnten; die Mahnung Goethes

„Er stehe fest und sehe hier sich um,
Dem Tüchtigen ist diese Welt nicht stumm"

gewinnt nun erst volles Recht.

So erwächst eine Lebensführung realistischer Art, grundverschieden von allem, war bis dahin !die Geschichte an realistischen
Bewegungen zeigte. Denn der bisherige Realismus war weit mehr
eine Kritik, eine Opposition, ein Rückschlag gegen dargebotene
Lebensgestaltungen, als ein selbständiges Schaffen; das menschliche
Dasein aus eigener Kraft tragen und gestalten konnte er nicht und
wollte er kaum. Dies aber ist es, was der moderne Realismus unternimmt; wie er die ganze Ausdehnung des Daseins an sich zieht,
so möchte er auch die idealen Bedürfnisse der Menschheit aus seinen
Zusammenhängen verstehen und mit seinen Mitteln befriedigen.

Sein Streben und seine Hoffnung ist, das ganze Leben wahrhafter, gehaltvoller, kräftiger zu machen, indem er den Menschen
von erträumten Höhen abruft und auf den sicheren Boden der nächsten
Wirklichkeit stellt; aus Spiel und Tändelei scheint das Leben zu
vollem Ernst aufzusteigen, im Ringen mit dem harten Widerstande
der Dinge mehr Willensstärke und mehr Charakter zu erzeugen. —
Auch die einzelnen Lebensgebiete ergreift solche Wandlung. Um
von der Religion tief berührt zu werden und sich bejahend zu ihr
zu verhalten, dazu hängt dieser Realismus zu sehr an der sichtbaren
Welt, aber es entfällt der frivole Spott früherer Jahrhunderte, und
man ist bereit, die Religion als eine notwendige Entwicklungsstufe
des Menschengeistes anzuerkennen. Wohl aber erzeugt das neue
Leben aus eigenem Vermögen neue moralische Aufgaben und Antriebe. Wie es die Arbeit auf das Ganze des geschichtlich-gesellschaftlichen Zusammenhanges begründet, so verlangt es von den
Individuen eine willige Unterordnung, ja freudige Aufopferung für
die Zwecke des Ganzen, ein unverdrossenes Wirken in Reih und
Glied; das Handeln wird nun an erster Stelle auf die Hebung des
gemeinsamen Wohlseins gerichtet, die Ethik gestaltet sich, mit der
Hervorkehrung der Zusammengehörigkeit, zum Handeln für andere,
zum „Altruismus". Auch darin liegt ein, wenn auch minder bewußtes, ethisches Element, daß die neuen Zusammenhänge den
Menschen strenger an das Gesetz der Sache und an den jeweiligen

Stand der Entwicklung binden; er muß Schranken erkennen und achten, er muß viel Resignation üben, und dabei die Kraft und Freude der Arbeit bewahren. — Diese Lebensführung erzeugt auch eine eigentümliche „realistische" Kunst, die nicht neue Welten vorspiegeln, sondern die Wirklichkeit selbst genauer sehen lehren möchte, ebenso eine „realistische" Wissenschaft, welche, unter willigem Verzicht auf ein unzugängliches Wesen der Dinge, die Zusammenhänge und Gesetze der Erscheinungen um so klarer zu erfassen und durch diese Einsicht Macht über das Geschehen zu gewinnen sucht.

Auch neue Lebensanschauungen wird solches neue Leben hervorbringen; je nach der Wahl des beherrschenden Mittelpunktes müssen sie verschieden ausfallen. In unsere Betrachtung gehören namentlich drei Bewegungen: der Positivismus, die Entwicklungslehre, der Sozialismus. Der Positivismus umspannt den Gesamtkreis des realistischen Strebens und will alle Mannigfaltigkeit ausgleichen, aber er verbleibt gewöhnlich bei einer bloßen Zusammenstellung und erzeugt keine starken Antriebe; die Entwicklungslehre und der Sozialismus bieten eine ausgeprägtere, aber auch einseitigere Gestaltung der Wirklichkeit, jene von einem neuen Bilde der Natur, diese von der Forderung einer neuen Gesellschaft aus.

Diesen Lebensanschauungen gibt einen Halt ihr enger Zusammenhang mit der Arbeit der Zeit; das empfiehlt sie zugleich den Söhnen der Zeit. Sie haben den weiteren Vorteil, dem ersten Eindruck der Dinge näher zu bleiben, sie können rascher auf große Kreise wirken, unmittelbarer ins praktische Leben eingreifen. So mag es dünken, als ob nur ein Nebel alter Irrungen und eingewurzelter Vorurteile ihr volles Durchdringen hemme, und als ob die Verscheuchung dieses Nebels dem Leben einen unermeßlichen Gewinn an Kraft und Klarheit verspreche.

Ob die Sache in Wahrheit so liegt, wird zu erwägen sein. Zunächst sei geprüft, ob die realistischen Systeme in dem Unternehmen, alle Bedürfnisse des Menschen zu befriedigen, mit ihren eigenen Mitteln auskommen und nicht vieles, vielleicht das Beste, demselben Gegner entlehnen, den sie vernichten möchten. Die Hauptentscheidung aber liegt daran, ob das menschliche Leben in das hier vorgehaltene Bild der Wirklichkeit aufgeht, ob die Einschränkung darauf nicht unerträgliche Verwicklungen bewirkt, ob nicht die eigene Erfahrung und Bewegung des Jahrhunderts zwingend über solche Begrenzung hinaustreibt. Doch zuvor gilt es, jene Lebensanschau-

ungen in ihren eigenen Zusammenhängen zu betrachten und namentlich zu sehen, was sie uns neu an Wirklichkeit zuführen, an Anregung bereiten.

a. Der Positivismus. Comte.

Die Hauptideen des Positivismus stammen schon aus dem
18. Jahrhundert, aber erst das 19. hat sie in Comte (1798—1857)
zu einem System zusammengefaßt, mit der Arbeit der Zeit eng verbunden und zugleich zu vollem Einfluß auf das Ganze des Lebens
gebracht.

Den Kern des Positivismus bezeichnet sein Name: es ist die
strenge Einschränkung des Denkens und zugleich des Lebens auf
das „Positive", d. h. auf die Welt der unmittelbaren Beobachtung
und Erfahrung. Durchaus verfehlt erscheint alles Unternehmen,
hinter dies Gebiet zurückzugehen und seinen Befund anderswoher
zu erklären, nicht minder verfehlt ist alle Richtung des Handelns
darüber hinaus. Das besagt nach verschiedenen Richtungen hin eine
energische Verneinung. Hier ist kein Platz für eine Religion mit
ihrem Glauben an eine Gottheit und eine Unsterblichkeit. So gewiß
unser Erfahrungskreis als ein Reich bloßer Beziehungen nicht das
Ganze der Wirklichkeit bildet, sondern irgend etwas hinter sich hat,
die Natur dieses Weiteren bleibt in völligem Dunkel, das sich nie
wird aufhellen können. So bleibt nichts übrig als ein Verzicht auf
alle Religion im alten Sinne. Aber nicht nur die religiöse, auch die
spekulative Denkweise muß fallen. Auch sie überschreitet mit ihren
Ideen und Prinzipien die Erfahrung, auch sie führt das Leben ins
Irre, indem sie mit ihrer Vorspieglung absoluter, in Einem Aufschwung erreichbarer Ziele eitle Hoffnungen, unnütze Aufregungen,
schließlich schwere Enttäuschungen bereitet. So verzichte das Wissen
rückhaltlos auf alle Frage nach dem Woher und Wohin, und suche
das Handeln alle Ziele und Wege innerhalb der nächsten Welt.

Diese nächste Welt aber wird nach Zerstörung aller Illusionen
ungleich bedeutender für Wissen und Handeln. Das unermeßliche
Gewebe von Beziehungen, als welches sie sich nunmehr erweist,
bildet kein wirres Durcheinander, sondern in aller Mannigfaltigkeit
des Geschehens erscheint eine Gleichartigkeit der Verkettung des
Nebeneinander wie des Nacheinander, d. h. eine Gesetzlichkeit, jeder
einzelne Vorgang bildet einen Fall eines allgemeinen Geschehens.
Die Ermittlung dieser Gleichartigkeiten, dieser Gesetze, wird

Hauptaufgabe der Wissenschaft; wohl bieten sie keine Erklärung, sondern nur eine Beschreibung der Ereignisse, aber solches Erfassen der einfachen Grundzüge alles Daseins ist nicht nur selbst etwas Großes, es eröffnet unmittelbar die Aussicht auf ein fruchtbares Handeln, auf eine durchgängige Erhöhung des Lebens. Denn das Erfassen der Verkettungen der Dinge gestattet, von einem Punkt auf den andern zu schließen und die Folgen vorherzusehen; wo wir aber voraussehen, da können wir berechnen und für unsere Zwecke gestalten; die Voraussicht ist der Hebel der Macht. So bilden Theorie und Praxis eine einzige Kette; echtes Wissen ist Sehen um vorauszusehen (voir pour prévoir). Demnach läßt die Beschränkung des Lebens auf die Erfahrung einen großen Zuwachs an Glück und mit ihm eine Befriedigung aller wesentlichen Bedürfnisse unserer Natur erwarten; wir gewinnen an echtem Glück, indem wir erträumtem entsagen.

Solche Absteckung des Lebenskreises ist zugleich eine Zurückführung des Menschen auf seine wahre Stellung im All. Denn die Erfahrung überschreiten konnten wir nur, indem wir menschliche Gebilde in das All hineintrugen, es nach unseren subjektiven Wünschen zurechtlegten, uns zum Mittelpunkt der Wirklichkeit machten. Dieser Wahn muß verschwinden, wir müssen uns dem All einfügen und wissen, daß nur die Entwicklung der Beziehungen zur Umgebung eine rechte Betätigung unserer Kräfte und ein wahrhaftiges Glück verspricht.

Ist aber diese Klärung samt der Erkenntnis unserer Schranken etwas so Neues, und bedeutet sie so viel, daß eine neue Lebensordnung von ihr ausgehen kann? Daß sie es in Wahrheit ist, lehrt die Betrachtung der Vergangenheit, lehrt eine philosophische Durchmusterung der Geschichte. Denn sie zeigt mit unwidersprechlicher Klarheit, daß jene Aufklärung den Abschluß einer langen Bewegung bildet, daß die Menschheit sich sehr langsam vom Irrtum zur Wahrheit gefunden hat. In drei Hauptstufen: der religiösen, der metaphysischen, der positiven, vollzog sich jene Bewegung. Als der Mensch zuerst vom Druck der physischen Not zu freiem Denken aufstieg und ein Gesamtbild der Wirklichkeit wagte, da konnte er gar nicht anders als menschliche Züge und Zustände in das All hineinsehen, die Dinge nach kindlicher Art mit menschenartigem Leben erfüllen, sie personifizieren. Das ist die Stufe des religiösen
der das Weltall von menschenartigen Gottheiten regiert

denkt und um den Gewinn ihrer Gunst vornehmlich bemüht ist. Diese religiöse Stufe durchläuft verschiedene Phasen vom rohen Fetischismus bis zu einem veredelten Polytheismus, nach Comte der Höhe der religiösen Lebensführung, und dann zum Theismus, in dem schon, beim Verblassen des Sinnlichen und Menschlichen, der Übergang zur Stufe der Metaphysik beginnt. Auf dieser kommt mehr und mehr die Herrschaft an abstrakte Prinzipien, an Begriffe wie Vernunft, Natur, Zwecke, Kräfte u. s. w.; die gröbere Form des Anthropomorphismus ist überwunden, aber nur zu Gunsten einer feineren, vielleicht noch gefährlicheren. Nun entsteht der Kampf um Prinzipien, nun hofft man, mittels energischer Durchsetzung abstrakter Ideen der Menschheit mit Einem Schlage alles Glück erringen zu können. Endlich muß diese metaphysische Stufe mit ihrer revolutionären Art der positiven weichen, die, schon lange vorbereitet, im 19. Jahrhundert mit voller Klarheit hervortritt und die Herrschaft an sich nimmt. Die Leitung des Lebens kommt nun an die Naturwissenschaft, die mit der Forschung unsere Begriffe und mit der Technik unsere Arbeit gestaltet, ja eine richtige Arbeit, ein zielbewußtes Wirken zur Umgebung überhaupt erst möglich macht. Die Philosophie soll dabei nicht verschwinden, aber ihre Aufgabe wird dahin beschränkt, die Ergebnisse der Naturwissenschaft auf den allgemeinsten Ausdruck zu bringen, sie zu „systematisieren", zugleich aber die rechte Methode aller Forschung herauszustellen.

Der Durchblick der Weltgeschichte, der sich von hier aus ergibt, ist einseitig und angreifbar genug. Aber wie er aus einer charakteristischen Grundüberzeugung entspringt, die mit zähester Energie durchgeführt wird, stellt er die Dinge in eine eigentümliche, oft überraschende Beleuchtung. Das Gesamtbild der Geschichte hat viel Verwandtschaft mit dem bei Leibniz. Aller Fortgang vollzieht sich langsam und kontinuierlich, alles Spätere war im Früheren schon vorbereitet, auch scheinbare Umwälzungen sind das Ergebnis eines schrittweisen Aufsteigens. So ist das Vermögen des Augenblicks eng begrenzt, kein ungestümes Gebaren kann Leistungen der Zukunft vorwegnehmen. Aber zugleich ist keine Arbeit vergeblich, auch die geringfügigste Leistung bildet einen Stein zum großen Bau der Zeiten. Die treibende Kraft des Ganzen ist die Intelligenz, ihrer jeweiligen Entwicklungsstufe entspricht eine eigentümliche Art der Arbeit, entspricht alle Gestaltung des Lebens. War aber bei Leibniz das Erkennen ein Klären von innen heraus, so wird es bei Comte ein Richtigstellen unseres Verhältnisses zur Umgebung. Damit gewinnt der Relativismus breiteren Raum, strenger werden wir auf die Erfassung des jeweiligen Augenblicks und die Erfüllung seiner Forderungen gewiesen; auf die Zeit erfolgreich wirken kann nur, wer ihre eigentümliche Lage genau erfaßt und nach ihr sein Handeln gestaltet. Das gilt natürlich auch für die Gegenwart.

Es hat aber die Gegenwart ihre Aufgabe darin, die positivistische Bewegung, die in den letzten Jahrhunderten unablässig anschwoll, zu voller Bewußtheit und gleichmässiger Durchbildung zu bringen. Was immer als ein Rest der früheren Stufen an abstrakten Begriffen und absoluten Theorien noch fortwirkt, werde verbannt, die neue Denkart aber auch den Gebieten zugeführt, die sich ihr bisher verschlossen. So gilt es, die verschiedenen Gebiete der Wissenschaft zu durchwandern und zu ermitteln, wieviel an jeder Stelle erreicht ist und was noch fehlt. Es unterscheidet aber Comte fünf Hauptdisziplinen: Astronomie, Physik, Chemie, Biologie, Soziologie (mit einem neu geprägten Worte); je weiter wir in dieser Folge fortschreiten, desto mehr findet sich für die volle Klärung zu tun. Die Astronomie und Physik sind, unter der Leitung der Mathematik, so gut wie ganz dem neuen Geiste gewonnen, die Chemie enthält noch manche unklare Begriffe und subjektive Deutungen, auch die Biologie, deren Schöpfung die wissenschaftliche Haupttat des 19. Jahrhunderts bildet, ist noch mitten im Fluß, vor allem aber harrt das gesellschaftliche Leben, dieser höchste und zugleich verwickeltste Teil unserer Erfahrung, erst einer wissenschaftlichen Durchleuchtung. Zu einer solchen aber drängen mit besonderer Wucht die Probleme und Verwicklungen der Gegenwart.

Diese Lage, – Comtes Schilderung geht zunächst auf die französischen Zustände zur Zeit des Bürgerkönigtums, aber sie trifft zugleich allgemeine Züge des modernen Lebens –, wird mit großer Lebhaftigkeit vorgeführt. Als der Hauptquell aller Mißstände gilt die intellektuelle Zerrüttung (désordre intellectuel). Das Leben zersplittert sich in lauter individuelle Meinungen und Bestrebungen; so besteht keine genügende Gegenwirkung gegen den Egoismus des Einzelnen, gegen die Übermacht materieller Interessen, gegen die politische Korruption; es fehlen zusammenhaltende Ideen, es ist ein Stand der Halbüberzeugungen und des Halbwollens. Zugleich verflacht sich das Leben, indem es unter die Macht des flüchtigen Augenblicks und jeweiligen Eindrucks gerät, auch bloß rhetorische

und literarische Gewandtheit den Einfluß solider Leistungen weit
überwiegt. Früher herrschten in Frankreich die Richter und die
Gelehrten, jetzt herrschen die Advokaten und die Literaten. Wohl
geht inzwischen die technische Arbeit unablässig fort, aber ihrer
Größe entspricht keineswegs der Stand der Menschen, die Lehrer
(docteurs) sind weit kleiner als die Lehre (doctrine), die Baumeister
als die Bauwerke. Solche intellektuelle Zersplitterung ist kein ge-
deihlicher Boden für die Kunst, denn sie kann nichts rechtes leisten
ohne eine innere Verbindung von Autor und Publikum durch gemeinsame Überzeugungen. Die Religion aber wirkt hier vornehmlich dahin, ihren Anhängern einen instinktiven und unüberwindlichen
Haß gegen Andersdenkende einzuflößen; auch pflegt der heutige
Mensch die Religion als unerläßlich für die anderen, dagegen als
überflüssig für sich selbst zu betrachten. Das politische Leben endlich leidet schwer unter einer Entzweiung der Ideen von Ordnung
und Fortschritt; die Ordnung hat heute ihre Stütze vornehmlich in
den überkommenen religiösen und metaphysischen Gedankenmassen,
mit denen wir wissenschaftlich gebrochen haben und die uns daher
als reaktionär gelten; die neueren Überzeugungen dagegen, die den
Gedanken des Fortschritts tragen, entwickeln leicht einen revolutionären Charakter. So ruft alles nach einer neuen Gestaltung des
Daseins.

Wie kann nun Comte eine solche zu erreichen hoffen? Gemäß
seiner Überzeugung, daß aller echte Fortschritt an der „intellektuellen
Evolution" hängt, kann nur die Wissenschaft Hilfe bringen; sie tut
es, indem sie die ganze Ausdehnung des menschlichen Lebens den
positivistischen Überzeugungen unterwirft, es damit bei sich selbst
klärt und zugleich dem Ganzen der Natur und Welt enger verbindet. Es gilt vor allem die Vereinzelung und Verfeindung der
Menschen zu überwinden. Das Hauptmittel dazu bietet der Begriff des Organismus, nicht in der vom Griechentum überkommenen
künstlerischen, sondern in der modernen naturwissenschaftlichen
Fassung verstanden. Ein organischer Komplex ist eine Zusammensetzung, ein Gewebe lauter einzelner Elemente, das sie untrennbar
miteinander verschlingt und in Wohl und Wehe, in Tun und Lassen
unablässig aufeinander anweist. Diesen Begriff bringt uns die
Biologie namentlich mit ihrer Histologie entgegen; die höchste Form
des Organismus aber bildet die Gesellschaft. Denn der einzelne
Mensch ist so sehr auf die anderen angewiesen, daß er ohne sie

gar nicht zu existieren vermag; alles menschliche Leben entwickelt sich nur im Zusammensein, nur innerhalb der Gesellschaft; nach ihrem Stande bemißt sich auch die Art und das Wohl des individuellen Daseins; bis in seine Wünsche und Träume hinein ist jeder abhängig von seiner Umgebung, dem sozialen „milieu". Dieser Gedanke des Organismus der Gesellschaft ist nun mit Hilfe der modernen Naturwissenschaft präziser zu erfassen und energischer in seine Konsequenzen zu verfolgen. Das Bewußtsein, an erster Stelle ein Glied des Ganzen zu sein, muß kräftiger und eindringlicher werden, es muß die „altruistischen" Triebe gegenüber den egoistischen stärken, die nicht schlechthin verwerflich sind, die aber gewöhnlich einen viel zu breiten Raum einnehmen. Niemand fühle sich als bloßer Privatmann, jeder vielmehr als ein öffentlicher Beamter, der Reiche aber als „Depositär des gemeinsamen Besitzes". Die moderne Industrie, welche eine „systematische Tätigkeit der Menschheit auf die Außenwelt" herbeiführt und darin einen philosophischen Charakter trägt, fordert eine größere Teilung der Arbeit, eben damit verbindet sie die Menschen enger miteinander und verstärkt das Gefühl durchgängiger Solidarität. Eine Hauptaufgabe der Regierung ist es, die Gefahren der Arbeitsteilung zu überwinden, sie namentlich dadurch ins Gute zu lenken, daß jeder in eine seinen Anlagen entsprechende Stellung und Tätigkeit gebracht wird. Um aber das gesellschaftliche Leben den Schwankungen des Augenblicks und der Selbstsucht der Parteien zu entziehen, bedarf es einer Scheidung gemäß der Art des mittelalterlich-katholischen Systems, dieses „politischen Meisterwerks menschlicher Weisheit", einer Scheidung zwischen weltlicher und geistlicher Gewalt (pouvoir temporel et spirituel). Direkt leite die geistliche Gewalt nur die Erziehung und behüte sie damit vor den wechselnden Strömungen des politischen Lebens; im übrigen wirke sie nur durch Beratung, durch ihre moralische Autorität. Die Ausübung dieser geistlichen Gewalt denkt sich Comte durch ein permanentes Konzil der positiven Kirche zu Paris geleitet, wozu alle Kulturvölker Abgeordnete entsenden sollen. Augenscheinlich gestaltet sich damit der Positivismus zu einer Art Religion, zu einem neuen Glauben (foi nouvelle), der die Idee Gottes durch die der Menschheit ersetzt. Auch über die Religion hinaus bildet diese Idee den Mittelpunkt der idealen Bestrebungen; so hat die Kunst vornehmlich die Aufgabe, die Gefühle darzustellen, welche die menschliche Natur auszeichnen, die erwartete bessere Zukunft der Menschheit in lebensvollen Schilderungen vorauszunehmen und dadurch das Bedürfnis nach Idealität (besoin d'idéalité) zu befriedigen. Die Idee einer endlosen Weiterentwicklung der Menschheit gewährt auch dem Einzelnen, durch das Beharren seines Wirkens im Ganzen, eine Ewigkeit, die ihm als einem bloßen Individuum versagt ist. Hoffnungsfreudig klingt das Ganze aus: durch wachsende Eintracht der Gesellschaft, Verbesserung der Verhältnisse, Beherrschung der Natur wird die Menschheit immer mehr Größe entfalten, der Verehrung immer würdiger werden.

So ein umfassendes, mit bewunderungswürdiger Energie durchgebildetes, bis in seine Sprache hinein eigentümlich gestaltetes System des Realismus. Auf der Geschlossenheit seiner Art beruht zum guten Teil die Größe seiner Wirkung. Charakteristisch ist hier vor allem das Unternehmen, mit den Mitteln der richtig verstandenen Erfahrung allen Idealen des Menschen gerecht zu werden und eine durchgreifende Erneuerung der Gesamtlage herbeizuführen; an diese Aufgabe hat Comte seine beste Kraft gesetzt. Gelöst aber hat er sie höchstens zum Schein. Denn jede genauere Prüfung seines Gedankenbaus zeigt, daß die Hauptbegriffe im Verlauf der Untersuchung viel mehr und etwas ganz anderes werden als sie zu Anfang waren, daß sie unvermerkt eben die idealistischen Fassungen und Schätzungen aufnehmen, die der Plan des Ganzen als eine verderbliche Irrung unbedingt ausschloß. Läßt sich in der Gedankenwelt eines reinen Realismus konsequenterweise die Menschheit, das „große Wesen" (le grand être), zu göttlicher Verehrung erheben, läßt sie sich auch nur zu einem inneren Ganzen zusammenschließen, das dem Einzelnen Pflichten auferlegt, ist hier ein Bedürfnis nach Idealität, ein Bedürfnis nach Ewigkeit denkbar? Auch das bekundet eine innere Verschiebung, ja Umwälzung, daß die Schilderung des reinen Tatbestandes der Erfahrung beim Menschenleben in eine scharfe Kritik, ja den Versuch einer Reformation umschlägt; beim kritischen Punkt des Überganges vom Erkennen zum Handeln versagt die eigene Kraft des Realismus, nur die Hilfe des Idealismus läßt ihn diesen Punkt überwinden und vom bloßen Sein zu einem Sollen fortschreiten.

Unverkennbar ist auch ein starkes Mißverhältnis zwischen den aufgedeckten Schäden und den dargebotenen Heilmitteln. Die Schäden des modernen Lebens hat Comte mit überzeugender Eindringlichkeit geschildert; ihnen entgegenzusetzen aber hat er nichts anderes als eine intellektuelle Klärung und eine andere, im Grunde alte Organisation, die Form des katholischen Systems ohne seinen religiösen Gehalt, als ob sich das eine vom andern so leicht scheiden und beliebig verwenden ließe. Schwere Probleme im innersten Kern des Lebens hat Comte aufgedeckt; durch ein Bauen von außen her, mit bloßem Verstand und Geschick, will er sie lösen. Erscheint nicht auch hier jene Überschätzung der Organisation, die das romanische Leben durchdringt?

Aber wie dem sein mag, Comte bleibt ein großer und fruchtbarer Denker. Mehr als irgend ein anderer hat er alle Hauptfäden des Realismus zu einem Gewebe verschlungen, namentlich die naturwissenschaftliche und gesellschaftliche Denkweise mit gleicher Kraft entwickelt und miteinander auszugleichen versucht. Mit seiner energischen Durcharbeitung und seiner, wenigstens für den ersten Eindruck, gleichartigen Gestaltung bildet das Ganze ein realistisches Gegenstück zum Systeme Hegels; wie bei diesem, so reicht auch bei Comte die Wirkung weit über die besondere Schule hinaus ins allgemeine Leben. Als das Tiefste an Comte erscheint aber die Belebung aller seiner Lehren durch das leidenschaftliche Streben des ganzen Menschen nach Wahrheit und Glück. Mag dies Streben das System in ärgste Widersprüche verwickeln und es von seinem Ausgangspunkte weit abführen, gerade diese Widersprüche bilden ein ergreifendes Zeugnis eines großen Verlangens, einer tiefen Sehnsucht.

b. Die moderne Naturwissenschaft und die Entwicklungslehre.

Die moderne Naturwissenschaft hat ihre entscheidenden Grundzüge schon im 17. Jahrhundert gefunden, das 19. hat nur die Umrisse weiter ausgeführt, die dort mit sicherer Hand gezogen waren. Aber das Weltbild der Naturwissenschaft war mit jener Leistung noch kein Stück der allgemeinen Lebensanschauung geworden, namentlich die Blütezeit der deutschen Poesie und Spekulation war so erfüllt von der Größe des Menschen und so beschäftigt mit ihrer Entwicklung, daß ihr die ganze Natur zu einem bloßen Hintergrunde wurde; wie wäre z. B. ein System wie das Hegels mit seiner Gleichsetzung von menschlichem Geistesleben und Geistesleben überhaupt, mit seiner Selbstverwirklichung des absoluten Geistes in der menschlichen Geschichte denkbar ohne einen geozentrischen Standort? Das Vordringen des Realismus verändert das gründlich, die

Naturwissenschaft wird nun aus einem Sondergebiet die Beherrscherin
der Gedankenwelt; was immer die Arbeit der letzten Jahrhunderte
an dem Bilde der sichtbaren Welt verändert hatte, das gelangt nun
zur vollen Wirkung für die Überzeugung der Menschheit. Und
es hatte sich viel gegen die ältere Art verändert, die das Mittelalter
und auch die Reformation als ausgemachte Wahrheit beherrschte,
namentlich mit den religiösen Vorstellungen so eng verwachsen
war. Schon die Veränderung des äußeren Bildes greift weit tiefer
ein, als oft zugestanden wird. Unvergleichlich größer mußte die
Bedeutung der Menschheit und jedes Menschen erscheinen, solange
die Erde als der Mittelpunkt einer geschlossenen Weltkugel galt und
das Handeln der Menschheit über das Schicksal des Ganzen entschied, als wenn der Mensch zum Bewohner eines mittleren Planeten
eines anscheinend nicht irgend ausgezeichneten Fixsterns im unermeßlichen Weltenraume wird, wenn damit, vom All aus angesehen,
sein ganzer Lebenskreis zu winziger Kleinheit herabsinkt. Der
äußeren Wandlung des Naturbildes entspricht aber eine nicht geringere
innere. Erschien früher die Natur als von seelenartigen Kräften
erfüllt oder doch beherrscht, erschien zugleich das menschliche
Dasein inmitten eines innerlich verwandten Kreises und in unablässigem
Austausch mit der Umgebung, so hat die neue Wissenschaft alles
Seelenleben aus der Natur vertrieben und sie dem Menschen dadurch
innerlich entfremdet. Wohl ließ ihm die dualistische Denkweise
der Aufklärung zunächst einen eigenen Kreis seelischen Fürsichseins,
aber je mehr das gewaltige Reich der Natur sich durchbildete, je
mehr auch die tausendfachen Beziehungen des Menschen zu ihm
ersichtlich wurden, desto mehr Einbuße erfuhr jener Sonderkreis
und desto mehr wurde er schließlich im Ganzen erschüttert; immer
überwältigender zog die Natur den Menschen an sich, immer unerbittlicher unterwarf sie ihn ihren Ordnungen, zerlegte sie seine
Seele in ein Getriebe einzelner Vorgänge und suchte sie ihn ganz
und gar in ein Stück des durchgängigen Mechanismus zu verwandeln.
Die Anerkennung dieses völligen Naturcharakters des menschlichen
Daseins schien aber allererst unser Leben von Wahn und Schein
zur Wahrheit zu führen.

Diese Wendung durchzusetzen, dazu hat namentlich die Entwicklungslehre beigetragen, wie sie umgekehrt ihrerseits aus jener
allgemeinen Bewegung vornehmlich ihre Kraft zieht. Die Entwicklungslehre selbst hat eine eigentümliche Geschichte. Dem Hauptzuge

des klassischen Altertums ist sie fremd, seiner künstlerischen Überzeugung gilt der Grundbestand der Welt, gelten im besonderen die
organischen Formen als unveränderlich; was die Erfahrung an Veränderung zeigt, wird hier als Folge eines Rhythmus des Weltlebens
verstanden, der im Auf- und Absteigen immer wieder zum Ausgangspunkte zurückkehrt. Das Christentum mit seiner Behauptung
einer einzigen großen Weltgeschichte mußte einen solchen Rhythmus
und eine endlose Wiederkehr der Welten verwerfen; auf seinem
Boden schuf die religiöse Spekulation eine Entwicklungslehre, welche
die ganze Welt mit ihrer Vielheit als die Entfaltung, die „Auswicklung" der göttlichen Einheit verstand, als die zeitliche Darstellung unwandelbarer Ewigkeit. Dieser religiösen Entwicklungslehre
folgt, entsprechend der Wendung der Neuzeit zum Pantheismus,
eine künstlerische, die das All von innen heraus zu immer höheren
Stufen der Durchbildung fortschreiten läßt; so bei Schelling und
Goethe. Beide Fassungen gaben unserer Erfahrung einen unsichtbaren Hintergrund, die schaffenden Kräfte lagen in verborgener
Tiefe, das unmittelbare Dasein mit seiner Geschichte war nicht sowohl
die Werkstätte der Bildung als der Schauplatz ihres Hervortretens.

Die moderne Wissenschaft, als exakte Naturwissenschaft, hat
das völlig verändert. Sie läßt alle Gestaltung auf dem eigenen
Boden der Erfahrung, aus den in der Erfahrung gegebenen und
zugänglichen Kräften erfolgen, sie will das Sein ganz und gar
aus dem geschichtlichen Werden erklären, ihr wird die Welt nicht
durch irgendwelchen Einfluß von außen her, sondern lediglich
durch sich selbst weitergetrieben; eine solche Fassung stellt die Entwicklungslehre in einen direkten Gegensatz zu aller Erklärung aus
einem Jenseitigen und Übernatürlichen.

Gleich beim ersten Entwurf des neuen naturwissenschaftlichen
Weltbildes durch Descartes erscheint der Gedanke einer allmählichen
Gestaltung des Welthaus von höchst einfachen Anfängen her durch
die eigenen Kräfte der Natur, um durch Kant und Laplace in eine
sichere Bahn geleitet zu werden. Das Seelenleben des Individuums
als ein allmähliches Werden und Aufsteigen von kleinen Elementen
her zu verstehen, damit ist die moderne Psychologie seit Locke
eifrigst bemüht. Nicht minder war man schon im 18. Jahrhundert
beflissen, den geschichtlichen Stand der Menschheit aus ihrer eigenen
Bewegung auf dem Boden der Erfahrung, ohne einen religiösen
oder metaphysischen Hintergrund, zu begreifen. Aber diese geschicht-

liche Betrachtungsweise behielt bis tief in das 19. Jahrhundert hinein eine arge Lücke in der scheinbaren Unwandelbarkeit und Unableitbarkeit der organischen Formen; einer exakt wissenschaftlichen Erklärung der Wirklichkeit schien damit eine unüberschreitbare Grenze gesetzt. Anthropomorphe Vorstellungen und die Neigung zum Wunderbaren konnten sich immer wieder auf dieses Gebiet als auf ein unangreifbares Asyl zurückziehen. So griff es tief in das Ganze der Weltanschauung zurück, wenn Männer wie Lamarck und Darwin darin Wandel brachten. Darwin, der die Sache zum Siege geführt hat, verschmilzt bekanntlich zwei Grundgedanken: die allgemeinere Behauptung eines allmählichen Werdens der Organismen von einfachsten Grundformen her, die Einführung der geschichtlichen Erklärung in das Reich der organischen Natur: die Descendenzlehre, und die nähere Angabe der Mittel und Wege des Werdens: die Selektionslehre mit ihrem unablässigen Zusammenstoß der Wesen im Kampf ums Dasein, ihrer Auslese des Lebensfähigeren durch Festhaltung und Ansammlung der für diesen Kampf nützlichen Variationen, ihrer Erklärung von Gebilden hoher Zweckmäßigkeit ohne irgendwelchen Zweckgedanken. Diese nähere Ausführung wirkt auch auf den allgemeinen Gedanken zurück, insofern sie dem allmählichen Werden Anschaulichkeit und Eindringlichkeit verleiht.

Uns hat nicht die naturwissenschaftliche Theorie, sondern nur ihr Einfluß auf die Lebensanschauung zu beschäftigen; dafür aber ist es besonders wichtig, jene beiden Stufen der Lehre deutlich auseinanderzuhalten. — Die Ausprägung einer selbständigen Lebensanschauung hat namentlich die Selektionslehre unternommen; indem sie den Menschen ganz und gar der Natur einfügt, läßt sie die Kräfte, welche die Bildung der Naturformen zu beherrschen scheinen, auch sein Leben gänzlich erfüllen. Es muß damit alles aus ihm verschwinden, was es bisher an inneren Größen und Werten enthielt; alle Bildung muß von außen her erfolgt sein, und sie erhält sich nur durch ihre Nützlichkeit für den Kampf ums Dasein. Das Leben kommt hier nur vorwärts, indem irgendwie nebenbei entstandene Eigenschaften wegen ihrer Nützlichkeit festgehalten, vererbt, im Laufe der Zeit verstärkt werden. Aber beim Fehlen alles inneren Forttriebes kann dies Höhere nie zur Sache innerer Aneignung werden, kann keine Freude am Guten als Guten, am Schönen als Schönen aufkommen, sondern alles bleibt ein bloßes Mittel der Selbsterhaltung; die innere Erniedrigung des Lebens durch die Tyrannei der bloßen

Nützlichkeit, die schon bei A. Smith ersichtlich wurde, erreicht hier den äußersten Gipfel. Zugleich muß bei konsequenter Denkweise alle Gesinnung gegenüber der Leistung gleichgültig werden. Auch gibt es hier kein anderes Recht als das des Stärkeren; alle Humanität, namentlich alle Fürsorge für Schwache und Leidende, würde, als eine Verlangsamung des Kampfes, zu einer verderblichen Torheit; könnte in diesem Getriebe der Kräfte überhaupt von einer Aufgabe die Rede sein, so müßte sie dahin gehen, den Kampf ums Dasein möglichst hart unausgesetzt, schonungslos zu gestalten zur Ausrottung alles Untauglichen und zur Beschleunigung der Auslese.

Das alles freilich nur bei konsequenter Denkweise, wie sie hier nicht geübt zu werden pflegt. Denn ein verstecktes Eindringen andersartiger Überzeugungen läßt jene innere Zerstörung wohl gar als eine Befreiung von drückender Enge, als eine Erhöhung des menschlichen Lebens begrüßen; unvermerkt werden jene Bestrebungen in eine durch jahrtausendlange Arbeit mit geistigen Werten erfüllte Atmosphäre hineingestellt, und wird aus dieser angeeignet, was gerade paßt. Nur diese Ergänzung läßt zu einem leidlichen Lebensbilde gelangen und die völlige Sinnlosigkeit übersehen, die bei jener Gestaltung das menschliche Leben erhalten müßte. Denn alles Mühen und Streben, alle Arbeit der Jahrtausende, alle Verzweigung der Kultur, sie dürften nicht hoffen, den Menschen irgend innerlich weiter zu bringen und ein Reich der Vernunft zu entwickeln, sondern alles käme darauf hinaus, immer stärkere, d. h. zum Kampf ums Dasein tauglichere Wesen zu bilden. Aber wem frommt dies ganze Dasein, das so viel Mühe macht und so viel Zerstörung fordert? Weder der eigene Träger noch irgend jemand anders hat etwas davon, schließlich mündet alles in ein großes Nichts und wird damit durchaus sinnlos. – Wegen solcher prinzipiellen Zurückweisung im Gebiet der Lebensanschauung sei der Selektionslehre auch hier keineswegs alle Bedeutung abgesprochen. Sie hat die aufrüttelnde Wirkung des Kampfes ums Dasein, den Einfluß der äußeren Lebenshaltung auch auf das innere, die Summierung kleiner Größen im Verlauf der Zeit u. a. erst voll zur Geltung gebracht. Aber das alles ist in einen größeren Zusammenhang zu stellen, um der Wahrheit und nicht dem Irrtum zu dienen.

Die Selektionslehre wird selbst im Gebiet der Naturwissenschaft mehr und mehr eingeschränkt, um so weniger kann sie die Führung des Lebens an sich nehmen. Ganz anders steht es mit dem all-

gemeineren Gedanken der Descendenzlehre. Wie er in der Naturwissenschaft immer festere Wurzeln schlägt, so wird sich auch die
Lebensanschauung mit ihm abfinden müssen, nicht minder als sie
sich mit Kopernikus abgefunden hat. Sie wird dabei bedeutende
Einflüsse von ihm aufnehmen. Nicht nur gewinnt die Veränderung
im Ganzen der Welt ausnahmslose Geltung, wenn sich die geschichtliche Betrachtung auch über die organischen Formen ausdehnt,
es wird zugleich der Mensch der Natur näher gerückt und enger
verkettet. Denn unmöglich kann jene genetische Erklärung die ganze
Natur an sich ziehen, vor dem Menschen aber plötzlich abbrechen.
Aber die Anerkennung jener Gedankengänge bringt keineswegs einen
unsteten Relativismus oder einen geistesfeindlichen Naturalismus notwendig mit sich. Denn eine allmähliche Bildung der organischen
Formen macht sie nicht schon zu einem gelegentlichen Erzeugnis
des bloßen Zusammentreffens; jene Bildung kann eine zeitlose Gesetzlichkeit in sich tragen; was an einem besonderen Punkte hervorbricht, kann, ja muß in der Gesamtordnung angelegt sein. Nicht
die Bewegung an sich, sondern nur eine Bewegung ohne alles
innere Gesetz erregt Anstoß. Die Verwandlung in eine Bewegung,
in der feste Ordnungen walten, macht das Bild der Natur nicht
kleiner, sondern größer; sie löst freilich nicht das Problem des
Entstehens, aber sie verteilt es auf eine weitere Fläche und nimmt
ihm den magischen Charakter. Auch die Annäherung des Menschen
an die Natur kann nach direkt entgegengesetzter Richtung gewandt
werden, je nachdem der Sinn seines Lebens verstanden wird. Bringt
dies Leben nichts wesentlich Neues, vollzieht es nicht eine innere
Erhebung über die Natur, so muß allerdings jene engere Verkettung
es ganz auf die Natur zurückwerfen; erscheint aber in ihm eine
neue Stufe der Wirklichkeit, ein selbständiges Geistesleben, so kann die
engere Verbindung mit der Natur nur dahin wirken, diese zu heben, ihr
einen tieferen Grund zu geben, sie einem größeren Zusammenhange
einzufügen. Es wird dann nicht der Mensch durch die Natur
erniedrigt, sondern die Natur durch den Menschen erhöht. – So
ist es überhaupt nicht die Naturwissenschaft, welche zum Naturalismus
führt, es ist vielmehr die Schwäche der Überzeugungen vom Geistesleben, es ist die mangelnde Gewißheit einer geistigen Existenz,
welche einer Popularphilosophie gestattet, die Naturwissenschaft in
einen materialistischen Naturalismus umzubiegen. Auch hier liegt
die letzte Entscheidung nicht bei den einzelnen Tatsachen, sondern

bei den Zusammenhängen, in die man sie bringt, beim Ganzen des Lebens, dem sie eingefügt werden, beim Lebensprozesse, der alle äußere Erfahrung aufnimmt und deutet.

c. Die moderne Gesellschaftslehre und die Lebensanschauung der Sozialdemokratie.

Die moderne Gesellschaftslehre und die sozialdemokratische Bewegung haben keinen unmittelbaren Zusammenhang. Aber den radikalen Bestrebungen zur Herbeiführung einer neuen Gesellschaftsordnung gab eine breitere Grundlage und eine leichtere Anknüpfung die Verstärkung, welche das gesellschaftliche Leben im Bewußtsein des 19. Jahrhunderts erfahren hat. Die Unterordnung der Individuen unter ein soziales Ganzes ist an sich nichts Neues, eher war dieses die von der Aufklärung vollzogene Emanzipation des Individuums. Aber bis dahin wurde die Gesellschaft — Staat oder Kirche — von unsichtbaren Zusammenhängen getragen und durchwaltet, als überlegene Ordnungen selbständiger Art kamen sie an den Einzelnen. Nunmehr aber wird die Gesellschaft ganz auf den Boden des unmittelbaren Daseins, der natürlichen Existenz gestellt, sie erscheint nun als ein bloßes Nebeneinander der einzelnen Kräfte, als ein unmittelbarer Lebenszusammenhang. Zugleich wird klar, wie fest dies Gewebe in seinen tausendfachen Verkettungen zusammenhängt, und wie abhängig das Individuum bis in alle einzelnen Lebensäußerungen von ihm ist. Weit mehr als es seine Natur mitbringt, wird sie durch die gesellschaftliche Umgebung gebildet. Zugleich aber erhellt, wie gleichartig in aller scheinbaren Abweichung die Individuen sind, wie alle ihre Unterschiede zwischen engbemessenen Grenzen liegen. Die Beobachtung größerer Zahlen läßt aus dem scheinbaren Chaos Durchschnittswerte, einen „mittleren Menschen" herausheben und zeigt eine Regelmäßigkeit auch in solchen Erscheinungen, die sonst gänzlich dem Zufall unterworfen dünkten. Alles zusammen wirkt dahin, die Hauptarbeit den gesellschaftlichen Zuständen zuzuwenden, das Wirken am bloßen Individuum verschwindet hinter der Sorge um die Verbesserung der allgemeinen Verhältnisse, nur diese scheint auch das Individuum sicher zum Glück und zur Vernunft zu führen. So wird die Arbeit für die Verbesserung der gesellschaftlichen Verhältnisse zum Kern aller praktischen Tätigkeit, die Ethik gestaltet sich zur Sozialethik. Ohne

solche allgemeinere Tendenz des modernen Lebens ist das mächtige
Vordringen der Sozialdemokratie kaum zu verstehen.

Es hat uns aber von der sozialdemokratischen Lehre nur die
ihr innewohnende Lebensanschauung zu beschäftigen; daß sie eine
solche mit den wirtschaftlichen Problemen verbindet, daß sie ihre
Anhänger mit einer eigentümlichen Gedankenwelt umfängt, das begründet und erklärt zum guten Teil ihre Macht über die Gemüter.

Der Zusammenhang beider Schichten wird hergestellt durch eine
Überzeugung, welche sich namentlich von Adam Smith her im
modernen Leben verbreitet hat, die Überzeugung, daß die Gestaltung
der wirtschaftlichen Verhältnisse, die Art des Gewinns und der Verteilung der äußeren Güter, über den Charakter des gesamten Lebens
entscheidet, daß Vernunft oder Unvernunft unseres Daseins von der
Lösung dieser Aufgabe abhängt. Aber erst der Sozialismus gibt dieser
Überzeugung ihre volle Bewußtheit und Eindringlichkeit, zugleich
aber ihre verneinende Kraft. Wissenschaftlich verkörpert sie sich
namentlich in einer materialistischen oder vielmehr ökonomischen
Geschichtsphilosophie; einer solchen dünkt der wirtschaftliche Kampf
das ausschließliche Triebrad der geschichtlichen Bewegung, selbst
Religionsbildungen wie das Christentum oder Umwälzungen wie die
Reformation sind von hier aus zu verstehen; nicht eine Sehnsucht
nach geistigen Gütern hat sie hervorgebracht, sondern ein Verlangen
der unterdrückten Massen nach einer besseren Lebenshaltung; die
Ideen waren lediglich Werkzeuge oder Reflexe wirtschaftlicher Wand-
lungen. Wie eine solche Überzeugung zum Ziel der Ziele die
Besserung der wirtschaftlichen Lage macht, so wird sich nach der
Vernunft oder Unvernunft dieser der Wert des gesamten Daseins
bemessen.

An diesem Hauptpunkte aber vollzieht die Sozialdemokratie
eine völlige Wendung gegen A. Smith: der starke Optimismus in
der Beurteilung der modernen Wirtschaftsordnung schlägt um in
einen nicht minder starken Pessimismus. Von der völligen Befreiung
des Individuums und dem unbegrenzten Wetteifer um die äußeren
Güter erwartete A. Smith die glücklichste Gestaltung des gesellschaftlichen Lebens, am Kampf sah er vornehmlich die Freiheit
und Stärke der Individuen, an der Gesamtbewegung das sichere
Aufsteigen zu immer neuen Höhen. Auch die nähere Zeichnung
des wirtschaftlichen Lebens war voller Voraussetzungen optimistischer
Art; daß jene Verwandlung des Daseins in ein Getriebe von

Naturkräften das Seelenleben schädigen könne, kam nicht zur Erwägung.

Der Umschlag, den die sozialdemokratische Theorie an dieser Stelle vollzieht, wurde zunächst durch die eingreifende Wandlung des wirtschaftlichen Prozesses im Laufe des 19. Jahrhunderts hervorgerufen. Seine frühere Harmlosigkeit ist gänzlich verschwunden. Die Arbeit steht unter der Herrschaft der Maschine und der Massenproduktion, die Aufhebung der Entfernungen beschleunigt Wirkung wie Gegenwirkung und verschärft dadurch zusehends den Kampf, das Werkzeug und mit ihm die Art der Arbeit ist in unablässiger Veränderung begriffen, zugleich sind riesenhafte Ansammlungen wirtschaftlicher Mittel und arbeitender Kräfte entstanden; alles das ergibt schwerste Verwicklungen, mit unheimlicher Größe und Leidenschaft stehen jetzt die Gegensätze auf dem Plan.

Aber so groß diese Verschiebungen sind, sie hätten nicht so stürmische Bewegungen bewirkt, wären sie nicht von Wandlungen innerer Art aufgenommen und weitergeführt. Das Subjekt ist seit A. Smith stark gewachsen, und zwar das Subjekt des unmittelbaren Daseins, der empfindende und genießende Mensch. Indem dies Subjekt die Erfahrungen eifriger auf sein Befinden bezieht und seinen Anteil am Glück und Lebensgenuß berechnet, indem dabei nicht einzelne begünstigte Klassen, sondern die große Menge zu Wort kommt, fühlt es sich durchaus unbefriedigt und sieht aus solcher Stimmung die bestehenden Verhältnisse in trübster Beleuchtung. Jetzt verweilt der Blick vorwiegend bei den Mißständen; was sich an Unerquicklichem findet, das wird verallgemeinert und ausgemalt, die dunkelsten Züge beherrschen das Bild des Ganzen, der Pessimismus entfaltet sich hier nicht minder stark und einseitig, als es der Optimismus bei A. Smith tat.

Zugleich wirkt zur Verschärfung der Probleme die Erhebung aller Fragen ins Universelle und Prinzipielle, wie das dem Zuge der gesamten Neuzeit entspricht, im 19. Jahrhundert aber namentlich durch Hegel vertreten wird. Dieser Denkweise fassen sich alle einzelnen Fragen in eine einzige zusammen und wirken dadurch mit erhöhter Macht, wie schon der Ausdruck „soziale Frage" die gesamte Lage als problematisch darstellt; dabei erscheinen die Gedankenmassen mit ihren Forderungen als selbständige und überlegene Mächte, gegenüber deren Walten das Vermögen wie der gute Wille einzelner Persönlichkeiten gänzlich verschwindet, die sich bis

in die äußersten Konsequenzen entfalten und gegen allen Widerspruch durchsetzen. Als Hauptgegensätze erscheinen hier Kapital
und Arbeit, das Kapital – vorwiegend als Geldkapital vorgestellt –
mit unausrottbarer Tendenz, weiter und weiter zu wachsen und sich
die Arbeit immer sklavischer zu unterwerfen. Der Sache gibt dabei
eine arge Verbitterung und leidenschaftliche Aufregung die Behauptung, daß das Kapital nicht rechtlich erworben, sondern dem Arbeiter
entwendet sei.

Die Aufhebung des Kapitals und die Einsetzung der Arbeit in
volle Herrschaft verheißt dagegen eine gänzliche Wendung zum
Guten, eine neue Ordnung der Dinge. Sie wird mit Sicherheit erwartet gemäß der den Lauf der Geschichte beherrschenden Dialektik.
Nach Marx war die „kapitalistische Phase" die „erste Negation des
individuellen, auf eigene Arbeit gegründeten Privateigentums"; nun
wird diese Negation durch den inneren Fortgang der Bewegung
selbst negiert werden und aus der Überwindung der Gegensätze
eine höhere Stufe hervorgehen.

Diese höhere Stufe wird aber mit ebenso liebevollem Optimismus
ausgemalt wie der bisherige Stand mit düsterem Pessimismus. Die
Einsetzung der Arbeit in ihr Recht und die Ordnung aller Verhältnisse vom Ganzen her, bei gleicher Fürsorge für alle Individuen,
verheißt das volle Lebensglück und auch die Befriedigung aller
idealen Bedürfnisse. Die Gesellschaft erscheint jetzt als ein innerer
Zusammenhang, von dem ethische Kräfte ausströmen; durch die
Steigerung ihrer Macht glaubt man, bei demokratischer Ordnung,
die Freiheit der Einzelnen keineswegs gefährdet. Dabei erfolgt oft,
namentlich bei Lassalle, eine Idealisierung der Volksmasse, eine
Höherschätzung des Menschen in einfacher Lebenslage. Rousseausche
Stimmungen erwachen von neuem. Der Mensch ist im Grunde gut
und unverderblich, alles Böse kommt auf die schlechte Einrichtung
der Gesellschaft; gewähren wir allen Individuen volle Entfaltung
ihrer Kräfte, und der Sieg der Vernunft ist gesichert. Alsdann wird
sich der Gesamtstand des Lebens unermeßlich heben und bessere,
glücklichere, „vollseitig entwickelte" Menschen, eine höhere Form
der Erziehung, des Familienlebens u. s. w. erzeugen, kurz die alte
Hoffnung eines vollkommenen Reiches auf Erden erhebt sich neu
inmitten des Realismus unserer Zeit. Um so weniger ist hier Platz
für die Religion; sie pflegt als eine bloße Erfindung zu Gunsten
der bevorzugten Klassen schroff abgelehnt zu werden, unter völliger

Verkennung ihres echten Wesens und ihrer geschichtlichen Wirkungen.

Das Technische dieser Lehre zu erörtern, gehört nicht hieher. Das Ganze der Bewegung sei schon deswegen nicht leicht genommen, weil es eingreifende Wandlungen der Arbeit, ungeheure Verwicklungen des wirtschaftlichen Lebens, wenn auch in greller Parteibeleuchtung, zum Ausdruck bringt und zugleich bedeutende Probleme aufwirft, die, einmal mit solcher Energie gestellt und so sehr zu allgemeinem Bewußtsein gelangt, nicht wieder einfach verschwinden können. Namentlich läßt sich das Verlangen nach einer Verbreiterung der Kultur und des Geisteslebens, nach mehr Teilnahme aller Einzelnen am Ertrage der Arbeit des Ganzen nicht so leicht abweisen; wer in dem Verlangen danach nicht auch einen idealen Zug erkennt und es nicht als einen Schaden und Schmerz empfindet, daß die volle Entwicklung der geistigen Kräfte nur einem kleinen Teile vergönnt ist, dem wird das Verständnis jener Bewegung stets verschlossen bleiben. Auch bildet dieselbe in mancher Hinsicht nur den Höhepunkt allgemeiner Tendenzen des 19. Jahrhunderts. Durch die Zeit geht ein starker Glaube an die Allmacht politischer und sozialer Einrichtungen, der Stand der Gesellschaft ist zum Hauptproblem geworden, fast jeder Parteimann erwartet von der strikten Durchführung seines Programms volles Glück und volle Tüchtigkeit der Menschen; der freie Spielraum der Individuen ist gegen frühere Zeiten sehr beschränkt, die Sorge um eine Freiheit innerhalb des Staates läßt die um eine Freiheit gegenüber dem Staate fast vergessen; dazu hat eine hochentwickelte und komplizierte Kultur die Schätzung wie den Wert der materiellen Güter sehr gesteigert. Das alles ergreift der Sozialismus und zieht es, mit schärfster Zuspitzung und aggressiver Wendung, in seine Bahnen; die Verbindung zu einem Gesamtbilde und die Aufrufung des ganzen Menschen gibt ihm eine Überlegenheit gegen die Durchschnittsart, die unsicher zwischen widerstreitenden Antrieben hin und her schwankt.

Das Besondere der Lösung muß freilich, auf die Lebensanschauung angesehen, scharfer Kritik begegnen. Dem einen herrschenden Impulse, dem stürmischen Verlangen nach mehr Macht und mehr Glück der Massen, ist hier alles Streben und Denken untergeordnet und damit die Erfahrung des Menschenlebens in eine viel zu enge Bahn gedrängt. Indem solches Streben eifrig alles ergreift

und ausnutzt, was die Hauptrichtung zu fördern verspricht, werden
verschiedenartige, ja widerstreitende Gedankenmassen unbedenklich
aufgenommen und zusammengeschoben. Ein Materialismus und
Sensualismus seichtester Art wird begrüßt, weil er die überkommene
Religion aufs Gründlichste zu erschüttern dünkt, obwohl jene Richtungen an sich, als Erzeugnisse überreifer Kultur, wahrlich nicht
geeignet sind, eine Begeisterung für neue Ideale zu unterstützen;
Rousseau wird geschätzt, weil er die Volksmassen verherrlicht und
die Menschenrechte proklamiert hat; die romantisch-sentimentale
Grundanschauung aber, aus der jenes hervorging, liegt jetzt in
weitester Ferne; auch Hegel findet soweit Anerkennung, als seine
Lehre von einer die Geschichte durchwaltenden Dialektik, einer Bewegung in lauter Gegensätzen, den eigenen Sieg zu verbürgen scheint;
daß diese Überzeugung eine Verwandlung der Welt in einen Denkprozeß und damit in ein Innenleben voraussetzt, daran wird kaum
gedacht.

Schon dies Durcheinander widerstreitender Gedankenmassen
verrät, daß die Bewegung nicht zur erforderlichen Tiefe vordringt;
es kommt dies aber letzthin daher, weil hier das Hauptproblem
des menschlichen Lebens unrichtig gefaßt wird. Als solches Hauptproblem erscheint nämlich in diesen Zusammenhängen die Gestaltung
der gesellschaftlichen Verhältnisse, namentlich die Verteilung der
wirtschaftlichen Güter; von einer Neuordnung dessen wird eine
Wendung des gesamten Daseins zur Vernunft und zum Glück,
wird ein Idealstand des Menschenlebens erwartet. In einer solchen
Erwartung stecken eigentümliche Überzeugungen vom Seelenleben
und vom Glück des Menschen, die der weltgeschichtlichen Erfahrung
direkt widersprechen.

Der Mensch muß keine inneren Verwicklungen in seinem
Wesen tragen, wenn eine besondere Art des gesellschaftlichen Zusammenseins ihm zu voller Tüchtigkeit verhelfen soll, und es muß
ihm die Befreiung von den Sorgen der Lebenserhaltung und eine
Einschränkung der Arbeit volles Glück bereiten, wenn jene neue
Ordnung alle Wünsche befriedigen soll. Nun braucht man nicht
der Lehre von einem Sündenfall und einer durchgängigen Schlechtigkeit des Menschen zu huldigen und muß doch eine schwere innere
Verwicklung bei ihm anerkennen. Der Mensch überschreitet nun
einmal die Natur und beginnt sich zur Stufe des Geisteslebens,
d. h. einer bei sich selbst befindlichen Innerlichkeit, zu erheben.

Dies neue Leben stellt neue Ansprüche auch an seine Gesinnung, es verlangt eine Arbeit, eine Hingebung, ja eine Aufopferung für Ziele jenseit des individuellen Lebenskreises; andererseits steigert das mit jener Wendung verknüpfte Wachstum von Intelligenz und Kraft die begrenzte natürliche Selbsterhaltung zu einem schrankenlosen und zerstörenden Egoismus, zu unermeßlicher Habsucht, Genußsucht, Herrschsucht. So liegen große Spannungen und Entscheidungen in unserem Leben, es steht, nicht etwa bloß im Bilde theologischer Dogmen und philosophischer Spekulationen, sondern durch seine eigensten inneren Erfahrungen unter einem durchgehenden moralischen Gegensatz. Was immer diesen Gegensatz versteckt oder abschwächt, das wirkt, mag es nach außen hin noch so viel erregen und bewegen, am innersten Punkt zur Trägheit und Verflachung; es kann leicht das Gegenteil seiner eigenen Absicht erreichen, indem es die Aufmerksamkeit und die Arbeit von dem Punkte ablenkt, wo sie vor allem notwendig sind. Uralt sind Theorien, welche von einer Vernichtung oder doch Einschränkung individuell gesonderter Lebenskreise eine Veredlung des Menschen, ein Verschwinden alles Bösen erwarteten; schon vor Jahrtausenden hat Aristoteles ihnen die Erwägung entgegengehalten, daß die Verwicklung tiefer liegt, daß die schlimmsten Verbrechen nicht aus Not, sondern aus Übermut und „Mehrhabenwollen" entstehen, daß wenn eine neue soziale Ordnung besondere Verfehlungen aufheben oder mindern mag, sie dafür andere einführen oder vermehren wird.

Wie sich aber das moralische Problem nicht als ein bloßer Anhang zum sozialen behandeln läßt, so wird auch das Glücksproblem durch die dort vorgehaltene sorgenfreie und behagliche Lebenshaltung nicht gelöst. So gewiß und so weit der Mensch ein geistiges Wesen ist, kann ihm jenes Ziel nicht genügen; einem solchen Wesen müßte alles jene Behagen rasch in eine innere Leere umschlagen, es müßte unbedingt auf einem Inhalt, einer inneren Erfüllung des Lebens bestehen; einen solchen kann es aber unmöglich finden, ohne auf sein Grundverhältnis zur Wirklichkeit zurückzugehen, ohne eine innere Aneignung der Welt, ohne eine sichere Begründung seines Lebens und Wesens in einem Reich von Wahrheit und Liebe. Das aber erhebt wiederum die Probleme zur Hauptsache, welche die sozialistische Lebensgestaltung als Nebensache behandelt.

So müssen wir uns zu dem Charakteristischen jener Lebens-

gestaltung ablehnend verhalten. Aber es sei nicht verkannt, daß in
dieser Bewegung manches wirkt, was jenen engen Rahmen überschreitet, daß hier im besonderen neben der Leidenschaft des gewöhnlichen Glücksverlangens auch eine Sehnsucht nach mehr Entwicklung des Menschen als Menschen, nach einer Veredlung des
menschlichen Daseins wirkt. Und was dem Ganzen über das Besondere der Parteilehren hinaus Macht verleiht, das ist ein Verlangen, das heute in immer breiteren Wogen durch die Menschheit
geht, das Verlangen der Massen nach mehr Teilhaben am Glück,
nach mehr Teilhaben auch an geistigen Gütern. Welche Bahn dies
Verlangen einschlagen wird, das wird namentlich davon abhängen,
ob in den ungeheuren Wirren der Zeit die Menschheit die Kraft zu
einer geistigen Konzentration und zu einer inneren Erhöhung des
Lebens finden wird. Denn nur dann könnte die Vernunft die Bewegung lenken und leiten, die sonst trüben Leidenschaften anheim-
fallen müßte.

Den Lebensanschauungen des Realismus gab und gibt ihre Macht
in der Zeit ihr enges Verhältnis zur Arbeit der Zeit; indem sie
Hauptleistungen und Hauptprobleme dieser Arbeit mit besonderer
Lebhaftigkeit ergreifen und von ihnen aus charakteristische Gesamt-
bilder der Wirklichkeit entwerfen, ziehen diese die Überzeugungskraft
der grundlegenden Einzelerfahrungen zur eigenen Empfehlung an
sich. Daß sie keine verwickelten Voraussetzungen enthalten, daß sie
jedem unmittelbar zugänglich und verständlich sind, das fördert ihr
Durchdringen namentlich in einer Zeit, wo ein Aufstreben durch
weiteste Kreise geht und jeder Einzelne sich ein Urteil über die
höchsten Dinge zutraut. — Aber was eine Stärke für die Wirkung,
wird leicht eine Schwäche in der Sache. Indem jenes Unternehmen
besondere Erfahrungen und Lebenskreise über das Ganze der Welt-
und Lebensanschauung entscheiden läßt, wird das Bild unvermeidlich
zu eng; so muß der Realismus schließlich wohl oder übel eben das
zur Hilfe rufen, was er überwinden wollte: den Idealismus mit seinem
Aufbau von innen her. Je mehr die realistischen Bewegungen sich
zu einem System ausbauen, desto mehr geraten sie in Widerspruch mit
ihren eigenen Voraussetzungen; die Systeme streng auf diese Voraussetzungen zurückführen, das heißt sie von innen her zerstören.

Der Realismus glaubt sich oft deswegen in sicherer Überlegenheit, weil er das menschliche Leben ohne die Weiterungen und

Verwicklungen gestalten und leiten zu können scheint, die dem Idealismus zu schaffen machten. Aber nicht nur vergißt er dabei jene unablässige Ergänzung aus dem feindlichen Lager, er übersieht auch das Sinken der Ziele, sowie die klägliche Verflachung des menschlichen Seelenstandes, welche seinem Unternehmen untrennbar anhaften. Soweit seine Lebensgestaltungen aus eigenem Vermögen bauen, bauen sie von außen nach innen, sie kennen keine Tiefe der Seele, keine Probleme und Konflikte innerer Art, sie kennen nichts Dunkles und Geheimnisvolles im Menschenleben. So können sie alles Heil von verständiger Aufklärung oder auch geschickter Organisation erwarten; namentlich bei den naturwissenschaftlichen Lebensbildern erscheint ein so starker Intellektualismus, wie ihn kaum die Aufklärungszeit kannte. Durch neue Begriffe von der Weltumgebung scheint ohne weiteres die innerste Gesinnung gewonnen und veredelt, die Größe des ganzen Menschen gesteigert. Wer die Aufgabe so kindlich leicht nimmt, mag allerdings rasch das Ziel erreicht glauben.

So taugt der Realismus nicht zu einem allumfassenden Lebenssystem, vielmehr müssen seine Welten der Natur und der Gesellschaft als Teilwelten in ein überlegenes Gesamtleben aufgenommen werden, um ihren Wahrheitsgehalt unverfälscht zu erschließen. Aber dann erschließen sie in der Tat mit der Frische ihrer Anschauung und dem Eifer ihrer Arbeit viel fruchtbare Wahrheit, Wahrheit nicht nur an Einzelpunkten, sondern auch für das Ganze des Lebens; sie treiben zu einer Weiterbildung und Vertiefung dieses Lebens, indem sie eine bisher unterschätzte und vernachlässigte Seite nachdrücklich hervorkehren. Der Idealismus älterer Art begnügte sich gewöhnlich damit, geistige Inhalte und Bewegungen dem menschlichen Lebenskreise überhaupt zuzuführen; ihm fehlte ein energisches Streben, die ganze Menschheit und die volle Breite der menschlichen Verhältnisse damit zu durchdringen. Zugleich aber fehlte ein gehöriger Kampf mit den Widerständen und damit nicht nur die Aufbietung aller seelischen Kraft, sondern auch eine Durchbildung der geistigen Inhalte zu voller Wirklichkeit und anschaulicher Gegenwart. Diese mehr der Erfahrung zugewandte Seite vertritt der Realismus mit eindringlicher Kraft, er zwingt, das Leben auf eine breitere Basis zu stellen, er wirkt damit als ein Stachel zur Ausbildung eines wesenhafteren Lebens und zugleich zur Entwicklung eines wahrhaftigeren Idealismus. Sofern der Realismus in dieser Weise auch der Inner-

lichkeit des Lebens mehr Erz und Kraft zuzuführen verspricht, sei
er freudig begrüßt. Einstweilen aber liegt diese Wirkung noch in
weiter Ferne.

4. Der Rückschlag gegen den Realismus.

Das 19. Jahrhundert brachte in der Wendung zum Realismus
einen völligen Umschlag der Ideale, es brachte bei der Schleunigkeit
des modernen Lebens auch schon einen Rückschlag gegen diesen
Umschlag. Die Größe des Jahrhunderts lag vornehmlich in seiner
Arbeit; soweit diese Arbeit den Menschen einnahm und befriedigte,
mochte man sich auf sicherer und stolzer Höhe fühlen. Aber auch
die Arbeit erfuhr bald jene innere Dialektik alles menschlichen
Unternehmens, durch die eigene Entwicklung seine Grenzen zu
erfahren und in das Gegenteil seiner Absicht zu wirken. Immer
ausgedehnter wurden die Komplexe, immer feiner die Differenzierung,
immer rascher der Verlauf der Arbeit. Zugleich aber verkümmerte
immer mehr das Individuum zu einem unselbständigen Stück eines
seelenlosen Getriebes, verringerte sich das von ihm umspannte Gebiet, wurde es immer strenger an den rastlos fortschreitenden Prozeß
gebunden. Immer fester umklammert die Arbeit den Menschen, sie
verlangt seine Kräfte für sich und schmiedet ihn an ihre Notwendigkeiten, sie droht ihm seine Seele zu rauben. Deutlich entwickelt
sich damit ein Widerspruch, der dem innersten Wesen des Realismus
anhaftet, wenn dieser das Ganze des Lebens bedeuten, sich nicht
einem weiteren Ganzen einfügen will. Zum Realismus trieb vor
allem ein Durst nach mehr Wirklichkeit, die Sehnsucht nach Befreiung von einem als schattenhaft empfundenen Leben; in solchem
Verlangen zog der Mensch die weite Welt an sich, schöpfte aus
ihrer Unendlichkeit, suchte den engsten Anschluß an die Umgebung.
Das alles aber nicht, um willenlos in die Dinge zu verschwinden,
sondern aus einem glühenden Lebensaffekt heraus, in freudiger Hoffnung, durch jene Wendung im eigenen Sein an Kraft und Wahrheit zu gewinnen. Nun aber beginnt die Wirklichkeit, die dem
Menschen dienen sollte, seinem Vermögen zu entwachsen und sich
gegen ihn zu wenden; jene Arbeit zerlegt seine Seele in lauter einzelne
Kräfte, sie beraubt ihn damit mehr und mehr eines eigenen Lebens;
immer weniger vermag er die Ereignisse auf einen beherrschenden

Mittelpunkt zurückzubeziehen und in Erlebnisse zu verwandeln. Damit aber bricht das Ganze innerlich zusammen. Denn was soll jene Unterwerfung der Wirklichkeit, wenn sie niemandem zu gute kommt, was soll eine Lebenssteigerung, die niemand erlebt? Ein Wahnbild scheint hier den Menschen zu äffen, seine eigenen Gebilde überwältigen und zerstören ihn, der Sieg selbst gestaltet sich zur Niederlage.

So mußte gegen die Verwandlung des ganzen Lebens in Arbeit ein Rückschlag kommen, und er ist gekommen. So nahe er der Gegenwart liegt, so lassen sich doch schon deutlich genug dabei zwei Stufen unterscheiden: eine Zeit des Sturmes und Dranges und ein Beginn der Klärung. Für die rechte Würdigung des modernen Lebens ist es wichtig, beides auseinanderzuhalten.

a. Der moderne Sturm und Drang. Nietzsche.

Die nächste Art des Rückschlages ist die Flucht in das direkte Gegenteil, die schrankenlose Behauptung dieses Gegenteils. Den Gegenpol der Arbeit bildet aber nichts anderes als die von aller Bindung an die Dinge abgelöste Zuständlichkeit der Seele, die bei sich selbst befindliche, freischwebende Stimmung. Das Vermögen, sich darauf zurückzuziehen und sich hier gegen alle Störungen von außen her zu verschanzen, kann alles siegreiche Vordringen des Realismus dem Menschen nicht nehmen. So wird denn mit feurigem Eifer dieser Weg als die einzige Rettung vor drohender Vernichtung betreten, und es wird in seiner Verfolgung eine dem Realismus direkt widersprechende Lebensführung unternommen. Seinem Mühen um den Stand der Gesellschaft tritt entgegen die Sorge für das Befinden des Individuums, seinem Streben nach allgemeinen Ordnungen und nach Erreichung von Massenwirkungen die möglichste Hervorkehrung des Eigentümlichen, Unterscheidenden, Unvergleichlichen, eine Individualisierung des Daseins wie bei jedem Einzelnen, so auch bei den verschiedenen Lebensgebieten. Statt der politisch-sozialen Tätigkeit wird wieder zur Hauptsache das künstlerische und literarische Schaffen, als das Hauptmittel, dem Subjekt seine Zuständlichkeit zu vollem Besitz und Genuß zu bringen. Ohne die Verbindung mit der Kunst wäre jener Subjektivismus rasch ins Schattenhafte und Leere geraten. So zur Festhaltung und Verkörperung der Stimmung aufgeboten, muß aber die Kunst eine eigentümliche Art annehmen: nicht die klare Gestaltung des Gegenstandes, sondern die Erreichung eines starken Reflexes, einer kräftigen Resonanz in der Seele wird ihr zur Hauptsache, sie wird mehr mit breitem Pinsel malen als genau zeichnen, mehr empfinden als sehen lassen, mehr erregen als durchbilden. Für die Malerei, die in diesem Leben einen bedeutenden Platz einnimmt, besagt das die Vorherrschaft der Farbe, für die Literatur die des Lyrischen über das Dramatische. Auch die Dramen, welche die Zeit besonders stark aufregten, wirkten vornehmlich durch das Element der Stimmung. Auch was dabei realistisch heißt, wirkt keineswegs durch eine treue und reine Wiedergabe des Tatbestandes, sondern durch die krasse Schilderung seines unmittelbaren Eindrucks auf die Empfindung, durch eine grelle Beleuchtung von der Stimmung aus; daher können die Gegenstände bei demselben Autor bunt wechseln und die Werke bald mehr realistisch bald mehr idealistisch anmuten, während in Wahrheit das Ganze Stimmungskunst bleibt. Auch die Wendung zum vermeintlichen Gegenstück des Realismus, zum Symbolischen und Mystischen, kann hier nicht befremden; alle diese Verschiebungen und Wandlungen erfolgen in Wahrheit innerhalb eines gemeinsamen Raumes. Eine Verwandtschaft mit der Romantik ist bei aller Veränderung der Lage unverkennbar, sowohl in der Stärke als in der Schwäche.

Eine Bewegung, die in so breiten Wogen durch die Zeit geht, mußte auch irgendwelche Zusammenfassung in einer Lebensanschauung finden. Von hier aus erklärt sich zunächst das Zurückgreifen auf Schopenhauer, aus dem so viel weiche Stimmung spricht, und der einer tiefen Empfindung alles Leides, im besonderen auch des Leides der modernen Kultur, einen hinreißenden Ausdruck gegeben hat, der zugleich das Selbstbewußtsein einer intellektuellen und künstlerischen Aristokratie gegenüber dem Durchschnittsgetriebe der Gesellschaft in hervorragender Weise verkörpert. Aber die neue Zeitlage wollte auch zur Selbständigkeit erhoben sein, und das geschah in Nietzsche (1844 – 1900). Wie verschieden dieser merkwürdige Denker und Künstler beurteilt werden mag, die Wirkung, die er übt, könnte er nicht üben, verhülfe er nicht dem, was in vielen Seelen dunkel aufstrebt, zu einem Ausdruck und durch die künstlerische Fassung zu einer Veredlung. Es ist die volle Souveränität des allein bei sich befindlichen Subjekts, es ist die stolze Befreiung von aller Bindung an ein Nichtich, es ist das unumschränkte Recht der vornehmen künstlerischen Individualität, die hier in einer glänzenden, für entgegenkommende Gemüter bezaubernden Art vertreten werden. Es schießen in dem Ganzen Stimmungen zusammen, in denen eine starke Unzufriedenheit mit vorwaltenden Zeitströmungen erscheint: die Entrüstung über eine schablonenhafte und schematische Kultur, über die moderne Verflachung und Entseelung des Lebens, der Widerstand gegen das übliche Aufgehen in das Getriebe der Zweckmäßigkeit und Nützlichkeit, die tiefe Abneigung gegen die Selbstgerechtigkeit des Spießbürgertums, auch des gelehrter Art, gegen jenes Sicheinspinnen in ein enges und ödes Philistertum, das der deutschen Natur so zähe anhaftet, ein Widerwille endlich gegen moralische und religiöse Bindungen, deren innere Wahrheit verloren ging. Indem das Subjekt alle solche Bindungen abschüttelt, entwickelt sich mit hinreißender Kraft ein Verlangen nach größerem Leben, ein Durst nach Entfaltung alles Vermögens, ein Wille zur Macht. Überallher wird dem Individuum eine Einschränkung, eine Entsagung geboten, Fremdem soll er sich unterordnen, Fremdem anpassen, Fremdem aufopfern. Aber weshalb und wofür? Und wie kann jene Bindung äußerlich bestehen bleiben, nachdem die Erschütterung aller Autoritäten sie innerlich zerstört hat? Vielmehr erhebe das Individuum sein eigenes Leben zum ausschließlichen Selbstzweck, es lasse den Durchschnitt tief unter sich und kehre die Distanz kräftig hervor, es strebe vor allem es selbst zu sein; nicht ein leidlicher Gesamtstand, sondern die Erreichung einzelner hervorragender Höhepunkte bildet den Hauptertrag der Kulturarbeit. Zugleich weiche die Hingebung an die bloße Vergangenheit der Aneignung der unmittelbaren Gegenwart, einer Erhöhung des Augenblicks.

So ein energischer Rückschlag gegen die geschichtlich-gesellschaftliche Gestaltung der Kultur, wie solche die moderne Arbeit beherrscht; dieser Rückschlag läßt es nicht bei der bloßen Kritik, beim Aufweisen der Grenze des Gegners bewenden, er unternimmt ein selbständiges Schaffen; was immer das Denken erregt, das findet seinen Ausdruck in einer bewegten und bewegenden Darstellung; durch alle besondere Aussprache scheint hier eine reiche und weiche Seele hindurch und gibt dem Ganzen die innere Wahrhaftigkeit eines Selbsterlebnisses.

Über das Ganze ein gerechtes Urteil zu gewinnen, ist überaus schwer. Was vornehmlich aus individueller Stimmung entspringt und zu individueller Stimmung spricht, das pflegt die einen ebenso

stark anzuziehen wie die anderen abzustoßen; was jenen groß und
bewunderungswürdig dünkt, gilt diesen als verkehrt und unsinnig.
Eine summarische Ablehnung oder auch völlige Geringschätzung
wird sich überall verbieten, wo in dem Ganzen ein begreiflicher
Rückschlag und eine notwendige Gegenwirkung gegen eine Verflachung und Erstarrung des Kulturlebens erkannt wird. Wer die
Schranken und Schäden einer bloß gesellschaftlichen Kultur nur
einigermaßen empfindet, der wird es als etwas Bedeutendes begrüßen,
daß bei Nietzsche das Leben von aller Verwicklung in die Umgebung
zu sich selbst zurückgerufen und auf die eigene Kraft gestellt wird.
Nicht bloß die freie Entfaltung des Individuums, auch die Selbständigkeit des Geisteslebens steht dabei in Frage. Das gesellschaftliche
Leben hat die Tendenz, alle Betätigung geistigen Lebens als ein
bloßes Mittel für seine greifbaren Zwecke, für soziale Wohlfahrt,
politische Macht u. s. w. zu behandeln und sie durch solche Unterordnung unter den Nützlichkeitsgedanken tief herabzudrücken, ja innerlich zu zerstören. Denn das ist gewiß: echtes geistiges Schaffen
kann nur entstehen und nur gedeihen, wo es als völliger Selbstzweck ergriffen und, in gänzlicher Unabhängigkeit von der Umgebung, lediglich durch seine eigenen Notwendigkeiten getrieben
wird; die Frage, was daraus für die Gesellschaft, ja den Menschen
überhaupt an Nutzen oder Schaden erwächst, muß zunächst gleich-
giltig sein, da doch einmal das menschliche Dasein einen Sinn und
einen Wert erst durch das erhält, was sich an ihm an Geistigkeit
entfaltet. Diese Souveränität des geistigen Lebens und Schaffens
ist in dem modernen Kulturgetriebe arg verdunkelt, und der Quell
der Produktion droht damit zu versiegen; das allein genügt
Nietzsche weit über den Durchschnitt hinauszuheben, daß er die
Kleinheit dieses bloßmenschlichen Getriebes aufs stärkste empfand
und in hinreißender Weise zum Ausdruck brachte; zugleich aber
erfüllte ihn ein glühendes Verlangen nach Erhebung über dieses
ganze Gebiet, nach mehr Größe, nach einem sich selbst angehörigen
Leben.

In solchen Gedankengängen gelangt im besonderen zur vollen
Anerkennung die Eigentümlichkeit des künstlerischen Schaffens, die
ihm notwendige Gleichgültigkeit gegen die kleinmenschlichen Zwecke,
das ausschließliche Vertrauen auf die eigenen inneren Notwendigkeiten. Auch über das engere Gebiet hinaus wird damit die künstle
ische Seite des Kulturlebens wieder zu ihrem Rechte gebra

ist es begreiflich, daß Nietzsche die Künstler und die künstlerisch Gesinnten besonders anzieht. Gewiß hat er zu unmittelbar das künstlerische Schaffen zum Typus des gesamten Lebens erhoben, den Menschen zu ausschließlich als Künstler behandelt, aber bedeutend verbleibt trotzdem jenes Aufrütteln aus innerer Erstarrung inmitten aller äußeren Lebensflut, jener Aufruf zu mehr Individualität, mehr Selbstleben, mehr Größe.

So seien fruchtbare Anregungen bereitwillig anerkannt; die Frage ist nur, ob der anregenden Kraft die ausführende und der Glut subjektiven Strebens der Gehalt geistigen Schaffens entspricht. Was hier gegen die drohende Mechanisierung des Lebens aufgeboten wird, ist im Grunde nichts anderes als die Stimmung, die künstlerisch verstärkte und veredelte Stimmung des Individuums. Ergibt aber solche Stimmung schon ein wahrhaftiges Selbstleben, einen kräftigen Lebensinhalt? Es wird eine Unabhängigkeit vom Menschen gefordert, mit Fug und Recht, aber läßt sich eine solche Unabhängigkeit erringen ohne unsichtbare Zusammenhänge eines Weltlebens, ohne die Gegenwart einer Welt, das Wirken einer Unendlichkeit und Ewigkeit im eigenen Innern? Wer sich bloß in seiner Stimmung von der sozialen Umgebung ablöst und ihr gegenüberstellt, der wird leicht verneinen, bloß weil die Mehrzahl bejaht, bejahen, weil jene verneint, der hat in solcher Paradoxie weniger eine Unabhängigkeit gewonnen als die Art der Abhängigkeit verändert. In Nietzsches Gedankenwelt ist zu viel bloßer Rückschlag; selbst über die Fassung ganzer Gebiete entscheidet viel zu sehr das Bild, das die besondere Zeit oder vielmehr ihre Oberfläche sich von ihnen macht. Die Moral könnte hier nicht so unfreundlich behandelt sein, wäre sie nicht als ein bloßes Wirken für fremde Menschen, als eine Unterordnung unter auferlegte Satzungen, als ein Sichschicken und Ducken, damit aber als eine Herabsetzung der Lebensenergie verstanden. Das aber war nur die Moral des allezeit kümmerlichen Durchschnitts, nicht der Kern der Sache, nicht der Quell der Kraft, nicht das Bekenntnis führender Geister. Auch bei der Religion ist mehr ihre Entartung unter den Händen der Menschen als ihr echtes Wesen gegenwärtig. Denn sie wird gescholten wegen ihrer Herabdrückung des Daseins und ihrer Verneinung des Lebens, während überall, wo sie mit ursprünglicher Kraft aufstrebte, das Nein nur der Durchgang zu einem neuen, erhöhenden Ja war. Nicht der Zug zum Kleinen, sondern das Verlangen nach Größe beseelt alles

schöpferische Wirken auf diesem Gebiet, wie denn die Helden der
Religion inmitten alles tiefempfundenen Leides eine weltüberlegene
Freudigkeit, Festigkeit, Tatkraft zu behaupten vermochten. Nietzsches
starke Empfindung der Kleinheit des Bloßmenschlichen, sein sehnliches Verlangen nach einer inneren Erhöhung des Menschen, dies
Tiefste in seiner Gedankenwelt, es hätte ihn auf den Weg der Religion, einer Religion weiter, freier, freudiger Art führen müssen;
die Abhängigkeit von Zeitvorstellungen hat ihn daran gehindert.

Im Grunde ist es das antike Ideal der Kraft, der künstlerisch veredelten Kraft, das hier, freilich unter mannigfacher Beimischung
moderner Elemente, erneuert wird; das Christentum dagegen trifft
der ganze Zorn, da es dem Leiden feige nachgegeben und die
Menschheit in eine gleichartige Masse zu verwandeln gesucht habe.
Wir sahen, wie dem Altertum selbst jenes Kraftideal zu eng und
starr wurde, wie sowohl die tiefere Empfindung des doch nicht
wegzudisputierenden Leides, als das Erwachen des Gefühls einer
Solidarität zwischen Mensch und Mensch, als die Ausbildung eines
weltumspannenden Innenlebens über jenes Ideal hinaustrieb; es ist
ein ungeheurer Anachronismus, sich über die Erfahrungen und
Wandlungen von Jahrtausenden hinweg wieder in jene Zeit zu versetzen, die gewiß einen bleibenden Wahrheitsgehalt hat, aber doch
nur als Glied eines weiteren, mühsam genug errungenen Lebensganzen. Und was das Verhalten des Christentums zum Leid an-
belangt, so hat es allerdings diesem weiteren Raum gegönnt und es
mehr zu Ehren gebracht, nicht aber hat es den Menschen dem Leide
schlechthin preisgegeben, nicht seine Kraft durch sklavische Unterwerfung darunter zerstört. Vielmehr war es bemüht, dem Menschen eine
Stärke auch in dem Leide zu geben, ihn innerlich über das Leid
zu erheben, ihm eine Freudigkeit inmitten aller Nöte und Schmerzen
zu sichern. Wunderlich genug und jedenfalls unhistorisch ist es,
daß eine Religion, die als „frohe Botschaft" (εὐαγγέλιον) an die
Menschheit kam und sie zu neuem Heldentum aufrief, hier als eine
bloße Herabstimmung des Daseins verstanden wird. Gewiß gibt es
in der Geschichte des Christentums manche Erscheinungen, die
solcher Tadel mit Recht trifft, gewiß gibt es unter dem, was sich
christlich nennt, manches kleinmütiger, engherziger, gedrückter Art,
aber das waren Nebenerscheinungen, die nicht das Charakteristische
dieser Religion bilden und nun und nimmer ihre weltgeschichtliche,
ihre weltumwälzende Wirkung erklären. Auf allen Höhepunkten des

Schaffens war das Christentum Freudigkeit und Bejahung, nicht mürrische Verneinung, freilich Lebensbejahung durch Verneinung hindurch und damit allein echte und haltbare Lebensbejahung. Und an die Höhepunkte müssen wir uns doch bei der Würdigung weltgeschichtlicher Erscheinungen halten, nicht an die Auswüchse und Karikaturen. Ferner hat das Christentum keineswegs alle Unterschiede aufgehoben und die Menschheit in eine gleichartige Masse verwandelt. Nur dafür tritt es ein, daß es einen innerlichsten Punkt des Lebens, eine Tiefe persönlicher Gesinnung gibt, wo gegenüber unendlicher Liebe alle Unterschiede aufhören, alle Abstufungen endlicher Größe verschwinden. Wir erkannten das als eine sichere Überwindung des bloßen Schicksals, als ein Sichaufringen des Lebens zu innerer Freiheit; alle und jede Verdunkelung dieser Wendung ist ein Verlust an echter Substanz des Lebens. Nur muß beim Christentum über alle bloßkirchliche Fassung hinaus zum Kern des Lebensprozesses durchgedrungen werden, der allezeit das wahrhaft Fruchtbare und Treibende der Bewegung war. Wir widerstehen jener Mißdeutung des Christentums besonders deswegen, weil sie auf der Verkennung einer selbständigen Innerlichkeit, einer wahrhaftigen Innenwelt beruht. Gibt es aber keine solche Innenwelt, gibt es keine Gegenwart unendlichen, weltumspannenden Lebens in der Seele des Einzelnen, so gibt es auch keine Festigkeit und Überlegenheit gegen die menschliche Umgebung, so wird man sich immer wieder nach den Menschen umsehen und bei ihnen Anerkennung, ja einen Halt suchen müssen, so bricht das Ideal selbstgenugsamer Kraft in sich zusammen. Innere Selbständigkeit und ruhiges Insichselbstwurzeln der Persönlichkeit gilt auch uns als ein hohes Ideal, auf dem Wege Nietzsches aber ist es nicht zu erreichen.

Die reiche und zarte Persönlichkeit des Mannes, seinen glühenden Wahrheitsdurst, seine geistige Kraft werden wir dabei in hohen Ehren halten und sein unablässiges, edles und einsames Ringen mit tiefer Wehmut verfolgen. Auch seinem Wirken konnten wir, wie sich zeigte, ganz wohl fruchtbare Seiten abgewinnen. Nur wo seine Gedanken zu bekenntnisartigen Formeln und Schlagwörtern vergröbert werden, die niemandem peinlicher gewesen sein würden als dem freien und beweglichen Geist des Meisters selbst, da gilt es einen entschiedenen Widerstand. Denn es muß das Beste verloren gehen, wenn was seine Größe und seine Wahrheit vornehmlich als Ausdruck einer durchaus individuellen Art hat, zur Massenerscheinung

gestempelt wird, wenn namentlich die kleinen Geister, welche sich
durch ein aufgeblasenes Nein eine Größe geben möchten, sich der
Sache bemächtigen und die dem eigenen Werk des Denkers innewohnenden Bejahungen zurückdrängen. Doch das braucht uns nicht
weiter zu beschäftigen; haben wir es doch nicht mit den geringen Durch-
schnitten der Zeitumgebung, sondern mit den Lebensanschauungen
großer Denker zu tun. .

b. Der Beginn einer Klärung. Das Aufsteigen eines neuen Idealismus.

Der Sturm und Drang der modernen Zeit mit seiner Ausschließlichkeit freischwebender Stimmung war unerläßlich zur Erweckung neuen Lebens und zur Freimachung neuer Bahnen. Aber
er war kein Abschluß, sondern ein bloßer Durchgang; er war das
schon deshalb, weil ihm gegenüber die Arbeit ihre Bewegung, Verzweigung, Mechanisierung unablässig fortsetzte, die bloße Stimmung
aber keinerlei Mittel hatte, sie einem umfassenden Lebensganzen
einzufügen und zugleich ihren Gefahren zu widerstehen; er war es
noch mehr, weil die auf sich selbst angewiesene und gegen sich
selbst gekehrte Stimmung notwendig mehr und mehr an Inhalt einbüßt, sich mehr und mehr ins Künstliche, Überspannte, Wunderliche
verliert. Das Leben bedurfte einer festeren Grundlage und einer
größeren Tiefe; so gewiß uns das ungestüme Wogen und Wallen
der freischwebenden Stimmung noch heute umfängt, eine Beruhigung
und Klärung ist sichtlich im Gange, mehr und mehr geht das
Verlangen über die bloße Stimmung hinaus auf ein Ganzes der
Seele, nicht mehr genügt die bloße, wenn auch noch so leidenschaftliche Erregung, sondern es gilt, eine innere Befestigung, einen
wesenhaften Lebensinhalt zu finden und zugleich ein sicheres Verhältnis zur Welt der Arbeit. Damit beginnt ein neuer Idealismus
aufzusteigen; so sehr die Sache noch unfertig und mitten im Suchen
ist, ihr gehört zweifellos die nächste Zukunft, weil sie von einer
immer mächtiger anschwellenden, immer unwiderstehlicheren Bewegung des allgemeinen Lebens getragen und getrieben wird. Daß
hier mehr vorliegt als Meinungen und Wünsche bloßer Individuen,
das erhellt deutlich genug aus der Tatsache, daß Kunst, Religion,
Philosophie sich heute wieder weit stärker regen und von neuen
großen Problemen bewegt werden.

Die Wendung der Zeit zur Kunst, im besonderen zur bildenden
Kunst, liegt vor aller Augen. Viel bloße Mode mag dabei mit-

spielen und oft mehr Unterhaltung als Förderung gesucht werden. Aber im Schaffen selbst steckt mehr, es steckt darin das Verlangen nach einer durchgängigen Belebung des Daseins, nach einem innerlicheren Verhältnis zur Umgebung und zugleich nach mehr Individualisierung der Wirklichkeit. Ein beträchtlicher Unterschied von der Kunst unserer klassischen Zeit ist unverkennbar. Diese fand ihre Hauptaufgabe darin, der gemeinen Wirklichkeit eine neue Welt der Phantasie und reinen Gestalt entgegenzuhalten; ein solcher Aufbau wurde getragen von unablässiger Gedankenarbeit, alles Wirken und Schaffen war durchtränkt von Ideen und Überzeugungen, das sichtbare Dasein umschlossen von einem Gedankenreich. Notwendig wurde hier die Literatur zur Seele des Ganzen. Heute können wir uns minder von der unmittelbaren Welt ablösen, die mit überwältigender Kraft auf uns eindringt; nun gilt es unsere menschliche Art mit Anspannung alles Vermögens gegen sie zu behaupten, die Umgebung direkt zu ergreifen, sie durch künstlerische Gestaltung zu veredeln und zu vergeistigen, unser Seelenleben und zugleich unsere Individualität über sie auszudehnen, in sie hineinzulegen. Das gibt der bildenden Kunst den Vorrang, auch das Kunstgewerbe gewinnt eine Bedeutung, die der klassischen Zeit fremd war. Ein solcher Kampf der Kunst für die Erhaltung eines seelischen Charakters unseres Lebens gegenüber einer feindlichen oder gleichgültigen Welt hat ein gutes Recht und die Hoffnung eines Sieges aber nur, wenn es in der Tat eine Seele zu erhalten gibt, wenn die Seele nicht einen gleichgültigen Anhang, sondern die Tiefe, das eigenste Leben der Wirklichkeit bildet; ohne das würde aller Eifer und alle Virtuosität die Bewegung nicht vor einem Verfallen in Tändelei, Unwahrheit, Leere behüten. Die Kunst bedarf der Fundierung in wahrhaftigen Überzeugungen und Gesinnungen genau so gut wie die Wissenschaft; damit teilt sie die großen Probleme des Lebens, damit hängt ihr eigenes Gelingen und Durchdringen an einer Vertiefung des Ganzen des Lebens, an einer Sicherung der Überlegenheit der Seele. Dies aber wird nirgends direkter in Angriff genommen als in der Religion; so sind heute im Kern des Strebens Religion und Kunst eng aufeinander angewiesen, mag die Gesinnung der Individuen sie noch so weit trennen und einander verfeinden.

Das mächtige Wiederaufsteigen des religiösen Problems aber ist eine handgreifliche Tatsache; schon die Leidenschaftlichkeit, mit der heute kirchliche und religiöse Fragen die Gemüter erregen und

bewegen, bekundet zur Genüge, wie weit wir uns von jenen Zeiten
entfernt haben, wo die Religion als ein veraltetes Erbstück früherer
Zeiten galt und daher nur kühle Gleichgültigkeit fand. Die rasche
Überwindung dieser Gleichgültigkeit ist merkwürdig genug. Denn
der Strom der intellektuellen Arbeit des 19. Jahrhunderts ging
direkt gegen die Religion. Die Philosophie hat ihr gegenüber volle
Selbständigkeit gewonnen und sich oft genug mit zerstörender Schärfe
gegen sie gewandt; die Naturwissenschaften haben nun erst das volle
Selbstbewußtsein gefunden und ein eigenes durchaus innerweltliches
Gedankenreich aufgebracht, sie widerstehen der religiösen Denkweise
mit unvergleichlich größerer Energie als je zuvor; endlich ist die
Religion selbst in ihrem überkommenen Bestande von den verschiedensten Seiten her, am meisten aber durch die historische Kritik, so
unterwühlt und erschüttert, daß die größte Unsicherheit über alles
Nähere ihrer Behauptung waltet. Auch sehen wir, wie der Abfall
der Individuen von ihr unablässig fortdauert, wie eine seichte und
selbstbewußte Aufklärung erst jetzt recht in die Massen dringt und
als eine Befreiung gefeiert wird. Wenn trotzalledem das religiöse
Problem im geistigen Leben wieder mit überwältigender Kraft hervorbricht und alle anderen Fragen zurückzudrängen beginnt, so wirken
dabei augenscheinlich andere Interessen als die des bloßen Verstandes;
in Wahrheit ist es ein Bestehen auf einem Inhalt und Sinn des
Lebens, ein Verlangen nach geistiger Selbsterhaltung gegenüber drohender Vernichtung, ein Kämpfen um ein geistiges Dasein, was die alte
und ewige Frage neu aufzunehmen zwingt. Zugleich ist klar, daß
die Gegenwart von der Religion etwas ganz anderes verlangt, als
ihr geneigte Gemüter in der Blütezeit unserer Literatur verlangten.
Denn damals suchte man bei ihr nur eine Vertiefung der nächsten
Wirklichkeit, es galt die Vernunft der Welt deutlich herauszustellen
und dem Menschen zu vollem Besitz zu bringen, eine pantheistische
Denkweise beseelte die Besten. Nichts ist bezeichnender für den
Wandel der Zeiten als das völlige Verblassen und Verschwinden dieser
pantheistischen Denkweise; was damals die Gemüter unwiderstehlich
anzog und vollauf befriedigte, das dünkt uns heute leicht eine Unwahrheit, eine leere Phrase. Warum wohl? Weil uns das Weltgetriebe und selbst der Kreis menschlichen Zusammenlebens weit
mehr als ein seelenloser Mechanismus vor Augen steht, weil wir in
dem unablässigen Wechsel und Wandel, in dem hastigen Drängen
von Augenblick zu Augenblick einen Mangel an festem Bestande und

ewiger Wahrheit empfinden, weil uns das schrankenlose Aufwuchern
selbstischer Interessen, die wilde Lebensgier des Kampfes ums Dasein
einen erschreckenden Mangel an Teilnahme und Liebe zeigt, und
weil wir doch ohne eine innere Zerstörung unseres Daseins, ohne
ein Sinnloswerden alles Strebens nicht auf ewige Wahrheit und selbstlose Liebe verzichten können. So entsteht das Verlangen nach einer
neuen Ordnung der Dinge, die uns die Möglichkeit einer geistigen
Erhaltung gewährt; dies Verlangen ist es, was die Menschen übermächtig zur Religion treibt und zugleich ihr selbst eine neue Aufgabe
stellt. Es liegt darin eine Annäherung an die ältere Fassung der
Religion, die ihr eine Selbständigkeit gegenüber allem Kulturleben
zuerkannte. Aber inzwischen hat sich überaus viel verändert, ja
sind wir von Grund aus andere Menschen geworden; so verbietet
sich durchaus eine einfache Wiederaufnahme der älteren Art; auch
was sie an Ewigem enthält, läßt sich nicht einfach aufnehmen, sondern
will in selbständiger Weise angeeignet sein.

Endlich sind auch in der Philosophie Bewegungen verwandter
Richtung unverkennbar. Die Philosophie hatte im 19. Jahrhundert
nach der Zurückdrängung der großen spekulativen Systeme einen
schweren Stand. Aus dem Mittelpunkte des Lebens wurde sie in
die Peripherie gedrängt; statt mit ihrer Denkweise das Leben zu
führen und zu erhöhen, wurde sie nun geheißen, sich an andere
Wissenschaften, sei es an die Geschichte, sei es an die Naturwissenschaften, gehorsam anzuschließen, weit mehr zu empfangen als zu
geben. So wurde sie aus Aufbietung und schöpferischer Tätigkeit
des ganzen Menschen mehr und mehr zu gelehrter Arbeit, zu einer
bloßen Umsäumung wissenschaftlicher Forschung. Sie hat in dieser
Arbeit Tüchtiges geleistet, einen tieferen Einfluß auf das Ganze
des Lebens und auf die Richtung des gemeinsamen Strebens aber
nicht gewonnen. Man könnte jene gelehrte Philosophie völlig
streichen, ohne daß die Menschheit einen erheblichen Verlust empfinden würde. Auch hier aber sind Veränderungen im Gange, zu
gewaltig werden die inneren Spannungen des Lebens, zu mächtig
drängt es nach einer umfassenden und befestigenden Gedankenwelt
und nach dem Aufbau einer solchen Gedankenwelt von innen her,
als daß nicht auch wieder in der Philosophie ein Streben nach einem
inneren Ganzen, eine Bewegung zu geistiger Konzentration, zur
Klärung unseres Grundverhältnisses zur Wirklichkeit, zu einem das
menschliche Leben erhöhenden Schaffen aufkommen müßte. Aber auch

für die Philosophie hat sich viel zu viel verändert, als daß sich eine
frühere Art der Arbeit einfach wiederaufnehmen ließe. Auch hier
gilt es einen neuen Standort zu gewinnen; er wird aber nie von
draußen her, sondern nur durch eine energische Besinnung auf die
Tiefe des eigenen Seins zu gewinnen sein, nur durch eine deutliche
Herausstellung des Lebensprozesses, der alle wissenschaftliche Arbeit
trägt, und der zugleich selbst das Problem der Probleme bildet.
So stehen wir auch hier vor neuen Aufgaben.

An verschiedenen Hauptpunkten erscheinen demnach viel-
versprechende Ansätze; wer aber möchte leugnen, daß es einstweilen
bloße Ansätze sind, daß einstweilen das Vermögen der Zeit weitaus
nicht ihren Problemen entspricht. Es ist eine durchaus verworrene
und unsichere Lage, die uns heute umfängt. Die alten Lebensformen
sind aufs schwerste erschüttert; mögen sie äußerlich ihre Stellung
behaupten, die geistige Führung der Zeit ist ihnen entglitten, die
Überzeugungskraft für die Zeitgenossen haben sie verloren. Der
Widerspruch aber zwischen äußerer Geltung und innerer Erschütterung
erzeugt eine peinliche Unwahrhaftigkeit, die alles kräftige Streben und
Schaffen lähmt. Gegenüber dem Alten erheben sich mit jugendlicher,
oft kecker Selbstbewußtheit neue Bildungen, sie ergreifen einzelne
unbestreitbare Wahrheiten und möchten das ganze Leben in die dadurch gewiesenen Bahnen ziehen. Aber mit jenem Hervorkehren
besonderer Gruppen von Tatsachen und Aufgaben geben sie ihm
eine viel zu enge Gestalt, arbeiten sie zugleich viel zu sehr von der
bloßen Oberfläche her; auch müssen bei solcher Art die modernen
Bewegungen unvermeidlich einander widersprechen, sich gegenseitig
hemmen und durchkreuzen; ein allbeherrschendes Ziel, einen un-
erschütterlichen Halt, eine Vertiefung des Wesens gewähren sie dem
Leben nicht. Dazu kommt der eigentümliche Stand der gegenwärtigen Arbeit. Das menschliche Dasein befindet sich in einer
unablässigen Expansion, neue und wieder neue Erkenntnisse, Aufgaben, Stimmungen dringen in ruheloser Hast, ja wilder Flucht auf
uns ein, sie lassen uns nicht zu Atem kommen, sie reißen uns bald
hieher, bald dahin. Und dabei keine Befestigung im eigenen Innern,
kein kräftiges Wirken einer Aufgabe des ganzen Menschen, das
solcher Zerstückelung und Zerstreuung ein Gegengewicht halten
könnte. Die Spannung, die aus dem allen entsteht, wächst weiter
durch das immer stärkere Anschwellen der sozialen Flut; jene innere
Erschütterung, Unsicherheit, Auflösung begegnet sich mit einem ra-

piden Aufsteigen der Massen, die auch in geistigen Dingen nicht
mehr gutgläubig annehmen, sondern zu eigenem Denken, Urteilen,
Entscheiden drängen. Nun sind sie für solche Aufgaben innerlich
wenig vorbereitet; werden sie nicht leicht eine Beute der oberfläch-
lichsten Strebungen werden, wird nicht jenes an sich höchst erfreu-
liche Aufsteigen zunächst der Verneinung zu gute kommen?

So bietet denn der erste Anblick der Zeit ein ungeheures Chaos:
eine Erschütterung des Alten, eine Unfertigkeit des Neuen, ein einseitiges Überwiegen der Expansion des Lebens, eine hastige Demokratisierung der Kultur. Dabei unverkennbar eine unermeßliche
Regsamkeit, Rührigkeit, Empfänglichkeit, überaus viel redliches Streben
und eifriges Wollen. Aber zugleich das unsicherste Schwanken über
den näheren Inhalt des Lebens. Früher stritt man über die Art der
Begründung und Entwicklung von Wahrheiten, heute sind die Wahrheiten selbst in Zweifel geraten und greift der Streit bis in die letzten
Gründe zurück. Was ist Religion, was ist Moral, was ist Kunst, ja
was ist wissenschaftliche Wahrheit? Überall ein Suchen und Fragen,
ein Zweifeln und Streiten, ein Sichentzweien bis zu vollem Gegensatz.
Der in solche Unsicherheit gestellte Mensch aber verliert leicht alle
feste Ausprägung eigener Art und mit ihr das Vermögen selbständigen
Urteils, ihm fehlt ein sicherer Prüfstein, Echtes und Scheinbares, Tiefes
und Flaches zu unterscheiden, wehr- und widerstandslos verfällt er
wechselnden Eindrücken und zeigt er ein merkwürdiges Unvermögen,
Gedanken zu Ende denken, auch naheliegende Widersprüche zu
empfinden; man denkt, nach einem leibnizischen Worte, nur „in
Einem Syllogismus". Je mehr dem Menschen dabei eine selbständige
Innenwelt schwindet, desto mehr verliert er ein inneres Verhältnis
zu den Dingen, bleibt ihm die Wirklichkeit etwas Äußerliches
und verschließt sie ihm ihre Tiefe. Zugleich ein Mangel an Wider-
standskraft gegen das Kleine und Gemeine, ein Sichvordrängen des
Bloßmenschlichen, ein Zusammenrinnen ganz verschiedener Höhenlagen. Jedenfalls ein starkes Mißverhältnis von Kräfteaufgebot und
subjektiver Gesinnung einerseits, von geistiger Substanz und Tiefe
andererseits, ein Vermenschlichen des Geistigen, ein Tempel ohne
Allerheiligstes, eine Kultur ohne Seele.

Ein solcher Stand der Dinge erklärt vollauf das Mißbehagen,
das die Zeit durchdringt; erschrecken und entmutigen aber kann
er nur denjenigen, der frühere Zeiten ganz der Vernunft gewonnen
glaubt und der daher in der heutigen Lage einen jähen Abfall er-

blickt. In Wahrheit aber stand allezeit die Vernunft in hartem
Kampfe und waren der Breite der Menschheit die geistigen Aufgaben
vorwiegend bloße Mittel für ihre kleinmenschlichen Zwecke, war
auch in den Überzeugungen weit mehr Unsicherheit und Zwiespalt,
als der Betrachtung von der Ferne her zunächst ersichtlich wird.
Der Unterschied ist nur der, daß in positiveren Zeiten das Geistesleben in sich selbst geschlossener war, daß es aus einer kräftigeren
Konzentration heraus mehr Gegenwirkung gegen die Zerstreuung
und Verflachung menschlicher Art üben konnte. Daß wir also wieder
zu einer solchen Konzentration und zugleich zu einer energischeren
Gegenwirkung gelangen, das ist die Hauptsorge und Aufgabe. Hier
aber sind heute schon viele Kräfte am Werk; je mehr sie vordringen,
je deutlicher sich damit Ziele und Richtlinien einer werdenden Zeit
aus dem Chaos herausheben, desto mehr wird auch die Gegenwart
einen positiven Anblick gewinnen, desto mehr auch das Ja zur Erscheinung kommen, was jetzt schon versteckt in dem Nein wirkt.

Zeiten, die so die volle Schwere des Kampfes zu tragen haben
und sich selbst erst eine sichere geistige Existenz erringen müssen,
haben ein zwiefaches Ansehen. Sie sind harte und unbequeme
Zeiten, Zeiten der Zersplitterung und der Zerrüttung, des Abfalls
und der Verneinung, sie bringen die Kleinheit des Menschen und
die Unsicherheit seiner Lebenslage zur deutlichsten Empfindung.
Wäre das Ganze des geschichtlichen Lebens nichts anderes als ein
Gewebe menschlicher Meinungen und Interessen, so bliebe dem
Zweifel das letzte Wort. Ganz anders, wenn in jenem innere Notwendigkeiten einer geistigen Evolution, wenn in ihm das Aufsteigen
einer neuen Lebensstufe, einer bei sich selbst befindlichen Wirklichkeit anerkannt wird. Denn dann kann es dem Menschen nur zur
Größe gereichen, wenn er den Kampf um solche Weiterbildung der
Welt selbständig mitzuführen, wenn er eine eigene Entscheidung dabei aufzubieten hat. Aus solcher Gesinnung mag er sich auch solcher
kritischer Zeiten, wie es die Gegenwart ist, aufrichtig freuen. Denn
das sind Zeiten, die den Menschen treiben, den Problemen unmittelbar und unerschrocken ins Auge zu sehen und seinen Halt nicht
in irgendwelcher äußeren Autorität, sondern in der ihm innerlich
gegenwärtigen Welt zu suchen. Wohl zerbricht in solchen Zeiten
vieles, aber es zerbricht schließlich nur, was von Haus aus zerbrechlich
war, was keine volle Wahrheit hatte oder sie doch der Menschheit
nicht nahezubringen vermochte. Bei Gewinn einer Festigkeit im

Grunde des eigenen Wesens kann durch alle Erschütterung und Vernichtung hindurch eine Verjüngung des Lebens erfolgen, durch Ausscheidung alles Morschen und Welken die Wahrhaftigkeit des Daseins wachsen; Zweifel und Verneinung selbst müssen bei solcher Wendung dahin wirken, die Unzerstörbarkeit unseres geistigen Wesens und die innere Gegenwart überlegener Mächte neu zu bekräftigen und unmittelbarer erleben zu lassen als in ruhigen Zeiten.

Wer so denkt, der wird sich nicht in die Geschichte flüchten, um dort einen Ersatz für eigenes Leben zu suchen. Aber die Geschichte, namentlich in ihren geistigen Höhepunkten, wird ihm dazu dienen können, die eigne Arbeit von den Zufälligkeiten des Augenblicks zu befreien und auf die Höhe der Aufgabe zu führen; die Verfolgung ihres Laufes wird ihn in der Gegenwart einen eigentümlichen Stand jener weltgeschichtlichen Evolution des Geisteslebens erkennen lassen und damit seinem Streben wertvollste Anhaltspunkte bieten; endlich wird eine Vergegenwärtigung der gewaltigen Bewegungen, Zusammenstöße, Wandlungen, welche die Geschichte zeigt, die Überzeugung stärken, daß in ihr mehr vorliegt als ein Suchen und Tasten des bloßen Menschen, daß vielmehr in ihr geistige Notwendigkeiten aufstreben und sich mit überlegener Kraft und Wucht durchsetzen. Und mit solcher Überzeugung wird sich eng die Hoffnung verbinden, daß dieselben Notwendigkeiten, welche die Menschheit in die gegenwärtige Verwicklung brachten, sie auch darüber hinausführen werden.

Personenregister.

Sachregister.

Verlag von Veit & Comp. in Leipzig.

DER WAHRHEITSGEHALT
DER
RELIGION.
Von
Rudolf Eucken.

gr. 8. 1901. Geh. 9 M., geb. in Ganzleinen 10 M.

GEISTIGE STRÖMUNGEN
DER
GEGENWART.
Von
Rudolf Eucken.

Der Grundbegriffe der Gegenwart dritte, umgearbeitete Auflage.

gr. 8. 1904. geh. 8 M., geb. in Ganzleinen 9 M.

DER KAMPF
UM EINEN
GEISTIGEN LEBENSINHALT.
NEUE GRUNDLEGUNG EINER WELTANSCHAUUNG.
Von
Rudolf Eucken.

gr. 8. 1896. Geh. 7 M. 50 Pf., geb. in Halbfranz 9 M.

DIE
LEBENSANSCHAUUNGEN
DER GROSSEN DENKER

EINE ENTWICKLUNGSGESCHICHTE
DES LEBENSPROBLEMS DER MENSCHHEIT
VON PLATO BIS ZUR GEGENWART

VON

RUDOLF EUCKEN

SECHSTE VERBESSERTE AUFLAGE

LEIPZIG

VERLAG VON VEIT & COMP.

1905